《资本论》研究丛书
主编 陈 征 李建平

Das Kapital

对《资本论》若干理论问题争论的看法

上册

李建平 黄茂兴 黄 瑾 主编

海峡出版发行集团 | 福建人民出版社
THE STRAITS PUBLISHING & DISTRIBUTING GROUP | FUJIAN PEOPLE'S PUBLISHING HOUSE

图书在版编目（CIP）数据

对《资本论》若干理论问题争论的看法：全二册/李建平，黄茂兴，黄瑾主编．—福州：福建人民出版社，2017.9

（《资本论》研究丛书／陈征，李建平主编）

ISBN 978-7-211-07801-1

Ⅰ.①对… Ⅱ.①李… ②黄… ③黄… Ⅲ.①《资本论》—马克思著作研究 Ⅳ.①A811.23

中国版本图书馆 CIP 数据核字（2017）第 228050 号

对《资本论》若干理论问题争论的看法（上、下）

DUI ZIBENLUN RUOGAN LILUN WENTI ZHENGLUN DE KANFA

主　　编： 李建平　黄茂兴　黄　瑾

责任编辑： 林俊杰　陈斯敏　季奎奎

特约编辑： 韩腾飞

出版发行： 海峡出版发行集团

福建人民出版社　　**电　　话：** 0591-87533169(发行部)

网　　址： http://www.fjpph.com　**电子邮箱：** fjpph7211@126.com

地　　址： 福州市东水路 76 号　**邮政编码：** 350001

经　　销： 福建新华发行（集团）有限责任公司

印　　刷： 福州德安彩色印刷有限公司

开　　本： 720 毫米×1000 毫米　1/16

印　　张： 84

字　　数： 1237 千字

版　　次： 2017 年 9 月第 1 版　2017 年 9 月第 1 次印刷

书　　号： ISBN 978-7-211-07801-1

定　　价： 208.00 元（上、下）

总　　序

《资本论》是马克思倾其毕生心血写就的政治经济学鸿篇巨制。《资本论》第一卷德文版从 1867 年问世至今，已整整 150 周年，它的理论价值和实践意义，不仅没有随着时间的流逝而消退，而是愈发流光溢彩、历久弥新。

在人类历史上，还从来没有一本著作像《资本论》一样，从它诞生之日起就遭遇歌颂与攻击如此激烈的双重命运：工人阶级视之为“圣经”，资产阶级则把它看作洪水猛兽。究其原因，正在于它对资本主义经济运动规律和历史趋势的深刻揭示，从而对社会的发展和人类的命运产生了深刻而持久的影响。《资本论》运用唯物主义历史观和辩证方法，深入剖析“资本主义生产方式以及和它相适应的生产关系和交换关系”，深刻揭示资本主义产生、发展和灭亡的规律，科学阐明社会主义必然胜利的发展趋势和未来社会的基本特征。它是一把刺向资本主义制度的尖刀，是一支吹响社会主义胜利进军的号角。20 世纪苏联、中国等社会主义国家的相继建立，亚非拉民族解放运动的蓬勃发展，充分证明了《资本论》对认识世界和改造世界的强大力量。20 世纪 80 年代末 90 年代初苏联、东欧各个社会主义国家的政治经济体制发生根本性改变以后，世界社会主义发展遇到了空前挫折，所谓“历史终结于资本主义的自由民主制度”等西方资本主义思想甚嚣尘上，《资本论》也被认为是已经“过时”了。进入 21 世纪后，资本主义的内在矛盾和深刻弊端日趋严重，尤其是2008年的全球金融危机爆发，再次表明资本主义经济危机并非如西方主流经济学家所认为的那样，成为过去式，而是愈演愈烈。与之相反，中国特色社会主义建设则表现出强劲发展势头，风景这边独好，为世人所瞩目。以致提出“历史终结”论的弗朗西斯·福山在10年后也不得不发出这样的疑问：“我们是否已经仅在10年时间内就实现了从全球资本主义的胜利向危机的转变”？尤为具有讽刺意味的是，福山这篇文章的题目就叫《重回〈资本论〉》。今天，我们要深刻认识当代资本主义的本质，胜利推进中国特色社会主义现代化建设，就有必要认真学习和研究《资本论》，从中掌握马克思主义的立场、观点、方法。诚如西方一位知名学者所言，人类“不能没有马克思。没有马克思，没有对马克思的记忆，没有马克思的遗产，也就没有将来”。

针对有人鼓吹《资本论》过时的论调，习近平同志在哲学社会科学座谈会上的讲话中特别指出：“这个说法是武断的。远的不说，就从国际金融危机看，许多西方国家经济持续低迷、两极分化加剧、社会矛盾加深，说明资本主义固有的生产社会化和生产资料私人占有之间的矛盾依然存在，但表现形式、存在特点有所不同。国际金融危机发生后，不少西方学者也在重新研究马克思主义政治经济学，研究《资本论》，借以反思资本主义的弊端。”《资本论》不仅是一部伟大的政治经济学著作，而且是一座百科全书式的理论宝库，它蕴含着马克思在哲学、政治、法律、道德、宗教、美学、文学、历史、教育、科学技术等各个方面的宝贵思想。中国特色社会主义政治经济学的探索与构建离不开《资本论》这一经典著作，如同习近平同志所强调的，首先要解决真懂真信的问题，解决好为什么人的问题，并落实到怎么用上来。我们应该以《资本论》的基本原理和方法为指导，以正在做的事情为中心，从中国改革发展的实践中不断挖掘新材料，发现新问题，提出新观点，构建新理论，努力揭示中国社会发展、人类社会发展的大逻辑大趋势，把马克思所开创的伟大事业在21世纪不断推向前进。

为了纪念马克思《资本论》第一卷出版150周年，全面展现《资本论》的研究现状和成果，进一步推动《资本论》传播、研究、运用、创新和发展，为构建中国特色社会主义政治经济学大厦添砖加瓦，在福建人民出版社的积极倡议和大力支持下，福建师范大学全国中国特色社会主义政治经济学研究中心、经济学院组织出版《资本论》研究丛书。丛书由陈征、李建平担任总主编，共8种12册，包括：陈征著《〈资本论〉解说》（第四版）(全3册)，陈征著《论现代科学劳动：马克思劳动价值论的新发展》，陈征著《社会主义城市地租研究》（第二版），李建平著《〈资本论〉第一卷辩证法探索》（第三版），陈征、李建平、李建建、郭铁民主编《〈资本论〉与当代中国经济》(第三版)，李建平、黄茂兴、黄瑾主编《对〈资本论〉若干理论问题争论的看法》（上、下册），李建平、黄茂兴、黄瑾主编《〈资本论〉与中国特色社会主义政治经济学》，李建平、黄茂兴、黄瑾主编《〈资本论〉永放光芒——纪念〈资本论〉第一卷出版150周年》(上、下册)。丛书前四种属个人专著，后四种则是集体研究成果的结晶。对于参与集体成果研究的作者和论文被我们选用的作者，在这里谨表深深的谢意！

由于本套丛书篇幅较大，而时间又很仓促，所以疏漏和错误之处在所难免，诚挚欢迎大家提出批评意见。

陈 征 李建平

2017年5月于福州

目　　录

上　　册

一、《资本论》研究对象

二、《资本论》体系结构

三、《资本论》研究方法

四、劳动价值论

五、货币理论

六、剩余价值理论

一

《资本论》研究对象

马克思主义政治经济学对象问题再探讨

卫兴华*

目前，马克思主义政治经济学在教学和研究中，碰到这样那样的问题和困惑。在外部，有来自非马克思主义的质疑和挑战；在内部，存在对基本原理认识和理解上的种种分歧；在所处环境中，有来自社会主义运动处于低潮时期马克思主义受到的冷漠；在实践中，有来自发展和改革需要提高解决实际经济问题能力的要求。所有这些都加重了马克思主义经济理论工作者的责任。

面对时代的要求和任务，需要坚持和发展马克思主义经济学，需要经济学的理论创新。这又要以研究和弄懂马克思主义经济学的基本原理和方法为前提。在研究中还需要弄清究竟哪些基本原理是必须长期坚持并随着时代的发展而发展的，哪些是被误解、错解甚至曲解而需要对理论是非进行澄清的，哪些是附加于马克思名下非科学的、错误的见解需要摒弃的。既不能教条主义地继承和坚持，也不能不切实际地去发展和创新，还不能把本是正确的见解硬说成是附加的错误的东西。因此，必须对马克思主义经济学的基本原理和方法进行深入系统的研究，把握其真谛，并结合实际予以发展。

首先要探讨的是马克思主义政治经济学研究对象的问题。

* 卫兴华：中国人民大学荣誉一级教授，博士生导师。

一、作为《资本论》研究对象的"资本主义生产方式"究竟是指什么

作为《资本论》研究对象的"资本主义生产方式"究竟是指什么？这是多年来一直存在分歧的一个理论问题。它既涉及对马克思研究对象本意的正确把握，也涉及社会主义政治经济学究竟应研究什么的问题。一般认为，马克思主义政治经济学的对象是社会生产关系，是揭示社会经济规律。也有学者认为政治经济学应把生产力的研究放在首要地位，其理论根据是：马克思在《〈政治经济学批判〉导言》中一开始就讲"摆在面前的对象，首先是物质生产"。有的学者引证《资本论》第一卷第一版序言中的话："我要在本书研究的，是资本主义生产方式以及和它相适应的生产关系和交换关系"，认为马克思的经济学首先要研究资本主义生产方式，然后才研究由这种生产方式决定的生产关系和交换关系，从而认为一般教材和教学中讲政治经济学的研究对象是生产关系并不符合马克思的原意。但资本主义生产方式究竟是指什么，又有种种不同的理解。有一种观点认为，作为《资本论》研究对象的"资本主义生产方式"是指生产力，并批评说，过去把马克思主义政治经济学的对象理解为研究生产关系，不研究生产力，是附加在马克思名下的错误观点。

应当肯定，马克思的政治经济学的对象，是着重研究资本主义生产关系、揭示资本主义经济规律的。它固然也考察了资本主义所经历的从简单协作、分工的工场手工业，到机器大工业的发展，考察了生产力和科学技术的发展，也事实上论述了资本主义市场经济体制和运行机制的特点及其发展变化，但这些考察和论述都是服从于揭示资本主义生产关系的实质及其发展和变化的，是揭示资本主义经济运动规律所需要的。马克思在《资本论》和其他有关著作中，系统地论述了随着科技进步和生产力的发展，资本主义生产关系主要是资本与雇佣劳动的关系怎样相应地发展和加深，怎样由劳动对资本的形式上的隶属，发展为实质上的隶属；适应生产力发展的需要，资本主义市场经济体制和运行机制怎样

发展和变化，怎样由所有权和经营权相统一的业主制逐步发展为两权完全分离的股份制，生产力和资本主义生产关系的发展，产生了什么样的矛盾，怎样为未来转向社会主义准备了物质的和社会的条件。总之，马克思是紧密结合生产力的发展变化、生产条件的发展变化，来研究资本主义经济关系的本质、矛盾及其表现形式和发展趋势的，并通过对资本主义经济的分析，预见到未来新社会制度的一些基本特征。但是，马克思并没有把生产力本身作为政治经济学的研究对象。认为马克思讲过研究对象“首先是物质生产”，是张冠李戴式的误解。

马克思《〈政治经济学批判〉导言》的第一节，是“生产、消费、分配、交换（流通）”。其第一目是“生产”，接着讲“摆在面前的对象，首先是物质生产”。显然，这里并不是指政治经济学的对象首先是物质生产，而是说明：在进一步阐述生产与消费、分配、交换诸环节之间的关系前，首先要分析和阐述“生产”自身。有“首先”就有其次，其次就是接着分析生产与消费、生产与分配以及生产与交换的关系。即使专门分析生产时，马克思一开始就强调“在社会中进行生产的个人，——因而，这些个人的一定社会性质的生产，当然是出发点”。这里所强调的是生产的社会性质即社会关系，是以生产的社会关系作为“出发点”的。同时还批评了斯密和李嘉图把“单个的孤立的猎人和渔夫”作为研究的出发点，称其为“属于18世纪的缺乏想象力的虚构”，“是鲁滨逊一类的故事”。可见，马克思在这里分析生产，是着重于生产的社会关系方面，而非生产的自然方面。他还明确说明：“政治经济学所研究的是财富的特殊社会形式”①。恩格斯也明确指出：“经济学所研究的不是物，而是人和人之间的关系”②。列宁也强调说明：“政治经济学决不是研究‘生产’，而是研究人们在生产上的社会关系，生产的社会结构。”③

这里又涉及对马克思在《资本论》第一卷序言中的一句话的理解和把握问题。“我在本书研究的，是资本主义生产方式以及和它相适应的生产关系和交换关系。”这里的“资本主义生产方式”究竟是指什么？首先

---

① 《马克思恩格斯全集》第46卷下册，人民出版社1980年版，第383页。
② 《马克思恩格斯选集》第2卷，人民出版社1995年版，第44页。
③ 《列宁选集》第1卷，人民出版社1995年版，第188页。

应肯定，在《资本论》和马克思的其他著作中，“生产方式”的含义，不是斯大林所定义的生产力和生产关系的统一。它是含义比较广泛的概念，用在不同的地方有不同的具体含义。但概括起来，是指生产的技术方式和社会方式。有时专指生产的技术方式，即用什么样的工具和其他条件进行生产。有时专指生产的社会方式，即在什么社会关系下进行生产。生产的技术方式一般属于生产力范畴，不具有阶级关系和特定的社会性质。而且，在讲技术生产方式时，一般不在“生产方式”前加“资本主义”这一定语。例如，《资本论》论述相对剩余价值生产时，说明要提高劳动生产力就需要改变劳动资料和劳动方法，也就是改变生产方式。“不改变他的劳动资料或他的劳动方法，或不同时改变这二者，就不能把劳动生产力提高一倍。因此，他的劳动生产条件，也就是他的生产方式，从而劳动过程本身，必须发生革命。”① 这里讲的“生产方式”，是特指生产中所用的劳动资料和劳动方法，统称“劳动生产条件”。这种“生产方式”就是从生产力的含义上讲的，不具有资本主义性质。因而在“生产方式”前没有冠以“资本主义”定语。当讲“资本主义生产方式”时，特别冠以“资本主义”，便表示具有资本主义性质。有时指资本主义经济制度，有时指资本主义所有制，有时指生产资料与劳动力相结合的方式。但决不会是指生产力，也不会包括生产力。例如，“从封建生产方式向资本主义生产方式的转变过程”② 就是指从封建经济制度向资本主义经济制度的转变。在法文版中，马克思就是改用这句语言表达的，即用“资本主义经济制度”取代了“资本主义生产方式”。又如，马克思讥讽“资本的献媚者政治经济学家从理论上把资本主义生产方式和它自身的对立面说成是同一的”③，这里所讲的与资本主义生产方式的对立面，是指与资本主义所有制相对立的个体劳动者所有制，前者是在剥夺后者的基础上建立起来的。在法文版中，马克思将此处的“资本主义生产方式”，具体化为“资本主义所有制”。再如，在《资本论》第一卷第二版跋中，马克思讲：无产阶级的“历史使命是推翻资本主义生产方式和最后消灭阶

① 《资本论》第1卷，人民出版社2004年版，第366页。
② 《资本论》第1卷，人民出版社2004年版，第861页。
③ 《资本论》第1卷，人民出版社2004年版，第877页。

级”，显然，这里的“资本主义生产方式”不能解释为资本主义生产力。一是生产力不具有阶级性和资本主义属性，二是无产阶级不存在推翻资本主义制度下发展起来的生产力的任务，只能在继承已有生产力的基础上，进一步解放和发展生产力。

回过头来再探讨《资本论》第一版序言中所讲的“我要在本书研究的，是资本主义生产方式以及和它相适应的生产关系和交换关系”究竟是指什么。通过上面的分析可以排除理解为生产力的观点。将其解释为“资本主义所有制”，也讲得通。正是在资本主义所有制的基础上形成了与其相适应的生产关系和交换关系。但是，从《资本论》的论述和逻辑结构看，作为其研究对象重要内容的“资本主义生产方式”，不仅仅指资本主义所有制。所有制是生产关系的基础，这是马克思主义经济学家所认同的一般原理。然而人们往往忽视，马克思在阐述所有制的基础性作用时，一般是与生产资料和劳动力的结合方式紧密联系在一起的。因为一定的生产资料所有制，要表现为一定的生产资料与劳动力相结合的方式。在不同的结合方式的基础上，建立起不同的生产关系体系即经济制度。马克思十分重视这个问题，他强调指出：“不论生产的社会形式如何，劳动者和生产资料始终是生产的因素……凡要进行生产，就必须使它们结合起来。实行这种结合的特殊方式和方法，使社会结构区分为各个不同的经济时期。”[①] 这就是说，不同的社会经济结构即经济制度，是由生产资料和劳动力的不同结合方式来区分的。生产因素相结合的特殊方式，一方面要以生产因素不同的所有状况为条件，另一方面，它又决定着所有制的性质。比如，对于奴隶制度、封建制度、资本主义制度，根据什么区分？它们都是以一定的所有制为基础的，似乎可以用不同的所有制来说明。但是，对于奴隶制所有制、封建主义所有制、资本主义所有制，又是根据什么来区分呢？为什么都是不劳动者占有生产资料，有的定位为奴隶主，有的定位为封建主，而有的则定位为资本家呢？离开生产资料与劳动力的特殊结合方式是无法说明这个问题的。如果不劳动者占有生产资料并占有劳动者，劳动者失去人身自由，只是作为会说

① 《资本论》第1卷，人民出版社2004年版，第8页。

话的工具在主人的皮鞭棍棒下与生产资料相结合，劳动者就是奴隶，所有者就是奴隶主。因而其所有制的性质就是奴隶制所有制，这就决定了奴隶制经济制度的存在。如果是不劳动者占有生产资料，劳动者以租佃者的身份，在超经济强制下与所有者的主要生产资料——土地相结合，劳动者就是农奴或佃农，生产资料所有者就是封建地主，这就是封建主义所有制，在此基础上就形成了封建主义生产关系体系即封建主义经济制度。如果所有者的生产资料以资本的形式存在，而劳动者采取雇佣劳动的形式，生产资料与劳动力相结合的特殊方式是资本与雇佣劳动相结合，这样，所有者就是资本家，劳动者就是雇佣工人，在此基础上就建立起资本主义生产关系体系即资本主义经济制度。

正因为一定的生产资料所有制与生产资料和劳动力相结合的特殊方式密不可分，所以，马克思和恩格斯把资产阶级占有资本和由资本支配雇佣劳动，作为资本主义制度的基础和条件。《共产党宣言》中强调说明："资产阶级生存和统治的根本条件，是财富在私人手里的积累，是资本的形成和增殖；资本的条件是雇佣劳动。"① 马克思十分重视资本和雇佣劳动形式对资本主义制度的决定作用，他指出："已无须重新论证资本和雇佣劳动的关系怎样决定着这种生产方式的全部性质"。又说："劳动作为雇佣劳动的形式对整个过程的面貌和生产本身的特殊方式有决定的作用"②。在《哥达纲领批判》中，马克思也讲："资本主义生产方式的基础是：生产的物质条件以资本和地产的形式掌握在非劳动者手中，而人民大众所有的只是生产的人身条件，即劳动力。"③

从以上的分析可以看出，马克思把资本主义所有制以及资本和雇佣劳动相结合的特殊方式，看作是资本主义生产关系体系（总和）即资本主义经济制度的基础或决定条件。由此可以判断，作为《资本论》研究对象的"资本主义生产方式以及和它相适应的生产关系和交换关系"其具体含义究竟是什么了。在马克思恩格斯著作中，生产关系有广义狭义之分。广义的生产关系包括所有制、生产资料与劳动力的结合方

① 《马克思恩格斯选集》第1卷，人民出版社1995年版，第284页。
② 《资本论》第3卷，人民出版社2004年版，第996、998页。
③ 《马克思恩格斯选集》第3卷，人民出版社1995年版，第306页。

式，直接生产过程中的关系，以及交换、分配、消费等关系。而狭义的生产关系，是指直接生产过程中的关系。上述《资本论》研究对象中的“生产关系”就是狭义的生产关系，因为它后面接着有“交换关系”，前面有作为其基础和条件的“资本主义生产方式”。而《资本论》所研究的资本主义生产方式以及和它相适应的生产关系和交换关系，则是广义的资本主义生产关系，即资本主义生产关系体系或资本主义经济制度。

《资本论》的体系结构也体现出它的具体研究对象。《资本论》第一卷第一篇研究“商品和货币”，是为进一步研究资本主义经济关系提供理论准备。从第二篇开始进入对资本主义经济的研究。但从第三篇开始才进入对资本主义直接生产过程的研究，包括对剩余价值生产过程和以后篇章对资本积累过程的研究。第二篇“货币转化为资本”，事实上论述了资本主义直接生产过程的前提条件：与资本主义所有制相联系的资本和雇佣劳动的形成及其通过流通过程的结合。货币转化为资本的前提是劳动力成为商品。而马克思认为，劳动力成为商品，其劳动就是雇佣劳动。货币所有者购买生产资料和劳动力，以流通过程作媒介进入生产过程，就是生产资本与雇佣劳动相结合的关系。可见，资本与雇佣劳动相结合，就是资本主义经济中生产资料与劳动力相结合的特殊方式。正是由于这种相结合的特殊方式，决定了生产关系和交换关系的资本主义性质。马克思用形象的语言描述了这种情况：一离开 G—W 这个商品交换领域，走向生产领域，“就会看到，我们的剧中人的面貌已经起了某些变化。原来的货币占有者作为资本家，昂首前行；劳动力占有者作为他的工人，尾随于后。一个笑容满面，雄心勃勃；一个战战兢兢，畏缩不前，像在市场上出卖了自己的皮一样，只有一个前途——让人家来鞣”[①]。

由此可见，将作为《资本论》研究对象的“资本主义生产方式”解释为生产力，并据此批评将政治经济学的对象规定为社会生产关系，不包括生产力，是附加于马克思的错误观点，是多么武断和简单化。其实

---

① 《资本论》第 1 卷，人民出版社 2004 年版，第 205 页。

是批评者将自己的错误理解附加于马克思了。

通过以上分析可以看出，将作为《资本论》研究对象的“资本主义生产方式”，理解为资本主义所有制和资本与雇佣劳动相结合的方式，符合马克思的原意，也符合《资本论》的篇章结构安排。

还有一个与政治经济学研究对象相关的问题，需要说明一下。有些学者在教学与研究中常常提到马克思在《〈政治经济学批判〉导言》中所讲的再生产的四个环节：生产、分配、交换、消费，认为马克思政治经济学的研究对象，就是这四个环节或四个方面的经济关系。有的还主张政治经济学教材也可以依此分篇。其实这里存在着误解。再生产的四个环节或方面的规定，并不是马克思独立提出的。他在《〈政治经济学批判〉导言》中是评论和批评前人在关于生产、分配、交换、消费的内涵及其相互关系上的肤浅理解。他并不赞同以此来安排政治经济学的体系结构和章节的划分，他说：“在詹姆斯·穆勒那里有一些不适当的章节划分：《论生产》，《论分配》，《论交换》，《论消费》。”① 又说，没有一个古典经济学家遵照这个习惯，即首先是考察生产，其次是交换，接着是分配，最后是消费，或者用其他的方法排列这四个项目。的确，无论作为古典经济学家的亚当·斯密，还是李嘉图，分别在其著作《国民财富的性质和原因的研究》和《政治经济学及赋税原理》中，都没有上述的篇章划分。需要弄清的问题是，为什么马克思不赞成詹姆斯·穆勒那样划分政治经济学的篇章呢？我理解，第一，在马克思的经济学著作中，作为研究对象的经济关系的内涵，要更为丰富。比如商品流通是资本的起点，劳动力成为商品是货币转化为资本的条件，都是在资本主义的生产、分配、交换等诸环节之前就存在的事情。社会分工及其发展，既出现于资本主义开始之前，也存在于其生产之中。关于资本的原始积累，更存在于资本主义生产、分配、交换、消费之前。特别是马克思所重视的生产资料与劳动力相结合的特殊方式，资本与雇佣劳动相结合的方式，按照上述再生产四环节的分篇也是包揽不了的。因此，尽管马克思在《〈政治经济学批判〉导言》中分析了生产、分配、交换与消费问题，但他的

---

① 《马克思恩格斯全集》第26卷第3册，人民出版社1974年版，第92页。

主要政治经济学著作《资本论》并没有依此建立体系结构。再者，马克思之所以要专门分析再生产的四个环节，是因为此前的经济学著作中对它们之间的关系存在肤浅的认识，有必要对其相互关系进行符合实际的科学分析，以纠正前人认识上的偏颇。

二、关于“生产力—生产方式—生产关系”的理解问题

在关于马克思主义政治经济学对象的研究和讨论中，涉及马克思在《政治经济学批判》序言中的一个著名原理是否科学或需要修正的问题。序言中讲：“人们在自己生活的社会生产中发生一定的、必然的、不以他们的意志为转移的关系，即同他们的物质生产力的一定发展阶段相适合的生产关系。这些生产关系的总和构成社会的经济结构。”① 按照通行的理解，生产力决定生产关系，这是马克思主义历史唯物主义的一个重要原理。但是，从 20 世纪 80 年代初到现在，不断有学者认为，应是生产力决定生产方式，生产方式决定生产关系，即生产力—生产方式—生产关系，不应是生产力直接决定生产关系。其理论根据是马克思的有关论述。

马克思在 1846 年 12 月 28 日致安年科夫的信中写道：“随着新的生产力的获得，人们便改变自己的生产方式，而随着生产方式的改变，他们便改变所有不过是这一特定生产方式的必然关系的经济关系。”② 1847 年，马克思又在《哲学的贫困》中写道：“随着新生产力的获得，人们改变自己的生产方式，随着生产方式即谋生的方式的改变，人们也就会改变自己的一切社会关系。”③

在 1980 年《经济研究》第 6 期发表的《生产方式和政治经济学的研究对象》一文中，就引证马克思的以上论述，提出生产力—生产方式

① 《马克思恩格斯选集》第 2 卷，人民出版社 1995 年版，第 32 页。
② 《马克思恩格斯〈资本论〉书信集》，人民出版社 1976 年版，第 17 页。
③ 《马克思恩格斯选集》第 1 卷，人民出版社 1995 年版，第 142 页。

—生产关系的公式，认为直接决定生产关系的是生产方式，而不是生产力。作者把生产方式解释为“第一，它是指劳动方式；第二，它又是指生产的社会形式”。不过该文没有明确回答《资本论》序言中，作为研究对象的“资本主义生产方式”是什么。我认为，无论将其解释为“劳动方式”（分工、协作等）或解释为生产的社会形式，或解释为二者的统一，都难以讲得通。“劳动方式”本身并不具有资本主义属性，因而不能用以解释“资本主义生产方式”。至于“生产的社会形式”，属于社会生产关系的范畴，其规定性是多方面的。该文作者并未说明其具体含义。

《中国社会科学》1997 年第 2 期发表的《论政治经济学或经济学的研究对象》（以下简称《对象》）一文中，同样引证了马克思上述关于生产力—生产方式—生产关系的论述。同时结合《资本论》研究的对象是“资本主义生产方式以及和它相适应的生产关系和交换关系”，该文认为直接决定生产关系的不是生产力，而是生产方式。这样理解是否准确，后面再谈。不过，作者对作为《资本论》研究对象的“资本主义生产方式”的解释，我认为是能够成立的，与我的理解相一致。文中说：“马克思所说的资本主义生产方式，是指生产的资本主义的社会形式，即资本主义条件下的劳动者和生产资料相结合以生产人们所需要的物质资料的特殊方式，也就是雇佣劳动和资本相结合以生产人们所需要的物质资料的特殊方式。”需要进一步弄清楚的是，生产资料与劳动者相结合的方式，资本与雇佣劳动相结合的方式，究竟是独立于生产关系即经济关系之外、属于生产力与生产关系的中介范畴，还是属于生产关系体系的基础性范畴，从而属于广义生产关系范畴的组成部分呢？如果属于前者，生产力就不能直接决定生产关系，那么，作为历史唯物主义的一个重要原理的生产力决定生产关系，就不能成立了。《对象》一文是按照前者的含义理解的，认为：“马克思根据自己的生产力—生产方式—生产关系原理在 1867 年出版的《资本论》中，对 1859 年问世的《政治经济学批判》序言中的生产力—生产关系原理作了重大修改。其中最重要的是把《政治经济学批判》序言中的‘同他们的物质生产力的一定发展阶段相适应的生产关系’，修改成‘一定的生产方式以及与它相适应的生产关系'[①]。马克思的这一修改十分重要。修改后的原理表明：第一，不是生产力直接决定生产关系，而是一定历史发展阶段的生产力决定和生产力相适应的生产方式，一定的生产方式决定和生产方式相适应的生产关系。第二，成为社会的经济结构或经济基础的，是生产方式以及和它相适应的生产关系，而不只是生产关系。"

这里涉及怎样准确理解和把握马克思的有关理论的原意问题。第一，我认为，不存在《资本论》对《政治经济学批判》"作了重大修改"的问题。首先，马克思早在《资本论》出版（1867年）以前的1846年和1847年，就提出生产力—生产方式—生产关系的理论思想，而《政治经济学批判》及其序言出版于1859年。远远晚于1846年、1847年提出生产方式的时间。试问：《序言》中讲了同物质生产力相结合的生产关系，没有以生产方式作中介，是否以"生产力—生产关系"这一原理修正了以前讲的"生产力—生产方式—生产关系"的原理呢？《资本论》中重提"生产力—生产方式—生产关系"，是否又是对《政治经济学批判》序言中的"生产力—生产关系"的修正呢？马克思的一个历史唯物主义的重要原理会这样自我否定之否定么？其次，"重大修改"说难以成立。从理论和实践来看，可以认定：一定阶段的生产力，决定了资本主义所有制以及与其紧密相连的资本与雇佣劳动相结合的生产方式，即资本主义生产方式，在此基础上建立起资本主义生产关系体系。这就是"生产力—生产方式—生产关系"的理论逻辑。但只要承认所有制以及与其相联系的生产资料与劳动力相结合的方式是生产关系体系的基础，因而属于广义生产关系的组成部分，所谓"重大修正"说就不会提出了。因为两种提法实质上是一致的。用马克思早于《政治经济学批判》序言十多年前就已提出"生产力—生产方式—生产关系"说，来否定十多年后序言中的"生产力—生产关系"说，在逻辑上是难以说通的。第二，所谓《资本论》对《政治经济学批判》序言中的"生产力—生产关系"原理作了重大修改的根据是：序言中的提法是"同他们的物质生产力的一定发展阶段相适应的生产关系"，《资本论》中将其修改成"一定的生产方式以及与它

---

① 《资本论》第1卷，人民出版社2004年版，第100页注（33）。

相适应的生产关系”[1]，这里存在着误解。如果真是要修改的话，应是把序言中的“生产力—生产关系”修改成“生产力—生产方式—生产关系”，而不能抛去生产力，修改成：“生产方式—生产关系”。离开生产力的决定作用，就没有历史唯物主义了。《资本论》中的注（33）只是转述序言中的原理。即将二者作为同义语使用。前已说明，在《资本论》中，生产方式是个多义词，有时是指生产的技术方式，指生产力，例如，在第一卷第十章讲相对剩余价值时，就多处在生产力含义上使用生产方式概念。马克思提出：要增加相对剩余价值，就得降低劳动力的价值，就需要提高有关产业部门的生产力。“不改变他的劳动资料或他的劳动方法，或不同时改变这二者，就不能把劳动生产力提高一倍。因此，他的劳动生产条件，也就是他的生产方式，从而劳动过程本身，必须发生革命。”[2] 这里所讲的生产方式的革命，就是指劳动资料与劳动方法的变革，即生产力的变化。在本引文的后面讲超额剩余价值时，还一再使用“采用改良的生产方式”，“当新的生产方式被普遍采用”，“采用新的生产方式”，都是指生产力含义上的生产的技术方式。

在《资本论》中，“生产力—生产关系”同“生产力—生产方式—生产关系”，其基本原理是一致的，并不存在后者取代和修正前者的关系。如果读一下《资本论》第一卷第二版跋，就可以理解得更清楚了。

马克思引证了俄国考夫曼对自己研究方法的大段评论，认为：这位作者先生把他称为我的实际方法的东西描述得这样恰当。考夫曼评介马克思的理论观点时写道：生产力的发展水平不同，生产关系和支配生产关系的规律也就不同。马克思是完全肯定考夫曼对自己的理论观点和方法的转述与评介的。而考夫曼这里所评介的，正是马克思所主张的生产力—生产关系的原理。

由此可见，马克思的生产力决定生产关系的这一历史唯物主义的重要原理，是完全正确的科学的，不存在进行重大修改的问题。

---

① 《资本论》第1卷，人民出版社2004年版，第100页注（33）。

② 《资本论》第1卷，人民出版社2004年版，第366页。

三、政治经济学的研究对象需要发展

马克思的政治经济学主要是研究资本主义生产关系即经济关系及其运动规律的，他之所以把研究对象定位为经济关系，取决于当时他的经济学的任务。马克思的经济学是与“资本的经济学”相对立的“劳动的经济学”，也可以说是劳动解放的经济学。其任务是揭示资本主义经济关系的本质，特别是资本和劳动的对立，揭示资本主义经济制度产生、发展、成熟及其衰亡的客观规律，为科学社会主义提供理论支持，为工人阶级的解放斗争提供理论武器。马克思经济学的任务不是为资本主义社会生产力的发展、经济增长、劳动生产率的提高出谋划策；不是为资本主义缓和经济危机、治理通货膨胀、搞好资源配置、完善经济运行、提高经济效益、缓和经济矛盾等提供理论和对策。但是，马克思的政治经济学，又绝不是孤立地、就事论事地去阐述几条资本主义生产关系，去干巴巴地表述几条商品生产和资本主义的经济规律。《资本论》比较系统地阐述了资本主义国家生产力的发展过程和所经历的不同阶段，阐述了提高生产力与提高利润率的决定因素，阐述了决定资本主义积累的因素，阐述了资本主义市场经济中市场机制如供求机制、竞争机制、价格机制、利率机制等的各自作用和相互作用，阐述了价值规律调节生产和流通也就是市场机制配置资源的机理，阐述了市场价值和市场价格的运动规律，阐述了货币流通和纸币流通的规律，阐述了社会资本再生产的比例关系也就是总供给与总需求的平衡问题，阐述了外延的扩大再生产和内涵的扩大再生产以及粗放经营和集约经营的问题，阐述了经营方式的变化，即由所有者与经营者的统一，到所有者与经营者（经理）的分离，到股份制的发展，等等。总之，马克思经济学的内容是很丰富和精深的。不要认为，马克思的经济学研究对象是生产关系，就不能解决实际经济问题。它恰恰是通过深入实际经济过程来研究和揭示生产关系的。从马克思经济学的丰富内容中，我们可以汲取一系列研究社会主义经济的有关理论思想和方法。

当代马克思主义经济学同样需要研究资本主义经济关系，特别是研究当代资本主义经济关系。但与马克思的研究对象与任务是否完全相同？我认为，既有相同的一面，又有不同的一面。相同的一面是，要按照马克思的基本原理与方法，揭示资本主义经济关系的本质、矛盾、发展规律和历史趋势。尽管当代资本主义出现了一系列新现象、新特点，但其本质并未改变。因此，马克思的资本主义部分政治经济学的对象与任务并没有过时。另一方面，当代马克思主义政治经济学的对象与任务，又有不同的一面。有关研究对象的理论思想需要发展。当代马克思主义经济学除需要深入研究当代资本主义经济关系外，还需要研究随着生产力的新发展和科技革命的新推进，其经济体制、运行机制、经营方式有什么新的变化，资本主义经济怎样通过自我调节与调整，保持了一定的生命力。这是出于两方面的需要，一方面，现在看来，世界资本主义制度的衰亡与转向社会主义是一个很长期的历史过程，需要对其新现象、新特点进行长期跟踪研究，以探求“资本主义私有制的丧钟就要响了，剥夺者就要被剥夺了”的理论预测为什么在短期内难以实现，以发展马克思对资本主义经济研究的理论成果。另一方面，在中国现实社会主义市场经济中，需要借鉴西方市场经济运行的某些经验与教训，需要汲取西方发达国家在发展生产力、促进科技创新、提高劳动生产率、规范市场秩序、加强和完善政府调节等方面对我有用的理论与实践成果。

马克思主义社会主义部分政治经济学的对象，应首先把研究社会主义经济关系放在重要地位。如果搞不清多种经济成分的各自性质，搞不清什么是社会主义经济，什么是非社会主义经济，什么是资本主义经济制度，什么是社会主义经济制度，什么是社会主义初级阶段的基本经济制度，搞不清公有制为主体、国有经济为主导的重要意义和作用，搞不清按劳分配与按生产要素分配的不同性质和区别，搞不清公有制的存在形式与其实现形式的区别，甚至搞不清什么是公有制，那么，什么是社会主义，怎样建设社会主义，又会模糊不清了。在社会主义经济发展的方向与道路的问题上，马克思主义不能不问“姓社姓资”“姓公姓私”。不让问的结果，只能是弃“社”取“资”、弃“公”取“私”。

社会主义部分政治经济学研究社会主义生产关系，是为了发展与完善这种关系，并借以促进生产力的解放和发展。社会主义政治经济学的任务要为实现社会主义本质服务。不仅要为解放和发展生产力提供理论支持，而且要通过生产力的高度发展，逐步实现消灭剥削、消除两极分化，达到共同富裕的目标。因此，社会主义政治经济学的对象与任务，同作为破坏旧世界、消灭旧制度的理论武器的资本主义政治经济学不同，它要为建设新世界、建立新制度贡献理论智慧。为此，社会主义政治经济学既要研究社会主义生产关系，这方面存在很多混乱观点，需要澄清理论是非，又不能限于研究生产关系，还应研究经济体制与运行机制，研究经济增长与发展，研究增长方式的转变，研究资源配置方式，研究人的全面发展等。

我不赞同这样一种简单的论断：西方经济学的对象是资源配置；马克思主义政治经济学的对象是生产关系。且不讲从经济学说史的角度看，西方经济学的研究对象，不同学派不尽相同。即使讲资源配置，社会主义经济学也需要加以研究。在实行计划配置资源的计划经济年代，政治经济学必然要讲社会主义计划经济。现在实行社会主义市场经济，市场作为资源配置的手段，社会主义部分政治经济学也要将其作为重要课题研究。研究资源配置，既有技术层面的规定，更有经济关系层面的规定。无论计划经济还是市场经济，都有其特定的经济关系内涵。社会主义怎样有效配置资源，涉及人们的经济利益关系，不能将其排除于社会主义政治经济学研究对象之外。

由此可见，马克思主义政治经济学的研究对象，也存在坚持和发展问题。无论资本主义部分政治经济学，还是社会主义部分政治经济学，其研究对象均为经济利益问题。马克思研究资本主义经济关系，是经济利益关系；社会主义部分政治经济学，无论研究生产关系，还是经济体制与运行机制，还是经济增长与发展以及资源配置，都直接涉及经济利益关系或经济利益的增减问题。

（原文发表于《马克思主义研究》2006 年第 1 期）

论政治经济学或经济学的研究对象

吴易风*

一、关于政治经济学或经济学研究对象的意见分歧

政治经济学或经济学的研究对象是什么？它研究资源配置，还是研究生产方式以及和它相适应的生产关系？在这个问题上，中国经济理论界存在着严重的意见分歧。

为了叙述的方便，这里有必要先说明一下政治经济学和经济学的关系。虽然国内外都有人试图区分政治经济学和经济学，但是都未见成功。我们在这里仍然把政治经济学和经济学看作是同义语。事实上，在马克思的著作中，政治经济学和经济学二者是在相同的意义上使用的，具有相同的内涵和外延，可以互用。在有代表性的西方经济学教科书中，经济学和政治经济学也常常是同义语。例如，马歇尔的《经济学原理》中有"政治经济学或经济学"的提法，萨缪尔森的《经济学》中有"经济学或政治经济学"的提法。还值得注意的是，《新帕尔格雷夫经济学大辞典》也把政治经济学和经济学看作是同义语："在即将进入21世纪的今天，'政治经济学'和'经济学'这两个名词都还存在。自它们产生以来，含义都有所变化，然而，两者基本上可看作同义语。"①

目前国内经济学界在政治经济学或经济学研究对象问题上至少存在

* 吴易风：中国人民大学一级教授，博士生导师。

① ［英］约翰·伊特韦尔等编：《新帕尔格雷夫经济学大辞典》第3卷，经济科学出版社1992年版，第970页。

两种对立的意见。

一种意见认为，经济学是关于资源配置的科学，研究资源配置是全部经济学的核心。

另一种意见认为，政治经济学或经济学的研究对象是生产方式以及和它相适应的生产关系。资源配置方式从属于生产方式。对生产方式的研究也就包含了对资源配置问题的研究。但是，决不能把政治经济学或经济学只规定为关于资源配置的科学。如果这样规定，就会把生产方式排除在政治经济学或经济学的研究范围之外，就会把由生产方式产生并和生产方式相适应的生产关系排除在政治经济学或经济学的研究范围之外。

国内学术界的上述意见分歧，从更广阔的经济思想史背景上看，实际上是马克思主义经济学和西方经济学在研究对象上的根本分歧。为了弄清楚意见分歧的所在，有必要分别考察一下马克思关于《资本论》研究对象的规定和罗宾斯关于西方经济学研究对象的规定。

二、马克思《资本论》的研究对象和国内学者的不同理解

我国目前有数以百计的政治经济学教科书。每一本教科书开宗明义第一章都规定：政治经济学是关于生产关系的科学，它研究人们的社会生产关系即经济关系。

这个定义的优点是突出了对生产关系的研究，缺点是没有把对生产方式的研究放在应有的地位。从研究对象中排除了生产方式，也就排除了生产关系所包容不了的重要经济问题，例如资源配置问题。这样，政治经济学的研究对象就狭窄化了。内容原本丰富的政治经济学现在被局限于只研究三方面的问题：生产资料的所有制形式；各种社会集团在生产中的地位以及他们的相互关系；产品分配形式。

要避免把马克思主义政治经济学的研究对象狭窄化，就应当从现今教科书的定义复归到马克思的定义上去。

马克思在《资本论》德文第一版序言中明确地规定了《资本论》的研究对象。他说:“我要在本书研究的,是资本主义生产方式以及和它相适应的生产关系和交换关系。”①

从马克思的上述规定中可以清楚地看到,马克思在《资本论》中研究的,一是资本主义生产方式,一是和资本主义生产方式相适应的生产关系和交换关系。大家知道,马克思在这里所说的生产关系和交换关系同属经济关系,也就是哲学教科书和政治经济学教科书所说的生产关系。因此,马克思在《资本论》中研究的,是资本主义生产方式以及和它相适应的生产关系。

马克思关于《资本论》研究对象的规定,从内容到文字,都是准确无误、没有二义的。但是,中国经济学界长期以来对于如何理解这一规定一直存在着争论,意见颇为分歧,而且始终未取得共识。《资本论》研究对象成了难解之谜。

一种观点认为,政治经济学是关于生产关系的科学,因此,马克思在这里说的“资本主义生产方式”实际上指的是资本主义生产关系。可是,如果这样解释,前面引用的马克思的那句话就成了“我要在本书研究的,是资本主义生产关系以及和它相适应的生产关系和交换关系”。这显然犯了逻辑混乱的错误。

另一种观点认为,马克思在这里说的“资本主义生产方式”指的是资本主义广义生产关系,“和它相适应的生产关系和交换关系”指的是狭义生产关系。可是,如果这样解释,马克思的这句话就成了“我要在本书研究的,是资本主义广义生产关系以及和它相适应的狭义生产关系”。这同样犯了逻辑混乱的错误。

还有一种观点认为,马克思在这里说的“生产方式”既包括生产力,又包括生产关系,是生产力和生产关系的统一。因此,政治经济学不只是关于生产关系的科学,而且是关于生产力的科学。可是,如果这样解释,马克思的这句话就成了“我要在本书研究的,是生产力和生产关系以及和它相适应的生产关系和交换关系”。这仍然犯了逻辑混乱的错误。

---

① 《马克思恩格斯全集》第23卷,人民出版社1972年版,第8页。

原本很清楚的问题，中国经济学界越争论反而越不清楚。除了其他原因之外，恐怕主要有以下三个原因。

第一个原因是，我们头脑中有一个先入为主的政治经济学定义。我们学习政治经济学，除极少数例外，都不是从《资本论》开始，而是从政治经济学教科书开始的。按照教科书的定义，政治经济学是关于生产关系的科学。在研究和诠释《资本论》时，由于头脑中已经有了教科书的定义，就很容易用教科书的定义去解释马克思的定义，以便保持教科书定义和《资本论》研究对象之间的一致。把“资本主义生产方式”解释成为“资本主义生产关系”或“资本主义广义生产关系”的主要原因就在于此。

第二个原因是，我们头脑中有一个先入为主的生产方式的定义。我们对生产方式这一范畴的认识，一般不是直接来自马克思，而是来自后来的马克思主义者，来自哲学教科书和政治经济学教科书。在教科书中，生产方式包括生产力和生产关系，是二者的统一。在研究和诠释《资本论》时，由于头脑中已经有了这种生产方式定义，就很容易据此解释《资本论》研究对象，并由此认为政治经济学还应当研究生产力。

第三个原因是，我们一般只熟悉马克思在《政治经济学批判》序言中表述的生产力—生产关系原理，而不熟悉马克思在一系列著作中阐述的生产力—生产方式—生产关系原理，更没有注意到马克思在《资本论》中对《政治经济学批判》序言的原理所作的重大修改。马克思关于《资本论》研究对象的规定，正是建立在生产力—生产方式—生产关系原理之上的。

理解马克思《资本论》研究对象的关键，就在于理解马克思生产力—生产方式—生产关系原理。

(1) 马克思在 1846 年 12 月 28 日致安年科夫的信中第一次提出了生产力—生产方式—生产关系原理。他写道：“随着新的生产力的获得，人们便改变自己的生产方式，而随着生产方式的改变，他们便改变所有不过是这一特定生产方式的必然关系的经济关系。”[①] 请注意，这里不是生产力直接决定生产关系，也不是生产力和生产关系的统一构成生产方式，

① 《马克思恩格斯全集》第 27 卷，人民出版社 1972 年版，第 479 页。

而是生产力决定生产方式，生产方式决定生产关系即经济关系。

(2) 马克思在 1847 年的《哲学的贫困》中再次阐述了生产力—生产方式—生产关系原理。他写道："随着新生产力的获得，人们改变自己的生产方式，随着生产方式即保证自己生活的方式的改变，人们也就会改变自己的一切社会关系。"①

(3) 马克思在 19 世纪 40 年代形成的生产力—生产方式—生产关系的思想后来在《资本论》中得到了充分的发展。马克思写道："对资本主义生产方式的科学分析却证明：资本主义生产方式是一种特殊的、具有独特历史规定性的生产方式；它和任何其他一定的生产方式一样，把社会生产力及其发展形式的一定阶段作为自己的历史条件，而这个条件又是一个先行过程的历史结果和产物，并且是新的生产方式由以产生的现成基础；同这种独特的、历史规定的生产方式相适应的生产关系，——即人们在他们的社会生活过程中、在他们的社会生活的生产中所处的各种关系，——具有独特的、历史的和暂时的性质……"② 这是马克思运用生产力—生产方式—生产关系原理分析资本主义生产方式所得到的科学结论。结论表明：一定历史阶段上的生产力及其发展形式，是一定的生产方式由以产生的历史条件和现成基础。一定的生产方式又决定一定的生产关系。新的生产力会产生和它相适应的新的生产方式，新的生产方式又会产生和自己相适应的新的生产关系。资本主义生产方式是特殊的、历史规定的生产方式，和它相适应的资本主义生产关系也具有特殊的、历史的和暂时的性质。

(4) 马克思根据自己的生产力—生产方式—生产关系原理，在 1867 年出版的《资本论》中，对 1859 年问世的《政治经济学批判》序言中的生产力—生产关系原理作了重大修改。其中最重要的是把《政治经济学批判》序言中的"同他们的物质生产力的一定发展阶段相适合的生产关系"③，修改成"一定的生产方式以及与它相适应的生产关系"④。马克思

---

① 《马克思恩格斯全集》第 4 卷，人民出版社 1958 年版，第 144 页。

② 《马克思恩格斯全集》第 25 卷，人民出版社 1974 年版，第 993 页。

③ 《马克思恩格斯全集》第 13 卷，人民出版社 1962 年版，第 8 页。

④ 《马克思恩格斯全集》第 23 卷，人民出版社 1972 年版，第 99 页注 (33)。

的这一修改十分重要。修改后的原理表明：第一，不是生产力直接决定生产关系，而是一定历史发展阶段的生产力决定和生产力相适应的生产方式，一定的生产方式决定和生产方式相适应的生产关系。第二，成为社会的经济结构或经济基础的，是生产方式以及和它相适应的生产关系，而不只是生产关系。

(5) 马克思在1872年开始出版的《资本论》法文版中，又将《政治经济学批判》序言中的“同他们的物质生产力的一定发展阶段相适合的生产关系”，修改成“一定的生产方式以及从这种生产方式中产生的社会关系”①。

由上述可见，生产力—生产方式—生产关系原理贯穿于马克思从19世纪40年代到70年代的著作，经历了一个形成和发展的过程。因此，决不能把生产力—生产方式—生产关系原理看作是偶然出现于马克思个别著作中的个别提法。

在马克思那里，生产力—生产方式—生产关系原理的基本内容是：

第一，生产力决定生产方式。一定历史发展阶段上的生产力及其发展形式，是一定的生产方式赖以产生的历史条件和现成基础。生产力的变化引起生产方式的变化，新的生产力要求产生和它相适应的新的生产方式。

第二，生产方式决定生产关系。生产关系是从生产方式中产生的，一定的生产关系是一定的生产方式所具有的必然关系。生产关系和生产方式相适应。生产方式的发展引起生产关系的发展，生产方式的改变导致生产关系的改变。

第三，生产方式和生产关系具有历史暂时性。生产力是不断发展、不断变革的，因此，同生产力相适应的生产方式具有特殊的、历史的和暂时的性质，同生产方式相适应的生产关系也具有特殊的、历史的和暂时的性质。

以上分析表明，在马克思那里，生产力、生产方式、生产关系三个范畴之间既不存在替代关系，也不存在包容关系。既不能将马克思“资本主义生产方式以及和它相适应的生产关系和交换关系”中的“生产方式”解

① 《马克思恩格斯全集》第49卷，人民出版社1982年版，第197页。

释成生产关系或广义生产关系，也不能解释成生产力和生产关系的统一。

马克思所说的“资本主义生产方式”，是指生产的资本主义的社会形式，即资本主义条件下劳动者和生产资料相结合以生产人们所需要的物质资料的特殊方式，也就是雇佣劳动和资本相结合以生产人们所需要的物质资料的特殊方式。在马克思的著作中，“资本主义生产方式”和“资本主义生产”具有相同的含义。在马克思亲自校订的《资本论》法文版中，“资本主义生产方式”有时就被改成“资本主义生产”。关于资本主义生产即资本主义生产方式的基本特征，马克思写道：“我们称为资本主义生产的是这样一种社会生产方式，在这种生产方式下，生产过程从属于资本，或者说，这种生产方式以资本和雇佣劳动的关系为基础，而且这种关系是起决定作用的、占支配地位的生产方式。”①

理解了马克思的生产力—生产方式—生产关系原理，马克思关于《资本论》研究对象的定义就不再是难解之谜。

第一，在生产力、生产方式、生产关系三者中，成为《资本论》研究对象的第一个组成部分的是生产方式。马克思在《资本论》中详细地研究了资本主义生产方式：考察了资本主义生产方式的起点、前提和基础，分析了资本主义生产方式的特征，剖视了资本主义生产方式的直接目的和决定动机，揭示了资本主义生产方式的矛盾和对抗。

第二，在生产力、生产方式、生产关系三者中，成为《资本论》研究对象的第二个组成部分的是生产关系。马克思在《资本论》中详细地研究了资本主义生产关系：考察了资本主义生产资料私有制，揭示了资本主义社会各种社会集团在生产中的地位以及它们的相互关系，分析了资本主义社会的产品分配形式。马克思不是在完成对资本主义生产方式的考察之后再考察资本主义生产关系，而是将二者密切地结合在一起。这是因为，生产关系是和生产方式相适应的，是从生产方式中产生的。马克思说：“资本主义占有方式，从而资本主义的私有制”，是“从资本主义生产方式产生的”②。又说，生产关系和交换关系是从生产方式产生

① 《马克思恩格斯全集》第 47 卷，人民出版社 1979 年版，第 151 页。
② 《马克思恩格斯全集》第 23 卷，人民出版社 1972 年版，第 832 页。

的[①]。至于分配关系，马克思说，生产方式总是决定分配。

第三，在生产力、生产方式、生产关系三者中，生产力不是《资本论》的研究对象。马克思所说的“资本主义生产方式以及和它相适应的生产关系和交换关系”中的“生产方式”，是生产力所决定的，但它本身不包括生产力。诚然，生产力、生产方式、生产关系三者有着密切的联系。政治经济学或经济学在研究生产方式以及和它相适应的生产关系时，不能脱离生产力和实际劳动过程。但是，无论如何不能因此把生产力或实际劳动过程作为政治经济学或经济学的研究对象。马克思说：“政治经济学不是工艺学。”[②] 又说：“正如考察商品的使用价值本身是商品学的任务一样，研究实际的劳动过程是工艺学的任务。”[③]

总之，马克思关于《资本论》研究对象的规定是科学的定义。这一规定不仅实际上解决了资本主义政治经济学和社会主义政治经济学的研究对象问题，而且实际上也解决了政治经济学或经济学的研究对象问题。从马克思的规定中可以顺理成章地引导出资本主义政治经济学和社会主义政治经济学的研究对象：资本主义政治经济学研究资本主义生产方式以及和它相适应的生产关系或经济关系，社会主义政治经济学研究社会主义生产方式以及和它相适应的生产关系或经济关系。从马克思的规定中还可以顺理成章地引导出政治经济学或经济学的研究对象。这就是，政治经济学或经济学研究人类社会各个历史发展阶段上的生产方式以及和生产方式相适应的生产关系或经济关系。

三、罗宾斯的经济学定义和西方学者的批评

在政治经济学史或经济思想史上，古典经济学家虽然都没有把资本主义生产方式以及和它相适应的生产关系作为政治经济学的研究对象，但是，在他们取得科学成就的地方，他们事实上把生产看作是资本主义

① 参见《马克思恩格斯全集》第25卷，人民出版社1974年版，第702页。
② 《马克思恩格斯全集》第46卷上册，人民出版社1979年版，第23页。
③ 《马克思恩格斯全集》第47卷，人民出版社1979年版，第56页。

生产，并在一定程度上透过物和物的关系看到人和人的关系。古典经济学家的这一科学传统没有被他们的后继者所继承。19 世纪 70 年代，新古典经济学完全背离了古典传统，开始把政治经济学的研究主题局限于资源配置问题。在这方面，杰文斯是一个具有代表性的经济学家。用西方经济学家的话说："杰文斯……把'经济科学的列车开上了'资源分配的轨道"①。

1932 年，英国经济学家莱昂内尔·罗宾斯在题为《经济科学的性质和意义》的论文中，第一次正式地把稀缺资源的合理配置规定为经济学的研究对象。他说："经济学是一门研究作为目的和具有不同用途的稀缺手段之间关系的人类行为的科学。"② 直到晚年，罗宾斯还坚持自己的这一经济学定义，说："我将继续我关于经济学问题定义的立场"，"我坚持按照由稀缺性所限定的行为描述这一主题。"③

根据罗宾斯的论述以及罗宾斯追随者的解释，罗宾斯的经济学定义包含以下几个要点：经济学研究人的行为；人的行为的目的是满足需要，而需要是无限的；资源有各种不同的用途，但资源是稀缺的或有限的；一切社会的中心问题是无限的需要和有限的资源之间的冲突，即目的和手段之间的冲突；因此，经济学的任务就在于研究人类如何在可供选择的用途之间进行资源配置。

罗宾斯的论文不仅在发表之初"产生了一场真正的轰动"④，而且对现代西方经济学产生了深远的影响。从这篇论文发表以来，西方正统的经济学教科书很多都把罗宾斯的定义奉为圭臬，在教科书的导论中以这种或那种形式重申罗宾斯的经济学定义。

这里，我们不妨浏览一下最近几年西方国家出版的一些经济学教科书关于经济学研究对象的定义。

---

① ［美］西德尼·温特劳布主编：《当代经济思想——若干专论》，商务印书馆 1989 年版，第 2 页。

② ［英］莱昂内尔·罗宾斯：《经济科学的性质和意义》，麦克米伦出版公司 1935 年版，第 16 页。

③ ［英］莱昂内尔·罗宾斯：《经济学与政治经济学》，《美国经济评论》1981 年 5 月号。译文载《现代外国经济学论文选》第 14 辑，商务印书馆 1992 年版，第 59 页。

④ ［英］马克·布劳格：《经济学方法论》，黎明星、陈一民、季勇译，北京大学出版社 1990 年版，第 97 页。

E. 曼斯菲尔德在《经济学》一书中说："按照一个标准的定义，经济学研究满足人们需要的在可供选择的用途之间配置资源的方式。"①

W. 尼科尔森在《微观经济理论》一书中说："经济学通常被定义为研究稀缺资源在竞争性目的用途之间的配置。这个定义强调经济学的两个重要特点：第一，生产性资源是稀缺的。对资源如何利用必须进行选择。进行选择的必要性导致经济学定义的第二个特点：发现如何在竞争性目的之间作出选择。"②

K. E. 凯斯、R. C. 费尔在《宏观经济学原理》一书中说："经济学研究人们和社会怎样作出抉择来利用自然界和祖先提供的稀缺资源"③。

S. 费希尔、R. 道恩布希、R. 施马伦西在《经济学》一书中说："经济学研究社会怎样以有限的、稀缺的资源决定生产什么、怎样生产和为谁生产。"④

M. 帕金在《微观经济学》一书中说："经济学研究人们怎样试图用他们的有限资源来满足他们的无限需要。"⑤

R. J. 拉芬、P. R. 格雷戈里在《宏观经济学原理》一书中说："经济学研究人们如何选择用他们的有限资源（土地、劳动和资本）来生产、交换和消费商品和劳务。"⑥

R. A. 阿诺德在《经济学》一书中说："我们把经济学定义为研究旨在满足一定目的而满足这些目的所需要的手段具有不同用途的个人和社会行为的科学。"⑦

R. B. 埃克隆、R. D. 托莱森在《宏观经济学》一书中说："经济学研

---

① ［美］E. 曼斯菲尔德：《经济学：理论与应用》，W. W. 诺顿出版社 1994 年版，第 1、6—7 页。

② ［美］W. 尼科尔森：《微观经济理论》，德累顿出版社 1992 年版，第 3 页。

③ ［美］K. E. 凯斯、R. C. 费尔：《宏观经济学原理》，普伦蒂斯·霍尔出版社 1989 年版，第 4 页。

④ ［美］S. 费希尔、R. 道恩布希、R. 施马伦西：《经济学》，麦格劳-希尔教育出版公司 1988 年版，第 3 页。

⑤ ［英］M. 帕金：《微观经济学》，艾迪生-韦利斯出版社 1990 年版，第 9 页。

⑥ R. J. 拉芬、P. R. 格雷戈里：《宏观经济学原理》，斯科特·福尔斯曼出版公司 1986 年版，第 3 页。

⑦ ［美］R. A. 阿诺德：《经济学》，韦斯特出版社 1989 年版，第 6 页。

究实际上具有无限需要的个人和社会怎样作出选择来配置稀缺资源以满足他们的需要。”①

从上述引文中不难看出，这些定义尽管不完全一样，但都来源于罗宾斯，都把资源配置规定作经济学的研究对象。罗宾斯的经济学定义对现代西方经济学的影响由此可见。这是一方面。

另一方面，不少有思想的西方经济学家先后从不同角度对罗宾斯的经济学定义提出了质疑和批评。罗宾斯本人在晚年也承认，他的《经济科学的性质和意义》“不时成为批评与讨论的对象”，甚至引起“强烈谴责”②。

F. H. 奈特、H. L. A. 迈因特、L. G. 雷诺兹、P. 格罗奈维根、J. 罗宾逊、J. K. 加尔布雷思、J. M. 布坎南等西方经济学家都是罗宾斯经济学定义的强烈的批评者。他们认为罗宾斯定义的经济学范围太窄，没有普遍意义。他们对这一定义提出了广泛的批评。

有的西方学者批评罗宾斯把经济问题仅仅归结为资源稀缺问题，而对资源过剩引起的经济问题却毫无所知。在罗宾斯经济学定义问世的1932年，历史上空前严重的经济危机震撼了整个资本主义世界。困扰西方社会的是劳动力过剩、资本过剩、土地过剩，即资源过剩，而不是资源稀缺。罗宾斯的经济学定义是从微观经济学的角度提出的，可是，在20世纪30年代大萧条期间，“人们对微观经济学的兴趣丧失殆尽”③。J. 罗宾逊不无讽刺地说：“1932年，罗宾斯教授……发表了他的著名论文。在这篇论文里，他把经济学评述为研究稀缺资源在各种可供选择的使用中间进行配置的科学。……可是本文发表的时间却是不幸的。在这本著作刊行的时候，英国有三百万工人失业，而美国的国民生产总值的统计数字刚好下降到原来数字的一半。当为了达到任何目的的资源完全没有先前那样稀缺时，本书出版了，这恰是一种巧合。”④

有的西方学者批评罗宾斯的经济学定义不仅不适用于宏观经济学，

① R. B. 埃克隆、R. D. 托莱森：《宏观经济学》，斯科特·福尔斯曼出版社1988年版，第4页。

② ［英］莱昂内尔·罗宾斯：《经济学与政治经济学》，《美国经济评论》1981年5月号。译文载《现代外国经济学文选》第14辑，商务印书馆1992年版，第44页。

③ ［美］劳埃德·雷诺兹：《经济学的三个世界》，商务印书馆1990年版，第278页。

④ ［英］琼·罗宾逊：《经济理论的第二次危机》，《美国经济评论》1972年5月号。译文载《现代外国经济学论文选》第1辑，商务印书馆1979年版，第2页。

而且还同宏观经济学相冲突。P. 格罗奈维根说："罗宾斯定义的主要缺陷是它与凯恩斯的著作和与失业均衡可能性的证明不相一致性，因而与罗宾斯要求资源必须是稀缺的经济问题的存在相矛盾"。[①] 有鉴于这一类批评，A. 里斯在《经济学》[②] 中试图把微观经济学的资源配置理论和宏观经济学的就业、通货膨胀和经济增长理论综合在经济学定义之中。

有的西方学者批评罗宾斯的经济学定义只考虑生产，不研究分配，分配问题被排除在经济学的研究范围之外。有鉴于这类批评，P. A. 萨缪尔森在《经济学》[③] 中试图把稀缺资源配置问题和产品分配问题综合在经济学的定义之中。

有的西方学者批评罗宾斯的经济学只适用于实证经济学，而不适用于规范经济学。事实上，罗宾斯不仅在 1932 年的《经济科学的性质和意义》中认为经济学只研究"是"和"不是"的问题，不研究"应当"和"不应当"的问题，"凡是使我们说明政策好坏的经济学都是不科学的"[④]，而且在 1981 年的《经济学与政治经济学》中仍然继续坚持他在 30 年代初的基本观点。罗宾斯的这一立场遭到新福利经济学家的普遍反对。

有的西方学者批评罗宾斯的经济学定义把许多重要因素排除在经济学的研究范围之外。L. G. 雷诺兹说：按照罗宾斯的定义，"在一定程度上属于社会—政治范畴、常常无法用数量表示的决定资源供给和技术的因素，逐渐被逐出了严格的经济学领域。在制度结构方面，可以观察到相同的趋势"[⑤]。J. K. 加尔布雷思认为，资源配置"在很大程度上取决于生产者的权力"，"权力系来自资本所有权——生产资料所有权"，而罗宾斯等人的经济学定义可能是"掩盖这种权力的幌子"。加尔布雷思主张扩大经济学的研究范围，把被掩盖了的这种权力包括在内。[⑥] J. M. 布坎南

---

① ［英］约翰·伊特韦尔等编：《新帕尔格雷夫经济学大辞典》第 3 卷，经济科学出版社 1992 年版，第 970 页。

② ［美］D. L. 西尔斯主编：《国际社会科学百科全书》第 4 卷，麦克米伦出版公司 1968 年版，第 472—485 页。

③ ［美］P. A. 萨缪尔森：《经济学》，麦克格劳-希尔图书公司 1961 年版，第 6 页。

④ ［英］莱昂内尔·罗宾斯：《经济科学的性质和意义》，麦克米伦出版公司 1935 年版，第 153 页。

⑤ ［美］劳埃德·G. 雷诺兹：《经济学的三个世界》，商务印书馆 1990 年版，第 11 页。

⑥ ［美］约·肯·加尔布雷思：《经济学和公共目标》，商务印书馆 1980 年版，第 146、46、11、320 页。

认为，罗宾斯的经济学定义“不是推动着而是阻碍着科学的进步”。布坎南主张经济学要研究“人类关系制度”，他说：“我建议将此人类关系制度引进经济学家的研究范围，广泛地包括集体制度和私人制度。”而罗宾斯以资源配置为研究对象，逃避了对“人类关系制度”的研究。布坎南认为，资源配置理论“不应该在经济学家的思考过程中占主导地位”①。

有的西方学者批评罗宾斯的经济学定义是把经济学研究“变成一种比较简单的求最大值的应用计算技术……如果经济学没有比这更多的事情可做，我们最好就把经济学研究完全交给应用数学家”②。

有的西方学者批评罗宾斯定义的经济学“只适用于私人所有制下的分散型市场经济”③，而不适用于其他各种类型的经济。

总之，罗宾斯的经济学定义在西方国家已经受到了广泛的和有根据的批评。用西方学者雷诺兹的话说，罗宾斯定义“标志着一个时代的结束，这个时代甚至在罗宾斯写作的年代就已濒于死亡”。现在，罗宾斯定义已经成为“一种几乎没有人完全相信的学说”。西方经济学家正在为“酝酿一个罗宾斯后的定义”而进行探索。雷诺兹还说：在很多方面，“经济学均已超越了罗宾斯的定义。虽然我们仍引其言论，但是我们已不再循其足迹。根据我们的实践修改定义，现在正是时候”。④

四、马克思主义经济学和西方经济学在研究对象问题上的根本分歧

在研究对象问题上，马克思主义经济学和西方经济学的根本分歧不在于要不要研究资源配置，而在于：(1) 要不要研究生产方式；(2) 要

---

① [美] 詹姆斯.M. 布坎南：《经济学家应该做什么》，西南财经大学出版社 1988 年版，第 4、16、9 页。

② [美] 詹姆斯.M. 布坎南：《经济学家应该做什么》，西南财经大学出版社 1988 年版，第 7—8 页。

③ [美] 劳埃德·G. 雷诺兹：《经济学的三个世界》，商务印书馆 1990 年版，第 7 页。

④ [美] 劳埃德·G. 雷诺兹：《经济学的三个世界》，商务印书馆 1990 年版，第 7、6、293、295 页。

不要研究和生产方式相适应的生产关系；（3）要不要区分抽象的生产一般的资源配置和具体的特定生产方式的资源配置，以及要不要研究具体的特定生产方式的资源配置。在所有这些问题上，马克思主义经济学的回答都是肯定的，而西方经济学的回答都是否定的。

有些西方学者在某种程度上感觉到马克思主义经济学和西方经济学在研究对象问题上存在巨大分歧。例如，美国经济学家雷诺兹说："当罗宾斯说经济学研究的是如何在相互竞争的用途之间分配稀缺性资源的时候，（对于马克思主义者来说）他是在胡说八道。"雷诺兹还说：马克思主义经济学的主题"显然是比罗宾斯的经济学广泛得多的主题，它涉及财产所有权、收入分配以及政治结构等事项"。[①] 这些说法虽然并不全面，但能说明一些西方学者意识到了两大经济理论体系在研究对象上存在原则区别。

现在的问题是，罗宾斯为什么只把稀缺资源在不同用途之间的配置作为经济学的研究对象。

罗宾斯在经济危机最严重的1932年发表他的《经济科学的性质和意义》，提出经济学的定义，不是偶然的。经济危机最严重的年代，也是西方传统经济学危机最严重的年代。就在1932年，凯恩斯公开承认："（西方）经济学家今天是世界上一群最无能的科学工作者"[②]。在大萧条时期，英国的一些知识分子开始重新思考资本主义的命运和前途问题。一位西方学者说："马克思主义在30年代剑桥大学的学生中是尽人皆知的……马克思主义成为可供选择的经济学之一……有人开始思考马克思主义者考虑到的问题。"[③] 在这一历史背景下，政治上敏感的罗宾斯出于在经济学领域抵消马克思主义影响的考虑，精心地制定了和马克思主义经济学定义相对抗的经济学定义。

罗宾斯的经济学定义首先把生产方式逐出经济学的研究范围。罗宾斯及其追随者只研究抽象的没有社会内容的生产一般，不敢接触特定社

---

① ［美］劳埃德·G. 雷诺兹：《经济学的三个世界》，商务印书馆1990年版，第57、24页。

② ［英］琼·罗宾逊：《凯恩斯以后》，商务印书馆1985年版，第16页。

③ ［美］玛乔里·谢泼德·特纳：《琼·罗宾逊与两个剑桥之争》，江西人民出版社1991年版，第85页。

会形式的生产，不敢研究资本主义生产方式。他们知道，马克思对资本主义生产方式进行缜密分析所得到的科学结论是，资本主义生产方式具有特殊性、历史性和暂时性，和历史上的其他生产方式一样，这种生产方式也不是自然的、永恒的。

罗宾斯的经济学定义也把和生产方式相适应的生产关系逐出经济学的研究范围。罗宾斯及其追随者不敢研究和生产方式相适应的生产关系，不敢研究和资本主义生产方式相适应的资本主义生产关系。他们知道，马克思对和资本主义生产方式相适应的生产关系进行科学分析的结果是，资本主义生产方式是特殊的、历史的、暂时的，由这种生产方式产生的生产关系也是特殊的、历史的、暂时的。

可见，罗宾斯及其追随者的理论属于西方学者所说的“逃避考察人与人之间的社会经济关系”[①] 的理论之列。

罗宾斯及其追随者 T. C. 库普曼斯等人不了解，也不愿意了解抽象的生产一般的资源配置和具体的特定生产方式的资源配置的区别，他们不合理地抽象掉生产方式，把资源配置看作是超历史、超制度的。库普曼斯的典型说法是：“在我自己的研究中，则是试图创立一项可以称之为超制度的资源配置理论。”[②]

由于没有区分抽象的生产一般的资源配置和具体的特定生产方式的资源配置，西方经济学家在资源配置理论上常常陷入混乱状态。他们在研究“超制度的”资源配置理论时，缺乏足够的抽象力，还不时地囿于资本主义生产方式的资源配置。他们在得出“超制度的”最优资源配置的研究成果时，又错误地断言资本主义经济制度能实现那种“超制度的”最优资源配置。

我们根据马克思关于《资本论》研究对象的规定引导出的资本主义政治经济学的定义、社会主义政治经济学的定义和政治经济学或经济学的定义，都把生产方式以及和它相适应的生产关系放在中心地位。只有这样，才能反映出政治经济学或经济学的本质特征。马克思主义经济学

① ［美］西德尼·温特劳布主编：《当代经济思想——若干专论》，商务印书馆 1989 年版，第 43 页。

② 转引自《现代外国经济学论文选》第 2 辑，商务印书馆 1981 年版，第 87 页。

定义并不排除对资源配置的研究，但是资源配置方式从属于生产方式，它不能取代生产方式和生产关系而成为全部经济学的核心。

从马克思主义的观点来看，生产表现为双重关系：一方面是自然关系，另一方面是社会关系。也就是，一方面是人和自然的关系，另一方面是人和人的关系。相应地，生产中的资源配置也表现为两种资源配置：一种是抽象的生产一般的资源配置，一种是具体的特定生产方式的资源配置。

劳动过程中的资源配置属于抽象的生产一般的资源配置。这种资源配置不以生产方式为转移，它是一切社会形式的生产所共有的。人类为了生存，必须在人和自然之间进行物质变换。劳动过程是人类生活的永恒的自然条件，是人和自然之间的物质变换的一般条件。作为人和自然之间的单纯过程，劳动过程必具有几个简单要素：劳动力和生产资料(包括劳动资料和劳动对象)，即人的要素和物的要素，也就是人力资源和物力资源。不论生产的社会形式如何，都要在不同用途间对生产资源进行合理配置。这就是说，在生产中，人的要素和物的要素的合理配置，或人力资源和物力资源的合理配置，是一切社会共有的经济问题。

和抽象的生产一般的资源配置不同，具体的特定生产方式的资源配置的性质取决于生产方式的性质。不同的生产方式有不同的资源配置，资源配置方式是和生产方式相适应的。在奴隶制生产方式中，资源配置表现为“会说话的工具”和“不会说话的工具”在不同用途间的配置，目的是满足奴隶主的直接需要。在资本主义生产方式中，资源配置表现为雇佣劳动和资本在不同用途间的配置。支配这种资源配置的，不是直接满足社会需要，而是资本主义生产的直接目的和决定动机，即剩余价值的生产。在资本主义生产方式中，雇佣劳动从属于资本，剩余价值率的高低决定资本的分配，资本的分配再决定雇佣劳动的分配。正如马克思所说：“从属于资本的雇佣劳动……必须按照资本的需要变来变去，让人们把它从一个生产部门抛到另一个生产部门。”① 在马克思设想的自由人联合体的生产方式中，“社会化的人，联合起来的生产者，将合理地调

---

① 《马克思恩格斯全集》第25卷，人民出版社1974年版，第218页。

节他们和自然之间的物质变换”①。“生产将以所有的人富裕为目的”②。按照马克思的设想：“只有在生产受到社会实际的预定的控制的地方，社会才会在用来生产某种物品的社会劳动时间的数量，和要由这种物品来满足的社会需要的规模之间，建立起联系。”③ 马克思还指出：“在社会公有的生产中……社会把劳动力和生产资料分配给不同的生产部门。”④

按照马克思的观点，各个历史时期的生产有一些共同标志和共同规定。如果生产一般把这些共同点提取出来并确定下来，免得重复，那么生产一般这一抽象就是一个合理的抽象。用马克思的这一观点来看待资源配置问题，从生产一般的层次上研究资源配置理论，探索最优资源配置的必要和充分条件，是有其合理性的。研究共同点可以更好地认识差别。认识到生产一般层次上资源配置的共同点，可以更好地认识不同生产方式下的资源配置的不同点。然而，罗宾斯及其追随者库普曼斯等人只愿意研究“超制度的”资源配置，而不愿意研究具体的特定生产方式的资源配置，其全部智慧就在于承认共同点而忘记差别。

从马克思主义的观点看，研究具体的特定生产方式的资源配置十分重要。例如，对资本主义生产方式的资源配置的研究会发现，这种生产方式的资源配置不能满足抽象的生产一般的最优资源配置所需要的条件，因而不能达到最优状态。对资本主义生产方式的资源配置的研究还会发现，在这种生产方式中，企业的资源配置即微观资源配置是有组织有计划的，是相对有效率的。然而，社会的资源配置即宏观资源配置是盲目的、无政府状态的，是缺乏效率的。对资本主义企业的资源配置的研究还会发现，这种企业的资源配置也不可能达到最有效率的状态。只要存在着雇佣劳动和资本的对抗关系，就不可能有最优资源配置。

总之，马克思主义经济学定义对政治经济学或经济学的本质特征作了正确的说明。以生产方式以及和它相适应的生产关系为研究对象，不仅不排除对资源配置的研究，而且为生产一般的资源配置和特定生产方

① 《马克思恩格斯全集》第25卷，人民出版社1974年版，第926页。
② 《马克思恩格斯全集》第46卷下册，人民出版社1980年版，第222页。
③ 《马克思恩格斯全集》第25卷，人民出版社1974年版，第209页。
④ 《马克思恩格斯全集》第24卷，人民出版社1972年版，第397页。

式的资源配置的区分和研究提供了科学的理论基础。相反，罗宾斯及其追随者的经济学定义根本没有触及经济学的本质特征。以稀缺资源的配置为研究对象，满足于对抽象的和所谓超制度的资源配置的考察，不仅排除了对特定生产方式以及和它相适应的生产关系的研究，而且也排除了正确理解和认识特定生产方式的资源配置的前提。

（原文发表于《中国社会科学》1997 年第 2 期）

对《资本论》研究对象的再认识

胡　钧*

马克思在《资本论》第一卷序言中说："我要在本书研究的，是资本主义生产方式以及和它相适应的生产关系和交换关系。"对马克思这段表述，一直存在着争论，一方面对这里所说的"生产方式"有不同的理解，另一方面对《资本论》的研究对象究竟是资本主义生产关系，还是包括生产力，以及生产力的研究在《资本论》中究竟处于怎样的地位。有人认为这里所说的"资本主义生产方式"只能理解为是建立在资本主义所有制基础上的生产资料同劳动力的结合方式，如果把它理解为生产的具体方法、劳动方式是完全错误的。产生这种分歧有它的原因，因为马克思在德文版《资本论》中，在生产方式这一概念的使用上没有严格的规定，有的地方是指生产力，有的地方是指生产关系，有的地方则是指包括生产力和生产关系两个方面的生产整体。这当然地造成了对关于研究对象的规定中所使用的"生产方式"究竟是指什么的不同看法。

《资本论》法文版的出版应当说已经对这个问题作出正确的判断提供了有利的条件。《资本论》法文版中对原德文版中"生产方式"使用上的多处修改似乎表明马克思已经觉察到他对生产方式一词在多种含义上使用引起的混乱，因而在许多处都作了修改。这些修改我认为已经解决了争论的问题。但是，从理论界后来的情况看，认识似乎仍未能按照马克思的原意统一起来，而这个问题的正确把握对研究社会主义经济有着极大的现实意义。因为政治经济学长期以来不重视研究生产力、劳动方式及其发展规律，这是造成我们过去经济工作失误的一个重要的理论根源。

* 胡钧：中国人民大学荣誉一级教授，博士生导师。

《资本论》的研究对象是社会生产关系，是生产的社会形式；生产力、劳动方式本身不是《资本论》的研究对象，只有在说明生产关系的性质、发展、变化所必需的范围内才进入《资本论》的研究领域；马克思是在多种含义上使用生产方式一词的，因此，不能随意摘引，只能在马克思为说明生产关系与生产方式的相互关系的地方来探讨他使用的生产方式一词的含义。我是同意上述看法的，但《资本论》研究生产关系时，生产力、生产（技术）方式的研究究竟处于怎样的地位？由此推论，今天的政治经济学理论工作者应怎样对待生产（技术）方式的研究？这才是争论的真正分歧。

一

《资本论》法文版的出版，对澄清上述争论问题有重要作用。法文版是马克思对德文第二版作了极其认真的重新校订和修改的，不少地方的内容和表述更准确了。关于“资本主义生产方式”概念的使用是马克思修改时关注的最重要的问题之一，看来是他觉察到了由于“生产方式”一词多重含义使用所带来的混乱，他在关键地方都作了修改和明确说明。修改的地方，主要有两处：

(1) 在一些原来用“资本主义生产方式”表示资本主义生产关系或生产力与生产关系统一的含义的地方都作了修改，改用“资本主义生产”或“资本主义的所有权”或“经济制度”来表述。例如在序言中，紧接在“我要在本书研究的，是资本主义生产方式……”这句话的后面，马克思又说，“到现在为止，这种生产方式的典型地点是英国”。后一句话讲的“生产方式”显然是指资本主义生产整体包括资本和雇佣劳动的关系来讲的。有的同志曾依此推论前面那句话中的“资本主义生产方式”也应包括资本主义所有制关系，因为一般来说紧接在一起使用的同一概念不可能指不同含义。法文版正是在这里作了改动，马克思把后面那句话中指生产关系与生产力统一的“生产方式”一词改为“生产”了。这一改变可以证明前面那句话中没有改动的“资本主义生产方式”不是指生产总体讲的，而是指不包括生产关系的生产的技术方式。在《资本论》第一卷以下的叙述中，凡是包括生产关系含义而曾用了“资本主义生产方式”的地方，马克思基本上都改动了。如在法文版第 813 页把原来的“资本主义生产方式”改为“资本主义的所有权”。上述这些改变可以反衬出序言中那段讲研究对象一句中的“资本主义生产方式”只能是生产的技术方式，即属社会生产力范畴，不包括所有制关系。

(2) 对“特殊的资本主义生产方式”含义作了明确的解释。在第十四章中马克思论述特殊资本主义生产方式与相对剩余价值生产之间的关系时所说的“特殊资本主义生产方式”，有人把它理解为“它包括生产的技术方面（生产力）和社会方面（生产关系）”，即生产力与生产关系统一的概念。但是，法文译本把这种看法否定了，经过改动后的法文版在这里是把“劳动的技术过程和社会组织”的根本变化与“严格意义上的资本主义生产方式”并列，即把二者作为同义语来使用的。马克思还在另外的地方对“特殊资本主义生产方式”一词之后特别地增加了具体的说明，如在法文版第 662 页上在特殊的资本主义的生产方式一词之后增加了一句解释的话：“或严格意义上的资本主义生产的社会结合和技术工艺整体”，下文紧接着的地方又把原来“特殊的资本主义生产方式随着资本积累的发展”一句话改为“积累的进一步增长则使企业的规模能够扩大，从而又反作用于资本主义生产的发展。”在法文版第 769 页上把原来德文版上的“生产方式本身还不具有特殊的资本主义性质”改为“生产技术方式还没有特殊的资本主义性质”。这些更动或补充都表明马克思竭力在消除由于多义使用“资本主义生产方式”这一名词造成的误解，明确地表明在《资本论》中使用“生产方式”一词的精确含义，即生产的技术方式或具体的劳动方式。

马克思在给左尔格的信中肯定了法文版扉页上的这段话，“扉页上印着全部经作者校订的字样，这绝不是毫无意义的空话，因为我确实付出了艰苦的劳动”。对“资本主义生产方式”这一用语的多处细微的修改充分证实了这一点。它也同样证实了，马克思在序言中那段话中所说的“资本主义生产方式”一词的明确含义只能是指生产技术方式。我认为这是无可怀疑的。

二

《资本论》法文版关于“资本主义生产方式”使用上的修改，为深入讨论该问题创造了有利条件。

生产力、生产（技术）方式的研究是否属于《资本论》中一个不可缺少的重要方面？它占有怎样的地位？生产（技术）方式的研究与把《资本论》的研究对象规定为生产关系又是怎样的关系？这个问题，马克思自己已经讲清楚了。马克思说：“政治经济学所研究的是财富的特殊社会形式，或者不如说是财富生产的特殊社会形式。财富的质料，不论它是主体的，如劳动，还是客体的，如满足自然需要或历史需要的对象，对于一切生产时代来说最初表现为共同的东西。因此，这种质料最初表现为单纯的前提。这种前提完全处在政治经济学的考察范围之外，而只有当质料为形式关系所改变或表现为改变这种形式关系的东西时，才列入考察的范围。”① 这段话表明：(1) 政治经济学不是研究财富生产一般，而是研究财富生产特殊社会形态，即一定的社会生产关系。(2) 但生产力、生产方式又必须列入考察范围，物质生产力、生产（技术）方式不能绝对排斥在政治经济学考察领域之外，不过对它的研究是限于这样的范围：一定生产关系推动的生产力有了怎样发展和这种生产力的发展又怎样决定了一定生产关系的发展和变化。这也就是在《资本论》第一卷序言中强调的，“本书的最终目的就是揭示现代社会运动的经济规律”。

有人担心如果把序言中那段话中的“资本主义生产方式”理解为生产的技术方式，会使人们把它列为政治经济学的研究对象，而且还会被看作比生产关系更重要的研究对象，因为马克思是把它放在了生产关系之前。理论界的确有人这样看，并得出了否定生产关系是研究对象的不正确的结论。但解决上述片面看法不应又走到片面轻视研究生产方式的意义的另一极端上。这个问题完全可以依据马克思自己的表述来加以解

① 《马克思恩格斯全集》第46卷下册，人民出版社1980年版，第383页。

决。(1) 正如上面所说，应当把生产力列入考察的范围，因为只有把握了生产力的规律，才能揭示生产关系的运动规律，但这绝不等于因此就把政治经济学的研究对象二重化。因为对生产力的研究只限于为揭示生产关系的性质和发展规律所必需的范围之内。(2) 把“资本主义生产方式”放在生产关系前面，并不表示它作为研究对象中的首位，只是表示了生产（技术）方式与生产关系和交换关系之间的基本关系，因为后者由前者的性质的决定的。当然，并不是说这种表述方法不可改动，不可以用另外的不容易引起误解的方式来表述。但任何理论都带有时代的烙印，马克思所以把资本主义生产（技术）方式突出出来，是针对当时一度盛行的空想的社会主义和德国哲学的唯心史观的统治而特意强调的，是为了与空想社会主义和一切小资产阶级社会主义划清界限。后者从人性以及人道主义、正义、道德等社会意识来解释人类的历史运动，并在这个基础上建立他们的“理想模式”。这也正是为什么在《资本论》刚出版时马克思在给恩格斯的信中强调要恩格斯宣传《资本论》在科学方面的重大发展，即“实际的经济关系是以一种完全新的方式，即用唯物主义方法进行考察的。例如：(1) 货币的发展；(2) 协作、分工、机器制度以及和它相适应的社会联系和社会关系是怎样‘自然而然地’发展起来的”。[①]

有人说协作、分工、机器只不过是三卷《资本论》98 章中的 3 章，不能用这 3 章概括《资本论》的全部内容。应当注意的是，马克思在这里讲的不是具体内容，而是生产关系适应生产（技术）方式的变化而变化的历史唯物主义方法。如果我们从方法上看，那么可以看到这一方法的确是贯彻在《资本论》的全部内容的分析中。马克思在每一个揭示生产关系性质和运动规律的章节都是把物质生产力和生产（技术）方式的分析放在前面的。除了上面讲的那 3 章外，在资本主义积累过程的发展以及其后果和历史趋势时，都是直接运用这一方法的。例如在“资本主义积累的一般规律”一章中，在开始分析资本主义条件下工人阶级命运恶化的规律性时，也是先考察生产（技术）方式的变化。因为不研究这种变化就无法说明技术构成的提高和资本有机构成不断提高的必然性，

① 《马克思恩格斯〈资本论〉书信集》，人民出版社 1976 年版，第 244 页。

当然也就无从揭示资本主义制度下工人阶级状况恶化的必然性。应当指出的是，如果说在德文版《资本论》这一篇中对生产力、生产方式的分析还不够具体的话，那么在法文版中，马克思特别增加了生产力内容的具体考察。马克思在这里考察了资本主义生产（技术）方式的一系列变化。在全章的分析中，马克思不断地提到协作、分工、机器等这些生产方法的作用，讲到只有这些生产方法才能使巨大的自然力为生产服务，才能使生产过程变为科学在工艺上的应用。在法文版中马克思写道："协作、工场手工业分工、机器等等，总之，能够使集体劳动能力得到飞跃发展的方法，只有在生产规模已经相当大的地方才能被引进，随着生产的扩大，这些方法也得到发展。"正是生产方法和资本积累这两种经济因素互相推动的复合关系，导致资本技术构成的变化，使资本的可变部分同不变部分相比越来越少，从而得出了资本主义阶级矛盾必然不断深化的结论。仅从上述这些方面就可以看出，认为《资本论》只是在第十一至十三章中涉及协作、分工和机器的看法是有一定片面性的。在强调《资本论》研究对象是生产关系的正确命题下，无意中贬低了这些生产方法的研究在《资本论》中的重要地位。如果我们翻阅《资本论》的几个手稿，在那里有更大的篇幅直接研究物质生产力、生产的技术方式，就可以体会到马克思是多么重视它在认识一定社会经济制度中的地位，这种方法正是《资本论》最重要的科学价值所在。

有人还担心如果承认《资本论》序言中的"资本主义生产方式"应理解为生产技术方式、劳动方式，就意味着把它放在研究的首要地位了。我认为这种担心也是不必要的。因为要研究生产关系的性质和发展，的确首先要研究生产力的性质和状况，否则生产关系得不到合乎规律的说明。但绝不应该理解为《资本论》是把生产力的研究作为更重要的研究对象。正确地批评这种错误观点是必要的，不过也不应该因有这种误解就不承认这里的资本主义生产方式是指属于生产力范畴的劳动的社会结合的方式和技术工艺。马克思对商品的研究，虽然对象是价值，但却从使用价值的分析开始；对剩余价值生产的研究，虽然对象是价值增殖过程，但却是从劳动过程开始。因为前者是后者的物质基础，物质承担者。这种考察的顺序并没有导致认真学习的人们对《资本论》研究对象的误解。同样，表述《资本论》研究范围时，把资本主义生产方式放在前面，也一样不会引起那种误解的。产生把生产力同生产关系并列为研究对象这种误解的有另外重要的原因。

三

正确认识生产（技术）方式的研究在考察一定生产关系的性质和运动规律中的地位，对当前研究社会主义经济有着极重要的方法论意义。

以往对《资本论》的学习，紧紧抓住生产关系这个研究对象是完全正确的。但是，也不可否认，那时学习《资本论》，对研究对象的理解上有一定程度的片面倾向，注意力过于集中在生产关系本质的考察上，而对导致生产关系变革的生产力和生产方式的考察则有所忽视，对生产关系的本质分析得具体、细微，但当讲到生产力往往是一掠而过，讲得抽象、不具体，这与当时的历史条件有关。这是不符合马克思的本意的，也带来一定消极影响，似乎生产力只是用来说明问题的模糊概念，而不是需要认真研究的现实问题；似乎不认真扎实地研究生产力，就可以说明生产关系的存在和性质。这种消极影响在进行消灭资本主义制度的革命时期还表现得不明显，但是在需要根据这一基本理论创造性地在实践中建设一个新社会的时期，就需要具体回答这样的问题：现在的生产力、生产方式的实际状况是怎样，生产技术方式将按照怎样的规律向前发展，应当建立怎样的生产关系与这种生产方式相适应，以推动生产力的迅速发展，更快地改善和提高人民的生活水平。作为一个政治经济学理论工作者，如果不像马克思、恩格斯那样深入细致、具体地研究当时的生产力和生产的技术方式的状况及其发展规律，怎么能够对建立怎样的生产关系和如何调整生产关系提出中肯的意见呢？

社会主义从诞生以来，由于生产资料公有制所赋予的优越性，社会主义经济建设取得了举世瞩目的成就。但是也不能否认，几乎所有社会主义国家，发展过程出现一些曲折是不可避免的。失误的原因很多，但从理论上来说，主要的就是没有运用好生产力与生产关系发展的相互关系的客观规律。问题不在于我们不知道生产力与生产关系之间的辩证关系，而在于对生产本身的发展的研究过于抽象，这就影响了对社会的发展得出科学的认识。社会主义初级阶段的规定就是对生产力的状况作了科学的具体细致研究所得出的科学结论。当然，政治经济学这门科学的研究对象不包括生产力。正如马克思一再强调政治经济学的对象不是物质生产，而是生产的社会形式。但是，不应由此把马克思针对当时政治经济学研究上这一重要缺陷所强调的这一点绝对化，似乎政治经济学的研究可以不必重视对生产力的研究。结果，无形中形成一种传统观念，似乎生产关系可以与任何一种生产力自由结合，在某一种生产力水平基础上，可以凭主观意志任意建立某种生产关系。

在政治经济学中漠视生产力的研究表现在以下方面：(1) 对生产力归根结底决定生产关系这一基本理论把握得不具体，对生产力究竟怎样决定着新的生产关系的产生和它以后的变化也缺乏具体研究，对当前生产力水平和状况和本国国情、国力的认识若明若暗，不作认真细致的研究，其结果就在实际上是突出了生产关系对生产力的决定性反作用。不理睬生产力的具体状况，推动生产关系超前发展。在实际工作中具体表现为：首先，过高地估计了国家的实际生产力水平，从而把生产关系的具体形式和发展调整的速度规定得不符合实际；另外就是总企图通过生产关系的频繁变动来推动生产力超高速发展，以此显示社会主义制度的优越性。这些现象可以说是所有社会主义国家曾经犯过的通病。(2) 对生产力、生产方式发展规律的研究重视不够。生产力与生产关系之间的关系一般是：物质生产力，主要是生产工具决定着生产的技术方式、劳动的技术上的组织形式或社会结合方式，生产的技术方式直接决定着社会生产关系的具体形式。如果不把握生产力和生产方式的现状和发展规律，就不可能在实践中自觉运用生产力和与生产关系相互关系的辩证规律。生产力、生产方式有自己的发展规律，这个规律是独立于生产关系而存在的。生产关系只能是适应生产方式变化规律而变化、发展，以推动生产方式的进一步发展。先进的生产关系不在于它能改变或创造新的生产力运动规律，越过生产力发展的必要阶段。它所以是先进的，只是在于它更能按照生产力本身发展规律的要求来活动。

生产力发展的阶段性决定着生产关系发展的阶段性。例如，生产工具的发展从石器到铜器再到铁器是合乎自然规律的，决定了生产关系发展的阶段性，从原始社会到奴隶制，再到封建制度。对同一个社会经济形态的不同阶段也同样是生产力发展的阶段性决定的，从简单协作到工场手工业分工，到机器生产，是生产方式合乎规律的发展，它决定资本主义生产关系中劳动对资本的形式隶属发展到实际隶属。在资本主义制度下，生产力从以蒸汽机为标志的机器生产，到以电动机为标志的新能源的创造，再到原子能电子技术、航天技术的发明与发展，近几次相互联系的技术革命同样是生产力合乎规律的发展过程。它决定了资本主义生产关系从自由竞争的资本主义，到垄断资本主义，再到国家垄断资本主义的阶段。

但是过去在生产方式的运动规律方面研究得很不够，这一方面导致企图超越必要阶段一步“跃进”到主观规定的高度上，另一方面失去了规定生产关系发展阶段的基本依据，成为“左”的或右的思想倾向的认识根源。所以，这也是社会主义国家在经济建设和改革工作中出现失误的重要原因。

可见，《资本论》序言中把生产（技术）方式包括在研究范围中，这一基本观点强调它在研究生产关系发展中的重要地位是有着极大的现实意义的。无论在规定社会主义生产关系的具体形式及其变化以及在当前经济体制改革步骤设计时，明确生产方式是这些活动的基本依据，一定能进一步提高我们实际工作的自觉性，减少大的失误和摆动。

经过 40 多年的建设和改革实践，明确了我们现在还处在社会主义初级阶段。这一论断有着极其重要的意义，是克服工作中各种错误倾向的基本依据。依据马克思《资本论》的研究方法，社会生产关系建立的基本依据只能是生产力、生产技术方式。因此我们必须克服过去政治经济学传统讲述中对生产力研究的轻视态度，掌握马克思理论的精神实质和方法论，对我国现阶段的生产力和生产方式的现状作认真的研究，从而正确地阐明我国当前社会主义生产关系在坚持社会主义基本制度的前提下，应当采取的具体形式和管理体制。

（原文发表于《经济学家》1997 年第 2 期）

论 生 产 方 式

高 峰*

一

"生产方式"一词是马克思经济学著作中出现频率最高的词汇之一，也是对其含义争论最多的范畴之一。《资本论》第一卷第一版序言中，马克思开宗明义地指出："我要在本书研究的，是资本主义生产方式以及和它相适应的生产关系和交换关系。"[①] 在关于《资本论》研究对象的讨论中，对这句话的理解争论极大，至今没有定论，关键就在如何理解"生产方式"这个范畴。一些学者认为，此地的"生产方式"指的是"生产力和生产关系的统一"，进而强调政治经济学的研究对象应该把生产力包括在内。另一些学者认为，这个"生产方式"指的是"经济制度"或"生产关系"，从而断言政治经济学的研究对象不应包括生产力。这两种观点似乎都值得商榷。前者是在用斯大林对"生产方式"的界定来理解马克思；[②] 后者则使这句话在表述上不合逻辑。吴易风教授在《论政治经济学或经济学的研究对象》一文中对上述不同观点进行了梳理和批评，指出应从"生产力—生产方式—生产关系"的原理来看待生产方式的含

* 高峰：南开大学经济学院教授。

① 《资本论》第 1 卷，人民出版社 2004 年版，第 8 页。

② 斯大林说："生产，生产方式是把社会的生产力和人们的生产关系两者都包含在内，而体现着两者在物质资料生产过程中的统一。"（《苏联共产党（布）历史简明教程》，人民出版社 1954 年版，第 158 页。）

义。这是最符合马克思逻辑思路的分析。马克思从早在1846年致安年柯夫的信、1847年《哲学的贫困》，直到《资本论》第三卷，的确都坚持了“生产力—生产方式—生产关系”的分析原理。这个原理表明，在生产力和生产关系之间，“生产方式即在特定方式下进行的生产活动是必不可少的中介”。[①] 但吴易风教授对这个“生产方式”具体含义的解释我觉得仍然可以讨论。他认为，马克思所说的“资本主义生产方式”，是指生产的资本主义的社会形式，即资本主义条件下劳动者和生产资料相结合以生产人们所需要的物质资料的特殊形式，也就是雇佣劳动和资本相结合以生产人们所需要的物质资料的特殊形式。[②] 如果这样理解，资本主义生产方式和资本主义生产关系就基本上是同义的了，因为资本主义生产关系就是“生产的资本主义的社会形式”，工人和资本家的生产关系就是“雇佣劳动和资本相结合生产物质资料的特殊形式”。结果，这句话中具有中介性质的“资本主义生产方式”的特定内涵仍然是不明确的。[③]

查阅《资本论》第四卷和1857—1858年与1861—1863年的《经济学手稿》，发现马克思多次提到“生产方式”这个范畴，表达的含义并不完全相同，其中最主要的用法我认为有两种。第一，指生产的社会类型或形式，如资本主义生产方式，即指资本主义的生产类型，以区别于其他类型的社会生产。这可称为广义的生产方式概念，它可以指社会多种生产类型中的一种，也可以指社会经济中占主导地位的生产类型。例如他说：“产业资本不论作为货币资本还是作为商品资本的循环，是和各种不

① 孟捷：《马克思主义经济学的创造性转化》，经济科学出版社2001年版，第56页。

② 吴易风：《马克思主义经济学和西方经济学——吴易风文选》，经济科学出版社2001年版，第10页。

③ 吴易风教授在论文中列出了《资本论》关于资本主义生产方式研究的独立内容，如：“考察了资本主义生产方式的起点、前提和基础，分析了资本主义生产方式的特征，剖视了资本主义生产方式的直接目的和决定动机，揭示了资本主义生产方式的矛盾和对抗。”但我认为，《资本论》中关于这些问题的研究主要是通过对资本主义生产关系的分析来揭示的。此外，吴易风教授和孟捷教授的论文都试图从“生产方式”这个范畴来论证马克思对资源配置的研究，认为“资源配置方式从属于生产方式”，批评西方主流经济学离开具体的经济制度来研究资源配置的错误方法。这种批评是完全正确的。但这也说明了，马克思正是从特定的资本主义生产关系的运动规律（如价值规律、利润率平均化规律等）来揭示资本主义条件下社会资源配置的内在机制，而并非借助于对作为生产力和生产关系中间环节的“生产方式”这个特殊范畴的具体分析来说明资本主义社会资源的宏观配置。

同的社会生产方式的商品流通交错在一起的，只要这些生产方式同时是商品生产。不论商品是建立在奴隶制基础上的生产的产品，还是农民的产品（中国人，印度的佃农），还是公社的产品（荷属东印度），还是国家生产的产品（如在俄罗斯历史早期出现的以农奴制为基础的国家生产），还是半开化的狩猎民族的产品等等。”[①] 又如：“我们称为资本主义生产的是这样一种社会生产方式，在这种生产方式下，生产过程从属于资本，或者说，这种生产方式以资本和雇佣劳动的关系为基础，而且这种关系是起决定作用的、占支配地位的生产方式。”再如：“大体说来，亚细亚的、古代的、封建的和现代资产阶级的生产方式可以看做是社会经济形态演进的几个时代。”[②] 在这种意义上，“生产方式”是一个总体性概念。所谓“资本主义生产方式”，大体上和“资本主义生产”“资本主义经济”“资本主义社会经济形态”的概念相当。这种广义的“生产方式”虽然同时包含生产要素的技术结合方式和社会结合方式，但与生产关系的概念更为接近。因为各种生产方式或生产类型之所以不同，主要在于它们生产要素的社会结合方式不同，从而体现各不相同的生产关系，或代表各不相同的经济时代。[③] 第二，指生产的劳动方式。这可看作是狭义的生产方式概念。[④] 马克思说：“在一定的生产方式本身中具有其活生生的现实性；这种生产方式既表现为个人之间的相互关系，又表现为他们对无机自然界的一定的实际的关系，表现为一定的劳动方式。”[⑤] 这种用法在《资本论》第一卷中最为常见。这一卷提到“生产方式”概念最多，而且大多集中在涉及相对剩余价值生产并以研究资本主义劳动过程演变为主要内容的第十一章到第十四章。其中的“生产方式”通常用来指协作、工场手工业分工和机器大工业等资本主义“劳动方式”。如第十一章第一段中就说：“就生产方式本身来说，例如，初期的工场手工业，

① 《资本论》第2卷，人民出版社2004年版，第126页。

② 《马克思恩格斯选集》第2卷，人民出版社1972年版，第83页。

③ 《资本论》第2卷，人民出版社2004年版，第44页。

④ 就直接生产过程来说，舍弃掉少数产业中自然力独立作用于劳动对象的时间，生产过程与劳动过程本是同一过程。生产过程是从结果和产品的角度来看的劳动过程，劳动过程是从能动主体的角度来看的生产过程，所以生产方式和劳动方式也可以是同义的。

⑤ 《马克思恩格斯全集》第46卷上册，人民出版社1979年版，第495页。

除了同一资本同时雇用的工人人数较多而外，和行会手工业几乎没有什么区别。”该章末尾三段中说：“协作本身表现为同单个的独立劳动者或小业主的生产过程相对立的资本主义生产过程的特有形式……协作仍然是资本主义生产方式的基本形式。”[①]（马克思亲自修订的《资本论》法文版第一卷则改为更简明的表述：“协作表现为资本主义生产的特殊方式”，“协作是资本主义生产的基本方式。”[②]）再如第十二章指出：“整个社会内的分工，不论是否以商品交换为媒介，是各种经济的社会形态所共有的，而工场手工业分工却完全是资本主义生产方式的独特创造。”[③] 他还在一个小注中说：“在《哲学的贫困》中……我第一次提到工场手工业分工是资本主义生产方式的特殊形式”。[④] 第十三章指出：“一个工业部门生产方式的变革，会引起其他部门生产方式的变革……因此，有了机器纺纱，就必须有机器织布，而这二者又使漂白业、印花业和染色业必须进行力学和化学革命。”[⑤] 这里的“生产方式”一词明显指的是机器生产这种劳动方式。上面这些引证说明，马克思在《资本论》第一卷，特别是论述劳动过程的几章中所使用的“生产方式”或“资本主义生产方式”概念，其含义主要是指劳动方式或资本主义劳动方式。马克思对资本主义劳动过程演变的研究，就是要探讨资本主义劳动方式的演变及其逐渐发展到在全社会起支配作用的过程。[⑥] 他的着眼点不在劳动过程的技术方面而在劳动过程的社会组织，力图揭示雇佣劳动者的劳动方式如何在资本的控制下不断演变，使劳动从对资本的形式上的从属逐渐发展到对资本的实际上的从属。

现在回到《资本论》的研究对象。马克思在《资本论》第一卷第一版序言中说，他在该书要研究的“是资本主义生产方式以及和它相适应的生产关系和交换关系”，其中的“生产方式”是哪一种含义呢？我认为

---

① 《资本论》第1卷，人民出版社2004年版，第374、388—389页。

② 《资本论》第1卷（法文版中译本），中国社会科学出版社1983年版，第336—337页。

③ 《资本论》第1卷，人民出版社2004年版，第415—416页。

④ 《资本论》第1卷，人民出版社2004年版，第419页。

⑤ 《资本论》第1卷，人民出版社2004年版，第440页。

⑥ “政治经济学意义上的生产方式，指的是在资本主义社会中，占主导地位的资本主义劳动过程。”参见《资本论》第1卷（法文版中译本），中国社会科学出版社1983年版。

应该理解为资本主义的劳动方式。从理论上说，根据马克思“生产力—生产方式—生产关系”的一贯原理，这个作为生产力和生产关系中间环节的“生产方式”如果理解为“资本主义生产”或“资本主义生产类型”这种广义的概念，并没有具有中介性质的独立的特殊内容；而如果理解为“资本主义劳动方式”，就完全合乎逻辑了。因为“劳动方式”恰恰是生产力和生产关系的中间媒介，它一方面与生产力和生产的技术条件密切相关，随着生产工具和生产技术的发展而变化，直接体现生产力的发展水平和性质；另一方面，它又与生产关系密切相关，受到生产的社会条件和经济关系的制约。[①]“物质生产力的变动必然与作为其社会形式的生产关系发生矛盾运动，这种矛盾运动具体体现在作为二者结合的中介——劳动过程之中。”[②]“资本主义劳动方式”就是社会化生产力与资本主义经济关系矛盾运动的中间承载体，同时体现劳动的技术方式和社会方式，它以生产力的社会化发展为基础，又被资本主义生产关系所规定、所塑造，具有明显的社会历史特征。按这种意义来理解，马克思在《资本论》第一版序言中所说的与资本主义生产方式“相适应的生产关系和交换关系”就合乎逻辑了。首先，这个“相适应”可解释为“相一致”的意思，因为资本主义生产关系和资本主义劳动方式的确是一致的。其次，这个“相适应”还可解释为，只有典型的资本主义劳动方式即大规模机器生产形成后，资本主义生产关系才得以普遍发展，最后确立其社会支配地位。这两种理解在理论上都是合乎逻辑的，并与资本主义经济发展的实际相吻合。[③]

---

① 张彤玉：《社会资本论——产业资本社会化发展研究》，山东人民出版社 1999 年版，第 80—87 页。

② 《资本论》第 1 卷（法文版中译本），中国社会科学出版社 1983 年版。

③ 在上述《资本论》第一卷第一版序言的引文后面，马克思紧接着写道：“到目前为止，这种生产方式的典型地点是英国。”这句话在《资本论》第一卷法文版中改为：“英国是这种生产的典型地点。”有学者根据这一改动认为，马克思这里使用的“生产方式”与“生产”有着同等的意义，资本主义生产方式指的就是资本主义生产，是从生产的社会结合方式意义上理解生产方式的（顾海良：《把握真谛　着力创新》，《政治经济学评论》2010 年第 1 期；赵学清：《〈资本论〉第 1 卷法文版和德文版第 4 版“生产方式”概念比较研究》，《马克思主义理论与现实》2011 年第 6 期）。但我认为，如果这里使用的两个概念具有同等意义，前后紧密相关的两句话中“生产方式”一词就应都改为“生产”才对，为什么马克思只改了后一句话呢？这或许恰好证明，前一句话中的“生产方式”是在“劳动方式”这种意义上使用的。接着在指出英国作为一种典型时，就不应限于这种狭义的理解上，而应看作是资本主义生产类型即广义“生产方式”的典型地点。为了区别，将后一句话中的“这种生产方式”改为“这种生产”（即资本主义生产）就更为明确和准确了。

再从《资本论》第一卷的内容看，也印证了马克思对《资本论》研究对象的界定。他在对资本主义经济关系进行一般的抽象理论研究之后，花了巨大的篇幅来分析资本主义劳动过程的演变，考察资本主义下的雇佣劳动如何从它最初的简单协作方式逐渐发展到典型的机器大工业的劳动方式。在《资本论》第一卷正文 887 页中，主要分析资本主义劳动过程演变的第十一章至第十四章共计 219 页，占了近 25%的篇幅，这还不包括涉及工人劳动状况的论述“工作日”的第八章。可见，《资本论》第一卷的实际内容也表明，马克思在序言中所说的“资本主义生产方式”应该指的是“资本主义劳动方式”。对资本主义劳动过程的研究是如此重要，以至于格林在概括马克思主义经济学的主要内容时，把“劳动过程”列为三大理论部分之首（其他两个部分是“价值、利润与剥削”和“资本积累与危机”）。格林的概括是否恰当虽然可以讨论，但至少说明了对劳动过程和劳动方式的研究在马克思经济学中所具有的重要地位。①

马克思在《资本论》的研究对象中首先强调资本主义“生产方式”或“劳动方式”，说明他在研究资本主义经济时，把对直接生产过程中经济关系的考察放在了基础位置，而不是首先关注分配领域中的经济关系，也不满足于对生产关系的一般抽象的理论分析。在马克思看来，资本主义剥削制度的弊端不仅仅在于资本家无偿占有雇佣工人的剩余劳动，使工人生活相对地甚至有时是绝对地贫困；而且首先在于资本主义的劳动方式使雇佣工人的劳动发生异化，从劳动者的主动行为蜕变为资本控制下的机器的附庸，成为工人的沉重负担和痛苦的一种源泉。马克思的这种思想甚至可以追溯到他的早期著作。② 因此，马克思在《资本论》第一卷中把对资本主义生产方式的研究和批判置于首位。非常遗憾的是，马

① ［英］约翰·伊特韦尔等编：《新帕尔格雷夫经济学大辞典》第 3 卷，经济科学出版社 1992 年版，第 420—424 页。

② 在《1844 年经济学哲学手稿》中，马克思就从两个方面考察了资本主义条件下“劳动的异化行为。第一，工人同劳动产品这个异己的、统治着他的对象的关系……第二，在劳动过程中劳动同生产行为的关系”。他指出：“劳动为富人生产了奇迹般的东西，但是为工人生产了赤贫。劳动创造了宫殿，但是给工人创造了贫民窟。劳动创造了美，但是使工人变成畸形。劳动用机器代替了手工劳动，但是使一部分工人回到野蛮的劳动，并使另一部分工人变成机器。劳动生产了智慧，但是给工人生产了愚钝和痴呆。”（《马克思恩格斯全集》第 42 卷，人民出版社 1979 年版，第 94、93 页。）

克思政治经济学的这一传统，在后来的马克思主义经济理论研究中基本上被忽视和丢弃了。造成这种不正常现象的原因和历史背景，布雷弗曼作了深刻论述。一方面，在资本主义国家，20 世纪的许多重大事件吸引了马克思主义者的注意力，两次世界大战、法西斯主义、30 年代大萧条、无产阶级革命和民族解放运动等支配着马克思主义的分析工作，而科学技术发展、生产率增长和工人阶级消费水平的提高也影响了工会运动的走向，工人把更多注意力转到对劳动产品占有份额的讨价还价上，“对生产方式的批判已让位于对作为一种分配方式的资本主义的批判”。另一方面，在社会主义国家，如苏联，由于生产技术和经济水平落后，农民散漫的劳动传统根深蒂固，共产党人更加羡慕发达资本主义的科学技术、生产制度和有组织的劳动过程，并以敬畏的心情把资本主义生产方式“看做是它必须去学习和借鉴的榜样，而且如果苏联要赶上资本主义并为社会主义打下基础的话，它就得模仿这一榜样”。实际上，“苏联的工业化是模仿资本主义模式的……采用一种仅仅在细节方面不同于资本主义国家的劳动组织”。总之，“全世界的马克思主义者都感到这种意识形态的影响：马克思以谨慎的保留态度论述的资本主义技术，和他以激烈的敌对态度论述的劳动组织和劳动管理，现在都成为相当可以接受的东西了”。[①] 布雷弗曼的研究终于打破了这种倾向。这位美国马克思主义学者继承《资本论》的传统，对现代资本主义的生产方式进行了后续性的深入研究和批判。他于 1974 年出版的《劳动与垄断资本》，应看作是第二次世界大战后最重要的马克思主义经济学著作之一。

二

资本主义社会的劳动方式作为特殊的资本主义生产方式，具有若干基本特征。这些特征根源于资本主义劳动过程的特殊性质。资本主义劳

① ［美］哈里·布雷弗曼：《劳动与垄断资本——二十世纪中劳动的退化》，商务印书馆 1979 年版，第 11—15 页。

动过程不仅生产商品和劳务，同时创造价值和剩余价值，这构成资本生产和资本积累的现实基础。资本家和工人首先在市场上发生契约关系，资本家以提供一定工资报酬为代价，购买工人一定时间的劳动力使用权。这是法律形式上的平等交换，而后便在资本家的工厂中开始了生产商品的劳动过程。既然工人的劳动力使用权在此期间已让渡给资本家，工人的劳动当然只能在资本家的管理下进行，他们支出的劳动以及所生产的产品也只能归资本家所有。由于工人在整个劳动过程中创造的产品价值超过了资本家支付给工人的工资品价值，其剩余部分便被资本家无偿占有，形成了资本家对工人剩余劳动的剥削关系。设剩余价值中资本家个人消费部分和积累部分的比例已定，则劳动过程中创造的剩余价值量越大，能够进行积累的资本量也越多。因此，在追求利润最大化和积累最大化的无穷欲望驱使下，资本家的本能就是要让工人在劳动过程中创造尽可能多的剩余价值和利润。

在这种社会关系下所进行的劳动过程，必然包含着资本家和工人不同的利益目标。资本家的愿望是让工人生产出尽可能多的产品价值与剩余价值，是利润最大化，所以希望工资尽可能低，劳动时间尽可能长，劳动强度尽可能大，劳动效率尽可能高，以达到成本最低和利润最大的目的。工人的想法则不同，因为付出更多劳动所生产的产品并不归他们所有，自然没有工作积极性，而是希望工资越高越好、劳动时间越短越好、劳动强度越小越好。这种不同利益目标产生的矛盾由于下面这个事实而变得更加尖锐：工人出卖给资本家的只是一定时间的劳动力使用权，是潜在的劳动力而不是现实的劳动量。在一定的劳动时间内，比如说一天 8 小时，工人工作努力与否，所提供的实际劳动量会有很大差别。因此，对资本家来说，管理劳动过程经常面临的一个关键问题就是，如何把工人的潜在劳动力转化为最大限度的现实劳动量。

资本主义劳动过程既是一种社会过程，也是一种技术过程。在劳动过程中，工人要在特定技术条件下与生产资料相结合，通过分工与协作进行集体劳动。任何集体劳动都需要管理，以协调劳动者与生产资料的技术配置以及各个劳动者之间的生产步调，这就如同一个乐队需要有一个指挥来协调一样。由劳动过程的技术关系所产生的管理要求作为起协调作用的管理职能，是任何大规模生产和集体劳动都不可或缺的。但是对于资本主义劳动过程的管理来说，仅有协调功能是远远不够的。协调能使资本主义生产有条不紊地进行，但不一定能保证生产出最大限度的剩余价值，而后面这一点才是资本主义生产的核心要求。“资本家的管理不仅是一种由社会劳动过程的性质产生并属于社会劳动过程的特殊职能，它同时也是剥削社会劳动过程的职能，因而也是由剥削者和他所剥削的原料之间不可避免的对抗决定的。”[①] 为了达到这个目的，资本就需要控制劳动过程。协调是技术上的需要；控制则是社会关系的需要，正是它构成资本主义生产管理的本质特征。布雷弗曼非常形象地指出：“像使用缰绳、马笼头、踢马刺、胡萝卜和马鞭子的骑士一样，资本家从小受到的训练就是将自己的意志强加于人，竭力通过管理进行控制。控制的确是一切管理制度的中心思想，这已为一切管理理论家所承认，或是默认，或是直言不讳。”如一个叫莱劳韦尔的人就说：“有效的管理就是控制。这两个词在某种意义上是可以互相替换的，因为没有控制的管理是不可想象的。”[②] 近来有一则信息可与这种高论相呼应，一位台湾地区电子工业的巨头（他在中国大陆的企业被批评为“血汗工厂”，或被称为“压力锅”）私下对人说：“management 这个词翻译成‘管理’不好，应该译成‘管控’。”

由资本家组织、指挥和管理的劳动过程，是资本主义关系下的一种社会组织。“这样的社会组织可以被认作为一个控制体系。这是雇主管理劳动场所的手段。一个资本主义的劳动场所几乎从来就不是民主地组织起来的，它自上而下地运行。既然雇主组织劳动的原因是生产商品以获得利润，控制体系就被设计用来增强雇主榨取工人劳动的能力。”[③] 企业中的控制体系体现了资本对工人的直接控制，包括大体同时存在但在不同场所不同时期有所侧重的几种主要控制方式。第一，强力监督。在小

---

① 《资本论》第1卷，人民出版社2004年版，第384页。

② ［美］哈里·布雷弗曼：《劳动与垄断资本——二十世纪中劳动的退化》，商务印书馆1979年版，第63页。

③ ［美］塞缪尔·鲍尔斯等：《理解资本主义：竞争、统制与变革》，中国人民大学出版社2010年版，第278页。

企业中，老板往往直接监督生产；在大企业中，雇主则建立科层式的等级制度，由管理者对雇员进行层层监督，车间和工段都有工头或领班监管工人劳动。其监管方式可以是温和的劝诱也可能是粗暴的强制，对不努力或不称职的工人采取呵斥、处罚甚至开除的办法，迫使工人紧张工作。这是最原始也最普遍的控制制度，从资本主义企业开始出现直到资本主义经济高度发达的当今世界，始终不同程度地存在。第二，机器驱使。当资本主义的工场手工业过渡到机器大工业后，机器的应用开辟了监督工人劳动的新手段，并使这种监督变得更为容易。机器作为工人劳动的工具，反过来成为控制工人的异己力量。资本家通过提高机器的运转速度，就能驱使工人更迅速、更紧张地工作。从早期的单个机器加速运转，到后来广泛推行的生产装配线，再到现在的计算机和互联网的远程监控，无不体现了资本运用机器控制雇员劳动的巨大力量和广泛的可能性。第三，利益激励。资本的控制从来就是大棒加胡萝卜。利益激励通常比强制监督更为有效，也更容易激发工人的自愿配合与合作。资本设计出许多激励制度，如计件工资、超额奖励、任务包干，甚至给雇员少量股票等等。在激励制度下，工人越努力就能在一定时间内拿到更多工资或得到额外收益，他们自然就会努力干活。此外，在科层制企业中，雇主可能实行一种按照资历逐渐提高雇员工资（有时与逐渐提高劳动等级或工作职位相结合）的制度来激励雇员忠诚于企业，为保全企业职位而积极工作。[①] 从长期发展趋势来看，资本对第一种控制方式的使用在相对减少，而更多依赖于第二种和第三种控制方式的运用。

资本在企业中对工人的直接控制通常由于资本借助劳动市场施加的间接控制而加强。资本主义劳动市场存在激烈的竞争关系。工人不占有生产资料，必须依靠出卖劳动力为生；而资本主义经济的常态是劳动力供过于求，大量失业工人对在业工人形成巨大压力，使他们不得不臣服于资本的支配。从这个意义上说，资本凭借劳动市场上的竞争，也形成了一种对劳动的控制力量。这不是单个资本家对其工人的直接控制，而

---

① 以上分析参考了塞缪尔·鲍尔斯等著《理解资本主义：竞争、统制与变革》第13章第一目，但在基本控制方式的分类上我与他们不尽相同。

是整个资产阶级对工人阶级的客观控制力，但它无疑对每个资本主义企业都有影响。在经济繁荣时期，可能出现失业率下降甚至劳动力不足的局面；但资本主义经济运行的内在机制最终会使这种形势根本扭转，导致失业队伍重新扩大。资本主义雇佣劳动的经济条件决定了工人之间的市场竞争，在工人力量分散和工会力量薄弱的情况下，这种竞争尤为激烈。当工人因对工资、劳动强度或工作条件不满而试图挑战雇主的监督和控制时，资本可以用解雇、关闭工厂或搬迁企业等手段对单个或全体工人进行威慑。资本的流动性远胜于劳动力的流动性，在经济全球化和信息化的当今世界，资本的流动早已超出国界。资本所有者可以把工厂迁往发展中国家，甚至在不迁厂的情况下把部分生产任务外包出去。这不仅在国内制造出更多失业者，而且把不计其数的国外劳动力纳入到劳动市场的竞争当中，大大强化了资本对工人的客观控制力量。

很多学者认为，劳动组织、劳动方式或劳动过程决定于生产的技术条件，特别是劳动工具的性质，属于生产的技术结合方式。技术是劳动过程的物质基础，制约着各种生产要素之间以及要素投入与产出之间的关系，因此不可否认，技术条件对劳动过程具有一定约束，例如用纺织机器织布时就不能用操纵手工织布机的劳动方法。但是，技术对劳动过程的制约又并非想象的那样严格：同样是手工工具，可以采用家庭手工业的劳动方式，也可以采用工场手工业的劳动方式。这里的关键在于理解劳动过程并不是单纯由技术条件决定的，它还受到生产关系的制约。在资本主义社会，资本总是要按照它自身的目的即最大限度地生产利润和进行积累去组织由它支配的劳动过程。它不仅要对劳动过程进行控制，而且要对劳动过程施加改造，使之符合资本的利益。正如布雷弗曼一针见血指出的："我们在我们周围看到的'生产方式'，即组织和进行劳动过程的方式，是我们称为资本主义的那种社会关系的'产物'。"①

可见，以一定技术为基础的劳动过程同时受到特定生产关系的制约。正是这种以特定技术为基础并具有特定社会特征的劳动过程，包括劳动

---

① ［美］哈里·布雷弗曼：《劳动与垄断资本——二十世纪中劳动的退化》，商务印书馆 1979 年版，第 24 页。

组织和劳动方式，作为生产力与生产关系矛盾运动的中介，可以称之为特定的社会生产方式。这种意义上的资本主义生产方式就是指资本主义劳动方式，即资本家组织工人进行劳动的方式。劳动方式绝不是一个单纯的技术范畴或生产力范畴，它同时也是一个社会范畴。马克思在《资本论》中深刻揭示了作为劳动方式的资本主义生产方式所具有的社会历史特征。

资本主义劳动过程的基础是劳动过程的社会化。微观方面，以企业中的大规模集体劳动为特征；宏观方面，以社会各部门劳动的相互依存为特征。这是资本主义劳动过程与前资本主义劳动过程的一个根本区别。劳动过程的社会化随着资本主义生产发展具有逐渐提高的基本趋势。在这个基础上，从工人自身的劳动行为来观察，其劳动方式有以下若干基本特征。

资本主义劳动方式的第一个特征，是工人之间不断细化的劳动分工。这种工人之间的分工早在资本主义工场手工业时期就已经相当发展了，它属于企业内部的分工或个别分工，而与社会分工相区别。马克思指出：“社会内部的分工和工场内部的分工，尽管有许多相似点和联系，但二者不仅有程度上的差别，而且有本质的区别。”它们的本质区别在于：社会分工是所有社会经济的共同特征，个别分工则是资本主义经济的特殊产物；社会分工是社会自发形成的，个别分工却由资本主义管理强加于工人；社会分工的前提是生产的分散化，个别分工的前提依赖于生产的集中；社会分工以不同部门的商品交换为媒介，个别分工则以资本家把工人作为结合劳动力来使用为媒介。[①] 生产过程中工人的分工在现代工厂中已经发展到极高的程度。

生产中的分工首先是从劳动过程的分解开始的。把劳动过程分解为若干不同阶段并不是资本主义的发明。资本主义生产的特征在于，它不仅分解劳动过程，而且进一步分解工人，即让不同工人从事不同的劳动操作。这是两个步骤。[②] 亚当·斯密在谈到工场手工业分工的优越性时

① 《资本论》第1卷，人民出版社2004年版，第410—412页。

② ［美］哈里·布雷弗曼：《劳动与垄断资本——二十世纪中劳动的退化》，商务印书馆1979年版，第69—71页。

说，它可以减少频繁从一种工作转换到另一种工作所浪费的时间。节约劳动时间的确是分工的一个巨大优越性，但它主要发生在企业内分工的第一个步骤即劳动过程分解这一步。以斯密所举的制造扣针为例，即使没有工场手工业的分工和专业化，一个个体手工业者也不会在制成一根完整的扣针后再做第二根扣针。他可能已经把劳动过程进行了分解，通常和他的家人一起从一段时间集中于一项劳动任务到另一段时间集中于另一项劳动任务，如首先抽出制造成百上千根扣针所需要的针条，然后将它们集中拉直，然后集中截断，然后集中削尖针条的一端，等等，这同样可以节约劳动时间。所以马格林说："节约时间至多只需要每个工人在一个单独的活动中每次持续数日，而不是一生都花在上面。节约时间意味着任务的分割和活动的持续，而不是专业化。"① 资本主义工场手工业的分工则是尽可能地分解工人，使不同工人只从事不同的局部操作。例如，"制针手工工场的针条要经过 72 个甚至 92 个专门的局部工人之手"②。

资本主义劳动方式的另一个特征，是工人劳动的片面化、畸形化，成为局部工人。这是资本主义分工的必然结果。马克思指出：在资本主义发展的初始阶段，简单协作大体上还没有改变个人的劳动方式，而工场手工业却使它彻底地发生了革命，从根本上侵袭了个人的劳动力。"工场手工业把工人变成畸形物，它压抑工人的多种多样的生产志趣和生产才能，人为地培植工人片面的技巧。""工场手工业使工人畸形发展，变成局部工人。""独立的农民或手工业者所发挥（虽然是小规模地）的知识、判断力和意志……现在只是对整个工场说来才是必要的。生产上的智力在一个方面扩大了它的规模，正是因为它在许多方面消失了。局部工人所失去的东西，都集中在和他们对立的资本上面了。"③

资本家之所以要在工场中发展专业化分工，关键在于资本榨取剩余价值的需要。专业化分工不仅提高了生产效率，增加了价值和剩余价值

① ［美］S. 马格林：《老板们在做什么？——资本主义生产中等级制度的起源和功能》，见柳欣、张宇主编《政治经济学评论》2009 卷第 1 辑，中国人民大学出版社 2009 年版。

② 《资本论》第 1 卷，人民出版社 2004 年版，第 398 页。

③ 《资本论》第 1 卷，人民出版社 2004 年版，第 418 页。

的创造，同时也加强了工人对资本的依附。“工场手工业工人按其自然的性质没有能力做一件独立的工作，他只能作为资本家工场的附属物进行生产活动。”“起初，工人因为没有生产商品的物质资料，把劳动力卖给资本，现在，他个人的劳动力不卖给资本，就得不到利用……分工在工场手工业工人的身上打上了他们是资本的财产的烙印。”①

资本主义劳动方式的最重要特征，是在大规模机器生产中工人劳动成为机器的附庸。机器生产是典型的资本主义劳动方式，现代大工厂成为资本主义工业的典型生产单位。在工厂中，工场手工业的分工原则继续存在，但“这种分工首先是把工人分配到各种专门化机器上去，以及把大群并不形成有组织的小组的工人分配到工厂的各个部门，在那里，他们在并列着的同种工作机上劳动”。结果是，工场手工业中旧的分工制度，“在更令人厌恶的形式上得到了系统的恢复和巩固。过去是终身专门使用一种局部工具，现在是终身专门服侍一台局部机器……这样，不仅工人自身再生产所必需的费用大大减少，而且工人终于毫无办法，只有依赖整个工厂，从而依赖资本家”。②

资本主义机器大工业中的劳动方式彻底改变了人和生产工具的关系。“在工场手工业和手工业中，是工人利用工具，在工厂中，是工人服侍机器。在前一种场合，劳动资料的运动从工人出发，在后一种场合，则是工人跟随劳动资料的运动。在工场手工业中，工人是一个活机构的肢体。在工厂中，死机构独立于工人而存在，工人被当作活的附属物并入死机构。”这种劳动方式对工人造成的伤害是全面的。“机器劳动极度地损害了神经系统，同时它又压抑肌肉的多方面运动，夺去身体上和精神上的一切自由活动。甚至减轻劳动也成了折磨人的手段，因为机器不是使工人摆脱劳动，而是使工人的劳动毫无内容。一切资本主义生产既然不仅是劳动过程，而且同时是资本的增殖过程，都有一个共同点，即不是工人使用劳动条件，相反地，而是劳动条件使用工人，不过这种颠倒只是随着机器的采用才取得了在技术上很明显的现实性。”③

---

① 《资本论》第1卷，人民出版社2004年版，第417页。

② 《资本论》第1卷，人民出版社2004年版，第483、485—486页。

③ 《资本论》第1卷，人民出版社2004年版，第486—487页。

以上就是马克思在《资本论》中对资本主义劳动方式基本特征的主要描述。概括地说，资本主义劳动方式或生产方式的基本特征，就是以社会化的机器生产为基础，细密的分工，工人劳动的片面化、简单化和畸形化，日益成为机器的附庸。[①] 这些基本特征的具体表现和严重程度在不同工人之间会有很大差别，在不同历史时期也会有显著变化；但作为基本特征，在多数工人身上大多不同程度地存在着。资本主义劳动方式的这种基本特征根源于剩余价值生产和资本控制工人劳动的需要，反映了资本主义生产关系对劳动过程的决定性影响。

马克思不仅揭示了资本主义经济关系对劳动方式的影响与塑造，同时也阐明了特殊的资本主义劳动方式的形成对资本主义经济关系最终确立的基础性作用。在他看来，资本主义生产方式与资本主义经济关系是

① 对于马克思的这些描述，拉佐尼克提出了批评，他认为马克思过多地受到19世纪上半叶英国激烈的阶级斗争和恩格斯对19世纪40年代早期英国工人阶级状况描述的影响。恩格斯的这些描述连同当时政府大多在19世纪中期以前进行的对工人工作环境调查的陈述，让马克思坚信英国资本家已把工人剥削到了“身上只剩下锁链”的地步。拉佐尼克以英国19世纪棉纺织业的详细研究资料为主要依据，强调车间的技术工人不仅掌握着有关生产的知识，而且控制着生产的组织形式，他们已不能仅仅被称作机器的附属品了。对此有必要澄清两点。第一，马克思在《资本论》第一卷（主要在第八章和第十三章）中引用的英国工人阶级状况的大量实证资料，除了有关工作日立法的历史论述外，绝大部分都是19世纪50年代和60年代的实际情况。由此恩格斯在《〈英国工人阶级状况〉1892年德文第二版序言》中还指出，他不打算把该书的叙述延续到当前，原因之一是“马克思的《资本论》第一卷已经极为详细地描述了1865年左右，即英国的工业繁荣达到顶点时的英国工人阶级的状况”。可见，说马克思主要根据19世纪中期以前的资料得出结论的说法是不符合实际的。第二，拉佐尼克也承认那些掌握车间控制权的男性技术工人依靠强有力的工会组织成为“工人贵族”，但其人数在19世纪后期只占到英国劳工的10%～20%。既然如此，当时80%～90%的普通工人又如何呢，他们能彻底逃脱马克思所描述的悲惨命运吗？恩格斯在上述《〈英国工人阶级状况〉1892年德文第二版序言》中实际上已谈到这一点。他指出：19世纪下半期有两种受到保护的工人的状况得到了长期的改善。第一种是工厂工人；第二种是巨大的工联，这是那些绝大部分或者全部使用成年男子劳动的生产部门的组织。“他们形成了工人阶级中的贵族；他们为自己争到了比较舒适的地位”；“但是，谈到广大工人群众，他们的穷困和生活无保障的情况，现在至少和过去一样严重”。（以上两点恩格斯有关论述，参见《马克思恩格斯选集》第4卷，人民出版社1995年版，第423、427、428页。）当然，在澄清上述两点后也应该说明，我们无意否定拉佐尼克著作的学术价值。他强调权力关系在塑造劳动过程中的重要作用的观点是正确的，他对英国、美国和日本工厂中劳动组织不同特征的比较分析也具有理论意义；但他把英国的衰落、美国的崛起，以及战后一个时期日本的竞争力暂时超过美国的事实主要归因于企业劳动组织和车间竞争优势这种微观层次的差异和变化，似乎也过于简单化了。离开更宏观的经济背景以及制度和政策因素，这些问题不可能得到全面科学的解释。（［美］威廉·拉佐尼克：《车间的竞争优势》，中国人民大学出版社2007年版，第70—71页。）

一种相互决定的辩证过程。对这一点，马克思《经济学手稿（1861—1863 年）》第一篇第六章开头的一段话讲得最为清晰："我们不仅看到了资本是怎样进行生产的，而且看到了资本本身是怎样被生产出来的，资本作为一种发生了本质变化的关系，是怎样从生产过程中产生并在生产过程中发展起来的。一方面，资本改变着生产方式的形态，另一方面，生产方式的这种被改变了的形态和物质生产力的这种特殊发展阶段，是资本本身的基础和条件，是资本本身形成的前提。"① 这段话是对前三章（第三章至第五章）内容的简要概括。而这三章手稿构成了《资本论》第一卷第十章到第十四章的基本素材。正是在这几章中，马克思在分析资本主义生产方式演变过程的同时，也揭示了资本关系与生产方式的辩证关系。在最初的资本主义简单协作条件下，只是资本同时雇用较多工人，和行会手工业几乎没有什么区别。由于劳动方式并未发生根本变化，资本对工人的剥削主要采用绝对剩余价值方法，工人只是在形式上隶属于资本，只是由于资本与雇佣劳动的交换形式使工人处在资本的剥削之下。但这时劳动已开始从属于资本，工人已必须在资本的监督和管理下进行劳动，因此，"生产过程中的统治和从属关系代替了生产过程中的从前的独立性。""这是实际的劳动过程由于隶属于资本而经受的第一个变化"。随着简单协作条件下生产规模的扩大和工人人数的增多，资本出于增加剩余价值和加强控制的需要，开始在工人中实行分工，典型的工场手工业发展起来。工场手工业分工使工人的劳动方式发生了重大变化。"简单协作大体上没有改变个人的劳动方式，而工场手工业却使它彻底地发生了革命，从根本上侵袭了个人的劳动力"。分工大大地提高了劳动生产率，提高了生产的社会化程度，为资本主义生产的扩大创造了条件；同时，由于工人劳动的片面化和畸形化，也强化了劳动对资本的从属，但还没有发展到对资本的实际从属的程度。"由于手工业的熟练仍然是工场手工业的基础，同时在工场手工业中执行职能的总机构没有任何不依赖工人本身的客观骨骼，所以资本不得不经常同工人的不服从行为作斗争"。但是，工场手工业的发展最终为机器大工业的产生创造了前提。

① 《马克思恩格斯全集》第 48 卷，人民出版社 1985 年版，第 36 页。

“工场手工业时期通过劳动工具适合于局部工人的专门的特殊职能，使劳动工具简化、改进和多样化。这样，工场手工业时期也就同时创造了机器的物质条件之一，因为机器就是由许多简单工具结合而成的。”[①] 随着机器大工业的形成和发展，工人的劳动方式发生了根本性变化，相对剩余价值生产成为资本榨取剩余价值的主要方法（但不排斥在增加相对剩余价值的同时可能增加绝对剩余价值），劳动生产率大幅度提高，社会化生产力发展到新的高度，特殊的资本主义生产方式终于形成，为资本主义生产关系的普遍建立和最后巩固奠定了坚实的物质基础。与此同时，由于工人已成为机器的附庸，才真正实现了劳动对资本的实际的从属。“在这里不仅是形式方面发生了变化，而且劳动过程本身也发生了变化。一方面，只是现在才表现为特殊生产方式的资本主义生产方式，改变了物质生产的形态。另一方面，物质形态的这种变化构成资本主义关系发展的基础”[②]。由此可以看到：在资本主义社会形成过程中，“一定水平的生产力在以一定方式进行的生产活动中得以应用和发展，也正是这种以一定方式进行的生产活动再生产出人与人之间的生产关系。生产力和生产关系都应立足于劳动范畴加以规定”[③]。

弄清马克思关于资本与生产方式的相互作用，是理解他的“生产力—生产方式—生产关系”原理的关键。否则，我们就会产生疑问：既说资本主义特有的生产方式是在生产力发展基础上由资本主义关系决定的，又说资本主义生产关系要与资本主义生产方式相适应，这岂不是相互矛盾？其实它们之间的关系本来就是辩证的，由此才能真正理解马克思在《资本论》第三卷第五十一章那个总结性的论断：“资本主义生产方式是一种特殊的、具有独特历史规定性的生产方式；它和任何其他一定的生产方式一样，把社会生产力及其发展形式的一个既定的阶段作为自己的历史条件……同这种独特的、历史规定的生产方式相适应的生产关系……具有一种独特的、历史的和暂时的性质；最后，分配关系本质上和生产关系是同一的，是生产关系的反面，所以二者都具有同样的历史

① 《资本论》第1卷，人民出版社2004年版，第396页。

② 《马克思恩格斯全集》第48卷，人民出版社1985年版，第18页。

③ 孟捷：《马克思主义经济学的创造性转化》，经济科学出版社2001年版，第56页。

的暂时的性质。”① 这样，再回过头来看马克思在《资本论》第一版序言中所说，我要在本书研究的是“资本主义生产方式以及和它相适应的生产关系和交换关系”，就不会引起什么误解或者觉得有什么难以理解的了。

三

马克思的《资本论》写于19世纪中后期，书中对资本主义生产方式的分析符合当时资本主义国家的实际情况。但是，进入20世纪以后，资本主义的生产技术和经济条件已经发生了巨大变化，资本主义劳动过程是否仍然具有《资本论》中所描述的基本特征呢？马克思的劳动过程理论是否还具有现实意义呢？这正是布雷弗曼在《劳动与垄断资本》中要回答的问题。尽管20世纪的资本主义已经大大不同于19世纪，工人阶级的劳动条件和生活水平已经大为改善，19世纪大多数工人那种悲惨的劳动和生活状况已不复存在，但布雷弗曼还是从理论和实证两方面说明，资本主义劳动过程在很大程度上仍保持着马克思所揭示的基本特征。

首先是分工和专业化的继续发展。工人分工的日益细化不但可以强化资本对劳动的控制，而且有利于降低劳动成本。布雷弗曼强调了后一因素对于推动资本主义分工的重要性。他指出：在亚当·斯密以后的半个世纪里，这一原因从未得到明确的论述和强调，直到查尔斯·巴贝奇的著作问世。巴贝奇通过分析揭示出：在以买卖劳动力为基础的社会里，划分工艺会降低其各个部分的工价。换句话说，为了用廉价劳动力代替较昂贵的劳动力，一个重要办法就是尽可能地细分劳动工艺，将较复杂的技术性劳动分解为各种简单的重复性操作，从而把从事简单操作的工人的工资大大减低。“巴贝奇的原理是资本主义社会分工发展的基本原理。它所反映的不是分工的技术方面，而是分工的社会方面……用市场术语来说，这就是：能够完成全过程的劳动力，作为各种分离的成分来

① 《资本论》第3卷，人民出版社2004年版，第994页。

购买时，要比作为一个工人的全部能力来购买时便宜。巴贝奇的原理最早应用于手工业，后来又应用于各种使用机器的行业，终于成为支配资本主义社会各种劳动的基本力量，不论这种劳动的背景是什么，也不论是处于什么等级。”①

随着机器大工业的发展，进入20世纪后，资本主义企业内部继续了分工细化的趋势。20世纪10年代美国福特公司开始实行汽车组装的装配线生产。在汽车装配线上，工人被安排到各个不同的劳动岗位，各自分别从事整个装配工作中的一个不断重复的局部环节，成为进行某种简单操作的熟练工。在福特公司的较早年代，劳动过程主要是由技术工人控制的，他们通常能决定劳动的强度和生产效率。但在1913年10月标准的装配线开始运转并经过仔细的动作研究后，汽车底盘的装配工作在140个装配工人间进行了分工，他们沿着150英尺长的装配线一字排开，在一天9小时劳动中要完成435个底盘配件的安装。② 福特公司的装配线是一个首创，此后装配线在其他汽车公司和许多制造业部门广泛推行，并且逐渐推广到其他资本主义国家，使劳动过程中的分工得以进一步强化。装配线成为战后资本主义装配制造企业生产的突出特征。资本主义劳动过程中仍然存在着使普通工人日益成为单纯操作者的趋势，布雷弗曼用“概念与执行相分离”来概括这种趋势。“概念与执行相分离”是泰罗所开创的科学管理的核心原则，尽管泰罗制声誉不好，实际上它已成为现代资本主义企业管理的基石。布雷弗曼把泰罗制的科学管理概括为三条原则。第一条是“使劳动过程和工人的技术分离开来”。其方法是搜集工人过去所有的一切传统技术知识，加以分类、列表使之变成规则和公式，将其简化为具体的操作规则。这就为劳动过程与工人传统的知识和手艺相脱离提供了可能。第二条是“使概念和执行分离”。即把一切脑力工作从车间转移出去集中到计划或设计部门，而让工人成为单纯的操作者和

---

① ［美］哈里·布雷弗曼：《劳动与垄断资本——二十世纪中劳动的退化》，商务印书馆1979年版，第75—76页。

② David Gartman, “Origins of Assembly Line and Capitalist Control of Work at Ford,” in *Case Studies on the labour Process*, ed. Andrew Zimbalis (New York: Monthly Review Press, 1979), p. 202.

执行者。工人的劳动不再在自己的概念指导下进行，他们便失去了劳动的自主性，只能按照资本所规定的要求和速度工作。第三条是经理部门“利用这种对知识的垄断来控制劳动过程的每一个步骤及其执行方式”。管理部门事先订出计划，向工人详细说明他们应该完成的任务以及工作时所用的方法。这表明劳动过程的一切因素已进行有系统的预先计划和计算，完全由管理部门控制。上述泰罗制的三项原则中最核心的是第二条，布雷弗曼将其概括为“概念与执行分离”而不是“脑力劳动和体力劳动分离”，是因为即使主要从事脑力劳动的办公室工作，也要服从这一概念与执行分离的原则。[①] 当资本把“科学管理”原则应用到办公室工作，使办公室也受到所谓“合理化”过程的影响时，思考和计划等职责就日益集中到办公室内越来越少的一些人身上，而对于大多数雇员来说，办公室就像工场一样也成了体力劳动的场所。

多数工人的劳动技能趋于简单化和程式化的现象也继续存在。这被称为工人的“去技能化”（deskilling)。由于在工人中不断进行细密的分工使之成为局部工人，由于把劳动中的概念和知识尽可能转移到管理部门，这些工人必然丧失（或者从未掌握过）其生产知识和技能，退化成只会进行局部简单重复性操作的熟练工。在现代资本主义社会，大多数熟练工是机械操作工，并因为他们在使用机器，被认为是具有一定技术或技能的。这是一种误解。熟练不等于技能，虽然技能包含着熟练。“技能这一概念在传统上是和精通一种工艺密切相关的——这就是说，既要懂得进行某一种生产工作时所需用的材料和过程，在实际操作时又要作得纯熟灵巧。”掌握技能意味着具有一定的知识基础，并通常需要几年的学习训练，再经过若干年的实际经验的积累。西方传统的学徒工学徒年限很少低于 4 年，甚至有的长达 7 年之久。相比而言，简单的操作工或熟练工通常只需要几天或几个星期的训练，就能掌握一种操作，几个月的培训期已被认为是非常高的要求了。[②]

---

① ［美］哈里·布雷弗曼：《劳动与垄断资本——二十世纪中劳动的退化》，商务印书馆 1979 年版，第 103—110 页。

② ［美］哈里·布雷弗曼：《劳动与垄断资本——二十世纪中劳动的退化》，商务印书馆 1979 年版，第 397—398 页。

工人劳动的去技能化在资本主义工业化过程中表现得最为突出，这种现象被“社会积累结构”学派称之为劳动的“均质化”（the homogenization of labour）。他们指出：美国的劳动均质化主要发生在1873年前后到第二次世界大战前这个时期。劳动均质化的技术基础是工业发展过程中的生产机械化和资本/劳动比率的迅速提高。美国制造业的实际资本/劳动比率指数在1870年为18.4，到1930年已大幅上升到100.0，1970年进一步提高到136.0。劳动均质化意味着多数工人的劳动技能下降，技能差别趋于缩小和接近。其具体表现是熟练工（即统计上所说的半技能工人）和粗工的比重迅速扩大。在美国制造业全部男性雇员中，操作工和粗工所占的比重从1870年的38.6%提高到1900年的42.0%，再到1930年的55.0%。[①] 这种劳动均质化所形成的关系也被称为“驱赶制度”（drive system），它涉及三个主要层面：由机械化和职业调整所促进的工作重组导致生产工人的就业日趋均质化：规模迅速扩张的工厂中工资劳动者更加失去个性化特征（impersonality）；工头作用的不断扩大使新的控制制度具有更强烈的监督功能。[②] 第二次世界大战后，资本主义国家开始了新的科学技术革命，伴随着电子技术、计算机技术等新兴科技的兴起，生产过程逐渐向半自动化和自动化方向发展。这个新科技革命对劳动者的影响比较复杂。由于研究与开发活动激增、更复杂机械系统的应用等等，对科技专业人才和高端技术工人的需求增加了；但另一方面，多数普通工人仍然无法摆脱分工细化和劳动去技能化的命运。就美国来说，发轫于战前而形成于战后的这种趋势被“社会积累结构”学派概括为劳动市场的“二元化”。[③] 他们指出：资本主义生产已分化为一级劳动部门和二级劳动部门，前者指核心大企业的劳动市场和劳动过程，以生产技术先进、白领雇员较多、平均收入较高和就业相对稳定为特征；后者指边缘企业的劳动市场和劳动过程，以生产技术水平较差、普通工人

① David M. Gordon, Richard Edwards, Michael Reich, *Segmented Work, Divided Workers* (Cambridge University Press, 1988), p. 230.

② David M. Gordon, Richard Edwards, Michael Reich, *Segmented Work, Divided Workers* (Cambridge University Press, 1988), p. 128.

③ David M. Gordon, Richard Edwards, Michael Reich, *Segmented Work, Divided Workers* (Cambridge University Press, 1988).

特别是熟练工人比重较大、平均收入水平较低和就业相对不稳定为特征。一级劳动市场通过资本与工会的合作建立起劳资议价谈判的新的控制制度，以雇员工资随劳动生产率增长而适当提高为条件，换取资本对调整劳动组织的决定权和控制权；二级劳动市场则仍保持着较早期的控制方式即“驱赶制度”，主要利用生产机械化和提高劳动强度实现机器控制，广泛实行监工制，减少对技术工人的依赖。一级劳动市场，又可分为独立的一级劳动市场和从属的一级劳动市场，前者主要指核心企业中的专业工作、管理工作和技术工作，这些雇员多是通过正规教育获得知识，劳动中的技能含量较高，其劳动报酬也较高，工作更稳定；后者主要指核心企业中半技术的蓝领工人和白领雇员，他们的教育程度较低，大多是在企业工作过程中获得的技能，主要从事比较常规性的和相对重复性的工作任务，因而他们的劳动报酬较低，工作稳定性也较差。在这种劳动市场二元化的情况下，就工人的劳动方式而言，独立一级劳动市场的雇员其劳动技能是趋于提高的；而从属的一级劳动市场和二级劳动市场的工人，多数仍经历着分工细化和去技能化的趋势。从统计分析来看，在美国全部非农业就业人员中，独立一级劳动市场雇员所占比重从1950年的2.8%上升到1970年的32.8%；从属一级劳动市场雇员从37.2%下降到31.0%；二级劳动市场雇员从35.0%提高到36.2%。[①]

生产自动化对工人的影响可以机器车间为例来说明。数字控制和其他许多控制系统在工业上的广泛应用是从20世纪五六十年代美国的电子革命开始的。[②] 电子革命为控制仪表提供了廉价而可靠的电路系统。它从晶体管开始，而后有了集成电路，再发展到可组合大型集成电路的集成电路块。其批量生产使成本和价格大幅下降而效能迅速提升，构成了控制工艺发生变更的基础。1968年成为转折点，当时数控机床只占1%，而该年装运的新机床中配备了数控附件的占到20%。数控机床提高了效率和精度，使金属切削过程自动化，本可以将其使用过程统一到熟练机

---

① David M. Gordon, Richard Edwards, Michael Reich, *Segmented Work, Divided Workers* (Cambridge University Press, 1988), p. 211.

② [美]哈里·布雷弗曼：《劳动与垄断资本——二十世纪中劳动的退化》，商务印书馆1979年版，第176—182页。

工手中，因为他们已经掌握了程序设计所需要的实际知识。但实际上，由于数字控制下的机械过程提供了分解劳动的机会，结果是工人进一步被细分，掌握技术的熟练机工被三种工人所代替。第一种是“程序设计员”，他们把工程图转化为设计图，要求看清工程图上的各项规格并记录到设计图纸上，这只需要具备手艺学徒在头几个月所学到的能看懂蓝图的知识，加上基本的加减法演算知识和使用机器性能的标准数据知识。第二种是“程序带穿孔员”，其任务是把设计图表变成机器可读的形式，通常用简单的编码机制成穿孔纸带。这种工作用少女即可，几天就能学会，几个星期或几个月即可达到最佳效率。第三种是“机床操作工”，只需拥有简单的技能就可以胜任，尽管他们需要了解所使用的设备，接受应有的训练，懂得几种已规定好的简单的例行工作，但并不具备熟练机工的技能。结果是，工人的细分使每个部分的劳动都简化了，其工价也必然降低。程序设计员和穿孔员的工资要大大低于原来的熟练机工自不待说，现在机工的工资也会比原来的熟练机工低。因为培养和训练一个用常规方法和常规机器来制造部件的工人所需成本与培养和训练一个用数字控制的机器系统来制造同样部件的工人所需成本之比大约是 12∶1。自动化对工人的影响及其控制方式并不限于金属切削机器，它也发生在多种生产工艺和生产部门中。关于生产自动化对工人技艺的一般影响，布雷弗曼引用了布赖特的研究结论：“技艺条件与自动化程度之比越来越往下降，而不是往上升，这一点并未得到普遍的承认，有人甚至没有加以考虑。”布赖特把工业的机械化程度由低到高分为 17 级，指出：机械化处于 1—4 级时，工具完全由工人控制，技艺水平是上升的；5—8 级时，虽采用机器控制但仍要靠工人，所以有些技艺水平上升，但许多技艺水平下降；9—11 级时，机器处于外部控制，大多数技艺水平下降；12—17 级即最后的 6 个级别中，完全自动化，机器自动更改动作，这时从知识和经验直到做出决定等每一个技艺指标，都急剧下降。[①] 生产的机械化和自动化不仅影响车间的蓝领工人，也影响到办公室的白领雇员。

① ［美］哈里·布雷弗曼：《劳动与垄断资本——二十世纪中劳动的退化》，商务印书馆 1979 年版，第 193—196 页。

早期的办公室职员的数量很少，且都是全能型的工作人员，要处理业务流程的所有环节，包括工作的组织和实施、执行各种不同任务，并通常要承担广泛的行政责任。当时办公室的工作组织让职员的技能得到发展，他们被视为某种专家或经营者的一部分，地位和收入都较高。现代大型企业办公室的情况已经完全不同。20 世纪特别是第二次世界大战后，由于大公司的发展和科学技术进步，办公室工作的规模急剧扩大，主要从事生产的研发、设计、安排和控制，价值转移的记录、计算和审计，投入品的购买和产品的销售，等等。办公室工作已转化为大规模的独立劳动过程，资本便开始把生产车间使用的“科学管理”方法推行于办公室工作，使办公室雇员的分工不断细化。大量职员被组织到不同的下属职能部门，各部门的职员又按照任务进一步细分。因而在大型组织中“书面工作”最突出的特征就是对任务的精心细密的分工和职员工作的极端专业化。例如，在美国一个大型保险公司里，2000 名职员分别具有超过 350 个不同的职位名称。① 当一些办公室机械特别是计算机系统陆续引入企业后，大多数办公室工作便逐渐实现了机械化和自动化。计算机首先用于大规模例行的重复性工作，如关于工资单、账单、收付款、抵押账目、存货控制、保险统计和红利计算等工作，很快又应用于新的复杂任务，如推销报告、成本会计、市场研究、佣金计算直到一般会计工作。办公室会计程序的计算机化把整个体系的那些熟练人员特别是簿记员的地位削弱了。例如在银行业办公室里，由于电子簿记机的使用，簿记员几乎完全变成机器操作员。出纳员曾经是银行中的重要职位，但由于附属于机械电子设备，他们已变成类似超级市场货币柜台上的结账员。此外，如管卷宗的办事员、打字员、拣信员、电话接线员、存货管理员、接待员、编制工资单和计时办事员、装运和收货办事员等等，也都得从事或多或少机械化了的例行工作。大多数办公室人员实际上成为操纵各种办公机械的工人，他们的劳动趋于简单化程式化，劳动紧张程度不断提高。由于各种办公机械和计算机的应用，办公室的管理部门也可以像

① Evelyn Nakano Glenn，Roslyn L. Feldberg，“Proletarianizing Clerical Work：Technology and Organizational Control in the Office，” in *Case Studies on the Labour Process*，ed. Andrew Zimbalist (New York：Monthly Review Press，1979)，pp. 53—54.

工厂一样把办公机器作为一种控制武器。[①] 不断扩大的办公室工作也日益成为女性的主要劳动领域。美国在 1900 年时办公室雇员主要是男性。但从 1900 年到 1977 年，美国办公室职员从 77 万增长到 1610.6 万，由占全部雇员的 2.6%提高到 17.8%；其中女性职员从 20.4 万上升到 1271.5 万，由占全部职员的 26.5%提高到 78.9%。[②] 以女性为主体的办公室职员由于工作的片面化、机械化和简单化，其社会地位和经济地位明显下降。1900 年时，美国铁路和制造业办公室雇员的年平均薪金约为生产和运输工人年平均工资的两倍；而到 70 年代初，美国办公室专职工作的通常每周中等工资已低于各种所谓蓝领工作的工资。[③]

在办公室职员以外，另一个似乎和生产车间工人不同的劳动群体是服务业工人。20 世纪以来，服务部门的劳工在全部雇佣劳动中的比重不断扩大。1900—1970 年，整个就业人数的增长不到 3 倍，而服务行业职工的增长则超过 9 倍，达到 900 多万人。如再加上零售业中的大约 300 万人，服务人员和零售人员就构成 1200 多万人的劳动大军。当时在服务业职工中，大多数工作集中在清洁服务和看管房屋，以及厨房和食品服务两大领域。清洁服务、饮食服务加上个人服务三大类人员共计超过 600 万人，占到服务业劳工总数的 67%，其中女性超过男性。服务业中，除警察警官、消防队员、高级厨师、高级美发师、航空乘务员、实习护士等几个特殊类别外，大部分人所从事的是比较简单的和重复性的劳动。他们所需要的训练是最低限度的，向上提升的阶梯几乎不存在，而失业率却高出一般水平。就零售业来说，商业形态的变革和新技术的应用，已使许多零售工作人员大体上成为类似工厂里的机械操作工。例如在零售食品业，以前需要全能的食品杂货店员、水果蔬菜商人、乳制品商人、屠夫等等；而现在，这种需要已为超级市场中的一种劳动结构所取代，

① ［美］哈里·布雷弗曼：《劳动与垄断资本——二十世纪中劳动的退化》，商务印书馆 1979 年版。

② Evelyn Nakano Glenn, Roslyn L. Feldberg, "Proletarianizing Clerical Work: Technology and Organizational Control in the Office," in *Case Studies on the Labour Process*, ed. Andrew Zimbalist (New York: Monthly Review Press, 1979), p. 55.

③ ［美］哈里·布雷弗曼：《劳动与垄断资本——二十世纪中劳动的退化》，商务印书馆 1979 年版，第 393、260—261 页。

即卡车卸货员、货物上架员、结账员、包装员和切肉员，他们中只有切肉员还保留一点类似技能的东西，其他人全都不需要关于零售业的一般知识。商品均附有条形码，结账员运用扫描器迅速结账，现金收入记录系统已为计算机化的自动结账系统所代替，结账柜台已把形式最完整的装配线或工厂速度采为己用。多数服务劳动和零售劳动已经简单化、程式化和部分的机械化，从他们的平均工资等级也可得到证实。在服务性职业中，挣工资或薪金的工作人员通常每周收入的中间数比农场工人以外的任何职业类别都低。1971 年 5 月，这个中间数是每周 96 美元（不包括 50 万私人家庭仆役，加上他们是 91 美元）；而办公室人员为每周 115 美元，非农场劳工为每周 117 美元，机械操作工为每周 120 美元。在同一月内，专职零售人员工资的中间数是 95 美元，表明这一类别更接近于服务性职业，而不接近于其他任何重要职业类别。[①]

四

布雷弗曼的著作问世后，在马克思主义学术界带来了对资本主义劳动过程研究的复兴。他在赢得高度评价和众多赞同者的同时，也受到大量的甚至是严厉的批评，并引起了马克思主义学者（包括经济学家、社会学家等等）有关劳动过程问题的长期争论。第一类批评涉及工人阶级的反抗和阶级斗争问题。一些批评者指责布雷弗曼忽视和低估了阶级斗争在劳动过程形成中的作用，认为在他的描述下，资本似乎可以不受抵抗地单方面地对劳动过程实行控制，泰罗制和技术似乎可以随意被引进作为统治工人的强制性制度。在这些批评者看来，泰罗的著作不过只是泰罗的想法和理论，布雷弗曼却将其解读为仿佛是真实的过程。[②] 批评者还引用实例说明工人对泰罗制的顽强抵抗，以及泰罗制往往并不能成为

① ［美］哈里·布雷弗曼：《劳动与垄断资本——二十世纪中劳动的退化》，商务印书馆 1979 年版，第 328—329 页。

② Craig R. Littler, *The Development of the Labour Process in Capitalist Societies* (*Heinemann Educational Books*, 1992), pp. 28—30.

实际的控制方法，等等。应该说，这类批评在很大程度上是对布雷弗曼著作的一种误读。《劳动与垄断资本》一书的目的，是探讨资本主义劳动过程演进的客观趋势，揭示当代资本主义社会工人劳动的基本状况。论述的出发点当然是资本主义对抗性的阶级关系，但重点却不是工人阶级反抗资本的斗争。他在导言中明确指出了这一点："我已经把研究的范围扩大了，现在让我赶快给它定个轮廓分明的界限。我不打算讨论现代工人阶级的觉悟、组织或活动的水平。这是一本关于作为一个自在阶级而不是作为一个自为阶级的工人阶级的书。我明白，在许多读者看来，似乎我已把这一主题中最紧要的部分略去了。……首先需要的是，按照资本积累过程给劳动人民造成的形象如实地描绘工人阶级。"① 即使布雷弗曼做了这种限定，他在著作中还不时提醒读者，资本对劳动过程的控制程度仍要受到工人阶级反抗的影响。例如他在第八章论述管理部门设想把工人当作机器来操纵时特别加上一个小注说明："这里是从管理部门的观点来描述一种'理论上完美的'系统，并不是试图描述事态发展的实际情况。这里我们姑且略而不提工人是难于驾驭的，也不提生产的平均速度多半要经过一番——不论有组织的还是没有组织的——斗争才能规定出来。因此，管理部门操纵的机器有其内部的摩擦，不论以机械为机器还是以人为机器，都是这样。"② 齐波里斯特在为布雷弗曼辩护时也指出：布雷弗曼完全了解工厂工人的反抗和泰罗制的各种变体，以及一般说来资本主义控制劳动过程企图的局限性。他并没有十分注重泰罗制的细节，而是关注于泰罗制作为资本主义管理意识的表现，以及作为一种新的劳动分工和工作场所基本重组的反映。他对管理部门的时间、动作研究感兴趣不是因为实际上可能对每个工人的动作进行详细控制，而是因为它反映了资本把工人看作是机械部件的这种占支配地位的意识形态。③

① ［美］哈里·布雷弗曼：《劳动与垄断资本——二十世纪中劳动的退化》，商务印书馆1979年版，第29页。

② ［美］哈里·布雷弗曼：《劳动与垄断资本——二十世纪中劳动的退化》，商务印书馆1979年版，第161页。

③ Andrew Zimbalist, *Case Studies on the Labour Process* (New York: Monthly Review Press 1979), p. 13.

但也需要指出的是，如果引入阶级斗争的影响，特别是不同国家不同部门阶级力量对比的实际状况，企业劳动过程的组织和方式可能会有重大差别。如英国由于工联主义的强大，棉纺织工业部门的技术工人保持了对技术选择的较大影响和对车间劳动过程的一定控制权。这形成英国棉纺织业与美国同类部门（以管理层控制为特征）在劳动过程上的差异。[①] 虽然英国资本家选择技术工人控制而不是管理层控制当时符合资本的利益，并且技术工人（机器看护工）控制意味着非技术工人（大小结线工）承受更沉重的劳动负担与剥削，但它终究对技术工人有利，并且体现了技术工人有组织力量的作用。因此，拉佐尼克强调生产关系中的具体权力结构对劳动过程的影响是有道理的。

第二类批评涉及工人阶级的主观性问题。批评者认为，布雷弗曼把劳动过程研究限定在客观主义框架内而不考虑阶级的主观层面的方法是错误的。由于布雷弗曼将阶级的主观内容等同于阶级自身的觉悟、组织与活动，他就完全忽略了在科学技术革命中所展现出来的工人的主观性因素。[②] 布若威断言："如果说工业社会学从问题就提'错'了，而马克思主义则是提出了正确的问题却给出了错误的答案。马克思主义者——从马克思到布雷弗曼——坚持认为强制（coercion）是从劳动力中榨取劳动的手段。……布雷弗曼聚焦于工作'去技术化'（deskilling）的历史变迁，却忽视了工作层面的主观性。"布若威根据他于1974—1975年期间在美国联合公司（前身为吉尔公司）机械车间做工人的实际体验和调查，研究了1944—1974年企业劳动过程中生产政体（rejime of production）的变迁，强调吉尔公司和联合公司代表了资本主义劳动过程的两种不同类型：前一种是专制的工作组织，威压明显地胜过了同意；第二种是霸权的工作组织，基于同意压倒了威压。他认为工人的这种"同意"就是在生产场所"制造"出来的，因为"资本主义劳动过程的确定本质是同时掩饰和赢得剩余价值"。他论述了"生产"同意的三种机制：劳动过程被组织成一种（在计件工资基础上）争取超额的游戏；（企业）内部劳动

① 参见［美］威廉·拉佐尼克：《车间的竞争优势》，中国人民大学出版社2007年版。

② David Knights, Hugh Willmott, *Labour Process Theory* (Palgrave Macmillan, 1990), p. 15.

市场通过按资历调配有利工作岗位培育了工人对企业的承诺；（企业）内部国家则通过联合使用申诉制度和集体议价制度具体调整了工会与资方的利益。“所有这些促成了个体主义的成长、等级冲突的散布以及资本家与劳动者、经理与工人之间利益的具体协调，从而也就促成了掩饰并赢得剩余劳动。”[①] 对于布若威的上述批评应当有所分析。事实上，布雷弗曼在书中强调的资本主义管理的本质特征是控制，而控制并不等于强制。他在论述“管理的起源”的第二章中，特别谈到资本主义早期的管理需要运用强制方法，采取了种种苛刻而专横的方式，包括工厂内部法律上的强制做法和超法律的惩罚结构。而在现代条件下（他引用历史学家厄威克的著作说），“整个控制过程经历了一场深刻的变革。这时，工厂的所有者或经理，也就是人们说的‘雇主’，必须从‘雇工’身上得到某种程度的服从，或者能够使他实行控制的合作”。[②] 这里所说的要从工人那里得到某种程度的服从与合作就意味着工人对劳动过程的“认可”，和布若威所说的“同意”的含义是基本一致的。可见，布雷弗曼并没有把现代资本主义对劳动过程的控制等同于单纯的强制，也完全了解工人主观上一定程度的服从与合作在形成现代劳动过程中的意义（尽管他没有展开论述这一点）。当然，布若威也指出，“虽然始终既有一些强制又有一些同意，但它们的相对比例以及它们的清晰度随着时间的流逝而变化了”。意味深长的是，距他在联合公司工作的 30 年后，布若威也坦率地承认：“1944 年与 1974 年之间生产组织令人惊异的稳定是一个方法论上的便利。但却引导我关注解释细小变化，忽视了资本主义大规模和显著的变化”。“由于我僵化了产生它的外部力量，我把生产的霸权政体变为了一个自然的永恒的形式”。“敌视劳工的一对双胞胎——首先是市场，其次是国家——使霸权政体从一个固若金汤的支配形式（在我的想象中！）变成了美国劳动关系史中转瞬即逝的片刻”。“所以，我未能预料到美国制造业的衰亡、工会运动的衰亡（至少在私有部门），当然还有生产

① ［美］迈克尔·布若威：《制造同意——垄断资本主义劳动过程的变迁》，商务印书馆 2008 年版，第 12、3、50、193 页。

② ［美］哈里·布雷弗曼：《劳动与垄断资本——二十世纪中劳动的退化》，商务印书馆 1979 年版，第 61—64 页。

的霸权政体的衰亡。”①

第三类批评涉及资本主义管理的策略。安德鲁·弗里德曼对马克思和布雷弗曼提出一种理论上的修正，认为资本对劳动的管理策略有两种基本和对立的类型：“直接控制”（如泰罗制）和“责任自治权（responsible autonomy）”（如团队生产或具有更多自主决定权的小组等）。在他看来，企业购买的工人劳动能力是一种特异商品，其特异性有两个原因：第一，工人是分别“可锻塑的”（malleable），一旦被雇用可使其从事超越雇佣合同所规定的许多其他工作；第二，工人最终怀有独立的并通常是（对企业）敌对的意愿。“劳动能力的这两种特异性便引出了两种类型的策略，它们被高层经理用来维护对工人的管理权威。”采用第一种策略意味着，管理层着眼于劳动能力可锻塑性的这个积极方面，赋予工人一定的责任、地位，以及温和的监管，激发他们对企业的忠诚等等。采用第二种策略意味着管理层力图实行紧密的监督，事先详细规定每个工人必须执行的具体任务，以减少单个工人所承担的职责。② 对于弗里德曼的观点，可以做出以下评论。首先，他作为引出策略二分法根据的对劳动力商品特性的分析并没有抓住要害。绝大多数马克思主义学者都把资本主义条件下劳动力商品的特殊性作为分析劳动过程的出发点，并认为这个特殊性主要在于劳动力与劳动的区分以及劳动力转化为实际劳动量的不确定性。如里特勒指出：由于存在这种劳动潜力的不确定性，必须用其他的办法来解决。“为了把（对劳动力的）法定所有权转变为（对劳动的）实际占有，雇主必须建立对劳动的控制结构。”③ 汤普森也认为：劳动过程理论的“核心始于认识到作为商品的劳动具有独特的不确定性，因而资本积累就要求把劳动力转化为实际创造利润的劳动”。由此引出的原则之一是，“仅靠市场机制无法调节劳动过程，而必须通过管理系统进

① ［美］迈克尔·布若威：《制造同意——垄断资本主义劳动过程的变迁》，商务印书馆2008年版，第2—5页。

② Paul Thompson, “The Capitalist Labour Process: Concepts and Connections,” *Capital & Class*, No. 34 (2010): 178.

③ Craig R. Littler, *The Development of the Labour Process in Capitalist Societies* (Heinemann Educational Books, 1992), p. 31.

行控制，以减少这种不确定性”。[①] 其次，弗里德曼批评布雷弗曼“把资本主义劳动过程中行使管理权威的一种特殊策略错当作管理权威本身……泰罗的科学管理并不是行使管理权威的唯一可用的策略，考虑到工人的实际反抗，它通常也不是最合适的策略”。[②] 其实，不是布雷弗曼混淆了管理权威和运用管理权威的策略；而是弗里德曼把控制意图和管理策略割裂开了，以为有的管理策略可以不体现控制意图。控制是资本主义管理的基本特性，而管理部门的控制策略则可能是多种多样的。所谓维持对工人的管理权威，不外就是维护管理部门对劳动过程的决定权和对工人的控制权。因此，他提出的两种管理策略只是实行控制的不同方法，并非是实行控制和不实行控制这样两种不同的管理策略。再次，布雷弗曼非常清楚在泰罗的所谓科学管理之外还有其他各种管理理论、管理策略和组织劳动过程的方法。他写道：在工人对劳动的不满情绪显著增长、旷工率和离职率不断提高的情况下，企业“已经提出了各种补救办法和改革措施，有些已由有特别迫切问题的公司在一些工人小组中加以试验，其中包括扩大工作范围，丰富工作内容，或实行工作轮换制，组织工作组，协商或工人‘参加管理’，集体奖金和分红，放弃装配线技术，取消生产计时钟，以及‘自己的工作由自己处理’计划等”。尽管这些改革措施很多是在“使工作人性化”的旗号下进行的，但在公司的管理部门看来，“这是一个成本和管理的问题，而不是‘使工作人性化’的问题。这些问题迫使他们注意，因为它以旷工、人员流动和不符合他们的打算和期望的生产率水平的形式表现出来”。但是，“虽然大公司接受了一些微小的改进措施，但资本主义的结构和运行方式都成千倍更加迅速、更加大规模、更加广泛地再造成目前的劳动过程”。[③] 从以上论述可以看出布雷弗曼和弗里德曼观点上的区别，即他们对于所谓“人性化工作”策略的相对重性有不同的诠释：布雷弗曼把“工作人性化”包括在

---

① ［美］埃里克·奥林·赖特：《后工业社会中的阶级》，辽宁教育出版社 2004 年版，第 10 页。

② David Knights, Hugh Willmott, *Labour Process Theory* (Palgrave Macmillan, 1990), p. 12.

③ ［美］哈里·布雷弗曼：《劳动与垄断资本——二十世纪中劳动的退化》，商务印书馆 1979 年版，第 37—40 页。

基本的控制策略之内，弗里德曼则把它具体化为一种完全不同的劳动过程组织方法与管理策略。最后，应该承认提出管理策略多样性问题对于分析劳动过程具有一定意义。资本主义管理的控制意图和本质通常不会改变，但管理部门的控制策略则受到多种因素的影响，包括生产技术和产品特性、社会文化意识传统、不同政治思潮和力量的影响、企业的市场赢利状况，乃至（前已提到的）工人阶级斗争力量的消长等等。因此不能否认，不同国家、不同部门或企业的管理层从最终有利于资本利益出发，可能采用不同的控制策略和劳动组织方法。

第四类批评涉及工人的去技能化问题，即布雷弗曼所说的“劳动的退化”。根据克耐茨和威尔默特的概括，这些批评主要有：布雷弗曼把手艺和手艺劳动在工业中的地位过于浪漫化了，他得出的去技能化过程主要是从有利于这种发展方向的特定条件中归纳出来的，他低估了过分依赖劳动退化策略所带来的严重矛盾，他没有认识到这种矛盾会影响资本去选择和寻求其他替代的积累策略，他忽视了劳动的实际隶属也要依赖于技能的保留与创造，他未能看到“默会”技能的存在和主观重要性，他也没有注意到内部和外部劳动市场的功能，等等。① 在罗列了各种批评后，作者写道：“尽管有这些纷乱的批评，但值得注意的是，许多批评都处于关注琐碎细节的水平上，它们已超出布雷弗曼的分析范围。应当记住，《劳动与垄断资本》是要提供一个关于趋势的概述，以推动和复兴有关劳动与阶级的批判性研究，而不是要对资本主义劳动过程各种形式的组织和控制做出精确的详细说明。记住这一点，至少一位有影响的评论者的论述是值得引用的，他在审视了各种批评后得出结论，仍表示同意布雷弗曼的核心命题：工人的技能‘通常成为资本充分利用生产资料的一种障碍’，因而去技能化‘仍然是资本主义劳动过程发展中主要的趋势性现象’。由于生产的持续革新，新的技能不断出现，而一旦它们得到发展，在同样的生产革新过程面前，这些技能又将变得脆弱和易受伤害，因为就资本积累来说，如没有更具吸引力的机会，生产的革新过程就会

① David Knights, Hugh Willmott, *Labour Process Theory* (Palgrave Macmillan, 1990), pp. 10—11.

大力降低与再生产相关的成本和（对技能的）依赖。”[①] 从汤普森最近的一篇论文可以看出，西方学者在这个问题上仍然存在巨大的争论。“布莱顿劳动过程小组”（Brighton Labour Process Group，BLPG）认为，体力劳动与脑力劳动分隔、等级制度和层级控制、劳动的碎片化和去技能化，是资本主义劳动过程的“内在规律”，应确定为资本主义劳动组织“固有的”和“基本的结构性特征”。汤普森则原则上反对把这些现象看作是规律，认为“社会科学家只能对趋势作出断言”。他指出不能把这些现象当作内在规律是因为它们在经验上靠不住，在概念上会引起混淆。资本主义劳动过程中确实存在体力劳动与脑力劳动的分隔，但其边界会随着外在压力和内部的政治斗争而变动，将其看作是“固有的”对我们解释这些变动的能力毫无帮助；等级制度并不是资本主义劳动过程所专有的结构特征，层级控制虽然是所有权关系一般水平上的特点，但并非必然要进行细节上或操作上的控制，例如资本可以利用向团队授权或者规范性的自我约束（特别是对高层次雇员）；最后，可测量、可标准化的常规性工作虽然是资本主义劳动过程中经常看到的一种特征，但也不是对所有的劳动形式都适用，甚至去技能化也不一定是标准化的必然路径。他还说：“过去 25 年实际劳动过程研究向我们展示的是，资本一直在大力推动对雇员默会知识和技能的利用并使其增值，还有劳动力尚未被开发的其他方面，如情感和身体特质。这些已在各种实践中有所展现，包括团队作业、知识管理、情感化和美学化的劳动。坦率地说，用概念与执行分离和去技能化的所谓内在规律是不可能充分理解这些变化的。”[②] 从上面的引文看出，汤普森的观点好像有些变化，但他仍然承认资本主义劳动过程中存在体脑分工、层级控制和去技能化等现象，认为它们是经常可以看到的特征，似乎也隐约承认它们是某种“趋势”。他反对将其看作内在的或固有的“规律”是因为它们并非适用于所有的劳动形式，难以解释资本主义劳动过程中各种复杂的新现象。

---

① David Knights，Hugh Willmott，*Labour Process Theory*（Palgrave Macmillan，1990），pp. 11—12.

② Paul Thompson，“The Capitalist Labour Process：Concepts and Connections，” *Capital & Class*，No. 34（2010）：9.

对于上述争论我们的基本看法是，不应否认分工细化和去技能化仍然是资本主义劳动过程的一种基本特征和趋势；但同时也要看到，随着科学技术的发展，也存在着对高技能人才需求增长的另一种趋势。布雷弗曼并非没有看到这一点，但他对这种趋势的估计可能是不足的。资本主义条件下工人（包括白领雇员）的分工细化和去技能化，在第二次世界大战前的工业化时期表现得最为明显，战后随着新技术革命的兴起，某些高新技术部门和高新技术职业对高知识高技能雇员和管理人才的需要在增长，但就多数蓝领和白领工人来说，仍存在着技能退化的一定特征。这种劳动结构的分化现象在社会积累结构学派的“二元劳动市场”理论中已经有所反映。从 20 世纪 70 年代开始，由于信息技术革命的深化和经济全球化的勃兴，情况又有了进一步的变化。我们可以美国为例来观察不同时期雇佣人员职业结构的演变趋势。(见表 1)

表 1 美国雇员中职业结构的变化（1900 年、1970 年、2000 年）

单位：万人

	1900 年			1970 年			2000 年		
总计	2903	100%	—	7973	100%	—	13521	100%	—
白领雇员	512	17.60%	100%	3786	47.5%	100%	8033	59.40%	100%
管理人员	170	5.80%	293	646	8.10%	1802	1977	14.60%	4527
专业技术人员	123	4.30%	57.20%	1156	14.50%	47.60%	2550	18.90%	56.40%
销售人员	131	4.50%	219	563	7.1%	1984	1634	12.10%	3506
普通职员	88	3%	42.80%	1421	17.8%	52.40%	1872	13.80%	43.60%
蓝领雇员	1040	35.80%	100%	2917	36.60%	100%	3320	24.50%	100%
技工维修工	306	10.50%	29.40%	1108	13.90%	38%	1488	11%	44.80%
操作工	372	12.80%	734	1434	18.00%	1809	1288	9.50%	1832
粗工	362	12.50%	70.60%	375	4.70%	62%	544	4%	55.20%
服务人员	263	9%	—	1025	12.90%	—	1828	13.50%	—
农业人员	1089	37.50%	—	245	3.10%	—	340	2.40%	—

资料来源：《美国历史统计：从殖民时代到 1970 年》，系列 D182—232，1970 年英文版第 139 页；美国劳工统计局《美国劳动力报告（2001 年）》表 10。百分比是作者算

的。由于美国统计部门在长时期内数次调整统计口径与统计分类，数字没有精确的可比性，只能反映大体的变动趋势。此外，由于职业统计和部门统计不同，此表中的服务人员并不代表服务部门的人员；在20世纪下半期，服务部门的就业实际上已占到全部社会就业的大部分。

通过表1的统计数据可以看到1900—1970年期间职业变动的几个主要特点：第一，农业就业人员急剧下降，他们大幅度地向非农业部门转移。第二，非农业部门中，白领雇员相对于蓝领雇员在绝对量和相对量上都显著增长，但增长最大的是普通职员，他们和大多数销售人员一起，基本上属于低技能的白领工人，两者合计占全部白领雇员的比重从42.8%上升到52.4%；同时专业技术人员也有较大幅度增长。第三，蓝领工人的绝对量迅速扩大，但相对量只有少量增长，其中人数增加最多的是操作机械的熟练工，他们在整个就业中的比重显著上升；只是由于粗工的增长缓慢，所以作为低技能的操作工和粗工合计在蓝领雇员中的比例有所下降。总的来看，整个雇员中技能退化的趋势仍是明显的，但已经出现了新的现象，表明战后的新技术革命开始增加了对专业人才和技术人才的需求。

但是，1970—2000年期间结构变化的新特征就非常突出了。可以看到：第一，白领雇员的绝对量和相对量继续大幅度提高；而蓝领雇员的绝对量增长接近于停滞，相对量则迅速下降。第二，在白领雇员中，高知识高技术的管理人员和专业技术人员迅速增长，特别是其中的专业人员和技术人员增长幅度最大，成为白领雇员增长的主要原因，他们在白领雇员中的比重也有显著上升；相反，低技能的普通职员则增加缓慢，尽管销售人员增长较快，但他们总体在白领雇员中的比重还是明显地下降了。第三，在蓝领雇员中，技术工人继续有所增长，但低技能的操作工数量却减少了；操作工和粗工在蓝领雇员中的比重也在继续下降。

上述20世纪70年代后的雇员职业结构变化从赖特的经验研究中也可得到佐证。根据赖特的数据，在1960—1990年的30年间，美国工人（普通雇员）在全部就业中的份额从58.08%降低到54.15%，其中低技能工人从44.59%下降到41.38%；而经理、专家和监督者的比重则从28.56%上升到35.96%。如果在就业人员中减掉所有者的人数（包括雇主和小资产者，他们在1960年占13.4%，在1990年占9.9%)，仅看在全部雇员中的比重，美国工人的份额从1960年的67.0%下降到1990年的60.1%；经理、专家和监督者的份额从33.0%上升到39.9%。[①]

20世纪70年代后美国的职业结构变化向马克思主义的传统理论提出了疑问：是否信息技术革命和高新技术发展改变了工人阶级劳动技能退化的趋势？不可否认的是，随着企业规模的扩大、经营环境的复杂和科学技术的新发展，确实增加了对高层管理人员、科学技术专家、金融、法律专家等高级人才的需要。这不仅发生在日益缩小的物质生产部门，也发生在日益扩大的服务业部门（主要是其中的社会和政治服务、科学技术服务和金融服务部门）。这些高级人才数量的更迅速的增长减少了普通雇员（包括白领雇员和蓝领工人）的构成比例。至于普通雇员中技术性雇员和低技能雇员的相对消长，是信息技术革命发展的一种新趋势还是一种暂时现象，仍有待于观察。赖特指出："正如各类'后工业'社会理论家所认为的那样，发达资本主义社会的引人注目的新生产力可能从根本上改变了资本主义阶级关系的发展趋势。在这点上，各类专家和管理者的阶级位置的信息技术的含义尤其重要。可能出现的情况是，对于资本主义的主要生产来讲，人口比例的减少是必要的，而且在仍受雇于资本主义经济的人们中，一个相当高的比例人口将占据负责、专业和自主的位置……当然，这可能只是一个短时期而不是资本主义阶级结构的永久重构。一旦这些新技术在一段时间内处于适合地位，那么一个系统的降低技能水平和无产阶级化过程可能再度支配阶级分布中的变化。但这些新的生产力也可能稳定地产生出一个区别于早期工业技术的阶级结构。"[②]

如果考虑到20世纪最后30年的经济全球化趋势，对于上述现象也可能有另一种解释。此次经济全球化固然以金融的全球化为突出特征，但同时也包含着实体经济的全球化发展。美欧等发达国家的跨国公司通

---

① [美]埃里克·奥林·赖特：《后工业社会中的阶级》，辽宁教育出版社2004年版，第101页。

② [美]埃里克·奥林·赖特：《后工业社会中的阶级》，辽宁教育出版社2004年版，第537—538页。

过跨国投资把大量制造业转移到成本低廉的发展中国家，再通过商品进口满足国内需要。这就是所谓的“去工业化”或“产业空心化”趋势。由此导致了两个重要结果。第一，由于大规模生产转移到国外，随生产增长而增加的工人就表现为发展中国家工人阶级的扩大，发达国家内部的工人数量因而相对缩减（有些部门甚至绝对缩减）。这样看来，美国等发达国家普通雇员的相对减少可能并不表明无产阶级化的趋势已经改变，只不过被国别统计的现象掩盖了。赖特就对这种可能性给予了足够的重视。他说：“人们很久就已认识到资本主义是一个全球生产体系。这表明理解资本主义阶级结构转变的适当分析单位应是世界而不是具体公司、国家甚至区域。例如，可能的情况是，美国的世界范围的公司中的工人阶级雇员的比例可能增加了，但工人阶级的雇佣已经转移到美国边界之外。这样，尽管发达资本主义没有加速无产阶级化的特点，但全球资本主义可能会有这种特点。”[①] 第二，发达国家转移到国外的制造业主要是劳动密集型的产业部门和生产环节，通常需要数量众多的低技能操作工，它们甚至把一部分低技能的服务劳动也转包到国外。这样一来，就把本应在国内大量增长的低技能的蓝领工人和白领雇员转移到了发展中国家，而在发达国家内部，在工人阶级相对缩小的同时，低技能工人和雇员也必然有更大比例的缩减。因此，发达国家工人的去技能化现象看似发生了逆转，很可能也是一种国别统计造成的错觉，它掩盖了低技能工人和职员大量增长（只不过转移到了发展中国家）的实际趋势。

五

把生产方式纳入政治经济学的研究对象具有重要的理论和实践意义。

长期以来，由于没有弄清《资本论》第一卷第一版序言所说“生产方式”这个范畴的确切含义，劳动方式问题一直不在马克思主义经济学

① ［美］埃里克·奥林·赖特：《后工业社会中的阶级》，辽宁教育出版社2004年版，第537页。

者的研究视野之内。劳动方式作为联系生产力和生产关系的中间环节既包含人与物的物质技术关系，又包含人与人、阶级与阶级的经济利益关系。但因为把劳动过程和劳动方式通常看作是单纯的物质技术问题，很自然地就把它排除在政治经济学的研究对象之外。马克思的确说过："正如考察商品的使用价值本身是商品学的任务一样，研究实际的劳动过程是工艺学的任务。"[①] 马克思在研究资本主义生产过程时，一开始也是把劳动过程和价值增值过程分开和并列地进行分析的，似乎劳动过程与社会关系无关，只有价值增值过程才体现资本主义生产关系。这当然是一种误解。上述引文中马克思所说的"实际的劳动"，是指单纯从生产使用价值的角度来考察的劳动一般，"它不依赖于人类生活的所有的一定的社会形式"，[②] 这样的实际劳动过程当然只能是工艺学的对象。但马克思还指出："就劳动过程只是人和自然之间的单纯过程来说，劳动过程的简单要素是这个过程的一切社会发展形式所共有的。但劳动过程的每个一定的历史形式，都会进一步发展这个过程的物质基础和社会形式。"[③] 因此，一旦从抽象的一般的劳动过程转到具体的特殊的资本主义劳动过程分析时，经济关系对劳动过程的影响就不但不能舍弃掉，而且成为重要的考察内容了。

劳动过程、劳动方式和其中所包含的生产关系在西方由于布雷弗曼著作的推动，已成为马克思主义经济学家和社会学家的一个重要研究领域。布若威还特别把人与人在劳动过程中的复杂关系称之为"生产中关系"（relations in production），而与直接以财产权为基础的"生产关系"（relations of production）相区别。[④] 在布若威对资本主义企业的考察中，"生产中关系"不仅包含工人和资本家（管理层）之间的对抗、斗争与合作，还包括工人之间的分工、协作、矛盾与竞争。他根据亲身体验与观察，生动描述了机床操作工与车间计划员、库房值班员、叉车司机、设

① 《马克思恩格斯全集》第47卷，人民出版社1979年版，第56页。

② 《马克思恩格斯全集》第47卷，人民出版社1979年版，第65页。

③ 《资本论》第3卷，人民出版社2004年版，第1000页。

④ [美] 迈克尔·布若威：《制造同意——垄断资本主义劳动过程的变迁》，商务印书馆2008年版，第14页。

定工、检验员和工头等之间的协作和摩擦，以及在组织超额游戏和内部劳动市场中不同熟练工人、不同资历工人、新老工人之间的矛盾与竞争。他强调资本主义劳动组织的特征之一就是要尽可能地模糊和掩盖工人与资本之间的根本利害冲突，而激发工人之间的竞争和矛盾。这样，“资本与工人的冲突被转变成了工作组织所导致的竞争和团体内部的斗争”，从而“将等级的支配转变为横向的对抗”[①]。这是促使工人形成对资本主义劳动过程一定程度“同意”与“合作”的重要条件。布若威的研究丰富了对劳动过程中生产关系的考察。

关于劳动过程中的经济关系这个领域在中国学术界虽然没有像西方那样深入的研究论著，但也早被某些卓越的理论家所关注。平心先生早在20世纪50年代末期就在《学术月刊》上发表多篇论生产力性质的论文，提出“生产力二重性”的命题，认为“每一个社会的生产力体系的组成一方面必须依靠许多必要的物质技术条件，这就使它带有适合当时生产需要的物质技术属性；另一方面必须依靠许多必要的社会条件，这就使它带有体现当时劳动特点和生产社会结合的社会属性”。他所说的“社会属性”涵盖的意思很广，但明确包括“生产力结构内部”的“社会经济关系”，并认为“生产力必须具有一定的社会关系才能构成体系，实现运动”。[②] 1979年《经济研究》发表了张闻天同志的遗作（撰写于1963年）《关于生产关系的两重性问题》，又提出了“生产关系二重性”的命题，认为生产关系“包含有两个对立的方面……直接表现生产力的生产关系方面和所有关系方面”。“直接表现生产力的生产关系是指人们为了进行生产，依照生产技术（即生产资料，特别是生产工具）情况和需要而形成的劳动的分工和协作的关系”，可称之为“生产关系一般”；而通常所说的生产关系则是“包括有生产、分配、交换和消费的四个方面的特殊生产关系，即所有关系”。“生产力和生产关系的矛盾，具体表现在生产关系的一个方面同生产关系的另一个方面的矛盾，也只能在生产关

---

① Paul Thompson, “The Capitalist Labour Process Concepts and Connection,” *Capital & Class*, (2010): 80.

② 平心：《再论生产力性质——关于生产力的二重性质的初步分析》，《学术月刊》1959年第9期；平心：《关于生产力性质几个问题的发言》，《学术月刊》1960年第4期。

系的内部矛盾中表现出来”。[①] 表面看来，平心和张闻天的观点正好相反，但实际上他们都强调了通常被人们忽视的一个重要方面，即劳动过程中生产者的社会关系，这反映了他们深刻的理论洞察力；但由于他们没有着重考察企业内部的劳动过程，并且都把这类社会关系（如分工协作）实际上归于生产力范畴（张闻天虽将其划入生产关系，仍把它看作是生产力的一种表现），因而他们都没有对企业劳动方式及其关系的特殊社会性质进行深入研究。

就我看到的文献，在我国首先按照马克思的原意诠释“生产方式”概念的，是马家驹和蔺子荣两位教授。他们说：“马克思所讲的生产方式并不是作为生产力和生产关系的统一把这两者包括在自身之内，而是介于这两者之间从而把它们联系起来的一个范畴”。“马克思所讲的生产方式本身也有两个不同的含义。第一，它是指劳动的方式；第二，它又是指生产的社会形式。”他们还进一步指出，马克思“非常重视对于作为劳动方式的生产方式的分析，把它作为分析生产的社会形式的基础。这一点突出地表现在‘相对剩余价值生产’这一篇中专门对协作、分工和机器大工业所作的详尽而周密的考察当中，他总是首先分析劳动方式的某种变化如何提高了劳动生产力，进而再去分析它又如何成为资本加强对雇佣劳动的剥削，增加剩余价值生产的方法……劳动方式的变化和劳动生产力的提高又在不断促进生产关系在资本主义范围之内的种种变化”。[②] 可惜的是，他们在正确诠释“生产方式”概念时，主要进行的是一般性的理论探讨，加之他们认为劳动方式体现的社会关系不同于通常理解的“作为所有制关系的生产关系”[③]，因而未能深入分析特定生产关系对劳动方式的制约，以及劳动方式本身所具有的社会历史特征，但他们的论文已经非常接近甚至已经触及这个重要问题了。

在中国经济学界，对资本主义劳动过程进行研究的学者极少[④]，对于中国企业劳动过程及其社会关系的研究则几乎近于空白。现代西方马克

---

① 张闻天：《关于生产关系的两重性问题》，《经济研究》1979年第10期。

② 马家驹、蔺子荣：《生产方式和政治经济学的研究对象》，《经济研究》1980年第6期。

③ 马家驹、蔺子荣：《生产方式和政治经济学的研究对象》，《经济研究》1980年第6期。

④ 就我所知，只有中国人民大学的谢富胜副教授，他已有专著和一批论文发表。

思主义学者关于资本主义劳动过程已有大量学术论著，我们应该借鉴，并结合中国的实践，大力开展这个领域的实际考察和理论研究。关于资本主义劳动过程研究的成果对于中国是有现实意义的。中国虽然是社会主义国家，但在很长历史阶段将存在多种生产资料所有制。不但私有企业、资本主义企业中的劳动方式和西方的资本主义企业基本无异，很多企业甚至更接近早期资本主义劳动过程的残酷状态；而国有企业、国家控股企业和集体企业等，也基本上沿袭了资本主义企业的劳动方式。资本主义劳动过程的许多弊端，如层级控制、细化分工、工人劳动的碎片化和去技能化等等，在中国企业中已是普遍存在，人们早已习以为常、见怪不惊。我们应该通过调查研究，努力探索劳动组织和劳动方式的变革，逐步克服资本主义生产方式的各种弊端，建立更人性化的有利于劳动者全面发展的社会主义生产方式。

也许有人认为，现代大机器工业中的等级控制、专业化分工、生产方法简化和常规化等等都是技术进步和大规模生产的内在要求和提高生产效率的基本途径，属于现代企业的必然状态和正常现象，根本不可能改变。这种看法反映了资本主义意识形态的深刻影响，也彰显出资本主义生产方式根深蒂固的支配地位。马格林在探讨资本主义等级制度的起源时有说服力地证明了，工厂等级制度和专业化分工并非技术变革的必然要求，而是产生于资本控制劳动以保证利润的需要。马格林说："剥夺工人对产品和过程的控制权的两个决定性步骤——（1）精细劳动分工的发展，……和（2）集中化了的组织的发展，这是工厂体系的特征——都不是主要因为技术上的优越性而发生的。……等级制工作组织的功能不是在于技术上的效率，而是在于积累。"[①] 诺布尔以自控机床这种新设备为案例，深入讨论了一种新技术的选择和应用如何受到社会因素的决定性影响。他用大量事实说明：对于自动控制的不同技术设计，大公司所以选择"数字控制"（numerical control）系统而不是"记录回放"（record—playback）系统，以及在采用数字控制系统的劳动安排上，由技术

① ［美］S. 马格林：《老板们在做什么？——资本主义生产中等级制度的起源和功能》，见柳欣、张宇主编：《政治经济学评论》2009卷第1辑，中国人民大学出版社2009年版。

人员控制程序设计而让工人单纯从事机器操作，其原因除了技术上和经济上的因素外，都充满了管理层加强控制工人和减少对工人技能依赖的考虑，反映了资本主义生产方式中的社会关系。① 这个案例表明，现实中某些创新可能有多种技术选择，推行某种技术也可能有多种劳动安排，而究竟选择什么样的技术和什么样的劳动组织，在相当程度上决定于特定的社会经济关系。布雷弗曼在论述机器发展对工人影响的一章中有一段深刻的论述："实际上，机器可能做到的事非常之多，其中不少可能性都被资本故意地挫伤了，而不是发展了。一个自动机器体系使人数较少的工人队伍有可能真正控制一家生产力很强的工厂，只要这些工人的工程技术知识达到能够掌握机器的水平，并且自己能分担从技术上最先进的直到最平凡的例行业务。使劳动社会化，并把劳动看作是技术成就很高的一种工程技术事业，这种趋势抽象地看，是充分发达的机器的一个特点，远比其他任何特点都引人注目。自从工业革命以来，技术上每进一步，这个发展前途就重复展现一次，但受资本家的阻挠，始终未能成为现实，因为资本家力求从分工的一切最坏的方面去重新组织、甚至加深分工，尽管这种分工已经日益过时了。"②

还可能有人提出，即使马克思和布雷弗曼的分析是正确的，克服资本主义生产方式弊端的意见和尝试目前在我国也许过于超前，因为中国现在劳动关系中的主要问题还不是劳动方式是否人性化，而是大批劳动力找不到工作，很多企业缺乏基本安全和健康的劳动条件（如频发矿难、大量职业病、恶劣的工作环境等），相当数量工人的工资收入不合理，许多法定的工人基本权利得不到保障和落实（如不遵守最低工资标准，不严格执行 8 小时工作日和 5 天工作周制度，不按规定给工人上保险，职工加班不付或不按规定付给加班费，不认真落实国家规定的带薪休假制度，等等），甚至还有血汗工厂和黑砖窑、黑煤窑等非法企业。因此，解

---

① David F. Noble, "Social Choice in Machine Design: The Case of Automatically Controlled Machine Tools," in *Case Studies on the labour Process* , ed. Andrew Zimbalist (New York: Monthly Review Press, 1979), pp. 18—50.

② ［美］哈里·布雷弗曼：《劳动与垄断资本——二十世纪中劳动的退化》，商务印书馆 1979 年版，第 207—208 页。

决这些更基本的问题是更为迫切的任务。这种看法可以理解。确实，上述不合理、不合法现象在我国不仅大量存在于私人企业和资本主义企业，而且在相当程度上存在于国有企业和集体企业。这些问题必须首先解决。要促使企业严格执行国家有关劳动的法律法规，国有企业尤其应该发挥制度示范作用。为此，还应加强工会组织的独立性和维护工人权益的职能，建立工人与管理层的议价谈判制度；加强各级政府对企业的主动监管，对于不遵守国家劳动法规的企业给以惩罚；加强职工和舆论的社会监督。但是，在争取工人这些最基本的劳动权益的同时，关于探索社会主义生产方式这个更根本更长远的任务也应提上日程，千里之行始于足下。社会主义生产方式的探索是社会主义国家企业发展的应有之义，是体现“以人为本”和建立“和谐社会”的重要内容。以人为本首先就要以劳动者为本。使全体人民成为全面发展的劳动者，是社会主义社会的最终目标。这一马克思主义学说的精髓很多人并未理解。这里要特别指出的是，现在很多政府官员，包括国有企业官员，他们头脑中并没有“以劳动者为本”的思想，他们有的是“以利润为本”“以速度为本”“以GDP为本”“以政绩为本”，甚至“以资本家为本”等等。在经济建设中单纯追求增长速度，已成为某种痼疾。这不仅导致粗放的不可持续的增长方式，导致产品质量低劣和豆腐渣工程，也导致对劳工基本权益甚至基本安全的漠视。在我国经济发展的现阶段，没有一定的速度虽然不行，但前提是保证产品质量，保证经济效益，保证职工的安全、健康和权利。因此，不论是在推动我国劳动关系的健康发展上，还是在探索社会主义生产方式的改革中，关键都是要首先解决思想认识问题和加强相关的制度建设。

可能还有一种观点认为，资本主义生产关系决定了资本主义劳动过程的内在规律与特征，它的弊端在资本主义条件下是不可能改变的，除非废除资本主义经济制度，在还看不到这种前景的情况下改革现有劳动过程的努力不会有什么结果。这种观点似乎完全忽略了工人阶级的力量和斗争所具有的社会功能。不论是马克思还是布雷弗曼，在揭示资本主义劳动过程的特征和弊端时，并不是在宣扬宿命论，他们从未排除工人阶级的抗争和力量对具体劳动方式形成可能产生的影响。诺布尔指出生产技术和社会关系的“因果联系从来就不是自动的——不论原因是技术，还是它背后的社会选择——而总是要经过一个复杂的过程，其结果说到底仍要取决于参与双方的相对力量……因此，生产技术会先后两次被生产的社会关系所决定：首先，它要按照决策者的思想方式和社会权力来进行设计与部署；其次，它在生产中的实际应用还要受到车间阶级斗争现实情况的制约”。[①] 为了说明这第二层意思，若布尔举了计算机数字控制系统（computer numerical control systems，CNC）的例子。在美国马萨诸塞州通用电气公司的工厂中引进这种最新的计算机数字控制系统时，机器操作工是不允许编辑程序的，只有监督雇员和程序设计员才能编辑程序，管理者唯恐失去对车间的控制。而挪威康斯伯格的一个国有武器工厂虽然基本情况与美国通用电气公司的工厂大体相似，但在引进同样类型的计算机数字控制设备时，机器操作工却可以按照他们自己的安全、效率、质量和便利标准，常规性地从事所有程序编辑工作，他们可以改变操作顺序，增加或减少操作，有时还改变整个程序的结构以适合自己的意愿。当他们对程序感到满意并完成一组部件的制造后，按下按钮生成一个订正了的磁带，在经过程序设计员的认可后便可入库作永久储存。他们接受数字控制编程的训练，但仍然是机器操作工，他们与专职程序设计员的冲突也减少了。这样做的结果不但提高了工人的技能，也提高了生产效率。为什么同样是引进一种新技术设备，挪威的工厂对劳动过程的影响会与美国的工厂完全不同呢？这有若干原因，挪威的钢铁和金属工人工会是国家最强大的产业工会，在康斯伯格当地社会生活中具有重要影响。挪威的社会民主立法鼓励工人参与涉及劳动条件的相关事务，给予工会以获取技术情报的权利，当地工会并早已加入到一项“工会参与计划”中。面对以计算机为基础的信息和控制系统应用所带来的前所未有的挑战，工会已经采取步骤学习如何应对。在实践中，工会创设了由工人担任的“车间数据管理员”职位，负责严格审查新的技术系统，另有一名工人则被指派对他进行监督，以确保其不至违背车间工人利益；

① David F. Noble, “Social Choice in Machine Design: The Case of Automatically Controlled Machine Tools,” in *Case Studies on the labour Process*, ed. Andrew Zimbalist (New York: Monthly Review Press, 1979), p. 19.

同时在单个公司和地方工会之间以及全国工会和雇主联合会之间，建立正式的“数据协议”，以界定工会参与技术决定的权利。正是在上述条件下，在康斯伯格，工会经过长期斗争成功确保了所有车间人员利用以计算机为基础的生产和存货系统的权利。[①] 实际上在挪威，90％的有组织工人都被涵盖在“数据（处理）协议”之下。它规定，在引进一种与计算机相关的新技术之前，管理层必须事先向工人通报其意图，用工人能理解的语言说明这种新技术和它对工作的影响，并要有工人代表参加新技术规划小组。[②] 上述情况表明，即使在资本主义条件下，只要工人阶级和工会的力量足够强大，国家通过立法和监督对企业劳动关系施行有力干预，企业在采用新技术时也可能形成更人性化的劳动组织和劳动方式，在管理层（或资方）与工人之间建立相对协调的劳动关系。这种劳动方式不但有利于促进工人的全面发展，而且有利于提高生产效率和经济效益，加强企业的竞争力。

（原文发表于《政治经济学评论》2012 年第 2 期）

① David F. Noble, “Social Choice in Machine Design: The Case of Automatically Controlled Machine Tools,” in *Case Studies on the labour Process*, ed. Andrew Zimbalist (New York: Monthly Review Press, 1979), pp. 48—49.

② ［美］威廉·拉佐尼克：《车间的竞争优势》，中国人民大学出版社 2007 年版，第 15 页。

论作为政治经济学研究对象的生产方式范畴

吴宣恭*

生产方式是马克思主义政治经济学的重要概念。由于它在马克思的著作中出现频率很高（据简略统计，仅在《资本论》中它就出现过568次），而且分别在许多不同的场合使用，遂引起学者对其含义的理解产生较多分歧。对生产方式含义的不同认识虽然看起来只是一个概念性的问题，但是，如果由此进行理论拓展，却影响了研究者对一些重要问题的观点。例如，涉及对政治经济学研究对象和方法等的理解，直接影响着马克思主义政治经济学的建设问题。因此，本文试图对这个问题进行初步的探讨，欢迎学术界同仁进行批评指正。

一、广义的生产关系是生产方式概念大量使用的含义

在马克思、恩格斯的论著中，生产方式一词具有不同含义。初步阅读国内的有关研究成果，能列举出处并加说明的含义就不下十种。例如，有人认为生产方式是指：生产的同义词、生产的技术方式、劳动方式、劳动者与生产资料结合的方式、生产的社会类型或形式、社会经济结构、经济的社会形态、生产力和生产关系的统一，等等。据我个人的初步查找和简略归纳，生产方式除了以上含义之外，至少还指：第一，生产力发展状况或劳动过程的条件；第二，从社会联系看的具体生产类型，如

* 吴宣恭：厦门大学经济研究所教授，博士生导师。

商品生产的生产方式、自给自足的生产方式等；第三，按规模或生产工具划分的生产类型，如小生产的生产方式、大工业的生产方式、机器的生产方式等。

本文想进一步提出的是，生产方式最大量出现的含义之一是生产关系，即包括生产、交换、分配、消费关系的广义的生产关系，或者是马克思所说的“生产关系总和”“社会生产关系”“经济关系”，而不是仅在生产领域中发生的，与交换、分配关系并列的狭义的生产关系。以下分类摘引一些比较清楚反映马克思、恩格斯用意的论述并作简要的解释。

(1) 马克思或是直接指出生产方式即特定的生产关系，或是用括号的方式标明生产方式就是“社会生产关系”。例如，在分析商品拜物教关系时，马克思写道：“对于这个历史上一定的社会生产方式即商品生产的生产关系来说，这些范畴是有社会效力的、因而是客观的思维形式。”① 在这里马克思明确地把社会生产方式等同于商品生产的生产关系。资本主义生产方式“显然是长期历史发展的结果，是许多经济变革的总结，并且是以其他各生产方式（社会生产关系）的衰亡和社会劳动生产力的一定发展为前提”②。在这里，马克思也同样直接将生产方式看作是生产关系。

(2) 马克思将生产方式和社会生产关系看作是相同含义的用语。“这种生产方式的主要当事人，资本家和雇佣工人，本身不过是资本和雇佣劳动的体现者，人格化，是由社会生产过程加在个人身上的一定的社会性质，是这些一定的社会生产关系的产物。”③ 资本和雇佣劳动不是单纯的物，而是资本主义的生产关系，资本家和雇佣工人是这种关系的主要当事人和人格化。从这样的观点来看，第一，马克思称资本家和雇佣工人是资本主义生产方式的主要当事人以及资本和雇佣劳动的人格化，等于说资本主义生产方式就是资本主义生产关系；第二，马克思还指出，资本主义生产方式中的这些表现，“是这些一定的社会生产关系的产物”，表明生产方式和社会生产关系是等同的用语。

(3) 资本主义生产方式作为资本主义生产关系的另一种表述用语。

① 《资本论》第 1 卷，人民出版社 2004 年版，第 93 页。

② 《马克思恩格斯全集》第 46 卷下册，人民出版社 1979 年版，第 513 页。

③ 《资本论》第 3 卷，人民出版社 2004 年版，第 996 页。

马克思在解释资本主义的本性时指出："资本主义生产方式按照它的矛盾的、对立的性质，还把浪费工人的生命和健康，压低工人的生存条件本身，看作不变资本使用上的节约，从而看作提高利润率的手段。"① "以生产剩余价值为目的的资本主义生产方式，必然要越来越成为占绝对支配地位的生产方式。"② 众所周知，"把浪费工人的生命和健康""看作提高利润率的手段"，"以生产剩余价值为目的"，以获取剩余价值为特征等等，完全是资本主义生产关系的本质属性。马克思在这么多场合用这些特性去描绘资本主义生产方式，表明资本主义生产方式就是资本主义生产关系的另一种表述用语。

(4) 马克思强调资本主义私有制是资本主义生产方式的前提。"资本主义的生产方式和积累方式，从而资本主义的私有制，是以那种以自己的劳动为基础的私有制的消灭为前提的，也就是说，是以劳动者的被剥夺为前提的。"③ 马克思强调资本主义所有制是资本主义生产方式的前提，表明这种生产方式就是资本主义的生产关系，并且完全是反映生产关系而不是其他关系。如果将这些话里的资本主义生产方式代之以资本主义生产关系，丝毫不影响其原意。

综上所述，无论从字面上或从资本主义生产方式的性质、特点和规律，以及资本主义历史进程和产生条件或所有制基础去辨析，马克思、恩格斯在许多地方讲到的生产方式实际上就是指生产关系。对这种大量使用的含义，决不应该忽视或回避，它对解决政治经济学建设问题具有重要意义。

二、生产方式概念的规范化

在马克思、恩格斯长时期完成的浩瀚的著述中，关于生产方式的概念确实随着不同的论述场合而具有众多的含义。概念的多含义固然可根

① 《资本论》第 3 卷，人民出版社 2004 年版，第 101 页。
② 《马克思恩格斯选集》第 3 卷，人民出版社 1995 年版，第 550 页。
③ 《资本论》第 1 卷，人民出版社 2004 年版，第 887 页。

据不同的环境和对象方便叙述相关的问题，但它也是理论发展过程的阶段性结果和表现。例如，马克思在《德意志意识形态》中早就提出生产力与生产关系辩证关系的理论，但当时他用的不是生产关系概念，而是用“交换方式”“交往关系”“生产和交往的关系”等；以后他在使用生产关系时又往往同交换关系并列；在《共产党宣言》中他就基本上使用生产关系这一概念了。只要想到马克思、恩格斯对当时的经济政治局势和理论斗争的紧迫快速反应，就不能苛求他们使用的概念都处处高度一致。但是，理论概念的含义过于多样，免不了会使其内涵和外延处于不确定状态，影响了理论逻辑的严密性，不利于理论的明白表述，并容易在传播中引发歧义（就像今天我们面临的情况一样）。因此，随着理论的广泛传播和应用，要求概念逐渐明确和规范化。这是理论发展的必然趋势和结果。

北京大学赵家祥教授不随时俗，分析生产方式的多种含义的共同点和基本点，肯定斯大林将生产方式概念规范化和明确化。赵家祥认为斯大林将生产方式定义为人们在物质资料生产过程中生产力和生产关系的统一，符合马克思生产方式概念的基本含义，是对马克思历史唯物主义理论的发展，倡言不要退回到这一概念的多含义状态。① 我赞同他的这个观点并就此作一些补充。

有人认为斯大林关于生产方式的定义不符合甚至是违反了马克思的基本论断，实际并非如此。马克思虽然没有直接说生产方式是生产力和生产关系的统一体，但他在一些场合谈到生产方式时，确实包含了生产力和生产关系的矛盾统一体的含义，例如：

(1)“这难道不是说，生产方式，生产力在其中发展的那些关系，并不是永恒的规律，而是同人们及其生产力的一定发展相适应的东西，人们生产力的一切变化必然引起他们的生产关系的变化吗?”② 这句话清楚

① 赵家祥：《生产方式概念含义的演变》，《北京大学学报（哲学社会科学版）》2007 年第 5 期。

② 《马克思恩格斯选集》第 1 卷，人民出版社 1995 年版，第 152 页。在 1972 年中文版中，“生产方式”之后用的是顿号（参见《马克思恩格斯选集》第 1 卷，人民出版社 1972 年版，第 119 页），由此使有些人误认生产方式与生产关系是并列的范畴。

地指出，第一，生产方式即是生产力在其中发展的关系，其当然的含义应是：生产力是在生产方式当中发展的，而不是独立于生产方式之外的东西，生产方式包含了生产力。第二，生产力的一切变化直接引起生产关系的变化，而不必通过别的中介去决定生产关系。第三，生产力与生产关系同处于生产方式之中，这样它们才能互相影响。也就是说，生产方式涵盖了生产力和生产关系。第四，在生产力与生产关系的相互关系中，生产力是矛盾的主要方面。旧的生产关系不适合生产力发展要求的时候就会被打破，由新的生产关系替代，这时，整个生产方式也就改变了。所以，生产方式是与生产力发展相适应的历史性范畴。总之，这句话表明了，生产方式包含了生产力和生产关系，生产力与生产关系相互影响，两者都是在生产方式中发展的，生产方式是两者矛盾的统一体。马克思还在叙述原始部落共同体的生产方式时写道："这种生产方式既表现为个人之间的相互关系，又表现为他们对无机自然界的一定的实际的关系。"① 这里同样表明生产方式包含着生产力和生产关系两个方面。

(2)"资本主义生产方式的矛盾正好在于它的这种趋势：使生产力绝对发展，而这种发展和资本在其中运动、并且只能在其中运动的特有的生产条件不断发生冲突。"② 在英文版，这段话是"The contradiction of the capitalist mode of production，however，lies precisely in its tendency towards an absolute development of the productive forces，which continually come into conflict with the specific conditions of production in which capital moves，and alone can move."其中"conditions of production"一词，在《资本论》第一版序言里，即"我要在本书研究的，是资本主义生产方式以及和它相适应的生产关系和交换关系"(In this work I have to examine the capitalist mode of production，and the conditions of production and exchange corresponding to that mode) 也使用了，而在序言的中文版，它被翻译为"生产关系"(同样的译法，在《共产党宣言》中也出现过)。这就直截了当和明白无误地指出，资本主义生产方式的矛

① 《马克思恩格斯全集》第46卷上册，人民出版社1979年版，第495页。

② 《资本论》第3卷，人民出版社2004年版，第286页。

盾就是生产力的发展同资本在其中运动的生产关系的矛盾。

(3)“矛盾在于：资本主义生产方式包含着绝对发展生产力的趋势，而不管价值及其中包含的剩余价值如何，也不管资本主义生产借以进行的社会关系如何；而另一方面，它的目的是保存现有资本价值和最大限度地增值资本价值（也就是使这个价值越来越迅速地增加)。”① “在资本主义生产方式内发展着的、与人口相比惊人巨大的生产力，以及虽然不是与此按同一比例的、比人口增加快得多的资本价值的增加，同这个惊人巨大的生产力为之服务的、与财富的增长相比变得越来越狭小的基础相矛盾，同这个不断膨胀的资本的价值增殖的条件相矛盾。危机就是这样发生的。”② 这些话揭示了：生产力不受社会关系的限制，按照它内在的必然趋势在生产方式内部绝对地发展，而资本主义的生产方式却要以资本的增殖为目的，所以，生产力的发展与追求剩余价值的生产关系之间存在矛盾，引发了经济危机。可见，这里使用的“生产方式”就包括了生产力和生产关系以及他们相互矛盾的关系。

(4)“如果说资本主义生产方式是发展物质生产力并且创造同这种生产力相适应的世界市场的历史手段，那么，这种生产方式同时也是它的这个历史任务和同它相适应的社会生产关系之间的经常的矛盾。”③ 这句话指出，资本主义生产关系同（作为资本主义生产方式的任务和手段的）生产力经常发生矛盾，而两者又是同时存在于生产方式之中，表明生产方式是生产力与同它相适应的生产关系的矛盾统一关系。

可见，将生产方式表达为生产力和生产关系的统一，并不违背马克思、恩格斯理论的基本精神，而且，如此定义生产方式也能排除生产方式概念多义性的不利因素，突出社会经济生活中最主要的两极，阐明它们之间的矛盾统一关系，使人们对社会发展的动因和规律有了更为简要和明确的了解，抓住基本的、主要的矛盾，进而弄清它们与其他非主要因素的关系。这对辩证唯物主义和历史唯物主义原理的传播和运用都有重要的意义，可以说是包括斯大林在内的后人对马克思主义的重大发展。

---

① 《资本论》第3卷，人民出版社2004年版，第278页。

② 《资本论》第3卷，人民出版社2004年版，第296页。

③ 《资本论》第3卷，人民出版社2004年版，第279页。

为了避免发生误会，在这里我们必须要强调指出：我赞成对生产方式范畴进行规范化表述，但是，我却不赞成用这样经过后人规范化的表述去诠释马克思在不同历史时期对生产方式范畴的不同运用。生产方式概念的进一步明确和规范化毕竟是继承者的工作，我们今天研究马克思、恩格斯的著作，不能用后人发展了的范畴去代替他们在特定场合的思考和表述，把经过发展的概念含义强加给他们，一定要分别不同场合如实地去领会他们用过的生产方式的含义。一般化的、统一的定义，并不符合当时马克思关于《资本论》或政治经济学研究对象表述中生产方式的语境，容易产生牵强附会式的解释。因此，用后人规范的生产方式的定义去推断马克思对政治经济学研究对象的意见，也是非历史的、片面的和不合适的。

三、生产方式是否是生产力和生产关系之间的中介？

社会发展是否存在一个所谓的“生产力—生产方式—生产关系”范式？换言之，生产方式是否是生产力和生产关系之间的必不可少的中介？对于这个问题持肯定态度的同志，大都是到马克思著作中去找几段语录并对它们进行符合自己需要的解释。我不认同这种论证方式。第一，如果靠摘引语录能证实自己的论点，反对者也能找出几句意思相反的话，演绎出相反的结论。马克思在许多地方就直接讲生产力决定生产关系，而不涉及生产方式概念。第二，主张生产方式是生产力与生产关系之间的中介的学者，往往强调生产关系要与生产方式相适应。这部分学者同样是靠援引马克思的有关语录为自己的观点做证。但是，我们同样也能找出相反意思的话，例如，“我们称为资本主义生产的是这样一种社会生产方式，在这种生产方式下，生产过程从属于资本，或者说，这种生产方式以资本和雇佣劳动的关系为基础，而且这种关系是起决定作用的、占支配地位的生产方式”①。第三，有的被他们当作论据的个别引文，其

① 《马克思恩格斯全集》第47卷，人民出版社1979年版，第151页。

含义也可作完全相反的解释。例如，他们援引《哲学的贫困》的一段话："随着新生产力的获得，人们改变自己的生产方式，随着生产方式即谋生的方式的改变，人们也就会改变自己的一切社会关系。"① 如果把其中的生产方式的含义理解为生产关系，社会关系解释为经济关系以外的关系。那就等于说，生产力决定生产关系，随着生产关系的变化，一切社会关系，如政治、法律、伦理关系等都会改变。从以上说明我们可以得出结论："生产力—生产方式—生产关系"范式的论据并不充分，至少是值得怀疑的。

重要的是，必须切实弄清生产方式的含义究竟是什么？只有这样才可能辨清它是否是生产力和生产关系之间必不可少的中介。如果还没有弄明白生产方式的确切含义是什么，不了解它对人们的经济关系起什么作用，在社会经济结构中居于什么地位，而仅凭马克思的几句语录，以及自己对这几段语录的任意解释，就妄下结论，那一定是没有说服力的。事实上，如果我们了解生产方式的内涵是多方面的、外延有大有小，那么，我们就会对它的地位和作用有不同的认识，因而就会得出结论：生产方式范畴承担不了生产力与生产关系之间"中介"的理论重任。实际上，中介说是从主张生产方式只有单一含义的前提入手进行研究的。在这种意见中，影响较大的有两类，一是主张生产方式是劳动者和生产资料的结合方式，一是主张生产方式就是劳动方式或劳动过程。

持前一种意见的专家提出，资本主义生产方式"即资本主义条件下劳动者和生产资料相结合以生产人们所需要的物质资料的特殊方式，也就是雇佣劳动和资本相结合以生产人们所需要的物质资料的特殊方式"。他还引用马克思叙述资本主义生产方式特征的话证明自己的意见："我们称为资本主义生产的是这样一种社会生产方式，在这种生产方式下，生产过程从属于资本，或者说，这种生产方式以资本和雇佣劳动的关系为基础，而且这种关系是起决定作用的、占支配地位的生产方式。"② 这里有几个问题值得探讨。

---

① 《马克思恩格斯选集》第 1 卷，人民出版社 1995 年版，第 142 页。
② 《马克思恩格斯全集》第 47 卷，人民出版社 1979 年版，第 151 页。

首先，生产方式就是指劳动者和生产资料的结合方式吗？这种意见援引了几段马克思关于生产力决定生产方式、生产方式决定生产关系的语录，说明生产方式是与生产力和生产关系并列而且决定着生产关系，阐述了如何理解这个“原理”，却没有举出马克思在什么地方明确说过生产方式就是劳动者和生产资料的结合方式。这样，他们关于生产方式就是这种结合方式的推断就失去了论据的可靠性，使人怀疑它究竟是马克思、恩格斯的原意还是他们自己的推测。

其次，他们引用的那段语录能说明马克思讲的“生产过程从属于资本”和“以资本和雇佣劳动的关系为基础”的生产方式，指的是劳动者和生产资料的结合方式吗？能说明这样的生产方式是与生产关系并列而且能决定生产关系的独立范畴吗？不能。第一，那句话一是讲生产过程与资本的从属关系，二是讲生产方式以什么关系为基础，这些与劳动者和生产资料的结合方式不是一回事，无法看出文中的生产方式就是指生产要素的结合方式。第二，马克思在分析雇佣劳动与资本的关系时明确指出：“资本也是一种社会生产关系。这是资产阶级的生产关系，是资产阶级社会的生产关系。构成资本的生活资料、劳动工具和原料，难道不是在一定的社会条件下，不是在一定的社会关系内生产出来和积累起来的吗？难道这一切不是在一定的社会条件下，在一定的社会关系内被用来进行新生产的吗？”[①] 可见，资本主义的生产过程是资本雇佣劳动进行生产和积累的过程，即在资本主义生产关系范围内进行的过程，体现着资本主义的生产关系，当然是资本主义生产关系的一部分。“生产过程从属于资本”“以资本和雇佣劳动的关系为基础”，描述的正是资本主义生产关系，而不是与生产关系并列、决定生产关系的什么中介范畴。

再次，即使退一步同意生产方式是指劳动者和生产资料的结合方式，还需要分析一下它与生产关系究竟是什么关系，从它们发生的过程看到底谁先谁后，谁决定谁？生产资料和劳动者的结合方式在直接形式上体现的是生产资料和劳动者之间的关系，从社会关系看，其实质却是生产资料的代表，即生产资料的所有者或占有者与劳动者之间的关系。它本

① 《马克思恩格斯选集》第1卷，人民出版社1995年版，第345页。

身就是一种生产关系，或者说，是社会生产关系的一个组成部分。它的基础是生产资料所有制，并由生产资料所有制决定。生产资料所有制是经济主体围绕着生产资料结成的关系，也是生产关系的组成部分。但是，它又是人们进行生产不能或缺的前提，对生产关系的其他部分起着决定作用。生产资料所有制不同，劳动者和生产资料的结合方式就不一样。例如，在奴隶主所有制下，劳动者是奴隶主会说话的工具，与生产资料一样都是奴隶主的财产，两者是在奴隶主的支配下直接结合的。在欧洲的封建所有制下，农奴世世代代终身束缚在封建领主所有的土地上，劳动者与最主要的生产资料直接结合。自耕农使用自己所有的土地和其他生产工具，独立从事耕作，在他们和生产资料之间没有插入别的主体，也是与生产资料直接结合的。只有在资本主义私有制条件下，劳动者被剥夺了生产资料，也解脱了土地的终身羁绊，成为一无所有的自由人，从而只能通过雇佣劳动的方式、在生产资料所有者支配下与生产资料间接地结合。因此，结合方式反映的是劳动者和生产资料根据生产资料所有者的意志和利益，在一定范围内，通过特定的途径相结合的关系。就资本主义而言，劳动者和生产资料是根据创造剩余价值的需要，通过劳动力买卖，在资本家控制的生产过程中实现两者的结合的。它是生产资料所有制发生作用的后果，在实质上反映了资本家奴役、剥削雇佣劳动者的关系。可见，结合方式不仅不能脱离生产关系，反而要受到相同的基础——生产资料所有制的制约。

不仅如此，生产资料所有制与劳动者和生产资料的结合方式存在于不同的过程，发挥不同的作用。生产资料所有制存在于生产过程之前，体现了生产资料所有制的各个主体之间的关系，是劳动者与生产资料相结合，进行劳动生产的前提条件。马克思指出，生产条件的分配不同于一般产品的分配，“是在生产关系本身内部由生产关系的一定当事人在同直接生产者的对立中所执行的那些特殊社会职能的基础。这种分配关系赋予生产条件本身及其代表以特殊的社会性质。它们决定着生产的全部性质和全部运动”①。有些学者在强调劳动者和生产资料的结合方式的重

① 《资本论》第3卷，人民出版社2004年版，第995页。

要作用时，都喜欢引用马克思的这句话：“实行这种结合的特殊方式和方法，使社会结构区分为各个不同的经济时期。”殊不知他们却漏掉紧接的另一句话：“在当前考察的场合，自由工人和他的生产资料的分离，是既定的出发点，并且我们已经看到，二者在资本家手中是怎样和在什么条件下结合起来的——就是作为他的资本的生产的存在方式结合起来的。”[①]后一句话就明白地指出，资本主义的结合方式是以工人丧失生产资料和资本家拥有资本作为前提条件的。因此，作为前提条件的生产资料所有制形成在前，劳动者和生产资料的结合方式是在所有制关系确定以后才产生的，发生在后。

可见，生产资料和劳动者的结合方式是由一定的生产资料所有制决定的，在所有制关系明确以后才形成的关系，是生产关系总体中发生在生产过程中的人们相互关系的一部分。因此，它不是独立于生产关系之外的关系，更不是处于生产力和生产关系之间并能决定生产关系的中介环节。

持后一种观点的专家认为，生产方式是指劳动过程或劳动方式，并说它决定生产关系。这也是值得商榷的。劳动过程是劳动者运用劳动资料作用于劳动对象，生产一定使用价值的过程。它一方面体现了人与物的关系，另一方面体现了人与人的关系。劳动过程存在于人类一切社会形态，从人与物的关系看，它具有各个社会形态共有的一般特征，同时也随着生产要素的变化出现新的特点，并影响劳动过程中人们的相互关系。但从人与人的关系看，即使在相同的物的生产条件下，由于生产资料所有制的差别，劳动过程中各种主体的地位和关系不同，相应的劳动过程所具有的特点也不同。在资本主义制度下，生产资料归资本家所有，他们在市场上购买了劳动力，获得了一定时间的劳动力支配权和使用权。这就决定了资本主义的劳动过程和劳动方式具有两个特征：一是劳动者在资本家的监督指挥下，根据资本家的意志进行劳动；二是劳动产品作为资本家支配、使用的生产要素发挥作用的成果，全部归资本家占有。因此，资本主义的劳动过程，就是资本家无偿占有雇佣工人的剩余劳动、

① 《资本论》第2卷，人民出版社2004年版，第44页。

剥削和奴役雇佣工人的过程，体现了资本主义特有的生产关系。马克思指出："而社会生产过程既是人类生活的物质生存条件的生产过程，又是一个在特殊的、历史的和经济的生产关系中进行的过程，是生产和再生产着这些生产关系本身，因而生产和再生产着这个过程的承担者、他们的物质生存条件和他们的互相关系即他们的一定经济的社会形式的过程。"[①] 既然劳动过程是在独特的"生产关系中进行的过程"，会"生产和再生产这些生产关系"，它就是生产关系的一部分，而不是独立于生产关系之外的因素。虽然，生产过程中人们结成的相互关系在生产关系的总体中起着重要作用，影响着交换关系、分配关系，但是，这只是它作为生产关系的组成部分在生产关系总体中的作用，它和生产关系的其他部分一样，都要以一定的生产资料所有制为基础，受所有制的制约，显现出由所有制决定的特殊的经济性质。

综上所述，劳动者和生产资料的结合方式还是劳动过程、劳动方式，实际上都是以生产资料为基础的生产关系的组成部分，无论把生产方式定义为结合方式还是劳动过程、劳动方式，都无法说明它是独立于生产关系之外，同生产力、生产关系并列而且决定生产关系的中介环节。

四、政治经济学要不要以生产关系为研究对象

对于政治经济学要不要以生产关系为研究对象，大多数马克思主义政治经济学的研究者都给予了肯定的回答。差别只在于，主张"生产力—生产方式—生产关系"的同志，将生产方式（劳动者和生产资料的结合方式或劳动过程）独立出来，强调生产方式的作用。他们认为，生产关系是从生产方式中产生的，要以前者为主，将二者结合在一起进行研究。因此，如果按照本文前一部分所分析的，生产要素的结合方式或劳动方式、劳动过程无非是社会生产关系的一部分，都是在生产资料所有制基础上形成的，它们本身就是生产关系的一个部分，那么，它与"生

① 《资本论》第3卷，人民出版社2004年版，第927页。

产力—生产关系”的观点就没有本质的差别，就不影响政治经济学以生产关系为研究对象的基本结论了。如果进一步考虑到，马克思、恩格斯对生产方式最为常用的含义是社会生产关系，不妨这样说：马克思主义的政治经济学，是在生产力生产关系矛盾统一体的框架下，研究社会生产关系（包括生产过程、流通过程、分配过程、消费过程中人们之间的经济关系）及其发展规律的科学。这可能是对马克思提出的——“我要在本书研究的，是资本主义生产方式以及和它相适应的生产关系和交换关系”——名言，最符合历史唯物主义基本原理和方法，在逻辑和语义上最少矛盾的解释。

有的专家指出：“如果将生产方式解释为生产关系，马克思的那句话就成了‘我要在本书研究的，是资本主义生产关系以及和它相适应的生产关系和交换关系’。这显然犯了逻辑混乱的错误。”这明显的是把社会生产关系，即作为与生产力相对应的广义的生产关系，同具体的生产过程中人们的相互关系混淆起来了。只要查阅一下马克思、恩格斯的著作就不难看到，他们往往将生产关系同交换关系、生产方式、交换方式、分配方式并列使用。例如，恩格斯说过：“以往的全部历史，都是阶级斗争的历史；这些互相斗争的社会阶级在任何时候都是生产关系和交换关系的产物，一句话，都是自己时代的经济关系的产物。”[①] 对于分配关系，马克思说：“分配就其决定性的特点而言，总是某一个社会的生产关系和交换关系以及这个社会的历史前提的必然结果，只要我们知道了这些关系和前提，我们就可以确实地推断出这个社会中占支配地位的分配方式。”[②] 可见，马克思、恩格斯都把生产关系同交换关系、分配关系并列，表明他们所指的只是具体的生产、交换、分配过程中人们的相互关系。而且，恩格斯还用“经济关系”将这些具体的关系“一句话”概括起来，指出生产关系和交换关系都属于经济关系。正是在这种意义上使用生产关系和交换关系，恩格斯才说：“政治经济学，从最广的意义上说，是研究人类社会中支配物质生活资料的生产和交换的规律的科学。”[③]

① 《马克思恩格斯选集》第3卷，人民出版社1995年版，第365页。
② 《马克思恩格斯选集》第3卷，人民出版社1995年版，第496页。
③ 《马克思恩格斯选集》第3卷，人民出版社1995年版，第489页。

所以，如果正确区分狭义的生产关系（具体的生产过程中人们的相互关系）和广义的生产关系（社会生产关系或经济关系总和），那些由于语义而产生的分歧就不难消除，政治经济学研究对象的问题就能比较容易地解决。只要在基本方向上得到共识，不纠缠于一些细节，大家便可在马克思主义旗帜下团结起来，研究一些对当今社会发展关系重大的问题，共同进行政治经济学的建设，同时允许在研究重点、研究次序和其他问题上保留不同意见，展开研讨，促进学科的繁荣和发展。

不过值得注意的是，近来却有一些学者借着对生产方式的不同理解，将研究生产方式的范式与研究生产关系的范式割裂开，甚至对立起来。有人还列举以生产关系为研究对象的范式的几宗错误，即：所研究的生产关系缺乏客观基础，只有主观的价值判断，脱离客观实际来讲生产关系“应当如何”，属于主观主义、唯意志论；缺乏客观立场与科学分析，只是论证传统社会主义生产关系如何“优越”、如何“和谐”，而不是如何解决现实社会生产关系的各种实际问题；宣扬所有制崇拜，把虚幻的生产关系当作真实的生产关系来研究，陷入了形而上学与法学的幻想；违背了以历史唯物主义为核心的科学世界观和以辩证唯物主义为指导的科学方法论，脱离了马克思主义经济学范式的科学轨道，是一种既不科学又缺乏客观适应性的经济学范式。虽然作者也在这种范式前加上“传统”二字，但通篇论述一点也没有谈到研究生产关系的“传统”范式和一般范式有何区别，以及一般范式是否有他列举的几宗错误，这表明他加上“传统”只是一种遮掩，他的批判应是指向所有的以生产关系为研究对象的经济学。因为，倘若一般的研究生产关系的政治经济学与他批判的“传统”范式不同，与那些原则性错误无关，或者并不必然产生那些错误，就不需要完全否定，他主张的“生产方式范式”就不是唯一正确的，就没有什么理论“发展”可言，就不能打击别人，抬高自己了。然而，以生产关系为政治经济学的研究对象必然会导致“唯心主义”和“形而上学”，必定产生那一系列的错误吗？

首先，这种观点混淆了学科研究对象和研究中存在的缺陷。对象的明确有利于学科研究的开展，但它只是研究能否正确进行的条件之一，此外还取决于方法、途径、条件等因素，因而，不能把研究中发生的各种问题都归咎于对象的确定。政治经济学的研究对象包括有资本主义和社会主义的生产关系。对前者的研究，除了有关现代资本主义的发展需要不断更新以外，其分析和阐述基本上是正确的，在马克思主义理论队伍中，尚未听说因其将研究对象定为资本主义生产关系而斥之为唯心主义和形而上学的。至于对后者的研究，在初期虽然出现过某些缺陷，其根源也不在于研究的是生产关系，恰好相反，有些问题是由于没有研究好生产关系及其发展规律而发生的。可见，断言政治经济学以生产关系为对象必然导致“唯心主义”和“形而上学”，是事物辨认上的逻辑错误。

其次，以中国的生产关系作为研究对象的政治经济学，除了“文化大革命”期间因社会动荡和理论混乱受到影响以外，其基本方向是正确的，都是为了研究和发现社会主义经济的发展规律，繁荣中国的社会主义经济。它在建立初期出现的一些缺陷，并不是因为研究对象以及基本理论和基本方法的错误导致的，而是同新社会制度的不成熟有关。恩格斯在评价空想社会主义理论的历史意义时说得好：“不成熟的理论，是同不成熟的资本主义生产状况、不成熟的阶级状况相适应的。”① 社会主义是人类历史上崭新的制度，初建不久就显现出巨大的优越性，经济迅速发展，人民生活显著改善，但是，由于它的建设缺少成熟经验可循，在前进道路上就得“摸着石头过河”，免不了会出现许多波折。实践中的问题必然会在理论上反映出来，出现一些缺陷。经过反复总结经验教训，实践中的问题逐步得到解决，理论也会随之不断完善。所以，不能将以前的政治经济学一棍子打死，戴上“唯心主义”“形而上学”等一大堆黑帽子，更不能将之归咎于研究对象的问题。

再次，指责以生产关系为对象的范式“只是论证传统社会主义生产关系如何‘优越’、如何‘和谐’，而不是如何解决现实社会生产关系的各种实际问题”，这既不符合实际，又是自我矛盾的。随着“文化大革命”后的拨乱反正和改革开放的发展，以生产关系为对象的政治经济学有了很大改进。它发现传统体制的弊病，论证改革开放的意义，进而全

① 《马克思恩格斯选集》第3卷，人民出版社1995年版，第608页。

面分析现有生产关系的变化和存在的问题，探讨我国经济的发展道路，并不只是论证传统生产关系如何优越。而且，这种意见说“生产关系范式”错在不解决“现实社会生产关系的各种问题”，恰好证明了政治经济学研究生产关系的必要性，否定了自己的意见。因为，如果不研究生产关系，怎么能够发现生产关系的问题并加以解决呢？

持这种意见的学者还认为，生产方式有三种含义：一是劳动方式，即“各种生产要素在一定生产技术条件的基础上以一定的生产组织结合起来的具体形式与作用方式”；二是生产形式，即“一定历史阶段产品的生产、交换以及通过交换（或分配）来体现和实现生产者之间的社会联系或关系的经济形式”；三是生产的社会形式，即“生产的社会性质，从根本上说它表现为劳动者与生产资料结合的特殊方式”。这些含义中，第一种和第三种除了一些附加定语以外没有什么差别，都是指生产要素的结合方式，是叙述的重复，本文前一部分已经论证它是生产关系的一个部分了。至于第二种所说的“生产、交换或分配体现的社会联系和关系”，更直接地表明是生产关系的组成部分，其中的生产、分配体现的社会联系和关系，与斯大林讲的“生产过程中人与人的相互关系和分配关系”，没有本质的区别。另外，第二种和第三种含义，一个叫“生产形式”，一个叫“生产的社会形式”，它们如果硬是要加以区别的话，后者应该是包含于前者之中的子概念；既然前者是生产关系，后者也不能不是生产关系了。总之，按照他所说的含义，生产方式都是生产关系的一部分，属于生产关系的范畴。所以，“生产方式是生产关系的产生基础与存在载体，它既决定着生产关系的基本性质，也决定着生产关系发展的趋势与方向”的说法存在同义反复，究其实质是对生产关系内涵的认识错误。

五、批判“所有制崇拜”究竟意欲何往？

主张以生产方式作为政治经济学的研究对象，目的是拓宽政治经济学的研究范围。作为学术争鸣的观点进行正常的学术讨论是应该受到欢迎的。然而，有的个别主张以“生产方式”为研究对象的专家，为了强调生产方式的重要性，故意淡化、贬低生产资料所有制的作用，甚至有人竟然说以生产关系为研究对象的政治经济学“宣扬所有制崇拜，把虚幻的生产关系当作真实的生产关系来研究，陷入了形而上学与法学的幻想”。这种观点明显地背离了马克思主义的基本原理，将自己误解的政治经济学研究对象观点用以反对共产党坚持社会主义公有制为主体的正确理论。

生产资料所有制是生产条件的一定的社会形式，是任何社会生产必不可少的前提条件。马克思和恩格斯非常重视所有制在生产关系中的地位和作用，在许多场合都明确指出，各种不同的生产关系都以一定的生产资料所有制作为基础。例如，马克思在《哥达纲领批判》中把未来的社会称为“集体的、以生产资料公有为基础的社会”①。恩格斯也指出，未来社会制度“同现存制度的具有决定意义的差别当然在于，在实行全部生产资料公有制（先是单个国家实行）的基础上组织生产”②。不仅如此，马克思在总结各个社会中人们的经济关系时指出，劳动条件的分配，“是在生产关系本身内部由生产关系的一定当事人在同直接生产者的对立中所执行的那些特殊社会职能的基础”③。马克思和恩格斯不仅在提到原始公社、古代社会、小生产、资本主义和未来社会时，都指出它们要以一定的生产资料所有制作为生产关系的基础，而且在概括人类社会一般规律时，也强调生产资料所有制的基础作用，指出它决定着生产的全部性质和全部运动。

中外古今的一切实践都证实了这一理论的正确性。历史上，各个地区和国家经济关系的性质和特点都是由生产的基本条件即所有制决定的，从原始社会、奴隶社会、封建社会到资本主义社会的经济关系的更迭替代，无一不是生产资料所有制变更的结果。在资本主义社会，资产阶级占有生产资料而工人一无所有决定了雇佣劳动制度以及资产阶级对雇佣工人的剥削；生产社会化和私人资本主义占有的矛盾，不可避免地发生

---

① 《马克思恩格斯选集》第 3 卷，人民出版社 1995 年版，第 303 页。
② 《马克思恩格斯全集》第 37 卷，人民出版社 1971 年版，第 443 页。
③ 《资本论》第 3 卷，人民出版社 2004 年版，第 995 页。

周期性的经济危机。在我国，如果没有没收官僚资本、土地改革、生产资料所有制的社会主义改造，就不可能出现劳动者当家做主、平等互助、公平分配的社会主义生产关系。所以，邓小平说："我们社会主义制度是以公有制为基础的，是共同富裕。"① 从具体一点的层次看，在单一的公有制和高度集中的产权制度下，实行的只能是计划经济；改革开放后，多种所有制形式的发展加上国有制产权结构的多样化，才可能实行社会主义市场经济。中华人民共和国成立以来所有的经济变化以及当前存在的种种问题和矛盾，只能从所有制找到根源和科学的解释。

可见，生产资料所有制是客观存在并对社会生产关系发挥重要作用的经济关系。有些人称它为"虚幻"关系和"形而上学与法学幻想"，是非常错误的。第一，马克思、恩格斯就揭露过资产阶级法律和法学给人们造成一种幻想和错觉，"仿佛私有制本身仅仅以个人意志即以对物的任意支配为基础"，指出"仅仅从私有者的意志方面来考察的物，根本不是物；物只有在交往中并且不以权利为转移时，才成为物，即成为真正的财产（一种关系，哲学家们称之为观念）。这种把权利归结为纯粹意志的法律上的错觉，在所有制关系进一步发展的情况下，必然会造成这样的现象：某人在法律上可以对某物享有权利，但实际上并不拥有某物"。② 所以，与这些人的看法相反，马克思、恩格斯恰好强调，必须将财产看作人们的经济关系而不是法学幻想。第二，这些人曲解了马克思的这句话："要想把所有权作为一种独立的关系、一种特殊的范畴、一种抽象的和永恒的观念来下定义，这只能是形而上学或法学的幻想。"③ 实际上，这句话并不是针对所有制关系本身，而是针对普鲁东对所有制概念的错误认识。因为，普鲁东把所有制当成一种独立于历史发展进程之外，不依历史发展而变化的抽象的永恒观念，否认它的历史的暂时的性质，还把所有制同分工、竞争、垄断、贸易等经济关系截然割裂开来，把它们看成是时间上处于不同顺序的阶段或互不相关的东西，从而把所有制当成是在社会生产关系之外的独立范畴。马克思就是针对这两个错误，批

① 《邓小平文选》第 3 卷，人民出版社 1993 年版，第 216 页。
② 《马克思恩格斯选集》第 1 卷，人民出版社 1995 年版，第 133 页。
③ 《马克思恩格斯全集》第 4 卷，人民出版社 1958 年版，第 180 页。

判普鲁东的观点是形而上学与法学幻想。所以，这个断章取义的帽子不能强加在所有制关系头上。本来，这个曲解在 20 世纪 80 年代的争论中已经出现过并已被澄清了，如今有人为了攻击马克思主义的所有制理论再度搬用它，说明他们在理论上已是末路穷途。

承不承认生产资料所有制的重要地位和作用历来是马克思主义和其他学说的重要分水岭。马克思在批判拉萨尔关于劳动是一切财富的源泉的论点时，指出“只有一个人一开始就以所有者的身份来对待自然界这个一切劳动资料和劳动对象的第一源泉，把自然界当作属于他的东西来处置，他的劳动才成为使用价值的源泉，因而也成为财富的源泉”，揭露了拉萨尔回避生产资料所有制的重要性，有意掩盖资本主义和其他一切剥削的根源，是“资产阶级的说法”[①]。近现代的西方经济学回避资本主义社会的生产关系，更是闭口不谈生产资料所有制。连标榜研究经济制度的新制度经济学，也是避开资本主义最根本的制度——生产资料所有制，只局限在经济运行层次的具体产权，甚至是一些细微产权上做文章。究其原委，就是为了掩盖资产阶级利用其所独占的生产资料剥削劳动者的关系。这就充分暴露了西方经济理论的资产阶级属性。在我国的社会主义建设中，是否坚持社会主义公有制为主体，关系到社会主义的方向和前途。在改革开放初期关于生产资料所有制的地位和作用的辩论和后来关于所有制是目的或者手段的辩论中，一些观点背后的意图就在于淡化、抹杀所有制的重大意义，否认公有制为主体的必要性和重要性，为私有制的发展制造舆论。在理论是非遭到混淆之后，有些人便从反对辨别所有制的“公”和“私”进而反对区分生产关系性质的“资”和“社”，这就令人清楚地看出否定所有制理论的社会、政治意义了。

有些人以批判斯大林为掩护，指责所谓的“所有制崇拜”，这在理论上是站不住脚的，是完全违背历史和现实的。所有制是客观存在的关系，它在生产关系中发挥基础性、决定性作用，是生产过程的必然结果，完全可能科学地认知和描述其作用的缘由和轨迹，根本不同于那些因人类受制于自然界而不知其原委的神秘幻觉。将所有制重要地位和作用的科

---

① 《马克思恩格斯选集》第 3 卷，人民出版社 1995 年版，第 298 页。

学说明蔑称为拜物教，实际上是对马克思主义所有制理论的歪曲和攻击，必将对社会主义事业带来巨大的不良作用。因为，一旦否定了所有制理论，就无法辨别和分析不同性质的经济关系，不懂它们变化发展的原因和规律，非社会主义和反社会主义的势力就可趁乱行事，干扰我国发展的社会主义方向。试看改革开放过程，不同社会势力围绕所有制问题展开的斗争是很激烈的。一些人为了发展资本主义私有制，利用各种时机和借口，不断转换口号，如斥责国有企业效率低下，主张以私营企业取而代之；鼓吹国有制经济不“与民争利”，应退出一切竞争性领域、全面推行“国退民进”；将国有企业经过改革调整得到发展以及企业并购的市场行为，歪曲为“国进民退”；歪曲、捏造统计资料，转移公众视线（如利用公众对分配不公的愤怒将它归咎于国家垄断），借机反对国有经济对关键部门的掌控。如此步步紧逼，直欲使资本主义经济占据我国所有的盈利部门和关键部门而后快。近年来，国外企图抑制中国发展的势头，也大力渲染和攻击中国国有企业的“垄断”，声讨国有企业的发展。在所有制关系上的这一系列反公促私、反“社”促“资”行径，处处表现出他们不是不懂得，而是太在乎所有制的重要性了。他们骨子里搞“私有制崇拜”，却大讲所有制是虚幻的，无关紧要，不要“崇拜”，是想麻痹我们，使我们忽视所有制的重要性，放松对公有制的防护，好让资产阶级趁机占领所有制阵地。遗憾的是，这种正中资产阶级下怀的说法，居然也在马克思主义理论队伍中传开了，很值得我们担忧。现在，私有经济已经在我国得到快速发展，造就了一大批家财千万、亿万的富豪，导致许多重大的社会矛盾，如果不尽快警醒过来，注意从所有制关系去认识矛盾的根源，矛盾不但得不到解决，还可能积累得越加深重，社会主义事业必然受到极大危害。

本文的主要目的并不是想争辩生产方式含义的是非，因为，我深知自己的理解不见得是完全正确的，充其量只是在多种分歧意见中再添上一种，认识不可能就此辨清。作为百家争鸣中的一家之言，我不敢保证自己观点是唯一正确的，也没有想以自己的观点压服别人不同观点的意思。之所以写这样一篇长文，是因为我担心，现在有些人根据生产方式的不同含义去任意发挥，而生产方式的多义性又可能影响对马克思主义一些基本原理和基本方法的认识。例如，怎样正确认识对立统一规律(一分为二？一分为三?)，使辩证唯物主义和历史唯物主义得到更简明的阐述，更容易、更广泛地被广大群众接受和运用；怎样才能准确说明生产力和生产关系的相互关系，进而正确认识社会的基本矛盾及其发展规律；怎样完整阐述生产关系的内涵及其各个组成部分的相互关系；怎样认识所有制在生产关系中的基础性作用，如它们怎样决定人们在生产过程中的相互关系、怎样影响交换关系和方式以及分配关系和方式；怎样在当前的实践中去验证马克思主义的经济理论，建立和发展中国的现代的政治经济学，并运用它们去认识和解决实际生活中的问题和矛盾，促进经济的发展和人民生活水平的提高。这些比较根本的问题如果没有解决好，将对马克思主义政治经济学的建设带来非常不利的影响。鉴于目前理论界存在某些浮躁情绪，为了搞所谓的“创新、发展”，将马克思的论述碎片化，断章取义、穿凿附会的现象屡见不鲜，所以，我希望马克思主义的理论队伍不要因为概念理解的分歧，干扰、搅乱政治经济学的基本理论体系，应该求大同、存小异，坚持马克思主义的基本理论和方法，反击以新自由主义为主的资产阶级经济理论利用各种机会和场合的进攻，为马克思主义政治经济学的建设共同努力。

（原文发表于《当代经济研究》2013 年第 3 期）

二

《资本论》体系结构

关于《资本论》的体系结构的初步探讨

洪远朋*

马克思的主要著作——《资本论》，中心突出，结构严密，是一个非常完整的科学体系。探讨《资本论》的结构体系，不仅对全面、深入地理解和掌握马克思主义政治经济学的基本原理非常重要，而且对社会主义政治经济学体系的建立也具有重大的指导意义。

一

关于《资本论》的总体系结构，国内外一向有3卷和4卷两种说法。大家知道，考茨基认为《资本论》是3卷，他把《剩余价值学说史》当作一部与《资本论》平行的独立著作。在我们国内，郭大力、王亚南同志也认为《资本论》是3卷的，直到1978年为止修订翻译再版的《资本论》和《剩余价值学说史》仍然是作为两部平行的著作平行的。

但是，按照马克思和恩格斯的原意，《资本论》应该是4卷，《剩余价值学说史》是《资本论》总体系中的一个重要组成部分。马克思在《资本论》第一卷第一版序言中说："这部著作的第二卷将探讨资本的流通过程（第二册）和总过程的各种形式（第三册），第三卷即最后一卷（第四册）将探讨理论史。"① 马克思在1866年10月13日给库格曼的信中写道："全部著作分为以下几个部分：第一册资本的生产过程。第二册

* 洪远朋：复旦大学经济学院教授，博士生导师。

① 《马克思恩格斯全集》第23卷，人民出版社1972年版，第12页。

资本的流通过程。第三册总过程的各种形式。第四册理论史。”[1] 恩格斯在1884年3月31日致劳拉·拉法格的信中也说：“《剩余价值理论》是我发现的一部批判性的巨著，是《资本论》第一稿（1862年）的一部分。”[2] 1895年3月28日致劳拉·拉法格的信中又说：“在此期间我将着手《资本论》第4卷的工作。”[3] 可见，马克思和恩格斯写作和出版《资本论》都是4卷的。

4卷的《资本论》是一个艺术的整体。1865年7月31日马克思写信给恩格斯说：“至于说到我的工作，我愿意把全部真情告诉你。再写三章就可以结束理论部分（前三册）。然后还得写第四册，即历史文献部分；对我来说这是最容易的一部分，因为所有的问题都在前三册中解决了，最后这一册大半是以历史的形式重述一遍……不论我的著作有什么缺点，它们却有一个长处，即它们是一个艺术的整体。”[4] 那么怎样理解4卷《资本论》是一个艺术整体呢？

首先，整个4卷《资本论》是以剩余价值为中心贯穿全书的一个不可分割的整体。恩格斯说过：“马克思的整本书都是以剩余价值为中心的。”它揭示了剩余价值生产、实现和分配的规律，以及剩余价值理论发展史。与此相适应，《资本论》第一卷，资本的生产过程，中心是分析剩余价值生产的问题；第二卷，资本的流通过程，中心是分析剩余价值的实现问题；第三卷，资本主义生产的总过程，中心是分析剩余价值的分配问题；第四卷，剩余价值理论，中心是分析剩余价值学说史。所以，4卷《资本论》是以剩余价值为中心建立起来的完整的科学体系。

其次，整个4卷《资本论》是以资本主义生产关系为对象建立起来的体系。马克思认为政治经济学是研究生产关系的，而生产关系应该是生产、交换、分配、消费四个环节的总和。与此相适应，《资本论》第一卷，资本的生产过程，就是研究资本主义直接生产过程中的关系；第二卷，资本的流通过程，就是研究资本主义交换中的关系；第三卷，资本

---

① 《马克思恩格斯〈资本论〉书信集》，人民出版社1976年版，第204页。
② 《马克思恩格斯〈资本论〉书信集》，人民出版社1976年版，第431页。
③ 《马克思恩格斯〈资本论〉书信集》，人民出版社1976年版，第584页。
④ 《马克思恩格斯全集》第31卷，人民出版社1972年版，第135页。

主义生产的总过程，主要是研究资本主义分配中的关系。《资本论》虽然没有专门一卷研究资本主义的消费关系，但是各卷中都有关于消费关系的论述。例如，在第一卷中有关生产消费与个人消费的论述；在第二卷中研究了消费资料生产与生产资料生产的关系；在第三卷中揭示了资本主义生产与消费的矛盾；在第四卷中还批判了资产阶级经济学家关于消费的错误观点，等等。所以，4 卷《资本论》又是以生产关系四环节建立起来的完整体系。

再次，《资本论》是马克思按照辩证唯物主义的从抽象到具体、本质到现象的方法建立起来的体系。《资本论》第一卷所分析的资本的生产过程，是资本的直接生产过程，是从资本生产过程和流通过程的统一中抽出来的直接生产过程，这种抽象是为了揭示资本主义生产的实质是剩余价值的生产；第二卷所讲的流通过程，不是纯粹的流通过程，而是生产过程和流通过程相结合的流通过程，它与直接生产过程相比，比较具体也比较接近资本主义现实；第三卷所讲的分配过程，也不是单纯的分配过程，而是资本主义生产总过程基础上的分配过程，它与第二卷流通过程相比，更具体、更接近资本主义现实；第四卷，剩余价值理论，不仅更接近资本主义现实，而且具体到资本主义现实在人们头脑中的反应。马克思在说明《资本论》各卷的关系时指出："在第一卷中，我们研究的是资本主义生产过程本身作为直接生产过程考察时呈现的各种现象，而撇开了这个过程以外的各种情况引起的一切次要影响。但是，这个直接的生产过程并没有结束资本的生活过程。在现实世界里，它还要由流通过程来补充，而流通过程则是第二卷研究的对象。""至于这个第三卷……要揭示和说明资本运动过程作为整体考察时所产生的各种具体形式。"[①] 可见，《资本论》还是由马克思主义的方法论所决定的严密的逻辑体系。

最后，整个 4 卷《资本论》还是理论和历史相结合的完整体系。马克思经常把《资本论》前三卷称为理论部分，把第四卷称为历史部分，这是因为马克思的《资本论》还是批判地继承英国古典政治经济学，以

① 《马克思恩格斯全集》第 25 卷，人民出版社 1974 年版，第 29 页。

及与资产阶级庸俗经济学做斗争中创立的。马克思在创立马克思主义政治经济学的同时，还研究了资产阶级古典政治经济学的产生、发展和瓦解过程。因此，马克思著作的正标题是《资本论》，副标题是《政治经济学批判》，在《资本论》的前三卷，马克思按理论顺序，对资产阶级有关经济学说作了批判，最后又按历史顺序系统编写了剩余价值学说史，作为《资本论》的第四卷。马克思写作《资本论》的顺序是先“史”后“论”；而《资本论》发表的顺序是先“论”后“史”。马克思 1877 年 11 月 3 日在给济格蒙德·肯特的信中说：“我开始写《资本论》的顺序同读者将要看到的顺序恰恰是相反的。”① 所以，《剩余价值学说史》应该是《资本论》不可缺少的一个组成部分。否则，《资本论》就不是一个“史”“论”相结合的完整体系。

《资本论》这部艺术整体的科学巨著，马克思生前只出了第一卷。马克思逝世后，恩格斯整理出版了第二卷和第三卷。但是，没有来得及整理出版第四卷。1905—1910 年考茨基编辑出版了《剩余价值学说史》，但没有把它作为《资本论》第四卷，而作为一部与《资本论》平行的著作分三卷出版。所以，长期以来，国内外许多人都认为《资本论》是 3 卷而不是 4 卷，这是一个误解。《资本论》完整的体系应该是 4 卷，《剩余价值学说史》是《资本论》不可缺少的一个组成部分。

二

《资本论》不仅四大卷是一个完整的科学体系，而且每一卷本身也是一个相对独立的完整体系。

《资本论》第一卷《资本的生产过程》，是以剩余价值生产为中心建立的科学体系。这一卷，共分 7 篇，25 章，从体系上来看由三大部分构成。

第一部分是第一篇商品和货币，这一部分以一般商品生产为对象，

---

① 《马克思恩格斯〈资本论〉书信集》，人民出版社 1976 年版，第 352 页。

以劳动价值论为中心，分析商品到货币的转化，这是研究资本和剩余价值生产的前提和出发点。这一部分是作为资本主义生产过程的理论前提和历史前提进行分析的。

第二部分是第二篇至第六篇，这一部分以资本主义商品生产为对象，研究剩余价值的生产过程，也就是分析货币转化为资本和资本占有剩余价值的问题，这是第一卷的研究中心。这一部分第二篇至第六篇之间的关系是：第二篇，货币转化为资本，是以劳动力成为商品为中心，分析剩余价值生产的基础；第三篇和第四篇是分析剩余价值的源泉、生产过程和方法，揭示资本主义生产的实质；第五篇即绝对剩余价值和相对剩余价值的生产，是把第三篇和第四篇综合起来进行比较和分析；第六篇，是揭示资本主义工资的实质以及资本家如何利用工资形式作为进一步榨取剩余价值的手段，是剩余价值生产理论的继续和补充。

第三部分是第七篇资本的积累过程，这一部分是研究剩余价值怎样转化为资本，是对资本主义经济运动规律和历史过程的总结。

《资本论》第一卷这三大部分之间的关系是怎样的呢？

第一，从劳动的角度考察，第一部分是分析劳动创造商品的价值；第二部分是分析劳动创造剩余价值；第三部分是分析劳动创造资本。

第二，从剩余价值的角度考察，第一部分是分析剩余价值生产的基础；第二部分是分析剩余价值的生产过程；第三部分是分析剩余价值怎样转化为资本。

第三，从资本的角度考察，第一部分是分析资本的前提；第二部分是分析资本的增值；第三部分是分析资本的积累。

第四，从逻辑的角度考察，第一部分是出发点；第二部分是中心；第三部分是总结。

第五，从历史的角度考察，第一部分是讲资本主义的产生；第二部分是讲资本主义的发展；第三部分是讲资本主义的灭亡。

总之，《资本论》第一卷理论、逻辑、历史有机结合，是一个非常严密的科学体系。

《资本论》第二卷《资本的流通过程》。这里的流通是指广义的流通，而不是狭义的流通，狭义的流通只是买卖过程，广义的流通，既包括买卖过程，又包括生产过程。《资本论》第二卷所研究的流通过程，是作为资本的生产过程和流通过程统一的总流通过程。这里的生产，主要是再生产。所以，《资本论》第二卷是研究资本的再生产和流通，中心是分析剩余价值的实现问题。

第二卷以剩余价值实现为中心建立了科学体系，由3篇，21章，42节组成。如果从资本运动的形式来看，总结构可分为三部分：第一篇资本形态变化及其循环，这是以货币资本为中心，分析个别资本运动的形态和过程，揭示资本循环的关键在于资本运动的连续性。第二篇资本周转，是以生产资本为中心，分析个别资本运动的速度，揭示资本周转的关键是速度。第三篇社会总资本的再生产和流通，是以商品资本为中心，分析社会总资本的实现问题，揭示社会总资本顺利实现的关键在于按比例发展。

如果从微观经济和宏观经济来分，第二卷可以分为两大组成部分：第一部分是第一篇和第二篇，研究个别资本的再生产和流通；第二部分是第三篇，研究社会总资本的再生产和流通。

过去常常有一种误解，认为《资本论》第二卷第一、第二篇是讲资本的循环和周转，不是再生产理论，第三篇才是讲再生产理论，实际上第一和第二篇也是讲再生产理论，区别在于一个是个别资本的再生产，一个是社会总资本的再生产。而且，就马克思的再生产理论来说，也不是仅仅限于第二卷，第一卷、第三卷和第四卷也有专门论述再生产的部分，例如，第一卷第七篇也是研究再生产的，那里主要是从直接生产过程研究资本主义生产关系的再生产，而第二卷主要是从流通过程研究再生产的实现条件和比例关系问题。

还有一种看法，认为《资本论》第二卷的结构从生产和再生产来分，可以分为两大部分：第一部分是第一篇资本循环，这是分析资本的生产和流通；第二部分是第二篇和第三篇，这是分析资本的再生产和流通。这就是说，第一篇不是讲再生产理论，第二、第三篇才是讲再生产理论。这是值得商榷的。实际上，第一篇也是关于再生产，例如，第一篇第二章生产资本的循环，第一节题为简单再生产，第二节题为积累和规模扩大再生产，顾名思义是再生产。马克思还明确说过：“运动的一般形式

P…P是再生产的形式”[①]，商品资本的循环“包含着再生产”[②]。所以，《资本论》第二卷，第一、第三篇都包含着再生产，都是讲再生产理论。

《资本论》第三卷《资本主义生产的总过程》，是以剩余价值分配为中心建立的科学体系。恩格斯在介绍《资本论》第三卷时曾明确指出：“第三卷所阐述的就是剩余价值的分配规律。”[③] “剩余价值的分配就像一根红线一样贯串着整个第三卷。”[④]

第三卷一共有 7 篇 52 章，是《资本论》中章数最多的一卷。如果从剩余价值在产业资本家与非产业资本家之间的分配来划分，这一卷可以分为三个部分：第一部分是第一篇至第三篇，分析平均利润和生产价格的形成，中心是说明在产业资本家内部是怎样瓜分剩余价值的问题；第二部分是第四篇至第六篇，第四篇分析商业资本如何获得商业利润，第五篇分析生息资本如何获取利息，第六篇分析土地所有者如何获得地租，中心是说明在产业资本家之外，资本主义社会各个剥削集团是如何参与瓜分产业工人创造的剩余价值的；第三部分是第七章，它不仅是第三卷，而且是《资本论》前三卷即理论部分的总结，中心是说明生产关系决定分配关系。

第三卷如果从剩余价值的分配形式来划分，这一卷可以分为四个部分。第一部分是利润，包括产业利润和商业利润，说明产业资本和商业资本都是获得平均利润。这一部分从第一篇到第四篇。第二部分是利息，生息资本获取的是利息，利息不是平均利润，而是平均利润的一部分，平均利润等于利息加企业主收入。这一部分是第五篇分析的。第三部分是地租，土地所有者获取的地租也不是平均利润，而是平均利润以上的余额，即超额利润。这一部分是第六篇分析的。第四部分仍然是第七篇总结。

《资本论》第四卷《剩余价值学说史》，在这一卷里马克思围绕政治经济学理论的核心问题——剩余价值理论，对资产阶级各派经济理论进

① 《资本论》第 2 卷，人民出版社 2004 年版，第 107 页。
② 《资本论》第 2 卷，人民出版社 2004 年版，第 108 页。
③ 《马克思恩格斯全集》第 22 卷，人民出版社 1965 年版，第 511 页。
④ 《马克思恩格斯全集》第 22 卷，人民出版社 1965 年版，第 512 页。

行系统的历史的分析和批判，同时以论战的形式阐述了自己关于政治经济学的许多重要原理。这一卷的体系，是以李嘉图为中心，按历史顺序分为三个组成部分：第一册，评述李嘉图以前的政治经济学，主要是批判地分析重农学派和亚当·斯密的观点；第二册，评述李嘉图，指出李嘉图对资产阶级古典政治经济学的贡献，也指出了李嘉图的理论错误和阶级局限性；第三册，评述李嘉图以后的经济学家，主要是讲李嘉图的观点，从右面和左面所遭到的批判，也探讨了李嘉图学派解体的过程。

总之，也可以说，《资本论》各卷本身也是一个艺术的整体。

三

《资本论》的结构体系对于社会主义政治经济学体系的建立具有巨大的指导意义。

社会主义经济与资本主义经济的本质的区别。他们的所有制不同，社会主义是公有制，资本主义是私有制。他们的生产目的不同，社会主义生产是为了满足需要，而资本主义生产是为了榨取剩余价值。他们的经济机制不同，社会主义以计划经济为特征，资本主义以市场经济为特征。他们的分配原则不同，社会主义实行按劳分配，否定剥削；资本主义是按资分配，存在剥削。所以，不能把马克思揭示资本主义经济运动规定的《资本论》体系结构原封不动的搬到社会主义政治经济学中来。但是我们可以从《资本论》体系中得到许多有益的启示，找到可供借鉴的东西，这是因为：

第一，《资本论》实际上是马克思主义政治经济学资本主义部分，社会主义政治经济学是马克思主义政治经济学社会主义部分。所以，二者都是马克思主义政治经济学的重要组成部分。因此，作为建立马克思主义政治经济学体系的一些基本原则，二者应该是通用的。

第二，《资本论》是以资本主义生产关系为对象，社会主义政治经济学以社会主义生产关系为对象，也就是说二者都是研究生产关系的。因此，以生产关系为对象组成的《资本论》体系，当然对研究社会主义生产关系，建立社会主义政治经济学体系具有借鉴作用。

第三，资本主义生产关系的物质基础是社会化大生产，社会主义生产关系的物质基础也是社会化大生产。同样是社会化大生产，就必然有共同的经济规律及其表现形式。

第四，资本主义经济是商品经济，社会主义经济仍然存在商品生产，这两种商品生产的性质、发展趋势根本不同。但是同是商品生产也必然有共同的东西可以借鉴。

那么《资本论》体系，对建立社会主义政治经济学体系可以得到哪些启示呢？

首先，社会主义政治经济学体系的建立应该有一条红线贯穿到底。我们知道贯穿整个《资本论》体系的一条红线是剩余价值，而剩余价值是资本主义的基本经济规律。这就是说，基本经济规律应该是贯穿政治经济学的一条红线。社会主义生产关系的各个方面都有各自的规律，但是都应该共同体现社会主义基本经济规律的要求。社会主义基本经济规律的提法还有不同的看法，但其基本精神是生产更多的使用价值以满足社会需要。因此，社会主义政治经济学应以最少的劳动耗费获得最多的使用价值（或最大的经济效果）为红线贯穿始终。

第二，社会主义政治经济学是研究社会主义生产关系的。应该与《资本论》一样，根据马克思关于生产关系四个环节的理论，从生产、交换、分配、消费四个环节中，研究社会主义生产关系，建立社会主义政治经济学体系，而不能按照斯大林生产关系三个方面的理论，从所有制、相互关系和分配三个方面理论来建立社会主义政治经济学体系。现有按三个方面建立体系，把社会主义政治经济学的内容限制在非常狭窄的范围内，不能概括社会主义经济丰富的实际内容，阻碍着社会主义政治经济学的发展。几十年来，国内外还拿不出一本比较令人满意的社会主义政治经济学教科书，这当然主要是由于社会主义建设的实践还不长，不像《资本论》是在资本主义已经发展了两三百年，在资本主义经济本身积累的矛盾已经充分发展和暴露的情况下，总结和概括起来的。但是，与斯大林关于生产关系定义的束缚也有一定的关系。

第三，社会主义政治经济学也应该与《资本论》一样，“论”“史”

结合，除了前面按生产关系四个环节组成的理论部分以外，也应该有一个社会主义政治经济学理论形成和发展史。关于社会主义政治经济学，马克思在《资本论》以及其他许多著作中已经揭示了不少经济规律，但是并没有形成体系。俄国十月革命胜利后曾有人否认社会主义社会还有政治经济学。因此，从俄国十月革命胜利到 1952 年斯大林《苏联社会主义经济问题》发表以前，基本上没有出现社会主义政治经济学的体系。1953 年苏联科学院编出社会主义政治经济学教科书，才可以说有了苏联一国经验的社会主义政治经济学体系。20 世纪 60 年代以后，许多国家包括中国，编了一些初步概括不同类型社会主义国家共同经验的社会主义政治经济学教科书，对社会主义政治经济学体系的建立作出了新的贡献。但是，现有的社会主义政治经济学体系都不够理想，不成熟的理论体系是和不成熟的社会经济条件相适应的。有的着重于党和政府路线、方针、政策的汇编；有的主要是一些经济规律的堆积；有的是按照斯大林生产关系三方面的排列；也有的按照《资本论》的体系做了初步尝试，但总感到有点生搬硬套。理想的社会主义政治经济学体系还有待研究和概括。

第四，社会主义政治经济学体系的各个组成部分内部也应该像《资本论》一样，中心突出，结构严密，各个问题之间要有内在的联系，不能简单地把有关的几个问题拼凑在一起。例如，能不能考虑社会主义生产过程的分析，以最少劳动耗费生产出最多使用价值为中心；社会主义流通过程的分析，以最少劳动耗费最大限度地实现劳动成果为中心；社会主义分配过程的分析，以最大限度节约劳动耗费为中心；社会主义消费过程的分析，以最大限度地满足消费需要、最大限度地促进生产发展为中心，等等。

第五，社会主义政治经济学也应该与《资本论》一样，以生产关系为对象，但不是孤立地研究生产关系，而是在生产关系与生产力的对立统一、上层建筑与经济基础的对立统一中研究生产关系，在“文化大革命”后期，社会主义政治经济学不能涉及生产力，否则，就会被扣上“唯生产力论”的帽子，因此，把社会主义政治经济学变成研究上层建筑的法权经济学。我们批判了“上层建筑决定论”，但在社会主义政治经济学中也不能完全不涉及上层建筑。列宁指出，《资本论》“专门以生产关系说明该社会形态的结构和发展，但又随时随地探究适合于这种生产关系的上层建筑，使骨骼有血有肉”，《资本论》将资本主义社会的“生活习惯，将它的生产关系所固有的阶级对抗的具体社会表现，将维护资产阶级统治的资产阶级政治上层建筑，将资产阶级的自由平等之类的思想，将资产阶级的家庭关系都和盘托出”。[①] 因此，中国特色社会主义政治经济学在研究社会主义生产关系产生、发展、提高的同时，既要揭示生产力发展对社会主义生产关系的促进作用，也要阐明党和国家领导社会主义建设的路线、方针、政策的客观依据。

最后，社会主义政治经济学的体系，也要体现辩证唯物主义的抽象到具体、本质到现象的叙述方法。社会主义政治经济学理论的概括，既不能从概念出发，也不能把一国的具体情况、具体做法和具体经验当作一般规律，而应该从社会主义革命和社会主义建设的实际出发，占有大量材料，总结与比较世界各国社会主义革命和社会主义建设的经验，找出一般规律。这就必须应用抽象法，对客观材料作一番“去粗取精、去伪存真，由此及彼，由表及里”的制作功夫。然后，把从实际出发抽象上升的理论，按照抽象到具体、本质到现象的方法进行表达，建立社会主义政治经济学的体系。这个体系，既不能是现象的堆积，也不能只有几个抽象的概念和几个空洞的规律，而应该既有骨骼，也有血有肉，一步步接近社会主义现实。

由于社会主义还是一个新生事物，社会主义实践经验还不够丰富，人们的认识还“受着客观过程的发展及其表现程度的限制”[②]。因此，运用马克思主义基本原理，总结世界各国社会主义革命和社会主义建设的丰富经验，建立社会主义政治经济学的科学体系，现在条件还不完全成熟，看来短时间内也很难完成。但是，我们不能因为条件尚未完全具备而消极等待。我们有马克思主义的指导，有《资本论》的样板，有社会主义建设几十年的经验，也有了建立社会主义政治经济学体系的某些初

① 《列宁选集》第1卷，人民出版社1972年版，第9页。
② 《毛泽东选集》第1卷，人民出版社1991年版，第294页。

步尝试。在此基础上，经过共同的努力，一定能逐步建立和完善社会主义政治经济学体系。

（原文发表于《经济研究参考资料》1981 年第 196 期。转载自《论〈资本论〉——洪远朋〈资本论〉研究文集》，复旦大学出版社 2013 年版，第 23—31 页）

怎样理解《资本论》第一卷第三章“货币或商品流通”的结构

薛志贤*

《资本论》第一卷第三章“货币或商品流通”，通过对商品流通过程的分析，全面研究货币的职能。可是，马克思对各节的安排，采取了如下的方式：

1. 价值尺度
2. 流通手段
   a. 商品的形态变化
   b. 货币的流通
   c. 铸币。价值符号
3. 货币
   a. 货币贮藏
   b. 支付手段
   c. 世界货币

对于这样的结构安排，许多人不理解；有些学习了一般政治经济学通俗著作，或政治经济学教科书的人，甚至感到奇怪。有关研究《资本论》的著作，都对这个问题作出了自己的解释和说明。对于这些解释和说明，我觉得有一定的道理，但是，总的说来没有使问题得到清楚的解决。

北京大学经济系编写的《〈资本论〉释义》写道：“本章对货币各种职能的分析是按下列次序进行的：1. 价值尺度；2. 流通手段；3. 货币。在最后‘货币’这一节，又分为（a）货币贮藏；（b）支付手段；（c）世界货币。这个次序不是随意安排的。因为价值尺度和流通手段是货币的

---

* 薛志贤：陕西师范大学教授。

基本职能，其他的职能是随商品生产和商品流通的发展逐渐形成的。所以，这样的分析次序是与货币各种职能的历史发展过程相一致的，同时也是和商品流通发展的历史进程相适应的。”①

陈征同志的《〈资本论〉解说》认为：“马克思这样安排，是从严密的逻辑体系出发的。首先，货币的五种职能具有不同的重要性：价值尺度和流通手段，是货币的基本职能，商品必须同时具有价值尺度和流通手段的职能，才成为货币。其次，货币的五种职能代表着不同的发展阶段。价值尺度和流通手段，是货币产生时就具有的，储藏手段，支付手段，世界货币，都是商品生产有了一定程度发展以后才产生的。再次，马克思在《政治经济学批判》中曾经说过：‘作为价值尺度，金只是观念上的货币和观念上的金；作为单纯的流通手段，金只是象征性的货币和象征性的金；但在它的简单的金属实体形式上，金是货币，或者说，货币是实在的金。’马克思根据货币职能的三种不同情况，故分为三节来叙述。”②

上述这两种说法，基本的论点是共同的，就是说：由于五种职能的重要性不同、五种职能代表不同的发展阶段、五种职能具体作用的情况不同，所以采取这样的安排。这里，我不禁要问：为什么依次讲价值尺度、流通手段、储藏手段、支付手段、世界货币五种职能，就不能说明五种职能，就不能说明五种职能各有不同的重要性，各种职能代表着不同的发展阶段，以及各种职能具体的作用情况不同等问题呢？我的回答应该是可以的。事实上，在发展的商品和货币经济中，纸币在一定的条件下、一定的范围内，也在执行储藏手段、支付手段和世界货币的职能。那么，能不能因此说，可以改变整个结构的合理性呢？当然不能这样说。据此，我认为上述说法，没有讲清楚马克思如此安排的实质，要找出马克思作这样安排的关键所在，才能揭示出这种安排的科学性质和内容实质。

我认为，应当从以下几个方面，来认识这种安排的合理性。

第一，价值尺度和流通手段，在概念上和历史上，都先于货币。就是说，在货币产生以前，作为衡量商品价值的价值尺度，在事实上已经

---

① 北京大学经济系《资本论》教学组：《〈资本论〉释义》第1卷，北京出版社1980年版，第63—64页。

② 陈征：《〈资本论〉解说》第1册，福建人民出版社1977年版，第200—201页。

存在，在概念上也存在。流通手段也是如此。

譬如我们在《资本论》第一卷第一章第三节价值形式或交换价值中，研究分析了简单的、个别的或偶然的价值形式：

20码麻布＝1件上衣

总和的或扩大的价值形式：

20码麻布＝1件上衣，或＝10磅茶叶，或＝1夸脱小麦，或＝X量其他商品

一般价值形式：

一件上衣
10磅茶叶
1夸脱小麦　＝20码麻布
2盎司金
X量其他商品

在价值形式发展的这些阶段上，还不存在货币。但是，价值尺度和流通手段已经出现了。处于等价形态上的商品，事实上已经在起价值尺度和流通手段的作用，或者说它们已经在执行价值尺度和流通手段的职能。商品交换和货币产生的历史，都证明了上述的事实。

或许有的同志会说，在价值形式发展各个阶段上处于等价形态的商品，实际上就是货币的胚芽。诚然如此，但犹如商品经济的发展必然导致资本主义、而并不否定商品经济先于资本主义一样，必须肯定，价值尺度和流通手段，在概念上和历史事实上毕竟先于货币。这样，价值尺度和流通手段，就必然超越出一般货币及其职能的范围，而不能简单地包括在货币及其职能的概念之中。

第二，价值尺度和流通手段，是决定货币之成为货币的基础，也是货币的两个基本职能。

马克思在分析价值尺度时指出：“金的第一个职能是为商品世界提供表现价值的材料，或者说，是把商品价值表现为同名的量，使它们在质的方面相同，在量的方面可以比较。因此，金执行一般的价值尺度的职能，并且首先只是由于这个职能，金这个特殊的等价商品才成为货币。”①

① 《马克思恩格斯全集》第23卷，人民出版社1972年版，第112页。

“商品并不是由于有了货币才可以通约。恰恰相反，因为一切商品作为价值都是物化的人类劳动，它们本身就可以通约，所以它们能共同用一个特殊的商品来计量自己的价值，这样，这个特殊的商品就成为它们共同的价值尺度或货币。货币作为价值尺度，是商品内在的价值尺度即劳动时间的必然表现形式。”①

马克思的这两段论述说明：商品可以由一个特殊商品计量自己的价值，是因为商品作为价值都是物化的人类劳动，它们本身是可以通约的，货币作为价值尺度，是商品内在价值即劳动时间的必然表现形式；作为价值尺度，计量商品的价值，并不是由于有了货币才产生的，恰恰相反，货币执行一般的价值尺度的职能，并且首先只是由于这个职能，金这个特殊的等价商品才成为货币；由于价值尺度这个职能决定了特殊商品成为货币，这个职能是决定货币成为货币的基础。

马克思在分析流通手段时指出：

“在这里，我们感兴趣的只是商品交换领域。因此，我们只是从形式方面考察全部过程，就是说，只是考察为社会的物质变换作媒介的商品形式变换或商品形态变化。”

“人们对这种形式变换之所以理解很差，除了对价值概念本身不清楚以外，是因为商品的每次形式变换都是通过两种商品即普通商品和货币商品的交换实现的。如果我们只注意商品和金的交换这个物质因素……我们就会看不到：金当作单纯的商品并不是货币，而其他的商品通过它们的价格才把金当作它们自己的货币形态。”

“金能够成为观念的货币或价值尺度，是因为一切商品都用金来计量它们的价值，从而使金成为它们的使用形态的想象的对立面，成为它们的价值形态。金能够成为实在的货币，是因为商品通过它们的全面让渡使金成为它们的实际转换或转化的使用形态，从而使金成为它们的实际的价值形态。”②

以上的叙述说明：货币，或者金之成为货币，是商品形式或形态转

---

① 《马克思恩格斯全集》第23卷，人民出版社1972年版，第112页。

② 《马克思恩格斯全集》第23卷，人民出版社1972年版，第122、122—123、128页。

换或转化的产物，货币的运动只是商品流通、商品运动的表现。商品通过它们的全面让渡，形式或形态的转换，把金当作它们实现这种全面转换或转化的“使用形态”，金就成了实际的价值形态货币。这还是说明，这种作用不仅先于货币，而且是决定货币之所以成为货币，或决定金这种商品成为货币的基础。反过来说，货币执行流通手段的职能，就是充当商品让渡或商品形式转换的媒介形式，或者中间形式。这就是货币的流通手段职能的实质。从这里也可以看出，流通手段同样有它超出货币及其职能的内容。陈征同志的那段论述中，虽然讲道：“商品必须同时具有价值尺度和流通手段的职能，才成为货币。”但这个思想没有得到应有的发挥，也就显得不够明确。而由于强调其他理由，正确的东西反而失色了。

有的同志可能会说，货币的五个职能都是商品流通发展的产物，都是商品经济发展给予的。但我认为，价值尺度和流通手段的给予，使特殊商品成为货币起了决定的和基础的作用，储藏手段、支付手段和世界货币的职能也是商品流通赋予的，然而，这种赋予以货币本身为前提，货币的存在是赋予这些职能的决定因素和基础。所以，对这种情况应严格加以区别，不能简单地混为一谈。

第三，价值尺度和流通手段，也是货币的其他职能的基础和前提。货币的储藏手段、支付手段和世界货币的职能，都必须以价值尺度和流通手段的职能为其基础和前提。尤其作为世界货币，执行一般支付手段的职能、一般购买手段的职能、货币储藏的职能、一般财富的绝对化身的职能，都必须以价值尺度和流通手段为基础。就是说，不具有价值尺度和流通手段的商品就不能成为货币，这也就谈不上具有这些职能，而且，更具体地说，本身不是价值尺度和流通手段，如何能执行支付手段、储藏手段和作为世界货币的种种职能呢？这就是说，离开了价值尺度和流通手段，货币的其他职能是不可能存在的。

基于上述的道理，我们可以认识到，《资本论》第一卷第三章的结构是科学的，且寓意深刻。对这种结构，仅从货币的各种职能重要性不同、反映不同的历史阶段和各个职能作用情况不同来解释是不中肯的。

（原文发表于《学术月刊》1982 年第 6 期）

试解《资本论》第一卷第三章结构的奥秘

李建平*

薛志贤同志在《学术月刊》1982年第6期发表的文章中，就《资本论》第一卷第三章的结构问题谈了自己的看法。我认为，他不仅“没有使问题得到清楚的解决”，而且产生了新的混乱。例如，他认为“价值尺度和流通手段，在概念上和历史上，都先于货币”①。我认为这里有两个错误：

第一，《资本论》第一卷第三章第一节的第一句话就是在本书各处都“假定金是货币商品”②。这就是说，马克思研究货币的各种职能是以货币，即固定充当一般等价物的金已经产生为前提的，在逻辑上是和第一章第三节所论述的价值形式发展的最后阶段——“货币形式”相衔接的。如果照薛文所说，在货币产生之前就已存在价值尺度和流通手段的货币职能，不仅不符合马克思的原意，在逻辑上也是说不通的。

第二，薛文把通常的货币概念和马克思在第三章第三节作为标题的“货币”混淆起来了。所谓通常的货币，指的是固定充当一般等价物的特殊商品，如金。而第三章第三节作为标题的“货币”，则是表示货币职能发展的一定阶段。它是与“作为尺度的货币”“作为交换手段的货币”相对而言的“作为货币的货币”③ 这一全称的省略语。马克思称之为“货币的第三种规定”。④ 薛文由于把这一种意义的“货币”错当为通常的货币

---

* 李建平：福建师范大学经济学院、马克思主义学院教授，博士生导师。

① 薛志贤：《怎样理解〈资本论〉第一卷第三章“货币或商品流通”的结构》，《学术月刊》1982年第6期。

② 《马克思恩格斯全集》第23卷，人民出版社1972年版，第112页。

③ 《马克思恩格斯〈资本论〉书信集》，人民出版社1976年版，第132、133、134页。

④ 《马克思恩格斯全集》第46卷上册，人民出版社1979年版，第167页。

概念，因而得出"在货币产生以前"，即在价值形式发展的前三个阶段就已存在价值尺度和流通手段这两种货币职能的错误结论。因此，薛文不可能解决第三章的结构问题。

其实，第三章的结构使人困惑不解的地方除了前面提到的那个问题外，还有一个问题：为什么马克思在这一章的论述都是按照三个层次进行，不仅大的方面是如此，如全章分为三节，而且小的方面也是如此，如第二节和第三节又各分为三个小节？我认为，奥秘就在于马克思在这一章"卖弄起黑格尔特有的表达方式"[①]，即否定之否定规律的运用。下面我们就来探讨第三章的结构奥秘和马克思应用否定之否定这一方法的关系。

一

马克思把货币职能的发展分为三个大的阶段，这就是第三章所依次论述的三节的内容。第一节"价值尺度"，是货币职能发展的第一阶段，即肯定阶段。马克思说："金的第一个职能是为商品世界提供表现价值的材料，或者说，是把商品价值表现为同名的量，使它们在质的方面相同，在量的方面可以比较。因此，金执行一般的价值尺度的职能，并且首先只是由于这个职能，金这个特殊的等价商品才成为货币。"[②] 作为一般等价物的金本来是抽象的、空洞的，可以说是无规定性的，现在有了第一种规定。马克思说："货币的第一种规定，即货币作为价值尺度的规定。"[③]

但是，"任何的限制或规定同时就是否定"[④]。在货币的第一种规定中，已包含着对这一规定的否定。这是因为，货币在执行价值尺度的职能时，只是充当观念的价值尺度，而商品要实际上起交换价值的作用，就必须从想象的或观念的货币转变为实在的货币。马克思说："价格形式

---

① 《马克思恩格斯全集》第 23 卷，人民出版社 1972 年版，第 24 页。
② 《马克思恩格斯全集》第 23 卷，人民出版社 1972 年版，第 112 页。
③ 《马克思恩格斯全集》第 46 卷上册，人民出版社 1979 年版，第 443 页。
④ 《马克思恩格斯全集》第 20 卷，人民出版社 1971 年版，第 155 页。

包含着商品为取得货币而让渡的可能性和这种让渡的必要性。另一方面，金所以充当观念的价值尺度，只是因为它在交换过程中已作为货币商品流通。因此，在观念的价值尺度中隐藏着坚硬的货币。”① 在商品交换过程中，观念的货币必然要否定自身，转化为它的对立面——实在的货币，于是货币的职能也就从价值尺度发展到流通手段。

二

由于货币获得流通手段的职能，是它作为商品流通的媒介的结果，所以马克思在第二节首先分析“商品的形态变化”即商品流通。在分析商品的形态变化时，马克思把充当流通媒介的金看作“实在的货币”②，以与充当价值尺度的观念的货币相对立。但是，在这一节的“(b)货币的流通”中，这种“实在的货币”开始发生质的变化。

所谓货币流通，“就是货币不断地离开起点，就是货币从一个商品所有者手里转到另一个商品所有者手里”③。货币流通是由商品流通决定的，但又和商品流通不同：“商品在流通中的运动不过是瞬息间的要素，而在流通中不息奔走却成为货币的职能。货币在流通过程中的这种特殊的职能，使作为流通手段的货币具有新的形式规定性”④。在商品流通中，当商品从卖者手里转到买者手里后，就退出流通领域进入消费领域，而货币仍继续留在流通领域中，因此就产生了流通中需要多少货币量的问题。马克思通过分析，指出流通的货币量决定于三个因素：商品总量、商品的价格水平、货币流通速度。这里使我们感兴趣的是货币流通速度。如果货币流通速度越快，则所需的货币量越少；如果货币流通速度变慢，则所需的货币量就会增加。因此，马克思说：“不论你把一盎斯金怎样颠来倒去，它决不会重 10 盎斯。可是在这里，在流通过程中，1 盎斯事实

---

① 《马克思恩格斯全集》第 23 卷，人民出版社 1972 年版，第 122 页。

② 《马克思恩格斯全集》第 23 卷，人民出版社 1972 年版，第 128 页。

③ 《马克思恩格斯全集》第 23 卷，人民出版社 1972 年版，第 134 页。

④ 《马克思恩格斯全集》第 13 卷，人民出版社 1965 年版，第 91—92 页。

上重10盎斯。铸币在流通过程中的存在，等于它所含的金量乘它的流通次数。因此，铸币除了它作为具有一定重量的单个金块的实际存在外，还取得了一种从它的职能产生的观念存在。可是，索维林不论流通1次或10次，在每一次单独的买或卖中，总只是当作1个索维林发生作用。”“在货币流通中由于速度代替数量而引起的流通手段的观念化，只涉及铸币在流通过程中的职能的存在，而不包括单个铸币的存在。”① 马克思把货币的这种“观念化”称为第一次观念化，它是对充当流通手段的本来是“实在的货币”的第一次否定。

既然货币在流通中会发生“观念化”，那么就可以用它的代表来表示。马克思接着分析第二节中的第三小节“铸币。价值符号”，说明实在的货币是怎样转变为单纯的价值符号的。这小节也有三个环节，即：铸币、辅币、纸币，它们之间也体现了一个从肯定到否定再到否定之否定的过程。

首先是铸币。铸币是由货币作为流通手段的职能中产生的。金当作流通手段原来是以金块形式加入流通的，后来为了交易的方便，由国家铸造成具有一定花纹与形状的金块，即铸币。起初铸币的实际含量和名义含量是一致的，但是在流通中，铸币不断受到磨损，这就使铸币的实际含量和名义含量、金属存在和它的职能发生了分离。这样，“在货币流通中就隐藏着一种可能性：可以用其他材料做的记号或用象征来代替金属货币执行铸币的职能”②。于是，在铸币流通最快因而磨损也最快的商品流通领域中，即在小额的买卖中，辅币代替了金铸币。

辅币是对金铸币的第一次否定，辅币的金属含量是由法律任意规定的，并且在流通中比铸币磨损得还要快，因此它们的流通手段的职能实际上完全不依赖它们的重量，不依赖于它们的价值。在这里，“金的铸币存在同它的价值实体完全分离了。因此，相对地说没有价值的东西，例如纸票，就能代替金来执行铸币的职能”③。纸币是对铸币的第二次否定，即否定之否定。

---

① 《马克思恩格斯全集》第13卷，人民出版社1965年版，第98页。

② 《马克思恩格斯全集》第23卷，人民出版社1972年版，第145页。

③ 《马克思恩格斯全集》第23卷，人民出版社1972年版，第146页。

马克思认为，在铸币的变化过程中，“困难的只是第一步”[①]，即铸币向辅币的转化。他说：“其他物因为同外界接触而失掉了自己的观念性，而铸币却因为实践反而观念化，变成了它的金体或银体的纯粹虚幻的存在。”马克思把这种现象看成是“由流通过程本身所引起的金属货币的第二次观念化”[②]。

从马克思在整个第二节的论述中，可以看出他的思想进程是：金作为流通的媒介，在商品形态的变化中，开始是商品价格的实现，因此从观念的货币转化为实在的货币。但是在流通过程中，由于货币流通速度可以代替货币流通的数量，从而引起了金属货币的第一次观念化，即第一次否定；后来又由于金属货币在流通中不断受到磨损而为其他材料乃至毫无价值的纸币所代替，从而引起了金属货币的第二次观念化，即第二次否定。通过这两次否定即否定之否定，“货币的职能存在可以说吞掉了它的物质存在”[③]，因而作为流通手段的货币成了象征性的货币。

三

作为流通手段的货币虽然是由作为价值尺度的货币转化而来，但是它和后者实际上是两种“相互矛盾的规定”，这不仅表现在它们执行的是完全不同的职能，而且还表现在：“在货币表现为与商品相对立而存在的东西的流通中，货币的物质实体，它作为一定量的金和银的那种基质是无关紧要的，相反，货币的数目却是重要的，因为货币只是代表这些单位的一定数目的一种符号。在货币作为尺度的规定上，货币只存在于观念之中，它的物质基质是重要的，但是它的量，甚至它的存在却是无关紧要的。”[④] 因此，价值尺度和流通手段虽然是货币的两种不可或缺的基本规定，但它们各有片面性，都要被扬弃，从而过渡到“充分发展的货

① 《马克思恩格斯全集》第23卷，人民出版社1972年版，第146页。
② 《马克思恩格斯全集》第13卷，人民出版社1965年版，第99—100页。
③ 《马克思恩格斯全集》第23卷，人民出版社1972年版，第149页。
④ 《马克思恩格斯全集》第46卷上册，人民出版社1979年版，第163页。

币的第三种规定”[①]，即“作为货币的货币”。马克思说：“货币作为单纯的尺度，已经在作为流通手段的自身中被否定了；货币作为流通手段和尺度，已经在作为货币的自身中被否定了。”[②]“充分发展了的货币的第三种规定，以前两种规定为前提，并且是它们的统一。”[③]“货币作为离开流通并同流通相对立的独立物，是货币作为流通手段和尺度这两种规定的否定（否定的统一）。”[④]

由于第三种规定的货币是货币规定的充分发展形式，所以它克服了前两种规定的片面性；由于它是前两种规定的“否定的统一”，所以它“也把两者作为要素包含在内，同时固定在一个对流通保持独立的化身中”[⑤]。

第三种规定的货币本身在商品流通过程中，逐渐展开，不断充实，它依次表现为货币贮藏、支付手段和世界货币三个阶段。

货币贮藏是由充当流通手段的货币转化而来的。在商品流通中，如果商品形态变化的系列发生了中断，卖了以后，不接着买，货币就停止流动，“硬化为贮藏货币”[⑥]。退出流通，成为“交换价值的静止的存在，或本身静止的商品”[⑦]，是贮藏货币的本质特征。马克思说：“金银本身只在不是流通手段时才固定为货币。作为非流通手段，它们变成了货币。”[⑧]

但是，在贮藏货币的这一规定中也包含着对它的否定，即进入流通的可能性和必要性。这是因为，“如果贮藏货币不是经常渴望流通，它就仅仅是无用的金属，它的货币灵魂就会离它而去，它将变成流通的灰烬”[⑨]。因此，贮藏货币“在这里实际上不过是暂歇的铸币”[⑩]，它或迟或早要否定自身，进入流通。这样，贮藏货币就转化为充当支付手段的

① 《马克思恩格斯全集》第 46 卷上册，人民出版社 1979 年版，第 167 页。
② 《马克思恩格斯全集》第 46 卷上册，人民出版社 1979 年版，第 186 页。
③ 《马克思恩格斯全集》第 46 卷上册，人民出版社 1979 年版，第 167 页。
④ 《马克思恩格斯全集》第 46 卷上册，人民出版社 1979 年版，第 178 页。
⑤ 《马克思恩格斯全集》第 46 卷下册，人民出版社 1980 年版，第 490 页。
⑥ 《马克思恩格斯全集》第 23 卷，人民出版社 1972 年版，第 150 页。
⑦ 《马克思恩格斯全集》第 13 卷，人民出版社 1965 年版，第 105 页。
⑧ 《马克思恩格斯全集》第 13 卷，人民出版社 1965 年版，第 118 页。
⑨ 《马克思恩格斯全集》第 13 卷，人民出版社 1965 年版，第 121 页。
⑩ 《马克思恩格斯全集》第 13 卷，人民出版社 1965 年版，第 116 页。

货币。

是否进入流通是充当支付手段的货币与贮藏货币的根本区别。马克思说："在这个作为支付手段的职能上，货币表现为绝对商品，但是不像贮藏货币那样在流通之外，而是在流通之内。"① 货币作为支付手段进入流通，但又不是充当流通手段。马克思说："在这个规定上，货币流通着，或者说，货币进入流通，但是，它并不履行流通手段的职能。作为流通手段，货币总是购买手段，现在，它却作为非购买手段起作用。"②作为流通手段的货币，是流通过程的媒介，而作为支付手段的货币，已不再是流通过程的媒介了，"它作为交换价值的绝对存在，或作为一般商品，独立地结束这一过程"③。

随着商品生产和商品交换的进一步发展，货币就会"越出国内流通领域"，在世界市场上发挥作用，于是货币就成了世界货币。世界货币是贮藏货币和执行支付手段的货币的否定的统一，它既退出流通（指退出国内流通），同时又进入流通（指进入世界市场）。马克思说："金变成不同于铸币的货币，最初是由于它作为贮藏货币而退出流通，后来是由于它作为非流通手段而进入流通，而最后则是由于它突破国内流通的界限以便在商品世界中起一般等价物的作用，这样，金就成了世界货币。"④在世界货币上，货币原先的各项规定、职能充分展开了。世界货币既是货币的第三种规定发展的最后阶段，同时也是货币的所有规定、职能发展的完成形态。

马克思对货币职能的考察，是从作为一般等价物的金开始的，经过了一系列大小不等的发展阶段，终于达到了世界货币。在作为货币职能发展的终点的世界货币身上，我们看到了原来作为始点的一般等价物即金的某些特征的再现，因此世界货币看起来仿佛是向始点的复归。

但世界货币已经不像它的出发点那样抽象，而是一个具有丰富内容的统一体。世界货币不仅把价值尺度、流通手段、贮藏手段、支付手段

① 《马克思恩格斯全集》第13卷，人民出版社1965年版，第131页。
② 《马克思恩格斯全集》第13卷，人民出版社1965年版，第128页。
③ 《马克思恩格斯全集》第23卷，人民出版社1972年版，第156页。
④ 《马克思恩格斯全集》第13卷，人民出版社1965年版，第139页。

等先行的职能作为要素包含在自身内，而且使它们相互联系、相互制约，从而赋予它们以新的特点、新的作用。此外，我们看到，“只有在世界市场上，货币才充分地作为这样一种商品起作用，这种商品的自然形式同时就是抽象人类劳动的直接的社会实现形式。货币的存在方式与货币的概念相适合了”[①]。这就是说，只有世界货币才是真正名副其实的货币，即固定充当一般等价物的金。

综上所述，货币职能的发展经过三个大的发展阶段：作为价值尺度的货币、作为流通手段的货币、作为货币的货币。最后一个阶段又同样经过三个发展阶段：贮藏货币、作为支付手段的货币、世界货币。世界货币是货币职能发展的终点。整个货币职能的发展是一个按照否定之否定规律进行，由抽象到具体的过程。我认为，掌握马克思的辩证法，对扑朔迷离的第三章的结构就可以得到比较合理的理解。

（原文发表于《学术月刊》1983 年第 6 期）

① 《马克思恩格斯全集》第 23 卷，人民出版社 1972 年版，第 163 页。

政治经济学教材可以不讲“资本总公式的矛盾”

卫兴华*

提出这个问题，可能会招致同行们的异议。因为把“资本总公式的矛盾”作为剩余价值理论的切入点，已是马克思主义经济学百余年来的传统观念与方法。对“资本总公式的矛盾”提出问题，主张将其淡出政治经济学教材，会被有的学者认为有损剩余价值理论。然而笔者认为，这是一种先入为主的见解。不从“总公式的矛盾”切入，不但不会削弱反而有利于消除疑点，更简明地阐述和把握剩余价值理论。马克思的劳动价值理论和剩余价值理论，是马克思政治经济学体系的基石。百余年来直到今天，尽管不断有人在否定和责难它，但由于这一理论具有深刻的科学内涵，因而是难以动摇或被驳倒的。而用以反对它的种种经济理论特别是价值理论，如效用价值论、边际效用价值论、供求价值论、生产要素价值论等，尽管不断有人接力式地宣传，目前国内也有人推崇，但由于其缺乏科学内涵和理论说服力，因而是站不住脚的。

对于马克思的经济理论，包括劳动价值理论和剩余价值理论，既要坚持与继承，又要发展与创新。坚持与继承，不是照搬照套，搞“句句是真理”。我们常讲要学习马克思主义的立场观点和方法。什么立场？科学的立场，人民大众利益的立场，科学性和阶级性相统一的立场。什么观点？理论与实践相统一的观点，构成马克思主义理论体系的基石和支柱的具有真理性的基本观点。什么方法？主要是辩证唯物主义和历史唯物主义的方法。至于马克思经济理论中的某一具体原理或对某一原理的具体表述，也可能存在需要后人完善和修改的地方。马克思的主要经济

---

* 卫兴华：中国人民大学荣誉一级教授，博士生导师。

学著作《资本论》第一卷的第一版和第二版，德文版和法文版，在某些具体论述上就有差异，曾多处修改而不断完善。第三版和第四版出版时恩格斯又根据法文版做了改动。

马克思建立了科学的劳动价值理论，就顺理成章地会发展为剩余价值理论。既然劳动价值论已经阐明，商品价值的唯一源泉是劳动，不言而喻，资本家所获取的作为价值增殖的剩余价值，自然也是来源于劳动。政治经济学从劳动价值论进入剩余价值论，需要有个过渡性论述，需要讲简单商品生产与资本主义商品生产的不同，前者是后者的历史前提。简单商品生产是个体劳动创造价值，资本主义商品生产是集体劳动创造价值与剩余价值。资本主义生产是资本与雇佣劳动相结合的生产，因而要以货币转化为资本和劳动力成为商品为前提。从分析劳动力商品及其与资本相结合就可以转入剩余价值生产。但是，《资本论》第一卷第二篇货币转化为资本（只有一章即第四章，章目与篇目相同），首先用两节篇幅分别论述了“资本的总公式”和“总公式的矛盾”。绕了个论述生动的大弯子，然后才提出劳动力成为商品是货币转化为资本、产生剩余价值的前提条件。我们的政治经济学教材和教学，长期以来都是按照《资本论》的这一逻辑顺序和内容进行讲解的。

我认为有必要对“资本总公式”和“总公式的矛盾”提出一些需要斟酌的问题。如果不讲这两个问题，直接从货币转化为资本，劳动力成为商品进入剩余价值生产，岂不是更简明些。讲这两个问题，反而产生一些疑点。

第一个问题，关于两种流通形式的区别问题。

在“资本的总公式”一节中，提出“作为货币的货币”的流通形式和“作为资本的货币”的流通形式的区别点，也就是简单商品流通形式和资本流通形式的区别点。前者的公式是W—G—W，后者的公式是G—W—G′。前者是为买而卖，没有价值增殖，后者是为卖而买，产生了剩余价值。这样讲，存在两个问题：其一，在G—W—G′流通公式中，没有生产过程，只是个商品买卖过程，并非产业资本的流通形式，与第一篇中所论述的劳动价值理论隔离开了。其二，W—G—W这一流通公式基本上适用于个体农民的买卖关系，而小手工业的商品流通形式，也应是 G—W—G′，与资本流通形式相同。其收回的货币应大于其支出的货币。其支出的货币用于购买原材料和劳动资料等，而出售商品收回的货币，由于其生产和出售的新商品中凝结了自己和家人的劳动，形成了新的价值，因而应大于其垫付的货币。因此，把简单商品流通公式只确定为 W—G—W，并用以对比资本流通公式，说明二者的区别，在阐述和论证上有值得重新考虑之处。

第二个问题，用 G—W—G′作为资本的总公式，是否完全合理、准确？

我们知道，G—W—G′这本是商业资本的流通公式。而产业资本的流通公式是 $G—W<^{A}_{Pm}\cdots P\cdots W'—G'$，借贷资本的流通公式则是 G—G′。显然，商业资本的流通公式不能代表产业资本的流通公式，因为它没有产业资本所进行的生产过程。而且，商业资本购买和出卖的是同一商品，而产业资本购买和出卖的则是不同的商品。商业资本也不能代表借贷资本的流通公式。因为借贷资本并不买卖商品，即没有 W 这个中间环节。

为什么要用 G—W—G′作为资本的总公式或一般公式呢？马克思有个说明："为了贵卖而买，即 G—W—G′，似乎只是一种资本即商人资本所特有的形式。但产业资本也是这样一种货币，它转化为商品，然后通过商品的出售再转化为更多的货币。在买和卖的间歇，即在流通领域以外发生的行为，丝毫不会改变这种运动形式。最后，在生息资本的场合，G—W—G′的流通简化地表现为没有中介的结果，表现为一种简练的形式，G—G′，表现为等于更多货币的货币，比本身价值更大的价值。因此，G—W—G′事实上是直接在流通领域内表现出来的资本的总公式"①。显然，读者从这个说明中难以领悟为什么商业资本的流通公式既能代表产业资本的流通公式，又能代表生息资本即借贷资本的流通公式。如果说，一切资本的流通公式都是流回的货币大于预付的货币，即货币转化为更多的货币，都是"将本求利"的，那么为什么不把生息资本的流通公式 G—G′作为资本的总公式呢？显然，如果这样，"资本总公式的矛盾"也就无法提出并进行剖析了。

① 《资本论》第 1 卷，人民出版社 2004 年版，第 181 页。

第三个问题，商业资本的流通公式 G—W—G′，是否存在矛盾?

什么是"资本总公式的矛盾"，学界存在不同的理解。有人认为，这一矛盾就是马克思讲的："资本不能从流通中产生，又不能不从流通中产生。它必须既在流通中又不在流通中产生"[①]。这样理解并不准确。"总公式的矛盾"，马克思自己已做了说明："货币羽化为资本的流通形式，是和前面阐明的所有关于商品、价值、货币和流通本身的性质的规律相矛盾的。"[②] 其实，只要用马克思关于商业资本和商业利润的理论来理解问题，就会使"矛盾"化解。我们知道，从奴隶社会到封建社会、资本主义社会，到社会主义社会，都存在商业资本。商业资本家的行为就是贱买贵卖。它买卖的是同一商品。批发商从生产者那里买来商品，加价卖给零售商，零售商再加价卖给购买者。这是经济生活中人们所熟悉的情况，并不存在难以解释的矛盾。不需要从这种"矛盾"中引出劳动力成为商品来。远在奴隶社会和封建社会，就存在和发展着商业资本，其流通公式也是 G—W—G′，试问，那时是否存在"资本总公式的矛盾"呢?要知道，那时劳动力还未成为商品，还没有产业资本，除了用贱买贵卖说明商业利润的来源外，并不需要用别的途径来加以说明。当然，商业利润的最终来源，按马克思的劳动价值论是来自商品生产者的劳动创造的价值。但这已属于资本流通公式以外的问题了。

要知道，《资本论》中用劳动力商品及其价值增殖来解决"资本总公式的矛盾"时，已经超出和变异了 G—W—G′的流通公式了。因为把劳动力商品拉进来，就成为 $G—W<{A \atop Pm}$ 了，而商业资本的流通公式不可能是 $G—W<{A \atop Pm}—G'$。引进劳动力商品，必然需要进入生产过程，从而购买的商品与出卖的商品就不是相同的了，就变成产业资本的公式了。但产业资本的流通公式即 $G—W<{A \atop Pm}\cdots P\cdots W'—G'$，马克思是在《资本论》第二卷中讲资本的循环与周转时才提出的。因此，将商业资本的流通公式作为资本的总公式或一般公式，提出"资本总公式的矛盾"，又要在

① 《资本论》第1卷，人民出版社2004年版，第193页。
② 《资本论》第1卷，人民出版社2004年版，第182页。

G—W—G′的流通公式范围内找寻解决矛盾的出路，在逻辑上似存在不顺当之处。如果不讲“资本的总公式”和“总公式的矛盾”，直接从劳动价值论发展到剩余价值论，即从简单商品生产者的个体劳动创造价值，到劳动力成为商品，到资本主义商品生产中雇佣劳动创造价值和剩余价值，岂非在理论逻辑上更简单明了？

有必要讲一下：日本著名的马克思主义经济学家河上肇在其按《资本论》的体系和内容写成的《经济学大纲》中，就没有讲“资本总公式的矛盾”。其实由斯大林倡导编写的苏联《政治经济学教科书》中，也没有讲“资本总公式的矛盾”，但照样讲货币变为资本，劳动力成为商品，讲剩余价值生产等问题。

第四个问题，劳动价值论的适用范围要不要拓宽？

“资本总公式的矛盾”是以只有物质生产劳动创造价值，流通领域的买卖行为不创造价值为既定理论前提的。而近几年来在关于深化对劳动价值论的认识与研究中，在马克思主义经济学者内部，不少学者提出，应根据社会经济发展的新的实践，发展劳动价值论。认为劳动创造价值不应当只限于物质生产劳动。现代经济生活中，物质生产劳动在社会总劳动中所占的比重日益减少，而非物质领域的劳动所占的比重在增加。有的学者主张“第三产业”的劳动都创造价值，教师、文艺工作者、党政人员等也都创造价值，有的不主张把生产价值的劳动拓宽得过广，主张只是部分非物质生产劳动创造价值。

我赞同需要拓宽生产价值的劳动范围，但不主张一切非物质领域的劳动都是生产劳动，都与物质生产劳动一样创造价值，而主张只是部分非物质生产劳动形成价值。这里，需要先把讨论的范围限定在与资本总公式的矛盾相联系的范围。“总公式的矛盾”的前提是流通领域不创造价值，因为等价交换和不等价交换都不会使总价值增殖。根据传统的劳动价值论，商业雇工的劳动不创造价值，商业利润和商业雇工的工资都是来源于产业工人创造的剩余价值。多少年来政治经济学教学和教材都是这样论述的。然而这里存在一个似乎没有引起人们注意的问题，即商业资本所经营的商品价值总量与其所实现的价值总量不一致的问题。

应当肯定，商业工人的劳动力与产业工人的劳动力一样，作为商品都有价值。因此，商业资本家既要为购买产业资本生产的商品支付相应的价值，也要为购买商业劳动力支付其价值。按照传统理论的阐述，假定产业资本生产的商品的价值为 8000，出售给商业资本家的价格为 7000，即让渡剩余价值 1000，再假定商业工人的劳动力价值为 500，以工资形式支付。商品价值 8000 加劳动力价值 500，总价值为 8500。按照传统理论论述，商业资本家按商品价值 8000 出售，可获得产业资本让渡的剩余价值 1000，其中 500 支付工资，500 为商业利润。由于商业工人的劳动不创造价值，所以商业资本支付的劳动力价值不是像产业工人那样由商业工人的劳动再生产出来，而是由产业工人创造的剩余价值让渡来的 500 予以补偿。这样，商业资本家按照与物质商品价值一致的价格出售，商业工人的劳动力价值没有在商品出售价格中实现。其结果是商品出售价格 8000 永远小于总价值 8500（商品价值 8000＋商业工人劳动力价值 500），即 500 的价值永远不能实现。政治经济学要回答和解决这一问题和矛盾，就需要发展劳动价值论，就不能简单重复传统的论述：流通领域一概不生产价值（生产过程在流通领域的继续除外）。

要想解决这一问题和矛盾，就得承认商业工人的劳动也会创造价值。但可以提出两种思路：一种思路是，商业工人的劳动只创造自己劳动力的价值，而商业利润是由产业资本转让的一部分剩余价值。商业工人销售商品的劳动比起产业工人的劳动来，一般地说，劳动强度较低，劳动闲空较多，从而劳动消耗少，创造的价值较少。他既要再生产出自己劳动力的价值，又要为商业资本家实现商业利润即由产业资本转让的剩余价值。第二种思路是，商业工人的劳动力价值和商业利润，都是由商业工人的劳动创造的，其必要劳动再生产出劳动力的价值，其剩余劳动生产出商业利润。这样，就得改变产业资本让渡给商业资本剩余价值的传统观点，那就是产业资本家将所生产的价值 8000 的商品出售给商业资本家，而商业工人再生产出劳动力的价值 500，并生产出剩余价值 500（假定 m'为 100%）。商业资本出售的商品价值则为 9000。如果产业资本家自己生产，自己销售，他会获得产业工人和商业工人共同创造的剩余价值，他所销售的商品价值则不是 8000，而是 9000。这只是一种探索性思路，能否成立，需要深入研究。

这样讲，是否会动摇或损害劳动价值论呢？我认为丝毫不会。既不会改变劳动是价值的唯一源泉的原理，也不会改变价值量由社会必要劳动量决定的原理。它依然是与效用价值论、供求价值论、生产要素价值论等相对立的理论。在一定程度上拓宽劳动价值论的范围，反而更容易说明现实问题。目前，经济发达国家的非物质生产领域的劳动已占总劳动的百分之六七十或更高，如果继续认为如此庞大的非物质生产领域的劳动群体的价值收入，都是来源于占人数比例较少的产业工人创造的剩余价值，似乎在道理上难以说通。

从这个意义上说，“资本总公式的矛盾”也需要淡出政治经济学的教材与教学。

但是，我不赞同一切非物质生产领域的劳动都生产价值的观点。比如演员排练，运动员集训，士兵操练付出劳动，虽很必要和重要，但并不生产价值。党政和公检法部门的劳动，并不存在商品关系，不会形成商品价值。即使是商业性的为生活服务的劳动，也很难说都创造价值。服务劳动力也有价值，但有价值并不等于创造价值。比如，消费者去买商品，商品都有价值，但商品的价值量是既定的，不会创造出新价值。同样，消费者购买某些服务，这种服务劳动力虽也有价值，但其服务并不都创造新价值。其劳动力价值由购买者（消费者）的支出而获得实现。比如，很难说幼儿园的阿姨讲“排排坐，吃果果”也创造价值，也很难说舞厅、卡拉 OK 之类的服务也创造价值。更不要说色情服务绝不是创造价值的生产劳动了。服务劳动的性质不同，是否属于创造价值的生产劳动，需要区别看待。为生产服务的劳动不言而喻会创造价值。有些为生活服务的劳动比如饮食业、修理业、装修业等，自然也创造价值。

精神生产劳动，如设计劳动、科技劳动、绘画劳动、报刊出版劳动、写作劳动等，既生产精神财富，也作为高级复杂劳动，会创造更大的价值。但观点对立的教师或其他社会科学工作者，比如，一个反对和批判马克思主义，主张私有化、资本主义化，另一个坚持马克思主义，主张完善和发展社会主义。双方的言论、论著是否都创造价值？显然应是否定的。所以，难以肯定一切教师和社会科学工作者的劳动，都是生产价值的劳动。而且，如果教师与学生不是商品关系，也就不存在价值关系。

这类具体的经济理论问题，在马克思主义经济理论工作者内部，也难取得一致意见，需要进一步研究与探讨。

（原文发表于《教学与研究》2006年第3期）

“政治经济学教材可以不讲‘资本总公式的矛盾’”吗?

——与卫兴华同志商榷

奚兆永*

在《教学与研究》2006年第3期上读到卫兴华同志《政治经济学教材可以不讲“资本总公式的矛盾”》一文，觉得这个问题事关马克思的基本理论和基本方法，事关马克思政治经济学的理论体系和马克思在政治经济学史上的地位，还直接关系到当前马克思主义政治经济学的学科建设和人才培养，非同小可，有深入进行讨论的必要。

一、资本总公式及其矛盾：一个关系《资本论》整体和马克思在经济学史上地位的大问题

马克思在和恩格斯的通信里曾经不止一次地说，“不论我的著作有什么缺点，它们却有一个长处，即它们是一个艺术的整体”①。“在像我这样的著作中细节上的缺点是难免的。但是结构、整个的内部联系是德国科学的辉煌成就，这是单个的德国人完全可以承认的，因为这决不是他的功绩，而是全民族的功绩。”② 恩格斯在给马克思的信里对《资本论》的结构和内部联系也非常称赞，他写道：“我祝贺你，只是由于你把错综复杂的经济问题放在应有的地位和正确的联系之中，因此完满地使这些问题变得简单和相当清楚。我还祝贺你，实际上出色地叙述了劳动和资本

* 奚兆永：南京大学商学院教授。

① 《马克思恩格斯〈资本论〉书信集》，人民出版社1976年版，第196页。

② 《马克思恩格斯〈资本论〉书信集》，人民出版社1976年版，第202页。

的关系，这个问题在这里第一次得到充分而又互相联系的叙述。"[①]

而恩格斯在与拉法格的一次谈话里对此更有非常精到的说明："只有马克思一个人能够研究经济范畴的辩证的发展……并建立起一座完整的经济科学的理论大厦。这座大厦的各个部分都是相互支持、相辅相成的。"[②] 由于马克思的《资本论》是一个完整的艺术品，由于马克思对经济范畴的阐述所遵循的是从抽象到具体的辩证的发展过程，因此我们在阐述马克思的经济学说时，是不应该随意改变他原有的逻辑联系的。卫兴华同志认为可以不通过"资本总公式"和"总公式的矛盾"就直接进入"劳动力的买和卖"，其实，马克思提出"资本总公式"和"总公式的矛盾"是有其历史和逻辑的根据的。我们知道，在历史上，商品流通是资本的起点。而历史上任何一个资本，或现实生活中任何一个资本家手中的资本，最初都表现为一定数量的货币。但是，不是任何一个货币都是资本。这样，就产生了如何区分作为货币的货币和作为资本的货币的问题。马克思提出资本总公式，就是通过它和简单商品流通公式的比较来说明这个问题的。然而，资本总公式的提出，又遇到了和马克思此前所阐明的所有关于商品、价值和流通本身的性质的规律相矛盾的问题，简单地说，也就是资本增殖与价值规律、等价交换原则相矛盾的问题。这个问题，在马克思之前没有一个经济学家解决过，资产阶级用贱买贵卖来解释资本的增殖，当然说不通，孔狄亚克企图用混淆价值与使用价值的办法来解决这个矛盾，自然也属徒劳。在这方面，马克思提出了严格的解决这个矛盾的条件："货币转化为资本，必须根据商品交换的内在规律来加以说明，因此等价物的交换应该是起点。我们那位还只是资本家幼虫的货币占有者，必须按商品的价值购买商品，按商品的价值出卖商品，但他在过程终了时取出的价值必须大于他投入的价值。他变为蝴蝶，必须在流通领域中，又必须不在流通领域中。这就是问题的条件。这里是罗陀斯，就在这里跳吧！"[③] 这就是马克思提出的"总公式的矛盾"和解决这一矛盾的条件。有了这个部分，接下来的"劳动力的买和卖"

① 《马克思恩格斯〈资本论〉书信集》，人民出版社 1976 年版，第 223—224 页。

② ［法］保尔·拉法格：《回忆马克思恩格斯》，人民出版社 1973 年版，第 26—27 页。

③ 《马克思恩格斯全集》第 44 卷，人民出版社 2001 年版，第 193—194 页。

作为矛盾的解决就顺理成章了。实际上，通过“资本总公式”、“总公式的矛盾”和“劳动力的买和卖”三个部分来论述“货币转化为资本”，乃是一个提出问题、分析问题和解决问题的过程，三个部分是缺一不可的。试想，如果没有关于“资本总公式”和“总公式的矛盾”，就在论述了“商品和货币”之后直接提出“劳动力的买和卖”进行阐述，这样做符合人们认识的逻辑吗？能把“劳动力的买和卖”的意义揭示得很充分吗？

就是不从内容来说，单就形式上而言，马克思关于“货币转化为资本”的论述在《资本论》里的地位也是非常突出的。我们知道，“货币转化为资本”既是《资本论》第一卷第二篇的标题，同时也是这一篇下面唯一的一章——第四章的标题。把一章提升到一篇的位置，这种情况不仅在《资本论》第一卷里是绝无仅有的，在整个《资本论》三大卷里也是绝无仅有的。从这里，我们也可以清楚地看出它在《资本论》里所具有的特殊的重要的地位。

在这方面，恩格斯也非常重视和赞赏这一部分的内容和叙述。他在给马克思的信中说：“关于货币转化为资本的一章和剩余价值的产生的一章，就叙述和内容来说，是迄今为止最光辉的两章。我昨天把它们译给穆尔听，他对于它们的理解完全正确，并且对于这种简单的取得结果的方法非常惊异。”①

需要指出的是，马克思通过“资本的总公式”、“总公式的矛盾”和“劳动力的买和卖”三个部分来论述“货币转化为资本”，并在此基础上展开对资本和剩余价值的论述，在政治经济学的历史上有着极为重大的科学价值。卫兴华同志说：“马克思建立了科学的劳动价值理论，就顺理成章地会发展为剩余价值理论。既然劳动价值论已经阐明，商品价值的唯一源泉是劳动，不言而喻，资本家所获取的作为价值增殖的剩余价值，自然也是来源于劳动。”我认为，这是一种过于简单化的说法。劳动价值论是剩余价值论的基础，但是，不能说有了劳动价值论就自然而然地会发展成为剩余价值论。问题不在于指出剩余价值来源于劳动，是一种剥削，——奴隶社会奴隶主、封建社会农奴主的所得也都来自于奴隶、农

① 《马克思恩格斯〈资本论〉书信集》，人民出版社 1976 年版，第 217 页。

奴的劳动，也都是一种剥削；问题在于说明，资本主义社会资本家对工人剩余价值的剥削和资本主义以前社会的剥削是不一样的。马克思的伟大贡献恰恰就在于，他在劳动价值论的基础上，在不违背价值规律的条件下，阐明了资本与雇佣劳动的关系，阐明了剩余价值的来源，阐明了资本主义剥削的特点。这是马克思以前任何一个经济学家都未曾解决过的问题。亚当·斯密在劳动价值论方面是有巨大贡献的，但是他认为："在资本累积和土地私有发生以前的初期野蛮社会，获取各种物品所需要的劳动量之间的比例，似乎是各种物品相互交换的唯一标准"[①]。而在资本主义社会情况就不同了。他认为："由于在文明国家内，交换价值单由劳动构成的商品极不常见，大部分商品的交换价值，都含有大量的利润和地租，所以，社会全部劳动年产物所能购买或支配的劳动力，远远超过这年产物生产制造乃至运输所需要的劳动量。"[②] 应该说，斯密的劳动价值论是不彻底的，而且还包含着混乱和错误。李嘉图纠正了斯密的混乱和错误，提出了比较彻底的劳动价值论。他指出："亚当·斯密如此精密地说明了交换价值的原始源泉，他要使自己的说法前后一贯，就应该认为一切物品价值的大小和它们的生产过程中投下的劳动量成比例；但他自己却又树立了另一种价值标准尺度，并说各种物品价值的大小和它们所能交换的这种标准尺度的量成比例。"[③] 他还指出，"即使是在亚当·斯密所说的那种早期状态中，虽然资本可能是由猎人自己制造和积累的，但他总是有一些资本才能捕猎鸟兽。没有某种武器，就不能捕猎海狸和野鹿。所以这类野物的价值不仅要由捕猎所需要的时间和劳动决定，而且也要由制造那些协助猎人进行捕猎工作的资本（武器）所需要的时间和劳动决定"[④]。毫无疑问，李嘉图的观点较之于斯密是大大前进了一步。但是，李嘉图面对资本主义社会的现实，却不能解决劳动与资本的交换和等量资本获取等量利润与价值规律相矛盾的难题，结果导致了李嘉图学派的破产。而马克思提出资本总公式及其矛盾并用劳动力的买和卖来

① ［英］亚当·斯密：《国民财富的性质和原因的研究》，商务印书馆1972年版，第42页。
② ［英］亚当·斯密：《国民财富的性质和原因的研究》，商务印书馆1972年版，第48页。
③ ［英］大卫·李嘉图：《政治经济学及赋税原理》，商务印书馆1962年版，第9页。
④ ［英］大卫·李嘉图：《政治经济学及赋税原理》，商务印书馆1962年版，第18页。

解决这一矛盾，正好解决了导致李嘉图学派破产的第一个难题。就此而言，马克思有关资本总公式及其矛盾的提出和解决，在经济学的历史上也是应该大书一笔的。恩格斯对马克思的这一理论贡献给予了高度的评价："这个问题的解决是马克思著作的划时代的功绩。它使明亮的阳光照进了经济学领域，而在这个领域中，从前社会主义者像资产阶级经济学家一样曾在深沉的黑暗中摸索。科学社会主义就是以此为起点，以此为中心发展起来的。"[①] 对于在政治经济学史和科学社会主义史上如此重要的问题，怎么可以"不讲"或者"淡化"呢？

二、日本河上肇写的《经济学大纲》和斯大林倡导编写的《政治经济学教科书》没有讲"资本总公式的矛盾"吗？

卫兴华同志说："日本著名的马克思主义经济学家河上肇在其按《资本论》的体系和内容写成的《经济学大纲》中，就没有讲'资本总公式的矛盾'。其实由斯大林倡导编写的苏联《政治经济学教科书》中，也没有讲'资本总公式的矛盾'，但照样讲货币变为资本，劳动力成为商品，讲剩余价值生产等问题。"

河上肇是日本最负盛名的马克思主义经济学家，他的《经济学大纲》不仅在日本，而且在中国和世界其他国家都有很大的影响。河上肇"大纲"的标题虽然与《资本论》的标题不尽相同，但是内容却是一致的。在"剩余价值的源泉"一节，一开头就讲了"资本运动的总公式 G—W—G′，与第一篇已经说明的关于商品和货币的规律是相矛盾的"。接着，又在比较简单商品流通公式和资本运动总公式的基础上，提出："只把出卖和购买的次序颠倒过来，如何会发生这种差别呢？换句话说，在价值相等的交换这个前提下，剩余价值的成立不是不可能吗？再换句话说，在商品规律的基础上，资本的成立怎样才成为可能呢？这就是摆在

① 《马克思恩格斯选集》第 3 卷，人民出版社 1995 年版，第 548 页。

我们面前的问题"。再以后，"大纲"通过批判康狄亚克把价值和使用价值混为一谈来说明剩余价值产生的观点，通过批判用贱买贵卖来说明剩余价值产生的观点，说明必须以等价物的交换为前提，并且"只有在《资本论》中，才能找到这个问题的最后解决"[①]。这些难道不是关于"总公式的矛盾"的阐述吗？怎么能说"大纲""没有讲'资本总公式的矛盾'"呢？值得注意的是，河上肇在稍后几年即1932年出版的《〈资本论〉入门》一书里，有关"货币转化为资本"的解说，就完全按照《资本论》里的相关章节用"资本总公式"、"总公式的矛盾"和"劳动力的买和卖"[②] 的标题来说明了。

再看斯大林倡导编写的苏联《政治经济学教科书》。应该说，这是一本马克思主义的政治经济学教科书。对于教科书的某些方面，毛泽东曾表示很不满意，但是，他并未采取完全否定的态度，认为"书中许多观点还是马克思主义的，不管有多少问题，搞出了一本社会主义政治经济学总是一大功劳"[③]。中国总有些人要批判教科书，认为它没有提供我们今天所需要的东西。应该说，这是苛求于前人，不是历史唯物主义的态度。卫兴华同志认为，"苏联《政治经济学教科书》也没有讲'资本总公式的矛盾'"，但是，我们看到，在教科书有关"货币变为资本，劳动力成为商品"的一节里，为了说明货币本身不是资本，进行了简单商品流通公式和资本一般公式（即资本总公式）的比较，然后提出了"资本的增殖从何而来"的问题，并且针对资产阶级经济学家资本增殖来源于商品流通的观点举例进行了批驳，说明无论是等价交换还是不等价交换都不能使价值增殖。[④] 这些不正是对《资本论》里有关"总公式的矛盾"内容的简要说明吗？当然，《政治经济学教科书》对这个问题的阐述是过于简略了一些，其篇幅甚至还不如列宁写的一个词条"卡尔·马克思"中的相关论述多。作为一本政治经济学教科书，对这样一个重要问题的阐

① ［日］河上肇：《经济学大纲》，生活·读书·新知三联书店1965年版，第96—99页。

② ［日］河上肇：《〈资本论〉入门》，人民出版社1988年版，第396—453页。

③ 龚育之、逄先知、石仲泉：《毛泽东的读书生活》，生活·读书·新知三联书店1996年版，第160页。

④ 苏联科学院经济研究所：《政治经济学教科书》，人民出版社1955年版，第112页。

述显然是很不够的。

当然，也确有“不讲‘资本总公式的矛盾’”的书，不过不是河上肇的《经济学大纲》，也不是斯大林倡导编写的《政治经济学教科书》，而是博洽德编的《通俗〈资本论〉》。博洽德是德国社会民主党的成员，曾和比利时工人党的领导人王德威尔得一道把马克思《资本论》第二卷、第三卷译为法文。《通俗〈资本论〉》是他于1919年出版的一本通俗地介绍三卷《资本论》的读物。全书实际上是《资本论》的摘录，同时对其先后次序作了重新编排。正如我国《资本论》第一个全译本的译者之一、著名马克思主义经济学家王亚南所说的，它“有较严重的错误”[①]。该书的一个突出的问题，是把《资本论》第三卷才讲的价格和利润提到了全书的开头，这是完全违背马克思从抽象上升为具体的叙述方法的。联系我们所讨论的问题，该书在第四章讲“劳动力的买卖”的部分只摘录了《资本论》第一卷第二篇第四章第三节的内容，而对其第一节（“资本的总公式”）和第二节（“总公式的矛盾”）则未予摘录。博洽德这样做，与马克思《资本论》的逻辑联系是格格不入的。

三、对问题的进一步讨论：试答卫兴华同志提出的几个“疑点”或“问题”

第一，关于两种流通形式的区别问题。

在这方面，卫兴华同志认为，“存在两个问题：其一，在G—W—G′流通公式中，没有生产过程，只是个商品买卖过程，并非产业资本的流通形式，与第一篇中所论述的劳动价值理论隔离开了。其二，W—G—W这一流通公式基本上适用于个体农民的买卖关系，而小手工业的商品流通公式，也应是G—W—G′，与资本流通公式相同……因此，把简单商品流通公式只确定为W—G—W，并用以对比资本流通公式，说明二者

---

① 王亚南：《写在〈《资本论》讲座〉前面》，见王亚南、袁镇岳主编：《〈资本论〉讲座》第一册，上海人民出版社1963年版，第3页。

的区别，在阐述和论证上有值得重新考虑之处"。

我认为，这两点都不能成立。首先，说 G—W—G′流通公式中没有生产过程，这当然是事实，但这没有什么不对，道理很简单，因为这里讲的就是"资本流通公式"，而流通本来就不包括生产。事实上，马克思在第二卷表述产业资本的循环公式时，流通过程用的是实线（—）连接，而生产过程则作为"流通过程的中断"用虚线（⋯）连接，就是证明。至于说"和劳动价值理论隔离开了"的批评也难以令人信服，因为马克思提出资本总公式及其矛盾，正是为了在劳动价值论的基础上，或者说是在不违背价值规律的前提下，说明资本是怎样增殖的，剩余价值是怎样产生的；在这里，不是和第一篇的论述"隔离开了"，而恰恰是将它们联系了起来。

其次，说简单商品流通公式只适用于个体农民的买卖关系，而不适用于小手工业者的买卖关系，也是不正确的。其实，无论是个体农民还是个体手工业者，都属于小商品生产或简单商品生产，生产的目的都是为了使用价值，而不是为了价值。而且，对于他们来说，也根本不存在价值增殖的问题。说小手工业的流通公式是 G—W—G′，这就混淆了简单商品流通和资本流通的区别。至于说小手工业者出售商品的价值大于购买商品的价值，显然是忘记了一个基本事实：小手工业者不仅要购买原材料和劳动资料，而且还要购买生活资料，否则，他又如何能生存并且养家糊口？这正是他进行生产的目的所在。实际上，对小手工业者来说，也根本谈不上"增殖"的问题。因为，他和他的家人所从事的劳动，都是为自己的劳动，不包括剩余劳动，其劳动只能说明他们创造了多少价值，而决不能说明价值的"增殖"。显然，小手工业的流通公式只能是 W—G—W，而绝不是 G—W—G′。

第二，关于用 G—W—G′作为资本的总公式是否合理、准确的问题。

卫兴华同志说："G—W—G′这本是商业资本的流通公式。而产业资本的流通公式是：$G—W<^{A}_{Pm}\cdots P\cdots W'—G'$，借贷资本的流通公式是 G—G′。显然，商业资本的流通公式不能代表产业资本的流通公式，因为它没有产业资本所进行的生产过程，商业资本所购买和出卖的是同一商品，

而产业资本购买和出卖的则是不同的商品。商业资本也不能代表借贷资本的流通公式，因为借贷资本并不买卖商品，即没有 W 这个中间环节。”

卫兴华同志还对《资本论》里的如下论述提出了质疑，“为了贵卖而买，即 G—W—G′，似乎只是一种资本即商人资本所特有的形式。但产业资本也是这样一种货币，它转化为商品，然后通过商品的出售再转化为更多的货币。在买和卖的间歇，即在流通领域以外发生的行为，丝毫不会改变这种运动形式。最后，在生息资本的场合，G—W—G′的流通简化地表现没有中介的结果，表现为一种简练的形式，G—G′，表现为等于更多货币的货币，比本身价值更大的价值”。“因此，G—W—G′事实上是直接在流通领域内表现出来的资本的总公式。”[1] 卫兴华同志说：“显然，读者从这个说明中难以领悟为什么商业资本的流通公式既能代表产业资本的流通公式，又能代表生息资本即借贷资本的流通公式。如果说，一切资本的流通公式都是流回的货币大于预付的货币，即货币转化为更多的货币，都是‘将本求利’的，那么为什么不把生息资本的流通公式 G—G′作为资本的总公式呢？显然，如果这样，‘资本总公式的矛盾’也就无法提出并进行剖析了。”

我认为，卫兴华同志提出的上述质疑包含有许多误解。这里首先牵涉的是“资本总公式”的译名和含义问题。我们知道，“资本总公式”的德文原文是 Die allgemeine Formel des Kapitals。在德语里，allgemein 一词有“一般的”“普遍的”“普通的”“共同的”等含义，将其作“总”字解并不准确，因为“总”字在德语里通常用 zusammen 或 Gesamt、gesamthaft 表达。二者的区别在于：“一般”是指不同事物中共同的东西，而“总”字就不同了，它有“全部”的含义，是包括一切的。如果说“资本的一般公式”，它指的只是各种不同的资本公式中共同的东西，而不是各种资本公式的所有内容；而说“资本总公式”就不同了，人们就会要求它包括各种资本公式的全部内容。卫兴华同志说“资本总公式”里没有产业资本循环中生产过程的内容（即…P…）等问题，恐怕就与这个“总”字有关。这是其一。

---

① 《资本论》第 1 卷，人民出版社 2004 年版，第 181 页。

其二，卫兴华同志把"总公式"理解为商业资本的公式，也是一个误解。应该说，"资本一般公式"和商业资本公式在形式上确实一样，但是，马克思并没有把两者等同起来。这从马克思的用语也看得很清楚。马克思说 G—W—G′"似乎只是一个资本即商业资本的特有的形式"，在这里，说的是"似乎只是"，就暗含着"事实上不是"的意思。正因为事实上不是，因此发生商业资本作为中介的是同一商品，而产业资本作为中介的是不同商品的情况，也就不是什么问题了。在这里，作为"资本一般公式"来说，重要的是要有商品作为中介和收回的货币要大于投入的货币，实现了价值的增殖。

其三，卫兴华同志提出用生息资本的公式 G—G′作为资本的一般公式，来否定马克思关于"总公式的矛盾"的分析也是不能成立的。在资本主义生产方式下，G—G′的公式只不过是生息资本运动的一个简化了的没有内容的形式，它的真实运动应该是：G—G—W—G′—G′。马克思说，"G 的第一次换位，既不是商品形态变化的要素，也不是资本再生产的要素。它在第二次支出时，在用它来经营商业或把它转化为生产资本的那个执行职能的资本家手中，才变成这样的要素"。"与货币作为资本的这种双重支出——其中第一次支出只是由 A 转移到 B——相适应的，是它的双重回流。它作为 G′或 G＋ΔG，从运动中流回到执行职能的资本家 B 手中。然后，执行职能的资本家 B 让它带着一部分利润，作为已经实现的资本，作为 G＋ΔG 再转给 A。在这里，ΔG 不等于利润的全部，而只是利润的一部分"。[①] 显然，G—G′这个没有中介的充满了拜物教特征的生息资本的简化公式是不能作为资本的一般公式的。

第三，关于"商业资本的流通公式 G—W—G′是否存在矛盾"的问题。

卫兴华同志说："商业资本家的行为就是贱买贵卖……这是经济生活中人们所熟悉的情况，并不存在难以解释的矛盾。不需要从这种'矛盾'中引出劳动力成为商品来。"我们说，贱买贵卖只是一个现象，而现象和本质常常是不一致的。科学的任务正在于，要透过现象看到本质。恩格

① 《马克思恩格斯全集》第 46 卷，人民出版社 2003 年版，第 381 页。

斯说："政治经济学通常满足于照搬工商业生活上的术语并运用这些术语，完全看不到这样做会使自己局限于这些术语所表达的观念的狭小范围。"① 马克思当然不是这样。他对所谓"贱买贵卖"论进行了鞭辟入里的分析和批驳，而他所要做的，是在完全遵守价值规律等价交换的条件下，说明资本是怎样增殖的，剩余价值是怎样产生的。这正好体现了马克思的革命的批判的精神和透过现象揭示本质的科学方法，怎么可以随意抹杀呢？至于商业资本，所涉及的只是剩余价值分割的问题，而不是剩余价值产生的问题，马克思把它放在第三卷里加以论述本身就说明，它和货币转化为资本、劳动力成为商品属于不同层次的问题，二者是不可混为一谈的。

第四，关于"劳动价值论的范围要不要拓宽"的问题。

卫兴华同志说："'总公式的矛盾'的前提是流通领域不创造价值，因为等价交换和不等价交换都不会使总价值增殖。根据传统的劳动价值论，商业雇工的劳动不创造价值，商业利润和商业雇工的工资都是来源于产业工人创造的剩余价值。多少年来政治经济学教学和教材都是这样论述的。然而这里存在一个似乎没有引起人们注意的问题，即商业资本所经营的商品价值总量与其所实现的价值总量不一致的问题。"卫兴华同志举例说："按照传统理论的阐述，假定产业资本生产的商品的价值为8000，出售给商业资本家的价格为7000，即让渡剩余价值1000，再假定商业工人的劳动力价值为500……总价值为8500。……其结果是商品出售价格8000永远小于总价值8500（商品价值8000＋商业工人劳动力价值500)，即500的价值永远不能实现。"他的结论是："要想解决这一问题和矛盾，就得承认商业工人的劳动也会创造价值。"

在我看来，这不是一个真问题，而是一个伪问题。关键在于，卫兴华同志所举的例子和他所说的"传统劳动价值论"是不一致的：他一方面说"根据传统的劳动价值论，商业雇工的劳动不创造价值，商业利润和商业雇工的工资都是来源于产业工人创造的剩余价值"，而另一方面却在例子里把商业工人劳动力的价值加进了商品的价值（8000＋500)，这

① 《马克思恩格斯全集》第44卷，人民出版社2001年版，第33页。

显然是自相矛盾的。如果严格按照卫兴华同志的假定，把商业利润和商业雇工的工资都看作是来自产业工人创造的剩余价值，就不应该再把商业雇工的工资加进商品价值。这样，商品的价值和所实现的商品价值就都是8000，根本就不存在二者不一致的问题，也根本无须为解决这样一个并不存在的问题而去"发展劳动价值论"，"承认商业工人的劳动也会创造价值"了。

卫兴华同志还说："目前，经济发达国家的非物质生产领域的劳动已占总劳动的百分之六七十或更高，如果继续认为如此庞大的非物质生产领域的劳动群体的价值收入，都是来源于占人数比例较少的产业工人创造的剩余价值，似乎在道理上难以说通。"并说："从这个意义上说，'资本总公式的矛盾'也需要淡出政治经济学的教材与教学。"

我认为，卫兴华同志的这一看法也是不能成立的。首先，一种劳动在总劳动中所占比例的大小，和它是不是生产劳动，这是两个性质完全不同的问题。不能说某种劳动所占的比例大了，它就该是生产劳动。其次，应该看到，由于"三次产业"的划分本身不科学，所谓"第三次产业"劳动在总劳动中所占的比重并不等于非物质生产领域劳动在总劳动中所占的比重。因为在所谓"第三次产业"中还包括有一些明显应该属于物质生产部门的劳动，因此，非物质生产领域的劳动就明显地比第三次产业的劳动要低得多。第三，还要看到，发达国家非物质生产领域劳动者人数之所以高，是和这些国家在世界范围剥削发展中国家的情况紧密地联系在一起的。这一点，我们中国人是很有体会的。我们号称"世界工厂"，生产了发达国家消费资料中相当大的部分，但是这些商品都是以极低廉的价格卖给他们的，而经过他们的商业，却以高得多的价格再卖给他们国家的消费者。难道能够说，是发达国家的商业创造了很大的价值吗？显然不能这样说。

问题还在于，我们不能因为自己对马克思的劳动价值论有了不同于马克思的认识，就去"不讲"或"淡化"马克思基于劳动价值论的其他原理。由于马克思的劳动价值论是马克思主义政治经济学的基石，如果随意改变对劳动价值论的基本观点的看法，其后果就必然要影响对马克思主义政治经济学其他原理的看法，从而会导致对整个马克思主义政治经济学体系的怀疑和动摇。在马克思《资本论》第一卷出版后，曾有一个巴师夏的门徒说过这样的话："驳倒价值理论是反对马克思的人唯一任务，因为如果同意这个定理，那就必然要承认马克思以铁的逻辑所做出的差不多全部结论。"[①] 这句话，是很值得我们铭记的。从劳动价值论观点的变化到要求淡化"资本总公式的矛盾"，这件事本身就清楚告诉我们，对于马克思主义政治经济学的最基本的理论应该采取非常慎重的态度，否则，"牵一发而动全身"，后果是可以想象的。

（原文发表于《当代经济研究》2006 年第 12 期）

---

① 《马克思恩格斯全集》第 16 卷，人民出版社 1965 年版，第 353 页编者注③。

中国经济学逻辑体系的新探索

——兼论马克思的经济学逻辑构建体系

丁　霞　颜鹏飞*

中国经济学体系主要包括了以下内容：一是在基础性逻辑层次上，它决定中国经济学及其中国经济模式的本质和基本性质，并从抽象层次反映生产力与生产关系的辩证法运动，以及在继起的更高层次上涵盖基本经济制度、经济体制和经济发展方式；二是宏观层次，它涉及经济的生产、分配、交换和消费等主要环节及其宏观经济运行和调控机制等；三是在微观层次上，它涉及微观经济组织经济运行和调控机制等；四是侧重现象层次和具体层面，即具有综合化、政策化和宽泛化特征的中国经济发展模式理论，涉及中国经济发展道路、发展目标、发展模式、发展战略、发展动力等。后三个层次的运行和发展都是生产力与生产关系的辩证法运动的具体反映，是与一定的经济制度、经济体制和经济发展方式紧密相关的，并且在第四层次中，中国经济发展模式得到最为具体的综合反映。而马克思政治经济学方法论尤其政治经济学逻辑体系构筑方法为中国经济学逻辑体系的建构提供了指导思想和分析工具。

一、马克思的第三个重大发现：政治经济学方法论尤其逻辑体系构筑方法

马克思主义经济学说的精髓是什么？它应该与该理论产生和加工的

* 丁霞：广东财经大学国民经济研究中心与经济贸易学院讲师，博士。颜鹏飞：武汉大学经济与管理学院教授，博士生导师。

难度紧密相关。而在 19 世纪 50 年代，马克思所获得的理论加工难题最大的成果，是基本确立狭义政治经济学理论结构或范畴体系。所谓结构是经济范畴的运动形式或各个经济理论之间的内在联系。它必须用从抽象到具体的复制理论结构的叙述方法，从总体上和诸范畴、诸理论内在联系中，逻辑地又真实地再现资本主义生产方式的全貌、内部结构和运动规律。这就是著名的马克思政治经济学六册结构及其《资本论》四卷结构。马克思十分珍惜这一成果："在像我这样的著作中，细节上的缺点是难免的。但是结构，整个的内部联系是德国科学的辉煌成就，这是单个的德国人完全可以承认的，因为这决不是他的功绩，而是全民族的功绩。"① 恩格斯则把它上升到马克思第三个重大发现和理论贡献的高度。马克思的"逻辑方法""辩证方法"即"关于思维过程本身的规律的学说，即逻辑和辩证法"②，尤其是马克思经济学逻辑体系构筑方法或学说，被恩格斯视之为马克思第三大发现和重大研究成果——"马克思过去和现在都是唯一能够担当起这样一件工作的人，这就是从黑格尔逻辑学中把包含黑格尔在这方面的真正发现的内核剥出来……马克思对于政治经济学的批判就是以这个方法作基础的，这个方法的制定，在我们看来是一个其意义不亚于唯物主义基本观点的成果。"③ 而马克思经济学逻辑体系构筑方法则是它们在经济学领域的应用，也是"总体"方法论的具体化，或者说，这是"思想总体"再现"生产总体"和"具体总体"，主观辩证法或"概念辩证法"能动地反映客观辩证法，并从总的联系和内在矛盾中阐述概念辩证法或主观辩证法的运动的一门学问。

列宁赞成马克思这样一种说法，即作为"大写的逻辑"的《资本论》是"把辩证方法应用于政治经济学的一次尝试"。并且，他在"辩证方法"一语下加了两条横线以示重要。④

马克思政治经济学方法论尤其是政治经济学逻辑体系构筑方法，即"生产力（生产资料）的概念和生产关系的概念的辩证法"不是从天上掉

① 《马克思恩格斯全集》第 31 卷，人民出版社 1972 年版，第 185 页。
② 《马克思恩格斯选集》第 4 卷，人民出版社 1995 年版，第 257 页。
③ 《马克思恩格斯全集》第 13 卷，人民出版社 1962 年版，第 532 页。
④ 《列宁全集》第 58 卷，人民出版社 1990 年版，第 450 页。

下来的。它正是从“破”中耸立起来的。其中包括对黑格尔的唯心逻辑学体系的批判和扬弃；对黑格尔学派的有机整体论和德国“新个人主义”（施蒂纳）有机整体论的批判和扬弃；对普鲁东空想社会主义逻辑体系的“结构陷阱”的批判；对古典政治经济学体系尤其对斯密、李嘉图和穆勒体系的批评和扬弃。马克思批判了唯心主义和教条主义两种趋向，强调指出，不能“按照黑格尔学派的方式构造体系”，也不能“用历史唯物主义的套语……尽速构成体系”。①

马克思政治经济学方法论尤其逻辑体系构筑方法散见于马克思的著述、信函和手稿之中。1857—1858 年《政治经济学大纲》，尤其其“导言篇”及其篇末的“经济学提纲”（8 条）是马克思政治经济学方法论的结晶。其主要的规定性如下所述：

（1）结构的规定性和层次性。它包括政治经济学研究对象本身的结构，思想总体层次上的结构以及外在化的结构。

（2）经济学范畴转化或移植的三大规律。一是范畴转化的动力来自范畴自身内在的矛盾而不能借助于后继范畴；二是转化路径是范畴中介管道；三是具备“物质内容”和“社会形式”二重性的范畴，在不同社会经济形态之间的移植规律。

（3）矛盾分析贯穿于逻辑运动的全过程。马克思批判了形而上学的“排斥‘矛盾’的逻辑”观。

（4）经济学元范畴（逻辑起点）、中心范畴、中介范畴的选择原则和方法。

（5）抽象法，“内在观察法”，以及从抽象呈螺旋式上升到具体的方法。

（6）生产力和生产关系运动的辩证法：主体和客体、历史和逻辑、客观辩证法和主观辩证法，以及具体总体和思想总体相一致的方法。

（7）生产关系两分法及其派生化、中介性和渗透趋势。其中包括“国家形式和意识形式同生产关系和交往关系的关系”、“国际关系在这

① 《马克思恩格斯选集》第 4 卷，人民出版社 1995 年版，第 692 页。

里的影响”和“生产关系作为法的关系怎样进入了不平衡的发展”等。[①]

学术界一些学者对马克思政治经济学方法论的解读仅仅局限于传统的卢森贝模式，即归结为科学抽象方法、从抽象上升到具体的方法、逻辑与历史相一致的三大方法，而忽视在《大纲》导言篇经济学提纲（8条）所揭示的马克思政治经济学方法论尤其政治经济学逻辑体系构筑方法，其中包括经济学提纲（8条）所提出的生产力和生产关系的概念的辩证法、生产关系两分法和中介范畴理论等等。而西方学者虽然对《大纲》及其导言做了很高的正面评价，例如，美国学者麦克莱伦认为，《大纲》这部手稿为《资本论》提供了一个更为广阔的框架，因为“马克思经济学理论的几乎所有要素都在《经济学手稿》中得到了阐述。然而，既然这些要素在《资本论》中得到了更为详细的论述，那么对那些并没有再次展开的内容而言，《经济学手稿》对巨大著作的各个部分的完整性更感兴趣”；但是，他们大都对“经济学提纲”（8条）关注不够。汤姆·洛克曼和加拿大学者马塞罗·默斯托虽然注意到这一点，但是没有领会到其要领和精髓。前者认为“‘导言’结束语是一系列短小而重要的关于艺术和文化的说明”；后者认为这是“马克思对他计划在他的著作中要阐述的八个论点所做的简短的和片断性的论述”，“其焦点是物质生产和艺术发展之间的‘不平衡关系’”，而把其中涉及的“生产力和生产关系的辩证法思想”亦即“生产力（生产资料）的概念和生产关系的概念的辩证法”以及关于生产关系两分法等原创性思想轻描淡写地一笔带过而已。

第一，从马克思经济学逻辑体系构筑学说的本质特征来讲，就是构建了生产力—生产关系这一经济学逻辑体系的核心结构，凸现“生产力（生产资料）的概念和生产关系的概念的辩证法”逻辑运动。[②] 由此而规定了中国经济学体系的本质特征。

第二，区分了原生的生产关系和“非原生的生产关系”。前者是位于

---

① 《马克思恩格斯全集》第46卷上册，人民出版社1979年版，第47、48页。

② 《马克思恩格斯全集》第46卷上册，人民出版社1979年版，第47页。

抽象层次上的第一级的原生的生产关系，而后者正是上升到具体层次的“第二级的和第三级的东西”“派生的、转移来的、非原生的生产关系”①，亦即生产关系的表现形式、实现形式或发展形式。虽然，他没有提出关于经济制度和经济体制的概念和用语，但是，他绽露了马克思关于经济制度和经济体制理论的思想萌芽。人们所熟知的经济制度和经济体制实际上是生产关系的具体形式或发展形式。马克思实际上是第一个以社会的经济制度、经济体制为研究对象的经济学家②。

第三，生产关系派生理论或者生产关系两分法，区分了原生态的生产关系和非原生态的生产关系。后者是横亘在生产关系与生产力之间的中介范畴理论。生产关系是不可能直接与生气勃勃的现实生产力发生作用。我们不能犯古典经济学家李嘉图抽象过度的逻辑错误。它必须通过一系列中介范畴，例如经济制度——经济体制——发展方式——经济政策等，即“第二级的和第三级的东西”“派生的、转移来的、非原生的生产关系”，亦即生产关系的表现形式、实现形式或发展形式，才能与现实的生产力相结合，并且适应或回应现实生产力的性质和革命品性。生产关系—中介范畴—生产力理论的提出，具有重要的方法论意义。否则，我们可能要犯李嘉图式的错误，变成只会贴生产力和生产关系辩证法标签的教条主义者。

因此，正确选择推进生产力发展，诱致生产关系革命、变革或完善从而使生产力和生产关系平衡发展的突破口，这一点至关重要。如果说，实施新民主主义经济纲领的突破口是已成为生产力发展桎梏的私有化经济制度，邓小平发动改革开放的突破口是束缚生产力发展的经济体制，那么，现阶段的突破口是严重影响生产力与生产关系平衡发展的经济发

---

① 《马克思恩格斯全集》第46卷上册，人民出版社1979年版，第47页。

② 把经济体制从经济制度中分离出来而作为一个独立的经济学概念和范畴，是20世纪60年代以来的比较经济学研究的一个成果。布鲁斯（W. Bruse）在《社会主义经济的运行问题》一书中，首次对经济制度和经济体制以及经济模式作了明确区分。他提出，经济制度是“基本的生产关系”，而经济体制是“社会经济组织的”具体“形式”和“经济运行机制”，是经济制度的“变种”（［波兰］弗·布鲁斯：《社会主义经济的运行问题》，中国社会科学出版社1984年版，第3页）。关于经济体制是经济制度的具体表现形式的观点得以流传。邓小平的丰功伟绩在于他的革命理论和革命实践，把经济体制视为生产关系的实现形式，并且将其作为改革开放的突破口。

展方式。要以科学发展为主题，以加快转变经济发展方式为主线，把加快转变经济发展方式贯穿于经济社会发展全过程和各领域，应该强调指出：现阶段经济发展方式转型是中国经济发展模式升级的突破口。这是中国经济发展模式所要着重表述的问题。[①]

另外一个争论问题是关于政治经济学“六册计划”结构、《资本论》“大写的逻辑”，这两大逻辑结构的相互关系和地位之争论已逾百年，应该强调指出：(1)“六册计划”，即马克思从资本、土地所有制、雇佣劳动、国家、对外贸易、世界市场6个方面考察资产阶级经济制度，提供了建立科学体系的框架和方法，从整体上代表了马克思经济学逻辑体系构筑的最高成就；(2) 完成“六册计划”首册“资本篇”的《资本论》，是该体系的基础或“精髓”部分，并形成一个始基性体系，但是并未完全改变其“小圆圈”（抽象层次上经济学范畴的辩证运动）的逻辑定位；(3) 尚未完成的“续篇”（“六册计划”第2—6册）通过经济学范畴上升到具体现象层次上的“大圆圈”辩证运动，再现以世界市场为最高具体的“总体”；(4)《资本论》和“续篇”、“小圆圈”与“大圆圈”构成了不可分割的逻辑体系整体，因此，马克思期待后人“在已经打好的基础上去探讨”《资本论》“续篇”，最后完成“六册计划”逻辑体系。

长期以来，我们把《资本论》逻辑结构等同于马克思经济学逻辑体系构筑学说的全部内容。马克思逻辑体系构筑方法“半截子化”是政治经济学体系僵化和边缘化的一个重要原因。因此，极有必要用完整的关于马克思经济学逻辑体系构筑的学说来指导和建立科学的现代政治经济学理论体系。其意义在于：这是一项“去标签化”“去空洞化”，凸现其指导思想地位的马克思主义基础工程；而有没有自己的民族形式并取得话语指导权的经济学体系，这也是衡量一国软实力的重要指标。

---

① 要以科学发展为主题，以加快转变经济发展方式为主线，把加快转变经济发展方式贯穿于经济社会发展全过程和各领域，要坚持把经济结构战略性调整作为加快转变经济发展方式的主攻方向，坚持把科技进步和创新作为加快转变经济发展方式的重要支撑，坚持把保障和改善民生作为加快转变经济发展方式的根本出发点和落脚点，坚持把建设资源节约型、环境友好型社会作为加快转变经济发展方式的重要着力点，坚持把改革开放作为加快转变经济发展方式的强大动力，促进经济建设、政治建设、文化建设、社会建设以及生态文明建设协调发展、共同进步。

二、国外关于马克思经济学逻辑体系构筑学说研究的十大新进展

1. 世界性学术思潮的一种新动向是“寻找马克思”“回到马克思”，尤以哲学、经济学和社会学领域，以及美、英、法、日颇为盛行，其特点是强调对马克思经典文本的完整解读，崇尚文本的原创性。欧洲多国学者和专门机构正在合作编辑出版马克思全集国际版。日本搞《资本论》研究的学者已逾千人。马萨诸塞州州立大学阿默斯（Amherst）分校开设高级马克思主义经济学专题研究课程，就主张通过阅读《资本论》原著着重探索马克思经济学体系。

2. 关于“六册计划”与《资本论》两大逻辑结构的地位和关系之争。这是在马克思经济学逻辑体系构筑学说史上争论已逾百年的问题，即两者孰重孰轻以及“互补论”与《资本论》“取代论”之争。加拿大学者M. A. Lebowitz（《〈资本论〉研究对象的局限性》，2003年）指出：作为六册计划第一册的《资本论》是以资本和人格化资本为主体和发展主线来阐述资本的本质和衰亡的历史总趋势，但由于没有完成其续篇尤其第三册的《雇佣劳动》篇，因此导致关于工人作为主体的发展主线的缺位。

3. 西方出现了一股重新估价黑格尔对马克思主义影响的思潮。对于黑格尔主义与马克思主义的关系的研究有两种思路。并出现了探讨马克思黑格尔关系的几个新学派。“唯物主义借用”学派强调黑格尔对马克思主义的重要性，认为黑格尔关于劳动自我创造力的探讨提供了隐含的唯物主义基础；该学派还强调矛盾概念，认为黑格尔相信矛盾只有通过绝对观念中的思想才能得到解决，而马克思则正确地认识到只有通过现实的历史斗争才能克服矛盾。以克里斯托弗·阿瑟（Christopher Arthur）和托尼·史密斯（Tony Smith）为代表的“新辩证法”学派“直接诉诸黑格尔”，力图表明黑格尔《逻辑学》及其黑格尔主义范畴及推理形式与马克思《资本论》的相似之处，因为黑格尔的范畴尽管是抽象的，但这些范畴可以在实践中通过价值和商品形式找到直接的对应者。

4. 恩格斯对《资本论》出版和写作的新贡献。1994 年负责《资本论》第三卷（MEGA[②] Ⅰ第 12 卷）马克思主要手稿编辑的福尔格拉夫（Volgraf）等人公开了一个惊人的事实：根据该书的《附属材料》卷所收录的揭示恩格斯编辑原稿与马克思原始手稿之间异同的三个附录，恩格斯并没有践行他尊重原作的编辑原则。对马克思原始手稿的删减和增补、定式和术语以及序列变更等超过 5000 多处，这还不包括标点符号、笔误等技术性的失误以及恩格斯对马克思原始手稿的概括部分。有些变更未必“只是形式上的改动”，实际上涉及对《资本论》内容的理解。例如，恩格斯创造了在第二卷中具有体系性意义的“流通资本”概念；他还将马克思的生产资本概念改为产业资本等等。这不仅毫不影响恩格斯的伟大，也无损于马克思主义的名誉。并且，这将使其成为当今研究马克思经济学及其逻辑体系的一个重要方向和生长点。

5. 美国学者斯蒂格利茨在不完全信息和不完备市场假设基础上，首创“第三条道路经济学”即转轨（型）经济学，为社会主义向市场经济过渡的理论体系、体制设计和政策选择提出有启发性的思路。

6. 20 世纪后期，随着新系统论、控制论和信息论的诞生出现了一批研究复杂系统或体系的方法。这种思维方式总的导向是把系统与环境、认识主体与认识对象之间的关系内生化，着重研究系统的无序性、不确定性、多样性和非线性特征。渊源于近代牛顿物理学和黑格尔逻辑学体系（也是马克思经济学逻辑体系构筑学说的一个来源）的现代演绎体系和思维方式受到挑战。

7. 俄罗斯学者自由学派的一个新动向是提出“晚年马克思放弃论”。其理由是马克思在从 1873 年起，完全中止对《资本论》和六册结构的研究，并且直到生命的结束即整整 11 年都没有再重返这项工作，而编辑出版《资本论》第二卷、第三卷则由恩格斯又花费 11 年直到生命的终结才完成的（列·格列布涅夫，2005 年）。

8. 罗莎·罗森堡的总体性方法论。苏联官方马克思主义对罗莎·卢森堡持批判态度，但 20 世纪 60 年代以来，西方马克思主义和新左派例如西方马克思主义创始人卢卡奇、英国后马克思主义代表人物拉克劳、莫菲等从她的思想中吸收不少理论营养。卢卡奇的代表作《历史与阶级意识》所阐述的总体性方法和阶级意识就是以罗森堡著述为蓝本的。卢卡奇有一个明确的观点：马克思主义的核心和主要特征是总体性方法。他指出："不是经济动机在历史解释中的首要地位，而是总体的观点，使马克思主义同资产阶级科学有决定性的区别。总体范畴，整体对各个部分的全面的、决定性的统治地位，是马克思取自黑格尔并独创性地改造成为一门全新科学的基础的方法的本质。"① 因此，罗莎·卢森堡在《资本积累论》等著作中所运用的总体性方法，以及她在同机会主义的经济宿命论和伦理反对派进行论战时，所阐释的总体的历史考察与机械的局部的历史考察、辩证的历史考察与机械的历史考察之间的本质区别，"同样意味着向原来的、未被歪曲的马克思主义的复归"，就是使"马克思主义再生"。②

9. J. Piaget 和 G. Garcia 的"新范式"热。西方主流派学者一般都否定马克思构筑学说而采用库恩和拉卡托斯的"范式"理论。而"新范式"提倡者把物理学、数学、心理学和认识论引入逻辑领域和思维领域，创造心理学逻辑学体系、逻辑认识论和运算逻辑，并提出关于"知识和逻辑的建构主义"理论，以及"在有东方思想特点的辩证思维方式和在西方占主导地位的逻辑演绎形式主义之间的鸿沟上架桥的任务"(Garcia 语)。

10. 国内经济学逻辑体系构筑方法多元化趋向。如出现以演化经济学范式、过渡经济学范式、新制度经济学范式、发展经济学范式为代表的"范式"热，其中不乏真知灼见；一些学者还提出马克思主义范式危机论；有的主张引进反映"资源配置全过程"的西方经济学范式；有的学者以《资本论》结构框架＋范式的"拼盘"模式来构筑中国政治经济学体系等，亦即体系多元化、方法多元化与指导思想多元化并存。目前尤应关注前一种倾向掩盖之下的后一种倾向。

因此，总体思路是"回到马克思"。完整地全面地把握关于马克思经济学逻辑体系构筑的学说。其次是"发展马克思"。该学说自身随着新情

① [匈] 卢卡奇：《历史与阶级意识——关于马克思主义辩证法的研究》，商务印书馆 1996 年版，第 76 页。

② [匈] 卢卡奇：《历史与阶级意识——关于马克思主义辩证法的研究》，商务印书馆 1996 年版，第 83 页。

况、新条件尤其新科学技术的突破，必然赋予其新的理论思维形式和内容；同时又要借鉴和吸收国外相关理论尤其是范式理论和复杂系统方法论的优秀成果。

三、中国经济学逻辑体系框架的若干新设想

被恩格斯视之为马克思第三大发现和研究成果的“逻辑方法”“辩证方法”尤其是马克思经济学逻辑体系构筑方法或学说，引发了关于中国经济学体系框架的若干新思考。

1. 构建现代中国经济学体系的方法论的基础，只能是马克思经济学逻辑体系构筑学说，而不是西方的“范式”理论。

应该强调指出：国内经济学逻辑体系构筑方法呈现多元化趋向。鉴于用范式理论构筑理论体系在学术界蔚然成风，因此，尤应提倡从属型“互补论”，换而言之，借鉴范式理论的合理成分，把范式理论纳入并从属于马克思逻辑体系构筑学说及其方法论体系。

同时，马克思逻辑体系构筑方法还应该借鉴 20 世纪后期产生的新系统论、控制论和信息论的营养成分。这种思维方式总的导向是把系统与环境、认识主体与认识对象之间的关系内生化，着重研究系统的无序性、不确定性、多样性和非线性特征。渊源于近代牛顿物理学和黑格尔逻辑学体系（这也是马克思经济学逻辑体系构筑学说的一个来源）的现代演绎体系和思维方式，因而受到强有力的挑战。马克思经济学逻辑体系构筑学说自身随着新情况、新条件尤其新科学技术的突破，必然赋予其新的理论思维形式和内容；同时又要借鉴和吸收国外相关理论尤其是范式理论和复杂系统方法论的优秀成果。

2. 发展是中国经济学的核心主题和重要特征。

从某种意义上讲，中国经济学就是植根于中国水土的发展经济学。斯密的《国富论》虽然貌似古典经济学大百科全书，实际上凸现发展为主题、主线和轴心的发展经济学体系。怎样建构中国特色的发展经济学体系，怎样区分发展与增长尤其怎样区分科学发展和非科学发展，值得研究。

中国经过 30 多年改革开放，取得了举世瞩目的发展成就，同时也付出了巨大的发展代价。如何走出诸如“增长中的贫困”、“增长中的烦恼”或者“不带来好运”一类可持续发展的困境或瓶颈：诸如没有创造就业机会的经济增长（jobless），无情的即成果不能为社会共同分享的增长（ruthless），无声的即没有发言权、没有推进民主政治发展的增长（voiceless），无根的即没有文化根基的增长（rootless），无望的即以资源浪费、环境破坏为代价的没有前途的增长（futureless），低头的即过度依赖外需和外资的依附型增长（independenceless），以及失控的即鼓吹市场神话和公共品市场化的增长（controless）。国际经济组织和西方有识之士提出“发展型国家”（developmental state）、“理性增长”（smart growth）以及“有利于穷人的经济增长”（pro-poor growth）的理念及其制度安排，即能够显著减贫、穷人获益而同时能够改善社会机会不均等从而使增长成果为社会共同分享。

这就为新的科学发展观提供了可供借鉴的思想材料。科学发展必须解决“什么叫发展，怎样发展，为谁发展、依靠谁发展、由谁来享受发展成果”等一系列问题，从而实现社会全面、协调、可持续的科学发展。这种科学发展就是一种创新型发展、公平与和谐型发展、绿色型发展和非依附型发展。

3. 中国经济学体系的特征是转轨型经济学。

中国 30 多年改革实践所提供的经验材料和逻辑构件在目前只能构建中国转轨型经济学体系。该体系应保持一定的弹性，以免让不成熟的体系来束缚实践活动。但这并不能成为“体系缓搞”论的一个理由。许多学者主张先对具体问题进行实证研究和理论归纳，对我国经济改革和发展过程中不断涌现的新情况、新问题进行分析、解释和总结，通过点的突破然后再带动理论体系的变革，所以构建体系要缓以时日。我是持反对意见的，理由有三：一是理论体系既不是绝对真理更不是“绝对精神”，只能逐渐逼近相对真理；二是中国 30 多年改革开放的实践已经提供构建转轨型政治经济学体系的研究材料和逻辑构件；三是不要忽视理论思维的前瞻性和自己独特的运动规律。

现阶段中国经济在相当长一段时间内，因其鲜明的阶段性或过程特性、开拓性、不成熟性、双重过渡性和改革开放的渐进性，因而是一种特殊的经济形态。而作为其理论反映的经济学体系，无疑打上“摸着石头过河”试错和实验的烙印，只能是一种转轨型政治经济学体系而不是成熟型或典型的中国经济学体系。基于其鲜明的阶段性或转轨过程性质，正确化解路径依赖和制度变迁的矛盾、均衡性与非均衡性的矛盾，演进进程的驾驭、路径的选择和政策的动态设计，以及如何确定和把握历史转折点或者拐点，是转轨型经济学必须作好的一篇大文章。

鉴于其研究对象的非成熟性，其逻辑体系和研究方法应该允许呈现“斯密现象”，即叙述方法与研究方法并存的二重性（但是以叙述方法为主），内在观察方法与外在观察方法并存的二重性（但是以内在观察方法为主）。其次，研究对象的定位要突破狭窄化趋向。要回归马克思和恩格斯，其研究对象应该囊括“生产方式以及和它相适应的生产关系和交换关系”；而生产关系不仅是位于抽象层次上的第一级的原生的生产关系，而且包括上升到具体层次的生产关系的表现形式、实现形式或发展形式。

此外，研究与实践经验紧密相连的经济体制具体运行模式——研究社会主义经济的运行准则即模式问题是“经济学的基本任务”（布鲁斯语）——是具有弹性的转轨型经济学体系的一项重要内容。应该总结这方面的新鲜经验并适时上升到理论层面。例如，珠三角“探索科学发展模式试验区和深化改革先行区”模式、上海“浦东开发区模式”、武汉和长株潭“两型社会模式”、“苏南模式及其县域现代化的太仓模式”、毕节“开发扶贫与生态建设实验区”模式、“温州模式”、“华西村模式”等，不一而足。

4. 中国经济学范畴的定位和结构布局是重中之重。

马克思经济学逻辑体系构筑方法或学说理论遗产之一是：确定始点范畴、主线以及作为主线落脚点的基本范畴十分重要。

(1) 体系框架可按生产过程、流通过程，社会生产总过程的程序，或者按生产、交换、分配、消费四个环节的顺序，来搭建逻辑体系的脚手架。有一种意见认为运用抽象分析法之要义就是假定前提符合实际、论证过程合乎逻辑，通过对经济理论进行综合集成，确立了子理论体系框架和若干基本原理。还有同志开创了现代政治经济学“五过程体系”，而每章内部均按照“范畴一般与范畴特殊分析法”来阐述。

(2) 应该从基本经济制度与市场经济体制的结合点上确定中心范畴和研究主线。例如，苏联经济学者关于逻辑主线的诸多意见有“生产资料公有制”“劳动者联合会与其成员之间的关系”“整个社会与企业之间的关系”或“国家与物质生产者之间的关系”“同志式合作互助关系”“劳动力与生产资料的有计划结合”“直接社会劳动”“劳动的社会形式”(鲍里索夫)、“集体劳动”等。

(3) 创新性范畴的推出，具有举足轻重的意义。特别要重视“社会主义市场经济”这个创新性范畴。不主张把“公本”或“社本”作为新体系的中心范畴。

(4) 商品范畴是转轨型政治经济学新体系元范畴或逻辑起点。它对于理顺逻辑顺序、逻辑层次，打开逻辑通道和扩大逻辑空间有重大意义。新体系看来不能用“自主联合劳动”、经济人或“新经济人”假设作为逻辑演绎的起点范畴。

(5) 四大“中介”范畴是逻辑演绎和体系构建的“枢纽点”。“中介”范畴就是逻辑中项，也是范畴上升或转化的条件和过渡环节。[①] 要注重研究经济体制、运行机制、产权和股份制这四大“中介”范畴。

5. 我们要在国际化与本土化的交互作用中催生转轨型中国经济学体系。

大胆借鉴“范式”理论和复杂系统研究方法论的优秀成果，注重研究萨缪尔森“现代主流经济学的新综合”体系和斯蒂格利茨经济学体系等诸如此类的积极成果，尤应加强对西方转轨经济学、制度经济学、过渡经济学、演化经济学、发展经济学和激进经济学的研究。

（原文发表于《当代经济研究》2011 年第 1 期）

---

① “中介”范畴在逻辑系列上就是联结逻辑始项和逻辑终项这两个范畴的逻辑中项，或范畴从抽象上升到具体的中介环节（例如货币是商品转化为资本的“中介”范畴），也是范畴上升或转化的条件（劳动力转化为商品，就是货币转化为资本的条件）。把握一切“中介”才能真正地认识事物，这是逻辑演绎和体系构建的重中之重。李嘉图体系瓦解的逻辑根源就是犯了跳过必要的中介环节而导致抽象过度的错误。

也谈政治经济学逻辑体系的构筑

——兼与丁霞、颜鹏飞教授商榷

刘建华*

《当代经济研究》2011年第1期发表了丁霞、颜鹏飞教授的《中国经济学逻辑体系的新探索》一文（以下简称《新探索》）。《新探索》试图运用马克思主义经济学的方法论，借鉴国外关于马克思经济学逻辑体系构筑学说的新成果来构建中国经济学逻辑体系。这篇文章提出的论点是颜鹏飞教授在中国《资本论》研究会、全国马列主义经济思想史学会和中华外国经济学说研究会，以及近年来所召开的相关学术年会上所做的报告或演说中所主张的一贯思想。颜鹏飞教授是我国经济学界坚持用马克思主义为指导，研究借鉴西方经济学的马克思主义经济学家。《新探索》这篇文章的基本立场、观点和方法，是值得肯定的，但是，文章对马克思政治经济学方法的某些解说不准确，对国外马克思经济学逻辑体系构筑学说的十大进展缺少评析，由此试图“构建中国转轨型经济学体系”的某些观点也有偏颇。现从以下三方面进行商榷。

一、对马克思政治经济学方法论的解读

《新探索》把政治经济学方法论作为中国经济学逻辑体系构筑的方法论基础，这是正确的，也是必要的。问题在于，该文把辩证法理解为“马克思的第三个重大发现”和对“导言”中“经济学提纲（8条）”的解说是值得商榷的。

---

* 刘建华：吉林财经大学马克思主义经济学研究中心、经济学院教授，经济学博士。

1. 辩证法和唯物史观同是马克思的第一个重大发现。

《新探索》认为，辩证法是马克思的第三个重大发现。那么，在学术界一致认为的马克思的两大发现之外还存在着第三发现吗？

第一，恩格斯说的是“不亚于”还是“第三大发现”？

《新探索》把“政治经济学方法论尤其政治经济学逻辑体系构筑方法”作为马克思的第三大发现的根据，是恩格斯在《卡尔·马克思〈政治经济学批判〉》中提到的一个观点——马克思唯物辩证法的制定就其意义来说是“不亚于唯物主义基本观点的成果”。这样，《新探索》顺着恩格斯所说的“两大发现”，把政治经济学的方法往下接排为“第三大发现”。然而，事实并非如此，这里恩格斯仅仅把唯物辩证法说成是“不亚于唯物主义基本观点的成果”①，并没有说它是马克思的“第三大发现”，或并不是《新探索》说的“被恩格斯视之为马克思第三大发现”。实际上，恩格斯的《卡尔·马克思〈政治经济学批判〉》发表于1859年，此时形成了马克思的政治经济学“本质上是建立在唯物主义历史观的基础上的”② 基本结论。在1878年出版的《反杜林论》中，恩格斯指出，在无产阶级和资产阶级的经济斗争中，唯心主义历史观“不知道任何基于物质利益的阶级斗争，而且根本不知道任何物质利益；生产和一切经济关系”，因此要对以往的全部历史作一番新的研究，把唯心主义从历史观中驱逐出去，提出唯物主义历史观。接着，恩格斯还指出，空想社会主义与唯物主义历史观不相容，他们只批判资本主义生产方式及其后果，而不能说明它，制服它。应当既说明资本主义生产方式产生、发展和灭亡的必然性，也应当揭露这种生产方式的内在性质。以上“这两个伟大的发现——唯物主义历史观和通过剩余价值揭开资本主义生产的秘密，都应当归功于马克思。由于这些发现，社会主义变成了科学”③。1883年恩格斯《在马克思墓前的讲话》中说：“正像达尔文发现有机界的发展规律一样，马克思发现了人类历史的发展规律……不仅如此。马克思还发现了现代资本主义生产方式和它所产生的资产阶级社会的特殊的运动规

① 《马克思恩格斯选集》第2卷，人民出版社1995年版，第43页。
② 《马克思恩格斯选集》第2卷，人民出版社1995年版，第38页。
③ 《马克思恩格斯选集》第3卷，人民出版社1995年版，第366页。

律。由于剩余价值的发现，这里就豁然开朗了，而先前无论资产阶级经济学家或者社会主义批评家所做的一切研究都只是在黑暗中摸索。”[①] 从时间先后顺序上看，恩格斯在1859年提到的只是“不亚于”，在1878年以后才提“两大发现”。可见，恩格斯并没有说“第三大发现”。

第二，“不亚于唯物主义基本观点的成果”是什么成果？

不能把“不亚于唯物主义基本观点的成果”等同于“唯物史观”（第一大发现）的成果。这里先要弄清“唯物主义基本观点”与“唯物主义历史观”是否有同等内涵。从前者看，一切唯物主义的哲学派别，不管它们的具体形态有何不同，在回答哲学基本问题时有一个共同的根本观点，即认为世界是物质的，是不依赖于主观意识而独立的客观存在。马克思唯物主义基本观点是“世界的真正的统一性在于它的物质性”[②]，这就深刻地揭示了世界的本质，同时也和把世界统一于某种具体物体的旧唯物主义划清了界限。从后者看，“唯物主义历史观”作为一种世界观，是同唯心主义相对立的思想体系，是对客观世界的正确反映。“这种历史观就在于：从直接生活的物质生产出发阐述现实的生产过程，把同这种生产方式相联系的、它所产生的交往形式即各个不同阶段上的市民社会理解为整个历史的基础，从市民社会作为国家的活动描述市民社会，同时从市民社会出发阐明意识的所有各种不同理论的产物和形式，如宗教、哲学、道德等等，而且追溯它们产生的过程。”[③] 也就是说，这种唯物史观发现，物质生产的发展是决定社会发展的最终原因。在这里，马克思恩格斯不仅一般地论述了社会存在决定社会意识的原理，而且包括有经济基础决定上层建筑的基本思想。唯物主义基本观点包含在唯物主义历史观之中，“唯物史观的内涵”要比“唯物主义基本观点”更广。

恩格斯在指出马克思的政治经济学“本质上是建立在唯物主义历史观的基础上的”之后，叙述了马克思所使用的唯物辩证法的实质，并指出“这个方法的制定，在我们看来是一个其意义不亚于唯物主义基本观

---

① 《马克思恩格斯选集》第3卷，人民出版社1995年版，第776页。
② 《马克思恩格斯选集》第3卷，人民出版社1995年版，第383页。
③ 《马克思恩格斯选集》第1卷，人民出版社1995年版，第92页。

点的成果”①。显然这里是说，“辩证法”这一成果并不亚于“唯物主义基本观点的”这一成果，但不能根据“不亚于唯物主义基本观点的成果”这一句话类推出“辩证法”是“第三个发现”。

第三，“唯物主义历史观”和“辩证法”需要严格区分开吗？

《新探索》把“辩证法”当作马克思的第三大发现，显然是按第一发现和第二发现的顺序排下来的。那么，“唯物史观”和“辩证法”需要严格区分开吗？马克思主义哲学的解释是：哲学是世界观的理论体系，当人们用这种理论体系作指导去认识世界、改造世界的时候，它就叫作方法论。世界观和方法论是一致的。恩格斯说过：“马克思的整个世界观不是教义，而是方法。它提供的不是现成的教条，而是进一步研究的出发点和供这种研究使用的方法。”② 马克思主义的唯物主义对世界的看法既是唯物的又是辩证的，是唯物论和辩证法的有机统一。马克思主义的唯物论就是辩证法的唯物论，它在解决哲学基本问题的时候是贯穿着辩证法的。同样，马克思主义的辩证法是唯物主义的辩证法，它在阐明世界发展的最一般规律的时候是从唯物论的原则出发的。所以，马克思主义的唯物论和辩证法两者密不可分。在马克思“第一大发现”中含辩证法，无需将“辩证法”列为“第三发现”。这实际上是对方法论的误读，容易造成人们对马克思主义方法论的误解。

当然，马克思的“发现”不止二个、三个，可以是四个、五个、六个或更多等等，正如 1877 年恩格斯在《卡尔·马克思》一文所说的：“在马克思使自己的名字永垂于科学史册的许多重要发现中，这里我们只能谈两点。”“第一点就是他在整个世界史观上实现了变革”，“第二个重要发现，就是彻底弄清了资本和劳动的关系”。“现代科学社会主义就是以这两个重要事实为依据的。在《资本论》第二卷中，这两个发现以及有关资本主义社会制度的其他同样重要的科学发现，将得到进一步的阐述，从而政治经济学中那些在第一卷还没有涉及的方面，也会发生根本变革。”③ 也就说，“两大发现”使社会主义由空想变成科学。

---

① 《马克思恩格斯选集》第 2 卷，人民出版社 1995 年版，第 43 页。

② 《马克思恩格斯选集》第 4 卷，人民出版社 1995 年版，第 742—743 页。

③ 《马克思恩格斯选集》第 3 卷，人民出版社 1995 年版，第 334、337、338 页。

2. “导言”对政治经济学逻辑体系构筑方法的阐述。

《新探索》认为：“马克思政治经济学方法论尤其逻辑体系构筑方法散见于马克思的著作、信函和手稿之中。”接着论文围绕“1857—1858年《政治经济学大纲》，尤其其‘导言篇’及其篇末的‘经济学提纲’（8条）”展开阐述。这里的问题是：

第一，马克思1857—1858年的七篇手稿不是《新探索》说的《政治经济学大纲》，倒是按《新探索》文后所列参考文献去查找却是《经济学手稿（1857—1858年）》（现在通称《1857—1858年经济学手稿》）。

第二，《新探索》在一处说“马克思政治经济学方法论尤其逻辑体系构筑方法散见于马克思的著述、信函和手稿之中。1857—1858年《政治经济学大纲》，尤其其‘导言篇’及其篇末的‘经济学提纲’（8条）是马克思主义经济学方法论的结晶”。这里，《新探索》认为马克思政治经济学的方法有方法散见和方法论结晶之分。而接下来在一处又说，“学术界一些学者对马克思政治经济学方法论的解读仅仅局限于传统的卢森贝模式，即……三大方法，而忽视在《大纲》导言篇经济学提纲（8条）所揭示……的生产力和生产关系的概念的辩证法，生产关系两分法和中介范畴理论等等。”这里又没有“散见”和“结晶”之分了。这就会使读者产生疑问：马克思的政治经济学方法论到底是“散见于马克思的著述、信函和手稿”中呢，还是“不散见”而“结晶”在《大纲》导言篇经济学提纲（8条）里呢?！还有，如果是“散见”的话，为什么就提《1857—1858年经济学手稿》中导言篇末呢（其实是第四节，此节没写完）？为什么不提《德意志意识形态》《哲学的贫困》《政治经济学批判〈序言〉》《反杜林论》等等呢？

第三，即或按着《新探索》所说的“马克思政治经济学方法论尤其逻辑体系构筑方法”的“结晶”是在“1857—1858年《政治经济学大纲》，尤其其导言篇及其篇末的‘经济学提纲’（8条）”里，那么，《新探索》归纳的似乎有些不妥。其一，导言第三节明确写“3. 政治经济学的方法”，特别是本节最后提出了“五篇计划”，《新探索》却避而不谈。其二，《新探索》说的“经济学提纲（8条）”按着其参考文献引证是出自导言里的第四节。马克思在这里说的是8条，《新探索》在文中具体解释7条，但并不符合马克思的原意。实际上，在导言第四节里，马克思“说明了关于社会的物质基础同意识形态这一上层建筑之间的关系的一系列极为重要的想法”。[①] 这从这节标题中可看出来：“生产。生产资料和生产关系。生产关系和交往关系。国家形式和意识形式同生产关系和交往关系的关系。法的关系。家庭关系”。[②] 可见，在这里，马克思从社会经济基础出发，考察上层建筑和经济基础的相互关系和相互作用（从接下来马克思以古希腊艺术和莎士比亚的创作为例，来说明艺术作为社会意识形态所具有的特征就可以看到这一点）。其三，导言是马克思拟撰写政治经济学巨著的总的导言，具有非常重要的科学价值，马克思在这里比在任何地方都更详细地叙述了政治经济学的方法和对象问题。因此，《新探索》说导言是方法论的“结晶”是对的。但后半句是说结晶在“篇末的‘经济学提纲’（8条）”（即第四节）里就不全对了。

第四，《新探索》关注导言“经济学提纲（8条）”是可以的，但作了7条不合原意的解释（我们可将《新探索》与导言相对照）就让人有些费解。

二、对“国外关于马克思经济学逻辑体系构筑学说研究的十大新进展”的评析

在经济思想史的研究上，国外马克思主义经济学占有重要地位。《新探索》能够注意到这个问题表明了其在研究马克思经济学逻辑体系构筑上，思路是开阔的。文章中提出：国外马克思经济学逻辑体系构筑学说研究有十大新进展，总体思路是“回到马克思”与“发展马克思”。我认为，这“十大新进展”未必都“新”，它们有的属于国外马克思主义经济学研究中的老问题，有的属于右派对左派和对马克思主义的挑战。如果平铺直叙地罗列而不去评析这“十大新进展”，就容易在探讨中国经济学

① 《马克思恩格斯全集》第46卷上册，人民出版社1979年版，第525页。
② 《马克思恩格斯全集》第46卷上册，人民出版社1979年版，第47页。

逻辑体系构建时盲目借鉴而影响马克思主义经济学的世界观方法论的贯彻。

第一，20世纪是马克思主义经济学发展经历的第二个世纪，国外马克思主义经济学在与西方主流经济学的对峙中也不断获得发展。《新探索》提到某些“新进展”，一直是自20世纪20—30年代以来国外马克思主义经济学学者研究甚至争议的老问题[①]，诸如：“回到马克思”（保罗·巴兰和保罗·斯威齐称“回到《资本论》”，1942年）；“六册计划与《资本论》结构的关系”（罗曼·罗斯多尔斯基，1968年；马克西米兰·吕贝尔，1973年）；“黑格尔对马克思主义的影响”（乔治·卢卡奇对马克思经济学方法论较有研究，他还把“马克思主义黑格尔化”，1971年）；“罗莎·卢森堡的总体性方法论”（这是《新探索》所列的第八个新进展。我认为，卢森堡的总体方法论在1913年提出，后由卢卡奇等人接受，所以我认为这条可并入上一条）；“恩格斯对《资本论》的贡献”（国外马克思主义经济学学者在探讨马克思和恩格斯学术关系时存在着“一致论”和“对立论”之争，1961年，乔治·利希海姆提出“对立论”，近些年，又重新出现了以曼福里德·斯蒂格重等为代表的“一致论”）。这些问题表明，国外马克思主义经济学家一直较集中地就马克思经济学的巨著《资本论》的方法论和创作史进行反复研究。他们的研究，“不论在其理论基础、方法论和理论特征还是其具体的分析工具，都与传统马克思经济思想有所不同”[②]。此外，“欧美马克思主义经济思想大多理论观点似乎还在变化之中，包括同一个学者本人的理论观点和方法论也在论争中不断地加以修正”[③]。所以，学术争鸣和学术发展是必然的，《新探索》不过是将某些老问题不加分析地重新提出而已。

第二，能够引起我们重视和强调的倒是国外马克思主义经济学在发展中遇到的挑战。《新探索》没有对所谓“十大新进展”中的对马克思经济学具有挑战性的问题进行回应。一是没有对斯蒂格利茨的“第三条道

---

① 详见程恩富主编：《马克思主义经济思想史：经典作家卷》，东方出版中心2006年版；顾海良、张雷声：《20世纪国外马克思主义经济思想史》，经济科学出版社2006年版的相关章节。

② 程恩富主编：《马克思主义经济思想史：欧美卷》，东方出版中心2006年版，第3页。

③ 程恩富主编：《马克思主义经济思想史：欧美卷》，东方出版中心2006年版，第340页。

路经济学即转轨（型）经济学”进行批判，相反却推崇其能够“为社会主义向市场经济过渡的理论体系、体制设计和政策选择提出有启发性思路”。社会主义实践的历史已经证明，“第三条道路”与资本主义道路是殊途同归之路。这涉及拒腐防变的问题，我们必须警惕。二是没有对西方右翼学者编造的“青年马克思与老年马克思对立论”进行反驳。如，俄罗斯自由学派学者提出的“晚年马克思放弃论”的极端自由主义的观点，明显在逻辑上存在缺陷，与《资本论》创作史不符。马克思在 1873 年以后并没有像俄罗斯自由学派学者所说的“完全中止对《资本论》和六册结构的研究，并且直到生命的结束即整整 11 年都没有再重返这项工作”[①] 或“马克思在其生命的最后时刻自己都失望”[②]。事实是，1875 年马克思对《资本论》法文版作了多方面修改，“有独立的科学价值”，体现了马克思研究《资本论》的最新成果[③]。即使在他逝世前健康状况恶化的“1882 年秋—1883 年 1 月初，马克思（还）为出版《资本论》第一卷德文第三版进行工作”。[④] 所以，马克思在逝世前从来没有间断过对《资本论》的研究。同时，作为共产主义者的马克思从来也没有怀疑过自己的结论，如在 1878 年出版的《反杜林论》第二编第十章中马克思至少有 4 次强调《资本论》的结论。

第三，《新探索》主张在构建中国经济学逻辑体系时借鉴“范式论”和“西方转轨型经济学”有些欠妥。如文章写道：“我们要在国际化与本土化的交互作用中催生转轨型中国经济学体系”，“大胆借鉴‘范式’理论和复杂系统研究方法论的研究成果，注重研究萨缪尔森‘现代主流经济学的新综合’体系和斯蒂格利茨经济学体系等诸如此类的积极成果，尤其加强对西方转轨经济学……的研究”。当然，“范式论”提出“范式”这一科学哲学的新范畴，可以补充科学哲学中传统逻辑主义的不足。但是，“范式论”看不到社会物质资料生产活动对科学活动及其发展的决定

① 见《中国经济学逻辑体系的新探索》一文的引用，《当代经济研究》2011 年第 1 期。

② 盖达尔、乌乌：《科学理论与世俗宗教之间的马克思主义（自由主义者的辩护）》，《经济问题》（俄罗斯）2004 年，第 5—6 页。

③ 《资本论》第 1 卷（法文版中译本），中国社会科学出版社 1983 年版，第 839、2 页。

④ 《马克思恩格斯文集》第 10 卷，人民出版社 2009 年版，第 1060 页。

作用，把这种决定性作用归结为社会的心理因素，这就难免摆脱唯心主义的立场。既然马克思主义的辩证唯物论是唯一、彻底的唯物论，那么这个世界观和方法论还有不够用的地方以至于去借鉴疑是唯心主义的东西吗？这是不是在方法论上走回头路？况且经济学作为社会科学有着鲜明的阶级性，超阶级超历史的“范式”经济学是不存在的。至于西方转轨型经济学提倡的“第三条道路”，如前所述，我们在理论上和实践上还应审慎分析对待。

第四，《新探索》对国外马克思主义经济学的“回到马克思”与“发展马克思”和中国的“坚持马克思主义经济学”与“发展马克思主义经济学”的区别缺少比较。国外马克思主义经济学处于西方主流经济学的包围之中，一方面，他们在某种程度上对资本主义的弊病看得更清楚更直接，另一方面，他们吸收了很多西方主流经济学的理论观点和研究方法，并以此对马克思主义经济学进行“发展和改造”，甚至认为，马克思经济学和非马克思主义经济学，即凯恩斯经济学可以“沟通”，在“沟通”基础上“重构”①。而我们讲的“坚持马克思主义经济学”与“发展马克思主义经济学”则与国外马克思主义经济学者“回到马克思”与“发展马克思”不同。坚持马克思主义经济学，是要坚持马克思主义的基本世界观、基本方法论，坚持马克思主义经济学说的基本理论“硬核”。发展马克思主义经济学，就是要把马克思主义普遍真理同当代国内外社会经济发展实际紧密结合起来，为马克思主义经济思想宝库增添新内容，解释现实，指导实践。其一，坚持以马克思的经济理论为指导，对当代资本主义发展中遇到的新情况、新特点、新变化进行马克思主义的分析；其二，坚持用中国特色社会主义理论体系这一马克思主义的普遍真理同中国的具体实际结合起来的最新成果，对全新的社会主义经济制度进行理论概括和科学解释；其三，发展马克思主义经济学必须坚持正确的发展观，要在坚持马克思主义经济学的基础上予以发展，而不是打着马克思主义旗号实为搞非马克思主义的所谓的“发展”；更不是以“马克思主义过时”为借口进行所谓的“改造”和“发展”。归根结底，构筑中国经

① 琼·罗宾逊和保罗·斯威奇等就是持有这种观点的典型代表。

济学的逻辑体系应该科学地“坚持马克思主义经济学和发展马克思主义经济学”。

三、马克思对政治经济学逻辑体系的探讨及其对中国经济学逻辑体系构筑的指导意义

《新探索》认为：“长期以来，我们把《资本论》逻辑结构等同于马克思经济学逻辑体系构筑学说的全部内容。马克思逻辑体系构筑方法‘半截子化’是政治经济学体系僵化和边缘化的一个重要原因。”这里，我们姑且不追究谁“把《资本论》逻辑结构等同于马克思经济学逻辑体系构筑学说的全部内容”，只是《新探索》没说清楚“马克思逻辑体系构筑方法”是本身“半截子化”，还是被“半截子化”？联系上下文应该是后者。《新探索》也是不赞成“半截子化”的，只是把这当成主流了，即“长期以来，我们把《资本论》逻辑结构等同于马克思经济学逻辑体系构筑学说的全部内容”。下面，我们也“回到马克思”，重温马克思对政治经济学逻辑体系的探讨，从中领会其对于中国经济学逻辑体系构筑的指导意义。

1. 马克思对政治经济学逻辑体系构筑探讨的过程。

从整体结构上研究政治经济学逻辑体系，是马克思政治经济学研究的重要组成部分和重要特色。对此，马克思说：“结构，整个的内部联系是德国科学的辉煌成就，这是单个的德国人完全可以承认的，因为这决不是他的功绩，而是全民族的功绩”。[①] 从经济思想史的角度，根据马克思主义经济学的形成和发展过程，我们可将马克思对政治经济学逻辑体系构筑的探讨归结为以下几个阶段。

(1) 研究政治经济学的早期（1843—1857 年）。

为了制定无产阶级革命理论，马克思早在 19 世纪 40 年代初开始系统地研究政治经济学。就逻辑体系构筑而言，其第一次尝试体现在

① 《马克思恩格斯文集》第 10 卷，人民出版社 2009 年版，第 236 页。

《1844年经济学哲学手稿》中。在此手稿中，马克思对政治经济学逻辑体系提出了两方面的构想：

第一，先“打算连续用不同的单独小册子来批判法、道德、政治等等，然后，再以一本专著来说整体的联系、各部分的关系并对这一切材料的思辨加工进行批判”[①]。尽管后来马克思除了政治经济学批判外，没有对法、道德、政治等作过专门批判，但这些要“单独”批判部分的“整体的联系”，在15年后的《政治经济学批判〈序言〉》中得到了经典表述。

第二，把异化劳动作为政治经济学批判的出发点，分析了异化劳动的产生以及它同私有财产的关系，再借助异化劳动和私有财产两个范畴来阐明政治经济学的一切范畴，如私有制、劳动、资本、地产；交换和竞争、垄断和竞争，等等。[②] 15年后马克思进行政治经济学批判的逻辑起点，正是对政治经济学范畴的批判。

(2) 写作和出版《政治经济学批判》《资本论》时期（1857—1883年）。

①五篇计划——六册计划——第1分册出版。

在进行了15年研究工作后，马克思开始系统撰写和出版他的经济学著作。

《1857—1858年经济学手稿》的第二篇手稿《导言》，是马克思为自己计划中的政治经济学著作而写的。在这里，马克思制定了他准备撰写的政治经济学巨著的初步结构，提出五篇计划方案。后来在写作《1857—1858年经济学手稿》的第三篇《政治经济学批判》货币章、资本章时，不断修改、补充计划，结果将五篇计划发展成六册计划。

1858年初，马克思在《致费迪南·拉萨尔》的信中首次提出三部著作、六册结构的出版计划（以下按学术界习惯简称六册计划）。他打算“把全部著作不定期地分册出版”，“首先出版的著作是对经济学范畴的批判，或者，也可以说是对资产阶级经济学体系的批判叙述……叙述是完

① 《马克思恩格斯全集》第42卷，人民出版社1979年版，第45页。
② 《马克思恩格斯全集》第42卷，人民出版社1979年版，第89—130页。

全科学的……全部著作分成六个分册：1. 资本（包括一些绪论性的章节）；2. 土地所有制；3. 雇佣劳动；4. 国家；5. 国际贸易；6. 世界市场。……关于政治经济学和社会主义的批判及历史应当是另一部著作的对象。最后，对经济范畴或经济关系的发展的简短历史概述，又应当是第三部著作的对象"[①]。

六册计划对五篇计划的发展是：把五篇计划第二篇的资本、土地所有制、雇佣劳动等三大范畴作为前三册；把三、四、五篇作为后三册；把第一篇作为第一册《资本》的绪论。1859 年 6 月第一册第一篇《资本》的前两章以《政治经济学批判》（第一分册）为题出版。

②第二分册写作及出版的标题：《资本论——政治经济学批判》。

《政治经济学批判》（第一分册）出版后，马克思立即为写第二分册作准备，到 1863 年 7 月，第二分册写成了一部包括 3 个笔记本的篇幅浩瀚的手稿《1861—1863 年经济学手稿》。在 1862 年底，马克思决定以《资本论》为标题单独出版第二分册（即六册计划中第一册第一篇《资本》的第三章《资本一般》）。在给库格曼的信中马克思写道："第二部分终于脱稿……它是第一分册的续篇，将以《资本论》为标题单独出版，而《政治经济学批判》只作为副标题。"[②] 六册计划其他几册的结构并没有变化。至此，马克思政治经济学逻辑体系基本形成。

③《资本论》的写作。

1863 年 7 月，马克思的政治经济学巨著进入了写作和编辑时期。这一时期也是四卷体系形成时期。此时期的各个手稿，统称为《资本论手稿（1863—1883）》。在写作《资本论》手稿过程中，马克思提出了《资本论》的四册计划："第一册资本的生产过程。第二册资本的流通过程。第三册总过程的各种形式。第四册理论史。"[③] 由于最后是每一册都作为一卷发表，所以四册计划也叫四卷计划。四卷计划是基于"六册计划"中第 1 册《资本》中的第一篇"资本一般"转化而来或展开的。原来已经出版的《政治经济学批判》（第一分册）中的两章已并入《资本论》

① 《马克思恩格斯文集》第 10 卷，人民出版社 2009 年版，第 149、150 页。

② 《马克思恩格斯文集》第 10 卷，人民出版社 2009 年版，第 196 页。

③ 《马克思恩格斯文集》第 10 卷，人民出版社 2009 年版，第 246 页。

中。最终成果是，《资本论》第一册的德文第一版1867年9月作为《资本论——政治经济学批判》(通常称《资本论》)第一卷出版。因此，六册计划是马克思尚未完成的政治经济学巨著的恢宏计划，体现了马克思政治经济学逻辑体系的整体框架。

综上所述，马克思对政治经济学逻辑体系的构筑经历了五篇计划——六册计划——四卷体系逐步的推移过程，它们不是相互割裂和相互矛盾的，而是一脉相承的整体。马克思主义理论是发展着的理论，其逻辑体系构筑学说和逻辑体系构筑本身也是长期的发展过程，不能一蹴而就。

2. 马克思对政治经济学逻辑体系构筑探讨对于中国经济学逻辑体系构筑的指导意义。

第一，世界观和方法论意义。关于中国经济学逻辑体系构筑问题，近些年来的讨论很多，有的人认为时机不成熟，有的人主张构建，如，《新探索》提出反对“体系缓搞”，欲“构建中国转轨（型）经济学体系”。本文认为，在构筑中国经济学逻辑体系问题上，可再重温马克思创立无产阶级经济学的世界观和方法论。我们知道，马克思主义经济学是马克思主义哲学最深刻、最全面和最详细的证明和运用。马克思为了避免“造成任意制造体系的外表”，采取了“连续用不同的单独小册子来批判一些范畴，然后，再以一本专著来说整体的联系、各部分的关系并对这一切材料的思辨加工进行批判”的办法，他还认为，“预先说出正要证明的结论总是有妨害的”[①]。作为马克思政治经济学逻辑体系重要材料，《1857—1858年经济学手稿》和一些准备材料、大纲及摘录笔记等“全部材料形式上都是专题论文，它们是在相隔很久的几个时期写成的，目的不是为了付印，而是为了自己弄清问题”[②]。按着马克思的方法论原则，我们在构筑中国经济学逻辑体系问题上也应该不是为了构筑而构筑，而是要为了弄清中国在发展中的问题。在弄清中国在发展中的问题方面，宋涛教授认为：“中国的改革开放，为社会主义经济理论提出了许多新的

---

① 《马克思恩格斯选集》第2卷，人民出版社1995年版，第31页。

② 《马克思恩格斯选集》第2卷，人民出版社1995年版，第31页。

课题。尽管我们对这些问题的认识还是初步的，还不成熟，但只要我们坚持马克思主义的世界观和方法论，进行不断的探索，就一定能够对之做出科学的回答”。[①] 刘诗白教授认为：“有关社会主义经济性质的理论阐明和创新，也为众多经济学家参与和正在从事富有中国特色、中国气派的中国社会主义政治经济学的编著奠定了理论基础。”[②] 可见，中国经济学逻辑体系的构筑要和马克思主义的世界观和方法论相吻合。

第二，逻辑结构和内容概括意义。如前所述，既然六册计划是一个完整的政治经济学体系，那么，六册计划就展示了马克思对资本主义经济关系研究的恢宏设想，也为马克思主义政治经济学在当代的发展提供了极其重要的思路。要构筑中国经济学逻辑体系的内容即理论体系，必须要先对中国经济学进行历史定位。中国经济学的历史定位，是与中国社会主义发展的阶段性相辅相成的。社会主义初级阶段已经是社会主义了，其经济学理论体系就是中国特色社会主义经济理论体系，而不是斯蒂格利茨的“第三条道路”的理论体系。卫兴华教授最近撰文将中国特色社会主义经济理论体系概括为十大内容，他说：“经过中国共产党人九十年来的不断摸索与探索，经过新中国六十多年来的社会主义实践经验，特别是经过三十多年来改革开放的实践与理论的发展和创新，已形成了适用于整个社会主义初级阶段的中国特色社会主义经济理论体系”。这是“根据自己对这一理论体系的理解与把握做出的”。[③] 我认为，虽然这里没有搭就中国经济学逻辑体系的框架，但从十大内容来看还“应是来自马克思主义的科学社会主义理论”[④]，这就做到了“为了自己弄清问题”。因此，弄清中国在发展中的问题很重要，不存在没有内容的逻辑体系，内容和逻辑体系是相辅相成的。

（原文发表于《当代经济研究》2011 年第 9 期）

---

① 宋涛：《继承发展马克思主义经济理论，更好地为社会主义经济建设服务》，《政治经济学评论》2010 年第 1 期。

② 刘诗白：《马克思主义政治经济学的时代发展与理论创新》，《政治经济学评论》2010 年第 1 期。

③ 卫兴华：《中国特色社会主义经济理论体系研究》，《经济学动态》2011 年第 5 期。

④ 卫兴华：《中国特色社会主义经济理论体系研究》，《经济学动态》2011 年第 5 期。

三

《资本论》研究方法

辩证法在《资本论》中的应用

张薰华*

马克思在世的时候，曾经想写一本《辩证法》，但由于写作《资本论》的重担，没有时间做这项工作。[①] 不过，马克思虽然没有遗留下专著《辩证法》，但却遗留下《资本论》的辩证逻辑。《资本论》是第一次把辩证方法应用于政治经济学的典范。恩格斯曾指出：马克思的全部见解，不是一种教义，而是一种方法。[②] 列宁也指出："不钻研和不理解黑格尔的全部逻辑学，就不能完全理解马克思的'资本论'。"[③] 而当我们弄清这种方法的时候，《资本论》的体系和结构也就明显地呈现出来。

马克思在《资本论》中所应用的辩证方法究竟具体表现在哪些方面呢？据我粗浅的理解，试把它分为矛盾分析法，资本形态变化运动分析法，研究方法和叙述方法，数量分析法。这些方法互相渗透，是辩证方法在不同角度上的表现。从这些方法的有机联系里面可以看出，在《资本论》中，逻辑、辩证法和唯物主义的认识论是同一个东西，而马克思的唯物主义辩证法则从黑格尔那里吸取了全部有价值的东西，并且发展了这些有价值的东西。

---

* 张薰华：复旦大学经济学院教授。

① 参阅《马克思恩格斯全集》第29卷，人民出版社1972年版，第250页；第32卷，人民出版社1974年版，第535页。

② 参阅《马克思恩格斯全集》第39卷，人民出版社1974年版，第406页。

③ 列宁：《哲学笔记》，人民出版社1960年版，第191页。

一、矛盾分析法

大家知道，商品是资本主义生产的最简单元素，《资本论》就是从分析商品的矛盾开始的。“这一分析从这个最简单的现象中（在资产阶级社会的这个‘细胞’中）揭示出现代社会的一切矛盾（或一切矛盾的胚芽）。”①

从下面分析中可以看到，商品内在矛盾中潜伏着商品生产关系和生产力的矛盾，在一定条件下，这个矛盾又转化为资本主义生产关系和生产力的矛盾。由于商品是资本主义社会一切矛盾的胚芽，由于它能展开为现代社会的基本矛盾，因而分析商品也就能揭示出现代社会的一切矛盾。

《资本论》第一卷第一章首先着重分析商品的内在矛盾——使用价值和价值的对立统一。接着指出，商品这种二重性质来源于劳动二重性，同一劳动当作具体劳动，它生产使用价值；当作抽象劳动，它创造价值。然后说明，一个商品只能表现自己是使用价值，无法表现自身的价值；一个商品的价值，只有通过它与另一种商品进行交换，才能表现出来。在交换关系中，商品的内在矛盾即使用价值和价值的矛盾，表现为外在的使用价值和交换价值的对立，即外化为使用价值形式和价值形式的对立，并发展为商品和货币的对立。然后又进一步指出，劳动二重性不过是商品生产者的私人劳动的二重社会性质。② 因此具体劳动和抽象劳动的矛盾是包含在私人劳动和社会劳动的矛盾之中；而私人劳动和社会劳动的矛盾则体现着商品生产的私有制和社会化的劳动的矛盾。第二章再把商品在交换中所表现的矛盾，人格化为商品的代表者即商品所有者在物物交换的交换过程的矛盾——商品交换者的个人过程和社会过程的矛盾。这个矛盾促使货币产生。货币又使这个统一的过程分裂为卖与买的过程，并使这对矛盾转化为卖和买的矛盾（第三章）。于是又出现资本总公式的

① 列宁：《哲学笔记》，人民出版社 1960 年版，第 409 页。

② 《马克思恩格斯全集》第 23 卷，人民出版社 1972 年版，第 90 页。

矛盾，引出了特殊商品劳动力。商品劳动力的特殊性在于这个商品的矛盾的特殊性，它不仅具有价值和使用价值，而且具有特殊的使用价值——劳动，也就是说，它的使用价值（劳动）能够创造价值，而且能够创造出比它自身价值更大的价值，即能够创造剩余价值（第四章）。

当这个具有劳动力的雇佣劳动者被带入生产过程，商品生产过程的二重性——创造使用价值的劳动过程和创造价值的价值形成过程，便转化为资本主义生产过程的二重性——劳动过程和价值增殖过程。劳动过程实际是生产力发挥作用的过程，价值增殖过程则是资本主义生产关系的运动过程，所以，生产过程的二重性实际是社会基本矛盾作用的过程(第五章)。这个基本矛盾还表现为劳动过程中劳动的日益社会化（即协作范围的不断扩大)，从而生产的日益社会化，和价值增殖过程中资本占有制的矛盾（第十一章到第十三章)。这个基本矛盾还表现为以无限发展生产力为手段，只是为了达到价值增殖这一有限的目的，即无限的手段和有限的目的的矛盾。它表现为生产力的两个要素（生产资料和劳动力)及其结合的结果（产品）作为资本的过剩，即资本过剩、人口过剩和商品资本过剩，基本矛盾这样激化便爆发为生产过剩经济危机（第三卷第十五章)。基本矛盾通过积累而继续发展，最后，“生产资料的集中和劳动的社会化，达到了同它们的资本主义外壳不能相容的地步。这个外壳就要炸毁了。资本主义私有制的丧钟就要响了。剥夺者就要被剥夺了”①。

《资本论》就这样阐明了资本的产生、发展和灭亡的自始至终的矛盾运动。

二、资本形态变化运动分析法

上面我们从资本主义基本矛盾的胚芽出发，分析资本主义基本矛盾的产生、发展和解决。现在侧重分析矛盾的一个侧面——体现生产关系

---

① 《马克思恩格斯全集》第23卷，人民出版社1972年版，第831—832页。

这方面的价值增殖运动所采取的形式，即资本价值的变形运动。马克思说："资本作为自行增殖的价值……它是一种运动，是一个经过各个不同阶段的循环过程"，"它只能理解为运动，而不能理解为静止物"。[①] 而且，"资本的运动是没有限度的"[②]。

大家知道，产业资本价值的变形运动用符号来表示就是：

G—W…P…W′—G′. G—W…P…W′—G′. G—W……

其中 G 为预付的货币资本，W 为采取商品形式的生产要素（生产资料 Pm 与劳动力为 A），P 为生产资本，W′为商品资本，G′为增殖了的货币资本。又 G—W 或 G—W$<^{A}_{Pm}$为购买过程，W…P…W′为直接生产过程，W′—G 为出售过程。

1. 按照从本质到现象的方法，《资本论》第一卷主要分析这个运动的本质阶段，即直接生产过程 W…P…W′。但这个过程又以 G—W 为前导，特别要以 G—W$<^{A}_{Pm}$中的 G—W（A），即劳动力 A 的购买为前提。而 A 之成为商品，又必须先有商品、货币存在。因此，按运动的发展，第一卷首先从分析商品和货币开始。

第一篇，由商品的使用价值与价值内在矛盾运动，外化为交换过程中商品与商品的对立运动（一个商品的价值表现在另一个商品身上），并发展为商品与货币的对立运动（商品的价值表现在货币身上），形成了 W—G—W 序列的商品流通运动。

第二篇，商品流通的 W—G—W 转化为资本流通的 G—W—G′。并特别论述了 G—W 中的 G—W（A）。

第三到第六篇，集中论述 G—W—G′的中介运动 W…P…W′，即在 G—W 和 W′—G′当中的直接生产过程。

第七篇，再从 G—W…P…W′—G′的不断反复的运动中，即从再生产运动中来考察直接生产过程。

2.《资本论》第二卷再把第一卷讲的直接生产过程（W…P…W′）

① 《马克思恩格斯全集》第 24 卷，人民出版社 1972 年版，第 122—122 页。
② 《马克思恩格斯全集》第 23 卷，人民出版社 1972 年版，第 174 页。

和流通过程（G…W 与 W′—G′）综合在一起，专门论述产业资本的变形运动。

产业资本在运动中依次采取三种形态（G，P，G′），在这个无限变形运动中，资本的每一种形态，每经三个转化阶段就重现一次也就是循环了一次。资本有三种形态，因而资本循环也有三种形态：G…G′，P…P，W′…W′。

第二卷第一篇前三章按次分析资本变形运动的三种循环（G…G′，P…P，W′…W′），第四章再论述它们的总循环是三种循环的统一，即

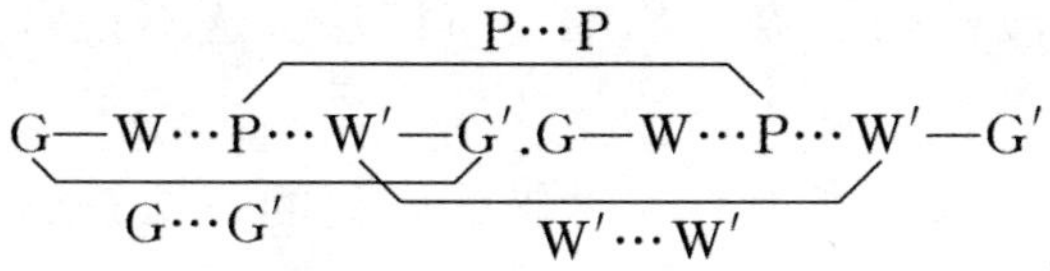

第二卷共三篇，第一篇侧重分析 G…G′，第二篇侧重分析 P…P，第三篇侧重分析 W′…W′。总之，第二卷是以产业资本的变形运动一通到底的。

3.《资本论》第三卷前三篇仍然是在前述产业资本的运动基础上进行的分析。

第四篇，商业资本的运动不过是产业资本运动的出售阶段 W′—G′的独立化。如果商品 W′由商人来购买，产业资本的 W′—G′，便是商人的 G—W，然后商人再把 W′卖给消费者即 W′—G′，所以商人资本的运动是 G—W—G′，它是产业资本运动派生的运动，可以图示如下（图中方框表示产业资本的 W′—G′便是商人资本的 G—W）。

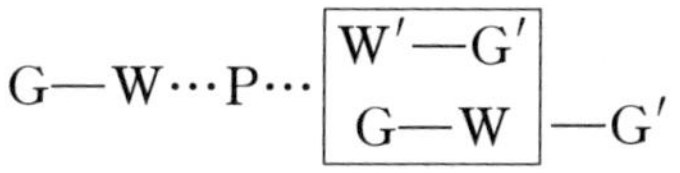

第五篇，生息资本的运动，主要是从产业资本运动中暂时游离出来的货币资本独立化的运动，这个运动也是从属于产业资本的运动的。它表现为 G—G′，即贷出货币资本 G 经过一定时期收回更多的货币资本 G′。它实质上是以产业资本运动为中介为基础的，即应该是：

G—G—W…P…W′—G′—G′

三、研究方法和叙述方法(或称回圈法)

《资本论》的叙述方法采用了黑格尔的逻辑方法。但是，黑格尔的逻辑方法是从观念的东西出发，是唯心的辩证方法。《资本论》的叙述方法则是以唯物的研究方法为基础，是唯物的辩证方法。在黑格尔的辩证方法中，一旦把观念的东西和物质的东西的相互关系颠倒过来，黑格尔的唯心辩证法便被改造为马克思的唯物辩证法。这不是对黑格尔辩证法的全盘否定，而是扬弃。

马克思在编写《资本论》的时候，研究的方法是从实际出发，从感性认识上升到理性认识，这个思维行程就是从现象到本质、从具体到抽象、从复杂到简单。叙述的方法则是根据研究的结果，把它所反映的客观事物，从理论上表述出来，因而与上述思维行程正好相反，它是从本质到现象、从抽象到具体、从简单到复杂。在研究的行程中，“完整的表象蒸发为抽象的规定”；在叙述的行程中，“抽象的规定在思维行程中导致具体的再现”①。

我们现在要掌握的正是这个叙述的方法。这个方法是经过马克思改造的黑格尔的逻辑方法。在黑格尔的逻辑学中最初的概念是最抽象的，最后的概念是最具体的。“逻辑理念的发展是由抽象进展到具体”。“这个前进运动的特征就是：它从一些简单的规定性开始，而在这些规定性之后的规定性就愈来愈丰富，愈来愈具体。因为结果包含着自己的开端，而开端的运动用某种新的规定性丰富了它……在继续规定的每一个阶段上，普遍的东西不断提高它以前的全部内容，它不仅没有因其辩证的前进运动而丧失了什么，丢下了什么，而且还带着一切收获物，使自己的内部不断丰富和充实起来”。② 黑格尔把“理念”的这样发展比作“圆圈”。他还说，“科学是一种自身封闭的圆圈……同时这个圆圈是圆圈的

① 《马克思恩格斯全集》第12卷，人民出版社1962年版，第751页。

② 转引自列宁：《哲学笔记》，人民出版社1960年版，第249—250页。

圆圈”。[①] 这种圆圈的圆圈“犹如投石于水，圆圈形的波纹一个套一个、一个大一个地四散漫开，这就是‘辩证进程’的全貌”[②]。

对《资本论》的叙述方法，似可用类似的圆圈的圆圈表示出来，本文试作探索如下。

1. 《资本论》前三卷体系的展开。

第一卷论述资本的直接生产过程。从这个“简单的规定性开始”，再加上流通过程的新的规定性，又展开为第二卷所论述的资本的流通过程——这是包含直接生产过程在内的广义的流通过程。第三卷又在广义的流通过程的基础上再加上分配过程的新规定，展开为资本主义生产的总过程。用圆圈的圆圈来表示就是：

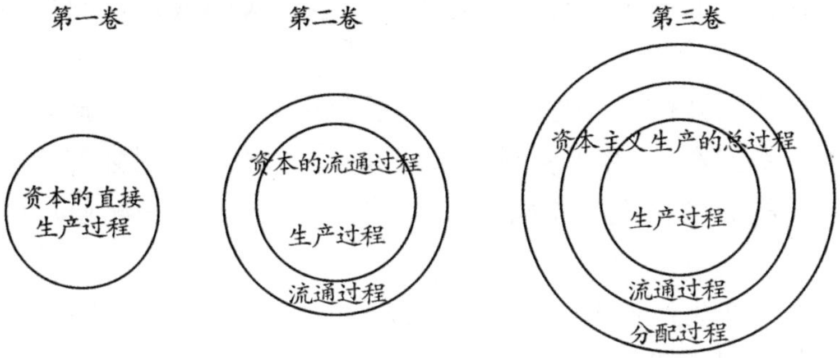

内圈是“普遍的东西”，是简单的、抽象的、本质的东西。由内圈向外圈的展开，展开为复杂的、具体的东西，因而是越来越接近现象的东西。外圈并没有丢掉内圈，而是在内圈的规定上再加上新的规定，使内圈不断丰富和充实起来。

2. 由商品展开为资本（第一卷第一章到第五章）。

商品是资本主义社会财富的元素形式。《资本论》是由叙述商品开始的。商品 W 首先展开为货币 G（商品加上一般等价物的新规定性便转化为货币），再展开为商品劳动力 W（A），然后展开为可变资本 v。

恩格斯在《卡·马克思“资本论”第一卷书评》中说：“我们首先举出全书整个巧妙的辩证的结构，举出在商品的概念中货币如何已经作为

① 转引自列宁：《哲学笔记》，人民出版社 1960 年版，第 251 页。

② 萧焜焘：《关于辩证法科学形态的探索》，《中国社会科学》1980 年第 2 期。

自在地存在的东西被表述出来，货币如何转化成资本。”①

3. 资本本身的各种形式的展开。

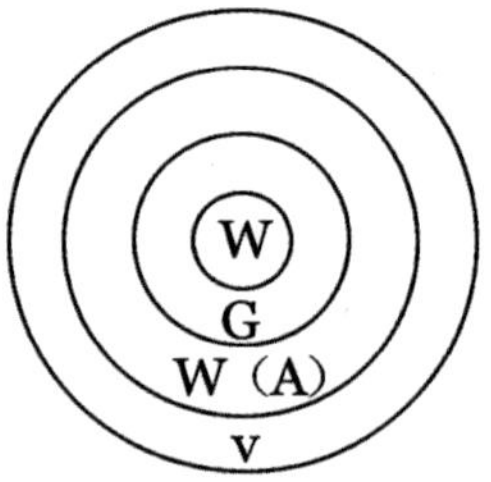

《资本论》论的是资本。“资本是资产阶级社会的支配一切的经济权力。它必须成为起点又成为终点。”② 从第一卷的起点到第三卷的终点，《资本论》论述了各种形式的资本。这各种形式的资本是怎样展开的，它们的内在联系如何，也可以通过圆圈的圆圈来表示（如右图）。资本是带来剩余价值的价值，在各种形式的资本中只有可变资本（被占有的劳动力）能够创造剩余价值，因而可变资本是资本的基本规定或其本质的东西，是内圈是核心。其他各种资本形式只有和可变资本发生直接的或间接的联系时才成为资本。

第一卷首先分析了可变资本 v，然后分析与 v 直接联系起来的生产资料转化为不变资本 c。生产资料和生活资料 “只有在同时还充当剥削和统治工人的手段的条件下，才成为资本”③。v 和 c 合在一起便形成生产资本 P。

第二卷又在生产资本的基础上，论述了它在流通过程中的变形运动，它本身会采取固定资本和流动资本的形式，它还会转化为流通资本，即转化为商品资本 W′和货币资本 G 与 G′。

第三卷再在产业资本循环运动中所采取的商品资本形式 W′和货币资本形式 G 和 G′的基础上，论述这些流通资本首先会独立化为商业资本，即独立化为商品经营资本和货币经营资本。产业资本是具有生产和实现剩余价值的职能的资本，商业资本则是具有实现剩余价值的职能的资本。在以上职能资本运动中游离出来的货币资本又独立化为非职能资本，即生息资本，以及银行资本、虚拟资本等。

用圆圈的圆圈表示就是：

4. 剩余价值的各种形式的展开上面资本形式的展开。

---

① 《马克思恩格斯全集》第 16 卷，人民出版社 1964 年版，第 233 页。

② 《马克思恩格斯全集》第 12 卷，人民出版社 1962 年版，第 758 页。

③ 《马克思恩格斯全集》第 23 卷，人民出版社 1972 年版，第 835 页。

- 资本
  - 职能资本
    - 产业资本
      - 生产资本(P)
        - 不变资本(c)——固定资本、流通资本
        - 可变资本(v)——流通资本
      - 商品资本(W′)
      - 货币资本(GG′)
    - 商业资本
      - 商品经营资本(W′,G,G′)
      - 货币经营资本(G,G′)
  - 非职能资本——生息资本(G,G′)
    (借贷资本,银行资本以及虚拟资本)

上面资本形式的展开是以v为内核的，其所以如此，是因为只有v能创造剩余价值m。现在从另一方面，即从剩余价值m来看，它的基本规定是v的产物，是v的增量Δv，即Δv=m，这是内核。然后，随着上述资本形式的展开，当它表现为其他形式的资本的产物时，它就表现为各种相应的形式。当它表现为总生产资本（c+v）的产物时便表现为利润p，即Δ(c+v)=p；当它表现为预付的社会总资本（职能资本家预付的生产资本与流通资本）的产物时，就表现为平均利润p；当其中预付货币资本独立化为生息资本时，它的一部分就表现为资本的所有权的产物(利息)，它被分割为利息和企业利润；在土地所有权发生作用时，它的一部分又表现为土地所有权的产物（地租），因而剩余价值再分割为地租、利息和企业利润。

在研究《资本论》的时候，掌握这种圆圈的方法，使我们能掌握事物的有机体系，弄清它的主要脉络。《资本论》中许多重要理论都是采取这种方法的。例如价值规律问题，也要先从直接生产过程看它的基本规定性，然后展开到流通过程注意它又有什么新的规定，再到生产的总过程看还有哪些更新的规定，才能既深入而又完整地理解这个规律。

这种叙述方法由分析抽象的基本规定开始，然后不断把新加入的规定综合在一起作为结果，这结果就越来越具体。因而由抽象到具体的这种方法又是由分析到综合的方法。马克思说，“具体之所以具体，因为它是许多规定的综合，因而是多样性的统一。因此它在思维中表现为综合

的过程，表现为结果，而不是表现为起点”。[①]

四、数量分析法

任何事物不仅有质的规定，而且有量的规定。《资本论》到处都遇到数量分析问题。这里只能择其要者举几点。

1. 在质的规定的基础上进行量的分析。例如价值规律的基本规定性是：一个商品的价值量由生产该商品的社会必要劳动量来决定。本来质的规定只是价值由社会必要劳动决定，但必须加上量的规定，才能完整地表示价值规律的基本规定性。

2. 量变到质变规律的应用。马克思在论述货币转化为资本时，实际上讲了三个条件：(1) 劳动力成为商品以及这种商品的购买（第一卷第四章），但这仅是前提条件；(2) 被购买的劳动力进入生产过程生产剩余价值（第五章），这好像已经转化为资本了，其实不然；(3) 还有一个数量条件，货币所有者不仅占有了剩余价值，而且要使他的预付货币量增加到一定数量，从而使占有的剩余价值量也增加到某一程度上，以致他能够脱离劳动用全部时间来占有从而控制别人的劳动，预付的货币才转化为资本。“在这里……单纯量的变化到一定点时就转化为质的区别”(第九章)。

3. 平均数规律的应用。在生产无政府状态下，偶然性占统治地位，必然性正是通过偶然性离差的相互抵消来为自己开辟道路。马克思说，“在这种生产方式下，规则只能作为没有规则性的盲目起作用的平均数规律来为自己开辟道路”。[②]

既然《资本论》所论述的规律到处以平均数规律出现，对平均数的方法及其规律的应用就特别重要。

以价值规律为例。它的基本规定是一个商品的价值量由社会必要劳

① 《马克思恩格斯全集》第 12 卷，人民出版社 1962 年版，第 751 页。

② 《资本论》第 1 卷，人民出版社 2004 年版，第 123 页。

动时间决定。社会必要劳动时间是指社会平均条件下的必要劳动时间，因而又可以叫作社会平均劳动时间。价值规律在流通过程要求等价交换从而要求价格与价值相符，表现为价格以价值为中心的运动，由于价格又以平均价格为中心，因为个别价格 p 与平均价格 $\overline{p}$ 的离差会在总和中相互抵销，即离差的总和 $\sum(p-\overline{p})=0$，所以又表现为平均价格与价值相符。"等价物的交换只存在于平均数中，并不是存在于每个个别场合"。[①]可见，不理解平均数规律也就无法理解价值规律。

再以一般利润率为例。由于两个总和的相对数具有单个相对数的平均数的性质，所以一般利润率，即社会剩余价值的总和 $\sum m$ 和社会资本的总和 $\sum(c+v)$ 的相对数 $\frac{\sum m}{\sum(c+v)}$，又是各个单个利润率（单个相对数）$\frac{m}{c+v}$ 的平均数，因而一般利润率又表现为平均利润率。这个关系可以从平均数的加权公式 $\overline{x}=\sum xf/\sum f$ 得到证明。因为

$$\text{一般利润率}=\frac{\sum m}{\sum(c+v)}=\frac{\sum\frac{m}{c+v}(c+v)}{\sum(c+v)}=\frac{\sum p'(c+v)}{\sum(c+v)}=\overline{p}'$$

其中 p' 相当于变量 x，$c+v$ 相当于权数 f，$\overline{p}'$ 为 p' 的平均数（即平均利润率）。

4. 函数分析法。

通过函数分析法可以全面掌握各种变数的相互制约的、综合的关系。

例如，通过公式 $M=m'\times V$，可以知道剩余价值量 M 是由剩余价值率 m' 和预付可变资本量 V 共同决定的。

又如，通过公式：$p'=\frac{m}{c+v}=\frac{m}{v}\cdot\frac{v}{c+v}=\frac{m'}{\frac{c}{v}+1}$，可以知道利润率 p' 或者由 m，c，v 决定，或者由 m'，$\frac{c}{v}$ 决定。

再如，通过公式股票行市 $=\frac{\text{股息}}{\text{利息率}}$，可以知道股票行市不仅由股息

---

① 《马克思恩格斯全集》第 19 卷，人民出版社 1963 年版，第 21 页。

决定，而且由利息率决定。

这类函数公式比比皆是，能帮助我们全面分析问题。

（原文发表于《学术月刊》1980年第7期）

《资本论》方法论的历史演变

李建平*

迄今为止，国内学术界对马克思在《资本论》中所应用的方法发表了各种很不相同的见解，有的认为是科学抽象法，有的认为是从抽象上升到具体的方法，有的认为是唯物辩证法，有的认为是系统分析的方法，等等。这些见解都可以从马克思的著作中找到一定的依据，并对《资本论》的分析作出一定程度的方法论的说明，因此，它们都包含着正确的成分，轻易地以其中一种观点否定另一种观点是不妥当的。但是，为什么这些观点又是如此不同，甚至相左呢？为什么学术界对此争论了多年，至今没有什么结果？我认为，要解决这一难题，关键在于不能形而上学地看待马克思在不同时期作出的关于《资本论》方法的论述，承认《资本论》的方法论和《资本论》中所阐述的各种原理一样，有一个历史形成的过程。我们应该从动态方面考察其历史的演变，只有这样，上述争论才能得到比较合理的解决，并为《资本论》方法论的研究开辟一条新的途径。

大体说来，《资本论》方法论的形成和发展经过了四个阶段，即：1844 年的巴黎手稿阶段；1847 年的《哲学的贫困》阶段；1857 年的《〈政治经济学批判〉导言》阶段；1858 年以后马克思写作和出版《资本论》的阶段。下面我们依次考察这各个阶段。

* 李建平：福建师范大学经济学院、马克思主义学院教授，博士生导师。

一

1843年10月马克思到达巴黎后，开始系统地研究政治经济学。他曾计划出版一部两卷本的题为《政治和政治经济学批判》的专著来阐述自己的研究成果。此书未获出版，手稿大部分佚失了，至今保留下来的一部分被命名为《1844年经济学哲学手稿》（以下简称为《手稿》），从中我们可以看到《资本论》方法论的雏形。

在《手稿》中，马克思已初步区分了研究方法和叙述方法。

在研究方法上，马克思批评了资产阶级经济学家所惯用的唯心主义的先验方法。他说："我们不像国民经济学家那样，当他想说明什么的时候，总是让自己处于虚构的原始状态。这样的原始状态什么问题也说明不了，国民经济学只是使问题堕入五里雾中。他把应当加以推论的东西……假定为事实、事件。"① 与之相反，马克思推崇实证的研究方法，在这方面他受费尔巴哈的影响比较大。在《手稿》序言中，他就指出："整个实证的批判，从而德国人对国民经济学的实证的批判，全靠费尔巴哈的发现给它打下真正的基础。"② 马克思在自己的政治经济学研究中贯彻了唯物主义的实证方法，强调要"从当前的经济事实出发"③ 来研究资本主义社会的经济，如资本、利润、工资、地租等，力图揭示其内在的矛盾和规律。因此，马克思在序言中自信地宣称："我用不着向熟悉国民经济学的读者保证，我的结论是通过完全经验的以对国民经济学进行认真的批判研究为基础的分析得出的。"④

值得重视的是，在《手稿》中马克思对资产阶级政治经济学的批判，对资本主义社会经济事实的分析，已尝试运用他正在酝酿中的唯物主义历史观，从而形成了他一种独特的研究方法。例如，他在分析经济学说

① 《马克思恩格斯全集》第42卷，人民出版社1979年版，第90页。
② 《马克思恩格斯全集》第42卷，人民出版社1979年版，第46页。
③ 《马克思恩格斯全集》第42卷，人民出版社1979年版，第90页。
④ 《马克思恩格斯全集》第42卷，人民出版社1979年版，第45页。

史时，不是把由重商学派到重农学派再到英国古典经济学派的发展看成是纯思维过程，而是看作社会本身发展在经济理论上的反映。在分析资本主义的货币拜物教时，马克思把它和古希腊的自然拜物教区分开来，其原因在于资本主义“拜物教徒的感性意识不同于希腊人的感性意识，因为他的感性存在还是不同于希腊人的感性存在”①。这里马克思使用的虽然是“感性存在”和“感性意识”的提法，但实际上已接近于社会存在决定社会意识这一历史唯物主义的基本原则。类似的分析在《手稿》中比比皆是。正是由于马克思在政治经济学研究中采用了这种尽管还不够成熟但却是崭新的历史观和研究方法，所以他不仅超越了资产阶级经济学家的视野，也超越了深受其影响的费尔巴哈。

马克思写作《手稿》是为了出版《政治和政治经济学批判》这样一部专著，所以不能不考虑体系的构造即“整体的联系、各部分的关系”②问题，这就涉及叙述的方法。我认为《手稿》所采用的叙述方法是以异化劳动范畴为核心和出发点的演绎推理方法，这一方法是德国古典思辨哲学同马克思刚刚起步的经济学研究相结合的产物。马克思首先分析了资本主义制度下工人同自己的产品的关系，他写道：“我们已经从经济事实即工人及其产品的异化出发。我们表述了这一事实的概念：异化的、外化的劳动。”③ 马克思从劳动产品同劳动者的异化，进而考察了劳动的异化，并从“异化劳动的已有的两个规定中推出它的第三个规定”④。即人类本质同人相异化，接着又用同样方法推出了第四个规定——人与人相异化。马克思在设想他的体系构造时写道：“正如我们通过分析从异化的、外化的劳动的概念得出私有财产的概念一样，我们也可以借助这两个因素来阐明国民经济学的一切范畴，而且我们将发现其中每一个范畴，例如商业、竞争、资本、货币，不过是这两个基本因素的特定的、展开了的表现而已。”⑤ 显然，《手稿》这一叙述方法是很不科学的，其原因在

① 《马克思恩格斯全集》第42卷，人民出版社1979年版，第139页。
② 《马克思恩格斯全集》第42卷，人民出版社1979年版，第45页。
③ 《马克思恩格斯全集》第42卷，人民出版社1979年版，第98页。
④ 《马克思恩格斯全集》第42卷，人民出版社1979年版，第95页。
⑤ 《马克思恩格斯全集》第42卷，人民出版社1979年版，第101页。

于：第一，这时马克思的经济学研究刚开始不久，他的经济理论还不成熟，例如对李嘉图的劳动价值论还持否定态度；第二，他的唯物主义历史观还处在形成过程中，因此在异化劳动理论中还存在一定程度的人本主义痕迹；第三，他批判了黑格尔的唯心主义辩证法，但如何从中汲取合理的内核，还需要一个探索的过程。

二

马克思于1847年7月出版的《哲学的贫困》一书在其政治经济学的创立过程中具有极为重要的地位和作用。1880年马克思在谈到这本书时曾写道："在该书中还处于萌芽状态的东西，经过二十年的研究之后，变成了理论，在'资本论'中得到了发挥。"[①] 从《资本论》方法论形成史的角度看，这本书的地位和作用也是不容忽视的。

在《哲学的贫困》序言中，马克思指出蒲鲁东实际上是一个拙劣的经济学家和哲学家，但是他又以杰出的经济学家和卓越的哲学家自诩。为了反对和纠正这一双重错误，马克思一方面要揭露蒲鲁东在政治经济学上的荒谬，另一方面则对蒲鲁东所应用的政治经济学方法进行批判。该书分为两章，题为"科学的发现"的第一章属于前一方面，题为"政治经济学的形而上学"的第二章属于后一方面。下面我们着重分析的是第二章。

"政治经济学的形而上学"中的"形而上学"是什么意思呢？马克思说："在黑格尔看来，形而上学同整个哲学一样，可以概括在方法里面。所以我们必须设法弄清楚蒲鲁东先生那套至少同'经济表'一样含糊不清的方法。"[②] 从马克思所做的七个说明中可以看出，他既批判了蒲鲁东的研究方法，也批判了其叙述方法。

关于研究方法，马克思首先指出蒲鲁东的错误在于其研究的出发点

---

① 《马克思恩格斯全集》第19卷，人民出版社1963年版，第248页。
② 《马克思恩格斯全集》第4卷，人民出版社1958年版，第139页。

不是“人的生动活泼的生活”、现实的生产关系及其历史发展，而是“经济学家的教条”“不依赖于实际关系而自生的思想”和逻辑范畴。蒲鲁东甚至还“把逻辑范畴看作一切事物的实体”，“我们世界上的事物只不过是逻辑范畴这种底布上的花彩”[①]，这实际上是把黑格尔的唯心主义哲学直接搬到政治经济学上罢了，因此 30 多年后马克思还把蒲鲁东称为“唯心主义政治经济学的最新的体现者”[②]。此外，《哲学的贫困》比起《手稿》有一个非常明显的变化，那就是马克思运用他已经创立的历史唯物主义观点去研究社会经济问题，批判各种错误观点。例如，他指出：“经济范畴只不过是生产方面社会关系的理论表现，即其抽象”[③]，而蒲鲁东对它的理解却是颠倒的；他还指出：“生产力的增长、社会关系的破坏、思想的产生都是不断变动的”，而蒲鲁东的“运动的抽象”却是“停滞不动”的。[④] 由于有唯物史观作指导，马克思对蒲鲁东的批判就不仅仅停留在一般唯物主义的水平，而是更深刻、更彻底了，这表明马克思在政治经济学的研究方法上出现了一个新的飞跃。

关于叙述方法，马克思从以下三个方面批判了蒲鲁东。

首先是矛盾分析的方法。蒲鲁东所写著作的正标题是“经济矛盾的体系”，可见他重视经济矛盾的分析。这种矛盾分析法来源于黑格尔，可是“蒲鲁东先生从黑格尔的辩证法那里只学得了术语”，而不了解这一辩证方法的实质。这表现在：他机械地把每个经济范畴划分为好的和坏的两个方面，认为“好的方面和坏的方面、益处和坏处加在一起就构成每个经济范畴所固有的矛盾”，而解决这一矛盾的办法就是“保存好的方面，消除坏的方面”[⑤]。马克思指出其错误一是“自以为有了神秘的公式就用不着深入纯经济的细节”[⑥]。二是蒲鲁东不了解“两个矛盾方面的共存、斗争以及融合成一个新范畴”这一“辩证运动的实质”。他给自己提出消除经济范畴坏的方面的任务，实际上“就是立即使辩证运动终结”。

---

① 《马克思恩格斯全集》第 4 卷，人民出版社 1958 年版，第 141 页。
② 《马克思恩格斯全集》第 19 卷，人民出版社 1963 年版，第 248 页。
③ 《马克思恩格斯全集》第 4 卷，人民出版社 1958 年版，第 143 页。
④ 《马克思恩格斯全集》第 4 卷，人民出版社 1958 年版，第 144 页。
⑤ 《马克思恩格斯全集》第 4 卷，人民出版社 1958 年版，第 145 页。
⑥ 《马克思恩格斯全集》第 4 卷，人民出版社 1958 年版，第 158 页。

三是随心所欲地把一个经济范畴当作另一个经济范畴的消毒剂，例如用捐税来消除垄断的缺陷，用贸易差额来消除捐税的缺陷，用土地所有权来消除信用的缺陷，等等。马克思嘲笑蒲鲁东“用矛盾和矛盾的消毒剂的混合物写成两卷矛盾，并且恰当地称为‘经济矛盾的体系’”[①]，可见蒲鲁东所用的矛盾分析法只是徒有其名，是一种虚假的、冒牌的辩证法。那么，真正的科学的矛盾分析法又是什么呢？在此马克思没有做出正面的说明，但他对辩证运动实质的概括，对事物矛盾本性的强调，已为他后来在《资本论》中出色地运用这一辩证方法埋下了伏笔。

其次是建构经济学体系的方法。由于蒲鲁东经济学研究的出发点是主观自生的观念的东西，所以他所要建立的经济学体系也只能和黑格尔一样，“只是根据自己的绝对方法把所有人们头脑中的思想加以系统的改组和排列而已”[②]。这里所说的“绝对方法”指的是“运动的纯粹逻辑公式或者纯理性的运动”。马克思说：“对于不懂得黑格尔语言的读者，我们将告诉他们一个神圣的公式：肯定、否定、否定的否定。”[③] 按照这一公式，简单范畴增殖为范畴群，范畴群增殖为范畴系列，范畴系列增殖为整个体系。马克思一针见血地指出：“把这个方法运用到政治经济学的范畴上面，就会得出政治经济学的逻辑学和形而上学，换句话说，就会把人所共知的经济范畴翻译成人们不大知道的语言，这种语言使人觉得这些范畴似乎是刚从充满纯粹理性的头脑中产生的，好像这些范畴单凭辩证运动才互相产生、互相联系、互相交织。”[④] 从马克思的这一段评论来看，他对蒲鲁东建构经济学体系的方法是持否定态度的；对黑格尔的范畴的辩证运动着重的是批判其唯心主义性质，而对其合理的方面似乎还正在考虑，因此“从抽象上升到具体”这一逻辑原则还没有明确提出来。

再次是逻辑的和历史的方法。马克思批评蒲鲁东把经济范畴的逻辑顺序和适应时间次序的历史截然分开，使得一切都在理性的纯粹以太中

① 《马克思恩格斯全集》第 4 卷，人民出版社 1958 年版，第 147 页。
② 《马克思恩格斯全集》第 4 卷，人民出版社 1958 年版，第 143 页。
③ 《马克思恩格斯全集》第 4 卷，人民出版社 1958 年版，第 140 页。
④ 《马克思恩格斯全集》第 4 卷，人民出版社 1958 年版，第 143 页。

进行，因此，“他既没有给我们范畴的世俗历史，也没有给我们范畴的神圣历史！那末，到底他给了我们什么历史呢？是他本身矛盾的历史”①。在这里，马克思已较为明确地提出：历史的东西决定逻辑的东西，逻辑应与历史相一致。例如，与权威原理相适应的11世纪，与个人主义原理相适应的是18世纪，从表面上看，似乎是原理创造历史，但是如果深入历史的本质作进一步的研究，就会发现是历史创造了原理，而不是相反。马克思讥讽蒲鲁东“一直还在思想家所走的这条迂回曲折的道路上缓慢前进，离开历史的康庄大道还有一大段路程”②。

和《手稿》比较起来，《哲学的贫困》在马克思政治经济学方法论的发展上前进了一大步。这表现在：在研究方法上除了继续坚持和强调唯物主义的实证性外，已开始运用已经创立的唯物史观作指导；已包含了叙述方法要以研究方法为前提的思想，并正确解决了逻辑和历史的关系；提出矛盾分析的方法、建构经济学体系的方法，虽然对它们的理论界定和实际应用还在继续探索之中。

三

马克思写于1857年8月底的《〈政治经济学批判〉导言》(以下简称《导言》）是《资本论》方法论形成史上的又一个重要阶段。在《导言》的第三部分中，马克思第一次从正面集中而又详细地阐明了“政治经济学的方法”。国内外《资本论》的研究者都把它看成有关方法论的一篇经典文献，但是对它的理解却多有分歧。

例如，有的同志认为《导言》“全面系统地阐述了政治经济学的研究方法和叙述方法”③，对此我不敢苟同。我认为在《导言》中，马克思主要解决的是叙述方法问题。因为从1849年他迁居伦敦后，经过多年的潜心研究，在政治经济学上已经做出了一系列重大的科学发现。现在的问

① 《马克思恩格斯全集》第4卷，人民出版社1958年版，第148页。
② 《马克思恩格斯全集》第4卷，人民出版社1958年版，第149页。
③ 马健行、郭继严：《〈资本论〉创作史》，山东人民出版社1983年版，第105页。

题是用什么样的方法把这些发现整理、总结、叙述出来，既要“使公众认清事物的实质”[①]，又要使写出来的著作自成体系，在形式上尽可能完美。虽然《导言》中也涉及研究方法，但并不是主要的，因为这个问题他在实践中已经解决了（否则他的科学发现就无从谈起），在这里只是作为叙述方法的一个潜在的前提而已。

马克思在《导言》中着重阐明了两种叙述方法。

一是明确提出了从抽象上升到具体的方法。马克思比较了17世纪和18世纪资产阶级经济学家论著中所使用的两种方法，前者总是从生动的整体如人口、民族、国家等出发，从中分析出一些有决定意义的抽象的一般关系，如分工、货币、价值等；后者则是从劳动、分工、需要、交换价值这些抽象简单的东西上升到具体复杂的东西如国家、国际交换和世界市场等，从而形成各种经济学体系。马克思认为“后一种方法显然是科学上正确的方法”，它“是思维用来掌握具体并把它当作一个精神上的具体再现出来的方式”。[②] 马克思还区分了在运用这一方法时唯物主义和唯心主义的界限。从抽象上升到具体的方法是黑格尔首先在哲学上加以概括出来的，但其失足在于“陷入幻觉，把实在理解为自我综合、自我深化和自我运动的思维的结果”，看成是现实“具体本身的产生过程”[③]。而唯物主义地运用这一方法，就必须做到：第一，具体总体虽然是思维理解的产物，但却不是主观自生的思维的产物，而是“把直观和表象加工成概念这一过程的产物”[④]；第二，社会这一实在主体“仍然是在头脑之外保持着它的独立性”，“始终作为前提浮现在表象面前”。[⑤]

二是对逻辑和历史的关系提出了崭新的见解。按照黑格尔的观点，历史从哪里开始，逻辑也就从哪里开始，因此，逻辑的叙述和历史的发展是相一致的。黑格尔《逻辑学》的范畴运动基本上与哲学发展史相合拍，当然，这是建立在唯心主义基础上的。在《哲学的贫困》中，马克

① 《马克思恩格斯全集》第29卷，人民出版社1972年版，第226页。
② 《马克思恩格斯全集》第46卷上册，人民出版社1979年版，第38页。
③ 《马克思恩格斯全集》第46卷上册，人民出版社1979年版，第38页。
④ 《马克思恩格斯全集》第46卷上册，人民出版社1979年版，第39页。
⑤ 《马克思恩格斯全集》第46卷上册，人民出版社1979年版，第39页。

思站在唯物主义的立场上，强调逻辑要与历史相一致。在《导言》中，马克思对这一原则作了重要的修正和补充，指出：“把经济范畴按它们在历史上起决定作用的先后次序来排列是不行的，错误的。它们的次序倒是由它们在现代资产阶级社会中的相互关系决定的，这种关系同表现出来的它们的自然次序或者符合历史发展的次序恰好相反。问题不在于各种经济关系在不同社会形式的相继更替的序列中在历史上占有什么地位，更不在于它们在‘观念上’（蒲鲁东）（在历史运动的一个模糊表象中）的次序。而在于它们在现代资产阶级社会内部的结构。”① 以资本和地租的关系为例，虽然在历史上地租先于资本，但由于在所研究的资本主义社会中，资本是支配一切的经济权力，所以必须把它放在地租之前来说明。马克思这一重要方法论思想直接决定了他正在酝酿中的政治经济学著作的分篇结构。

《导言》提出的这两个方法是对《哲学的贫困》的突破性进展，但是马克思的方法论思想并非到此就止步不前了，在短短的几个月后它又发生了惊人的重大变化。

四

1858 年 1 月 14 日马克思在给恩格斯的信中透露了他写作政治经济学的情况：“完全由于偶然的机会……我又把黑格尔的《逻辑学》浏览了一遍，这在材料加工的方法上帮了我很大的忙。如果以后再有功夫做这类工作的话，我很愿意用两三个印张把黑格尔所发现、但同时又加以神秘化的方法中所存在的合理的东西阐述一番，使一般人都能够理解。”② 这封信虽短，但它在《资本论》方法论形成史上却有非常重要的意义，它是一个新的也是最后的阶段到来的标志。从这封信以及马克思后来的有关论述中，我们可以得出以下几点结论：

① 《马克思恩格斯全集》第 46 卷上册，人民出版社 1979 年版，第 45 页。
② 《马克思恩格斯〈资本论〉书信集》，人民出版社 1976 年版，第 121 页。

第一，在马克思加工政治经济学的材料上，黑格尔所发现的辩证方法起了很大的作用。从此以后，马克思总是把他的政治经济学方法径直称为辩证方法，再也没有什么变更了。例如1867年11月7日马克思致函恩格斯，再次确认《资本论》是“把辩证方法应用于政治经济学的第一次尝试”[①]。在1873年《资本论》第一卷第二版跋中，马克思在摘引了考夫曼对《资本论》应用方法的长篇评论后写道，“那他所描述的不正是辩证方法吗”[②]，又一次确认了辩证方法。由此我们可以有把握地说，《资本论》的方法不是这一种或那一种具体方法，而是建立在唯物史观基础上的辩证方法。

第二，辩证方法具有丰富的内容，以致马克思打算以后有时间的话，准备用两三个印张对它单独加以阐述。过了10年，即1858年5月9日马克思在给狄慈根的信中又旧事重提，表示他要写一部题为《辩证法》的著作。[③] 马克思逝世后，恩格斯在翻阅他的遗稿时所特别感兴趣的也“是他早就想写成的辩证法大纲”[④]。既然马克思在《资本论》中所应用的辩证方法可以写成一个“大纲”、一部著作，它本身不是也自成一个体系吗？深入探讨这一体系的内容，正是摆在我们面前的艰巨任务。

第三，马克思承认，他在政治经济学中所应用的方法主要得益于黑格尔。在此以前，马克思对黑格尔的辩证法还是批判多于肯定，但是从这封信开始，马克思在指出黑格尔辩证法唯心主义、神秘主义的同时，充分肯定其中“所存在的合理的东西”。在1858年5月31日致拉萨尔的信中，马克思进一步指出，黑格尔的“辩证法无疑是整个哲学的最新成就”[⑤]。15年后，在《资本论》第一卷第二版跋中，马克思又公开承认他是黑格尔“这位大思想家的学生”，认为尽管“辩证法在黑格尔手中神秘化了，但这决不妨碍他第一个全面地有意识地叙述了辩证法的一般运动形式”[⑥]。这就给了我们一个重要启示：要弄清《资本论》所应用的方法，

① 《马克思恩格斯〈资本论〉书信集》，人民出版社1976年版，第239页。
② 《马克思恩格斯全集》第23卷，人民出版社1972年版，第23页。
③ 《马克思恩格斯全集》第32卷，人民出版社1974年版，第535页。
④ 《马克思恩格斯全集》第36卷，人民出版社1974年版，第3页。
⑤ 《马克思恩格斯全集》第29卷，人民出版社1972年版，第540页。
⑥ 《马克思恩格斯全集》第23卷，人民出版社1972年版，第24页。

必须首先对黑格尔的辩证法有透彻的研究和了解，实际上这也是列宁后来所一再强调的。

在1858年以后，马克思在一些不同的场合也曾对《资本论》的方法发表过一些意见，虽然提法不同，但我认为总的精神是一致的，即《资本论》的方法是辩证的方法。例如，在《资本论》第一卷第一版序言中，马克思写道："分析经济形式，既不能用显微镜，也不能用化学试剂。二者都必须用抽象力来代替。"[①] 许多论者由此认为《资本论》所应用的主要方法是科学抽象法，我认为这一理解是值得商榷的。大家知道，马克思在这里主要谈的是《资本论》第一卷的第一章，即分析商品的部分。这一部分特别"难懂"，为什么呢？就是因为这一章充满了辩证法，特别是有些地方马克思还故意"卖弄起黑格尔特有的表达方式"[②]，这对于不懂黑格尔辩证法的读者来说是非常头痛的。恩格斯对这一点非常清楚，他在1867年6月16日读了《资术论》第一卷这一章的清样时，致信马克思："庸人确实不习惯于这种抽象思维，而且一定不会为价值形式去伤脑筋。至多可以把这里用辩证法获得的东西，从历史上稍微详细地加以证实……和以前的论述（由敦克尔出版的）比较起来，在辩证发展的明确性上、前进了一大步"。"谁能辩证地思维，谁就能理解它"。[③] 可见，序言中的"抽象力"除了理解为抽象思维的能力或辩证思维的能力即辩证法外不可能有其他的理解，这一理解也同马克思的前后论述的口径相一致。

又如，马克思《资本论》第一卷法文版序言中写道："我所使用的分析方法至今还没有人在经济问题上运用过，这就使前几章读起来相当困难。"[④] 这里所说的"分析方法"并非与综合方法相对立的分析方式，同样应理解为辩证分析方法即辩证方法。

再如，马克思于1813年写的跋也是一篇极为重要的《资本论》方法论文献。这篇跋有四点值得注意：一是突出说明了唯物史观是辩证方法

① 《马克思恩格斯全集》第23卷，人民出版社1972年版，第8页。
② 《马克思恩格斯全集》第23卷，人民出版社1972年版，第24页。
③ 《马克思恩格斯〈资本论〉书信集》，人民出版社1976年版，第213—214页。
④ 《马克思恩格斯全集》第23卷，人民出版社1972年版，第26页。

的唯物主义基础；二是指出研究方法和叙述方法在形式上不同，但在实质上仍然都要运用辩证方法；三是再次明确他的辩证方法与黑格尔辩证方法的区别与联系；四是概括了辩证法的精髓和本质。把这篇跋和马克思1858年1月14日给恩格斯的信相比较，可以看出，尽管前者在具体说明和细节上有很大发展，但总的提法和框架还是不变的，所以它们属于《资本论》方法论形成史的同一阶段。

从以上粗线条的勾画中，我们可以清楚地看到，《资本论》的方法论有一个从不成熟到成熟、从简单到系统的发展过程，其最终形态是以唯物史观为基础的辩证法范畴和规律的体系。这一方法论体系和《资本论》本身一样，也是博大精深的，到目前为止，人们对它的研究还远远不够。因此，那种固执地把一两种具体方法宣布为《资本论》的基本方法或主要方法的做法不仅不符合马克思的原意，而且在客观上起了一种阻碍自己深入探究的作用。所以，要把《资本论》方法论的研究不断推向前进，首先要破除那种孤立静止片面地看待《资本论》方法论的成见，从纵的（《资本论》方法论的历史演变）和横的（马克思在《资本论》各卷、篇、章中对辩证方法的实际应用）两个方面全面加以考察。当然，这需要我们付出非常艰苦的努力。

（原文发表于《〈资本论〉与当代经济》1992年第3—4期）

《资本论》方法之我见

李建平　张华荣　黄　瑾　王知桂*

自从1867年《资本论》第一卷出版以后，人们就很关注《资本论》中所应用的方法，短短几年，就已发表了“各种互相矛盾的评论”，马克思在《资本论》第一卷第二版跋中对此作了详细的评析。100多年来，关于《资本论》方法的争论一直绵延不绝，中国学术界也存在多种歧见。下面我们扼要介绍国内学术界关于《资本论》方法论的若干观点，并谈谈自己的一些不成熟看法，以就教于学术界方家。

究竟什么是《资本论》的方法，我国学术界大体上有以下四种观点：

一是认为《资本论》的方法是唯物辩证法。中山大学的刘景泉教授早在20世纪60年代初就提出：“如果要概括《资本论》方法的全部内容的话，应当说是唯物辩证法，不能用其他提法来代替它。”① 在80年代中期他又继续坚持这一观点：“马克思研究政治经济学的方法，或者说《资本论》的方法，总的来说就是唯物辩证法。《资本论》的辩证法表现是多方面的，是以对立统一规律为核心的异常丰富的方法。”在他看来，把某种具体方法看作“马克思研究政治经济学的方法，明显地犯了以偏概全的错误”②。赞同这一观点还有侯征等人。侯征进一步指出：“《资本论》的方法是唯物辩证法，而研究的方法、叙述的方法或从抽象上升到具体的方法和逻辑与历史一致的方法等，不是同唯物辩证法并列的方法或独

---

* 李建平：福建师范大学经济学院、马克思主义学院教授，博士生导师。张华荣：福建师范大学经济学院教授，博士生导师。黄瑾：福建师范大学经济学院教授。王知桂：福建师范大学经济学院教授。

① 刘景泉：《也谈关于〈资本论〉的方法》，《光明日报》2013年5月31日。

② 刘景泉：《马克思〈资本论〉与黑格尔〈逻辑学〉》，辽宁人民出版社1986年版，第305页。

立的方法，而是唯物辩证法在不同方面的贯彻和具体化。”因此，“应该把颠倒了的局部和整体的关系颠倒过来”。[①]

二是认为《资本论》的方法是辩证唯物主义和历史唯物主义。谢翔先生不同意把《资本论》的方法说成是唯物辩证法，他指出：“说《资本论》方法是唯物辩证法并不全面，应该把唯物主义历史观的方法包括进去，它的概念才算完整”；《资本论》的方法“应该是历史唯物主义和辩证唯物主义”“这两个方面的统一”，“这两个方面作为马克思方法论体系中两个不同组成部分具有各自不同的特点和作用”。[②]

三是承认《资本论》方法总体上说是唯物辩证法（或加上唯物史观）的前提下，认为还存在一种主干方法、根本方法、基本方法，或者叫体现政治经济学这一学科特殊性的方法，如仇启华先生就认为，“《资本论》的方法包含两个含义：一个是《资本论》的一般方法，即辩证唯物主义和历史唯物主义及其在政治经济学方面应用——抽象法或逻辑和历史相一致的方法；另一个是《资本论》的特殊方法，即具体体现在《资本论》的理论体系和逻辑结构中的特殊方法。拿列宁的《帝国主义论》与《资本论》方法进行比较，就一般方法来说，两者是一致的；但就其特殊方法来说，两者是不一致的”[③]。那什么是《资本论》的特殊方法呢？看法也各不相同。大体上分两类：一类是承认只有一种特殊方法，如西南财经大学刘诗白教授指出：“对于以研究资本主义生产关系为对象的《资本论》来说，有其特殊的科学抽象方法。”[④] 从20世纪60年代初开始，就有人主张《资本论》的基本方法是从抽象上升到具体，在80年代继续强调这一观点的也不乏其人，如周其仁先生就认为《资本论》“方法论的灵魂，却是对在思维上再现资本主义生产方式的追求”[⑤]。马家驹先生则另辟蹊径，提出《资本论》的基本方法是内在观察的结构分析法。所谓“内在的观察，也就是分析事物的内部结构”，“探索各种经济范畴的内在

① 侯征：《唯物辩证法是〈资本论〉的根本方法》，《学术月刊》1981年第5期。

② 谢翔：《〈资本论〉方法形成史初探》，江西省社会科学研究所编印《纪念马克思逝世一百周年论文集》第1期，第201页。

③ 仇启华：《用〈资本论〉的方法深入研究现代资本主义经济》，《中州学刊》1983年第2期。

④ 刘诗白：《论〈资本论〉中的科学抽象法》，《学术月刊》1983年第2期。

⑤ 周其仁：《从抽象到具体的方法及其在〈资本论〉中的应用》，《经济科学》1980年第2期。

联系，或者说，资产阶级制度的隐蔽结构”。[①] 他认为正是借助于这一方法，《资本论》才能把资本主义经济作为“辩证地分解了的整体”来认识，成为这种经济制度的最完整、最深刻的理论表现。另一类是认为有若干种特殊方法。如田光先生就明确提出：“马克思 1857 年 8 月在《政治经济学批判》导言第三节《政治经济学的方法》中论述了从抽象到具体的方法，同年 11 月在《政治经济学批判》（1857—1858 年草稿）中提出了从一般到特殊、再到个别的方法，1872 年在《资本论》第一卷德文第二版第一章中阐明了从形式到内容、又从内容到形式的方法。这三个方法是马克思用来建立《资本论》结构的基本方法……是马克思留给世界无产阶级和人民群众的一项宝贵遗产。”[②]

四是认为《资本论》方法是一个方法系统。这是郑道传先生和张晓金先生的观点。《资本论》方法系统的概念包括两方面的含义：“第一，《资本论》的方法不是单独的、独立的一个方法，而是有一个方法群”；“第二，《资本论》中的各个方法不是互相独立或孤立、互不相关、互相割裂，而是互相联系、相互依赖，为了完成共同目标而组成的有机整体”。《资本论》方法系统分为三个层次：第一层次是哲学方法，它包括唯物辩证法的方法和历史唯物论的方法；第二层次是一般科学方法，如数学方法、系统方法、逻辑方法等；第三层次是专属于经济学的特殊方法。总之，“《资本论》的方法是一个系统，是一个包括三个大层次的若干个方法子系统的方法大系统，在这种新的广阔的视野里考察《资本论》方法，将开拓这一专门研究的新的广阔的领域”[③]。

以上所述的四种观点，我们认为都有一定的道理，有其可取之处，但又有某些不足。第一种观点认为《资本论》方法是唯物辩证法，立论无疑是正确的，也有充分的根据，因为马克思多次说过他所应用的方法是辩证的方法，即唯物辩证法。缺点在于过于笼统，不够具体。第二种观点考虑到历史唯物主义，这是对的，但把它与辩证唯物主义并列，显然是受到现行哲学教科书的影响。马克思本人并没有这样提过，在恩格

---

① 《马克思恩格斯全集》第 26 卷第 2 册，人民出版社 1973 年版，第 181—182 页。

② 田光：《马克思建立〈资本论〉结构的三个基本方法》，《学术月刊》1981 年第 10 期。

③ 郑道传、张晓金：《〈资本论〉方法论研究》，厦门大学出版社 1988 年版，第 26—44 页。

斯著作中也找不到有力的佐证。第三种观点力图克服前述两种观点的缺陷，除了肯定唯物辩证法（或加上历史唯物主义）这个总的一般方法外，还提出一种或几种专属于政治经济学的特殊方法、主干方法、基本方法等，这种探索是很有价值的，但也存在如下一些问题：其一，对什么是特殊方法、主干方法、基本方法各执一词，各种看法相互矛盾；其二，有舍本逐末的倾向。在实际的研究中，由于过分强调所谓主干方法或基本方法，这就使作为前提的唯物辩证法没有受到足够的重视。沿着这种道路走下去，《资本论》方法论的研究只能是越走越窄。在相当长的一段时间中，学术界有关《资本论》方法的争论大多集中在为数不多的几种方法上，是与这一观点有关的。其三，这一观点也不符合马克思的原意。例如，内在观察的结构分析方法，马克思就没有提过。有的方法马克思虽然也有提到，但应该看到，马克思的看法也不是一成不变的，也是在变化发展中，我们应该用动态的、历史的观点去理解和把握。这一点恰恰被有的研究者忽视了，结果造成了前一个马克思和后一个马克思的不同与对立。比如从抽象上升到具体的方法，这是马克思在 1857 年 8 月下旬写的《〈政治经济学批判〉导言》中提出来的，认为这一方法“显然是科学上正确的方法”。但过了两个月，他在重新浏览了黑格尔的《逻辑学》后，在创作《资本论》第一稿时，看法有了改变，即不再把政治经济学的方法单纯局限于从抽象上升到具体的方法，而是径直称为“辩证方法”。恩格斯对《资本论》方法的评价，也从不概括为从抽象上升到具体的方法，而是和马克思一样称为“辩证法”。当然，这并不是说从抽象上升到具体的方法有什么不对，只是说，它仅仅是《资本论》方法论的一个组成部分，不能以它来取代辩证法。第四种观点把《资本论》的方法看作一个系统，并且区分了层次，这在《资本论》方法论的研究上大大前进了一步。《资本论》方法论是一座宝库，是马克思留给后人的十分丰富而又极为珍贵的思想遗产。因此，用一种或者几种特殊的方法是无法概括或包容尽它的。把《资本论》方法作为一个系统来看待，就会大大拓展人们的研究空间；而层次的区分又使《资本论》的诸多方法不致像一团乱麻一样，而是有主有从，联系有序。但是，我们认为，这一观点又存在如下缺陷：其一，把唯物辩证法作为《资本论》方法系统的一个层次，而不是作为总的系统来看待，根据是不足的。其二，对方法层次的区分不够严密。比如第二层次中的逻辑方法，难道不也是哲学方法吗？至于把系统方法作为一般科学方法，实际上这是现代的提法，在马克思时代是不可能有这种提法的。又比如第三层次界定为具体的经济学方法，究竟是哪一些，语焉不详。总之，这一观点会给人一种错觉，似乎《资本论》方法是一个大筐，什么东西都可以往里装。

我们的观点是：《资本论》方法是一个以唯物史观为核心的辩证法体系。这一观点是我们多年来深入研究的结果，但也从学术界的前辈和同行的研究中得到许多启示和帮助。例如著名的《资本论》研究专家王亚南先生早在20世纪60年代初就说过，“所有在经济学研究上分别处理不同问题对象所应用的这些方式方法，其中也还包括形式逻辑上归纳法与演绎法，都是从属于辩证方法，而构成马克思主义经济学的辩证方法论体系”，“马克思批判了资产阶级经济学，成功地建立起他自己的经济学，就是因为他一开始就掌握并运用了这个辩证的方法论体系”。[①] 当时，王亚南先生的这一真知灼见并未引起人们的注意。到了80年代初，系统方法作为一种一般科学研究的方法介绍到我国理论界，人们开始认识到，不能孤立片面地理解《资本论》的方法，而应该把它看成一个系统；以前研究者所提出的诸种方法都是马克思为分析纷繁复杂的资本主义社会生产方式所必须运用的辩证方法，都是体现在《资本论》中的辩证法的具体表现。我们认为，这种认识标志着《资本论》方法论研究跃升到一个新的、更高的阶段，为进一步研究指明了前进的方向。

我们认为，《资本论》方法作为一个辩证法体系，包含以下四个层次：

第一层次是唯物史观。唯物史观和剩余价值学说是马克思一生中两项最重大的发现。马克思把唯物史观看作是用于“指导”他的“研究工作的总的结果”[②]，是《资本论》所应用“方法的唯物主义基础”[③]。马克思在为出版他的主要经济学著作《政治经济学批判》所写的序言中，专

① 王亚南：《〈资本论〉研究》，上海人民出版社1973年版，第32—33页。
② 《马克思恩格斯全集》第13卷，人民出版社1962年版，第8页。
③ 《马克思恩格斯全集》第1卷，人民出版社1972年版，第20页。

门论述了唯物史观的基本原理，占了序言的相当篇幅，这是意味深长的。恩格斯在评论马克思《政治经济学批判》第一分册时，也强调：马克思所创立的政治经济学“本质上是建立在唯物主义历史观的基础上”，认为唯物史观的原理“不仅对于经济学，而且对于一切历史科学”都“具有革命意义”[①]。唯物史观是《资本论》方法论的核心和基石，是《资本论》方法区别于黑格尔唯心辩证法和其他资产阶级经济学方法论的根本所在。

第二层次是辩证方法，由客观辩证法和主观辩证法两大部分组成。列宁曾指出“黑格尔逻辑学的总结和概要、最高成就和实质，就是辩证的方法”[②]。《逻辑学》包括有（存在）论、本质论、概念论三大篇，黑格尔把前两篇叫作客观逻辑，后一篇叫作主观逻辑。客观逻辑意思是揭示客观世界运动的规律和范畴，主观逻辑是揭示主观世界运动的规律和范畴。当然，黑格尔的逻辑学是建立在绝对精神主宰一切的唯心主义基础上的，不过这一分法是有其可取之处的。恩格斯接受了黑格尔对逻辑学，即辩证法的这一划分法，但作了唯物主义的改造。他在《自然辩证法》一书中写道，“所谓的客观辩证法是在整个自然界中起支配作用的，而所谓的主观辩证法，即辩证的思维，不过是在自然界中到处发生作用的、对立中的运动的反映”。[③] 后者主要指“辩证逻辑和认识论”[④] 这一层次的辩证方法是马克思批判地改造黑格尔唯心辩证法的结果。马克思 1858 年 1 月 14 日写给恩格斯的信中，明确写道，他在开始写作《资本论》第一稿时，“又把黑格尔的《逻辑学》浏览了一遍，这在材料加工的方法上帮了我很大的忙”[⑤]。恩格斯在关于马克思《政治经济学批判》的书评中，也明确指出，黑格尔的逻辑学“是一切现有的逻辑材料中至少可以加以利用的唯一材料”，但是应当“作一番透彻的批判”，而“马克思过去和现在都是唯一能够担当起这样一件工作的人，这就是从黑格尔逻辑学中把包含着黑格尔在这方面的真正发现的内核剥出来，使辩证方法摆脱它

---

① 《马克思恩格斯全集》第 13 卷，人民出版社 1962 年版，第 526 页 。

② 列宁：《哲学笔记》，人民出版社 1960 年版，第 253 页。

③ 《马克思恩格斯选集》第 4 卷，人民出版社 1995 年版，第 317 页。

④ 《马克思恩格斯选集》第 3 卷，人民出版社 1972 年版，第 544 页。

⑤ 《马克思恩格斯〈资本论〉书信集》，人民出版社 1976 年版，第 121 页。

的唯心主义的外壳并把辩证方法在使它成为唯一正确的思想发展方式的简单形式上建立起来”。[①] 这一层次的辩证方法是相当丰富的，它既包含客观辩证法的一系列规律和范畴（远远不止于现行哲学教科书上所列举的那些规律和范畴），也包含主观辩证法的一系列规律和范畴，如从抽象上升到具体、逻辑和历史的一致等。这一层次的辩证方法是《资本论》方法的主体，我们迄今为止对它的认识还仅仅是初步的，还有待于进一步的发掘。

第三层次是形式逻辑方法和数学方法。《资本论》是从动态上把握资本主义生产方式产生和发展的历史过程，揭示它的内在规律性，因此它主要运用的是“对每一种既成的形式都是从不断的运动中，因而也是从它的暂时性方面去理解”[②] 的辩证法，但这并不排除在《资本论》的叙述过程中，也要遵守一定的思维规则，应用形式逻辑的基本原理。例如，马克思在《资本论》第一卷第六篇为了论证劳动没有价值，劳动不是商品，就应用了形式逻辑的方法，指出论战对方犯了循环论证、偷换论题等逻辑错误。[③]

马克思十分重视数学方法在政治经济学研究中的应用。他曾说过：“一种科学只有在成功地运用数学时，才算达到了真正完善的地步”。[④] 从19世纪50年代开始，他在研究政治经济学的同时，也努力钻研数学，在此后的几十年间写下了许多读书笔记和研究手稿，其中对微积分，特别是对微分学的发展过程、微分运算的辩证本质等都有独到的发现。在《资本论》中，马克思对各个经济范畴既注意定性分析，又注意定量分析。在定量分析中，运用了各种数学方法，如模型法、图表法、公式法等，还进行了大量的数学计算。恩格斯在整理《资本论》第三卷的手稿时，因为数学计算太多，又很复杂，就特别邀请《资本论》英译本译者、数学家赛米尔·穆尔来协助整理这一部分笔记。长期以来人们忽视《资

① 《马克思恩格斯全集》第13卷，人民出版社1962年版，第531、532页。

② 《马克思恩格斯全集》第23卷，人民出版社1972年版，第24页。

③ 李建平：《〈资本论〉辩证法探索》上册，福建人民出版社1986年版，第268—274页。

④ 保尔·拉法格、威廉·李卜克内西：《忆马克思恩格斯》，生活·读书·新知三联书店1963年版，第8页。

本论》中数学方法的应用，于是有人认为《资本论》中只有定性分析，没有定量分析。这实在是一个误解。使我们感到欣喜的是，著名的《资本论》研究专家张薰华教授于 1993 年出版了专著《〈资本论〉中的数量分析》，这是研究数学方法在《资本论》中应用的一部力作，不仅填补了国内研究的空白，而且有力地驳斥了那种《资本论》中只有定性分析没有定量分析的错误见解。

第四层次是具体科学、特别是自然科学中的研究方法，马克思把它们移植到政治经济学中来。例如，自然科学研究中经常采用理想化方法，这一方法要求在科学思维中，做到完全排除次要因素的干扰，使研究条件达到理想化的程度，以便抓住事物及其变化的规律和本质。如物理学研究中只有一定质量而没有任何形状与大小的“质点”，在地球大气层中不考虑空气阻力的“自由落体运动”、化学研究中溶质与溶剂混合时既不吸热也不放热的“理想溶液”等。马克思在《资本论》第一卷第一版序言中指出：“物理学家是在自然过程表现得最确实、最少受干扰的地方考察自然过程的，或者，如有可能，是在保证过程以其纯粹形态进行的条件下从事实验的。”① 马克思把这一方法移植到政治经济学研究中，表现之一就是选择英国作为他研究资本主义生产方式的“典型地点”，“在理论阐述上主要用英国作为例证”，从而英国成了资产阶级生产方式的“理想国家”。此外，《资本论》中广泛应用的抽象法，实际上就是一种理想化方法。马克思在《资本论》中还把商品的价值形式比喻为资本主义社会经济的细胞形式，也就是把生物学中细胞分析的方法移植到政治经济学中，把资产阶级社会看成是一个有机体，对这个社会的解剖应该从它的经济细胞形式开始。由于马克思密切注视各门具体科学、特别是自然科学的最新研究进展，并把它们所创造出来的最新研究方法及时“引进”到政治经济学中来，这就使《资本论》的方法更加丰富，更加富有时代气息。

以上所述四个层次的方法中，唯物史观是核心、是灵魂，辩证方法是主体，它们和第三、四层次的方法一起构成了《资本论》方法的有机

① 《马克思恩格斯全集》第 23 卷，人民出版社 1972 年版，第 8 页。

整体。完整地说，这一方法整体叫作以唯物史观为核心的辩证法体系；简要地说，叫作唯物辩证法体系。这里所说的“唯物”，就是指作为整个方法论基础的唯物史观；这里所说的“体系”，就是指《资本论》方法具有多个层次，包含以辩证法为主体的十分丰富的内容。在明确了以上两种含意后，也可以更简要地把《资本论》方法称为“辩证法”。马克思和恩格斯多次提到《资本论》方法是“辩证方法”或“辩证法”，我们认为就是潜在地包含了以上两层意思。因此，对《资本论》方法的理解要力求深入、全面和正确。

（原文发表于《东南学术》1998 年第 6 期）

关于马克思《哲学的贫困》的几个问题

——兼评董必荣《马克思如何理解经济学的哲学贫困——以〈哲学的贫困〉为例》

李建平*

马克思十分重视写于1847年上半年的《哲学的贫困》一书，在过了33年之后他决定重新出版这本书，指出“该书中还处于萌芽状态的东西，经过20年的研究之后，变成了理论，在‘资本论’中得到了发挥”①。该书和《共产党宣言》一样，“可以作为研究‘资本论’和现代其他社会主义者的著作的入门”②。但是，由于种种原因，有关该书的研究成果还很少。《哲学动态》2011年第5期刊登了董必荣的《马克思如何理解经济学的哲学贫困——以〈哲学的贫困〉为例》（以下简称董文）一文，试图“解读马克思在《哲学的贫困》中所表述的经济哲学思想”，令人注目。但是拜读之后却发现董文对《哲学的贫困》的理解存在不少问题，下面就其中的三个问题谈谈我的看法。

一、应该如何正确解读《哲学的贫困》

《哲学的贫困》是马克思正式出版的第一部政治经济学著作，又是一部论战性著作。要正确解读该部著作，除了要了解写作该书的时代背景，马克思在19世纪四五十年代经济思想的发展过程以及有关黑格尔哲学的知识外，还要了解以下三个材料：

---

* 李建平：福建师范大学经济学院、马克思主义学院教授，博士生导师。

① 《马克思恩格斯全集》第19卷，人民出版社1963年版，第248页。

② 《马克思恩格斯全集》第19卷，人民出版社1963年版，第248页。

首先是马克思的批判对象——蒲鲁东的《贫困的哲学》。该书分上、下两卷，出版于1846年，中译本由余叔通、王雪华译，商务印书馆1998年出版。该书的全称是《经济矛盾的体系，或贫困的哲学》，但是后来人们都习惯以副标题“贫困的哲学”作为其书名。通过阅读这本书，可以有助于理解马克思对他的批判。例如，为什么蒲鲁东要把他的书称为“贫困的哲学”？董文认为，“对于亚当·斯密的《国民财富的性质和原因的研究》，蒲鲁东认为其中包含着某种‘财富的哲学’；同时，他跟斯密的不同之处在于，在他看来，产生财富的原因同时也产生贫困。因此，他要研究‘贫困的哲学’”。其实，关于书名，蒲鲁东自己有一个说明：现代文明人贫困的唯一原因在于缺乏秩序。只要有了良好的组织状态，不仅可以延缓贫困的到来，还可以在人口与生产之间重新建立一种均衡。“这个假定的证实对人类将有多么重大的意义。如果这样一个假定成为事实，那么，不论是人类的怠惰所造成的贫困，还是工业组织的弊病所造成的贫困，都可以无限期地避免；而我们的命运问题，世界命运的问题，将会以另外一种面目出现。其实，这个重大的证明，我们在这本书里已经作出了，其副题《贫困的哲学》，本身就充分地表示了这个意思。”① 马克思批评蒲鲁东“自矜自夸的、自吹自擂的、大言不惭的语调，特别是极其无聊地胡扯‘科学’和错误地以此自夸，这类东西真是不断地刺耳极了”②，我们仅从这个书名就可以看出来，马克思的批评是完全正确的。再比如，《哲学的贫困》第二章标题是“政治经济学的形而上学”，董文说，“如果考虑到马克思这里所说的‘形而上学’其实是‘哲学’的代名词（下文均在这一意义上使用‘形而上学’概念），那么，这一章的标题所说的恰恰是‘政治经济学的哲学’”。这是望文生义，其实并没有这么简单！“形而上学”这一概念在欧洲沿用了2000多年，但含义几经变迁，而且各个哲学家对它理解也不一样。黑格尔对他之前的形而上学都不满意，他认为“形而上学是研究思想所把握住的事物的科学，而思想是能够表达事物的本质性的”③，强调“每一有教养的意识都有自己的形而上

① ［法］蒲鲁东：《贫困的哲学》下卷，余叔通、王雪华译，商务印书馆2000年版，第733页。
② 《马克思恩格斯选集》第2卷，人民出版社1995年版，第618页。
③ ［德］黑格尔：《小逻辑》，贺麟译，商务印书馆1980年版，第79页。

学，有这种本能式的思维，这种存在于我们之内的绝对力量"①。蒲鲁东在《贫困的哲学》第一章"经济学"一开头就提到了形而上学："在我看来，经济学是一切科学中最渊博、最纯洁和最适于实践的科学。这个新的论点，使经济学成为一种具体的逻辑学或形而上学，从而根本上改变了旧哲学的基础。换句话说，对我说来，经济学是形而上学的一种客观形式和具体体现，是在行动中的形而上学，是以不断流逝的时间为背景的形而上学。因此，谁要是研究劳动与交换的规律，谁就是真正的形而上学专家。"② 综合黑格尔和蒲鲁东的论述，我认为《哲学的贫困》第二章的标题"政治经济学的形而上学"和第一章的标题"科学的发现"一样，是马克思对蒲鲁东这位自诩为发现了政治经济学"伟大规律"的"真正的形而上学专家"的批判和嘲弄！

其次是马克思有关蒲鲁东的重要论述。一是马克思 1846 年 12 月 28 日写给俄国自由派著作家巴·瓦·安年柯夫的一封长信，明确宣布要对蒲鲁东《贫困的哲学》这本"很坏的书"进行批判，阐述了即将写作的《哲学的贫困》一书的基本观点，特别是揭示了蒲鲁东思想怪胎的阶级根源："蒲鲁东先生彻头彻尾是个小资产阶级的哲学家和经济学家。小资产者在已经发展了的社会中，迫于本身所处的地位，必然是一方面成为社会主义者，另一方面又成为经济学家，就是说，他既迷恋于大资产阶级的豪华，又同情人民的苦难。他同时既是资产者又是人民。他在自己的心灵深处引以为骄傲的，是他不偏不倚，是他找到了一种自诩不同于中庸之道的真正的平衡。这样的小资产者把矛盾加以神化，因为矛盾是他存在的基础。他自己不过是社会矛盾的体现。"③ 二是《论蒲鲁东》，这是马克思 1865 年 1 月 24 日应《社会民主党人报》的编辑施韦泽的要求而写的，当时蒲鲁东刚去世。这是一篇简要而全面评论蒲鲁东的文章，特别是对蒲鲁东一生中的主要著作包括《贫困的哲学》进行了深刻的评析。这时的马克思已完成了哲学和政治经济学的伟大变革，看看他对 18 年前同蒲鲁东论战的回顾，对于深入理解《哲学的贫困》是很有帮助的。三

① ［德］黑格尔：《自然哲学》，薛华等译，商务印书馆 1980 年版，第 15 页。
② ［法］蒲鲁东：《贫困的哲学》上卷，余叔通、王雪华译，商务印书馆 2000 年版，第 38 页。
③ 《马克思恩格斯选集》第 4 卷，人民出版社 1995 年版，第 542 页。

是《关于〈哲学的贫困〉》。19 世纪 80 年代初，为了帮助正在筹备成立的法国工人政党掌握科学的共产主义理论，需要重新发表《哲学的贫困》，该文是马克思应法文报纸《平等报》编辑部的请求而写的，作为该报发表《哲学的贫困》的引言。在这篇简短的引言中，马克思进一步对《哲学的贫困》和蒲鲁东作出了评价。在马克思一生的论敌中，多年以后还能继续回顾的不多，蒲鲁东就是其中一个。

再次是马克思和恩格斯在 19 世纪 40 年代末有关蒲鲁东的通信，从中我们清楚地看出马克思写作《哲学的贫困》的真实动机和主要目的。但是，董文对这极为重要的一点避而不谈，却大谈什么“经济哲学”的“确立”：“我们知道，要确立一门科学，既要有独特的研究对象，还要为这种研究对象确立专门的研究方法。蒲鲁东恰恰未能做到这点。马克思的批判就是从这里开始的。对于马克思来说，所谓‘政治经济学的形而上学’或经济学的哲学，应当从对象和方法两个方面进行研究。”且不说在董文所做的有关经济哲学的对象和方法的论述中，把一些不是马克思的东西强加给马克思（如“马克思认为经济学的研究对象是经济生活，经济学哲学的研究对象则是经济学”；“经济学的哲学不过是经济的哲学的认识论反映而已”；等等），其根本错误在于把马克思批判蒲鲁东这一场严肃的政治斗争说成是马克思为“确立”“经济哲学”这“一门科学”而同蒲鲁东展开的学术争论，这实在是偏离马克思太远了！我们看看恩格斯当时是怎么说的：“现在讲一件滑稽的事。蒲鲁东在一本还没付印的新书里（该书由格律恩翻译），想出了一个妙方，能够凭空弄到钱，使所有工人早日进入地上天堂。没有人知道到底是怎么回事。”① “而这里工人中的一些愚蠢的青年（我指的是德国人）却相信这种无稽之谈……现在还必须认真地反对这种荒谬绝伦的废话”。② “我所要证明的主要就是暴力革命的必要性，同时证明：在蒲鲁东的万应灵药中找到了新生命力的格律恩的‘真正的社会主义’是反无产阶级的、小资产阶级的和庸人的东西。”③ 而马克思的回应则是，“蒲鲁东先生十分强烈地敌视一切政治运

① 《马克思恩格斯〈资本论〉书信集》，人民出版社 1976 年版，第 9 页。
② 《马克思恩格斯〈资本论〉书信集》，人民出版社 1976 年版，第 12 页。
③ 《马克思恩格斯〈资本论〉书信集》，人民出版社 1976 年版，第 12—13 页。

动。在他看来，现代各种问题不是解决于社会行动，而是解决于他头脑中的辩证的旋转运动”[①]。即使在晚年，马克思也坚持认为：“为了给力求阐明社会生产的真实历史发展的、批判的、唯物主义的社会主义扫清道路，必须断然同唯心主义的政治经济学决裂，这个唯心主义政治经济学的最新的体现者，就是自己并没有意识到这一点的蒲鲁东。”[②]

二、马克思如何批判蒲鲁东哲学的贫困

马克思在致安年柯夫的信中，说蒲鲁东“给我们供了一种可笑的哲学”[③]，后来在正式出版批判蒲鲁东的著作时，把书名定为《哲学的贫困》，其用意是很清楚的。那么，马克思是如何批判蒲鲁东哲学的贫困呢？

董文的论证是：“马克思所理解的辩证法包括两个方面：一是联系的观点，应当把社会视为一个有机体进行研究，而不是满足于研究其中的某一个方面，或者是满足于研究几个方面之间的机械联系。二是发展的观点，应当从社会经济形态的自身矛盾，从代表不同经济关系的阶级对抗中，而不是通过清除对立面的办法去理解社会有机体的发展。在这两方面，蒲鲁东同马克思的看法都是相反的。”为了说明这一点，董文从《哲学的贫困》中摘引了很多论述。表面看来这似乎不无道理，但细读之后，发现有三个不妥：其一是竟然对唯物史观只字不提。大家知道，1845—1846 年马克思和恩格斯共同撰写了《德意志意识形态》，第一次系统阐述了唯物主义历史观的基本原理，并根据自己新的历史观对共产主义作了科学的论证。马克思 1859 年 1 月在为《政治经济学批判》所作的序言中，曾回顾了他研究政治经济学的经过，强调唯物史观“一经得到就用于指导我的研究工作”[④]，还特别指出：“我们见解中有决定意义的论

① 《马克思恩格斯选集》第 4 卷，人民出版社 1995 年版，第 540 页。
② 《马克思恩格斯全集》第 19 卷，人民出版社 1963 年版，第 248 页。
③ 《马克思恩格斯选集》第 4 卷，人民出版社 1995 年版，第 531 页。
④ 《马克思恩格斯选集》第 2 卷，人民出版社 1995 年版，第 32 页。

点，在我的 1847 年出版的为反对蒲鲁东而写的著作《哲学的贫困》中第一次做了科学的、虽然只是论战性的概述。”[①] 马克思的辩证法是建立在唯物史观的基础上，这是马克思既区别于黑格尔又超越蒲鲁东的根本所在，离开了唯物史观，一切将无从谈起！其二是对马克思的辩证法持非历史观点。马克思的辩证法思想同他的经济理论一样，有一个从不成熟到成熟的发展过程。马克思辩证法思想的发展是同对黑格尔唯心辩证法的批判改造、应用和推进紧密联系在一起的。在《哲学的贫困》中，马克思批判了黑格尔辩证法的唯心主义，精辟地阐述了其构建哲学体系所运用的“肯定、否定、否定之否定”的方法，但是，对黑格尔辩证法该如何扬弃、如何将其“合理内核”应用于自己的政治经济学研究，马克思还在进行探索。这项重要工作的完成是在 10 年后的《资本论》第一稿，即 1857—1858 年的经济学手稿直至 1867 年《资本论》第一卷的出版。在董文中，1847 年的马克思似乎是以一个成熟的辩证法大家的面目出现了，这显然是有悖于历史事实的。其三是又落入了“原理加例子”的窠臼。很长一段时间以来，人们对马克思著作中的哲学思想的研究，习惯于从现行马克思主义哲学教科书上引用若干个原理，然后从马克思著作中找一些段落来加以说明。例如，在我所看到的有关《资本论》辩证法研究的大量论著中，这种情况俯拾即是。这种“原理加例子”的方法是很省力气的，但对真正的马克思研究来说，毫无用处！不幸的是，董文又重犯了这个毛病。

马克思对蒲鲁东哲学贫困的批判是从以下三个方面进行的：

首先，马克思运用唯物史观这一崭新的理论武器给了蒲鲁东以致命的打击。马克思在给安年柯夫的信中指出：蒲鲁东“之所以给我们提供了一种可笑的哲学，却是因为他不了解处于现代社会制度联结……关系中的现代社会制度”。[②] 在《哲学的贫困》中，马克思进一步指出：“经济范畴只不过是生产的社会关系的理论表现，即其抽象。真正的哲学家蒲鲁东先生把事物颠倒了，他以为现实关系只是一些原理和范畴的化身

① 《马克思恩格斯选集》第 2 卷，人民出版社 1995 年版，第 34 页。
② 《马克思恩格斯选集》第 4 卷，人民出版社 1995 年版，第 531 页。

……经济学家蒲鲁东先生非常明白，人们是在一定的生产关系中制造呢绒、麻布和丝织品的。但是他不明白，这些一定的社会关系同麻布、亚麻一样，也是人们生产出来的。社会关系和生产力密切相连。随着新生产力的获得，人们改变自己的生产方式，随着生产方式即谋生的方式的改变，人们也就会改变自己的一切社会关系。手推磨产生的是封建主的社会，蒸汽磨产生的是工业资本家的社会。人们按照自己的物质生产率建立相应的社会关系，正是这些人又按照自己的社会关系制造了相关的原理、观念和范畴。所以，这些观念、范畴也同它们所表现的关系一样，不是永恒的。它们是历史的、暂时的产物。"[①] 在《哲学的贫困》第二章第一节"方法"所做的"七个比较重要的说明"中，第二个说明最为重要，因为它阐述了唯物史观中"具有决定意义的论点"。而"这正是蒲鲁东先生没有理解、尤其是没有证明的。蒲鲁东先生无法探索出历史的实在进程，他就给我们提供了一套怪论，一套妄图充当辩证怪论的怪论"[②]。

其次，马克思指出，蒲鲁东想卖弄黑格尔的辩证法，却弄巧成拙、适得其反。蒲鲁东接触黑格尔哲学的时间不长，而且是1844年在巴黎同马克思的争论中，多少"使他感染了黑格尔主义"，但由于"他不懂德文，不能认真地研究黑格尔主义"[③]。蒲鲁东就这么一点关于黑格尔哲学的可怜的本钱，居然想在法国人面前卖弄一番，"把这些冒牌的黑格尔词句扔向法国人，毫无问题是想吓唬他们一下"[④]。但结果却是：作为黑格尔哲学糟粕的唯心主义和神秘主义，他全盘接受过来了，而作为黑格尔哲学中精华的辩证法，却被他歪曲甚至是阉割了。蒲鲁东以黑格尔的纯粹的、永恒的、无人身的理性为前提，套用黑格尔的正题、反题、合题的三段论公式，企图推演出他的整个政治经济学体系。马克思指出，这样做的结果，"就会把人所共知的经济范畴翻译成人们不大知道的语言，这种语言使人觉得这些范畴似乎是刚从纯理性的头脑中产生的，好像这

① 《马克思恩格斯选集》第1卷，人民出版社1995年版，第141—142页。
② 《马克思恩格斯选集》第4卷，人民出版社1995年版，第533页。
③ 《马克思恩格斯选集》第2卷，人民出版社1995年版，第616页。
④ 《马克思恩格斯选集》第1卷，人民出版社1995年版，第137页。

些范畴单凭辩证运动的作用才互相产生、互相联系、互相交织”①。不仅如此，蒲鲁东最后还搬出天命来，用天命作为火车头，拖着他的全部经济行囊前进。他在《贫困的哲学》的第八章，全部用来写天命，题目就叫“人和上帝在矛盾律下的责任，或天命问题的解答”，这实在是太可笑了！更可笑的是他对黑格尔辩证法的“创造性发挥”，把每个经济范畴都分为好坏两个方面，这就构成经济范畴固有的矛盾，解决矛盾的唯一方法是保存好的方面，消除坏的方面。马克思一针见血地指出：“蒲鲁东先生从黑格尔的辩证法那里只借用了用语。而蒲鲁东先生自己的辩证运动只不过是机械地划分出好、坏两面而已。……两个相互矛盾方面的共存、斗争以及融合成一个新范畴，就是辩证运动。谁要给自己提出消除坏的方面的问题，就是立即切断了辩证运动。我们看到的已经不是由于自己的矛盾本性而设定自己并把自己与自己相对立的范畴，而是在范畴的两个方面中间转动、挣扎和冲撞的蒲鲁东先生。”② 18 年后马克思在评论这件事时还说，“这是自学者炫耀自己学问的极为笨拙而令人讨厌的伎俩”③。

最后，马克思指出蒲鲁东的政治经济学方法是“含糊不清的”④，远在他所批判的经济学家之下。蒲鲁东自称是“一个普通的经济学家”，但是自亚当·斯密以来的经济学家他一个也看不上眼，在《贫困的哲学》第一章“经济学”中他写道：“我应该现在就指出，我并不把近百年来人们正式名之曰政治经济学的那一套自相矛盾的理论视为科学……亚当·斯密、李嘉图、马尔萨斯和让·巴·萨伊所留传给我们的那种政治经济学已经在某种意义上遭到否定，而且半个世纪来我们亲眼看到它停滞不前。这是本书所得出的一个重要结论。”⑤ 之所以如此，就是因为政治经济学方法的贫困（这也许是其著作名称的另一层含意），结果使政治经济学这片辽阔的空地上到处堆满着准备施工的材料。工人们急于动手干活，但却无所适从，因为作为经济学家的“建筑师不见了，也没有留下图

① 《马克思恩格斯全集》第 4 卷，人民出版社 1958 年版，第 143 页。
② 《马克思恩格斯选集》第 1 卷，人民出版社 1995 年版，第 144—145 页。
③ 《马克思恩格斯选集》第 2 卷，人民出版社 1995 年版，第 618 页。
④ 《马克思恩格斯选集》第 1 卷，人民出版社 1995 年版，第 137 页。
⑤ ［法］蒲鲁东：《贫困的哲学》上卷，余叔通、王雪华译，商务印书馆 2000 年版，第 38—39 页。

样”，“这样一来，建筑社会大厦的事也就无人过问了”，工地一片混乱，那些经济学家“历史的和叙述的方法尽管在当初认识事物时颇为有效，可是以后就毫无益处了”。[①] 于是，蒲鲁东也就以政治经济学的“救世主”的面目出现，首先在哲学方法上实行大胆的“革新”。马克思认为，蒲鲁东的哲学方法一点也不比他的前辈高明，实际上是十分的贫困。第一，严重脱离现实的经济生活，必然陷入唯心主义泥坑。“经济学家的材料是人的生动活泼的生活；蒲鲁东先生的材料则是经济学家的教条”，又“把这些范畴看作观念、不依赖现实关系而自生的思想，那么，我们只能到纯理性的运动去找寻这些思想的来历了”。[②] 第二，缺乏历史知识，又不做深入研究，当他无法解释历史发展时，就开始胡编乱造。蒲鲁东的历史知识非常贫乏，马克思列举大量的史实予以揭露，如：他不懂得分工问题，既没有提到在德国从 9—12 世纪发生的城市和乡村的分离，也不谈世界市场；不懂得机器产生和发展的历史，尤其荒谬的是把机器当成和分工、竞争、信贷等并列的经济范畴……总之，“蒲鲁东先生看不到现代种种社会体制是历史的产物，既不懂得它们的起源，也不懂得它们的发展，所以他只能对它们作教条式的批判。因此，为了说明发展，蒲鲁东先生不得不求助于虚构。他想象分工、信贷、机器等等都是为他的固定观念即平等观念而发明出来的”[③]。第三，蒲鲁东企图借用黑格尔辩证法来构筑政治经济学大厦，却是破绽百出，以失败告终。黑格尔哲学体系虽然是唯心主义的，却是一个有着紧密内在联系的有机整体。而在蒲鲁东那里，经济范畴的排列居然成了一种拼凑起来的脚手架。“蒲鲁东先生的辩证法背弃了黑格尔的辩证法，于是蒲鲁东先生只得承认，他用以说明经济范畴的次序不再是这些经济范畴相互产生的次序。经济的进化不再是理性本身的进化了。”那么，蒲鲁东先生给了我们什么呢？“是他本身矛盾的历史。”[④] 他那两卷本的著作应“恰当地称为《经济矛盾的体

---

① ［法］蒲鲁东：《贫困的哲学》上卷，余叔通、王雪华译，商务印书馆 2000 年版，第 60、61 页。
② 《马克思恩格斯选集》第 1 卷，人民出版社 1995 年版，第 138 页。
③ 《马克思恩格斯选集》第 4 卷，人民出版社 1995 年版，第 536 页。
④ 《马克思恩格斯选集》第 1 卷，人民出版社 1995 年版，第 146 页。

系》”[①]。第四，蒲鲁东的哲学实际上是典型的二元论。蒲鲁东是个小资产阶级的经济学家和哲学家，他既同情人民的苦难，又不想通过政治行动来改变社会现实的基础。他一心想调和矛盾，企图寻求一个新公式，以便把各个社会等级、各种社会对立平衡起来。“由于蒲鲁东先生把永恒观念、纯理性范畴放在一边，而把人和他们那种在他看来是这些范畴的运用的实践生活放在另一边，所以他自始就保持着生活和观念之间、灵魂和肉体之间的二元论——以许多形式重复表现出来的二元论。”[②] 这是蒲鲁东哲学贫困的深层原因，也是他政治和学术生涯悲剧的秘密所在。

三、如何实现经济学和哲学的结合

使经济学和哲学内在地结合起来，把马克思主义作为一个整体来研究，这已逐渐成为当代马克思主义研究者的共识。董文以《哲学的贫困》和马克思的经济理论为例，说明“经济学与哲学的结合需要既懂经济学，又懂哲学，这要求研究者做大量艰苦细致的研究工作，决不能浅尝辄止，满足经济学和哲学的表面词句的‘结合’；更不可抱投机心理，一方面拿半生不熟的经济学吓唬哲学家，另一方面拿半生不熟的哲学吓唬经济学家”。遗憾的是，我发现，董文正是犯了其所批评的这种毛病。

先看董文对马克思经济理论的错误理解：

其一，不了解马克思的经济理论经历了一个从不成熟到成熟并逐步深化的过程。在 19 世纪 40 年代中期，马克思刚开始研究政治经济学不久，还是个古典经济学劳动价值论的异议者。《哲学的贫困》在马克思的经济理论发展史上是个重要的转折，他已赞同并高度评价李嘉图的劳动价值论，并在唯物史观的指导下，超越了资产阶级经济学家的狭隘视野。1857—1858 年是马克思经济理论发展的又一个重要转折，不仅实现了劳动价值论的根本变革，而且明确了政治经济学的对象和方法，初步构建

---

① 《马克思恩格斯选集》第 1 卷，人民出版社 1995 年版，第 145 页。
② 《马克思恩格斯选集》第 4 卷，人民出版社 1995 年版，第 541 页。

起《政治经济学批判》的体系。19 世纪 60 年代是马克思经济理论发展的又一个重要时期，马克思继续对政治经济学进行了深入的研究，并将自己的著作定名为《资本论》，出版了第一卷。从 19 世纪 70 年代到逝世，马克思对自己的经济理论又做了进一步的完善。所以，当我们具体分析马克思某一经济思想时，一定要有历史的观点。董文似乎忽视了这一点，在谈到《哲学的贫困》中劳动的“抽象”时，居然引证了《资本论》第一卷中的有关论述，时光跳跃了 20 年，这是很不合适的。又如，董文谈到，“马克思不仅从总体上研究了资本主义生产关系的生产、发展过程和灭亡条件，而且在每一个细节上都贯穿了辩证法。以‘价值’问题为例”。如果讲到“价值问题”的细节，那么从 1859 年的《政治经济学批判》第一分册到 1867 年的《资本论》第一卷德文第一版再到 1873 年的第二版，马克思都作了很多修改，即使在他晚年，还对阿·瓦格纳的“政治经济学教科书”中的“价值问题”作出重要评述。董文用了很多篇幅，批判蒲鲁东“无法理解价值实体”，而马克思则要“确立价值实体即抽象劳动的地位”，这是违背历史事实的；其对蒲鲁东提出了过高的要求，即使马克思当时也未意识到这一点。劳动的二重性学说是马克思在《经济学手稿（1857—1858 年）》中才建立起来的。列宁说：“马克思辩证法要求对每一特殊的历史情况进行具体的分析。”① 对马克思经济理论的引用和评价应持此科学态度。

其二，不了解马克思创立的科学的劳动价值论和剩余价值论。董文说，“劳动价值论其实并不是马克思创立的，在亚当·斯密和大卫·李嘉图那里，劳动价值论的基本形态已经具备。马克思对劳动价值论的重大贡献在于，他并不把‘价值’看作永恒的现象，而将之与交换价值的历史发展联系在一起，交换价值的历史发展又与劳动的抽象化联系在一起。马克思正是从具体劳动与抽象劳动的关系入手，才真正弄清了价值的主体本质”。这里存在两个问题需要澄清：第一，古典经济学提出了劳动价值论的一系列基本原理，但也存在重大缺陷。他们从来没有研究过劳动的性质和价值的性质，因此不能完整而科学地说明什么是价值、价值是

① 《列宁选集》第 2 卷，人民出版社 1972 年版，第 857 页。

如何形成的，因此说在他们那里“劳动价值论的基本形态已经具备”是很不严谨的。第二，马克思对劳动价值论的重大贡献在于：一是从“经济的具体物”——商品中分析出使用价值和价值，而不是从“价值”概念出发；二是劳动二重性是首先由马克思批判地证明了的，它成了理解马克思全部政治经济学的枢纽；三是第一次对价值形式作了全面阐述，揭示了货币的产生和本质；四是论述了商品拜物教；五是实现劳动价值论和剩余价值理论的“无缝对接”，使马克思的经济理论体系成为一个具有逻辑一贯性的严密的有机整体。董文对马克思在劳动价值论上所做的重大贡献的概括显然过于片面和简单。至于“马克思正是从具体劳动与抽象劳动的关系入手，才真正弄清了价值的主体本质”，令人不知所云。此外，董文还提到，劳动价值论或剩余价值理论“这仅仅是马克思构建现代资本主义社会有机体的细胞层次”，说明其对马克思剩余价值理论还是一知半解的。

再看董文对马克思哲学的错误理解。

其一，董文说：“在马克思看来，辩证法包括两个方面：一是历史辩证法，二是逻辑辩证法。后者是前者在思想中的抽象表现。”请问：马克思在什么时候、什么地方有过这样的表述？马克思论述辩证法最详细的是《资本论》第一卷德文第二版跋，明确宣布《资本论》的方法就是辩证法。马克思说：“辩证法在黑格尔手中神秘化了，但这决没有妨碍他第一个全面地有意识地叙述了辩证法的一般运动形式。在他那里，辩证法是倒立着的。必须把它倒过来，以便发现神秘外壳中的合理内核。”① 马克思正是在《资本论》中应用了黑格尔辩证法的“合理内核”。马克思还论述了辩证法的精髓和批判的革命的本质。董文这里所说的历史辩证法和逻辑辩证法，实际上是马克思辩证法中的一个原理，即逻辑和历史的统一问题，不能以点代面、以偏概全。

其二，董文认为，“马克思承认辩证法是生命力的体现，但并不认为它仅仅表现为理性的生命力，或绝对精神的生命力，而认为它是‘现实的个人’的生命力”。请问：马克思又是在什么时候、什么地方有过这样

① 《资本论》第1卷，人民出版社2004年版，第22页。

的“承认”？如果马克思的辩证法具有“‘现实的个人’的生命力”，那它与黑格尔的“无人身的理性”和蒲鲁东所发明的“新理性”又有什么区别？让我们重温一下马克思的论述吧：“我的辩证方法，从根本上来说，不仅和黑格尔的辩证方法不同，而且和它截然相反。在黑格尔看来，思维过程，即甚至被他在观念这一名称下转化为独立主体的思维过程，是现实事物的创造主，而现实事物只是思维过程的外部表现。我的看法则相反，观念的东西不外是移入人的头脑并在人的头脑中改造过的物质的东西而已。”①

其三，董文认为，“‘资本’是资本主义社会有机体的细胞”，“‘剩余价值理论’……是马克思建构现代资本主义社会有机体的细胞层次”。这暴露出董文既不了解马克思的经济理论，也不了解马克思建构政治经济学体系所应用的辩证方法。在《资本论》第一卷德文第一版序言中，马克思明确指出：“对资产阶级社会说来，劳动产品的商品形式，或者商品的价值形式，就是经济的细胞形式。”② 相对于商品或价值来说，资本是个具体得多的范畴，按照马克思所运用的从抽象上升到具体的方法，“资本”只有在第一卷的第二篇“货币转化为资本”时才出现，然后逐步展开。针对那种由于不懂得辩证法而产生的误解，马克思在晚年的一篇文章中写道：“因此，在分析商品时，即使在谈它的‘使用价值’时，我们也没有立即联系到‘资本’的定义，当我们还在分析商品的因素的时候，就谈资本的定义，那纯粹是荒唐的事。”③ 至于剩余价值理论，稍具经济学常识的人都知道，它是马克思经济理论的总称，恩格斯把它与唯物史观并称为马克思一生的两大发现，怎么在董文那里就成了“马克思建构现代资本主义社会有机体的细胞层次”呢？

其实，如何实现经济学和哲学的内在结合，我们从《哲学的贫困》中可以得到许多有益的启示。

首先，要明确结合的目的，不仅要正确地“认识世界”，更重要的还在于“改变世界”。马克思写作《哲学的贫困》，从经济学和哲学两方面

① 《资本论》第1卷，人民出版社2004年版，第22页。

② 《资本论》第1卷，人民出版社2004年版，第8页。

③ 《马克思恩格斯全集》第19卷，人民出版社1963年版，第414页。

批判蒲鲁东，就是为了揭穿他的伪科学面目，清除其小资产阶级社会改良主义在工人运动中的影响，为正在组织为政党、开展政治斗争的无产阶级提供新的理论武器。今天我们要实现经济学和哲学的结合，就是要在新的历史条件下，继承和发展马克思主义，把建设中国特色的社会主义事业不断推向前进。

其次，经济学和哲学的结合必须以唯物史观为指导。在《哲学的贫困》中，马克思之所以能把蒲鲁东批驳得体无完肤，之所以能超越古典经济学的创立者亚当·斯密、大卫·李嘉图和辩证法大师黑格尔，就是因为马克思掌握了新的世界观——唯物史观。正如列宁所说的，“马克思的历史唯物主义是科学思想中的最大成果。过去在历史观和政治观方面占支配地位的那种混乱和随意性，被一种极其完整严密的科学理论所代替”①。

再次，“结合”要以对经济学和哲学的优秀遗产的科学批判和继承为前提。马克思研究政治经济学始于1843年10月底到达巴黎以后，他读了大量政治经济学著作，并作了摘录和笔记（遗留至今的有《巴黎笔记》共九册）。1845年2月，马克思移居布鲁塞尔后，继续政治经济学研究，研读了大量经济学文献，其中包括历史上各个时代经济学家的著作，也包括同时代各派经济学家的著作，同样做了摘录和笔记。在这个基础上，马克思打算写一部两卷本的《政治和政治经济学批判》的著作，后来由于种种原因，该书未能出版，但马克思在《哲学的贫困》中利用了这方面的研究成果，特别是在劳动价值论上出现了重大的转折，为马克思以后经济理论的发展奠定了坚实的基础。马克思对欧洲哲学史的研究，特别是对黑格尔唯心主义辩证法的批判继承所达到的广度和深度，这是无人可与之比肩的。所以，马克思在政治经济学研究中能够娴熟地运用辩证方法，也就水到渠成、顺理成章了。

复次，“结合”要和实践保持密切的联系，从中不断地汲取养料，保持理论旺盛的生命力和战斗力。马克思在巴黎开始政治经济学研究的同时，就投身于工人阶级的火热斗争中去，他深入工人群众，了解他们的

---

① 《列宁选集》第2卷，人民出版社1995年版，第443页。

愿望和要求；经常参加德法两国工人的集会和工人秘密团体的活动。马克思曾这样热情地写道："要理解这个运动中人的高尚性，就必须知道英法两国工人对科学的向往、对知识的渴望、他们的道德力量和他们对自己发展的不倦的要求。"[①] 在布鲁塞尔期间，为了实地考察英国的经济状况，收集有关经济学方面的实际资料和文献资料，并与英国的工人组织和工人群众建立联系，马克思还于 1845 年夏天，在恩格斯的陪同下，到英国伦敦和曼彻斯特作了为期一个半月的考察。马克思在《哲学的贫困》中对资本主义社会内部矛盾的深刻分析，对即将到来的无产阶级革命的科学预见，既是他把经济学和哲学结合起来进行分析的结果，也是他亲身参加生产和革命实践所获得的感性认识的理论升华。正如恩格斯所评价的那样，马克思不仅是"当代最伟大的思想家"，而且"首先是一个革命家。他毕生的真正使命，就是以这种或那种方式参加推翻资本主义社会及其所建立的国家设施的事业……很少有人像他那样满腔热情、坚韧不拔和卓有成效地进行斗争"。[②]

最后，经济学和哲学的结合是个不断创新、永无止境的过程。马克思 1844 年在巴黎开始了经济学和哲学的第一次结合，其重要成果是虽不成熟但已潜在地具备了马克思主义诞生的基本要素的异化劳动理论。1845—1846 年的"结合"直接导致了马克思的第一个伟大发现——唯物史观的产生；1847 年的"结合"产生了不朽名著《哲学的贫困》及稍后马克思与恩格斯合著的堪称开创了一个历史新纪元的《共产党宣言》。19 世纪 50 年代和 60 年代的"结合"产生了马克思的第二个伟大发现即剩余价值规律。在被称为"工人阶级的圣经"的《资本论》中，经济学和哲学的结合达到了非常完美的境地。马克思不无自豪地说，"不论我的著作有什么缺点，它们却有一个长处，即它们是一个艺术的整体；但是要达到这一点，只有用我的方法"。[③] 列宁非常重视在马克思那里经济学和哲学的有机结合，《哲学笔记》中有许多重要论述，在他去世前不久的一篇文章中还强调要组织"研究马克思在他的《资本论》及各种历史和政

---

① 《马克思恩格斯全集》第 2 卷，人民出版社 1957 年版，第 107 页。
② 《马克思恩格斯选集》第 3 卷，人民出版社 1995 年版，第 776、777 页。
③ 《马克思恩格斯〈资本论〉书信集》，人民出版社 1976 年版，第 196 页。

治著作中实际运用的辩证法”，因为“马克思把这个辩证法运用得非常成功”。[①] 我们应该牢记列宁的教导，并努力躬行之。

（原文发表于《东南学术》2012 年第 3 期）

① 《列宁短篇哲学著作》，人民出版社 1993 年版，第 465 页。

《资本论》的方法论意义

——马克思主义经济学的五个方法论命题

林　岗　张　宇*

引　言

恩格斯曾经指出，“随着自然科学领域中每一个划时代的发现，唯物主义也必然要改变自己的形式”①。在日新月异的变化面前，作为历史唯物主义的科学证明的政治经济学②，同样要适时地改变自己的形式。问题在于，改变什么，怎样改变，如何在新的历史条件下，实现坚持和发展的统一。

20世纪的后20年，在与新的科技革命相伴随的经济信息化和全球化的背景下，现代资本主义发生了一系列新变化，社会主义在东欧国家和苏联遭受重大挫折，西方主流经济学的影响日益增大，新老自由主义泛滥，马克思主义经济学又一次面临新的挑战，而且可以说是自第二国际叛卖以来最为严峻的挑战。同时，我国社会主义事业的发展，尤其是由传统计划经济向社会主义市场经济转轨的伟大实践，也提出了一系列前所未遇的新课题。在这种情况下，联系变化了的实际发展马克思的经济学说，科学地回答新的历史阶段提出的一系列新问题，回击对马克思主

---

* 林岗：中国人民大学经济学院教授，博士生导师。张宇：中国人民大学经济学院教授，博士生导师。

① 《马克思恩格斯选集》第4卷，人民出版社1995年版，第228页。

② “自从《资本论》问世以来，唯物主义历史观已经不是假设，而是科学证明了的原理”。《列宁选集》第1卷，人民出版社1995年版，第10页。

义的各种非难和攻击，创造出适应时代需要的马克思主义的新形式，是每一个马克思主义经济学工作者义不容辞的责任。而我们要承担起这个责任，首要的条件就是坚持作为马克思主义经济学“硬核”的、它所特有的方法论原则。

马克思主义从根本上来说是一种认识世界的方法论。坚持马克思主义经济学，从根本上来说就是坚持马克思主义经济学的方法论，特别是《资本论》的方法。正如恩格斯指出的那样，“马克思的整个世界观不是教义，而是方法。它提供的不是现成的教条，而是进一步研究的出发点和供这种研究使用的方法”[①]。卢卡奇的下列观点虽然有失偏激，但无疑是值得重视的：“正统马克思主义并不意味着无批判地接受马克思研究的结果。它不是对这个或那个论点的‘信仰’，也不是对某本‘圣书’的注解。恰恰相反，马克思主义问题中的正统仅仅是指方法。它是这样一种科学的信念，即辩证的马克思主义是正确的研究方法，这种方法只能按其创始人奠定的方向发展、扩大和深化。”[②]

只有把马克思主义理解成了一种科学的世界观或方法论，我们才能抓住马克思主义的灵魂，在纷繁复杂、急速变化的世界中，体验和发扬马克思主义旺盛的生命力和创造力，发展起适应于新的历史条件的马克思主义经济学的新形式。

《资本论》博大精深，但其方法论归根结底就是历史唯物主义[③]。对历史唯物主义的基本原理，马克思在《〈政治经济学批判〉序言》中作过如下经典性的表述：“人们在自己生活的社会生产中发生一定的、必然的、不以他们的意志为转移的关系，即同他们的物质生产力的一定发展阶段相适应的生产关系。这些生产关系的总和构成社会的经济结构，即有法律的和政治的上层建筑竖立其上并有一定的社会意识形态与之相适应的现实基础。物质生活的生产方式制约着整个社会生活、政治生活和

① 《马克思恩格斯选集》第 4 卷，人民出版社 1995 年版，第 742—743 页。

② ［匈］卢卡奇：《历史与阶级意识——关于马克思主义辩证法的研究》，商务印书馆 1996 年版，第 47—48 页。

③ 恩格斯把马克思主义政治经济学称作德国的经济学，并且认为这种经济学在本质上是建立在唯物主义历史观的基础上的。参见《马克思恩格斯选集》第 2 卷，人民出版社 1995 年版，第 38 页。

精神生活过程。不是人们的意识决定人们的存在，相反，是人们的社会存在决定人们的意识。社会的物质生产力发展到一定阶段，便同它们一直在其中活动的现存生产关系或财产关系（这只是生产关系的法律用语）发生矛盾。于是这些关系便由生产力的发展形式变成生产力的桎梏。那时社会革命的时代就到来了。随着经济基础的变更，全部庞大的上层建筑也或慢或快地发生变革。”①

历史唯物主义原理的这一经典表述，是《资本论》的活的灵魂，是当代马克思主义经济学发展的指南和动力。根据这一经典表述以及马克思主义经典作家对历史唯物主义原理的其他有关阐释，可以将马克思主义政治经济学的方法论原则归结为如下五个基本命题：

（1）从生产力与生产关系的矛盾运动中解释社会经济制度的变迁；

（2）在历史形成的社会经济结构的整体制约中分析个体经济行为；

（3）以生产资料所有制为基础确定整个社会经济制度的性质；

（4）依据经济关系来理解和说明政治法律制度和伦理规范；

（5）通过社会实践实现社会经济发展合规律与合目的的统一。

这五个命题是有机地联系在一起的。对一定历史条件下生产力与生产关系的对立统一关系的认识，是马克思主义经济学说明一定社会经济制度产生、发展和衰亡的历史过程，揭示一定社会经济制度下发生的不以任何个人意志为转移的经济运行规律的根本依据。也就是说，上述第一个命题，是马克思主义政治经济学方法论的首要原则。而其他四个命题，则是这个首要原则在经济分析进程中合乎逻辑的展开。下面，我们将根据《资本论》的启示，对这五个基本命题逐一加以讨论。

一、从生产力与生产关系的矛盾运动中解释社会制度的变迁

生产力决定生产关系、经济基础决定上层建筑是历史唯物主义的逻

① 《马克思恩格斯选集》第2卷，人民出版社1995年版，第32—33页。

辑主线。在这条逻辑主线上，生产力是发端的、首要的因素。正如列宁指出的那样，“只有把社会关系归结于生产关系，把生产关系归结于生产力的水平，才能有可靠的根据把社会形态的发展看作自然历史过程。不言而喻，没有这种观点，也就不会有社会科学”①。

“生产力决定生产关系的科学原理”并不是一个僵硬的公式，它具有丰富而具体的理论内涵。在《资本论》中，随处可以感觉到它的力量和魅力。在研究商品货币时，马克思提出了著名的“劳动二重性”学说，这一学说被马克思称为理解政治经济学的枢纽。这一理论正是一个运用生产力与生产关系矛盾运动的原理来研究社会经济制度现象的范例，甚至可以说它提供了一个如何运用生产力与生产关系原理来解析社会经济制度的理论框架。这个框架的要点简述如下。

1. 生产劳动是人类社会的基本实践活动，而任何历史阶段的社会生产都是生产力与生产关系二重性的统一。就生产商品的劳动而言，从一方面看，它是人类劳动力在特殊的有一定目的的形式上的耗费，反映了人与自然之间的物质变换关系。从另一方面看，它又是具体形式各异的不同人类劳动按照一个统一的尺度相互比较的过程，反映了人与人之间的经济关系。劳动的二重性正是人类经济活动的二重性的表现。马克思的这样一段经典性论述揭示了商品生产的实质，也说明了经济活动的二重性：“要想得到和各种不同的需要量相适应的产品量，就要付出各种不同的和一定量的社会总劳动量。这种按一定比例分配社会劳动的必要性，决不可能被社会生产的一定形式所取消，而可能改变的只是它的表现方式，这是不言而喻的。自然规律是根本不可能取消的。在不同的历史条件下能够发生变化的，只是这些规律借以实现的形式。而在社会劳动的联系体现为个人劳动产品的私人交换的社会制度下，这种按比例分配劳动所借以实现的形式，正是这些产品的交换价值。”② 这一段论述说明：第一，人类的经济活动或所谓的资源配置的实质，是由生产与需要的相互适应而发生的社会总劳动的按比例分配问题，这是在任何社会形态下

---

① 《列宁选集》第1卷，人民出版社1995年版，第8—9页。

② 《马克思恩格斯选集》第4卷，人民出版社1995年版，第580页。

都起作用的自然规律。第二，在不同的历史条件下，社会总劳动的按比例分配具有不同的实现形式。商品交换和价值规律就是社会总劳动按比例分配在私人交换制度下的实现形式。① 第三，商品不是物，而是被物的形式掩盖的人与人之间的一种特殊经济关系，市场是资源配置的一种特殊社会形式或历史形式。

2. 生产力与生产关系的矛盾统一中，生产力居于首要地位。马克思关于生产力的首要性的命题是建立在这样一个不可颠覆的事实之上的，即，“全部人类历史的第一个前提无疑是有生命的个人的存在。因此，第一个需要确认的事实就是这些个人的肉体组织以及由此产生的个人对其他自然的关系。”② 从人的自然属性中产生出的人的需要及其满足，是全部经济和社会活动的基础。因此，马克思对商品经济的分析，不像西方主流经济学那样从抽象的个人主观效用出发，而是从这样一个客观事实出发，即“商品首先是一个外界的对象，一个靠自己的属性来满足人的某种需要的物”③，即使用价值，它是价值的物质承担者。价值和使用价值的特殊关系，具体地体现了生产力与生产关系的一般关系，即生产力是生产关系的物质承担者，生产关系形式要与生产力的性质相适应。从这个意义上说，马克思主义政治经济学绝不像有人贬低的那样，不研究资源配置问题，而只研究阶级斗争。事实上，在马克思主义经济理论中，价值和使用价值、抽象劳动和具体劳动、价值规律的物质内容和社会形式、劳动者与生产资料结合的技术形式和社会形式、劳动的一般过程和价值形成和增殖过程、资本的技术构成和资本的价值构成、商品的交换和货币的流通、物质形态的再生产和价值形态的再生产是紧密地结合在一起的，是一个事物的两个方面。可见，马克思主义并不一般地反对研究资源配置，而是反对脱离具体的社会经济关系来研究资源配置。而在

① 在社会主义条件下，虽然实行公有制，但由于分工仍然是社会劳动的基本组织形式，不同产品的生产者之间存在以劳动为基本尺度的利益差别，他们之间的关系因而仍然是商品交换关系。因此，社会主义公有制条件下不同利益主体之间的交换或市场关系，也是社会总劳动按比例分配的一种特殊实现形式。——这是马克思主义的后继者们在经济体制改革实践中对马克思的商品经济理论的重大发展。

② 《马克思恩格斯选集》第1卷，人民出版社1995年版，第67页。

③ 《资本论》第1卷，人民出版社2004年版，第47页。

生产力与经济关系的对立统一中来揭示资源配置在一定社会经济形态下的具体规律，正是马克思主义经济学与抛开具体经济关系而讨论乌托邦式的一般均衡的西方新古典经济学的一个原则区别。马克思主义经济学的这种方法在《资本论》中得到充分体现，它是科学地研究社会资源配置方式和资源配置过程的典范。

3. 虽然生产力相对于生产关系居于首要地位，但政治经济学是一门社会科学，而不是自然科学；它研究的是人，而不是物，是生产力配置的社会形式，而不是生产力配置的物质过程。在分析商品二因素时，马克思指出："商品的物体属性只是就它们使商品有用，从而使商品成为使用价值来说，才加以考虑。另一方面，商品交换关系的明显特点，正在于抽去商品的使用价值。在商品交换关系中，只要比例适当，一种使用价值就和其他任何一种使用价值完全相等。"① 恩格斯对于政治经济学研究对象的说明更加明确地指出了这一点："政治经济学从商品开始，即从产品由个别人或原始公社相互交换的时刻开始。进入交换的产品是商品。但是它成为商品，只是因为在这个物中，在这个产品中结合着两个人或两个公社之间的关系，即生产者和消费者之间的关系，在这里，两者已经不再结合在同一个人身上了。在这里我们立即得到一个贯穿着整个经济学并在资产阶级经济学家头脑中引起过可怕混乱的特殊事实的例子，这个事实是：经济学所研究的不是物，而是人和人之间的关系，归根到底是阶级和阶级之间的关系；可是这些关系总是同物结合着，并且作为物出现。"②

总之，马克思主义经济学对于资源配置方式的研究与西方主流经济学有着本质的不同。马克思主义认为，资源配置具有二重性，即物质内容和社会形式。社会的资源配置，归根结底是资源在相互间存在利益差别以至利益冲突的不同人们之间的分配，因而在一定所有制基础上形成的整个社会的生产关系体系是资源配置由以实现的必然机制。虽然马克思主义经济学对资源配置一般规律的研究也给予足够的重视，但更加重

① 《资本论》第1卷，人民出版社2004年版，第50页。

② 《马克思恩格斯全集》第13卷，人民出版社1962年版，第533页。

视资源配置的特殊社会形式。不明确这一点，就不可能理解马克思主义政治经济学的实质。

二、在历史形成的社会经济结构的整体制约中分析个体经济行为

在方法论上遵循个体主义，即从孤立的个人出发来解释一切经济现象，是由以亚当·斯密为代表的古典自由主义开创的西方经济学的传统。这是与资本主义市场经济相适应的意识形态。西方的现代自由主义经济理论，无论是新古典经济学、凯恩斯主义、进化论自由主义还是新制度经济学，都没有从根本上背离开这一传统。方法论个体主义的核心是，“只有个体才进行选择和行动，而群体本身既不选择又不行动，如果所分析的群体同样进行选择和行动，则就不符合科学的准则。社会总量被认为只是个体所做的选择和采取行动的结果”①。

马克思的方法论原则是与个体主义原则相反的整体主义的原则。马克思主义经济学并不排斥对个体动机和行为的分析。但是，在马克思主义看来，尽管社会是由个人组成的，但是社会并不是单个人的简单加总。社会是按照特殊的规则和特定的结构组成的有机整体。这个整体一旦形成，就具有了不以人的意志为转移的客观规律和单个个人所不具有的属性。因此，“人是最名副其实的社会动物，不仅是一种合群动物，而且是只有在社会中才能独立的动物”。“社会不是由个人构成，而是表示这些个人彼此发生的那些联系和关系的总和。”② 虽然“历史不过是追求自己目的的人的活动”，社会的运动是由个体的选择和行为汇合而成的，但个人的行为和选择并不完全是自由意志的产物，个人的行为受历史和社会

---

① ［英］约翰·伊特韦尔等编：《新帕尔格雷夫经济学大辞典》，经济科学出版社1992年版，第635页。按照卢瑟福的概括，方法论个人主义的关键假设可以概括为三项陈述：1. 只有个人才有目标和利益。2. 社会系统及其变迁产生于个人的行为。3. 所有大规模的社会学现象最终应该根据只考虑个人，考虑他们的气质、信念、资源以及相互关系的理论加以解释（参见［英］卢瑟福：《经济学中的制度——老制度主义与新制度主义》，中国社会科学出版社1999年版）。

② 《马克思恩格斯全集》第46卷上册，人民出版社1979年版，第220页。

条件的制约：

“人们不能自由选择自己的生产力——这是他们的全部的历史的基础，因为任何生产力都是一种既得的力量，是以往的活动的产物。可见，生产力是人们应用能力的结果，但这种能力本身决定于人们所处的条件，决定于先前已经获得的生产力，决定于在他们以前已经存在、不是由他们创立而是由前一代人创立的社会形式。”[①]

“人们自己创造自己的历史，但是他们并不是随心所欲地创造，并不是在他们自己选定的条件下创造，而是在直接碰到的、既定的、从过去承继下来的条件下创造。一切已死的先辈们的传统，像梦魔一样纠缠着活人们的头脑。”[②]

运用个人主义的方法研究经济问题时，个人的主观动机以及由此决定的个人行为是考察问题的出发点。但是，事实上，任何个人的经济行为都不可能是完全主观随意的，它本身就是经济制度的产物或经济关系的“人格化”。正如马克思在《资本论》序言中指出的那样：“为了避免可能产生的误解，要说明一下。我决不用玫瑰色描绘资本家和地主的面貌。不过这里涉及的人，只是经济范畴的人格化，是一定的阶级关系和利益的承担者。我的观点是：社会经济形态的发展是一种自然史过程。不管个人在主观上怎样超脱各种关系，他在社会意义上总是这些关系的产物。同其他任何观点比起来，我的观点是更不能要个人对这些关系负责的。”[③]

因此，从与方法论的个人主义相对立的意义上，可以把马克思主义经济学归入整体论的范畴。但是，坚持整体论的观点并不意味着认识所有的问题都要从宇宙开始。[④] 社会并不是完全独立于个人而存在的空壳，社会结构对于它们反复组织起来的人的实践活动来说，既是后者的前提，

① 《马克思恩格斯选集》第 4 卷，人民出版社 1995 年版，第 532 页。

② 《马克思恩格斯选集》第 1 卷，人民出版社 1995 年版，第 585 页。

③ 《马克思恩格斯选集》第 23 卷，人民出版社 1972 年版，第 10 页。

④ 罗素对黑格尔的整体论思想曾作过这样的批评：假使一切知识都是关于整体宇宙的知识，那么就不会有任何知识了。因为根据整体论的观点，一个词的意义即它所指的整体的一切性质，而为了叙述一切性质，我们便需要已经知道一切其他词的意义。见［英］罗素：《西方哲学史》下卷，商务印书馆 1997 年版，第 293 页。

又是它的结果。相对个人而言，社会结构并不是什么“外在之物”，而是具体体现在各种社会实践中，“内在于”人的活动中。人们在一定历史条件下创造历史，在一定的制约中选择制度，在改造环境中改造自身，——这就是马克思主义的实践唯物主义的观点。因此，马克思和恩格斯从来不把个人与社会对立起来。他们对个人与社会的关系的表述是准确的、辩证的，而且显然经过了仔细的推敲：

“社会结构和国家总是从一定的个人的生活过程中产生的。但是，这里所说的个人不是他们已经或别人想象中的那种个人，而是现实中的个人，也就是说，这些个人是从事活动的，进行物质生产的，因而是在一定的物质的、不受他们任意支配的界线、前提和条件下活动着的。”①

“在社会中进行生产的个人，——因而，这些个人的一定社会性质的生产，当然是出发点”。②

“因此，说到生产，总是指在一定社会发展阶段上的生产——社会个人的生产。”③

从孤立的个人而不是社会的个人出发考察经济问题，必然把历史和时间排除在经济学视野之外。从现实的社会整体结构中的个人出发考察问题，则必然要考虑经济发展和制度变迁的历史延续性。这是马克思主义经济学与西方主流经济学的另一个根本差别。

把资本主义市场经济当作某种先验的超历史的现象，这是西方主流经济学从亚当·斯密开始就已经形成的另一个重要传统，这是从离群索居的孤立的个人出发考察问题的必然结果。根据这种观点，资本主义制度不是历史发展的产物，而是历史发展的起点；不是生产发展的结果，而是生产发展的前提；不是从客观历史条件中产生出来的，而是自然的人类本性造成的。因此，私有制被看作是人类利己本性的自然表现，自由契约被说成是天赋人权的自然延伸，等价交换则被称为平等和正义的象征，资本主义经济特有的范畴不仅可以用来说明资本主义社会的经济现象，而且可以用来说明包括奴隶制度、封建制度和计划经济等所有的

① 《马克思恩格斯选集》第1卷，人民出版社1995年版，第71—72页。
② 《马克思恩格斯选集》第2卷，人民出版社1995年版，第1页。
③ 《马克思恩格斯选集》第2卷，人民出版社1995年版，第3页。

社会经济现象，理性人的范式成为了解释一切制度现象的万能钥匙。

马克思主义对于社会制度的认识与这种超历史的形而上学观点完全相反。马克思主义的观点在其最内在的本质上是历史的。按照这种观点，人类社会是一个自然的历史过程，处在不断发展变化之中。因此，没有一般的生产，只有特殊的一定社会发展阶段上的生产，抽象地适用于任何时代的社会制度和法律形式是不存在的。在马克思看来，这种历史的方法实质上就是辩证法，辩证的方法也必然是历史的方法，“因为辩证法在对现存事物的肯定的理解中同时包含对现存事物的否定的理解，即对现存事物的必然灭亡的理解；辩证法对每一种既成的形式都是从不断的运动中，因而也是从它的暂时性方面去理解；辩证法不崇拜任何东西，按其本质来说，它是批判的和革命的”[①]。对于政治经济学的历史性质，恩格斯在《反杜林论》中讨论政治经济学的对象与方法时作了明确的阐述，他说：“人们在生产和交换时所处的条件，各个国家各不相同，而在每一个国家里，各个世代又各不相同。因此，政治经济学不可能对一切国家和一切历史时代都是一样的。”“谁要想把火地岛的政治经济学和现代英国的政治经济学置于同一规律之下，那么，除了最陈腐的老生常谈以外，他显然不能揭示出任何东西。因此，政治经济学本质上是一门历史的科学。……它所涉及的是历史性的即经常变化的材料；它首先研究生产和交换的每个个别发展阶段的特殊规律，而且只有在完成这种研究以后，它才能确立为数不多的、适用于生产一般和交换一般的、完全普遍的规律。”[②]

马克思承认，生产的一切时代有某些共同的标志、共同的规定，这就是所谓的生产一般。这个一般本身又是有许多组成部分的、分为不同规定的东西。其中有些属于一切时代，例如，所有的生产都要使用工具，都存在着自然的或社会的分工，都具有节约劳动的倾向，等等，这就是所谓的人类社会共有的经济规律。另外一些是几个时代所共有的，例如商品生产和商品交换。因此，一切生产阶段所共有的、被思维当作一般规定而确定下来的规定，是存在的，没有这些一般规定，任何生产都无

---

① 在《资本论》第二版跋中，马克思专门讨论了他所使用的方法，他认为，他所使用的方法就是辩证法或历史的方法。见《马克思恩格斯选集》第23卷，人民出版社1972年版，第22页。

② 《马克思恩格斯选集》第3卷，人民出版社1995年版，第489、489—490页。

从设想。但是，所谓的一切生产的一般条件，不过是一些抽象的要素，用这些要素不可能理解任何一个现实的、历史的生产阶段。马克思特别强调的是，所以要将生产的一般抽象出来，正是为了不致因为注意统一而忘记了差别。而那些证明现存社会关系永存与和谐的现代经济学家们的全部智慧，就在于忘记这种差别。在对于商品货币关系的研究方面，古典政治经济学的根本缺点之一，就是它始终不能从商品的分析中，特别是从商品价值的分析中，发现那种正是使价值成为交换价值的价值形式。对于价值形式的研究，马克思认为是《资本论》分析得最好的几个地方之一。在马克思看来，古典经济学家的缺陷不仅是因为价值量的分析把他们的注意力完全吸引住了，此外还有更深刻的原因："劳动产品的价值形式是资产阶级生产方式的最抽象的、但也是最一般的形式，这就使资产阶级生产方式成为一种特殊的社会生产类型，因而同时具有历史的特征。因此，如果把资产阶级生产方式误认为是社会生产的永恒的自然形式，那就必然会忽略价值形式的特殊性，从而忽略商品形式及其进一步发展——货币形式、资本形式等等的特殊性。"①

新古典经济学将古典经济学中有关劳动价值论和资本主义社会阶级关系的科学成分统统抛弃，而集中地发展了其中的庸俗成分。在新古典经济学中，制度和时间被完全抽象掉了，社会经济问题的核心被归结为稀缺资源的配置问题。② 西方经济学的现代自由主义学说，更是把超历史的理论传统发展到了登峰造极的地步。根据这种理论，自利的人在任何社会、文化和历史环境中都同样地追求效用最大化，因而，向市场经济过渡的核心就是"管住货币，放开价格"，最大限度地减少政府的干预，在尽可能短的时期内以尽可能快的速度实现经济的私有化和自由化。这种以新古典经济学为基础的转型理论，通过国际货币基金等组织大力推

---

① 《马克思恩格斯选集》第23卷，人民出版社1972年版，第99页注（32）。

② 正如兰格在《马克思主义经济学和现代经济理论》一文中所指出的那样，现代"资产阶级"经济学是关于稀缺资源在不同用途之间配置的理论，它不需要任何制度概念，有关的经济问题都是从鲁滨逊的孤岛中推导出来的，对于制度进化的研究被看作是经济史而不是经济学的任务。马克思主义经济学的优势在于它能够提供一个经济制度演化的长期理论。Oskar R. Lange，"Marxian Economics and Modern Economic Theory，" in *Economic Theory and Market Socialism*，ed. Tadeusz Kowalik（Edward Elgar Press，1994）.

行，成为20世纪90年代经济转型国家激进式改革的主流思想。但是，实践并没有给新自由主义戴上胜利者的桂冠，苏联、东欧各国经济的持续衰退和中国经济的持续增长，证明了主流经济学在解释制度演进方面的贫乏无力。事实再次显示出了马克思主义经济学的生命力和科学价值。

马克思指出："商品生产和商品流通是极不相同的生产方式都具有的现象，尽管它们在范围和作用方面各不相同。因此，只知道这些生产方式所共有的抽象的商品流通的范畴，还是根本不能了解这些生产方式的不同特征，也不能对这些生产方式作出判断。"① 马克思对价值转型的研究为我们提供了一个用历史观点分析不同社会条件下的商品货币关系的典范。我们知道，马克思对于资本主义经济关系的研究是从商品货币开始的，资本主义社会的所有经济关系都是建立在商品货币关系和价值规律的基础上的。但是，商品交换的一般规律和资本的所有权规律发生了尖锐的矛盾：商品不只是当作商品来交换，而是当作资本的产品来交换。这些资本要求从剩余价值的总量中，分到和它们各自的量成比例的一份，或者在它们的量相等时，要求分到相等的一份。在马克思的分析中，问题和解决问题的方法同时产生：一般利润率通过竞争而平均化，从而价值转化为生产价格，价值规律转化为生产价格规律。而生产价格规律，正是价值规律在资本主义条件下的特殊表现形式。

马克思的方法提醒我们：把握现实的市场经济，必须把共性与个性结合起来。我们要尊重市场经济的所谓"国际惯例"和"一般规则"，但是不能成为它们的俘虏和奴隶，不能让社会主义市场经济的特殊社会性质被"市场经济一般"所淹没。从国情出发选择自己的改革和发展道路，坚持我国市场经济的社会主义属性，才是明智的做法。

三、以生产资料所有制为基础确定整个经济制度的性质

生产力与生产关系、经济基础与上层建筑的矛盾运动是马克思主义

① 《马克思恩格斯选集》第23卷，人民出版社1972年版，第133页注（73）。

研究社会制度变迁的出发点，而生产力对生产关系、经济基础对上层建筑的决定作用又主要是以生产资料所有制为基础展开的。在研究社会经济关系的过程中，马克思和恩格斯历来强调生产资料所有制的变革在社会制度变迁中的决定性意义，强调生产资料所有制在整个经济关系体系中的基础作用。

为什么生产资料所有制能够成为社会经济制度的基础？马克思在《资本论》第二卷中的一段话概括地回答了这一问题："不论生产的社会形式如何，劳动者和生产资料始终是生产的因素。但是，二者在彼此分离的情况下只在可能性上是生产的因素。凡要进行生产，就必须使它们结合起来。实行这种结合的特殊方式和方法，使社会结构区分为各个不同的经济时期。在当前考察的场合，自由工人和他的生产资料的分离，是既定的出发点，并且我们已经看到，二者在资本家手中是怎样和在什么条件下结合起来的——就是作为他的资本的生产的存在方式结合起来的。因此，形成商品的人的要素和物的要素这样结合起来一同进入的现实过程，即生产过程，本身就成为资本的一种职能，成为资本主义的生产过程。"[①]

在马克思主义经济学中，生产资料所有制是直接生产过程中发生的社会关系，即狭义的生产关系，[②] 它在整个经济关系的体系中起决定作用。而生产资料所有制的决定作用，又是由生产在人类全部经济活动中的基础地位决定的。在《〈政治经济学批判〉导言》中，马克思专门分析了生产与分配、交换和消费的一般关系，并得出了这样的结论：

"我们得到的结论并不是说，生产、分配、交换、消费是同一的东西，而是说，它们构成一个总体的各个环节，一个统一体内部的差别。生产既支配着与其他要素相对而言的生产自身，也支配着其他要素。过程总是从生产开始。交换和消费不能是起支配作用的东西，这是不言而喻的。分配，作为产品的分配，也是这样。而作为生产要素的分配，它本身就是生产的一个要素。因此，一定的生产决定着一定的消费、分配、

---

① 《马克思恩格斯选集》第24卷，人民出版社1972年版，第44页。

② 林岗：《社会主义全民所有制研究》，求实出版社1987年版，第19—26页。

交换和这些不同要素相互间的一定关系。”[①]

在《资本论》第三卷第五十一章“分配关系与生产关系”中，马克思再次强调了生产对分配根本的决定作用：“所谓的分配关系，是同生产过程的历史规定的特殊社会形式，以及人们在他们生活的再生产过程中互相所处的关系相适应的，并且是由这些形式和关系产生的。这些分配关系的历史性质就是生产关系的历史性质，分配关系不过表示生产关系的一个方面。”[②]

生产资料所有制的基础地位和生产对交换和分配的决定作用，在《资本论》中得到了完整的体现。在《资本论》第一、二、三卷中，第一卷是核心。恩格斯在《资本论》英文版序言中曾经这样说：“第一卷是一部相当完整的著作，并且二十年来一直被当作一部独立的著作。”[③] 其中最主要的原因就在于，《资本论》第一卷研究的是资本的生产过程和资本主义的所有制关系，揭示了资本主义经济的基本规律。《资本论》第二卷、第三卷对资本的流通和资本总过程的分析，只有在生产过程的本质得到说明的基础上才能展开。在《资本论》第三卷结尾部分，马克思总结了资本主义生产方式的根本特征，即劳动者作为商品与资本相结合而产生的雇佣劳动关系，指出：资本主义生产方式的特征是“剩余价值的生产是生产的直接目的和决定动机。资本本质上是生产资本的，但只有生产剩余价值，它才生产资本”[④]。

正因为生产资料所有制对分配、交换和消费关系的这种决定性作用，马克思和恩格斯才把生产资料所有制从一般的财产关系或产权关系中分离出来，把它作为整个社会生产关系和经济制度的基础。这不仅是马克思主义政治经济学的一个核心命题，而且也是马克思和恩格斯对于政治经济学这门科学发展的一个重大贡献。坚持这一基本命题不仅具有重要的理论意义，而且具有重大的实践意义。一切旨在瓦解我国社会主义经济制度的图谋，其最终指向都是要实行私有化，这从反面证明了这一命

---

① 《马克思恩格斯选集》第 2 卷，人民出版社 1995 年版，第 17 页。
② 《马克思恩格斯选集》第 25 卷，人民出版社 1974 年版，第 998—999 页。
③ 《马克思恩格斯选集》第 23 卷，人民出版社 1972 年版，第 35—36 页。
④ 《马克思恩格斯选集》第 25 卷，人民出版社 1974 年版，第 996 页。

题的重大理论和实践意义。

四、依据经济关系来理解政治法律制度和伦理规范

历史唯物主义的基本出发点是生产力与生产关系的矛盾运动，历史唯物主义的基本观点是社会存在决定社会意识、经济基础决定上层建筑，依据经济关系来解释政治法律制度和伦理规范。

在经济学的研究中，人们所直接面对的是商品的生产、分配、交换和消费的物质过程，因此，按照唯物主义的观点思考问题在这里似乎是不言而喻的事情。但是，问题远没有如此简单。以现代产权理论为例，大多数的西方产权经济学家都把作为社会存在的经济关系，与表现为社会普遍意志关系的法律规定这两种性质完全不同的东西混在了一起，颠倒了它们的关系。产权经济学派的重要人物阿尔钦的观点很具有代表性。他认为，产权是一个社会所强制实施的选择一种经济品的使用的权利，是授予特别个人某种权威的办法，利用这种权威，可以从不被禁止的使用方式中，选择任意一种对特定物品的使用方式。由平狄克和鲁宾费尔德合著的《微观经济学》一书则把产权定义为“描述人们或厂商可以对他们的财产做什么的法律规则”[①]。在所有这些产权概念中，法律形式具有决定性意义，产权首先是一个法权概念，它是由法律创造的，是法律形式赋予产权以特有的经济意义，法权关系决定经济关系。正是由于不了解甚至经常颠倒了社会存在与社会意识的关系，现代西方新制度经济学在解释各种制度现象时几乎毫无例外持有多元主义和相对主义的立场，而最终陷入主观唯心主义的泥潭。

自由和平等是现代资本主义社会最基本的法律和道德范畴，在资产阶级思想家看来，它们是天赋的人权、先验的正义。但是，马克思和恩格斯却从客观存在的商品经济关系中，发现了它们存在的物质根据。在

① ［美］罗伯特·S. 平狄克、丹尼尔·L. 鲁宾费尔德：《微观经济学》，中国人民大学出版社1997年版，第524页。

《资本论》中，马克思这样写道：

“价值表现的秘密，即一切劳动由于而且只是由于都是一般人类劳动而具有的等同性和同等意义，只有在人类平等概念已经成为国民的牢固的成见的时候，才能揭示出来。而这只有在这样的社会里才有可能，在那里，商品形式成为劳动产品的一般形式，从而人们彼此作为商品所有者的关系成为占统治地位的社会关系。”①

“商品不能自己到市场去，不能自己去交换。因此，我们必须找寻它的监护人，商品所有者。”“为了使这些物作为商品彼此发生关系，商品监护人必须作为有自己的意志体现在这些物中的人彼此发生关系，因此，一方只有符合另一方的意志，就是说每一方只有通过双方共同一致的意志行为，才能让渡自己的商品，占有别人的商品。可见，他们必须彼此承认对方是私有者。这种具有契约形式的（不管这种契约是不是用法律固定下来的）法权关系，是一种反映着经济关系的意志关系。这种法权关系或意志关系的内容是由这种经济关系本身决定的。”②

马克思不仅说明了自由、平等作为资本主义社会法权和道德规范的客观性，而且揭露了它的表面性和虚伪性。马克思对资本主义经济关系的分析是从商品开始的，商品流通既是资本的逻辑起点，又是资本的历史起点，资本主义经济制度中的所有经济关系都首先表现为一种等价的商品关系，货币转化为资本必须在商品等价交换的基础上根据商品所有权的内在规律来加以说明。但是，在马克思看来，对于揭示资本主义占有关系的本质来说，交易过程中的这种契约关系只不过是一种表面现象，它不仅不能真实反映生产关系的本质，反而掩盖了生产关系的真实性质。在《资本论》中，马克思对资本主义自由和平等的表面性和虚伪性做了这样辛辣的讽刺：

“劳动力的买和卖是在流通领域或商品交换领域的界限以内进行的，这个领域确实是天赋人权的真正乐园。那里占统治地位的只是自由、平等、所有权和边沁。自由！因为商品例如劳动力的买者和卖者，只取决

① 《马克思恩格斯选集》第23卷，人民出版社1972年版，第74—75页。

② 《马克思恩格斯选集》第23卷，人民出版社1972年版，第102页。

于自己的自由意志。他们是作为自由的、在法律上平等的人缔结契约的。契约是他们的意志借以得到共同的法律表现的最后结果。平等！因为他们彼此只是作为商品所有者发生关系，用等价物交换等价物。所有权！因为他们都只支配自己的东西。边沁！因为双方都只顾自己。使他们连在一起并发生关系的唯一力量，是他们的利己心，是他们的特殊利益，是他们的私人利益。正因为人人只顾自己，谁也不管别人，所以大家都是在事物的预定的和谐下，或者说，在全能的神的保佑下，完成着互惠互利、共同有益、全体有利的事业。

"一离开这个简单流通领域或商品交换领域，——庸俗的自由贸易论者用来判断资本和雇佣劳动的社会的那些观点、概念和标准就是从这个领域得出的，——就会看到，我们的剧中人的面貌已经起了某些变化。原来的货币所有者成了资本家，昂首前行；劳动力所有者成了他的工人，尾随于后。一个笑容满面，雄心勃勃，一个战战兢兢，尾缩不前，像在市场上出卖了自己的皮一样，只有一个前途——让人家来鞣。"①

因此，资本主义的社会意识，无论是它的表面性还是虚伪性都是客观存在的资本主义社会经济关系的反映，社会存在从根本上决定着社会意识。而时下正风行着的社会制度的契约论解释，尤其是对"资本雇佣劳动"的天然合理性的博弈论证明，实质上不过是马克思早就揭露过的资本主义社会意识的更加精巧因而也更加虚伪的现代变种。

五、通过社会实践实现社会经济发展合规律与合目的的统一

马克思主义的科学社会主义理论包含着一个基本的理论前提：个体利益和集体利益、个体理性与集体理性是有冲突的，社会的发展不应当完全受个体利益的支配，而应当受集体理性的控制。马克思认为，资产阶级社会的症结正是在于，对生产自始就不存在有意识的调节，对社会

① 《马克思恩格斯选集》第23卷，人民出版社1972年版，第199—200页。

生产过程的任何有意识的社会监督和调节，都被说成是侵犯了私人的财产权、自由和“独创性”；而在公有制条件下，过去表现为对人们的外在强制的全部生产的联系和规律，能够为社会的集体理性所自觉把握，服从于人们的共同控制，这种共同控制正是个人充分发扬其个性，实现其全面和自由发展的必备前提。

马克思主义的这一理论历来被自由主义者所批判。以哈耶克、波普为代表的进化论的自由主义理论认为，由于社会是复杂的，而人的知识和理性是有限的，并且是以分散状态存在的，因而，社会的进化过程可以受理性控制并能为人类集体目标服务的理性主义观点，是一种幼稚的想法；所有的进化都是无意识的自发活动的产物，大规模的社会改造要么不可能，要么就是一场灾难；如果保持每个人都是自由的，那么他们所取得的成就往往会超出个人理性所能设计或预见到的结果；而在实际中，自发秩序之所以表现出那么多的缺陷和弱点，大都是因为有人试图干涉它们的机制或者阻碍它们的运转。① 进化论自由主义者对马克思主义的这种批评，被有的西方学者称作是“对马克思主义的哲学和历史学说最审慎然而又是最令人畏惧的批判”②。在我国，随着近来哈耶克、波普等人的主要著作如《通向奴役的道路》《自由秩序原理》《开放社会及其敌人》等的介绍和出版，进化自由主义理论的传播掀起了一个小小的热潮。

哈耶克等人提出的进化理性主义的目的，是为个人自由和自发秩序的合理性提供哲学的论证，但是，这种理论所依据的哲学前提，即彻底的主观主义、个人主义和不可知论，却无法为自由的合理性提供理性的根据。这一理论的核心命题即知识的主观性、个人性和社会进化的无意

① 哈耶克把自由主义理论分为英国传统的自由主义和法国传统的自主主义，“一方认为自生自发及强制的不存在乃是自由的本质，而另一方则认为自由只有在追求和获致一绝对的集体目的的过程中方能实现”，“一派主张有机的、缓进的和并不完全意识的发展，而另一派则主张教条式的周全规划；前者主张试错程序，后者则主张一种只有经强制方能有效的模式”，英国的自由主义传统被称作是经验的和进化论自由主义，这是一种真正的自由主义；而法国的自由主义传统被称作是唯理的和构造自由主义，这种自由主义是一种假自由主义，它有可能滑向集体主义。哈耶克：《自由秩序原理》，上海三联书店 1997 年版，第 61—82 页。

② ［英］勃里安·马奇：《波普》，中国社会科学出版社 1992 年版。

识性存在着显而易见的缺陷。[①] 尽管如此，它对马克思主义的批判和挑战却不能不引起我们的关注。

实际上，马克思和恩格斯在创立科学社会主义理论时的确面临着这样一个理论上的难题，即一方面，按照历史唯物主义的观点，是社会存在决定社会意识，但是，在社会主义制度还没有出现的条件下，人们如何能够建立一种关于未来社会主义的理论，并在这一理论的指导下去建立一个全新的社会主义社会？另一方面，没有社会主义的理论，就没有社会主义的实践，如果人们对于所从事的社会主义运动的目标毫无了解，那么，现实的社会主义运动还有什么意义？在马克思和恩格斯那里，这个理论上的难题是通过引入社会实践这一范畴得到解决的。他们指出，人类社会的发展是主观与客观、目的性与规律性的统一，这种统一就是社会实践。人们在改造自然的同时改造着社会，在改变环境的同时改变着自己。“全部社会生活在本质上是实践的”，“哲学家们只是用不同的方式解释世界，而问题在于改变世界。”[②] 在社会实践基础上建立的唯物史观，既克服了经验主义的不可知论，又摆脱了唯理主义的先验论，从而为科学社会主义理论建立奠定了认识论的基础。

与进化论自由主义不同，马克思和恩格斯对人们在社会发展中的主观能动性的态度既谨慎又积极。他们既是进化论者，又是构造论者。一方面，马克思主义认为，社会经济形态的发展是一个自然的历史过程，一个社会即使探索到了本身运动的自然规律，它还是既不能跳过也不能用法令取消自然的发展阶段。[③] 另一方面，马克思主义又认为，社会发展的规律是可以认识的，人类可以通过社会联合，按照他们预定的目的来影响社会进化过程。虽然人们不能跳过也不能用法令取消自然的发展阶段，但是它能缩短和减轻分娩的痛苦。他们把说明社会主义运动的实质和一般目的当作科学社会主义的理论目标，试图通过对资本主义生产方

---

① “给定哈耶克依循休莫理路而认定个人理性在社会生活中只具有有限的作用，那么哈耶克的理论又如何有可能在为自由主义提供系统捍卫的同时，而不沦为他所批判的唯理主义的牺牲品？”（见邓正来：《“自由秩序原理”代译序》）

② 《马克思恩格斯选集》第1卷，人民出版社1995年版，第56、57页。

③ 《马克思恩格斯选集》第23卷，人民出版社1972年版，第11页。

式内在矛盾和运动规律的深刻分析，从“正在瓦解的经济运动形式内部发现未来的、能够消除这些弊病的、新的生产组织和交换组织的因素”。同时，他们坚决拒绝像空想社会主义者那样，从人类公平和正义等理性原则出发来批判资本主义，并在此基础上构想未来的理性王国。他们既不想制造乌托邦，也不是不可知论者。马克思和恩格斯给自己提出的任务是：根据社会生产力发展的总的要求，根据资本主义生产方式发展的一般趋势，通过科学的抽象，把握社会主义不同于资本主义的最一般、最基本的特征或规定性。早在1843年马克思刚刚成为共产主义者时，就明确宣布“我们的任务不是推断未来和宣布一些适合将来任何时候的一劳永逸的决定”，而是希望在批判旧世界中发现新世界。他们认为：“所谓‘社会主义社会’不是一种一成不变的东西，而应当和任何其他社会制度一样，把它看成是经常变化和改革的社会。”[①] 因此，“我们没有最终目标。我们是不断发展论者”[②]。

马克思和恩格斯对于社会发展规律所持的这种态度是科学的。社会主义运动中长期以来一直存在的“左”倾与右倾两种片面性，都是由于不能正确认识这一问题造成的。“左”倾教条主义把理论视为神圣不变的教义，背离了实践唯物主义的根本观点；右倾机会主义则认为目标微不足道，运动才是一切，完全背离了作为历史发展必然趋势的社会主义目标。只有坚持实践的观点，把社会发展的自发性与自觉性、合规律性与合目的性统一起来，才能把坚持与发展统一起来，使社会主义充满生机和活力。在这方面，以“实践是检验真理的唯一标准”为哲学基础，将“以发展生产力为中心，坚持改革开放、坚持四项基本原则”作为基本纲领的邓小平理论，是运用马克思的方法论原则的典范。

结　束　语

上面讨论了马克思主义经济学方法论的五个基本命题。这些命题不

① 《马克思恩格斯全集》第37卷，人民出版社1971年版，第443页。

② 《马克思恩格斯全集》第22卷，人民出版社1965年版，第628页。

是孤立的，而是具有严密的内在结构的逻辑整体：由生产力决定生产关系这一首要的原则出发，必然会得出只能在由生产力决定的客观经济关系的制约中来解释人们的经济行为及其规律性的结论；而人们的经济行为方式，取决于他们在一定生产关系中所处的地位，而这种地位归根结底又取决于他们与生产资料结合的社会形式即生产资料的所有制；乍看起来完全由人们的主观意志支配的立法和政治活动，以及属于精神活动范围的各种意识形态现象，都是以客观存在的经济关系为基础的，不过是人们的社会存在在他们的意识中或直接或曲折的反映；而将人们对社会发展客观规律性的认识与他们改造自然、改造社会的主观能动性整合起来的社会实践，在推动生产力发展的同时，或迟或早会使社会的经济结构和上层建筑发生与生产力进步相适应的变革。这五个命题体现了历史唯物主义的精髓，构成了马克思主义经济学理论的“硬核”。如果否定它们，就是拆除马克思主义经济学的基础，就是否定整个马克思主义的经济学。如果坚持、发展和深化了这些基本的命题，并运用它们来解决经济发展实践提出的理论和实际问题，那么，就像卢卡奇所说的那样，即使我们放弃了马克思的所有具体论点，也不会片刻放弃马克思主义的正统。

在目前情况下，强调《资本论》的方法论意义，强调在经济分析中坚持历史唯物主义的方法论原则，是十分必要和紧迫的。应当看到，近二十多年来，在改革和发展的实践中，我国的经济学研究虽然极大地繁荣起来（这无疑是可喜的现象），但马克思主义经济学基础理论的研究却有日益削弱的倾向。而由这种削弱带来的必须加以高度重视的后果，就是在大量应用性或对策性的经济研究中理论基础选择上的混乱，不少反马克思主义的甚至与社会主义宪法秩序相冲突的西方经济学流派的观点和方法，大有逐渐取代马克思主义而成为经济分析的主导性理论基础之势①。

① 这并不是说西方经济学一无可取。相反，马克思主义经济理论是一个开放的体系，西方经济学中反映社会化大生产和市场经济运行一般规律的理论观点和先进的分析技术，是我们应当认真学习、积极借鉴的。但是，不言而喻的是，这与无鉴别、无批判的所谓兼容并包是性质不同的两码事。那些从根本上否定马克思主义、否定社会主义的理论，必须在排斥之列。而对西方经济学理论进行鉴别的基本方法，就是历史唯物主义的方法论原则。

事实上，马克思主义经济学是否能够成为众多应用经济学科的理论基础，在一些人心目中已经成了问题。形成这种局面的表面原因，是在《资本论》以及其他马克思主义经济学经典著作中，找不到对许许多多新问题的现成答案，于是一些人就转而向现代西方经济学去寻求这种答案。马克思不是算命先生，他不可能预见到一百多年后的今天发生的问题，而且他的理论中确实也包含一些已经为实践证明是过时的东西。但是，这丝毫也不能成为放弃马克思的理论体系的理由。这不仅是因为马克思经济学说的基本理论观点和一些重要分析框架，至今仍然具有强大的生命力，只要根据新的历史条件加以适当调整，就可以直接运用于对今天我们面对的实际问题的分析；更重要的是，马克思给我们留下了历史唯物主义这一永葆青春的经济学方法论，只要认真把握和运用这个方法论，我们就能对不断变化的经济发展实践作出新的理论概括，使马克思主义的经济学说不断获得与其辩证法的（即在自我扬弃中发展的）本性相适应的现代形式。

（原文发表于《当代经济研究》2000 年第 6 期）

试析马克思《资本论》劳动本体论思想

谭苑苑*

在《资本论》这部凝聚着马克思毕生智慧结晶的巨著中，马克思的劳动本体论思想获得了最集中、最典型、最成熟的展现。换言之，劳动本体论思想就像一根红线贯穿于《资本论》创作之始终。以下试分析马克思是如何通过“劳动价值论”“货币转化为资本”“剩余价值生产过程”“资本主义工资”“资本的积累”来体现劳动本体论思想的。

一、劳动价值论和劳动本体论

1. 劳动价值论之由来。

劳动价值论的首创者并非马克思，而是英国的古典政治经济学派创始人威廉·配第。尽管威廉·配第提出了“劳动创造价值”的观点，但是他始终无法弄清劳动二重性里的具体劳动与抽象劳动的关系，混淆了使用价值与价值的创造，由此还将劳动与土地相提并论，得出“劳动是财富之父，土地是财富之母”的结论。之后，亚当·斯密在《国富论》里将劳动用来衡量一切商品价值。斯密的劳动价值论还定义了交换价值与使用价值，这比起威廉·配第的“劳动创造价值”确实进步不少，但是斯密依旧没有分清楚价值实体与交换价值，这为其最终无法通过劳动价值论正确解释利润之由来埋下了沉重的伏笔。再之后，到了大卫·李嘉图那里，他在前人的基础上提出“劳动时间决定商品价值”，但是他也

* 谭苑苑：中共福建省委党校讲师，法学博士。

始终未能把握劳动二重性的实质，以致其在剖析资本主义生产方式的过程中一再碰壁。

马克思批判地继承了英国古典政治经济学劳动价值论的思想，从历史唯物主义视角出发，运用辩证唯物主义的思维方式，真正做到了他在《资本论》序言里所述，“我要在本书研究的，是资本主义生产方式以及和它相适应的生产关系和交换关系”①，以及“本书的最终目的就是揭示现代社会的经济运动规律”②。马克思从考察商品开始，从商品二因素的使用价值与价值里洞悉到形成价值实体的关键，是凝结在商品中的无差别的人类劳动，也就是紧接着推导出的劳动二重性里的抽象劳动，这也成为理解马克思劳动价值论学说的关键。简言之，劳动价值论虽非马克思首创，但是真正做到透彻理解劳动价值论，并且确立劳动本体论思想的正是马克思本人。

2. 劳动价值论遭遇的非议。

马克思在《资本论》中提出的劳动价值论，是马克思政治经济学大厦得以建立的理论基石。然而，《资本论》的问世、劳动价值论以及在这一基础上剩余价值理论的提出意味着资本主义社会剥削的秘密昭然若揭，这已对西方资本主义国家及其统治阶级构成巨大威胁。于是，西方资产阶级学者纷纷发起对《资本论》的挑战，而质疑的出发点自然就从构成《资本论》、马克思政治经济学学说的基础——劳动价值论开始。在那些质疑劳动价值论的各种学说和流派当中，最具影响力的包括“生产要素价值论”与“效用价值论”。比如，法国的资产阶级庸俗经济学家萨伊著名的“三位一体”公式阐述的就是生产要素价值论，他将劳动、资本、土地视作创造价值的三个要素。萨伊的“生产三要素论”还结合了下文提出的“效用价值论”：他不仅混淆了价值与使用价值的生产，还在物品的“效用”与商品的“价值”之间画上等号。再比如，奥地利的庞巴维克指出，商品的价值取决于个体的主观评价尺度以及物品的稀缺情况，也就是说，商品价值的大小将以主观价值或客观价值来评断，这就是边

① 《资本论》第 1 卷，人民出版社 2004 年版，第 8 页。
② 《资本论》第 1 卷，人民出版社 2004 年版，第 10 页。

际效用价值论。还有，世界著名的未来学家约翰·奈斯比特在其著作《大趋势——改变我们生活的十个新方向》中就公开预言："我们需要创立一种知识价值论来代替马克思过时的劳动价值理论。"他特别强调知识的重要性，同时贬损劳动的地位，认为"价值的增加不是靠劳动而是靠知识"。[①]

以上举例的生产要素价值论、效用价值论或是知识价值论都是与马克思"劳动价值论"直接对立的思想：它们错误地将使用价值的生产与价值的生产、劳动过程与价值形成过程、价值形成过程与价值增殖过程混为一谈。上述的价值论都在某种程度上希望掩盖并维护资本主义社会剥削的现实。

3. 劳动价值论和劳动本体论。

李建平教授在《〈资本论〉抽象形态劳动价值论的基本内容探索》[②]一文中对马克思劳动价值论的抽象形态进行了探讨，并将其分为商品理论、劳动理论、价值理论、货币理论和拜物教理论五个部分。劳动价值论的抽象形态内蕴马克思《资本论》的劳动本体论思想，李教授对劳动价值论抽象形态的具体阐述为本文接下来对《资本论》劳动本体论思想所展开的探索具有重要的启发意义。《资本论》是一部逻辑严密、结构严谨的科学理论体系，它是马克思前期大量现实研究与理论高度的完美呈现。劳动价值论是马克思政治经济学大厦得以建成的基石，而贯穿始终的劳动本体论思想更应当与其共同成为后人理解《资本论》一系列经济理论的关键，这也为中国进行社会主义经济建设与市场经济体制改革提供了强大的理论指导。

(1) 商品与劳动本体论。

商品作为《资本论》的研究起点，是马克思劳动本体论思想得以展开的先决条件。商品并非只是一个涉及简单出发点的问题：它既是德国古典哲学家以及英国古典政治经济学家所无法正确理解的存在，又是马

---

① ［美］约翰·奈斯比特：《大趋势——改变我们生活的十个新方向》，新华出版社 1984 年版，第 21 页。

② 李建平：《〈资本论〉抽象形态劳动价值论的基本内容探索》，《福建师范大学学报（哲学社会科学版）》2015 年第 5 期。

克思在《资本论》中阐述货币、资本，在劳动价值论之后再形成剩余价值理论、资本积累理论、平均利润理论等理论体系的起点。难怪连马克思也承认《资本论》第一章“分析商品的部分，是最难理解的”[①]。因为“只有选择合适的出发点，才能合理地安排后继的各个概念、范畴的逻辑顺序，从而按照由抽象到具体这一原则，把复杂的资本主义经济形态的产生和发展在理论上再现出来”[②]。

马克思吸收了黑格尔关于“逻辑学开端”思想的精华，将其运用于“商品”这一研究起点的选取上。黑格尔认为逻辑学需要一个开端——“纯存在或纯有”，是“纯思”，是“无规定性的单纯的直接性”。[③] 进一步，黑格尔指出这种开端“并不是纯无，而是某物要从它那里出来的一个无，所以有便已经包含在开端之中了。所以开端包含有与无两者，是有与无的统一”[④]。也就是说，黑格尔眼中的“纯存在”是包含着未来发展的丰富内容的存在，它“把全部发展都包括在这个萌芽中”[⑤]。再进一步，黑格尔将逻辑学的开端也视作逻辑学的终点，他认为“哲学的开端所采取的直接的观点，必须在哲学体系发挥的过程里，转变成为终点，亦即成为最后的结论。当哲学达到这个终点时，也就是哲学重新达到其起点而回归到它自身之时”[⑥]。但是此时，作为“纯存在”的终点（返回）的“绝对理念”，并非简单的回归，而是“一种进展”，是“达到了作为存在的理念”。[⑦]

马克思最终将《资本论》第一章的标题定为商品而不是价值，是经过深思熟虑的决定。相较于无法触手可及的价值而言，商品的特性在于“首先是一个外界的对象，一个靠自己的属性来满足人的某种需要的物”[⑧]，商品这种看得见、摸得着的“有用性”被称作使用价值。这是其

① 《资本论》第1卷，人民出版社2004年版，第7页。
② 黑格尔：《小逻辑》，贺麟译，商务印书馆2012年版，第8页。
③ 黑格尔：《小逻辑》，贺麟译，商务印书馆2012年版，第189页。
④ 黑格尔：《逻辑学》上卷，商务印书馆1974年版，第72、73页。
⑤ 黑格尔：《逻辑学》上卷，商务印书馆1974年版，第20页。
⑥ 黑格尔：《小逻辑》，贺麟译，商务印书馆2012年版，第59页。
⑦ 黑格尔：《小逻辑》，贺麟译，商务印书馆2012年版，第428页。
⑧ 《资本论》第1卷，人民出版社2004年版，第47页。

一。其二，当商品用于交换时，它的使用价值又表现为“交换价值的物质承担者”①，这时候“商品的使用价值是既定的前提，是某种特定的经济关系借以表现的物质基础”②。其三，马克思在《〈政治经济学批判〉导言》中强调进行政治经济学研究的正确方法应该是“从抽象上升到具体”，研究的出发点应该是抽象的存在，力求实现“思维用来掌握具体、把它当作一个精神上的具体再现出来的方式”③。在此，商品既是简单的“财富的元素形式”④，又是“从表象中的具体达到越来越稀薄的抽象”的“最简单的规定”。⑤ 其四，劳动力成为商品是货币转化为资本的关键，同时也揭示了剩余价值来源的秘密。也就是说，商品这个研究起点已经囊括了马克思随后将要揭示的资本主义社会内部的一切矛盾和问题。其五，商品参与了资本主义生产的过程，表现为资本主义社会形态中的普通商品，它又与作为研究起点的商品不同，“已经不是个别的商品、个别的产品”，而是“表现为总产品的一个不仅是实在的、而且是观念的部分。每个个别的商品都表现为一定部分的资本和资本所创造的剩余价值的承担者”⑥。其六，商品只应反映特定社会形态中的特定生产关系（即资本主义社会的生产关系），而绝非亚当·斯密口中那个永恒不变的、超越历史的、倡导利己主义的出发点——经济人。马克思对此做出批判，“如果把资产阶级生产方式误认为是社会生产的永恒的自然形式，那就必然会忽略价值形式的特殊性，从而忽略商品形式及其进一步发展——货币形式、资本形式等等的特殊性”⑦。

综上所述，马克思在探索《资本论》研究起点——商品的过程中，扬弃了黑格尔“逻辑学开端”的思想。它们最大的不同在于，《资本论》关于商品的论述建立在唯物主义基础之上，且具有历史唯物主义性质。商品这一研究起点的选取，为马克思即将探讨的商品内部矛盾问题，即

---

① 《资本论》第1卷，人民出版社2004年版，第49页。
② 《马克思恩格斯全集》第46卷下册，人民出版社1975年版，第411页。
③ 《马克思恩格斯文集》第8卷，人民出版社2009年版，第25页。
④ 《资本论》第1卷，人民出版社2004年版，第47页。
⑤ 《马克思恩格斯选集》第2卷，人民出版社1995年版，第18页。
⑥ 《马克思恩格斯全集》第26卷第3册，人民出版社1974年版，第120页。
⑦ 《资本论》第1卷，人民出版社2004年版，第99页。

商品二因素与劳动二重性学说的形成，也为劳动本体论立场的确立开辟了光明大道。

(2) 商品二因素、劳动二重性与劳动本体论。

探讨了商品作为《资本论》研究起点的深刻内涵之后，马克思继续分析了商品内部矛盾的构成及其原因，即商品二因素以及劳动二重性。商品二因素的使用价值与价值构成了商品这个矛盾统一体，但是由这二因素构成的商品为何在马克思眼里却成了“一种很古怪的东西”，并且“充满形而上学的微妙和神学的怪诞”① 呢？同时这样的商品又如何诠释马克思的劳动本体论思想呢？

物的有用性就是使用价值，它是商品的自然属性，是人类各种有用性劳动的结果，这并无任何神秘可言，那么答案就一定在构成商品二因素的价值里。马克思认为，将“商品体的使用价值撇开”之后，剩下的是“劳动产品这个属性”，这时候“一切可感觉到的属性都消失了”，我们得到的结果是“各种劳动不再有什么区别，全都化为相同的人类劳动，抽象人类劳动”。马克思将这“同一的幽灵般的对象性”“无差别的人类劳动的单纯凝结”② 称作价值。因此，商品之间要想实现交换，就必须通过“共同的东西”(即价值)，这里涉及价值量的问题。马克思提出价值量应该用价值“所包含的‘形成价值的实体’即劳动的量来计量”，而劳动的量则通过劳动时间来衡量。归根到底，价值量的大小取决于劳动时间，但是“形成价值实体的劳动是相同的人类劳动，是同一的人类劳动力的耗费”③。所以，商品价值量的大小不仅取决于劳动时间，还必须是社会必要劳动时间。由此，马克思着重对商品二因素中价值进行分析，洞悉到形成价值实体的抽象劳动这一关键点，这为接下来的劳动二重性学说以及《资本论》劳动本体论思想的确立正式拉开序幕。

马克思继续深入探讨了产生商品二因素的原因，即劳动二重性学说。首先，有用劳动(即具体劳动)生产使用价值，这种劳动是由“目的、

① 《资本论》第1卷，人民出版社2004年版，第88页。
② 《资本论》第1卷，人民出版社2004年版，第50、51页。
③ 《资本论》第1卷，人民出版社2004年版，第52页。

操作方式、对象、手段和结果决定的”[①]。两个商品之间要实现互相交换，对生产不同使用价值的具体劳动而言是不可能的，这时候需要通过生产本质上相同价值的抽象劳动来实现这一目的。马克思将这种形成商品价值的劳动称作抽象劳动，抽象劳动的提出呼应了《资本论》第一卷第一章第一节标题的含义，即“价值（价值实体，价值量）”。标题中的实体二字就作哲学里本体之解，那么价值的实体，这个“无差别的人类劳动的单纯凝结”[②] ——抽象劳动无疑具有本体的基础性地位。正如马克思的总结，“商品中包含的劳动的这种二重性，是首先由我批判地证明的。这一点是理解政治经济学的枢纽”[③]。由此，马克思的劳动二重性学说成为解开其政治经济学一系列经济理论迷宫的钥匙。

(3) 商品拜物教理论和劳动本体论。

马克思在《资本论》第一卷第一章第四节剖析了“商品的拜物教性质及其秘密”，这是在完成对商品以及包含其中的商品二因素、劳动二重性的深刻分析之后所做的进一步探索。我们发现，马克思揭开了“充满形而上学的微妙和神学的怪诞”的、“可感觉而又超感觉的”[④] 商品的神秘面纱：它与使用价值、价值均无关，它的“谜一般的性质”[⑤] 来源于商品形式本身。马克思对商品形式的奥秘的揭示可谓一针见血：“商品形式在人们面前把人们本身劳动的社会性质反映成劳动产品本身的物的性质，反映成这些物的天然的社会属性，从而把生产者同总劳动的社会关系反映成存在于生产者之外的物与物之间的社会关系。”[⑥] 也就是说，人类劳动的产品以商品的形式出现了，这个包裹着人类劳动的物质外壳将“商品形式”的真实情况给掩盖了，商品的拜物教性质便呈现于世人眼前了。我认为，马克思对商品拜物教的揭秘过程依旧贯穿着劳动本体论思想，只不过本质问题在颇具迷惑性的现象面前变得愈发扑朔迷离而已。

---

① 《资本论》第 1 卷，人民出版社 2004 年版，第 55 页。
② 《资本论》第 1 卷，人民出版社 2004 年版，第 51 页。
③ 《资本论》第 1 卷，人民出版社 2004 年版，第 54—55 页。
④ 《资本论》第 1 卷，人民出版社 2004 年版，第 88 页。
⑤ 《资本论》第 1 卷，人民出版社 2004 年版，第 89 页。
⑥ 《资本论》第 1 卷，人民出版社 2004 年版，第 89 页。

商品拜物教作为资本主义社会形态里的特有现象，它“用物的形式掩盖了私人劳动的社会性质以及私人劳动者的社会关系”[①]，马克思既揭示了这一“荒谬形式”背后的真相，又进一步证明了以劳动为本体的思想的科学性与正确性。

首先，马克思认为资本主义社会里的商品生产中包含的人类劳动，具有私人性和社会性。其中，每位商品生产者的劳动体现为私人劳动，而私人劳动又是构成社会总产品的社会总劳动的一个部分，这时商品生产者的劳动体现为社会劳动。

其次，存在于商品生产社会里的商品拜物教现象是由私人劳动与社会劳动的分离、对立造成的。马克思对这种分离、对立做过明确论述，“私人劳动应该直接表现为它的对立面，即社会劳动；这种转化了的劳动，作为私人劳动的直接对立面，是抽象的一般劳动，这种抽象的一般劳动因此也表现为某种一般等价物”[②]。马克思对此做出总结，认为商品拜物教的性质实质上“来源于生产商品的劳动所特有的社会性质”[③]。具体而言，在商品的生产过程中，私人劳动的社会性还未展现，它的社会性还只是一种潜在的可能性。唯有发展到商品交换的阶段，私人劳动里的社会性才真正展现出来，包含各种特殊性的具体劳动才“化成它们作为人类劳动力的耗费、作为抽象的人类劳动所具有的共同性质”[④]，即转化为社会劳动。由此可见，商品生产者通过私人劳动生产了劳动产品，必须再经过交换，才可实现“劳动产品成了商品，成了可感觉而又超感觉的物或社会的物”[⑤]。最终，商品拜物教得以产生。

最后，马克思在历史唯物主义视野中考察商品拜物教的存在条件，以过去、未来为时间坐标深入探讨了私人劳动与社会劳动之间的关系。马克思得出的结论是，私人劳动与社会劳动之间的分离、对立的关系并非一直存在且长期存在下去，它只是就“这个历史上一定的社会生产方

---

① 《资本论》第1卷，人民出版社2004年版，第93页。
② 《资本论》第1卷，人民出版社2004年版，第75、76页。
③ 《资本论》第1卷，人民出版社2004年版，第90页。
④ 《资本论》第1卷，人民出版社2004年版，第91页。
⑤ 《资本论》第1卷，人民出版社2004年版，第89页。

式即商品生产的生产关系”[①] 而言的。换言之，这样的情况只存在于以私有制为基础的资本主义社会中。正如马克思所言，“一旦我们逃到其他的生产形式中去，商品世界的全部神秘性，在商品生产的基础上笼罩着劳动产品的一切魔法妖术，就立刻消失了”[②]。马克思依次考察了孤岛上的鲁滨逊、欧洲中世纪的封建制以及农村家长制的情况，发现私人劳动与社会劳动之间均不存在分离、对立。

二、货币转化为资本和劳动本体论

1. 资本的总公式及其矛盾。

1867 年 6 月，恩格斯致函马克思时指出：关于货币转化为资本的一章“是迄今为止最光辉的”[③] 章节。马克思在《资本论》第一卷第四章第一节首先考察了货币转化为资本里的资本的总公式的问题。马克思从作为“资本的最初的表现形式”[④] 的货币出发，分析了作为货币的货币和作为资本的货币的不同的流通形式。[⑤] 其中 W—G—W 和 G—W—G 分别是为买而卖、为卖而买的两种流通形式。马克思得出结论，W—G—W 这一流通过程不过是“兜个圈子”的“荒唐的、毫无内容”[⑥] 的形式而已，关注的焦点应当落在 G—W—G 这一“独特和新奇”的形式上，因为“隐藏在这种形式上的区别后面的内容上的区别”[⑦] 将为我们揭开谜底。

通过对 G—W—G 的分析而得出 G—W—G′的资本的总公式，可以发现，价值成为这一过程的主体，“它不断地变换货币形式和商品形式，改变着自己的量，作为剩余价值同作为原价值的自身分出来，自行增殖

① 《资本论》第 1 卷，人民出版社 2004 年版，第 93 页。
② 《资本论》第 1 卷，人民出版社 2004 年版，第 93 页。
③ 《马克思恩格斯全集》第 31 卷，人民出版社 1972 年版，第 314 页。
④ 《资本论》第 1 卷，人民出版社 2004 年版，第 171 页。
⑤ 《资本论》第 1 卷，人民出版社 2004 年版，第 172 页。
⑥ 《资本论》第 1 卷，人民出版社 2004 年版，第 173 页。
⑦ 《资本论》第 1 卷，人民出版社 2004 年版，第 173 页。

着”[①]。马克思的火眼金睛辨明了货币与商品分别是作为价值的“一般存在形式”以及“特殊的也可以说只是化了装的存在方式”[②]。马克思对资本的总公式的透彻分析为下一小节解决总公式的矛盾即对剩余价值产生来源的揭示，对货币转化为资本与劳动本体的内在关联的探索，均埋下了伏笔。马克思在第四章第二节对商品流通的纯粹形态与非纯粹形态进行假设性考察，发现结果都是一样的，即无论是等价物交换还是非等价物交换，都无法产生剩余价值，“流通或商品交换不创造价值”[③]。此外，马克思还论证了剩余价值既不能从流通中产生，又不能从流通以外的其他地方产生。因为在流通领域以外，商品生产者就“不同其他商品占有者接触，就不能使价值增殖，从而使货币或商品转化为资本”[④]。也就是说，在流通领域之外的情况下，商品生产者只可能实现新价值，而不是剩余价值的添加，否则就会发生与劳动价值论相背离的荒谬情况。这一生产剩余价值的运动正是货币能够转化为资本的关键。马克思在第四章第二节末尾点明，该运动“必须在流通领域中，又必须不在流通领域中”[⑤]，它既为劳动力的买和卖的分析指明了方向，又为《资本论》的劳动本体论思想再添有力证据。

2. 劳动力的买和卖。

马克思在第四章第三节论述了货币转化为资本的关键，即劳动力这一特殊商品。劳动力商品的特性完全符合马克思“必须在流通领域中，又必须不在流通领域中”的要求，它既揭开了剩余价值来源的秘密，又成为解决资本总公式矛盾的关节点。

马克思再次考察了 G—W—G′公式，认为货币转化为资本的关键不可能存在于充当购买与支付功能的货币身上，也不可能存在于 W—G′这一商品被再度出卖的环节，那么问题就一定出在 G—W 环节中了。因而，马克思在 G—W 里“幸运地”发现了一种独特的商品——劳动力，其独

① 《资本论》第 1 卷，人民出版社 2004 年版，第 180 页。
② 《资本论》第 1 卷，人民出版社 2004 年版，第 179 页。
③ 《资本论》第 1 卷，人民出版社 2004 年版，第 190 页。
④ 《资本论》第 1 卷，人民出版社 2004 年版，第 193 页。
⑤ 《资本论》第 1 卷，人民出版社 2004 年版，第 194 页。

特属性包括：它的使用价值成为价值源泉，“它的实际消费本身就是劳动的对象化，从而是价值的创造”[①]。实际上，劳动力商品这一“幸运”的发现使得货币得以转化为资本，并非出自偶然，而是带有历史的必然性的。劳动力商品必须是自由的工人，既“能够把自己的劳动力当作自己的商品来支配”，又得“没有任何实现自己的劳动力所必需的东西”，[②] 这是其一。其二，劳动力商品的出现应当是“已往历史发展的结果，是许多次经济变革的产物，是一系列陈旧的社会生产形态灭亡的产物”[③]。其三，劳动力商品的出现既不是什么绝对的必然性，也不是纯粹的偶然性，它应该“在一种十分特殊的生产方式即资本主义生产方式的基础上才会发生”[④]。

被马克思“幸运”发现的劳动力商品除了具有历史的必然性之外，其使用价值与价值还包含了区别于普通商品的特殊性。就其使用价值的特殊性而言，一方面，劳动力商品的使用价值必须“作为单纯的能力存在于卖者即工人的活的机体中”,“劳动能力是创造交换价值本身的实体”。[⑤] 另一方面，这个被称作劳动能力或劳动力的商品能够生产价值以及超出自身价值的价值（即剩余价值）。就其价值的特殊性而言，其一，活劳动的价值“就是维持劳动力占有者所必要的生活资料的价值”[⑥]，必要的生活资料必须足以维持劳动者个人的正常生活，必须包括劳动工人子女的生活资料以及劳动力的教育费用[⑦]。其二，既然劳动力价值是由“生产从而再生产这种独特物品所必要的劳动时间决定”[⑧]，那么在对劳动力价值量大小进行考察时，就会涉及劳动力的日价值以及劳动力价值的最低限度或最小限度[⑨]的问题。

马克思还考察了劳动力商品的买卖问题，这也是彰显其特殊性的一

① 《资本论》第1卷，人民出版社2004年版，第195页。
② 《资本论》第1卷，人民出版社2004年版，第197页。
③ 《资本论》第1卷，人民出版社2004年版，第197页。
④ 《资本论》第1卷，人民出版社2004年版，第197页。
⑤ 黑格尔：《小逻辑》，贺麟译，商务印书馆2012年版，第167、168页。
⑥ 《资本论》第1卷，人民出版社2004年版，第199页。
⑦ 《资本论》第1卷，人民出版社2004年版，第200页。
⑧ 《资本论》第1卷，人民出版社2004年版，第198页。
⑨ 《资本论》第1卷，人民出版社2004年版，第201页。

个方面。马克思说:“劳动力的使用价值在买者和卖者缔结合约时还没有在实际上转到买者手中。”“因此,力的让渡和力的实际表现即力作为使用价值的存在,在时间上是互相分开的。”[①] 在资本主义社会生产方式的作用下,一边劳动力卖得出去,一边劳动力报酬得到稳妥支付,唯有如此,工人切身体会到的“残酷的自然必然性”[②] 才能支撑他们活下去。由此,劳动力商品的特殊性实现了货币转化为资本,是对上一阶段马克思“劳动价值论”的劳动本体论思想的进一步具体化。

三、剩余价值生产过程和劳动本体论

从《资本论》第五章劳动力成为特殊商品之后,劳动力便离开了流通领域进入了资本主义的生产过程,这时候带有神秘色彩的剩余价值才真正问世。在此,本文分别就资本主义生产过程的二重性(即劳动过程与价值增殖过程的统一)、资本主义剩余价值生产的两种方法(即绝对剩余价值的生产与相对剩余价值的生产)与马克思劳动本体论思想之间的关联展开探讨。

1. 劳动过程和价值增殖过程。

《资本论》第五章分别考察了劳动过程与价值增殖过程,最终得出的结论是,“作为劳动过程与价值增殖过程的统一,生产过程是资本主义生产过程,是商品生产的资本主义形式”[③]。马克思的结论概括了资本主义生产的二重性,而对这一问题的分析则应该建立在此前对劳动价值论学说中劳动二重性学说的理解基础之上。

就劳动过程而言,它是“制造使用价值的有目的的活动,是为了人类的需要而对自然物的占用,是人和自然之间的物质变换的一般条件,是人类生活的永恒的自然条件”,“它为人类生活的一切社会形式所共

① 《资本论》第1卷,人民出版社2004年版,第202页。
② 《资本论》第1卷,人民出版社2004年版,第202页。
③ 《资本论》第1卷,人民出版社2004年版,第230页。

有”[①]。所以，马克思对劳动过程进行的考察并无摄入有关资本主义社会的各种考量，只是做了有关人类社会生产的一般性考察，他“撇开每一种特定的社会的形式来加以考察”[②]。就价值增殖过程而言，也是剩余价值产生的过程，就是那个“超过一定点而延长了的价值形成过程”[③]。简言之，那个“一定点”就是工人在劳动过程中所创造的正好等于劳动力价值本身的价值，而那个因“超过一定点”而形成的价值则是资本家梦寐以求的剩余价值。表面上看，资本家通过所购买的活劳动而进行的生产，是一个劳动过程，是为了生产最终能够卖出去的某种使用价值，而实质上，他的目的又绝不仅仅是“为了皮靴本身而制造皮靴”[④]。在此，马克思用了一连串递进句式道出了问题的本质，资本家“不仅要生产使用价值，而且要生产商品，不仅要生产使用价值，而且要生产价值，不仅要生产价值，而且要生产剩余价值”[⑤]。正如创造商品使用价值与价值的劳动二重性学说，形成价值的抽象劳动是商品能够实现交换的关键，那么包含在资本主义商品生产过程二重性里的价值增殖过程既是揭开产生剩余价值秘密的关键，又是资本家为之疯狂且争先恐后的根本原因。换言之，资本主义商品生产过程的二重性成为马克思劳动二重性学说的另一种形式的延续和展开。这一章节，马克思再次运用了形成劳动二重性学说的研究思路，从“具体劳动过程”所表现的质的不同开始分析，着眼于价值形成过程里的“价值增殖过程”的部分，从而从量的角度发现了那部分被资本家无偿占有的超过劳动力价值的价值即剩余价值。马克思对此总结道，纺纱工人与珠宝细工的劳动尽管存在质上的不同，但是他们所形成的剩余价值“只是来源于劳动在量上的剩余，来源于同一个劳动过程……的持续时间的延长”[⑥]。

2. 绝对剩余价值的生产与相对剩余价值的生产。

---

① 《资本论》第1卷，人民出版社2004年版，第215页。

② 《资本论》第1卷，人民出版社2004年版，第207页。

③ 《资本论》第1卷，人民出版社2004年版，第227页。

④ 《资本论》第1卷，人民出版社2004年版，第217页。

⑤ 《资本论》第1卷，人民出版社2004年版，第217—218页。

⑥ 《资本论》第1卷，人民出版社2004年版，第230页。

劳动力商品也像其他商品一样，“是按照它的价值出卖的”，它的价值也是“由生产它所必要的劳动时间决定的”。[①] 因此，这里就涉及工作日的问题，而“劳动力在一个工作日内的使用价值归资本家所有”[②]。马克思就此对绝对剩余价值与相对剩余价值分别进行定义：前者是“通过延长工作日而生产的剩余价值”；后者是“缩短必要劳动时间、相应地改变工作日的两个组成部分的量的比例而生产的剩余价值”。[③] 根据如上定义，不难发现，资本主义制度下的工作日可分为必要劳动时间与剩余劳动时间两个部分，其中的剩余劳动时间越长，资本家获得的剩余价值就越多。在绝对剩余价值生产中，必要劳动时间是既定的，资本家靠单纯的延长剩余劳动时间或者通过提高同一工作日里的劳动强度来达到目的。在相对剩余价值生产中，资本家通过缩短必要劳动时间、提高劳动生产率以延长同一工作日里的剩余劳动时间，从而达到目的。究其本质，这两种剩余价值的生产形式反映了资本主义社会发展的不同阶段，二者的最终目的均是为了提高剩余价值量的生产，都是为了加深资本家对工人的剥削程度。

绝对剩余价值的生产与相对剩余价值的生产作为资本家剥削劳动力的两种手段，表现为形式上的相异却无碍二者本质上的一致。正如马克思所言：“绝对剩余价值的生产构成资本主义体系的一般基础，并且是相对剩余价值生产的起点。”[④] 实际情况是，在资本主义国家里，在发达生产力以及科技革命日新月异的综合影响下，相对剩余价值生产形式较之绝对剩余价值生产形式而言更为重要和突出。马克思还把资本主义制度下的工人所创造的剩余劳动称作“无酬劳动”，并总结道：“一切剩余价值，不论它后来在利润、利息、地租等等哪种特殊形态上结晶起来，实质上都是无酬劳动时间的化身。资本自行增殖的秘密归结为资本对别人的一定数量的无酬劳动的支配权。”[⑤] 至此，马克思对剩余价值生产过程

① 《资本论》第1卷，人民出版社2004年版，第267页。
② 《资本论》第1卷，人民出版社2004年版，第269页。
③ 《资本论》第1卷，人民出版社2004年版，第366页。
④ 《资本论》第1卷，人民出版社2004年版，第583页。
⑤ 《资本论》第1卷，人民出版社2004年版，第611页。

的考察始终离不开劳动本体地位的指导。

四、资本主义工资和劳动本体论

马克思对剩余价值生产过程的考察之后，继续展开对资本主义社会雇佣工人的工资问题的探讨。工资作为劳动力价值或价格的表现形式，成为掩盖资本主义社会剥削实质的“假象”。马克思认为，“工资”在更为隐蔽的程度上“消灭了工作日分为必要劳动和剩余劳动、分为有酬劳动和无酬劳动的一切痕迹。全部劳动都表现为有酬劳动”①。马克思始终致力于在纷繁复杂的现象中深入到事物的本质，致力于揭露资本家为掩盖剥削真相而采取工资这一形式的重要手段，因为“工资是资本继续存在的条件，是使资本成为固定的生产关系的条件”②。

1. 工资的本质。

资本家为了尽可能多地获取剩余价值而采取了向雇佣工人支付工资的手段，这将造成一系列假象，“工人的工资表现为劳动的价格，表现为对一定量劳动支付的一定量货币”，从而劳动价值的货币表现被理解为“劳动的必要价格或自然价格”。③ 如此“假象”使得古典政治经济学家、庸俗经济学家陷入资本主义社会的迷雾之中，陷入“无法解决的混乱和矛盾之中，同时为庸俗经济学的在原则上只忠于假象的浅薄性提供了牢固的活动基础”④。因此，辨明劳动与劳动力将成为理解工资的本质的前提，成为拨开混乱的假象的迷雾而获得本质性认识的重要环节，同时也为马克思劳动本体论思想在《资本论》里的进一步展现提供强大例证。

劳动与劳动力是完全不同的两个范畴，在资本主义制度下，工人出卖的是作为商品的劳动力，资本家支付的工资是劳动力的价值或价格而不是劳动的价值或价格。马克思是这样论证的：一方面，工人出卖的若

---

① 《资本论》第1卷，人民出版社2004年版，第619页。

② 李建平：《〈资本论〉第一卷辩证法探索》，社会科学文献出版社2006年版，第276页。

③ 《资本论》第1卷，人民出版社2004年版，第613页。

④ 《资本论》第1卷，人民出版社2004年版，第617页。

是劳动，那么劳动将成为商品，也将具有价值，那么劳动的价值将由“它所包含的劳动量来计量”[①]。马克思将此评断为一种无意义的同义反复，更为重要的是“劳动是价值的实体和内在尺度，但是它本身没有价值”[②]。另一方面，劳动若是成为商品，那么劳动在卖出去之前就得独立存在，同时作为工资转化形式的劳动价值或价格无法获得剩余价值，这些都是在现实中不可能存在的，甚至还会从根本上动摇资本主义社会生产关系基础。马克思一语道破玄机：“政治经济学称为劳动的价值的东西，实际上就是劳动力的价值；劳动力存在于工人身体内，它不同于它的职能即劳动，正如机器不同于机器的运转一样。”[③]

综上所述，工人在资本主义制度下获得的工资，本质上是劳动力价值或价格的转化形式，其中劳动力价值一方面取决于劳动力所需的生活资料的价值，另一方面反映了工人在必要劳动时间里所付出的必要劳动的凝结。马克思指出，资本家只是希望“用尽量少的货币换取尽量多的劳动”，只是关心“劳动力的价格和劳动力执行职能时所创造的价值之间的差额”[④]。这里的差额实际上依然是被资本家无偿占有的那部分超过劳动力价值的价值，即剩余价值。只不过通过工资这一形式的遮掩，对于工人来说，工资容易被看作自己的劳动所得；对于资本家来说，利润的来源看似通过低买高卖而获得，工资容易被看作劳动的价值或价格。

2. 计时工资和计件工资。

对资本主义的工资本质进行一番考察之后，马克思紧接着对工资的“两种占统治地位的基本形式”[⑤] 展开论述，包括计时工资与计件工资。计时工资是以劳动时间来计算的工资形式，它是“劳动力的日价值、周价值等等的转化形式”[⑥]。作为劳动力价值的直接表现形式，计时工资可以让资本家根据需要灵活调整工作日的时长，甚至可以在“不减少名义

① 《资本论》第1卷，人民出版社2004年版，第613页。
② 《资本论》第1卷，人民出版社2004年版，第615页。
③ 《资本论》第1卷，人民出版社2004年版，第617页。
④ 《资本论》第1卷，人民出版社2004年版，第621页。
⑤ 《资本论》第1卷，人民出版社2004年版，第623页。
⑥ 《资本论》第1卷，人民出版社2004年版，第623页。

上的日工资或周工资”的情况下，采取各种方法以降低劳动价格。[①] “计件工资”其实并没有什么新意，它“无非是计时工资的转化形式，正如计时工资是劳动力的价值或价格的转化形式一样”[②]。计件工资是根据工人的劳动量、工作量来计算的工资形式。就这两种工资形式而言，计件工资是“最适合资本主义生产方式的工资形式”[③]，马克思称其为“克扣工资和进行资本主义欺诈的最丰富源泉”[④]。相较于计时工资，计件工资是劳动力价值的间接表现形式，它以劳动产品的数量作为衡量工资的标准，而由此造成的假象则更为扑朔迷离，“似乎工人出卖的使用价值不是他的劳动力的职能即活的劳动，而是已经对象化在产品中的劳动”[⑤]。工资形式的变化并不会改变资本主义社会的剥削实质，只是资本家与工人之间剥削与被剥削的真相被遮掩得越来越严实，越来越难以分辨了。

因此，要想认清计件工资的本质，就必须先对计时工资进行研究，而要想准确把握计时工资的本质，就必须弄清计时工资是如何从劳动力价值或及价格转化而来。马克思正是勇于揭去笼罩在剩余价值秘密之上的层层伪装：首先弄清为何劳动力商品在货币转化为资本过程中至关重要，再在此基础上探讨劳动力商品与剩余价值生产的内在关联、资本主义生产过程的二重性与剩余价值生产的方法，而后再对资本主义工资的本质及其基本形式展开探讨。这样一来，资本主义社会内部隐蔽的真相在马克思环环相扣的严密论证面前无所遁形，这时候马克思的劳动本体论思想实现了再进一步的具体推演。

五、资本的积累和劳动本体论

马克思在《资本论》第一卷第七编，展开了对资本的积累问题的研

① 《资本论》第1卷，人民出版社2004年版，第625页。
② 《资本论》第1卷，人民出版社2004年版，第633页。
③ 《资本论》第1卷，人民出版社2004年版，第640页。
④ 《资本论》第1卷，人民出版社2004年版，第636页。
⑤ 《资本论》第1卷，人民出版社2004年版，第633页。

究。先来看看如何实现资本流通。在巨大利益的驱使下，资本家在获取资本之后不可能停顿下来，资本还要周而复始地循环运动，这就是资本流通。首先，货币要转化为“生产资料和劳动力”[①]；其次，生产资料在生产过程中要转化为包含“原预付资本加上剩余价值”[②] 的商品；再次，生产出来的商品要进入流通领域用于售卖，再以货币形式实现其价值；最后，这些货币需要重新以资本的形式进入流通领域。不难发现，资本家实现资本流通是为了可以持续不断地获得剩余价值，然而在此过程中，又必然涉及资本积累的问题。

为了遵循人类认识客观事物的规律，为了获得对事物的本质性的清晰的认识，马克思抽象而纯粹地考察并分析了资本的积累及其过程。马克思对于具体的细节性问题暂时不去考虑：比如，剩余价值的共同瓜分者还包括“在整个社会生产中执行其他职能的资本家”以及“土地所有者”[③]；关于“资本家如何回到商品市场”将涉及“资本在流通领域里所采取的那些新形式”以及“这些形式所包含的再生产的具体条件”[④]；剩余价值将“分为各个不同的部分”以及“剩余价值的分割和流通的中介运动”[⑤] 等问题。因此，马克思主张“抽象地来考察积累，也就是把积累只看作直接生产过程的一个要素”，“对积累过程的纯粹的分析，就要求我们暂时抛开掩盖它的机制的内部作用的一切现象”[⑥]。马克思指出，要实现资本积累，就必须保证社会生产过程是连续不断的、周而复始的。也就是说，“每一个社会生产过程，从经常的联系和它不断更新来看，同时也是再生产过程”[⑦]。这里涉及社会再生产的问题。根据社会再生产的规模进行划分，资本主义的社会再生产可分为简单再生产与扩大再生产。

关于简单再生产，是指资本家将资本在运动中所产生的剩余价值或利润全部用于个人消费，在原有的规模上进行再生产。由于这个生产过

---

① 《资本论》第 1 卷，人民出版社 2004 年版，第 651 页。
② 《资本论》第 1 卷，人民出版社 2004 年版，第 651 页。
③ 《资本论》第 1 卷，人民出版社 2004 年版，第 651 页。
④ 《资本论》第 1 卷，人民出版社 2004 年版，第 652 页。
⑤ 《资本论》第 1 卷，人民出版社 2004 年版，第 652 页。
⑥ 《资本论》第 1 卷，人民出版社 2004 年版，第 652 页。
⑦ 《资本论》第 1 卷，人民出版社 2004 年版，第 653 页。

程表现为“单纯的重复或连续”，它可以消除生产过程“仅仅作为孤立过程所具有的虚假特征”。[①] 资本家进行简单再生产的目的不过是“任何资本转化为积累的资本或资本化的剩余价值”[②]，但是此种连续不断的生产过程更为巧妙地掩饰了事情的真相。概括起来，工人一方通过再生产的过程将产品的一部分以工资的形式不断地流回自己的手里；资本家一方则以货币的形式让工人领取产品中属于自己的那一部分。唯有在这样的再生产过程中，才能实现“工人的产品不仅不断地转化为商品，而且也转化为资本，转化为吮吸创造价值的力的价值，转化为购买人身的生活资料，转化为使用生产者的生产资料”[③]。马克思在这一部分从动态的、联系的视角考察了资本主义生产过程，即资本主义的再生产过程，它“不仅生产商品，不仅生产剩余价值，而且还生产和再生产资本关系本身：一方面是资本家，另一方面是雇佣工人”[④]。

关于扩大再生产，是指资本家将资本在运动中所产生的剩余价值或利润中的一部分用于追加资本，在扩大的规模上进行再生产。具体的做法是：“剩余价值一部分由资本家作为收入消费，另一部分用作资本积累起来。”[⑤] 也就是说，在资本主义扩大再生产的过程中，一方面，剩余价值必须不断转化为资本，实现剩余价值的资本化，这是实现资本积累的前提。另一方面，资本积累又构成扩大再生产的重要源泉。随着资本主义社会经济与科技的迅猛发展，扩大再生产的规模得以在外延与内涵两个维度获得进一步发展，它们分别依靠投入的增加与效率的提高来实现目的。然而，归根究底，资本的本质以及资本主义社会的剥削实质均未发生根本性改变：资本的本质还是实现价值增殖，实现价值增殖才会有资本的积累、资本的进一步增殖；更为重要的是，被资本家无偿占有的那部分剩余价值即工人阶级所创造的超过自身劳动力价值的价值，依旧构成了资本积累的实质与资本主义社会再生产的前提条件。至此，马克

① 《资本论》第1卷，人民出版社2004年版，第654页。
② 《资本论》第1卷，人民出版社2004年版，第657—658页。
③ 《资本论》第1卷，人民出版社2004年版，第658页。
④ 《资本论》第1卷，人民出版社2004年版，第666—667页。
⑤ 《资本论》第1卷，人民出版社2004年版，第682—683页。

思《资本论》的劳动本体论思想一再得到彰显，这种以劳动为本体的研究与创作思路一再为马克思政治经济学的研究、为资本主义社会现实问题的解剖和分析发挥着本质作用。马克思的劳动本体论思想既为以获得剩余价值为核心的资本主义再生产过程的循环向前、永不停歇提供先决条件，又在资本主义再生产过程中促成了资本积累，同时也在资本主义社会繁荣发展的内部孕育着资产阶级与无产阶级日益激化的矛盾。

如上所述，马克思的劳动本体论思想贯穿其中并发挥着重要作用，这既成为深刻领会并把握《资本论》思想精髓的关键，又为跨越马克思政治经济学——哲学研究提供了良好借鉴。

（原文发表于《当代经济研究》2016 年第 8 期）

《资本论》中是劳动本体论吗？

——兼与谭苑苑博士商榷

胡岳岷*

本体论是一个深奥的哲学问题，也是从事马克思主义科学研究无法回避的问题。谭苑苑博士的《试析马克思〈资本论〉劳动本体论思想》①（以下简称“谭文”）一文，认为“马克思在《资本论》中确立了劳动本体论思想”，并从劳动价值论、货币转化为资本、剩余价值生产过程、资本主义工资和资本的积累等五个方面论证了《资本论》的劳动本体论思想。本人认为，谭文的观点有失偏颇，值得商榷。现就这一问题发表一点粗浅的看法，以就教于谭博士和学术界同仁。

一、何谓本体论？

探讨哲学问题的时候，本体论是一个难以回避的话题。

1. 本体论的释义。

本体论，其英文表达为“ontology”，德文表达是“ontologie”，法文表达是“ontologie”，这些表达都源自于拉丁文“ontologia”。仅就字面意思而言，它指的是关于“on”的“logos”。纵观学术界对于“ontologia”的翻译，主要有四种：（1）“有”或“万有”，杨一之先生在翻译黑格尔的《逻辑学》中采用此说；（2）“本体”或“实体”，大多数哲学教材和哲学史教材都采用此说；（3）“是”或“是者”，陈康先生在翻译柏拉图

---

* 胡岳岷：吉林财经大学公共管理学院教授，博士生导师。

① 谭苑苑：《试析马克思〈资本论〉劳动本体论思想》，《当代经济研究》2016年第8期。

的《巴曼尼得斯篇》采用此说；（4）“存在”或“在”，熊伟先生和陈嘉映先生在翻译海德格尔著作时候采用此说。因此，有的学者在回应“究竟什么是本体论问题本身即哲学本体论究竟要探究和解决什么问题”时，将其理解为：“本原之在说”“实体之在说”“逻辑之在说”“客观之在说”。[①]

2. 马克思的“本体论承诺”。

同任何哲学一样，马克思主义哲学也有自己的“本体论承诺”。学术界对于马克思的本体论存在着较大的争议。这些争议，主要集中在以下三个问题上：第一个问题是，马克思到底有没有本体论？以高清海、孙伯鍨两位老先生为代表的马克思主义哲学家，认为马克思没有本体论。高老先生认为，马克思哲学所确立的“实践的”观点与思维方式，此即马克思超越旧式唯物主义和一切唯心主义的关键所在，马克思哲学变革的实质不是关于“本体形态”的变革，而是一种“思维方式的革命”。[②]孙老先生对于将马克思哲学归结为物质、实践、社会本体论的做法，是持反对意见的。他认为，马克思哲学所具有的革命性意义，并非在于他发现了一种全新的本体论，而是“发现了任何哲学的‘本体论承诺’都有其无意识的社会存在前提”[③]。当然，学术界主流依然认为马克思哲学里面有关于“本体论的承诺”。由此便引申出第二个问题，即如果说马克思有本体论，那它究竟是何种本体论？大体归结起来，学术界将马克思的本体论归为四种：（1）物质本体论。这是深受传统马克思主义哲学教科书感染的学者所持的观点，因为世界的真正统一性就在于其物质性。现实的世界是客观的，是物质的。物质就是我们生活世界的基本与本质，在这样的世界中，实践仅仅是一个“微不足道”的组成部分，根本不可能成为本体。马克思哲学所要讲的本体，应是将自然、社会和思维囊括在内的整个世界的本原与基础，而这样的“本体”就只能是物质，而不能是其他别的什么范畴。（2）实践本体论。杨耕教授认为“实践是人类

① 王峰明：《“本体论”释义：人的生存根据问题》，《教学与研究》2001年第3期。

② 高清海：《马克思对“本体思维方式”的历史性变革》，《现代哲学》2002年第2期。

③ 孙伯鍨，刘怀玉：《存在论转向与方法论革命——关于马克思主义哲学本体论研究中的几个问题》，《中国社会科学》2002年第5期。

世界得以存在的根据和基础，在人类世界的运动中具有导向作用”，并借此说明了实践本体论的意义——“不仅体现在世界的二重化以及人类世界的形成上，而且还体现在人类世界的不断发展中”。[①] 吴晓明教授则直言：“马克思的实践学说乃是新世界观的实质和根本”，并详细论证了“在马克思那里，实践学说的本体论意义事实上正是其全部哲学革命的基础，是其超越和摆脱全部意识形态幻觉的根本”。[②] (3) 社会存在本体论。深受西方马克思主义研究者卢卡奇的代表作——《关于社会存在的本体论》——的影响，学术界有部分学者判定，在当下研究哲学问题应该以社会存在为出发点，继而去解释一切自然的和社会的问题。在他们看来，社会存在本体论即马克思哲学的实质所在。(4) 生活（生存）本体论。马克思哲学异质于西方哲学的地方便在于，这一理论是以“历史的逻辑”和“人的逻辑”分别扬弃了“科学的逻辑”和“物的逻辑”。将人视为马克思哲学研究的重心，继而马克思哲学是一种“生活本体论”，或者“生存本体论”。[③] 贺来教授著文详细阐明了“生存本体论”的“理论根据”“主要问题”“基本内容”“根本旨趣”。[④] 邹诗鹏教授是全国研究生存论著述颇丰的学者，他在《生存论研究》[⑤] 和《转化之路——生存论续探》[⑥] 两本书中分别表达了其生存论思想。第三个问题是，马克思本体论的发展理路又是怎样的？俞吾金先生对马克思本体论的演化之路进行了详细的梳理，他认为，马克思的本体论学说历经了五个发展阶段：“自我意识本体论”阶段、“情欲本体论”阶段、“实践本体论”阶段、“生产劳动本体论”阶段和“社会存在本体论”阶段。[⑦]

需要特别指出的是，本文力图回应《资本论》中是否是劳动本体论的问题。为此本文假定马克思思想中有本体论，但上述本体论的争论并

---

① 杨耕：《关于马克思实践本体论的再思考》，《学术月刊》2004 年第 1 期。

② 吴晓明：《马克思实践学说的本体论意义》，《南京社会科学》1996 第 8 期。

③ 刘福森：《从本体论到生存论——马克思实现哲学变革的实质》，《吉林大学社会科学学报》2007 年第 5 期。

④ 贺来：《实践与人的现实生命——对“生存本体论”的一点辩护》，《学术研究》2004 年第 11 期。

⑤ 邹诗鹏：《生存论研究》，上海人民出版社 2005 年版。

⑥ 邹诗鹏：《转化之路——生存论续探》，中国社会科学出版社 2013 年版。

⑦ 俞吾金：《马克思哲学本体论思路历程》，《学术月刊》1991 年第 11 期。

不是本文讨论的内容，故而“悬置”不言。

二、马克思在何种意义上使劳动上升到本体论的高度？

劳动在人类社会历史上的重要作用，通过“劳动创造了人本身”[①] 这一观点，就能清楚而直观地体现出来。可以说，劳动是人类存在和发展的基础。也正是在这一意义上，马克思曾将劳动上升到了本体论的高度。

1. 马克思劳动本体论的孕育和萌芽。

在《1844年经济学哲学手稿》中，通过对劳动（尤其是异化劳动）的分析，马克思拉开了劳动本体论的序幕。一是人类本质力量得到了基本澄清。不同于黑格尔的“绝对精神”的活动，也不同于费尔巴哈的“类”活动，马克思直接将人的“类”特性归为自由自觉的活动。通过人类特有的对象化活动，人的本质才得以呈现，人的自身的存在才得以确认，劳动之中蕴含着的人性的张力才得以彰显。二是劳动之于人类社会的决定性作用得到了初步阐明。在马克思那里，人是劳动的产物，劳动不仅使人能够直立行走，还使人形成了复杂的社会联系。可以说，“全部人的活动迄今为止都是劳动”[②]。三是“关于人的科学本身是人自己实践活动的产物”[③]。人通过劳动创造适合我们生存的对象世界的同时也完成了对无机世界的改造。只有在这个时候，“人证明自己是有意识的类存在物，就是说是这样一种存在物，它把类看作自己的本质，或者说把自身看作类存在物”[④]。四是劳动才是全部历史运动的“创造者”、“亲历者”和“见证者”。换言之，一部人类发展史就是一部劳动史，“整个所谓世界历史不外是人通过人的劳动而诞生的过程”[⑤]。

---

① 《马克思恩格斯文集》第9卷，人民出版社2009年版，第550页。
② 《马克思恩格斯全集》第3卷，人民出版社2002年版，第306页。
③ 《马克思恩格斯全集》第3卷，人民出版社2002年版，第359页。
④ 《马克思恩格斯全集》第3卷，人民出版社2002年版，第273页。
⑤ 《马克思恩格斯全集》第3卷，人民出版社2002年版，第310页。

2. 马克思劳动本体论的成熟和确定。

《关于费尔巴哈的提纲》《德意志意识形态》标志着马克思唯物史观的确立，也标志着劳动本体论的成熟。马克思的理论剖析主要集中在三个方面：(1) 将劳动实践活动与其他的活动区别开来，论述了劳动活动的决定性作用；(2) 将生产活动的内在矛盾充分地表达了出来；(3) 充分论证了生产活动的中介作用。具体来说，这两部著作标志着劳动本体论的成熟，主要体现在以下四个方面：一是确定了社会生活的本质——实践。物质生产是社会存在和发展的基础，没有物质生产便没有人类的历史。同时，劳动实践活动构成人类社会生活的基本内容。因此，一般马克思主义哲学教科书都会讲“实践是马克思主义哲学的首要和基本观点”。这无疑是对劳动本体论最为直接的论述。二是确定了人类社会历史活动的前提——从事劳动的有生命的个人。在马克思看来，研究像鲁滨逊那样的人是没有多大意义的。因为在进行研究的时候，它的对象必须是“一些现实的人，是他们的活动和他们的物质生活条件”[①]。可见，马克思是从劳动出发，来完成对人的本质及其活动的理论研究的，这也是马克思高于黑格尔（“绝对精神”）、费尔巴哈（“类”）和施蒂纳（“唯一者”）的关键所在。三是确定了人类存在和发展的四项活动。从劳动生产的角度，马克思考察了历史关系的四个同时存在并在历史上持续发挥作用的“活动”。马克思将这些活动称之为“原初历史”的活动，即生产物质生活本身的活动（生产满足人类的物质生活资料的历史活动）、物质生活的再生产活动（“新需要”的生产)、人自身的生产活动（种的繁衍）和社会关系的生产。四是确立了生产力和生产关系的辩证运动规律。在马克思看来，“生产本身又是以个人彼此之间的交往为前提的”[②]，人们的生产生活不会与交往形式之间处于永久的和平之中，二者之间可能并且一定会发生矛盾。不过，生产力起着决定性作用，生产关系（交往形式）可以反作用于生产力。总之，在马克思那里，“历史破天荒第一次被置于它的真正基础上：一个很明显的而以前完全被人忽略的事实，即人

① 《马克思恩格斯文集》第1卷，人民出版社2009年版，第519页。
② 《马克思恩格斯文集》第1卷，人民出版社2009年版，第520页。

们首先必须吃、喝、住、穿，就是说首先必须劳动，然后才能争取统治，从事政治、宗教和哲学等等，——这一很明显的事实在历史上的应有之义此时终于获得了承认”①。

3. 马克思劳动本体论的延伸和裂变。

《资本论》系列手稿，既是通向《资本论》的“路标”，也是记录马克思政治经济学批判思想的核心文本。马克思的这一系列手稿呈现给我们的他的思想轨迹是——在政治经济学的批判性研究中，劳动本体论没有向前延伸，而是发生了“裂变”。在一定意义上，劳动作为社会存在的本体，乃是一切社会存在和继续发展的重要纽带。但是，需要特别指出的是，此时的马克思对于劳动本体论已经有所动摇。其根据有三。其一，物质生产是马克思政治经济学批判的出发点。要实现对人类社会历史的批判性考察，就难以绕过物质生产及其方式。而考察的语境放在资本主义社会中，这一物质生产其实就是劳动一般。在《经济学手稿（1857—1858 年）》中，马克思提出：“摆在我们面前的对象，首先是物质生产。”② 更加确切地说，马克思借助于唯物史观的分析方法，以物质生产妥善解决了政治经济学批判的出发点问题。其二，在《资本论》中马克思较为清晰地再现了劳动一般这一范畴在资产阶级经济学中的历史抽象过程。在货币主义者眼中，财富完全是“自身之外的物”；重商主义者看到了财富背后的劳动因素，他们开始注意到商业劳动和工业劳动的作用，这已然是很大的进步了；重农主义者则进一步将“劳动的一定形式——农业——看作创造财富的劳动，不再把对象本身看作裹在货币的外衣之中，而是看作产品一般，看作劳动的一般成果了”③。到亚当·斯密那里，他才将劳动抽象出来，作了综合考量。直到马克思那里，“劳动”“劳动一般”“劳动抽象”才成为了政治经济学的起点，才成了“实际上真实的东西”。④ 三是马克思此时虽然强调了劳动的重要作用，但已经对这一问题的认知发生了动摇。仅从《资本论》系列手稿的篇章布局来看，《经济

① 《马克思恩格斯全集》第 25 卷，人民出版社 2001 年版，第 136 页。
② 《马克思恩格斯全集》第 30 卷，人民出版社 1995 年版，第 22 页。
③ 《马克思恩格斯全集》第 30 卷，人民出版社 1995 年版，第 45 页。
④ 《马克思恩格斯全集》第 30 卷，人民出版社 1995 年版，第 46 页。

学手稿（1857—1858 年）》的目录主要是："巴师夏和凯里""导言""货币章""资本章"；《经济学手稿（1859—1861 年）》的目录主要是："序言""资本""资本章计划草稿"；[①]《经济学手稿（1861—1863 年）》的目录主要是："资本一般""资本和利润"。[②] 可见，"资本"已然取代了"劳动"的位置。从马克思为写作《资本论》所准备的系列手稿的内容来看，也是如此。所以，马克思才把他的凝聚毕生心血的得意巨著命名为《资本论》，而不是《劳动论》。所以，谭文认为马克思在《资本论》中确立了劳动本体论的思想的观点，是站不住脚的。

三、《资本论》中到底是何种本体论？

既然以"资本"为标题，很显然，马克思已将"资本"放在了他研究的中心位置。就《资本论》所研究的内容而言，第一卷研究的是资本的生产过程，第二卷研究的是资本的流通过程，第三卷研究的是资本主义生产的总过程。无论从著作的标题、副标题，还是各卷次的命名，我们都没有发现"劳动"的身影。可见，《资本论》就是一部以资本为本体的著作。

1.《资本论》中的"劳动"是非本体论意义上的劳动。

在《资本论》系列手稿中，马克思已不再坚持从本体论的视角去看待劳动了。到了《资本论》，马克思只将劳动视作具有"特定形式"的功能性活动，是从非本体论的角度来探讨这一问题的。我们之所以这样说，这是因为：一方面，马克思继续确证了资本主义社会中的劳动问题。一是确定了劳动范畴的概念。马克思在探讨绝对剩余价值的生产的时候，说得非常明白："劳动力的使用就是劳动本身"[③]，劳动"是人以自身的活动来中介、调整和控制人和自然之间的物质变换的过程"[④]。可见，劳动

---

① 《马克思恩格斯全集》第 31 卷，人民出版社 1998 年版，目录第 3、4 页。
② 《马克思恩格斯全集》第 32 卷，人民出版社 1998 年版，目录第 1、3 页。
③ 《马克思恩格斯文集》第 5 卷，人民出版社 2009 年版，第 207 页。
④ 《马克思恩格斯文集》第 5 卷，人民出版社 2009 年版，第 207—208 页。

只是作为人类将“自在之物”转化为“为我之物”的手段，但其重大作用也是不可忽视的。然而，在资本主义社会中，只要私有制不消除，劳动就不可避免地要陷入异化的境地。可以说，劳动及其异化依然是《资本论》所要研究的一大理论主题，但却是将其嵌入剩余价值理论之中的转型升级了的一大理论主题。二是阐明了劳动价值论的相关原理。在对“什么创造了财富”“什么是财富创造的核心要素”等问题的回应过程中，经济学家们可谓是仁者见仁，智者见智。配第洞察到劳动的重要作用，继而提出“劳动是财富之父，土地是财富之母”的论断。经由斯密和李嘉图，“劳动创造价值”得到了深化和拓展。但是，古典经济学家们始终不能科学地回应“何种性质的劳动创造了价值”这一问题。因此，古典经济学最终的答案都只能是从表面上来看似乎是解决了问题，实质上却走向了“歧途”。马克思在批判性地继承和反思古典经济学家理论的基础上，创立了科学的劳动价值论。马克思劳动价值论提出的基本思路如下：《资本论》以商品开篇，并确证了商品的二重性——使用价值和价值。就前者来说，“劳动并不是它所生产的使用价值即物质财富的唯一源泉”[①]，具体劳动与自然物质的有机结合才是其源泉所在。就价值而言，“商品价值体现的是人类劳动本身，是一般人类劳动的耗费”[②]，它是抽象劳动的化身。因此，马克思总结道：“一切劳动，一方面是人类劳动力在生理学意义上的耗费；就相同的或抽象的人类劳动这个属性来说，它形成商品价值。一切劳动，另一方面是人类劳动力在特殊的有一定目的的形式上的耗费；就具体的有用的劳动这个属性来说，它生产使用价值。”[③] 这也就是大家所公认的观点：劳动二重性学说是商品二因素学说的基础，是马克思政治经济学的“枢纽”。另一方面，劳动力与劳动的区分，劳动力成为商品，是马克思在非本体论意义上论及劳动及其相关问题的直接证明。一是劳动力成为商品是货币转化为资本的前提。在资本主义社会中，劳动力与劳动是有着严格区分的概念。劳动力成为商品是资本主义生产方式得以确立的重要条件。通过考察发现，要在市场上找到这样的劳动

① 《马克思恩格斯文集》第 5 卷，人民出版社 2009 年版，第 56 页。

② 《马克思恩格斯文集》第 5 卷，人民出版社 2009 年版，第 57 页。

③ 《马克思恩格斯文集》第 5 卷，人民出版社 2009 年版，第 60 页。

力，“就必须具备各种条件”：(1)“商品交换本身除了包含由它自己的性质所产生的从属关系以外，不包含任何其他从属关系”[①]；(2)“劳动力占有者没有可能出卖有自己的劳动对象化在其中的商品，而不得不把只存在于他的活的身体中的劳动力本身当作商品出卖”[②]。二是劳动者受剥削和受压迫的起点。既然是商品，劳动力也就必须具有使用价值和价值。就劳动力商品的价值而言，它与其他任何商品的价值都是一样的，即由生产该商品的社会必要劳动时间决定；就劳动力商品所代表的价值而言，它仅代表着生产它的一定量的社会平均劳动。因此，劳动力商品的价值应该包括三部分：维持劳动者本人生活所必需的生活资料的价值；维持劳动者家属生存所必需的生活资料的价值；对劳动者进行教育和培训所耗费的费用。就劳动力商品的使用价值而言，劳动力的使用过程即劳动过程，它是新价值创造和旧价值保存过程的统一，也是劳动过程和价值增殖过程的统一。资本家费尽心力来购买劳动力，并处心积虑将其置于资本主义生产过程中的目的，就在于看到了他们可以为其创造剩余价值。可以说，劳动力的使用价值是价值和剩余价值的源泉。此时，劳动不再是人自由自觉力量的彰显，而是为剩余价值而劳动的，劳动的性质发生了重大变化。总之，马克思在《资本论》中既没有否认劳动，又没有忽视劳动的异化；既没有将劳动视为社会存在的本体，又没有将劳动置于资本之上来讨论问题。所以，马克思自己才把他的科学发现——劳动二重性学说仅仅看作是“理解政治经济学的枢纽”，[③] 而将以资本为本体的剩余价值学说看作是整个经济学说的基石。因为剩余价值学说就是系统揭示资本增殖、实现增殖、分配增殖的科学理论。

2. 资本是《资本论》中的“本体”。

由于资本是架构资本主义生产方式的主体，所以，资本成为“以资本主义生产方式以及和它相适应的生产关系和交换关系”为研究对象的《资本论》中的“本体论”，就是理所当然的了。这是因为，一方面，资本实质上是一种充斥于资本主义社会方方面面的社会关系。在对“现代

① 《马克思恩格斯文集》第5卷，人民出版社2009年版，第195页。

② 《马克思恩格斯文集》第5卷，人民出版社2009年版，第196页。

③ 《马克思恩格斯文集》第5卷，人民出版社2009年版，第55页。

殖民理论”的考察中，马克思发现韦克菲尔德的重大功绩就在于发现了“资本不是物，而是一种以物为中介的人和人之间的社会关系”[①]。在对“三位一体的公式”的考察之后，马克思几乎重复了以上的论断：“资本不是物，而是一定的、社会的、属于一定历史社会形态的生产关系”[②]。作为这样一种极为特殊的社会关系，凡资本主义所及之处，必有资本的身影，否则，资本主义社会也就不叫“资本主义社会”了。另一方面，受资本逻辑的布控，资本主义世界是一个为资本所宰制的世界。有学者提出：“资本作为投入社会再生产系统中追求自身增殖的剩余劳动价值，是一种追求自我扩张的‘市场权力放大器’。它追求通过支配人的劳动而不断把客观世界‘资本化’，成为它实现价值增殖（也即市场权力的放大）的工具，由此形成了巨大的客观物质力量及其遵循的矛盾发展规律。这是物化了的‘人的本质力量’，这种物质力量及其遵循的规律强制地推动着社会经济运行。简言之，资本逻辑乃是作为物化的生产关系的资本的自身运动的矛盾规律。”[③] 换言之，以资本为主体，以商品为载体，以货币为中介，以劳动力成为商品为前提，以市场配置为方式，以雇佣劳动为基础，以占有剩余价值为目的，以剥削劳动为手段的生产过程的“逻辑”，就是资本主义的主导逻辑。在这一逻辑的管控之下，资本主义社会发生了翻天覆地的变化——得益于“人格化”的力量，资本这一“物”完成了华丽转身，成了社会的主体。正如卢卡奇所指出的那样：“商品结构的本质已被多次强调指出过，它的基础是，人与人之间的关系获得物的性质，并从而获得一种‘幽灵般的对象性’，这种对象性以其严格的、仿佛十全十美和合理的自律性掩盖着它的基本本质，即人与人之间关系的所有痕迹。”[④] 在《资本论》中，“人格化”即“是由社会生产过程加在个人身上的一定的社会性质”[⑤]。因此，资本家只不过是“资本的

① 《马克思恩格斯文集》第5卷，人民出版社2009年版，第877—878页。

② 《马克思恩格斯文集》第7卷，人民出版社2009年版，第922页。

③ 鲁品越：《鲜活的资本论——从深层本质到表层现象》，上海人民出版社2015年版，第265页。

④ ［匈］卢卡奇：《历史与阶级意识——关于马克思主义辩证法的研究》，商务印书馆2012年版，第149页。

⑤ 《马克思恩格斯文集》第7卷，人民出版社2009年版，第996页。

人格化”和“价值的人格化”而已。从资本主义生产过程来看，资本已然“表现为一个能动的、创造性的实体”[①]。由此，资本主义社会就有了两个主体——一个是人，一个是资本。从理论上说，资本作为一个“物”，本不该处于“主体”的位置，并一定要受到人这一主体的支配的。然而，实际情况却恰恰是相反。在资本主义生产过程中，人这一主体并没有获得支配权力，却还丧失了“主动性”。资本作为主体反而成为社会的主宰。因此，我们看到的是：资本作为“主体”，通过强制劳动（自由得一无所有的劳动者唯有在资本家的强制役使下才能苟活）支配着工人。这样一种劳动者—资本的二元对立结构，贯穿于资本主义社会的始终。只要资本主义不消亡，这一对立就会永久地存在下去。总之，受制于资本及其逻辑，资本主义所发生的翻天覆地的变化，主要可归纳为：（1）在劳动本体论那里所确认的“主体”——劳动，到了资本主义生产过程中，到了资本逻辑之中，都统统发生了质变和异化。曾经作为主体的劳动及劳动者，现在却变成了资本不断增殖的“工具”。在资本这一“绝对主体”面前，劳动这一曾经的“主体”黯然失色，变为了“客体”。（2）劳动本体论所确认的劳动过程也变为了以创造利润为导向的资本生产过程和增殖过程。劳动不再是目的，而变成了手段。劳动过程不是人的本质的显露，而是资本增殖的过程。综上所述，我认为，在《资本论》中所表露出的“本体论”并非谭文所言的“劳动本体论”，而是“资本本体论”。这也是《资本论》之为“资本论”，而不是“劳动论”的关键所在。

四、余　论

经典文本是我们的“根”与“源”。只有回到《资本论》中去，才能真正领会马克思经济学的奥妙。

第一，要以“咬定青山不放松”的信念和态度去学习和研究《资本

① ［意］奈格里：《〈大纲〉：超越马克思的马克思》，北京师范大学出版社 2011 年版，第 220 页。

论》。在浩瀚的书林之中，马克思经济学的研究者纵然不必读50卷的《马克思恩格斯全集》，但《资本论》却是大家都绕不过去的经典文本。下决心读懂具有马克思主义理论百科全书之称的《资本论》，实属不易。以人民出版社2004年版的《资本论》为例，就其字数而言多达240多万字。可见，要顺利读完并科学地理解这一著作就更非易事。更关键的是，《资本论》是马克思四十余年心血之大成，其创作历程跨度之大史无前例。从1843年开始直到逝世，马克思从未停止过对“政治经济学批判”问题的反复思考。可以说，要弄懂读透《资本论》，还必须辅之以其在创作这一作品过程中的“手稿”、“草稿”和“书信”，因为它们都真实地记录了马克思创作《资本论》这一经典文本的思想和心路历程。因此，要读好《资本论》，除了要有扎实的知识储备外，还要做好打“持久战”的准备。

第二，要科学地理解《资本论》中透露出的马克思独特的思维方法。在《资本论》中，马克思向我们展示了他的独到的思维方法——“超越了黑格尔逻辑学的神秘性和抽象思辨性，超越了庸俗经济学和古典经济学的抽象唯物主义及其历史的、经验的实证研究”[①]。不仅在马克思生活的时代，“人们对《资本论》中应用的方法理解得很差”[②]，现在的情况依旧不容乐观，“很多人不理解《资本论》的方法论，却以自己的观点随意解释《资本论》中的经济范畴和经济规律，结果就出现了许多不应该有的理论混乱”[③]。由于《资本论》的创作是在唯物史观指导之下进行的，故应在历史唯物主义视角下消化《资本论》中的“方法”。具体来说，要加深对马克思“矛盾分析法”、“逻辑与历史的统一”和“从抽象到具体”等方法的理解。只有理解马克思所用的方法，才能更好地明白马克思所言、所想，也才能使自己有所悟。

第三，资本是《资本论》的核心范畴，对它的理解决定着我们对

---

① 罗雄飞：《马克思经济学的方法论思想——以科学实证主义为核心》，经济日报出版社2017年版，第2页。

② 《马克思恩格斯文集》第5卷，人民出版社2009年版，第19页。

③ 本书编写组：《当代马克思主义政治经济学十五讲》，中国人民大学出版社2016年版，第166—167页。

《资本论》的理解水平。对于《资本论》的把握，我们应该明确的是，资本这一范畴是理解《资本论》的关键，也是把握资本主义社会的核心轴线。资本逻辑是资本主义社会的主导逻辑，是资本主义社会一切危机发生的根源所在。对于资本及其逻辑把握的深度与广度，决定着我们对《资本论》的理解水平。任何人都不能否认，以资本为本体论的《资本论》不仅是马克思主义经济学的标志性著作，而且是人类经济思想史上第一部以资本为研究主体的标志性著作。在《资本论》之前，没有一本系统研究资本的理论著作。正是以资本作为本体论，才从根本上奠定了《资本论》作为世界经济学说史上最伟大的理论创新的历史地位。否定马克思《资本论》的资本本体论，就是否定剩余价值理论的马克思主义经济学基石的科学价值，就是否定马克思主义经济学的世界历史地位。马克思《资本论》中藏满了秘密，而答案，往往就挂在我们通往彼岸的桥上，你走不到那里，就无法看到。因此，欲达到彼岸，就必须不畏劳苦，砥砺前行，不要把在半程中看到的假象当作真理。更不应该为了把假象说成真理而给自己找一个迷人的理由。历史是认真的，科学也是认真的，来不得半点马虎。

（原文发表于《当代经济研究》2017 年第 1 期）

论《资本论》的逻辑起点

罗雄飞*

从宽泛意义上看，《资本论》的逻辑起点问题也就是如何看待《资本论》开篇问题。这是由于《资本论》开篇中的价值、交换价值、价值形式等都可以看成与商品这一范畴的内涵相关的规定，而“商品按其价值出售”又是马克思作为“出发点的前提”①。对于货币，按马克思的方法则只能从商品的内在规定中引申出来。因此，这些规定最终必然归结为商品这一具体的逻辑起点，而对开篇中作为逻辑起点的商品的理解必然包含这些范畴的规定；并且，这样宽泛的理解有一个好处，就是能与《〈政治经济学批判〉导言》直接对应起来，因为马克思在这里举出了“开篇”中的“劳动”“货币”这两个最简单的范畴作为例子。

马克思在《资本论》第一卷第一版序言中指出：本书的第一篇特别是分析商品的部分是最难理解的。关于这一问题的长期争论②表明，马克

---

* 罗雄飞：江西财经大学经济学院教授。

① 《马克思恩格斯全集》第 32 卷，人民出版社 1998 年版，第 55 页。

② 关于逻辑起点，国内主要有以下几种看法：卫兴华先生认为：《资本论》第一篇《商品和货币》，是研究货币转化为资本前的商品与价值关系及其发展历史过程的，这与老一辈学者如王亚南、王学文等人的观点相一致。而卫兴华先生又进一步认为，分析简单商品与价值关系所得出的价值规律、货币流通规律等，对包括资本主义商品生产在内的一切商品生产都是适用的，因而，研究“简单商品等于是研究商品一般”。（参看《〈资本论〉的研究对象、结构和学习意义》，《当代经济研究》2002 年第 11 期。）李建平教授在分析了恩格斯的相关论述之后认为，《资本论》逻辑起点有两层含义：一是指分析起点的商品同商品生产的历史的起点相一致；二是指逻辑起点与资本主义社会商品生产的历史起点相一致。他强调：“后一个一致是主要的、基本的”。（参看《掌握〈资本论〉方法正确理解劳动价值论》，《当代经济研究》2002 年第 1 期。）陈俊明教授从客体与主体统一的角度出发，认为《资本论》开篇的“简单商品”，“它一方面是暂时抽去资本关系的商品，另一方面又是资产阶级财富的细胞”。（参看《〈资本论〉：客体与主体统一》，《福建论坛（人文社会科学版）》2006 年第 10 期。）李绪蕴教授指出：马克思对商品和货币进行最抽象的分析时，并没有离开资本主义这个“主体”，

思的提示是非常必要的。由于理解《资本论》的逻辑起点，必须调动一个人掌握的马克思经济学的全部知识，从严格意义来看，谁理解了这一问题，谁就有可能深入理解《资本论》。正因为逻辑起点关系整体的把握，如果对逻辑起点的认识发生偏差，对《资本论》的认识也就难免流于表面的内容。有鉴于此，本文打算结合马克思的批判主题和政治经济学方法，对这一问题进行多层次的论证。

一、如何认识《资本论》开篇中的商品货币关系

1.《资本论》开篇中的商品货币关系是资本主义商品生产的反映，同时又具有非现实性。

马克思在《资本论》第一卷第一版序言中开宗明义地指出："我要在本书研究的，是资本主义生产方式以及和它相应的生产关系和交换关系。"① 他又指出："本书的最终目的就是揭示现代社会的经济运动规律。"② 这表明，《资本论》的研究对象仅仅是资本主义社会这一有机体的商品生产。而劳动产品的商品形式或者商品的价值形式，对资产阶级社会说来就是"经济的细胞形式"③。马克思从自己的思想方法出发，总是

那种认为分析起点的商品是前资本主义商品的观点，"使马克思的分析离开了资本主义社会这个主体"。(参看《〈资本论〉中的唯物主义方法》,《学术界》1996年3期）骆耕漠教授、葆良教授在20世纪60年代初发表过类似的看法。(参看蒋绍进、李绪蕙主编:《〈资本论〉研究综述》，福建人民出版社1984年版，第58页。）在这些观点中，由于受逻辑与历史相统一的认识影响，无论是把分析起点看成是前资本主义简单商品，还是看成资本主义商品，大致上都是把逻辑起点与历史起点对应起来，只有陈俊明教授的看法似乎在一定程度实现了两者的脱离。另一方面，上述几种观点都在一定程度上意识到了恩格斯"《资本论》第三册增补"中存在的认识偏差，所不同的是，有些人委婉地承认这种偏差，有些人则力图加以调和。对这一问题的看法，直接影响到人们对《资本论》的体系和逻辑结构的认识。

① 《资本论》第1卷，人民出版社2004年版，第8页。学术界关于这一论述的理解存在较大分歧。我认为，这里的"生产方式"是指"一定历史时期的特定社会的物质生产的技术状况及其技术的、社会的结合形式"。参见拙作《论马克思经济学的研究对象》,《马克思主义与现实》2012年5期。

② 《资本论》第1卷，人民出版社2004年版，第10页。

③ 《资本论》第1卷，人民出版社2004年版，第8页。

把特定的研究对象当成生命有机体，他的理论结论是对生命有机体的解剖分析得出的，而不是对事物的历史发展过程的简化抽象得出的。因此，开篇中的商品货币关系只能是作为特定生命有机体的内在关系，不可能外在于这一特定有机体。正因为如此，马克思指出："资本主义生产方式占统治地位的社会财富，表现为'庞大的商品堆积'，单个的商品表现为财富的元素形式。因此，我们的研究就从分析商品开始。"[①] 这里的商品应该理解为资本的"元素形式"的商品。对此，马克思在其他一些场合有过更为明确的交代。他指出："作为我们出发点的，是在资产阶级社会的表面上出现的商品，它表现为……资产阶级财富的要素。"[②] "我们以资产阶级生产的最一般的范畴，即商品作为起点。"[③] 这是因为，"事实上只有在资本主义生产的表面上，商品才表现为财富的元素形式"[④]。之所以要从这样的商品开始，其原因是："价值表现的秘密，即一切劳动由于而且只是由于都是一般人类劳动而具有的等同性和同等意义，只能在人类平等概念已经成为国民的牢固的成见的时候，才能揭示出来。而这只有在这样的社会才有可能，在那里，商品形式成为劳动产品的一般形式，从而人们彼此作为商品占有者的关系成为社会占统治地位的社会关系"[⑤]。

《政治经济学批判》第一分册第二章初稿片段和第三章开头部分，是对《经济学手稿（1857—1858 年）》的重要补充。在这里，马克思对于《资本论》开篇的商品货币关系与资本主义生产的关系进行了更为系统的阐述。他指出："我们在这里谈的不是历史上流通向资本的过渡。简单流通不如说是资产阶级生产总过程的抽象领域，它通过自身的各种规定证明，它是那个在流通背后进行的、从流通中产生又产生出流通的更深刻的过程即工业资本的要素，其单纯表现形式。"[⑥] 他还指出："对简单流通的考察向我们揭示了资本的一般概念，因为在资产阶级生产方式内部，

① 《资本论》第 1 卷，人民出版社 2004 年版，第 47 页。
② 《马克思恩格斯全集》第 32 卷，人民出版社 1998 年版，第 42 页。
③ 《马克思恩格斯全集》第 32 卷，人民出版社 1998 年版，第 332 页。
④ 《马克思恩格斯全集》第 32 卷，人民出版社 1998 年版，第 76 页。
⑤ 《资本论》第 1 卷，人民出版社 2004 年版，第 75 页。
⑥ 《马克思恩格斯全集》第 31 卷，人民出版社 1998 年版，第 370 页。

简单流通本身只是作为资本的前提和以资本为前提而存在的。”① 可见，这里的简单流通，正是资产阶级生产方式内部的“简单流通”。

基于上述认识，马克思强调：“就简单流通本身来考察”时表现为简单的商品生产及交换的生产，“如果分析一下特殊的分工形式、作为分工基础的生产条件、这种条件所导致的社会成员的经济关系，那就会看出，要使交换价值在社会表面上表现为简单的出发点，而在简单流通中所呈现出来的那种交换过程表现为简单的、但囊括整个生产和消费的社会物质变换，就要以资产阶级生产的整个体系作为前提。”“要使个人作为发生简单买卖关系的自由私人生产者在流通过程中相对立，作为流通过程的独立主体发挥作用，已经要以另外的更为复杂的并且同个人的自由和独立或多或少发生冲突的生产关系即他们的经济关系作为前提。”② 因此，基于简单流通的“简单商品生产”背后的分工等条件，“既不是从个人的意志，也不是从个人的直接本性中产生的，而是从那些使个人已成为社会的个人，成为由社会规定的个人的历史条件和关系中产生的”③。并且，劳动者“对自己劳动成果的所有权”“是建立在交换价值这种支配着生产关系和交换关系的总和的经济关系的前提上的，因而它本身是资产阶级社会即发达的交换价值的社会的历史产物”。④ 正因为如此，马克思指出：在全面的社会依赖条件下，“个人作为私人进行生产”，“采取一种社会特性的形态”，同时被“看作需要的某种特殊体系和社会活动的某种特殊部门的实现”。⑤ 简单流通体现的所有权、自由、平等的三位一体，“作为纯粹的观念……是交换价值过程的各种要素的一种理想化表现”，这“只是在现代的资产阶级社会中才得到实现”。⑥ 因为这些特性仅仅是资本的属性，是建立在“通过自己的劳动进行占有”的“规律”基础上的“资产阶级自由和平等的王国”。⑦ 而体现为“自由、平等和以‘劳动’为基础

① 《马克思恩格斯全集》第 31 卷，人民出版社 1998 年版，第 398 页。
② 《马克思恩格斯全集》第 31 卷，人民出版社 1998 年版，第 353 页。
③ 《马克思恩格斯全集》第 31 卷，人民出版社 1998 年版，第 351 页。
④ 《马克思恩格斯全集》第 31 卷，人民出版社 1998 年版，第 349 页。
⑤ 《马克思恩格斯全集》第 31 卷，人民出版社 1998 年版，第 356—357 页。
⑥ 《马克思恩格斯全集》第 31 卷，人民出版社 1998 年版，第 362 页。
⑦ 《马克思恩格斯全集》第 31 卷，人民出版社 1998 年版，第 607 页。

的所有制王国”的“这种简单流通本身”，“是资产阶级社会的表面”。[①]通过商品形式所阐明的，正是“资产阶级生产的特殊社会的，而决不是绝对的性质”[②]。

除了上述内容之外，马克思关于《资本论》开篇的其他一些重要论述，同样是把这里的商品货币关系看成资本主义商品生产的反映。在《经济学手稿（1857—1858 年）》的“货币章”中，马克思指出：“一切产品和活动转化为交换价值，既要以生产中人的（历史的）一切固定的依赖关系的解体为前提，又要以生产者互相间的全面的依赖为前提”，“价格越来越由生产费用决定，交换延及一切生产关系，这些只有在资产阶级社会里，自由竞争的社会里，才得到充分发展，并且发展得越来越充分”[③]。在《资本论》开篇中，简单交换关系正体现了：价格（价值）由生产费用决定，交换渗入一切生产关系，基于普遍分工的全面依赖关系等。这种充分发展了的典型状态，只有在当时资本主义最发达的英国才可能是接近现实的。类似的说法是：“发达的价格规定的前提：个人不是直接生产自己的生存资料，他的直接产品是交换价值，因此必须通过某种社会过程的中介才能成为他的生活资料”，这种状态是工业社会得到充分发展的状态，它“和家长制状态之间，存在着许多中间阶段，有无数的色层”[④]。这种状态之所以在工业社会才得到充分发展，是因为把一切商品作为价格来规定，以经常的交换为前提，以商品经常作为交换价值来比较为前提[⑤]；并且，被设定为交换价值的产品被看作是一种关系，而且这种关系是一般的关系。[⑥] 马克思在这里又指出：“货币作为发达的生产要素，只能存在于雇佣劳动存在的地方……作为一般财富的物质代表，作为个体化的交换价值，货币必须直接是一般劳动即一切个人劳动的对象、目的和产物。劳动必须直接生产交换价值，也就是说，必须直

---

① 《马克思恩格斯〈资本论〉书信集》，人民出版社 1976 年版，第 134—135 页。

② 《马克思恩格斯〈资本论〉书信集》，人民出版社 1976 年版，第 149 页。

③ 《马克思恩格斯全集》第 30 卷，人民出版社 1995 年版，第 105—106 页。

④ 《马克思恩格斯全集》第 30 卷，人民出版社 1995 年版，第 143 页。

⑤ 《马克思恩格斯全集》第 30 卷，人民出版社 1995 年版，第 155 页。

⑥ 《马克思恩格斯全集》第 30 卷，人民出版社 1995 年版，第 156 页。

接生产货币，因此，劳动必须是雇佣劳动。”[①] 这里的“雇佣劳动”，一般指的是与资本相对立的劳动。因为在马克思看来，资产阶级前的各种关系解体时期出现的一些自由短工，即便受雇于人，也不是真正的雇佣劳动者。[②] 当然，即便在资本主义时代，也存在黑奴制这样的非雇佣劳动，但这是以“实行雇佣劳动的其他自由国家”的存在为前提，否则，实行黑奴制的国家“就会立刻转变为文明前的形式”。[③] 这些材料都以“发达的”商品生产为前提，似乎不能用来说明“简单商品生产”。然而，马克思恰恰是在“货币章”阐述这些思想的，因此，它们直接属于《资本论》开篇的范围，与《资本论》逻辑起点是息息相关的。

在“资本章”中，马克思指出：“交换价值的交换是一切平等和自由的生产的、现实的基础。作为纯粹观念，平等和自由仅仅是交换价值的交换的一种理想化的表现；作为在法律的、政治的、社会的关系上的发展了的东西，平等和自由不过是另一次方上的这种基础而已……（现代意义上的——引者注）平等和自由所要求的生产关系，在古代世界还没有实现，在中世纪也没有实现。”[④] 这说明，《资本论》开篇中的平等、自由的简单交换关系既是资本主义生产的基础，又是与资本主义生产关系相适应的。马克思还指出：“在理论上，价值概念先于资本概念，而另一方面，价值概念的纯粹的发展，又要以建立在资本上的生产方式为前提，同样，在实践上也是这种情况。”“价值规定本身要以社会生产方式的一定历史阶段为前提，而它本身就是和这种历史阶段一起产生的关系，从而是一种历史的关系。”[⑤] 这就把开篇中的价值规定看成资本主义生产的特有的规定。马克思甚至直截了当地指出：“价值概念完全属于现代经济学，因为它是资本本身的和以资本为基础的生产的最抽象的表现。价值概念泄露了资本的秘密。”[⑥] 他还强调：任何一个资产阶级的经济范畴如

① 《马克思恩格斯全集》第 30 卷，人民出版社 1995 年版，第 175—176 页。
② 《马克思恩格斯全集》第 30 卷，人民出版社 1995 年版，第 458 页。
③ 《马克思恩格斯全集》第 30 卷，人民出版社 1995 年版，第 177 页。
④ 《马克思恩格斯全集》第 30 卷，人民出版社 1995 年版，第 199—200 页。
⑤ 《马克思恩格斯全集》第 30 卷，人民出版社 1995 年版，第 207 页。
⑥ 《马克思恩格斯全集》第 31 卷，人民出版社 1998 年版，第 180 页。

价值，要成为实际的东西，“都不能不通过自由竞争”[①]；“价值由纯粹的劳动时间决定，这只能在资本生产的基础上，也就是说，在两个阶级分离的基础上发生。”[②] 基于价值规定的这种理解，在马克思看来，即便是个别价值形式，“也包含着萌芽状态中的劳动产品的一切资产阶级形式的全部秘密”[③]。

前文的分析表明，《资本论》开篇的商品货币关系，正是资本主义社会这一生命有机体的生产关系的特殊表现形式，其一般规定是从属资本的“一般概念”。但另一方面，这里的表现形式又是抽象的形式，“一般”的形式，因而在一定意义上又是非现实的形式。这对于“现存的资产阶级社会的总体”来说，“商品表现为价格以及商品的流通等等，只是表面的过程，而在这一过程的背后，在深处，进行的完全是不同的另一些过程，在这些过程中个人之间表面上的平等和自由就消失了”[④]。这种“纯粹的抽象”，“在现实中却是以各种最深刻的对立为中介的”。[⑤] 在资本主义社会的现实中，简单交换中价值规律的自发作用最终“成了纯粹的假象”[⑥]。人们作为“一般交换者之间的平等和自由的关系”，成了“骗人的表面现象”。[⑦] 这是因为，“这种等价物的交换”虽然存在，却仅仅是“建立在不通过交换却又在交换假象的掩盖下占有他人劳动的基础上”的“一种生产的表层而已”。[⑧] 为此，马克思明确指出，资本主义社会的所有权关系或规律可区分为两条：一是对自己劳动产品拥有所有权的规律；二是工人并不占有自己的劳动产品，他人的劳动表现为资本的财产。用第一条规律说明第二条规律（关系），是不明白或不承认资本主义生产的本质。[⑨]

① 《马克思恩格斯全集》第 31 卷，人民出版社 1998 年版，第 43 页。
② 《马克思恩格斯全集》第 31 卷，人民出版社 1998 年版，第 225 页。
③ 《马克思恩格斯〈资本论〉书信集》，人民出版社 1976 年版，第 216 页。
④ 《马克思恩格斯全集》第 30 卷，人民出版社 1995 年版，第 202 页。
⑤ 《马克思恩格斯全集》第 30 卷，人民出版社 1995 年版，第 203 页。
⑥ 《马克思恩格斯全集》第 30 卷，人民出版社 1995 年版，第 450 页。
⑦ 《马克思恩格斯全集》第 30 卷，人民出版社 1995 年版，第 457 页。
⑧ 《马克思恩格斯全集》第 30 卷，人民出版社 1995 年版，第 505 页。
⑨ 《马克思恩格斯全集》第 30 卷，人民出版社 1995 年版，第 463 页。

2. 作为一般规定来看，《资本论》开篇的商品货币关系必然包含历史的简单商品生产及其交换，但这里的规定又是非历史的，这里展现出来的理论认识依然基于资本主义商品生产。

马克思指出："社会生产过程按其广度和深度来说，还远没有为交换价值所控制，商品生产和商品流通仍然能够产生。产品要表现为商品，需要社会内部的分工发展到这样的程度：在直接的物物交换中开始的使用价值和交换价值的分离已经完成。"[①] 对于货币来说，它的不同职能的显现属于极不相同的历史阶段，但是，"根据经验，不很发达的商品流通就足以促成所有这些形式的形成"[②]。基于这样的认识，他进而强调："独立劳动的所有者彼此交换的状态是存在的。但这种状态不是资本已经得到发展的社会状态，因而这种社会状态到处都因资本的发展而被消灭"[③]。当然，像美国那样特殊的国情，在一定时期和某些地区，能够"在资本的基础上再生产了以前的生产方式和所有权方式（例如，独立的农民的生产方式和所有权方式）"[④]。但在马克思看来，这只是资本主义不发达的表现，因而是雇佣劳动发展的前奏。这些思想似乎表明，独立劳动的所有者彼此交换的状态，应当是资本主义得到充分发展之前的一种状态。另一方面，马克思还指出："在简单流通本身中……所有权还只是表现为通过劳动占有劳动产品，以及通过自己的劳动占有他人劳动的产品……在交换价值进一步的发展中，这种情况发生了变化，并且最终表明，对自己劳动产品的私人所有权也就是劳动和所有权的分离。"[⑤] 这也似乎表明，马克思按历史顺序把等价交换和资本主义占有规律当成不同历史时期的"规律"。

单从历史和现实的层面看，这些看法似乎是合理的，因此，《资本论》开篇的商品货币关系似乎可以理解为历史上简单商品生产的反映。但是，从马克思特定的思想方法看，把《资本论》开篇中的简单交换看

---

① 《资本论》第1卷，人民出版社2004年版，第192—198页。
② 《资本论》第1卷，人民出版社2004年版，第198页。
③ 《马克思恩格斯全集》第30卷，人民出版社1995年版，第249页。
④ 《马克思恩格斯全集》第30卷，人民出版社1995年版，第581页。
⑤ 《马克思恩格斯全集》第30卷，人民出版社1995年版，第192页。

成前资本主义时期的简单商品交换及其生产，便显得有些过于“单纯”了。这涉及逻辑与历史的关系问题。关于马克思的思想方法与《资本论》逻辑起点的关系，将在后文进一步加以讨论。这里需要指出的是，马克思虽然强调逻辑进程与历史进程相符合，但在他那里，逻辑进程绝不是简单地对历史进程所做的简化和总结，不是基于通常意义的历史研究得出的抽象的历史联系。关于这一点，马克思关于商品价值形式的分析能够很好地得到说明。

按照马克思的说法，价值形式是《资本论》中最难部分的难点所在。而要把握这样一个貌似简单的问题，仅仅了解货币史是根本不行的。只有对资本主义生产关系具有深刻的理解，才能解开隐含在货币中的这一古老而又现代的问题。马克思指出，“劳动产品分裂为有用物和价值物，实际上只是发生在交换已经十分广泛和十分重要的时候”①；私人劳动不断地化为它们的社会的比例尺度，“要有充分发达的商品生产，才能从经验本身得出科学的认识”②。这是因为，有了一般等价物，劳动产品才“作为价值，从而作为商品彼此发生关系”，否则，交换双方“只是作为产品或使用价值彼此对立着”。③ 而“价值表现为一种抽象，这只有在货币已经确立的时候才是可能的”，并且，“只有在资本的基础上才能得到充分发展”。④ 也就是说，在交换很少的情况下，“商品还没有发展为交换价值”⑤。作为物物交换，“产品只自在地是交换价值”，因为用于交换的产品乃至交换本身，还“或多或少是多余的”。⑥ 事实上，即便有了一般等价物，就作为一般人类劳动来说，也只有在相对的意义上商品才是按“征兆性”价值（真正的价值规定以资本主义的雇佣劳动、生产性劳动为基础）进行交换的，因为这时的交换还处于狭隘的范围，生产产品的劳动所具有的一般人类劳动性质总是近似的，并且存在各种显著的地域性差异。而且，随着一般等价物和货币的形成，商人阶层也就随之发展起

---

① 《资本论》第1卷，人民出版社2004年版，第90页。
② 《资本论》第1卷，人民出版社2004年版，第92页。
③ 《资本论》第1卷，人民出版社2004年版，第104页。
④ 《马克思恩格斯全集》第31卷，人民出版社1998年版，第180页。
⑤ 《马克思恩格斯全集》第30卷，人民出版社1995年版，第143页。
⑥ 《马克思恩格斯全集》第30卷，人民出版社1995年版，第156页。

来，从这时以商人为媒介的交换活动来看，他们始终遵循的是贱买贵卖的规律。对此，马克思明确指出："只要商业资本是对不发达的共同体的产品交换起中介作用，商业利润就不仅表现为侵占和欺诈，而且大部分是从侵占和欺诈中产生的。"① 除了欺诈之外，这种建立在侵占基础上的交换之所以成为可能，只是因为提供剩余产品的共同体基本上还是生产使用价值，对于他们来说，"产品按照其价值的出售，还居于次要的地位"②。也就是说，在商业资本从属于产业资本之前，它所从事的简单商品交换不可能是等价交换，因为他的财产"表现为与价值概念相矛盾的东西"③。总之，无论是个体生产者之间的交换，还是以商人为媒介的交换，无论是物物交换，还是有了一般等价物乃至货币的交换，历史上前资本主义的交换关系都不能成为价值形式分析的基础。或者说，通常的历史分析只能理解交换方式的形式上的发展，不能真正理解具有一般意义的内容规定。也许正因为考虑到这些情况，马克思委婉地拒绝了恩格斯就价值形式的论述加强历史论证的建议。④

应当说，马克思关于价值形式的认识主要是通过对资本主义社会这一有机体的商品生产的剖析获得的。如果考虑到商品交换有了发展的任何社会，个体生产者之间的交换都处于从属性的、补充性的地位，并且是狭隘范围内的不连续的交换，而商人阶层承担着商品流通的主要作用，且在一定程度上规定着个体生产者之间的交换比例，那么，我们便有理由主要通过商人的媒介活动来考察不同历史阶段的交易行为。从商人的交换活动看，只有在资本主义商品生产时代，由于它从属于产业资本，从产业资本的剩余价值中分享利润，其交换活动才有可能把贱买贵卖的商业"规律"与等价交换原则统一起来。因此，如果不理解资本主义商品生产的内在关系，也就不可能理解前资本主义时代的商业活动中隐含着的征兆性的本质规定，也就不可能对价值形式有科学的认识。对于这一点，马克思本人是有所交代的。他指出："价值规定只是资产阶级的财

① 《资本论》第3卷，人民出版社2004年版，第368页。
② 《资本论》第3卷，人民出版社2004年版，第369页。
③ 《马克思恩格斯全集》第48卷，人民出版社1985年版，第360页。
④ 《马克思恩格斯〈资本论〉书信集》，人民出版社1976年版，第213—214、215—216页。

富的最抽象的形式。这种规定本身就已经假定：(1) 原始共产主义的解体（如印度等）；(2) 一切不发达的资产阶级前的生产方式（在这种生产方式中，交换还没有完全占支配地位）的解体。虽然这是一种抽象，但它是历史的抽象，它只是在一定的社会经济发展的基础上才能产生出来。”[①] 因此，理解价值规定不仅不能以“比较具体的经济规定”为出发点，也不能“以比较不发达的生产关系为出发点”[②]。他又指出，“只要理解了货币的起源在于商品本身，货币分析上的主要困难就克服了……在这个前提下，问题只在于清楚地理解货币所固有的形式规定性”[③]。既然理解货币的关键在于商品的价值规定，而商品及其价值规定又是资本主义社会这一特定历史时代的抽象，那么，对价值形式的具有一般意义的内在规定的认识，自然是基于资本主义社会这一有机体的商品生产。马克思从历史分析中得到的仅仅是对货币的外在形式发展的认识。我们对价值形式的这种理解对于《资本论》开篇中的商品和货币是适用的，并且是以它们为基础的。总之，正如马克思自己所说，他“对人类生活形式的思考，从而对这些形式的科学分析，总是采取同实际发展相反的道路。这种思索是从事后开始的……是从发展过程的完成的结果开始的”[④]。马克思对价值形式的分析有力地印证了这一思想。

当然，马克思对价值形式的具体分析自然也包含着历史因素。他曾经指出：简单价值形式“实际上只是在最初的交换阶段，也就是在劳动产品通过偶然的、间或交换而转化为商品的阶段出现”，“扩大的价值形式，事实上是在某种劳动产品例如牲畜不再是偶然地而已经是经常地同其他不同的商品交换的时候，才出现”。[⑤] 这些属于马克思提到的对货币自身固有的形式的认识当然属于历史的分析。但是，我们必须指出，在马克思那里，历史的分析方法仅仅是从属性的、补充性的。因此，马克思往往不拘泥于历史的顺序，“在经验的材料中‘以罕见的自由运动

① 《马克思恩格斯〈资本论〉书信集》，人民出版社 1976 年版，第 132 页。
② 《马克思恩格斯〈资本论〉书信集》，人民出版社 1976 年版，第 132 页。
③ 《马克思恩格斯全集》第 31 卷，人民出版社 1998 年版，第 458 页。
④ 《资本论》第 1 卷，人民出版社 2004 年版，第 93 页。
⑤ 《资本论》第 1 卷，人民出版社 2004 年版，第 82 页。

着'"[①]，历史材料是按作为研究对象的特定有机体的内在结构来利用的。

从价值形式这个特定的重要的例子来看，它的单纯的形式发展虽然与历史相符合，马克思的分析也包含一定的历史分析，但它的内在规定绝不能以历史分析为基础、为起点，没有商业资本从属于产业资本这个前提，没有基于资本主义生产的贱买贵买规律与等价交换原则的统一，以及对这种内在统一的认识，其内在规定性是不可能得到揭示的。

另外，那种把历史上商品生产的抽象共同点当作一般，把这种一般当作《资本论》的逻辑起点，也是值得商榷的，因为这种观点直接与马克思的思想方法相违背。在他那里，"一般"规定的获得与独特的思想方法相联系，不同于抽象思维方式单纯基于形式逻辑得到的抽象认识。马克思指出，"劳动产品的价值形式是资产阶级生产方式的最抽象的、但也是最一般的形式"[②]；商品形式在资本主义社会"是资产阶级生产的最一般的最不发达的形式……从而是典型的形式"[③]。这里说的"一般"具有这么两层含义：一是作为研究对象的有机体处于最发达的、最典型的状态；二是对作为特定研究对象的有机体的研究，设定了严格的考察条件，是在类似于科学实验室的最纯粹的状态得出的最基本的形式规定。商品形式被看作最"一般"的形式，是就资本主义商品生产总体而言；商品形式被看作"最不发达"的形式，则是就资本的存在形式而言。从"一般"的特有内涵出发，马克思指出："资本一般"虽表现为一种抽象，但"不是任意抽象"，"与各特殊的现实的资本相区别的资本一般，本身是一种现实的存在"，这种现实的存在，突出地表现为银行资本或货币资本。[④]这是因为，发达资本主义社会的货币资本是一种最发达的、最典型的资本。这里关于"一般"的思想，对于商品、货币的"一般"同样是适用的。总之，在马克思看来，"一般的东西，一方面只是思维中的特征，同时也是一种同特殊事物和个别事物的形式并存的、特殊的现实形式"[⑤]。

① 《马克思恩格斯〈资本论〉书信集》，人民出版社1976年版，第311页。
② 《资本论》第1卷，人民出版社2004年版，第99页。
③ 《资本论》第1卷，人民出版社2004年版，第100—101页。
④ 《马克思恩格斯全集》第30卷，人民出版社1995年版，第440页。
⑤ 《马克思恩格斯全集》第30卷，人民出版社1995年版，第441页。

可见，马克思所说的“一般”与抽象唯物主义从苹果、核桃等具体果实中抽象出来的抽象的“果实”有着本质区别。它是科学家在纯粹状态下通过对特定对象的研究得到的关于对象的最基本认识，它尽管包含特定的生产关系取得支配地位之前的一些历史因素，反映着不同历史阶段同一研究对象的“共性”，但它对历史因素的认识只是基于“人体”这一特定研究对象对“猴体”进行的反思的认识。就此而言，马克思所说的从一般、特殊到个别的认识模式，与从本质到现象，或者从抽象上升到具体，具有同等的意义。因此，《资本论》开篇中的商品货币关系虽是“一般”的认识，它的具体的现实出发点只能是资本主义社会这一有机体的商品生产，并且是通过对这一有机体的发达的典型的现实存在的科学研究中得到的“一般”性认识。它虽然也表现为历史的简单商品生产和资本主义商品生产的共性，却并不把这种共性作为研究的出发点。马克思在阐述商品一般、货币一般时，作为特定研究对象的资本主义社会这一有机体的发达的生产关系始终是在他的眼前浮现着的。

这种“一般”的规定表明，马克思运用自己独特的方法对于资本主义社会这一有机体的商品生产进行剖析得到的一般规定，如商品、货币、劳动等规定，首先是资本主义商品生产的反映；而另一方面，它们也有各自独立发生的历史，因而能够在一定意义上超越特定的研究对象。因此，马克思指出：商品的价值形式及其价值量的规定“属于生产过程支配人而人还没有支配生产过程的那种社会状态”①，也就是说，它们在商品货币关系消失以前的一切历史阶段都是不同程度地存在的。马克思还指出，“一种社会生产关系表现为一个存在于个人之外的物”这种属性，“是生产交换价值的劳动的一切社会形式的特点”。② 不过，这种超越特定研究对象的一般性，不能理解为从历史发展过程中抽象、总结出来的超越不同社会形态的商品生产的“共同性”。这是因为，从严格的理论内涵来看，这种一般规定又具有非历史性，它的内在规定能够获得超出研究对象之外的意义，主要是基于特定研究对象的认识以反思的方式获得的。

① 《资本论》第 1 卷，人民出版社 2004 年版，第 99 页。

② 《马克思恩格斯全集》第 31 卷，人民出版社 1998 年版，第 442 页。

例如物物交换，依照“一般”性认识，它“具有简单价值表现形式”，而事实上，它又“不具有这种形式”。[①] 如果深入考察的话，历史上存在过的物物交换，特别是人类早期的交换是偶然的，交换比例由交换双方的意志决定。可见，历史上的物物交换还不具有简单价值表现形式，只有交换比例大致按一定范围内人们感觉到的劳动耗费成为相对稳定的比例时，才有可能在某种程度上成为简单价值表现形式，而这时往往已经存在一般等价物。

我们的分析表明，《资本论》开篇中的商品货币关系以资本主义商品生产为现实基础，其内涵是资本主义商品生产的反映；而另一方面，它又包含历史的简单商品生产及其交换的因素。那么，这两者的关系应该如何把握呢？对此，马克思在写作经济学手稿的过程中有过一定程度的交代。他强调：“从资本主义生产中产生的商品与作为资本主义生产的元素的商品，作为资本主义生产前提的商品，是有不同规定的。”[②] 因为作为资本主义中产生的商品，“是资本总价值加上剩余价值的承担者”，且表现为成批的量，因而价值的实现“决不能通过各单个商品或一部分单个商品按自己的价值出售来达到的”。[③] 作为资本主义生产出发点的元素前提，商品和货币一样，在一定意义上“是资本主义生产方式的历史前提”，就此而言，《资本论》的叙述方式“是同资本的历史发展相一致的”。[④] 而与此同时，马克思又强调，“如果我们考察发达的资本主义生产的社会……商品既表现为资本的经常的元素前提，又表现为资本主义生产过程的直接结果”[⑤]。还强调，“在资本主义生产方式的基础上，甚至连属于过去生产时期的经济范畴，也获得了各种特殊的历史的性质”[⑥]。可见，这里的简单商品虽然具有资本发展的历史前提的表现形式，又是被赋予了资本主义社会的特殊历史性质的，因而能够以简单商品的形式反映资本主义生产的一般规定。这与《〈政治经济学批判〉导言》的基本思

① 《资本论》第 1 卷，人民出版社 2004 年版，第 106 页。
② 《马克思恩格斯文集》第 8 卷，人民出版社 2009 年版，第 431 页。
③ 《马克思恩格斯文集》第 8 卷，人民出版社 2009 年版，第 432 页。
④ 《马克思恩格斯文集》第 8 卷，人民出版社 2009 年版，第 423、424 页。
⑤ 《马克思恩格斯文集》第 8 卷，人民出版社 2009 年版，第 424 页。
⑥ 《马克思恩格斯文集》第 8 卷，人民出版社 2009 年版，第 427 页。

想是非常吻合的。

二、政治经济学批判和《资本论》逻辑起点

马克思的目标并不是成为通常意义的经济学家，对于资本主义社会中的经济发展、市场作用机制、经营管理等具体的“现实”经济问题，单就问题本身而言，他是不感兴趣的。对以往的政治经济学的批判，是其最重要的任务之一。因此，对《资本论》逻辑起点的研究必须联系这一问题。在这里，我们将通过分析“政治经济学批判”这一主题的展开过程、《经济学手稿（1857—1858年）》的内在矛盾及其外化来阐明《资本论》开篇与资本主义生产的内在联系，以及它在“艺术的批判”过程中所具有的关键地位。

从马克思进行的理论批判来看，除了理论前提“更着重一些”[①] 之外，他还着重于对批判对象的思想方法及其内在逻辑的批判，他对资产阶级政治经济学的批判也是从这两个方面展开的。马克思在《1844年经济学哲学手稿》中指出：“国民经济学从私有财产的事实出发”，“没有给我们说明这个事实”；它把劳动力与资本、地产的分离等“应当加以阐明的东西当作前提”；“把应当加以推论的东西即两个事实之间的例如分工和交换之间的必然联系，假定为事实”。[②] 他又指出：国民经济学把私有财产在现实中经历的物质过程，“放进一般的抽象公式，然后把这些公式当作规律”，却又不理解“这些规律怎样从私有财产的本质中产生出来”；把竞争当外部情况来说明，不能阐明它“在多大程度上仅仅是一种必然的发展过程的表现”，自利者的竞争被看成是仅有的车轮；“当他想说明什么的时候，总是置身于一种虚构的原始状态”。[③] 这表明，早在1844年，马克思已明确了批判国民经济学的方向。不过，1844年手稿似乎还没有对国民经济学的内在逻辑进行深入的批判，批判的重点侧重在他所

① 《马克思恩格斯〈资本论〉书信集》，人民出版社1976年版，第5页。
② 马克思：《1844年经济学哲学手稿》，人民出版社2000年版，第50、51页。
③ 马克思：《1844年经济学哲学手稿》，人民出版社2000年版，第50、51页。

指出的那些被当作前提的“事实”，意在揭示这些“事实”的生成和本质联系。总之，这里的批判集中表现为对国民经济学“前提”的批判。

在《哲学的贫困》中，马克思对蒲鲁东的主观的抽象思维方式进行了批判。他指出：蒲鲁东把供给和效用等“建立在空洞的抽象概念之上”，[①] 把分工、交换的产生说成是某个鲁滨逊的“建议”和人们自愿接受“建议”的结果，把使用价值和交换价值的对立，看成是由“人的自由意志引起”，[②] 把一切生产者化为唯一的生产者，把一切消费者化为唯一的消费者；并且，蒲鲁东撇开产品价值的实际运动，“把构成价值当做出发点，用它来构成一个新的社会世界”，“完全凭任意的假设”重新表述李嘉图已经阐明的东西。[③] 在马克思看来，蒲鲁东的思想方法仅仅是经济学家们依靠“无人身的理性”进行抽象思维的继续。[④] 除了抽象的思维方法这样的基础性问题之外，马克思尤其对蒲鲁东基于“构成价值”在供求均衡的条件下考察个体生产者的商品生产和交换进行了着重的批判。他强调：“完全构成了的‘比例性关系’是不存在的，只有构成这种关系的运动。”[⑤] 因此，供求均衡、按比例生产，在市场条件下是不可能达到的，技术进步、市场竞争都会打破这种均衡。他认为，蒲鲁东由此出发，只能是空想；并且，“好心肠的资产者和仁慈的经济学家都喜欢表示这种天真的愿望”。[⑥] 在马克思看来，那种供求之间的正确比例，只有在生产资料有限、交换在极其狭隘范围内进行的时候才可能存在，因此，谁想要在现代资本主义生产基础上恢复那种均衡的生产，“谁就是反动者”。[⑦] 马克思认为，蒲鲁东幻想“把一切人都变成交换同等劳动量的直接生产者”，表明他“对政治经济学一窍不通”。[⑧] 因为这种思想只是对李嘉图的劳动价值论的平均主义的运用，这种状态不可能具有稳定性，它的发展

---

① 《马克思恩格斯全集》第 4 卷，人民出版社 1958 年版，第 85 页。
② 《马克思恩格斯全集》第 4 卷，人民出版社 1958 年版，第 86 页。
③ 《马克思恩格斯全集》第 4 卷，人民出版社 1958 年版，第 93 页。
④ 《马克思恩格斯全集》第 4 卷，人民出版社 1958 年版，第 139—143 页。
⑤ 《马克思恩格斯全集》第 4 卷，人民出版社 1958 年版，第 106 页。
⑥ 《马克思恩格斯全集》第 4 卷，人民出版社 1958 年版，第 108 页。
⑦ 《马克思恩格斯全集》第 4 卷，人民出版社 1958 年版，第 109 页。
⑧ 《马克思恩格斯全集》第 4 卷，人民出版社 1958 年版，第 110 页。

必然导致自我否定。这里值得一提的是，稍早发表的“反克利盖公告”中，也对类似的思想进行了批判。它强调：每家拥有 160 英亩土地，人们自主劳动、相互交换的小私有王国是不能长久的，“把一切人变成私有者”这种梦想，“就像把一切人变成帝王和教皇一样，既无法实现，也不是共产主义的”。[①] 可见，这种批判是对“真正的社会主义”的批判的一部分。

在《经济学手稿（1857—1858 年）》中，经济学的内容已经较为充分地展开了，马克思经济学的主要理论创新也已初具雏形。它用剩余价值一般来阐述资本所结“果实”，从而“推翻了迄今存在的全部利润学说”；[②] 劳动力价值与其特殊的使用价值的关系得到了说明，仅仅是术语的使用尚不准确。但另一方面，这部经济学手稿又是在《哲学的贫困》这一著作的核心思想的指导下完成的，还具有直接批判的一面。这表现在以下方面：首要的一个方面便是对蒲鲁东主义的批判贯穿全书，特别是在开篇的“货币章”，整个第一部分（共两大部分，第一部分的篇幅超过 60%）都是围绕着对蒲鲁东主义的“劳动货币”的批判展开的。马克思指出：按蒲鲁东主义者的设想，“商品的货币价格＝商品的实际价值；需求＝供给；生产＝消费……这样一来，每个商品直接转化为货币，而金和银则下降到其他一切商品的等级”，这样，“资产阶级生产的一切危机，一切弊病都消除了”。[③] 在马克思看来，这只能是小资产阶级社会主义的空想，因为蒲鲁东主义的这种要求“是对建立在交换价值上的生产关系的整个基础的否定”。[④] 这些前提如果实现，那么，“归根到底是按比例的生产”[⑤]，而不是以交换价值为基础的资本主义生产。在另一些场合，马克思还指出：蒲鲁东主义“关于公平和正义的空谈，归结起来不过是要用适应于简单交换的所有权关系或法的关系作为尺度，来衡量交换价值的更高发展阶段上的所有权关系和法的关系”[⑥]。这表明，蒲鲁东主义者把简单商品生产及交换的形式当成消除了弊病的资本主义生产的理想

① 《马克思恩格斯全集》第 4 卷，人民出版社 1958 年版，第 12 页。
② 《马克思恩格斯〈资本论〉书信集》，人民出版社 1976 年版，第 121 页。
③ 《马克思恩格斯全集》第 30 卷，人民出版社 1995 年版，第 86 页。
④ 《马克思恩格斯全集》第 31 卷，人民出版社 1998 年版，第 200 页。
⑤ 《马克思恩格斯全集》第 30 卷，人民出版社 1995 年版，第 102 页。
⑥ 《马克思恩格斯全集》第 30 卷，人民出版社 1995 年版，第 279 页。

状态或“社会主义”状态。另一方面，马克思突出地批判了经济学家等求助于“简单的货币关系，来为现存的经济关系辩护”[①]。这是因为，在简单的货币关系或交换关系中，资本主义生产的“对立表现消失不见”[②]了。在这方面，李嘉图成了马克思的主要批判对象。在马克思看来，李嘉图的主要成就是，将劳动决定价值的观点贯彻到底，摒弃了亚当·斯密关于商品价值为其能购买的劳动量的观点；把工资、利润、地租理解为相互对立的关系。但是，李嘉图以竞争为假想的前提，把资本等同于抽象的劳动资料，用简单的商品交换及其生产说明资本主义的现实，甚至认为简单交换关系上的价值规定“不会由于资本的积累——即资本的存在——而有所改变”[③]，因而他从来没有简单交换规律转化为资本主义的占有规律的预感，并且这是他“不感兴趣的”[④]。因此，他不理解劳动力的特殊使用价值，不理解资本主义的剩余价值的生产。他不是从剩余劳动的创造中引申出它的组成部分，而是“从一定量劳动的各个份额中引申出来”[⑤]，把它仅仅看作一个分配问题。这样，他也就不可能理解剩余价值与利润的差异。为此，马克思认为，马尔萨斯等人所持的要素价值论“其根源在于李嘉图自己的阐述有根本缺点”[⑥]，并且，李嘉图本人也“部分地”认同“资本的一切部分都在同样程度上带来利润”[⑦]。马克思还指责李嘉图假定产品交换“按照它们所包含的对象化劳动量进行”，认为这样一来，便“把交换本身完全撇在一边不管”。[⑧] 综观这些批评意见，其重点正是李嘉图用供求均衡条件下的简单交换关系理解资本主义的现实关系。这种批评在《政治经济学批判》第一分册第二章初稿片段和第三章开头部分中，则集中体现为对法国社会主义者巴师夏、凯里的批判。[⑨] 另外，还散见于对麦克库洛赫、萨伊、穆勒、马尔萨斯等人的评

① 《马克思恩格斯全集》第 30 卷，人民出版社 1995 年版，第 195 页。
② 《马克思恩格斯全集》第 30 卷，人民出版社 1995 年版，第 203 页。
③ 《马克思恩格斯全集》第 30 卷，人民出版社 1995 年版，第 552 页。
④ 《马克思恩格斯全集》第 30 卷，人民出版社 1995 年版，第 558 页。
⑤ 《马克思恩格斯全集》第 30 卷，人民出版社 1995 年版，第 553 页。
⑥ 《马克思恩格斯全集》第 30 卷，人民出版社 1995 年版，第 549 页。
⑦ 《马克思恩格斯全集》第 31 卷，人民出版社 1998 年版，第 120 页。
⑧ 《马克思恩格斯全集》第 30 卷，人民出版社 1995 年版，第 295 页。
⑨ 《马克思恩格斯全集》第 31 卷，人民出版社 1998 年版，第 363—365 页。

论中。总之，在马克思看来，国民经济学的很多错误都根源于有意无意地在简单交换关系中找出路，以及以此为基础的抽象思维方式。基于这种认识，他在《资本论》中明确指出："经济学辩护论的方法有两个特征。第一，简单地抽去商品流通和直接的产品交换之间的区别，把二者等同起来。第二，企图把资本主义生产当事人之间的关系，归结为商品流通所产生的简单关系，从而否认资本主义生产过程的矛盾。但商品生产和商品流通是极不相同的生产方式都具有的现象，尽管他们在范围和作用方面各不相同。因此，只知道这些生产方式所共有的、抽象的商品流通的范畴，还是根本不能了解这些生产方式的本质区别，也不能对这些生产方式作出判断。"[①] 这是马克思在引述《政治经济学批判》时进一步阐发的思想。

当我们进一步探索时便会发现，马克思阐述经济理论的思路在 1858 年前后经历了重要的转变。在《政治经济学批判（第一分册）》特别是在《资本论》定稿的开篇中，马克思事实上是在广泛分工、全面的社会依赖、独立的商品生产、发达的以个人为主体的市场交换、供求均衡等条件下，阐明商品的价值规定和货币规定的，而此前马克思对这种条件设定是着力加以批判的。因此，如果孤立地看待《资本论》的开篇，马克思似乎前后"矛盾"，并且完全和他所批判的国民经济学家一样，把简单商品生产和资本主义生产混淆起来。而事实上，这种"矛盾"反映了两种叙述方法或者说写作风格的不同要求；并且，这种"矛盾"在《经济学手稿（1857—1858 年）》中便潜在地存在着了。马克思曾经指出：在写作《经济学手稿（1857—1858 年）》的时候，"又把黑格尔的《逻辑学》浏览了一遍，这在材料加工的方法上帮了我很大的忙"[②]。1857 年 8 月底，他完成了《〈政治经济学批判〉导言》[③] 的写作，明确地系统地提出了自己的"政治经济学方法"。这表明，这时候马克思的方法论思想已

① 《资本论》第 1 卷，人民出版社 2004 年版，第 136 页注（73）。

② 《马克思恩格斯〈资本论〉书信集》，人民出版社 1976 年版，第 121 页。

③ 这可能就是他所说的愿意用两三个印张阐述一番的东西。1858 年 1 月，他给恩格斯写信的时候这东西实际上已经写出来了，但可能考虑到尚不成熟，暂时不想拿去发表，因此，这封信可能是善意的隐瞒，正像他后来善意隐瞒《资本论》的实际写作进度一样。

经趋于成熟，他将黑格尔的逻辑学或者说辩证法重新颠倒了一下，使之确立在唯物主义的前提之上。与此同时，他又使抽象思辨的辩证法与近代科学精神即科学实验的方法结合起来。总之，马克思在导言中阐述的方法，既不同于古典经济学的抽象唯物主义的、形而上学的方法，又在保持黑格尔辩证法的形式的基础上使之与近代自然科学的实践协调起来，这是德国精神与科学精神及唯物主义的结合。它体现出来的是一种“法德精神”，或者说是“新德意志精神”。它使德国古典哲学从抽象到具体、从本质到现象、从整体理解部分的思维方式及其辩证法适应近代科学和时代的发展要求，使德国精神获得了创造性转化。《经济学手稿（1857—1858 年）》在很大程度上正是依照这里阐明了的“政治经济学方法”来展开的。它从价值和货币的分析入手，批判地阐明了资本主义的占有规律，最终说明资本是如何结“果实”的。但另一方面，这部手稿又在一定程度上停留于马克思以往的批判性、论战性写作风格上。由于国民经济学家和资产阶级民主派总是以虚幻的基于个人所有权的商品交换及生产为前提，把自由、平等说成是资本主义生产的自然的特性，说成是合乎人的自然本性的生产，从而把资本主义生产永恒化；由于空想社会主义特别是法国的蒲鲁东主义总是把这种资产阶级的“理想”当作自己的理想，并天真地希望把它转化为现实（正是在这一意义上恩格斯认为空想社会主义只不过是资产阶级启蒙运动的继续）；马克思在《经济学手稿（1857—1858 年）》中也就把对他们的批判作为自己的主题，并且把批判的重点放在开篇中，即使是“资本章”的批判，也总是要回头联系“货币章”的内容。总的看来，在这部手稿中，直接的批判、论战依然被放在非常突出的地位，以致马克思把论战色彩浓厚的《〈政治经济学批判〉导言》看成是整部手稿的预先说出的“正要证明的结论”[①]，而且是一般性结论。这样，这部手稿便体现着两种叙述方式的交织。对于这一点，马克思本人也是意识到的。他曾指出：这部手稿的叙述方式“是完全科学的”，但“有时不能不对其他经济学家进行批判，特别是不能不反驳李

① 《马克思恩格斯全集》第 31 卷，人民出版社 1998 年版，第 411 页。

嘉图”。[①]

由于两种叙述方式的交织，手稿的写作必然隐含一种内在的矛盾。一方面，从批判的主题出发，它强烈否定“虚构的”以供求均衡为条件的简单商品生产和交换；另一方面，它又潜在地需要在类似的条件下阐明价值规律，并以此为基础说明资本主义的占有规律和现实的经济关系。从劳动价值论出发，马克思承认：“当供求互相均衡的时候，任何产品的相对价值恰好由包含在产品中的劳动量来确定”[②]。但是，从批判的主题出发，马克思又极力反对那种不顾供求关系始终“按照花费在产品上的劳动时间来交换”[③] 的做法。这就产生了一种内在的矛盾。这也许是该手稿写作过程中迟迟不能把第一章定下来的重要原因之一。[④] 事实上，对于这种内在矛盾，马克思在 1857—1858 年的写作过程中似乎已经感觉到了。在“资本的流通过程”的开头部分，马克思指出：在产品价值的实现过程中，出现了消费对生产的限制，“总消费表现为作为使用价值的产品的尺度，因而也表现为作为交换价值的产品的尺度”，因而简单地把物化劳动看成“价值的实体和尺度”“是错误的”。[⑤] 他进而意识到：由于“在简单交换中是以存在着对产品的需求为前提的，生产者自己的需要表现为他人需求的需要”，因此，对于在抽象范围内的供求关系，“也许在分析简单流通和简单生产的时候就应该加以研究”，“阐明它要以什么为前提”，“所有这些以后应该纳入最初几章”。[⑥] 要按这里的设想对著作的开篇部分进行修改，不设定类似于供求均衡条件下的简单商品交换及生产，叙述上必然会遇到困难。因此，在《经济学手稿（1857—1858年）》、《政治经济学批判（第一分册）》和《资本论》的定稿中，对于

---

① 《马克思恩格斯〈资本论〉书信集》，人民出版社 1976 年版，第 124 页。

② 《马克思恩格斯全集》第 4 卷，人民出版社 1958 年版，第 102 页。

③ 《马克思恩格斯全集》第 4 卷，人民出版社 1958 年版，第 103 页。

④ 另一个重要原因是，劳动二重性的思想还处于形成过程，只有在笔记本 B″对商品二重性作为增补内容得到较全面的阐述之后，劳动二重性才能得到明确说明。关于这一点，第一章标题从“交换价值”到“价值”再到“商品”的演变可以提供说明。

⑤ 《马克思恩格斯全集》第 30 卷，人民出版社 1995 年版，第 386、387 页。

⑥ 《马克思恩格斯全集》第 30 卷，人民出版社 1995 年版，第 387 页。这里的“章”与“货币章”“资本章”的“章”应该是不同的。

供求均衡条件下简单商品交换及生产的前后“矛盾”，可以看成是《经济学手稿（1857—1858年）》的内在矛盾的外化，就像商品与货币的对立是商品内在对立的外化一样。

从马克思的经济学著作及相关著作来看，《经济学手稿（1857—1858年）》是叙述方式转换的一个枢纽。在此之前，各种著作主要表现为直接的批判和论战；《经济学手稿（1857—1858年）》则是两种叙述方式交织在一起，既体现了直接的批判、论战，又依照自己的“政治经济学方法”进行了从抽象上升到具体的建构性论述。对于《政治经济学批判（第一分册）》来说，建构与批判被相对分开，以致“全书看起来都非常严肃、科学”[①]。这种叙述方式的转变，对于马克思来说应该是自觉的、有意识的。这是他吸收黑格尔逻辑学、辩证法的合理因素的基础上形成了自己的唯物的科学主义方法论思想的反映；并且，他希望人们哪怕是那些立场相左的“坏蛋”，“今后也要十分严肃地看待”他“对资本的见解”，希望他的著作能“引起专家们的兴趣”。[②] 那种直接批判的论战风格或叙述方式肯定是不符合他对自己著作的这种期待的。从《资本论》的定稿来看，这种新的叙述方式有了进一步的完善。在理论部分，经济思想史料的引证被限于学术的需要。正像恩格斯指出的：“这些引证只是从经济科学的历史中摘引下来的作为正文的注解，从时间和首倡者两方面来确定经济理论中各个比较重要的成就。”[③] 当然，在必要的限度内必然也会涉及对一些学术观点的必要评判。但和《经济学手稿（1857—1858年）》相比，《资本论》不再表现为两种叙述方式的交织。在《经济学手稿（1857—1858年）》“货币章”的前大半部分，对蒲鲁东主义的“劳动货币”的批判成为主题和主线。而在《资本论》的开篇中，正文部分已经看不到这种批判的明显痕迹，只是在页下注（24）、（38）、（40）、（50）中对蒲鲁东主义的观点进行了温和的评论。

在《资本论》开篇中，马克思阐述价值规定、价值形式及价值规律的主要条件是：个人所有、独立生产、普遍分工、全面依赖、全面交换、

① 《马克思恩格斯〈资本论〉书信集》，人民出版社1976年版，第140页。
② 《马克思恩格斯〈资本论〉书信集》，人民出版社1976年版，第140页。
③ 《资本论》第1卷，人民出版社2004年版，第30页。

供求均衡。这些条件正是国民经济学家为论证私有权合理性及自由、平等而“虚构”的条件，也是蒲鲁东的“构成价值”发挥作用的条件。但是，姑且承认这些条件仅仅是马克思新的叙述方式的要求，它不是对批判性主题的取消，只是把原有的直接的论战式批判转化为一种艺术的批判、科学的批判。这种艺术的、科学的批判通过货币转化为资本、劳动力成为商品、价值规律转化为资本主义占有规律，用逻辑的必然性说明简单流通领域表现出来的所有权、自由、平等的三位一体的非现实性、虚伪性，说明剩余价值剥削、劳动异化、阶级对立才是资本主义社会的真实现实。可见，马克思首先在上述条件下阐述价值规律并不意味着他忽略了资本主义生产的基本矛盾。事实上，他对那种将资本主义生产看成供求平衡的生产的观点始终是保持批判态度的，在《剩余价值理论》中，他对供给等同需求的观点进行了批判，认为假定按比例生产，也就是“假定资本主义生产完全是社会主义的生产”[①]。另一方面，这种逻辑必然性也说明了空想社会主义的空想性。这是对资本主义社会这一有机体的商品生产进行剖析得出的科学结论。只有这样，整部著作才最终真正成为“一个艺术的整体”[②]。为此，马克思还否定了恩格斯希望他对剩余价值和利润的关系预先做点说明的建议，认为那样“会损害整个辩证的阐述方法”[③]。如果把《资本论》开篇中的商品货币关系看作前资本主义的历史的简单商品交换及生产，或者看成作为商品生产的抽象共同点的所谓“一般”，就会像以往的经济学家或蒲鲁东主义者一样，把资本主义商品生产与简单商品生产混为一谈。这样，便无法对资本主义产生的必然性和历史暂时性做出有力的科学说明，这对资本主义现实的批判反而是不痛不痒的，对国民经济学在理论上的辩护性的批判也就在很大程度上被取消了，至少是失去了针对性。因此，理论的批判和现实的批判也就在一定程度上脱节了。另一方面，这种理解方式让我们无法把《资本论》与马克思对蒲鲁东主义的批判联系到一起，这样就无法理解马克思所说的《资本论》的基本思想萌芽于《哲学的贫困》的说法，也无法

---

① 《马克思恩格斯全集》第 26 卷第 3 册，人民出版社 1974 年版，第 126 页。

② 《马克思恩格斯〈资本论〉书信集》，人民出版社 1976 年版，第 196 页。

③ 《马克思恩格斯〈资本论〉书信集》，人民出版社 1976 年版，第 219 页。

理解马克思从《哲学的贫困》到《资本论》的思想发展过程。那种把《资本论》的逻辑起点理解为商品生产的抽象共同点的所谓“一般”的见解，也未能理解马克思独特的思维方式与唯物或唯心的抽象思维方式的根本区别，对此，我们将在下文进一步论述，这里暂先从略。

从马克思经济理论的叙述方式的转换来看，从《资本论》开篇的内在逻辑与政治经济学批判主题的关系来看，马克思所要证明的恰恰是价值规律在资本主义社会的非现实性，即价值规律向资本主义占有规律转化的必然性，这是资本的内在的必然性。因此，他一方面认为亚当·斯密等国民经济学家设想的这种仅仅适合原始的渔夫和猎人的交换关系，是“16 世纪以来就作了准备、而在 18 世纪大踏步走向成熟的‘市民社会’的预感”，因为“产生这种孤立个人的观点的时代，正是具有迄今为止最发达的社会关系的时代”[①]。另一方面，他又批评亚当·斯密“不是把劳动理解为雇佣劳动”，而是“理解为一般的人类自然力”，即“自为存在的生产性”。[②] 他强调：亚当·斯密“把不发达的交换价值形式……硬当作适当的交换价值形式”是“一个错误”。[③] 并批评斯密把抽象的自利的独立生产者作为出发点，而没有考察资本主义生产的特定的社会条件。[④] 对于这一点，一些学者的认识并不是足够到位的。前些年国内有个别学者指责马克思设想的基于劳动的简单交换及生产只适合物物交换的原始时代。如果理解了《资本论》开篇的内在逻辑，他就会明白，这种指责是毫无道理的。因为这位学者对价值规律的适用条件的认识跟马克思是一致的，在马克思看来，从它的内容规定性来看，即便是原始的物物交换，价值规律也是不适用的，等价交换仅仅是具有深刻对立关系的资本主义生产关系的虚幻的表面现象。他指出：简单交换表现出来的劳动者所有权，“纯粹是一种虚构”，它是“由资本主义生产的假象产生的错觉，——这种现象在历史上从来不曾有过”。[⑤] 因此，它在开篇中所具

① 《马克思恩格斯全集》第 30 卷，人民出版社 1995 年版，第 22、25 页。
② 《马克思恩格斯全集》第 30 卷，人民出版社 1995 年版，第 291 页。
③ 《马克思恩格斯全集》第 31 卷，人民出版社 1998 年版，第 352 页。
④ 《马克思恩格斯全集》第 30 卷，人民出版社 1995 年版，第 106 页。
⑤ 《马克思恩格斯全集》第 26 卷第 3 册，人民出版社 1974 年版，第 416 页。

的意义是否定性的，即从国民经济学家设想的这个原则性前提导出对资本主义现实的否定性结论（当然是在承认其历史合理性基础上的否定），证明资本主义生产关系不是基于个人劳动和所有权的自由、平等的关系；并且，按照马克思的看法，资本主义社会失去历史合理性之后，价值规律不会是未来社会的基础，空想社会主义者追求的这种理想是不可能实现的。可见，价值规律在前资本主义社会是非历史的徒具形式的，也不是资本主义社会必然导向的方向，它仅仅是资本主义生产关系的理想化的虚幻的反映。不过，它在抽象的“一般”意义上又表现了资本主义社会最基本、最内在的关系，即人与人的关系表现为物与物之间的关系。正因为如此，它才有可能成为理想化的资本主义生产关系的表现形式。

三、马克思的思想方法和《资本论》逻辑起点

马克思的思想方法在《〈政治经济学批判〉导言》中进行了集中的阐述，在《经济学手稿（1857—1858 年）》中有不少分散的说明；在其他地方，更多地体现为哲学批判，正面说明自己的方法是零星的。通过这些材料掌握马克思撰写《资本论》的思想方法，这对于准确把握其逻辑起点是极为重要的；并且，这直接涉及逻辑过程与历史过程的关系问题。依照马克思的思想方法将特定有机对象的研究成果叙述出来的“科学进程”，便是理论展开的逻辑过程，它与特定对象的历史生成过程相符合，但对其历史生成过程的认识主要是基于典型具体的研究成果进行的一种反思性认识。因此，逻辑起点尽管对历史因素有所反映，甚至具有历史前提的存在形式，却又不同于真正的历史起点。对此，马克思在阐述自己的思想方法的一些场合有过明确的交代。

导言的政治经济学方法一节中，马克思首先通过比较，说明了自己的思想方法的基本特征。他指出：“从实在和具体开始，从现实的前提开始……似乎是正确的。但是，更仔细地考察起来，这是错误的。”① 这大

① 《马克思恩格斯全集》第 30 卷，人民出版社 1995 年版，第 41 页。

致说的是庸俗经济学的方法。这种经济学“只是在表面的联系内兜圈子”，“只限于把资产阶级生产当事人关于他们自己的最美好世界的陈腐而自负的看法加以系统化，赋以学究气味，并且宣布为永恒的真理”。[①]庸俗经济学“不去揭示事物的内部联系……夸耀的是他们抓住了现象”[②]。在马克思看来，这既是抽象的“空话”，又是违背近代科学精神的，因此，他严厉地质问：“这样，科学究竟有什么用处呢？”[③] 马克思认为这种庸俗经济学是“亚当·斯密创始的”[④]。因为斯密“为了把利润和地租作为生产费用的最初要素引进来……就以粗暴的形式把利润和地租存在作为前提”，他把这些“作为历史事实引进来，却没有加以说明”，并且认为“资本是通过节约从流通中产生的”。[⑤] 另外，斯密提出商品的劳动费用决定其价值的同时，又提出商品价值是它能够购买的劳动的说法，这事实上是把劳动力价值即工资作为商品的计量手段，也就是作为价值尺度。在马克思看来，包括劳动力商品在内的任何商品的价值都不能充当商品的计量尺度，因为“这是在循环论证中打转，这是用本身还需要确定的相对价值来确定相对价值”[⑥]。类似的思想在《资本论》第三卷第七篇和《剩余价值学说史》的最后总结部分反复进行了揭示。斯密的这些思想事实上“为庸俗经济学大开了方便之门”[⑦]。

古典经济学，特别是李嘉图表现出来的较为成熟的古典经济学，与庸俗经济学相比是较为深刻的。它“研究了资产阶级生产关系的内部联系”[⑧]，对资本主义生产的现实进行了必要的抽象，“在分析中达到了越来越简单的概念；从表象中的具体达到了越来越稀薄的抽象……达到一些最简单的规定”[⑨]。但是，古典经济学特别是早期的古典经济学没有将行

① 《资本论》第 1 卷，人民出版社 2004 年版，第 99 页注（32）。类似的说法参看《资本论》第 3 卷，人民出版社 2004 年版，第 925、941 页。

② 《马克思恩格斯〈资本论〉书信集》，人民出版社 1976 年版，第 283 页。

③ 《马克思恩格斯〈资本论〉书信集》，人民出版社 1976 年版，第 283 页。

④ 《马克思恩格斯〈资本论〉书信集》，人民出版社 1976 年版，第 351 页。

⑤ 《马克思恩格斯全集》第 30 卷，人民出版社 1995 年版，第 291—292 页。

⑥ 《马克思恩格斯全集》第 4 卷，人民出版社 1958 年版，第 98 页。

⑦ 《资本论》第 2 卷，人民出版社 2004 年版，第 413 页。

⑧ 《资本论》第 1 卷，人民出版社 2004 年版，第 98 页。

⑨ 《马克思恩格斯全集》第 30 卷，人民出版社 1995 年版，第 41 页。

程从那里回过头来，它停留于这种抽象，用抽象的简单关系直接说明资本主义现实，甚至排除种种必要的社会条件，直接“虚构”出关于国家、国际交换和世界市场的“各种经济学体系”。[①] 它把通过简单交换虚幻地反映出来的自由、平等当成真实的现实，从而把资本主义生产方式看成是合乎人类天性的制度。李嘉图等人虽然认识到资本、劳动、土地的对立关系，试图从抽象的认识回过头来，但又把这种对立归因于表面的竞争，看成是市场竞争引起的单纯的分配问题，从而认为这种对立关系依然是一种自然关系。他们不理解竞争仅仅是“使资本的内在规律得到贯彻，使这些规律对于个别资本成为强制规律”，从而“实现这些规律”，反而“用竞争来解释这些规律”。[②] 因此，这是他们从抽象的简单交换关系出发所能达到的最高认识。斯密、李嘉图等跳过必要的中介，试图用抽象认识直接解释现象，因而在逻辑上留下深刻的矛盾。总之，他们“抓住交换价值本身的简单规定性，来反对交换价值的比较发达的对抗形式”[③]。由于他们“停留在最简单的经济关系上”，资本主义生产的“对立表现消失不见了”[④]。李嘉图等尽管还是看见了这种对立的表象，但他不可能揭示这种对立的根本性质。

马克思的政治经济学方法不同于古典经济学的根本所在，就在于它不是停留于这种抽象的简单规定。在马克思看来，“生产一般”“一般的生产”不能与现实的生产等同，因此，不能用这些抽象的简单规定及虚幻的自由、平等径直理解资本主义生产的现实。因而在达到对劳动、价值、货币、商品的一般规定和认识之后，必须以这些规定及其内在关系为出发点，通过从抽象上升到具体的“科学的进程”[⑤]，从生产一般返回资本主义生产中居于支配地位的“特殊生产部门”，分析生产一般背后的该社会的特殊生产关系，揭示占有规律的实质，然后上升到“生产总体”，认识资本主义生产现实的各种现象。这就是他在导言中指出的“生

---

① 《马克思恩格斯全集》第 30 卷，人民出版社 1995 年版，第 42 页。
② 《马克思恩格斯全集》第 31 卷，人民出版社 1998 年版，第 152 页。
③ 《马克思恩格斯全集》第 30 卷，人民出版社 1995 年版，第 202 页。
④ 《马克思恩格斯全集》第 30 卷，人民出版社 1995 年版，第 203 页。
⑤ 《马克思恩格斯全集》第 30 卷，人民出版社 1995 年版，第 202 页。

产一般。特殊生产部门。生产的总体”这样一种顺序。[①] 这是唯物辩证法在经济分析中的一次成功的运用。这是合乎近代科学精神的方法，“是科学上正确的方法”[②]。

马克思还进一步将自己的政治经济学方法与黑格尔的思想方法进行了比较。两者在纯粹的形式上具有一致性，都是从抽象上升到具体、从本质到现象，都遵循辩证逻辑，都基于事物发展的最终结果；但思想内容具有本质的区别。黑格尔把“实在”理解为自我综合、自我深化和自我运动的“精神”的结果，范畴的运动表现为“生产行为”，世界成为这种“生产行为”的结果。依照马克思的方法，在头脑之外首先必须有一个作为研究对象的具有客观独立性的“实在主体”存在，就社会经济研究而言，这个“实在主体”即特定历史形态的社会，一定要经常作为前提，以一定的表象形态浮现在头脑面前，因此，从抽象上升到具体的方法，只是思维用来掌握具体并把它当作一个精神上的具体再现出来的方式，而不是具体的产生过程。一定的抽象规定如交换价值，只能作为一个既定的、具体的、生动的整体的抽象片面的关系而存在，而不应当是预先被完整定义的“范畴”，更不能基于这种预先定义的“范畴”来生产“实在”。具体总体作为思维总体、作为思维具体，尽管是思维理解的产物，但它一定是人们对特定的客观对象的认识的结果，绝不是处于直观和表象之外或架于其上而思维着的、自我产生着的概念的产物；它只是把直观和表象加工成概念这一过程的产物。这里的比较表明，马克思对两种思想方法的联系和区别有着非常自觉而明确的认识。他正是基于这样的认识回应杜林对《资本论》第一卷的质疑。杜林指责马克思“太眷恋于黑格尔的骨架，即便是在流通的形式中……也暴露出黑格尔的推理形式”[③]。对此，马克思一方面坦承“黑格尔是我的老师”，同时强调“我敢于以批判的态度对待我的老师，剥去他的辩证法的神秘外壳，从而在本质上改变它”。[④]

---

① 《马克思恩格斯全集》第 30 卷，人民出版社 1995 年版，第 27 页。

② 《马克思恩格斯全集》第 30 卷，人民出版社 1995 年版，第 42 页。

③ 转引自《马克思恩格斯全集》第 50 卷，人民出版社 1985 年版，第 35 页注（9）。

④ 《马克思恩格斯全集》第 50 卷，人民出版社 1985 年版，第 35 页注（9）。

从前面的分析可知，马克思的政治经济学方法的最大特点是，研究对象作为客观的独立的“实在主体”，始终浮现在头脑面前，思维着的头脑一刻也离不开特定的研究对象。在马克思看来，这个“实在主体”不是神秘的“实体”，而是客观存在的生命有机体。马克思在《经济学手稿(1857—1858 年）》中将资本的运动作为机体与人体运动进行类比。[①] 在其他一些场合，他把资本主义社会的商品比喻为社会有机体的细胞，把经济分析比喻为“人体解剖”，把资本主义社会的物的关系看成“赋有生命”的关系。他还直接把对社会制度的内在联系的研究称为“生理学”研究[②]，把研究对象当作特定“有机体”的思想，在《〈政治经济学批判〉导言》中有着集中的阐述。他开门见山地指出，“面前的对象，首先是物质生产”，而这个“物质生产”不是抽象的物质生产，而是一定社会发展阶段上的生产，它以“个人的一定社会性质的生产”为出发点。[③] 因此，这个“物质生产”落实为马克思的研究对象，也就是资本主义社会的物质生产，这是马克思所要研究的“本题”。作为马克思的特定研究对象，作为有机体，在马克思看来，它的生产、分配、交换和消费，“构成一个总体的各个环节，一个统一体内部的差别”。[④] 它们都是特定的历史存在，共同构成特定的有机体。

在马克思看来，庸俗经济学、古典经济学、黑格尔、蒲鲁东以及所有青年黑格尔派，他们的共同点是抽象的思维方式，即抽象唯物主义的思维方式或抽象唯心主义的思维方式。他们在思维的时候，都是脱离特定的现实对象，进行超时空的思考。单就资产阶级经济学而言，庸俗经济学把现实的观念、经验、表象总结为抽象的范畴、模型，并且不顾特定社会条件的差异，把“经验模型”当作“规律”或规则，以此进行抽象分析。这必然导致脱离现实和形式主义。马克思在批判萨伊时指出：这种分析方法“抽掉了一定的社会结构和社会关系，因而也抽掉了由它

① 《马克思恩格斯全集》第 31 卷，人民出版社 1998 年版，第 54、64 页。还可参看第二版（第 30 卷）第 237 页。

② 《马克思恩格斯全集》第 34 卷，人民出版社 2008 年版，第 182、183 页。

③ 《马克思恩格斯全集》第 30 卷，人民出版社 1995 年版，第 22 页。

④ 《马克思恩格斯全集》第 30 卷，人民出版社 1995 年版，第 40 页。

们所产生的各种矛盾”[①]。它用无人身的理性来理解分工、信用、货币、交换等表象的关系，并在这些关系下理解生产，却不去说明“产生这些关系的历史运动”[②]。他们这种抽象的分析方法甚至把从社会生产关系获得的物的规定性“看作物的自然属性”，把货币看成金银的属性，把生产资料看作利润的源泉，因而“是粗俗的唯物主义”。[③] 对于这种脱离特殊社会形式对财富生产进行的分析，马克思认为它“只限于一些抽象概念”，“这些抽象概念在政治经济学的最初尝试中还有些历史价值……后来这些抽象概念成了索然无味的老生常谈，它们越是……以科学的面貌出现，就越使人讨厌”。[④] 古典经济学虽然对特定的资本主义生产进行了较为深刻的抽象，却又停留于那种抽象出来的简单规定，它不是重新返回特定的社会条件下分析资本的现实运动，而是用这些简单规定抽象地分析处于资本主义社会表面的简单流通，不顾简单流通背后的生产以及生产的各种社会条件，从而满足于自由、平等的假象，把特定社会的物的联系“理解为自然发生的、同个性的自然不可分割的……个性内在的联系”。[⑤] 资产阶级经济学的这种思维方式，是抽象唯物主义的思维方式。对于唯物主义或唯心主义的抽象思维方式的根本缺陷，马克思很早以前就注意到了，并从各方面进行了批判。早在1843年，马克思在《黑格尔法哲学批判》中就指出，“抽象唯灵论是抽象唯物主义；抽象唯物主义是物质的抽象唯灵论”，一个概念不能“作为一个独立的东西而具有意义”，它必然始终同特定的对象相联系，概念“其实正好是抽象的对立面，是对象”，脱离特定对象的抽象概念是不合理的。[⑥] 马克思对抽象思维的反思还可以进一步上溯到1837年，他在“给父亲的信”中指出：像数学独断论那种抽象的“不科学的”思维形式，“从一开始就成了认识真理的障碍，在这种形式下，主体围绕着事物转，议论来议论去，可是事物本身

---

① 《马克思恩格斯全集》第30卷，人民出版社1995年版，第393页。
② 《马克思恩格斯全集》第4卷，人民出版社1958年版，第139—140页。
③ 《马克思恩格斯全集》第31卷，人民出版社1998年版，第85页。
④ 《马克思恩格斯全集》第31卷，人民出版社1998年版，第266页。
⑤ 《马克思恩格斯全集》第30卷，人民出版社1995年版，第111—112页。
⑥ 《马克思恩格斯全集》第3卷，人民出版社2002年版，第111页。

并没有形成一种多方面展开的生动的东西”，“我们必须从对象的发展上细心研究对象本身，而决不允许任意划分”，事物本身的内在特性“应当作为一种自身矛盾的东西展开，并且在自身中求得自己的统一”。[①] 对于这些脱离特定的社会历史条件和特定对象的抽象思维方式，马克思尖锐地指出，“形而上学者认为进行抽象就是进行分析，越远离物体就是日益接近物体和深入事物”，在他们看来，“我们世界上的事物只不过是逻辑范畴这种底布上的花彩”，这样的话，“一切存在物，一切生活在地上和水中的东西，经过抽象都可以归结为逻辑范畴，因而整个现实世界都淹没在抽象世界之中”。[②] 具体到政治经济学，马克思强调，“谁用政治经济学的范畴构筑某种思想体系的大厦，谁就是把社会体系的各个环节割裂开来”，因此，从范畴出发，用范畴的运动、顺序和时间的逻辑公式，不可能“向我们说明一切关系同时存在而又互相依存的社会机体”。[③] 正因为这些抽象的叙述方法“造成一种假象，似乎探讨的只是一些概念规定和这些概念的辩证法”，马克思认为“有必要对唯心主义的叙述方法作一纠正”。[④] 这里所说的“唯心主义”应包含抽象的唯物主义，因为马克思认为，抽象的唯物主义是“物质的”抽象唯灵论，粗俗的唯物主义也就是粗俗的唯心主义。

依照马克思政治经济学的方法，如何从特定研究对象中抽象出一般规定呢？马克思指出，“在研究经济范畴的发展时……应当时刻把握住：无论在现实中或在头脑中，主体——这里是现代资产阶级社会——都是既定的；因而范畴表现这个一定社会即这个主体的存在形式、存在规定，常常只是个别的侧面”，而“在一切社会形式中都有一种一定的生产决定着其他一切生产的地位和影响，因而它的关系也决定其他一切关系的地位和影响……它决定着它里面显露出来的一切存在的比重”。[⑤] 按照这一精神，要把握现代资产阶级社会这一特定的研究对象，揭示这一主体的

---

① 《马克思恩格斯全集》第 47 卷，人民出版社 2004 年版，第 8 页。
② 《马克思恩格斯全集》第 4 卷，人民出版社 1958 年版，第 141 页。
③ 《马克思恩格斯全集》第 4 卷，人民出版社 1958 年版，第 145 页。
④ 《马克思恩格斯全集》第 30 卷，人民出版社 1995 年版，第 101 页。
⑤ 《马克思恩格斯全集》第 30 卷，人民出版社 1995 年版，第 47、48 页。

内在的经济运动规律，首先应把资本这一范畴确定为支配其他一切关系的范畴，然后围绕这一居于支配地位的关系，暂时撇开资本主义生产的特定条件，用抽象力抽象出最简单的一般规定。这里的一般规定虽然是从特定的研究对象中抽象出来的，但由于暂时撇开了特定的社会生产条件，这种反映着一定事物或关系的最基本规定性的简单的抽象范畴在一定意义上又以发达形态显示着同类事物的共性。由于这种抽象的简单范畴在历史上具有征兆性、形式性存在，并且有自身的发展历史，因此，"从最简单上升到复杂这个抽象思维的进程符合现实的历史过程"①。然而，基于特定有机体的解剖，运用从抽象上升到具体的方法把握特定有机对象的科学进程不同于该有机体及其胚胎的发育过程，由此抽象出来的一般规定是该有机体中居于支配地位的核心范畴的必不可少的基础性规定。这些规定就马克思研究的特定主题来说，就是商品、货币、劳动、价值、交换价值等。这些一般规定是"在纯粹形式下提出"的②，并要求"避开一切细节"③。所谓"纯粹形式下"，就是暂时忽略资本、雇佣劳动这些较为具体的特定的社会条件，揭示商品、货币、劳动等的单纯的形式规定，即抽象的规定。但是，我们必须始终记住，这些一般规定仅仅是基于特定研究对象抽象出来的，它们作为抽象的一般规定，其所依存的典型具体具有抽象力赋予它们的严格的约束条件，具有发达的存在形态，因而与粗陋的历史前提是迥然有别的。对此，马克思在"导言"中有清楚的交代。他在分析了货币一般之后指出，"它在深度和广度上的充分发展恰恰只能属于一个复杂的社会形式"。④ 他分析了劳动一般后指出："对任何种类劳动的同等看待，以各种现实劳动组成的一个十分发达的总体为前提，在这些劳动种类中，任何一种劳动都不再是支配一切的劳动。所以，最一般的抽象总只是产生在最丰富的具体发展的场合，在那里，一种东西为许多东西所共有，为一切所共有。"⑤ 他强调：劳动"这个被

---

① 《马克思恩格斯全集》第 30 卷，人民出版社 1995 年版，第 44 页。
② 《马克思恩格斯全集》第 31 卷，人民出版社 1998 年版，第 63 页。
③ 《马克思恩格斯全集》第 31 卷，人民出版社 1998 年版，第 194 页。
④ 《马克思恩格斯全集》第 30 卷，人民出版社 1995 年版，第 44 页。
⑤ 《马克思恩格斯全集》第 30 卷，人民出版社 1995 年版，第 45 页。

现代经济学提到首位的、表现出一种古老而适用于一切社会形式的关系的最简单的抽象，只有作为最现代的社会的范畴，才在这种抽象性中表现为实际上真实的东西”[①]。他得出的总的结论是：“哪怕最抽象的范畴，虽然正是由于它们的抽象而适合于一切时代，但是就这个抽象的规定性本身来说，同样是（充分发展了的）历史关系的产物，而且只有对于这些条件并在这些条件之内才具有充分的适用性。”

上述分析表明，马克思经济学中的一般规定，首先是以作为特定研究对象的一定社会的居于支配地位的生产关系为基础，因此，它是从属特定社会关系的规定，而不是单纯的生产过程的规定。它与那些从客观生产过程中排除社会条件抽象出来的一般“要素”具有本质差异。其次，这种一般规定是从特定研究对象中抽象出来的，它以典型具体为基础，是从发展充分的典型具体中抽象出来的普遍的、一般的规定，而不是通过超时空的针对不同对象、不同历史阶段的抽象得到的共同点。最后，这种一般规定的超越特定社会形态的历史性是虚拟的历史性，在特定生产关系取得支配地位之前，它们有过形式上的存在，但就“抽象的规定性本身”来说，历史的存在总是萌芽性的、征兆性的、非严格意义的，因而严格说来是非历史的。马克思在《经济学手稿（1857—1858 年）》中指出：“我们的方法表明历史考察必然开始之点，或者说，表明仅仅作为生产过程的历史形式的资产阶级经济，超越自身而追溯到早先的历史生产方式之点。因此，要揭示资产阶级经济的规律，无须描述生产关系的真实的历史。但是，把这些生产关系作为历史上已经形成的关系来正确地加以考察和推断，总是会得出这样一些原始的方程式……这些方程式将说明在这个制度以前存在的过去。这样，这些启示连同对现代的正确理解，也给我们提供了一把理解过去的钥匙……另一方面，这种正确的考察同样会得出预示着生产关系的现代形式被扬弃之点，从而预示着未来的先兆。”[②] 这与我们从《〈政治经济学批判〉导言》中得出的关于一般规定的几点认识是相符合的。可见，“历史考察之点”的说明主要是基

① 《马克思恩格斯全集》第 30 卷，人民出版社 1995 年版，第 46 页。

② 《马克思恩格斯全集》第 30 卷，人民出版社 1995 年版，第 452—453 页。

于“人体”的反思，一般规定是从特定的“历史上已经形成的关系”抽象出来的“原始的方程式”。马克思还明确指出：虽然农奴逃往城市是城市生成的历史前提，对发达的城市制度的考察并不需要从这种“已被扬弃”的历史前提着手。[①] 在《经济学手稿（1861—1863年）》中，马克思又一次阐明了这些思想。[②] 可见，这些思想是马克思一贯坚持的。正是基于这些认识，马克思在“导言”中明确告诉我们：“把经济范畴按它们在历史上起决定作用的先后次序来排列是不行的，错误的。它们的次序倒是由它们在现代资产阶级社会中的相互关系决定的，这种关系同表现出来的它们的自然次序或符合历史发展的次序恰好相反。”问题“在于它们在现代资产阶级社会内部的结构”。[③] 正是从这些思想出发，马克思“在分析资本的基本形式，分析决定现代社会的经济组织的资本形式时，开始根本不提资本的常见的、所谓洪水期前的形态，即商业资本和高利贷资本”[④]。这虽然不属于我们考察的论题，还是具有重要的启示意义。马克思从资本主义生产赖以进行的特定有机生命体出发，而不是从真实的历史前提或抽象的“共性”出发，可以说是他自身所运用方法的必然要求。基于自身的方法，马克思明确指出：《资本论》开篇中的商品货币关系“这种种形式恰好形成资产阶级经济学的各种范畴。对于这个历史上一定的社会生产方式即商品生产的生产关系来说，这些范畴是有社会效力的，因而是客观的思维形式”[⑤]。而在《经济学手稿（1857—1858年）》的“资本章”中，一开始他便强调：前文“对简单流通的考察向我们揭示了资本的一般概念”。[⑥] 可见，从根本的性质上讲，开篇中的一般规定是作为从属资本的“一般概念”提出来的，并且是从资本主义生产中抽象出来的。当然，“一般生产过程”“作为资本的因素”出现时，对特定研究对象的分析也“必然会显示出”它们“会发生怎样的历史变化”，[⑦]

---

① 《马克思恩格斯全集》第30卷，人民出版社1995年版，第451页。
② 《马克思恩格斯全集》第48卷，人民出版社1985年版，第162—164页。
③ 《马克思恩格斯全集》第30卷，人民出版社1995年版，第49页。
④ 《资本论》第1卷，人民出版社2004年版，第191页。
⑤ 《资本论》第1卷，人民出版社2004年版，第93页。
⑥ 《马克思恩格斯全集》第31卷，人民出版社1998年版，第398页。
⑦ 《马克思恩格斯全集》第30卷，人民出版社1995年版，第280页。

一定意义上能够映照出特定有机体的发育成长过程。因此，“一般”规定反映着特定有机体不同成长阶段的“共性”。对于这种“共性”，从形式逻辑的眼光看，它在一定程度上表现为不发达的形式。[①] 只是这种“共性”不能用简单抽象归纳的方法来概括，必须通过对发达的典型的具体——这样一种特殊存在的科学研究来把握。

为了论述的完整性，我们最后还必须指出，马克思关于资本主义社会这一有机体的商品生产的分析并不是单纯对特定历史关系的孤立分析，而是放在人类社会的发展这一更大的背景下进行论证的。在这里，基于唯物史观的对人类社会这一大系统的分析与资本主义社会商品生产的分析形成一种耦合关系。在政治经济学中，马克思以资本主义社会这一有机体的商品生产为出发点，把它作为特定的研究对象，把资本确立为这一有机体中的支配一切的关系，运用从抽象上升到具体的科学方法，揭示资本主义生产的内在机理和基本关系。从“科学的进程”看，开篇中的一般规定既是从属资本的“一般概念”，又是包含商品生产的历史形式的商品生产的一般规定；剩余价值生产是商品生产的特殊，又是资本一般的体现；生产价格和利润理论与资本的特殊规定相联系，它们的总体联系成为资本主义商品生产的具体总体。马克思对人类的社会发展的研究在方法上应该是与经济学方法相一致的。人类社会作为生命有机体，是科学研究的对象，迄今最发达的人类社会这一有机体是其出发点。阶级是支配一切的关系，在发达的资本主义社会，阶级关系才获得近乎纯粹的表现，以往的阶级关系则掺杂着地缘的、血缘的、业缘的关系。唯物史观的基本原理是阶级关系的一般分析，也是对特定的社会经济形态进行特殊分析的“模式”；生产力的发展、人与自然的物质变换及其基本原理，是阶级关系产生的前提，是社会发展的一般规定。由于马克思的科学分析总是“从发展过程的完成结果开始的”[②]，对人类的社会历史分

---

① 马克思曾经指出：“劳动对资本的形式上的从属”，“是所有资本主义生产过程的一般形式”。(《马克思恩格斯文集》第8卷，人民出版社2009年版，第500页。）这一论断正是在形式逻辑的意义上做出的。马克思有时依照形式逻辑表述“一般”规定，而另一方面，他基本上不赞成运用形式逻辑的方法抽象出一般规定的做法。

② 《资本论》第1卷，人民出版社2004年版，第93页。

析与资本主义社会的商品生产分析是耦合在一起的，资本主义社会是这一分析的耦合点，《资本论》既是对人类社会迄今为止的最后结果的阶级关系的分析，又是对资本主义商品生产的内在机理的揭示。所以，它以“阶级”一章结束。因此，从更高层次看，马克思的政治经济学方法是一种复合有机体的系统分析方法。当然，马克思在阐述唯物史观的时候，方法论思想还不是完全成熟，它在与各种抽象思维方式的对立中获得了阐述，但有机体思想、从抽象上升到具体等还没有得到清楚地阐明[①]；并且，1847 年以后，马克思没有再回头加以完善。因此，就社会发展理论而言，这些思想方法的运用处于不完全自觉的状态。但另一方面，对于我们这里所说的复合有机体的系统分析方法或两个层面的耦合分析，马克思在一定意义上是公开认可过的。在《资本论》第一卷第二版跋中，他引用了《欧洲通报》中的一大段谈《资本论》方法的文字，然后充分肯定这段文字对他的方法的描述是十分恰当的。而这段文字正是从唯物史观和把资本主义社会当作有机体进行经济分析的两个层面来说明《资本论》的方法。

明确这种耦合关系或复合有机体的系统分析方法对于一些具体内容的理解是有帮助的。例如，马克思在《〈政治经济学批判〉导言》中谈到生产、分配、交换和消费的关系时，一方面指出：生产支配着自身，又支配着其他环节，过程总是从生产重新开始，分配、交换、消费“不能是起支配作用的东西”。而同时又强调：这些环节是相互决定的，“生产就其单方面形式来说也决定于其他要素”[②]。这是因为从有机体的观点看，每一个有机体中的不同要素之间存在着相互作用。如果不把社会发展与特定有机体的内在联系结合起来，从它们的耦合关系来理解，对这里的论述就不能不感到费解。再如，马克思指出，资产阶级体制作为有机体，

① 1842 年底，在《论普鲁士等级委员会》一文中，马克思第一次用“有机生命”分析国家和社会（《马克思恩格斯全集》第 1 卷，人民出版社 1995 年版，第 332—334 页）。但在这里并没有对有机体的分析方法展开说明，除了“导言”，其他场合也没有看到这方面说明。从抽象上升到具体、从本质到现象，是黑格尔哲学的重要的方法论思想，马克思将它从古典哲学中独立出来，使之确立在唯物主义基础上，且与近代科学精神结合起来。但是，除“导言”之外，这种思想也没有专门的说明。

② 《马克思恩格斯全集》第 30 卷，人民出版社 1995 年版，第 40 页。

其中的不同经济关系互为前提；与此同时，他又指出："这种有机体制本身作为一个总体有自己的各种前提，而它向总体的发展过程就在于：使社会的一切要素从属于自己，或者把自己还缺乏的器官从社会中创造出来。"① 对于这里的有机总体的自身发展过程，也必须从人类社会的内在机制去理解。更为突出的例子是"个人所有制（权）"问题。马克思指出，"资本主义的私有制，是对个人的、以自己劳动为基础的私有制的第一个否定。但资本主义生产由于自然过程的必然性，造成了对自身的否定。这是否定的否定。这种否定不是重新建立私有制，而是在资本主义时代的成就的基础上，也就是说，在协作和对土地及靠劳动本身生产的生产资料的共同占有的基础上，重新建立个人所有制（权）"。② 这里的"个人所有制（权）"，首先应该是基于资本主义社会这一特定有机体的分析得到的关于未来社会的认识，它是平等而自由的个人基于自身劳动对社会的使用价值的支配权。在《资本论》开篇，个体生产者在分工和交换的全面依赖关系中平等而自由地进行为他的生产，他对社会使用价值的支配权决定于他自身耗费的社会劳动，生产资料虽然归个人所有，但在交换中仅仅获得简单的补偿，不是支配社会的使用价值的权力基础。可见，即便在《资本论》开篇，"个人所有制（权）"与法律层面的财产的"个人所有制"是明确区分开来的。而在未来社会，由于土地和其他生产资料由全体成员共同占有，人们支配社会的使用价值的权力只能来自劳动，或是按劳取酬，或是在人人为我、我为人人的高度发展阶段，自由获取社会的使用价值，其基础依然是个人自觉从事社会发展必不可少的劳动。因此，"个人所有制（权）"的理想状态，是一种基于个人自由劳动的自由享受社会财富的权力。可见，"重新建立个人所有制(权?)"的"重建"，严格说来首先只是理论层面的，是从特定的经济分析中引申出来的，因为在历史上作为一种居于支配地位的关系并不存在《资本论》开篇中所描述的那种基于生产资料个人所有的"个人所有制

① 《马克思恩格斯全集》第30卷，人民出版社1995年版，第237页。

② 《资本论》第1卷，人民出版社2004年版，第874页。原文中"个人所有制"与"个人所有权"可能用的是同一个词组，因为"个人所有权"也可以理解为一种制度。但是，从本文诠释的特定内涵看，这里的"个人所有制"以及其他相同的用法翻译为"个人所有权"似乎更好一些。

(权)”关系。但从人类社会的历史发展这一层面看，“个人所有制(权)”的“重建”，又是以唯物史观所揭示的人类社会的内在机理为基础，是确立在作为有机体被把握的社会发展的历史必然性上的。在前资本主义社会，单纯以劳动为基础的“个人所有制（权）”以生产资料个人所有为基础，它作为未来社会的“征兆”确实存在过，尽管它在到那时为止的任何历史阶段都不是居于支配地位的关系；在发达的资本主义社会，就像简单商品因获得特殊的历史性质而具有一般规定的意义一样，“个人所有制（权）”也因小生产具有典型性而获得一般的规定；而未来“个人所有制（权）”的实现，必然是人类社会实际发展进程的产物。可见，如果从社会发展与特定的经济学分析的耦合关系来把握，真正理解了不同层面的差异和内在一致性，理解了《资本论》的逻辑起点和分析方法，这个问题并不是一个难以理解的问题。在《资本论》开篇体现出来的普遍的简单商品生产中，基于劳动的“个人所有制（权）”以生产资料私有为基础，因此，价值规律向资本主义占有规律的转化，既是对虚幻的“个人所有制（权）”的否定，也是对一种历史上存在过的生产资料归个人所有的私有制的否定。而未来社会的“个人所有制（权）”是以公有制为基础的，并且个人基于自身的劳动所能支配的社会的使用价值不再包含生产资料。可见，“个人所有制（权）”具有特定的内涵，不是法律层面的关于财产的权利关系问题，它是劳动的一种非异化状态。综观马克思不同场合的表述，这一点应该是明确的。在《剩余价值理论》中，马克思围绕通过个人劳动创造个人的所有权这一主题，评述了洛克的思想。《法兰西内战》进一步说明了这一点。在这里，“个人所有制(权)成为现实”的前提是，生产资料、土地和资本“变成自由的和联合的劳动的工具”，但“合作制生产”也可能成为这种前提。[①] 结合前文来看，“个人所有权”的基础可以是生产资料私有制、合作制，也可以是生产资料共同所有。因此，把“个人所有制（权）”理解为法律层面的个人与财产的关系是不科学的。

---

① 《马克思恩格斯文集》第3卷，人民出版社2009年版，第158、159页。

四、结 束 语

几乎所有的资产阶级经济学家都把资本主义生产关系归结为简单交换关系，把简单交换中表现出来的自由、平等看作是合乎人类理性和本性的现实关系。他们看不见简单交换背后存在着的尖锐的社会对立。蒲鲁东等空想社会主义者同样把简单交换表现出来的自由、平等看作人类理性的表现，要求在资本主义的社会条件下真正实现这种理性。马克思的经济学是在批判这些理论的过程中建立起来的。通过艺术的批判、科学的批判，揭示价值规律向资本主义占有规律的转化的必然性。他揭开了基于“个人所有权”的简单交换的自由、平等的面纱，使人们能够了解面纱背后的真实情况。另外，马克思的政治经济学方法以资本主义社会这一有机体的商品生产为出发点，把它们作为特定的研究对象，它的思维方式要求他须臾不能离开这一特定的对象。因此，《资本论》开篇中的商品、劳动、货币及其价值等规定，都只能是资本主义现实中得到充分发展的现实存在的规定性。由于特定对象以资本为支配一切的关系，这些一般规定必然从属于资本。而分工、交换、人与人的全面的社会依赖关系，也只能是特殊形式掩盖下的资本主义生产的社会条件。以上两方面都说明《资本论》开篇中的商品货币关系及其劳动、价值等规定，只能是以一定形式表现出来的资本主义生产关系。尽管它们作为一般规定包含着非资本主义的商品生产的历史因素，但这种“一般”首先是商品生产充分发展了的资本主义生产的一般，而不是不同历史时期商品生产的抽象共同点。对于这种认识，马克思本人在各种场合有大量的说明，因此，这是不容置疑的。

长期以来，人们难以认识《资本论》逻辑起点的特定内涵，这与恩格斯的“引导”不无关系。他不是从特定有机体出发，运用抽象力把握处于资本的支配关系下的简单商品交换，他不是把从抽象上升到具体的逻辑过程看成把握特定有机体的科学进程；他把逻辑过程看成对历史过程的直接的抽象和总结，把两者的统一看成抽象意义的简单等同。在

“《资本论》第三册增补”中，恩格斯把价值规律直接看成历史上的简单商品交换及其生产中已经取得支配地位的规律，甚至认为，在14、15世纪以前，“价值规律已经在长达5000年至7000年的时期内起支配作用”。[①] 这些思想与马克思写作《资本论》的方法论思想存在一定差异。[②] 恩格斯的这些“引导”，使一些人用单纯的历史思路解读《资本论》，把价值规律、剩余价值规律、生产价格规律与商品生产的不同历史阶段对应起来。恩格斯如此“引导”的原因可能有以下两个方面：一方面是他与马克思在思想方法上存在差异，他没有足够的把握按照马克思本人的思想方法向人们通俗地解答《资本论》的内容。他曾向马克思坦言：“我对一切抽象的推理很不习惯”，在理解货币问题时，“常常必须先寻找历史根据”[③]。由于马克思曾表示将对黑格尔辩证法中的合理因素“阐述一番”，马克思去世时，恩格斯首要的工作便是寻找马克思阐明的“辩证法大纲”，然而，《〈政治经济学批判〉导言》似乎一直没有引起他的足够重视，他从来没有意识到这可能就是马克思提到的那份东西。这些情况表明，马克思、恩格斯在思想方法方面是存在差异的，并且恩格斯在一定程度上已经意识到他们的差异。另一方面，《资本论》出版后，一再有人呼吁将它通俗化，以便更好地发挥它的实践意义，一些人则尝试着对它进行通俗的改写。然而，马克思本人对实际进行过的通俗化改写结果极为不满，甚至感到愤怒。而对于恩格斯来说，他更为重视《资本论》的实践意义。为减少读者阅读的困难，他更多地从正面回应通俗化的呼声。

---

① 《资本论》第3卷，人民出版社2004年版，第1019页。

② 前文的分析表明：马克思把逻辑过程看成认识特定有机体的从抽象上升到具体的“科学的进程”，把商业资本的商品交换看成非等价交换，直接生产者之间的交换则被看成“多余”的偶然的交换，而商品的价值规定以“为他的生产”和连续性交换为条件。因而他批评经济学家把商品的价值规定当成“不言而喻的自然必然性”，指责他们“从来也没有”追问这些内容为什么采取了这种形式。（参见《资本论》第1卷，人民出版社2004年版，第97—98页）在他看来，个体劳动和前资本主义时期“零散地出现一些自由劳动者”的劳动都不是形成价值的劳动。（参看《马克思恩格斯全集》第30卷，人民出版社1995年版，第462页）总之，对于历史上的简单商品生产，价值规律只具有反思的适用性。就它是资本主义生产关系的萌芽和征兆而言，价值规律成为这种简单商品生产隐含的而非实际的规定。

③ 《马克思恩格斯〈资本论〉书信集》，人民出版社1976年版，第136页。

因此，恩格斯的这种“引导”有可能是一种将《资本论》通俗化的巧妙手段。这样，既引导人们对照商品生产的历史更好地阅读《资本论》，使它的基本思想、基本内容得到广泛的传播，又不至于削弱原著的地位。应该说，无论其主观意识如何，就客观效果而言，恩格斯的这种“引导”对促进《资本论》的传播和扩大其影响产生了非常重大的历史作用。当然，在其内在逻辑的认识方面，这种解读方式又带来一些消极影响，以致像逻辑起点、研究对象、基本方法等长期难以达成共识。

这里还涉及唯物辩证法与科学抽象法的关系。在传统教科书看来，任何事物都是辩证发展的，辩证法首先是事物发展的规律，人的认识是对事物发展的反映，因而，辩证法也就是认识事物的原则。这种论述主要是从哲学认识论层面把握唯物辩证法，更多地体现了恩格斯的思想。而对于马克思来说，同样是坚持唯物辩证法，却似乎更多地从哲学方法论层面来把握，更多地把它看作认识特定研究对象的科学方法。在马克思看来，自然虽然是人类活动的前提，但作为自然的自然，对于人类来说相当于无，它的独立存在和自我辩证发展的必然性人们既不关心，也不可能从根本上把握它。自然只有进入人与自然的物质变换过程所需要的范围，成为人们的特定研究对象，其内在机理才会被人们依照科学的方法揭示出来。因此，唯物辩证法更多地体现为认识特定对象时从抽象上升到具体的“科学的进程”。而对于社会历史的发展规律，也不可能通过对历史发展过程的总结性抽象来把握，因为历史的经验总结总是有限的，以有限的经验难以把握今后的无限发展。因此，马克思对历史规律的把握是通过对人类社会这一生命有机体的科学研究来达到的，历史的考察只是一种辅助性、从属性的工作。可见，马克思突出的不是外在事物的独立性、必然性，而是人作为自由个体的主体性、能动性，只有进行创造性劳动的人运用科学的方法，揭示了独立存在物的内在属性，自然才成为人化自然，才从人类活动的单纯前提转化为人的存在。而自然人化是人的本质力量的外化，社会存在是人自身外化的存在形式，它的发展就是人自身的发展，人与社会是一体两面，人是社会关系的总和。马克思、恩格斯关于唯物辩证法的这些具体差异，必然会反映到恩格斯对《资本论》的认识中，从而引起解读方法与写作方法的某种不一致。

当然，这种差异是在原则上都坚持唯物辩证法这一前提下的个性化差异，他们在大的原则上、在广泛的领域都是非常一致的。

（原文发表于《政治经济学评论》2014 年第 1 期）

四

劳动价值论

评强加给马克思劳动价值论的一些不实之词

杨圣明*

改革开放以来，围绕着如何深化和发展马克思劳动价值理论这个题目所进行的热烈讨论，一方面取得了显著的进步，达成了一些共识，另一方面也强加给马克思劳动价值论一些不实之词。

一、马克思的劳动价值论是毫无意义的“理论假说”吗？

李琪在《价值理论和没有价值的价格理论》① 一文中写道：“作为理论假设的价值一说并没有增强人们理解经济生活的任何洞察力，当人透过价值瞭望社会现实的时候，人们并没有获得任何新颖的发现。因此，人们或许应当毫不犹豫地走向一种没有价值的价格理论。人们迟早有一天会意识到，如果想要坚持有关不同经济制度的各种看法，放弃价值一说，不会对人们的这种坚定的愿望产生任何实质性的影响，人们的那些看法同价值一说实际上不存在任何不可分割的逻辑联系。放弃价值一说，只会使人们的那些看法少些冗杂的拖累而变得更加简洁和明晰”。“人们对价值理论的依依不舍之情，反映了人们对一套语言的眷恋。人们或许应当开始锻炼自已逐渐地熟悉一套新的语言，价值一词在这套新的语言里甚至没有留下一丝淡淡的拖痕，这套新的语言或许能够引导人们更加

---

* 杨圣明：中国社会科学院财政与贸易经济研究所研究员。

① 李琪：《价值理论和没有价值的价格理论》，《价格理论与实践》1989 年第 3 期。

接近那个神秘的世界。”

这里仅仅从李琪文章的结论性的两段话，就可见作者对马克思劳动价值论的态度了。其实，该文通篇对马克思的劳动价值学说极尽歪曲，实在罕见。也许作者慑于马克思劳动价值学说的科学威力而心虚，不敢面对马克思，不敢在他“斥责”的价值学说之前冠以马克思的名字。其实，文中引注的作为文章批判对象的东西都出自马克思的著作。

李琪文章强加给马克思劳动价值理论的不实之词主要是：把劳动价值理论说成一种假说。文中写道：“由社会必要劳动时间第一层含义所界说的价值，的确不是一种让人们直接感受到的事物，人们日常接触到的总是那些形形色色的价格，因此，价值一说更像是一项理论的假说。”又写道：“由第二种含义的社会必要劳动时间所决定的价值，实际上已经完全丧失了同劳动的任何实质性的联系。”这样，李琪文章就从双重含义上将马克思的劳动价值学说歪曲为“假说”。

马克思劳动价值理论绝对不是一种“假设”，而是对商品经济（市场经济）中的客观经济生活的一种认识和反映，是科学的理论抽象。抽象与假设根本不同。马克思指出：“分析经济形式，既不能用显微镜，也不能用化学试剂。二者都必须用抽象力来代替。”[①] 马克思采用科学的抽象法，不仅从现象中抽象出价值这个范畴，而且从具体劳动中抽象出抽象劳动范畴，从利润、利息、地租中抽象出剩余价值范畴等等。一切科学的抽象范畴，包括价值范畴，都更深刻地反映客观世界。列宁曾指出：“物质的抽象，自然规律的抽象，价值的抽象及其他等等，一句话，那一切科学的抽象，都更深刻、更正确、更完全地反映着自然。”[②] 抽象思维是人类区别于其他动物的根本标志之一，也是一切科学的共同特征之一。抽象的范畴既是科学知识的结晶，又是科学前进的阶梯。抽象劳动这个范畴是马克思劳动价值学说的精髓。它不仅是理解马克思劳动价值论，更是理解剩余价值论以至整个马克思经济学的枢纽。不懂得劳动二重性，就根本不能理解马克思的价值概念。价值并不是马克思创立的。但是将

① 《资本论》第1卷，人民出版社2004年版，第8页。

② 《列宁全集》第38卷，人民出版社1959年版，第181页。

价值归结为人类抽象劳动则是马克思的功绩。一切反对马克思劳动价值理论者，对于抽象劳动都是一窍不通的。这一点，中外概莫能外，李琪文章当然在其中。

马克思劳动价值理论是从商品经济（市场经济）中抽象出来又到商品经济（市场经济）中去的一种科学理论。它具有强大无比的洞察力，是人们理解、认识和改造商品经济的锐利武器。借助于价值范畴，可以透析商品经济中人与人之间的经济关系及其本质，可以揭示商品拜物教、货币拜物教、资本拜物教，可以通晓国民经济中价值运动的过程和特点，为宏观经济决策提供理论支撑。马克思正是借助于他的价值理论，才创立了剩余价值学说，揭露了资本主义剥削的秘密，并从根本上指明了新社会创造新生活的途径。只有毫不动摇地坚持马克思的劳动价值学说和剩余价值学说，才能正确认识不同社会经济制度的优劣，坚定我们为实现中国特色社会主义而奋斗的决心和信心。

李琪文章从根本上否定马克思劳动价值论之后，又要人们“毫不犹豫地走向一种没有价值的价格理论”，并且说：“放弃价值一说，只会使人们的那些看法少些冗杂的拖累而变得更加简洁和明晰”。须知，马克思劳动价值论的价值专指生产劳动创造的商品的价值。这种价值与价格的关系是本质与现象、内容与形式的关系，二者是辩证的对立统一。既不存在没有价值的价格，也不存在没有价格的价值。对于非劳动创造的一些东西没有价值也有虚幻价格这种情况，马克思早就指出，不能用劳动价值论去说明。①

在价格与价值的关系这个问题上，西方主流经济学在不同历史时期的观点是有变化的。早期，从威廉·配第经亚当·斯密到大卫·李嘉图，创立并坚持劳动价值论，将价值与价格明确区分开，并认为价格是由价值决定的，而价值则是由劳动创造的；中期，从萨伊的生产要素价值论，经门格尔、庞巴维克的效用价值论，到马歇尔的供求价值论，虽然它们背弃了劳动价值论，但还是区分价值与价格；后期，从凯恩斯至今的现代经济学，一般不再区分价格与价值，而将二者混同使用，或者只承认价格，而否定价值

---

① 《资本论》第1卷，人民出版社2004年版，第123—124页。

的存在。在后一种意义上，说李琪的观点是抄自西方的也是合适的。

二、劳动价值论是“原始的实物交换说”吗？

晏智杰教授在其《劳动价值学说新探》一书中，首先，将马克思劳动价值理论扣上“原始的实物交换”的大帽子。他写道：“马克思价值分析暗示的前提条件之一是实物交换，而且是人类历史上最初的原始的实物交换。”[①] 他又断言，马克思劳动价值论的原意是“创造商品价值的劳动只是指从原始实物交换分析条件下所抽象出来的交换当事者双方所花费的抽象劳动（体力和脑力消耗）。在马克思分析商品价值的这种条件中还没有货币，更没有资本，那纯粹是一种原始的实物交换；在马克思所说的这种商品价值源泉中没有土地，也没有资本等其他生产要素；在马克思所说的作为价值源泉的这种劳动中也完全没有什么科技含量和经营管理的成本”[②]。这样，晏教授就把马克思劳动价值学说“原始化”“实物化”了。[③] 其次，晏智杰教授认为，马克思的劳动价值理论“同现实社会生活之间的脱节和抵触已是不争的事实”，“特别是同我们正在进行的以社会主义市场经济为目标的改革实践格格不入”。“许久以来劳动价值论在我国经济理论界一直是一个不可接触的理论禁区，长期无人敢于问津的结果愈发使这种理论僵化，愈发同我们的改革实践相左。”[④] “在西方经济学的发展中，对劳动价值论的质疑几乎同这种理论的出现和破产相始终。”“对马克思劳动价值论的质疑也随着它的出现就出现了，在过去的一个半世纪中时起时伏，从未中止过。”[⑤] 最后，怎么办？晏教授写道：“我们的目标应当是依据市场经济的实践，矫正传统劳动价值论的偏差，并以能够反映当代经济发展现实，体现时代精神的基本理论取而代之。”[⑥]

---

① 晏智杰：《劳动价值学说新探》，北京大学出版社 2001 年版，第 24 页。

② 晏智杰：《劳动价值学说新探》，北京大学出版社 2001 年版，再序第 5—6 页。

③ 参见晏智杰：《劳动价值学说新探》，北京大学出版社 2001 年版。

④ 晏智杰：《劳动价值学说新探》，北京大学出版社 2001 年版，第 1、5 页。

⑤ 晏智杰：《劳动价值学说新探》，北京大学出版社 2001 年版，第 1 页。

⑥ 晏智杰：《劳动价值学说新探》，北京大学出版社 2001 年版，自序第 2 页。

请问，以什么基本理论取代马克思劳动价值论？晏教授说：“生产要素价值论是对现代社会生产发展规律的科学概括，是人类的共同思想财富，接受这种理论并没有什么不好。”“从西方经济思想发展的过程来看，他们从劳动价值论走向生产要素价值论，以及从价值论走向价格论，是一个意义极其重大的转折。”“需要扩大和深化认识的不是劳动价值论，而是生产要素财富论或生产要素价值论。”① “我以为出路在于从传统的劳动价值论转向生产要素价值论或财富论。”②

完成了对马克思劳动价值论的曲解、否定和取代三部曲之后，晏教授唯恐别人不同意、不支持他的观点和主张，于是强调指出：“关键在于从什么立场出发，秉持怎样的判断标准。”③ 的确如此，换个立场，改个标准，对待马克思劳动价值论的态度就同晏智杰教授的态度大相径庭，甚至背道而驰了！

事实上，马克思的价值分析中“没有货币”。这是晏教授强加的。如果真没有货币，那自然就是所谓的“原始的实物交换”，完全符合晏教授的企望。可是，马克思在对价值进行分析时十分重视货币。在《资本论》第一卷第一章第三节“价值形式或交换价值”中，马克思写道：“谁都知道——即使他别的什么都不知道，——商品具有同它们使用价值的五光十色的自然形式成鲜明对照的，共同的价值形式，即货币形式。但是在这里，我们要做资产阶级经济学从来没有打算做的事情：指明这种货币形式的起源，就是说，探讨商品价值关系中包含的价值表现，怎样从最简单的最不显眼的样子一直发展到炫目的货币形式。这样，货币的迷就会随着消失。”④ 在这一节中马克思不仅深刻分析了商品价值形式发展的历史进程及其各个阶段的特征，还从这种发展中揭示了价值的最高形式——货币形式的产生、本质和特征。《资本论》第一卷第二章虽然冠名“交换过程”，但其基本内容则是“在于了解商品怎样、为什么、通过什么成为货币”，使人们了解和懂得“货币拜物教的谜就是商品拜物教的

① 晏智杰：《劳动价值学说新探》，北京大学出版社2001年版，再序第10页。

② 晏智杰：《劳动价值学说新探》，北京大学出版社2001年版，再序第8页。

③ 晏智杰：《劳动价值学说新探》，北京大学出版社2001年版，再序第6页。

④ 《资本论》第1卷，人民出版社2004年版，第63页。

谜，只不过变得明显了，耀眼了”。[①] 第三章以货币为标题，逐一分析货币的各种职能。第四章更深入地研究“货币转化为资本”。言而总之，马克思以 4 章 200 页 15 万字的篇幅全面系统地研究了货币，创立了崭新的货币理论，并与价值理论形成有机体，而晏教授却说“马克思的价值分析中没有货币”，这难道符合事实吗?

作为价值源泉的劳动中“完全没有什么科技含量和经营管理的成本”，这又是强加给马克思劳动价值论的不实之词。马克思深刻揭示了科学技术和经营管理在价值形成中的重大作用。他写道：“劳动生产力越高，生产一种物品所需要的劳动时间就越少，凝结在该物品中的劳动量就越小，该物品的价值就越小。相反地，劳动生产力越低，生产一种物品的必要劳动时间就越多，该物品的价值就越大。可见，商品的价值量与体现在商品中的劳动的量成正比，与这一劳动的生产力成反比。”“劳动生产力是由多种情况决定的，其中包括：工人的平均熟练程度，科学的发展水平和它在工艺上应用的程度，生产过程的社会结合，生产资料的规模和效能，以及自然条件。”[②] 科学劳动是复杂劳动，是倍加的简单劳动，因而既能创造出倍加的价值，又生产出多倍的使用价值，这种二重作用越来越明显，也越来越证明马克思劳动价值论的正确。

晏教授还指责马克思关于价值源泉的分析中“没有土地，也没有资本”。这是混淆价值与使用价值、价值与财富、价值源泉与财富源泉的必然结果。在马克思看来，价值的源泉是一元的，劳动是价值的唯一源泉；而财富或使用价值的源泉则是多元的，除劳动外，还有土地、资本以及其他自然要素。马克思写道：作为价值，一切商品都只是一定量的凝固的劳动时间；“作为交换价值，商品只能有量的差别，因而不包含任何一个使用价值的原子。”[③] 因此，企图在交换价值或价值中找出土地、资本，不过是缘木求鱼而已。与此相反，土地、资本、劳动等众多要素则是财富的源泉。马克思指出：“劳动并不是它所生产的使用价值即物质财富的

① 《资本论》第 1 卷，人民出版社 2004 年版，第 112 页。

② 《资本论》第 1 卷，人民出版社 2004 年版，第 53—54、53 页。

③ 《资本论》第 1 卷，人民出版社 2004 年版，第 50 页。

唯一源泉。正像威廉·配第所说，劳动是财富之父，土地是财富之母。”[①]马克思在《哥达纲领批判》一文中，批判拉萨尔混淆价值源泉与财富源泉时也指出，“劳动不是一切财富的源泉。自然界同劳动一样也是使用价值（而物质财富本来就是由使用价值构成的！）的源泉”[②]。

三、马克思的劳动价值论是“斯密教条”吗？

亚当·斯密的价值理论有科学部分，也有庸俗部分，后者即是“斯密教条”。它否定劳动是价值的源泉，把收入（工资、利润、地租）说成是价值的源泉、价值的决定者；或者把价值分解成工资、利润和地租三个部分，抛弃掉生产中消耗不变资本部分，把价值构成由 $c+v+m$ 变成 $v+m$。[③] 这个教条为“庸俗经济学的在原则上只忠于假象的浅薄性提供了牢固的活动基础”[④]。从 19 世纪初至今的 200 年间，这个“教条”一直是许多西方经济学家构筑自己理论体系的基础，或者说这个教条埋下了至今 200 年的祸根。众所周知的萨伊的生产要素价值论（劳动生出工资、资本生出利润、土地生出地租），不过就是“斯密教条”的翻版。当然它也进一步庸俗化了斯密的价值理论，舍弃了其合理成分。近几年，我国有些人把“斯密教条”以及生产要素价值论奉若神明。如上文所述，晏智杰教授明确提出要用生产要素价值论取代马克思劳动价值论。还有的人把生产要素价值论或“斯密教条”说成马克思劳动价值论的新发展、新应用。例如，谷书堂、柳欣教授认为，“在资本积累和土地私有权产生之前，商品的价值是由耗费在商品生产上的劳动时间决定的，而一旦出现了资本积累和土地私有权，商品的价值就不再由劳动时间单独决定了，

① 《资本论》第 1 卷，人民出版社 2004 年版，第 57 页。

② 《马克思恩格斯选集》第 3 卷，人民出版社 1995 年版，第 298 页。

③ “斯密教条”有三种表示方式。我们在这里仅采用一种。详见《资本论》第 3 卷，人民出版社 2004 年版，第 953 页。

④ 《资本论》第 1 卷，人民出版社 2004 年版，第 589 页。

而是由‘支配的劳动’或由工资、利润和地租共同构成的了”。[①] 这分明是“斯密教条”及其变种生产要素价值论，哪里是新的劳动价值一元论！哪里是对马克思劳动价值论的新发展！为了澄清问题，我们应当先看一看马克思是如何批判“斯密教条”的！

马克思在《资本论》第一卷第七篇中写道：“亚·斯密在叙述再生产过程从而积累时，与他们前辈特别是重农学派相比，在很多方面不仅没有进步，而且还有决定性的退步。同本文中所提到的他的错觉有关的，是同样由他遗留给政治经济学的极其荒谬的教条：商品的价格由工资、利润（利息）和地租构成，也就是仅仅由工资和剩余价值构成……关于这一点，我将在第二册第三篇和第三册第七篇更详细地谈到。”[②]

马克思在《资本论》第二卷第三篇中写道：“亚·斯密的教条是：每一个单个商品——从而合起来构成社会年产品的一切商品（他到处都正确地以资本主义生产为前提）——的价格或交换价值，都是由三个组成部分构成，或者说分解为：工资、利润和地租。这个教条可以还原为：商品价值＝v＋m，即等于预付可变资本的价值加上剩余价值。”[③]

“把收入看成是商品价值的源泉，不把商品价值看成是收入的源泉，这是一种颠倒。按照这种颠倒的看法，商品价值好像是由不同种类的收入‘构成’的。这各种收入是互不影响地决定的，而商品的总价值是由这些收入的价值量加在一起决定的。但是现在要问，被认为是商品价值源泉的各种收入，它们各自的价值又是怎样决定的呢？……在这方面，亚·斯密只是说了一些空话。”[④] “工资、利润、地租这三种收入形成商品价值的三个‘组成部分’这个荒谬的公式，在亚·斯密那里，是来源于下面这个似乎较为可信的公式：商品价值分解为这三个组成部分。但是后一种说法，即使假设商品价值只能分成所消费的劳动力的等价物和劳动力所创造的剩余价值，也是错误的。”[⑤]

---

① 谷书堂、柳欣：《新劳动价值论一元论》，《中国社会科学》2003 年第 6 期。

② 《资本论》第 1 卷，人民出版社 2004 年版，第 682 页。

③ 《资本论》第 2 卷，人民出版社 2004 年版，第 410 页。

④ 《资本论》第 2 卷，人民出版社 2004 年版，第 424—425 页。

⑤ 《资本论》第 2 卷，人民出版社 2004 年版，第 427 页。

马克思在《资本论》第三卷第七篇中指出，萨伊的生产要素价值论是“斯密教条”的“必然的和最后的表现”。他写道：“如果像萨伊先生那样，认为全部收益，全部总产品，对一个国家来说都可以分解为纯收益，或者同纯收益没有区别，因而这种区别从整个国家的角度来看不复存在，那么，这种幻想不过是亚当·斯密以来贯穿整个政治经济学的荒谬教条的必然的和最后的表现，即认为商品价值最终全部分解为收入即工资、利润和地租这样一种教条的必然的和最后的表现。”①

最后，马克思强调指出：“总之，应当注意亚·斯密书中的奇怪的思路：起先他研究商品的价值，在一些地方正确地规定价值，而且正确到这样的程度，大体上说，他找到了剩余价值及其特殊形式的源泉——他从商品价值推出工资和利润。但是后来，他走上了相反的道路，又想倒过来从工资、利润和地租的自然价格的相加数来推出商品价值。”② “结果是：斯密的混乱思想一直延续到今天，他的教条成了政治经济学的正统信条。”③

200年后的今天，“斯密教条”仍然是某些人的正统信条。劳动创造工资、资本创造利润、土地创造地租，而工资＋利润＋地租＝价值，这样的公式难道不耳熟能详吗？历史又在捉弄人了！

看来，坚持、发展和捍卫马克思的劳动价值论，还要继续同“斯密教条”及其诸多变种进行长期不懈的斗争！

（原文发表于《马克思主义研究》2007年第3期）

---

① 《资本论》第3卷，人民出版社2004年版，第953页。

② 《资本论》第26卷第1册，人民出版社1972年版，第78页。

③ 《资本论》第2卷，人民出版社2004年版，第434页。

掌握《资本论》方法，正确理解劳动价值论

李建平*

深化对劳动和劳动价值论的研究和认识，应该做好两个方面的工作。一个方面是要像邓小平在讲到研究毛泽东思想时所多次强调的那样。要"完整地准确地理解"，不能断章取义，更不能随意曲解；另一个方面则要结合新的实际，对劳动价值论加以发展。在这两个方面工作中，前一方面工作是前提，前提没有搞好，不仅会损害马克思主义"政治经济学的整个基础"①，而且也使后一方面工作失去了依据和方向。我认为，在近年来出版的关于马克思劳动价值论的论著中，有一些与"完整地准确地理解"尚有很大的距离。下面对一些观点试作粗浅分析。某大学出版社出版的著作在批评劳动价值论的偏颇时，认为马克思未能正确理解价值和价格这两个范畴在历史上和理论上的关系。按照作者的观点，在商品经济和市场经济条件下，价格始终是一个本质的事实和唯一的存在，而价值不过是价格中的一种形式，即长期价格水准；只有从价格的存在和变动去探求和说明价值，而不是相反；价格决定比价值决定层次更高，更带普遍性，价值决定原理理应从属于价格的决定法则。我认为，从中可以看出，作者在对《资本论》方法的理解上存在三个偏差：

一是不了解现象与本质的辩证关系。唯物辩证法认为，世界上任何一个事物，都具有本质和现象两个方面，事物的本质是由它本身所固有的特殊矛盾所决定的，而现象则是事物的外部联系和表面特征，是事物的外在表现。尽管事物的本质隐藏于事物的内部，是看不见摸不着的东

---

* 李建平：福建师范大学经济学院、马克思主义学院教授，博士生导师。

① 《马克思恩格斯全集》第26卷第2册，人民出版社1973年版，第269页。

西，只有靠理性思维才能把握，但却是客观存在的东西。马克思明确指出，价值是价格的本质，价格是价值的货币表现。他说："价格是物化在商品内的劳动的货币名称。"[①] 由于"物的名称对物的本性来说完全是外在的。即使我知道一个人的名字叫雅各，我对他还是一点不了解。同样，在镑、塔勒、法郎、杜卡特等货币名称上，价值关系的任何痕迹都消失了"[②]。尽管在价格表面上找不到价值关系的任何痕迹，但是科学研究的任务，就在于透过纷繁复杂的表面现象，揭示其内在本质。马克思说过，"如果事物的表现形式和事物的本质会直接合而为一，一切科学就都成为多余的了"[③]。如果把价格作为本质的事实和唯一的存在，那么：第一，不懂得本质这一概念的含义，价格作为一种看得见摸得着的外在形态，只能是现象，不可能是本质；第二，把价值合并到价格，这一唯一的存在也就从根本上取消了价值这一本质，这不仅是对劳动价值论进行釜底抽薪，也违背了唯物辩证法的基本常识；第三，经济科学研究的任务就成为多余的了。

二是不了解研究方法和叙述方法的关系。在《资本论》中，马克思虽然先论述价值，以后才论述价格，但这并不表明，马克思在研究价值前，没有进行过价格研究。恰恰相反，马克思在写作《资本论》之前和过程中，收集了大量有关货币和商品价格的历史和现实的材料，作了深入的研究，"从表象中的具体达到越来越稀薄的抽象，直到我达到一些最简单的规定，于是行程又得从那里回过头来"。从抽象的简单的价值规定，再逐步达到价格这一"具有许多规定和关系的丰富的总体"[④]。前一行程属于研究过程，后一行程属于叙述过程，它们所采用的方法是有区别的。马克思说："在形式上，叙述方法必须与研究方法不同。研究必须充分地占有材料，分析它的各种发展形式，探寻这些形式的内在联系。只有这项工作完成以后，现实的运动才能适当地叙述出来。这点一旦做到，材料的生命一旦观念地反映出来，呈现在我们面前的就好像是一个

① 《马克思恩格斯全集》第 23 卷，人民出版社 1972 年版，第 119 页。
② 《马克思恩格斯全集》第 23 卷，人民出版社 1972 年版，第 119 页。
③ 《马克思恩格斯全集》第 25 卷，人民出版社 1974 年版，第 923 页。
④ 《马克思恩格斯全集》第 46 卷上册，人民出版社 1979 年版，第 38 页。

先验的结构了。"[①] 上述观点作者指责马克思没有从价格的存在和变动去探求和说明价值，说明他对马克思在"价格的存在和变动"方面作过的大量研究视而不见，并且把《资本论》研究方法和叙述方法混为一谈了。

三是不了解抽象上升到具体的辩证方法。马克思在《〈政治经济学批判〉导言》第三节政治经济学方法中明确指出，作为构建政治经济学理论体系的方法，"抽象的规定在思维行程中导致具体的再现"，"显然是科学上正确的方法"[②]。商品及其价值作为《资本论》的逻辑起点，是一个很抽象的范畴，但"正是由于它们的抽象而适用于一切时代"[③]，即不仅适用于前资本主义社会的简单商品生产，而且也适用于资本主义社会的发达商品生产，因此具有很大的普遍性。马克思在《资本论》第三卷中提到的生产价格，是一个较价值具体得多的经济范畴，它的适用性和普遍性比起价值就窄多了，只能在资本主义商品生产发展到一定的阶段才出现。因此，马克思指出："商品按照它们的价值或接近于它们的价值进行的交换，比那种按照它们的生产价格进行的交换，所要求的发展阶段要低得多。而按照它们的生产价格进行的交换，则需要资本主义的发展达到一定的高度。"[④] 如果不了解由抽象上升到具体的方法，就会得出价格到处都存在，与人们的生产和生活关系很密切，因而比起价值更具有普遍性和决定性的肤浅结论。

在前面提到的那本著作中，作者认为马克思的劳动价值论之所以存在"局限性"，就是因为它的"适用范围仅限于实物交换的场合"。我认为，该作者之所以作此断言，是因为他不了解马克思在《资本论》第一卷开篇分析商品时所应用的逻辑与历史相一致的辩证方法所造成的。

逻辑与历史相一致是马克思取之于黑格尔又加以批判改造，并应用于《资本论》的一种辩证方法。1859 年当马克思的《政治经济学批判》第一分册（马克思称该书是《资本论》第一卷的初篇）出版后，恩格斯写了一篇著名的书评。在书评中，恩格斯针对马克思"从商品开始"的

---

① 《马克思恩格斯全集》第 23 卷，人民出版社 1972 年版，第 23—24 页。
② 《马克思恩格斯全集》第 46 卷上册，人民出版社 1979 年版，第 38 页。
③ 《马克思恩格斯全集》第 46 卷上册，人民出版社 1979 年版，第 43 页。
④ 《马克思恩格斯全集》第 25 卷，人民出版社 1974 年版，第 197—198 页。

分析，写道："历史从哪里开始，思想进程也应当从哪里开始"，"我们采用这种方法，是从历史上和实际上摆在我们面前的、最初的和最简单的关系出发，因而在这里是从我们所遇到的最初的经济关系出发。我们来分析这种关系。""因为我们这里考察的不是只在我们头脑中发生的抽象的思想过程，而是在某个时期确实发生过或者还在发生的现实过程，因此这些矛盾也是在实际中发展着的，并且可能已经得到了解决。"[①] 恩格斯的这段话包含两层意思：第一层意思是，作为《资本论》逻辑分析起点的商品是同商品生产历史的起点相一致的；后者决定前者，前者是后者的理论抽象。这样就同黑格尔的历史无非是绝对的规定和理念的实现的唯心主义观点彻底区别开来了；第二层意思是，作为《资本论》逻辑分析起点的商品，不仅同人类社会商品生产的历史起点相一致，而且还同资本主义社会商品生产的历史起点相一致。恩格斯所说的"从历史上……最初的和最简单的关系出发以及在某个时候确实发生过"的过程，指的就是人类社会商品生产史；而"从实际上摆在我们面前的、最初的和最简单的关系出发"以及"还在发生的现实过程"，指的就是资本主义商品生产史。

正因为作为《资本论》逻辑起点的商品同两种商品生产的历史起点相一致，所以在《资本论》第一卷的开篇中，就同时存在有关两种商品生产的论述。关于人类商品生产的历史起点，马克思在第一章谈到商品的最简单价值形式时指出："很明显，这种形式实际上只是在最初交换阶段，也就是劳动产品通过偶然的、间或的交换而转化为商品的阶段才出现。"[②] 在第二章交换过程中，又进一步指出，商品交换关系在原始共同体的成员之间并不存在，"商品交换是在共同体的尽头，在它们与别的共同体或其成员接触的地方开始的。但是，物一旦对外成为商品，由于反作用，它们在共同体内部也成为商品"[③]。关于资本主义社会商品生产的历史起点，马克思的论述就更多了。《资本论》第一卷第一章第一节第一段就是："资本主义生产方式占统治地位的社会的财富，表现为'庞大的

① 《马克思恩格斯选集》第 2 卷，人民出版社 1972 年版，第 122、122—123、123 页。
② 《马克思恩格斯全集》第 23 卷，人民出版社 1972 年版，第 81 页。
③ 《马克思恩格斯全集》第 23 卷，人民出版社 1972 年版，第 47 页。

商品堆积'，单个的商品表现为这种财富的元素形式。因此，我们的研究就从分析商品开始。"[①] 马克思曾明确指出："我们现在从作为资本主义生产的基础和前提的商品——产品的这个特殊的社会形式——出发。"[②] "货币和商品是我们考察资产阶级经济时必须作为出发点的前提。对资本的进一步考察将表明，事实上只有在资本主义生产的表面上，商品才表现为财富的元素形式。"[③] 限于篇幅，这里就不一一列举了。

作为《资本论》逻辑起点的商品与两种商品生产的历史起点相一致，会不会自相矛盾呢？不会的。因为其中后一个一致是主要的、基本的。虽然在开篇中马克思暂时舍象去资本的关系，从商品的纯粹形态上来考察，但这不意味着它不是资本主义的商品。马克思说："在研究经济范畴的发展时……应当时刻把握住：无论在现实中或在头脑中，主体——这里是现代资产阶级社会——都是既定的；因而范畴表现为这个一定社会即这个主体的存在形式、存在规定、常常只是个别的侧面。"《资本论》开篇的商品也就是资产阶级社会这个主体的"存在形式、存在规定"和"个别的侧面"[④]，这是我们"应当时刻把握住"的。但是，资本主义商品生产的产生和发展也以浓缩的形式再现了人类社会商品生产的产生和发展，正如现代社会个人意识的产生和发展是人类意识的产生和发展的缩影一样。因此，作为《资本论》逻辑起点的商品在与资本主义商品生产的历史起点相一致的同时，自然也与人类社会商品生产历史的起点相一致了。认为劳动价值论适用范围仅限于实物交换场合的作者，只看到《资本论》开篇有一些关于人类社会商品生产历史起点的论述，未能把握马克思所应用的科学方法，就轻率地作出了不符合《资本论》原意的结论。这进一步说明，在理解马克思的劳动价值论时，掌握《资本论》所应用的辩证方法，是多么重要。正如列宁所指出的："不钻研和不理解黑格尔的全部逻辑学，就不能完全理解马克思的《资本论》，特别是它的第

① 《马克思恩格斯全集》第 23 卷，人民出版社 1972 年版，第 81 页。
② 《马克思恩格斯全集》第 26 卷第 3 册，人民出版社 1974 年版，第 119 页。
③ 《马克思恩格斯全集》第 47 卷，人民出版社 1979 年版，第 72 页。
④ 《马克思恩格斯全集》第 46 卷上册，人民出版社 1979 年版，第 44 页。

一章。”[①]

有一种流行的观点认为，马克思的劳动价值论主要体现在《资本论》第一卷第一章中。上面提到的那本书的作者，也认为马克思对其劳动价值论的最完整最系统的论述是在《资本论》第一卷第一篇第一章做出的，为此他将劳动价值论的内容概括为三点，即商品二重性学说、劳动二重性学说、价值形式学说。我认为，对劳动价值论的这种界定，显得太简单、太片面了些，这里也涉及对《资本论》在阐述劳动价值论时所应用方法的理解问题。依我拙见，马克思的“最完整最系统的”劳动价值理论应该包含以下三个方面或三个层次的内容：一是马克思对资产阶级古典政治经济学劳动价值理论的肯定、继承和批判、改造。以亚当·斯密和大卫·李嘉图为代表的资产阶级古典政治经济学“奠定了劳动价值论的基础”[②]，并以此为武器阐明了资本主义社会的一些重大经济问题，但由于时代和阶级的局限，他们不能“从这个基础出发……去揭示这个基础本身的发展”[③]，最终导致理论体系的破产。马克思在从事政治经济学的研究中，非常重视采用批判的方法，摒弃前人研究成果中的非科学成分，吸取其中的合理内核，并结合新的实际，发展和超越前人的理论。这种批判的方法，在哲学上称之为“扬弃”。马克思认为，在黑格尔哲学中，“把否定和保存即肯定结合起来的扬弃起着一种独特的作用”。[④] 同样我们也可以说，在马克思经济学著作中，“批判”起着一种独特的作用。马克思 1857—1858 年创作的经济学手稿（后人称为《资本论》第一稿），名称就是“政治经济学批判”。1867 年正式出版经济学巨著第一卷时虽然改用《资本论》这一书名，但副标题仍然是“政治经济学批判”。这说明，马克思包括劳动价值论在内的许多重大经济理论，都是在批判资产阶级古典政治经济学的过程中创立起来的，不了解这一点，就无从区分马克思的劳动价值论和资产阶级古典政治经济学劳动价值论的联系和区别，就不能真正了解马克思创立科学的劳动价值论的伟大意义。以生产

① 《列宁全集》第 38 卷，人民出版社 1963 年版，第 191 页。
② 《列宁全集》第 2 卷，人民出版社 1959 年版，第 443 页。
③ 《马克思恩格斯全集》第 26 卷第 2 册，人民出版社 1973 年版，第 164 页。
④ 《马克思恩格斯全集》第 42 卷，人民出版社 1979 年版，第 172 页。

商品的劳动二重性为例，马克思指出："古典政治经济学在任何地方也没有明确地和十分有意识地把体现为价值的劳动同体现为产品使用价值的劳动区分开。当然，古典政治经济学事实上是这样区分的，因为它有时从量的方面，有时从质的方面来考察劳动。但是，它从来没有意识到，劳动的纯粹的量的差别是以它们的质的统一或等同为前提的，因而是以它们化为抽象人类劳动为前提的。"[①] "商品中包含的劳动的这种二重性，是首先由我批判地证明了的。"[②] 马克思对资产阶级古典政治经济学劳动价值论所做的"批判地证明"，应理所当然地成为马克思劳动价值论的重要组成部分。

二是关于劳动价值论最简单、最抽象、最一般的规定。马克思在《资本论》中是采用由抽象上升到具体的叙述方法，因此，在《资本论》第一卷的开篇所论述的劳动价值论都是一些"最简单的规定""稀薄的抽象"[③]，正因为简单，所以它所研究的"劳动产品的商品形式，或商品的价值形式"，对资本主义社会来说，"就是经济的细胞形式"。[④] "最简单的经济范畴，如交换价值"，就是"作为一个既定的、具体的、生动的整体的抽象的单方面的关系而存在。"[⑤] 正因为它抽象，所以马克思的论证附有若干假设和前提，一些比较复杂的因素如市场竞争、供求关系等都被暂时舍象掉了，仅仅从它的"纯粹形态"方面进行考察。正因为它一般，因此似乎可以"适用于一切时代"。但是，这种一般不是普通的一般，而是如同黑格尔所说的"本质的一般"，它是反映资本主义生产关系本质，即"资本处于支配地位的社会形式"[⑥] 的一般。有的论者把《资本论》开篇的商品交换理解为原始社会末期的实物交换或者前资本主义社会的简单商品交换，就是因为不了解它实际上已是成熟的资本主义商品经济的"本质的一般"。

三是劳动价值论的进一步具体化。这里所说的具体，是"一个具有

① 《马克思恩格斯全集》第23卷，人民出版社1972年版，第97页注（31）。
② 《马克思恩格斯全集》第23卷，人民出版社1972年版，第55页。
③ 《马克思恩格斯全集》第46卷上册，人民出版社1979年版，第37页。
④ 《马克思恩格斯全集》第23卷，人民出版社1972年版，第8页。
⑤ 《马克思恩格斯全集》第46卷上册，人民出版社1979年版，第38页。
⑥ 《马克思恩格斯全集》第46卷上册，人民出版社1979年版，第45页。

许多规定和关系的丰富的总体”，“是多样性的统一”①。也就是说，随着马克思在《资本论》中论述的一步步深入，劳动价值论也愈益由抽象上升为具体，由简单的一般的规定转化为完整的系统的理论体系。这里举一个例子。新中国成立以来经济学界曾多次讨论“两种含义的社会必要劳动时间”的关系：所谓“第一种含义”的社会必要劳动时间，是指单个商品生产上所耗费的社会必要劳动时间，是马克思在《资本论》第一卷第一章中提出的；所谓“第二种含义”的社会必要劳动时间，是指生产某种符合社会需要的商品总量所耗费的社会必要劳动时间，是马克思在《资本论》第三卷第六篇中提出的。有的论者不了解《资本论》所应用的由抽象上升到具体的辩证方法，把这“两种含义的社会必要劳动时间”生硬地对立起来，从而得出马克思劳动价值论缺乏一贯性和彻底性的错误结论。有的文章这样写道：马克思“在建立劳动价值论时，坚决地排斥‘需求决定价值’的观点，而当需要将‘需求’引入理论来解释‘社会生产的比例关系’问题的时候，他实际上已在通过‘第二种含义的社会必要劳动’的概念，又回到‘需求也决定价值’（而不是决定价格）”，由此造成了马克思理论体系内部“一个严重的逻辑上的矛盾”。②我认为，只要了解马克思所应用的方法，这里存在的所谓“困惑”就可以得到澄清，所谓“严重的逻辑上的矛盾”也就不复存在。其实，所谓“第一种含义”的社会必要劳动时间属于劳动价值论第二层次的内容，它确实是把供求关系暂时舍象掉了，但是这并不影响其结论的正确性，就像伽利略在研究自由落体定律时暂时不考虑空气的阻力并不影响其结论的正确性一样。而“第二种含义”的社会必要劳动时间属于劳动价值论第三层次的内容，劳动价值论在由抽象上升到具体的过程中，马克思逐步引入原先被舍象掉的“许多规定和关系”，包括市场竞争、供求关系等，使得由劳动价值论决定的各种经济关系、经济变化与人们每天耳闻目睹的经济现象大体相符合。上述“两种含义的社会必要劳动时间”是后人概括出来的，马克思本人并没有明确提出过。因此，依据从抽象上

---

① 《马克思恩格斯全集》第46卷上册，人民出版社1979年版，第38页。

② 樊纲：《“苏联模式”批判》，《经济研究》1995年第10期。

升到具体的行程，社会必要劳动时间并不一定局限于“两种含义”，还可以有更多种含义。例如，最近有一篇论文，按照马克思的方法，把社会必要劳动时间分为四种：第一种为生产同种商品的同行所要求的社会必要劳动时间；第二种为从社会效益上要求一种行业所耗费的劳动时间，必须符合由社会总劳动分配给该行业的社会必要劳动时间；第三种是从产业结构动态平衡角度要求各行业耗费的社会必要劳动时间，必须是耗费在社会需求总量上的社会必要劳动时间；第四种是“世界市场”要求的世界（人类）社会必要劳动时间。[①] 这一看法是很有见地的。它给我们的启发是，不仅社会必要劳动时间可以由抽象到具体逐步展开，劳动价值论的其他方面的抽象规定，如作为逻辑起点的商品、商品的二因素、劳动二重性、价值形式、商品拜物教等也都有一个逐步展开的过程，伴随这一过程，其所包含的内容也不断丰富和趋于具体。

上述劳动价值论三个方面或三个层次的内容是相对独立、有所区别但又相互联系、相互渗透的一个有机整体，第一方面或第一层次的内容是劳动价值论的来源和前提，第二方面或第二层次的内容是劳动价值论的核心和基础，第三方面或第三层次的内容则是劳动价值论的展开和具体化。按照这种理解，劳动价值论的内容就不能仅仅局限在《资本论》第一卷第一章或第一篇中，应该包括《资本论》全四卷和马克思的一系列经济学手稿。只有掌握了马克思的整个政治经济学理论体系，才能真正了解劳动价值论。

（原文发表于《当代经济研究》2002 年第 1 期）

① 参见胡培兆：《马克思的劳动价值理论今解》，《经济学动态》2001 第 7 期。

三论深化对劳动和劳动价值论认识的有关问题

卫兴华*

一、澄清对马克思有关理论的误解

1. 马克思的劳动价值论不是体力劳动价值论。

有一些论著讲，马克思认为只有体力劳动才是创造价值的生产劳动。一位学者在发表的论文中说，“根据传统的政治经济学观点，只有物质生产部门的体力劳动才是创造价值的劳动”。还有的学者认为，马克思的劳动价值论就是《资本论》第一卷第一章商品中所讲的内容，排除了科技工作者和经营管理者的劳动。二者都认为马克思的劳动和劳动价值论不包括脑力劳动。不过，前者认为目前肯定科技工作和经营管理是劳动的重要形式，是理论的重大突破与发展，而后者则认为不应扩大马克思的劳动和劳动价值的范围。

的确，《资本论》第一卷第一章中论述劳动价值论的内容时，没有专门论述科技工作者和经营管理者的劳动问题。但是，马克思的劳动价值论并不限于《资本论》第一卷第一章的内容。首先应弄清和把握《资本论》中由抽象到具体、由简单到复杂的方法。

马克思对资本主义经济关系的研究，是从商品开始的。这是因为，商品表现为资本主义“财富的元素形式”。作为马克思研究出发点的商品，究竟是资本主义经济中的商品，还是简单商品，或是一般商品，学

* 卫兴华：中国人民大学荣誉一级教授，博士生导师。

界对此曾有过讨论。其实，三者是一致的。马克思研究的着眼点，是资本主义商品经济，是作为资本主义财富的元素形式的商品。所谓财富的元素形式，也就是经济的细胞形式。马克思认为，研究劳动产品的商品形式，或者商品的价值形式，就是研究资本主义经济的细胞形式。从这个角度看，马克思的作为研究始点的商品，应是资本主义经济中的商品。但是，这里的商品，又是撇开资本主义经济关系的单纯商品。马克思论述商品价值形式的发展，从物物交换的偶然的价值形式到扩大的价值形式，到一般价值形式，最后突破物物交换关系发展为货币形式，都是讲资本主义前的商品价值形式及其发展过程。恩格斯曾指出，作为马克思研究始点的商品生产，“是作为历史前提的简单商品生产”。而研究简单商品生产，事实上也就是研究商品生产一般；即研究简单商品生产所得出的基本原理和内在规律，诸如商品二因素、劳动二重性、价值实体和价值量的决定、劳动生产力与商品价值的关系、价值与交换价值的关系、价值规律、货币流通规律，等等。这些对一切商品生产都有适用性，当然也适用于资本主义商品生产。因此，马克思说：“作为我们出发点的，是在资产阶级社会的表面上出现的商品，它表现为最简单的经济关系，资产阶级财富的要素。”[①] 由此可见，马克思分析的商品价值关系，绝不是停留在商品物物交换中的价值关系，而是运用科学抽象方法，从分析体现简单经济关系的简单商品生产出发，上升为体现资本主义关系的资本主义商品生产。马克思甚至在《资本论》第一卷第一章第一节中论述商品价值量由社会必要劳动时间决定时，还举了英国资本主义生产的例子。他说：在英国采用蒸汽织布机后，把一定量的纱织成布所需劳动可能比过去减少一半。这时，手工织布工人一小时的劳动产品只代表半小时的社会劳动，因此其价值也降到了以前的一半。马克思的劳动价值论是剩余价值论的基石，是为揭示资本主义经济关系及其规律而创立的。这表明，认为马克思的劳动价值论只适用于物物交换时期商品价值关系，并不符合马克思的理论原理和方法。

与此相联系，马克思所论述的生产商品和价值的劳动，决不仅仅是

---

① 《马克思恩格斯全集》第47卷，人民出版社1979年版，第37页。

体力劳动。作为研究始点的商品和生产商品价值的劳动，都是暂时抽去了复杂的经济关系，从简单的规定性上说明的，但它绝没有排除脑力劳动如科学技术工作等。马克思在论述生产商品的劳动时间随劳动生产力的变化而变化时，指出：劳动生产力是由多种情况决定的，其中包括劳动者的劳动熟练程度，以及“科学的发展水平和它在工艺上的应用程度”，等等。科学越发展，它在工艺上的应用程度越高，劳动生产力也越高。可见，马克思的商品价值理论中一开始就重视科学的发展和应用问题。只不过是根据研究的进程，还没有专门论及科技工作者和经营管理者的劳动也是创造价值的生产劳动。

马克思的劳动价值论，是随着研究的进展和逻辑方法的展开而不断深化和丰富的。在《资本论》第一卷第五章劳动过程和价值增殖过程中，形成价值的“社会必要劳动时间”概念扩大了。不仅包括活劳动的社会必要劳动时间，也包括所耗费的物化劳动的社会必要劳动时间。就是说，生产资料必须以正常的方式被消费，“因为浪费了的原料或劳动资料是多耗费的物化劳动量，不能算数，不加入形成价值的产品中”。[①]

在《资本论》第一卷第十一章协作中，生产管理的职能被加了进来。马克思明确指出：一切规模较大的社会劳动或共同劳动，都需要指挥，以协调个人的活动。一个单独的提琴手是自己指挥自己，一个乐队就需要一个乐队指挥。一旦从属于资本的劳动成为协作劳动，这种管理、监督和调节的职能就成为必要的。马克思在这里就提出资本主义管理内容和职能的二重性。一方面，资本家的管理是由社会劳动过程的性质产生的一种特殊职能；另一方面，这种管理又是一种剥削雇佣工人所需要的职能。前一种管理职能是一切共同劳动过程共有的；后一种管理职能是由资本主义关系的对抗性质产生的，是资本主义生产特有的。

《资本论》第一卷第十四章《绝对剩余价值和相对剩余价值》又提出了“总体劳动”和“总体劳动者”的概念。在单个人的劳动过程中，是把劳动的各种职能集于一身，“把脑力劳动和体力劳动结合在一起”。（马克思即使在论述个体商品生产者的劳动时，也没有认为只有体力劳动是

---

① 《马克思恩格斯全集》第23卷，人民出版社1972年版，第228—229页。

劳动，只有体力劳动创造价值。）“随着劳动过程的协作性质本身的发展，生产劳动和它的承担者即生产工人的概念也就必然扩大。为了从事生产劳动，现在不一定要亲自动手；只要成为总体工人的一个器官，完成他所属的某一种职能就够了。”在生产力一定发展条件下，劳动过程的各种职能包括脑力劳动和体力劳动分离开了。总体劳动者的各个成员直接地或者间接地作用于劳动对象。他们之中既包括一般职工，也包括厂长、经理、工程师和其他科技人员。在《资本论》第四卷即《剩余价值理论》中，马克思进一步说明：在特殊的资本主义生产方式中，许多劳动者共同生产一种商品；随着这种生产方式的发展，这些或那些工人的劳动同生产对象之间直接存在的关系，自然是各种各样的。例如，那些工厂小工，同原料的加工毫无直接关系；监督加工工人的监工，离原料的加工更远一些；“工程师又有另一种关系，他主要只是从事脑力劳动，如此等等”。“资本主义生产方式的特点，恰恰在于它把各种不同的劳动，因而也把脑力劳动和体力劳动，或者说，把以脑力劳动为主或者以体力劳动为主的各种劳动分离开来，分配给不同的人。”[①] 在作为《资本论》第一卷手稿部分的“直接生产过程的结果”中，马克思更明确地指出了在总体劳动中脑力劳动者的具体职能。在“直接商品形成过程”中，“有的人多用手工作，有的人多用脑工作，有的人当经理、工程师、工艺师等等，有的人当监工，有的人当直接的体力劳动者或者做十分简单的粗工”。这里清楚地说明，作为经营管理者的经理和作为科技工作者的工程师、工艺师等脑力劳动者，也是生产商品和价值的生产劳动者。

从以上论述可以毫无疑义地看出，马克思的劳动和劳动价值论，绝不是体力劳动和体力劳动价值论。它已包含了科技工作和经营管理是总体劳动的构成部分，同样是属于生产商品和价值的生产劳动内容。因此，所谓“传统政治经济学”认为“只有物质生产部门的体力劳动才是创造价值的劳动”的论断，是没有根据的。无论马克思主义经典著作或任何“传统政治经济学”教材中，都没有提出过这样的理论见解。同样，认为马克思的劳动和劳动价值理论，只限于《资本论》第一卷第一章的内容，

① 《马克思恩格斯全集》第26卷第1册，人民出版社1972年版，第443、444页。

不应扩大不属于马克思劳动概念的劳动范围，不应将科技工作和经营管理也纳入马克思的劳动和劳动价值论的范围，也不符合马克思有关理论的本意。

2. 分配制度的理论和事实依据不是价值理论。

理论界的部分学者存在这样一种见解：社会主义实行按劳分配的理论依据是劳动价值论，现在提出按劳分配与按生产要素分配相结合，就必然要肯定要素价值论，即各种要素都创造价值。关于这个问题，需要弄清以下几点：

马克思提出社会主义实行按劳分配制度与劳动价值论无关。因为马克思曾认为社会主义制度下商品生产消亡了，劳动不再形成价值，自然就不存在价值的创造与价值分配问题，因而按劳分配是指个人消费品的实物分配。按劳分配的理论和事实根据是：由于实行社会主义公有制，每个劳动者向社会所能提供的是自己的劳动，从社会取得的是个人消费品；劳动还没有成为生活的第一需要，还仅仅是或主要是个人谋生的手段；生产力的水平还没有达到按需分配的高度；劳动者已成为生产资料和产品的主人等。任何一部流行的政治经济学教材中，论述社会主义实行按劳分配的原因或根据时，都没有与劳动价值论相联系，没有从劳动价值论出发。

在存在商品价值关系的条件下，价值的生产是价值分配的基础，价值创造的多少制约着价值分配的多少，这是不言而喻的事情。但是，分配方式或分配制度的选择与确定，不是由价值理论决定的。无论是斯密、李嘉图还是马克思的劳动价值论，既决定不了资本主义、也决定不了社会主义的分配方式。资本主义社会实行按资分配或按生产要素分配，也不是以要素价值论为理论依据，而是以要素所有权为实际依据。要素价值论只是对按要素分配的一种解释和说明。萨伊、克拉克等的要素价值论，是为先期存在的资本主义按生产要素分配的现实进行理论辩护，说明资本主义制度的公平合理性。萨伊说："事实已经证明，所生产出来的价值，都是归因于劳动、资本和自然力这三者的作用和协力，其中以能耕种的土地为最重要因素但不是唯一因素。除这些外，没有其他因素能生产价值"。这就是萨伊的三要素价值论，即资本、土地（自然力）与劳动一样都“能生产价值”。他说，正因为劳动力、资本与土地“协同创造价值”，“因此它们的使用是有价值的，而且通常得有报酬。对借用劳动力所付的代价叫做工资。对借用资本所付的代价叫做利息。对借用土地所付的代价叫做地租。”① 萨伊反对斯密的劳动价值论。他把价值与财富论同起来，批评斯密把劳动作为所生产价值的唯一尺度，即把劳动作为财富的唯一尺度。萨伊从自己的要素价值论出发，否认资本家对工人的剥削，还把工人与资本家看作是没有什么本质不同的劳动者。

美国的克拉克把要素价值论同资本主义存在的合理性直接联系在一起。他说：“每个生产因素在参加生产过程中，都有其独特的贡献，也都有相应的报酬——这就是分配的自然规律……社会（指资本主义社会——引者注）有没有权利维持现状，以及它能不能照样地继续存在，都要看这个论点能否成立。这就使分配问题具有不可估量的重要性。”② 他认为，在自然规律充分发挥作用的条件下，会将劳动所生产的部分给予劳动者，将资本所生产的部分给予资本家。工人阶级如果明确他们创造的财富很少，但已全部归于他们，他们就不会想到革命。如果“剥削劳动”的说法被证实，“每一个正直的人都应当变成社会主义者”③。

由此可见，西方学者的要素价值论，是用以论证资本主义分配制度的合理性和整个资本主义制度永存的合理性的。但不能反过来，认为实行按生产要素分配，就证明资本、土地等要素都创造价值，断言按要素分配就是以要素价值论为理论根据。

社会主义实行按劳分配，不是以劳动价值论为依据；实行按生产要素分配，也不是以要素价值论为依据。因此，用按生产要素分配来否定劳动价值论，主张要素价值论，是没有根据的。要知道，马克思正是在资本主义完全实行按生产要素分配（核心是按资分配）、西方学者宣传要素价值论的现实经济生活中，批判了萨伊的“三位一体公式”，否定了要素价值论，提出自己的劳动价值论的。

---

① ［法］萨伊：《政治经济学概论——财富的生产、分配和消费》，商务印书馆1982年版，第75—77页。

② ［美］克拉克：《财富的分配》，商务印书馆1983年版，第11页。

③ ［美］克拉克：《财富的分配》，商务印书馆1983年版，第11页。

马克思认为，分配制度首先取决于生产资料所有制度。按生产要素分配，首先取决于要素所有权。利润、利息是资本所有权在经济上的实现，地租是土地所有权在经济上的实现。中国实行按劳分配为主体、按劳分配与按要素分配相结合，是以在所有制结构上实行公有制为主体、多种所有制经济共同发展为现实依据的。

有的学者认为，资本、土地等生产要素都创造价值，对劳动价值论提出质疑或否定。本着百家争鸣、学术自由的方针，可以各抒己见。但仅仅依据现行政策鼓励生产要素参加分配，就否定劳动价值论，肯定要素价值论，这无论在理论逻辑和研究方法上都是一种简单化的、非科学的论断，还需要拿出有说服力的论证和依据来。

二、马克思的劳动和劳动价值理论与当代现实

1. 劳动生产率和价值关系之谜。

长期以来，存在这样一个经济学问题：马克思主义经济学认为，劳动生产力与单位商品价值成反比，商品价格是价值的货币表现，价值规律要求价格与价值相一致。然而，在现实经济生活中，尽管劳动生产力在或快或慢地不断提高，按理，商品价值应随之不断下降，价格也应随之下降。可是实际情况所表现出的是，无论中国和外国，从一个较长的时期看，商品的市场价格在不断提高。这究竟是理论不符合实际呢？还是实际离开了理论或规律？

马克思关于劳动生产率与单位商品价值成反比的原理，是有历史事实根据的。自 18 世纪到 19 世纪英国完成产业革命后，棉纺织业的劳动生产率大幅度提高，价值和价格随之相应下落。例如，百支机制棉纱每磅市价，1786 年是 38 先令，1829 年降到 3 先令 2 便士，到 1931 年再降为 2 先令 11 便士。再如，机制棉布的价格指数，若以 1820 年为 100，1821 年降为 96.3，1825 年又降为 86.3，1830 年再降为 51.5。就是说，在 10 年内下降了将近一半。这是当时还实行金本位制、贵金属货币作为一般等价物的价值与价格下降的情况。金本位制崩溃、完全以纸币作为

货币的情况下，劳动生产率同价值与价格的变动关系就呈现出一种不同于贵金属货币流通时的情况。

2000 年岁末，英国《经济学家》杂志发表论文，回顾了 20 世纪 100 年中物价的变迁。从 1900 年至世纪末，消费品价格平均增加了 20 倍，年均递增 3%。1900 年，英国《经济学家》驻纽约记者年租住宾馆的支出为每晚 8 美元，现在要 600 美元，是那时的 75 倍。但是，价格也有下降的。1900 年，从纽约向芝加哥打一个 3 分钟的长途电话需支付 5.45 美元，而现在只需 5 美分，不到当时的 1%。1900 年，一辆手工打造的汽车售价为 1000 美元，到 1924 年，福特 T 型车售价仅为 265 美元，因为福特公司已使用装配流水线大批量生产汽车。后来加上通货膨胀等因素，汽车的纸币价格提高了。但一个世纪以来，由于生产汽车的劳动生产率提高，汽车的真实价格下降了 50%。

有的学者否定劳动生产率与价值成反比的原理或规律，竟将随着劳动生产率提高商品量或使用价值量会同比增加，误为商品价值量会同比增加。这是把马克思的价值论与财富论混淆起来了。有一篇论文为论证由科学技术进步引起的劳动生产率的提高会相应创造出更多的价值，引用了邓小平的一段论述："同样数量的劳动力，在同样的劳动时间里，可以生产出比过去多几十倍几百倍的产品。社会生产力有这样巨大的发展，劳动生产率有这样大幅度的提高，靠的是什么？最主要的是靠科学的力量、技术的力量"。显然，邓小平这段话中所讲的是劳动生产率与"产品"量的关系，即与使用价值量的关系，而非与价值量的关系。

为弄清劳动生产率与商品价值关系原理同价格变动现象相"背离"的情况，需要先弄清商品价值运动与价格运动的关系。这个问题，我在《再论深化对劳动和劳动价值论的认识》① 已作了专门论述，这里不再赘述。只补充说明一下：商品价格与商品价值相一致的趋势，并不一定表现为价格运动与价值运动相一致。即使在使用贵金属货币的条件下，商品的价值下降了，价格是否随之下降，还要看贵金属货币自身的价值是否变化和怎样变化而定。贵金属货币的价值可以不变、可以下降，也可

① 卫兴华：《再论深化对劳动和劳动价值论的认识》，《宏观经济研究》2001 年第 3 期。

能上升，而且下降或上升的幅度又可以有种种组合情况。这样，商品价值随劳动生产率提高而下降，表现在价格运动上，可以不变，可以同幅度或不同幅度地下降，也可以有种种幅度的上升。在金本位制崩溃后，银行券纸币化。纸币自身没有价值，它是一种价值符号。纸币票面值的高低，与劳动生产率的变化无关，完全是由国家规定的。如果一个国家的经济增长了，纸币不增加发行，更多的商品量与不变的纸币量相交换，商品价格就会下降。但实际经济生活中，纸币发行量会随着经济的增长而增大。各国都把货币政策作为实现宏观经济目标的手段，政府的财政支出要适应经济生活各方面经费增长的需要。工资福利要提高，经济、文化、教育、科技、国防等方面的建设费用在增长，而且，各方面费用支出增长的幅度是不平衡的。因此，货币量的发行，必然随着经济的增长而增长。其增长幅度，可以与经济增长同步，也可能高于经济增长幅度。例如，美国联邦储备委员会，曾依据每年劳工投入年增 1.5%，加上劳动生产率年增 1%的情况，确定货币供应量年增长 2.5%左右。如果劳动生产率提高幅度大，货币供应量增长幅度也大。这样，用纸币表现的商品价格，就不会随商品价值的下降而下降。在出现通货膨胀的情况下，价格会上涨得更多。这正是一个世纪以来，总价格上升好多倍的社会经济背景。这种情况，马克思是没有也不可能预见到的。因此，在其著作中，也不可能涉及这个问题。

尽管价格的运动不能准确地反映价值的运动，但是劳动生产率与价值成反比的规律依然会表现其作用。有的学者否认这一规律，断言“根据马克思主义经济学的分析，这种劳动生产率提高的后果是单位商品的价值下降了……应该说，这一观点是与实际情况不符的，没有说服力”。可惜作者没有拿出有任何说服力的否定“这一观点”的论据，连必要的论证也没有。商品的总价格虽然随着国民生产总值的增长而增长（萨缪尔森的《经济学》表明：1900 至 1990 年，美国的消费品价格与国民生产总值差不多都增长了近 14 倍），但由于不同产品生产的劳动生产率不同，价格上涨的幅度也不同。劳动生产率提高更快的部门，商品价格增长得较慢，相对而言是降低了。还有些商品的实际价格绝对地降低了。例如，20 世纪 70 年代到 80 年代初，发达国家一直被高通胀率所困扰。在此 10

年中，美国平均消费品价格上升了近 30%，其中医疗服务、香烟、剧院门票等价格上升 50%以上；而移动电话、录像机等产品，由于劳动生产率提高得更快，提高幅度更大，因而价格下降了 60%以上。

要把科技发明、科技进步同科技工作者的劳动区别开来。科技发明与进步，必须应用于生产才能转化为现实的生产力，科技工作者运用科技发明与进步进行生产，才会创造出更多的价值。如果科技发明不用于生产，不能转化为现实的生产力，便不能增加一份新价值。另外，科技发明与进步，如果普遍提高了一个部门的劳动生产率，商品量即使用价值量随之同比增加，但商品价值量并不同比增加，单位商品价值反而降低。如果按照有的学者的看法，由于科技进步提高了劳动生产率，便随之同比增加了商品价值量，前面举例中的汽车、电子产品等的价格就不会降低了，美国等发达国家生产的汽车等商品，就不会比中国制造的便宜了。

弄清上面所述的这些道理，前面所提出的劳动生产率与商品价值关系之谜就容易破解了。为什么中国劳动力和劳动耗费比美国多，而目前中国国内生产总值却只为美国的 1/9（1 万亿美元：9 万亿美元）；中国人均国内生产总值 2000 年达到 800 多美元，而美国人均达到近 3 万美元，就易理解了。由于美国的劳动生产率远远高于中国，它可以用较少的劳动力生产出更多的产品，由于用纸币表现的价格大致与经济同比增长，其国内生产总值或国民生产总值以及人均国内生产总值自然就会大大高于中国了。

2. 将马克思的价值论与财富论既相统一又区别开来。

马克思的“价值”与“财富”始终是既相统一又区分开来的，价值寓于财富即使用价值之中，使用价值是价值的物质承担者。但二者不能混淆。马克思指出，在他看来，价值是无差别的人类劳动的凝结，劳动是价值的唯一源泉；而财富是由使用价值构成的，“不论财富的社会形式如何，使用价值总是构成财富的物质内容”①，劳动不是财富的唯一源泉。马克思有时偶尔从价值或交换价值的含义上使用“财富”一词时，则称

① 《马克思恩格斯全集》第 23 卷，人民出版社 1972 年版，第 48 页。

之为“抽象财富”。而西方学者往往把价值同财富两个概念及其内容等同起来，因而把财富的构成要素当作价值的构成要素。马克思说明了两者的区别：在价值中不包含一个使用价值原子，只包含劳动；而使用价值即财富“是自然物质和劳动这两种要素的结合”。比如，一张桌子是由木工劳动与木材构成的；而木材中除了伐木、运输等劳动外，还包括经自然增长的树木这种“自然力”。一架机器包含了制造机器的劳动或钢材，而钢材是生产钢铁的劳动产品，生产铁的原料是矿石等自然物质或“自然力”。因此，一切产品归根到底都是由劳动和自然力两种要素相结合而构成的。正是在这个意义上，马克思引证了配第的名言：“劳动是财富之父，土地是财富之母”。其中“土地”是泛指自然力的。有人根据马克思所引证的配第的这句话，论证劳动与土地都是价值的源泉，是不符合马克思原意的。

根据马克思的财富论，生产力越落后，劳动生产率越低，在构成财富的两个因素即劳动与自然力中，劳动作为源泉之一的作用越大。而生产力越发展，劳动生产率越高，劳动的作用就越小。科学技术的发展，在推动劳动生产率提高中具有决定性的作用。马克思指出：“随着大工业的发展，现实财富的创造较少地取决于劳动时间和已耗费的劳动量，较多地取决于在劳动时间内所运用的动因的力量，而这种动因自身——它们的巨大效率——又和生产它们所花费的直接劳动时间不成比例，相反地却取决于一般的科学水平和技术进步，或者说取决于科学在生产上的应用。”又说，“一旦直接形式的劳动不再是财富的巨大源泉，劳动时间就不再是，而且必然不再是财富的尺度”。同时，“工人不再是生产过程的主要当事者，而是站在生产过程的旁边”。[①]

对社会进步来说，特别是对社会主义国家的发展来说，重要的不是付出更多的劳动耗费，生产出更多的价值量，而是力求用相对较少的劳动耗费（包括活劳动和物化劳动）生产出更多的产品即社会财富。社会主义的根本任务是发展生产力，经济发展是我们的主题；社会主义的根本目的，是实现共同富裕，提高人民生活水平是我们的根本出发点。而

---

① 《马克思恩格斯全集》第46卷下册，人民出版社1980年版，第218页。

经济发展有两条不同的途径：一条是主要依靠多投入活劳动和物化劳动，以增加产出；另一条是主要依靠提高劳动生产率，少投入，多产出。马克思财富论的着眼点在于后者。发展经济的第二条途径，才能给人民带来实惠，提高人均国内生产总值。科技进步的巨大贡献和决定性作用，在于提高劳动生产率，增加社会财富，而不在于创造更多的价值。

3. 生产和分配应更加重视科技工作和经营管理的劳动。

如前所说，在马克思的有关劳动和劳动价值理论中，已包括了科技工作和经营管理的劳动。但是，马克思以后社会经济已经过了100多年发展的今天，科技工作和经营管理的劳动，在生产和经济发展中的地位和作用，表现得更为重要和凸显。经济信息化、高科技化、全球化，都向科技工作者和经营管理者提出更多更高的要求。发达国家的经济增长，主要靠提高劳动生产率，而劳动生产率的提高又主要依靠科技进步。2000年，美国的经济增长率近5%，而劳动生产率提高了3.8%；日本经济增长率为1.4%，而劳动生产率则增长了2.3%。[①] 我国的科技水平落后于先进国家，因而劳动生产率也远远低于发达国家。面对经济全球化和加入世贸组织的现实，我国需要迎接新的机遇和挑战，正面临的是激烈的国内特别是国际竞争形势。经济竞争，在现代条件下，很大程度上是科技竞争，也是经营管理的竞争，归根到底是科技人才和经营管理人才的竞争。在人才竞争中，市场机制会在人才资源配置中起重要作用。国有企业和事业单位，怎样用好人才、留住人才、发展人才，涉及国有企事业单位乃至整个社会主义经济在激烈的竞争中是优胜还是劣汰的问题。社会主义经济要兴旺发达，要不断发展壮大，就必须重视科技工作和经营管理的劳动在生产和经济发展中的重要地位和作用，在分配上应给予与其贡献相称的报酬。

当代社会生产由过去的体力劳动为主逐步转向以脑力劳动为主。

发达国家的工人阶级也趋向白领化、知识化、技能化。科技工作和经营管理的水平也在不断提高。从劳动和劳动价值论的角度看，科技工作和经营管理不仅是创造价值的生产劳动，而且是一种复杂劳动，在同

---

① 《经济日报》2000年12月30日，《香港商报》2001年3月28日。

样的劳动时间内比一般劳动会创造出更多的价值。不言而喻，根据按劳分配原则，它们应该获得更多的报酬。前面讲过，按劳分配制度不是以劳动价值论为理论依据的，对不创造价值的非生产劳动，也要按劳分配。但是，在存在商品价值关系的条件下，对企业的职工来说，要实行多劳多得，根据劳动的质量与数量不同给予不同的工资奖金。职工的劳动贡献有不同的方面。一般工人的劳动质量与数量体现在产品的质量与数量上。而作为商品存在的产品，既是财富即使用价值，又是价值。在其他条件既定的情况下，生产的使用价值越多，其内含的价值也越多。因此，对企业的一般工人来说，按劳分配，既可以说是按其生产的产品质量与数量分配，也可以说是按其创造的价值多少进行分配。但对科技工作和经营管理的劳动来说，它们的贡献有两个不同的层次。一是作为复杂劳动既然创造出更多的价值，就应获得更多的报酬。但仅仅这样是不够的。一项重大科技发明或创新，可以大大提高劳动生产率，使同样的劳动时间，生产的产品增加几倍、几十倍或更多。如果是个别企业获得这种成果，其劳动可以作为倍加的劳动起作用，创造出更多的社会价值，从而可以实现超额利润。如果是全行业由此而受益，根据劳动生产率与单位商品成反比的规律，商品价值下降，但“相对剩余价值”增加。而且由纸币表现的价格并不降低，从而国内生产总值会大幅增加。用以直接满足人民需要的财富即使用价值量也大幅增加，有利于实现共同富裕的社会主义根本目的。

科技进步与创新能够带来巨大的经济效益，这点从中国“863”计划实行以来所获得的巨大成效中可以清楚地看出来。实施“863”计划15年来，累计创造新增产值560多亿元，产生间接经济效益高达2000多亿元。

由此可见，评价科技工作的贡献，既要考虑它作为复杂劳动在创造价值中的作用；更要考虑它在提高劳动生产率、增加社会财富和社会经济效益方面的作用。应根据这两方面的贡献给予较高的报酬。经营管理劳动，也是复杂劳动，可以创造更多的价值。但对它的评价，也不能仅限于这一方面。一个优秀企业家，可以形成一种无形资产。它既在商品和价值生产中起重要作用，更在有关企业发展战略、团结广大职工发挥积极性和创造性、创造企业和产品品牌以及市场营销等方面起决定性作用。实行传统计划经济时的经营管理，同实行市场经济时的经营管理有很大的差别。市场经济条件下的经营管理难度更大，需要适时捕捉和掌握信息，扩大市场占有率，提高产销率，有效地实现商品和价值。一个素质高的精明的企业家，可以团结职工，扭亏为盈，充分实现其使用价值和价值，创造出很高的经济效益。而一个素质低、无能的厂长经理，可以把一个好端端的国有企业搞垮。因此，对经营管理者要区别对待。对那些为国家和社会作出重大贡献的经营管理者，应给予相应的丰厚报酬。让一部分人先富起来的政策，也应该体现在有贡献的科技工作者和经营管理者身上。

（原文发表于《高校理论战线》2001 年第 8 期）

劳动价值论是一个无须“证明”的理论

——论马克思劳动价值论的实质和方法，兼评庞巴维克对马克思劳动价值论的责难

许兴亚*

一、问题的提出

在政治经济学史上关于劳动价值论的争论中，一个重要的问题就是“价值”究竟是由“劳动”决定的，还是由“要素”“供求”“效用”等决定的。这种提法并不完全对①。但还在马克思和恩格斯开始进行他们的政治经济学的研究之前，以英国古典经济学家李嘉图及其庸俗的传播者穆勒、麦克库洛赫等人为一方，以马尔萨斯和法国庸俗经济学的集大成者萨伊等为另一方，在他们之间，就曾围绕李嘉图的劳动价值论展开过争论。萨伊主张，“人们所给予物品的价值，是由物品的用途而产生的”。②“既然一件物品的需要基于它的效用，因而，它的价值也基于它的效用。”③ 但萨伊所说的“价值”，其实不过是商品的“交换价值”或“价格”。而在进一步谈到这个“价值”的决定的时候，他一方面不得不引入商品的“生产费用”或所谓的“生产力”（其中也包括他所说的“劳力”或“劳动”）；另一方面则不得不求助于竞争和供求。因此，萨伊的“效

* 许兴亚：河南大学经济研究所教授。

① 读者将会看到，这种提法的缺陷，就是容易把人们的注意力吸引到“交换价值”的“量”的决定上来。

② ［法］萨伊：《政治经济学概论——财富的生产、分配和消费》，商务印书馆 1963 年版，第 59 页。

③ ［法］萨伊：《政治经济学概论——财富的生产、分配和消费》，商务印书馆 1963 年版，第 322 页。

用价值论”既是肤浅的，又是含混的。而李嘉图劳动价值论的庸俗传播者穆勒和麦克库洛赫之流，则以其特有的庸俗性，而导致李嘉图学派的破产。

由于马克思在《资本论》中以无可辩驳的事实和逻辑揭示了资本主义经济运动的规律和历史趋势，所以被马克思在《资本论》中继承并革命性地改造了的劳动价值论，就成了形形色色的资产阶级经济学家攻击的对象。马克思还在世的时候，就遭到了来自包括杜林、洛贝尔图斯、瓦格纳、克尼斯等一大批资产阶级经济学家的反对。德国的一个巴师夏分子甚至宣称：“驳倒价值理论是反对马克思的人的唯一任务，因为如果同意这个定理，那就必然要承认马克思以铁的逻辑所做出的差不多全部结论。”[①] 1884 年，马克思逝世后的第二年，奥地利的反动经济学家庞巴维克则迫不及待地抛出了他的《资本与利息》[②]，对马克思的劳动价值理论进行了全面的攻击。

庞巴维克的攻击是极具代表性的，其观点之典型，甚至在中国经济学界迄今也可以听到不同形式的回应。然而，他的这些攻击，却集中地表明了他对所谈论的对象以及科学方法的惊人的无知。其突出的表现，一是不了解马克思劳动价值论的实质，把马克思对于商品和价值这些“经济形式”[③] 的分析，也就是对于“彼此独立的私人劳动的特殊社会性质表现为它们作为人类劳动而彼此相等，并且采取劳动产品的价值性质的形式——商品生产这种特殊的生产形式所独具的这种特点”[④] 的分析，错误地理解为单纯的关于“交换价值”或者“交换关系”中的“量”的决定的学说，然后从所谓“要素”“稀缺”“效用”“供求”的角度，与马克思“争论”。二是不了解马克思的方法，把马克思关于“价值”问题的“分析”和“说明”，说成马克思的“假定”和“证明”。说什么与洛贝尔

① 《马克思恩格斯全集》第 16 卷，人民出版社 1964 年版，第 353 页。

② 庞巴维克最重要的著作是他的两卷本的《资本与资本利息》（Kapital und Kapitalzins，1884—1889）。其第一卷为《资本利息理论的历史与批判》（Geschichte und Kritik Kapitalzins Theorien，1884），商务印书馆 1959 年曾依英文版书名（Capital and Interest）转译为《资本与利息》。第二卷则为《资本实证论》（Positive Theorie der Kapitals）。

③ 《马克思恩格斯全集》第 23 卷，人民出版社 1972 年版，第 91 页。

④ 《马克思恩格斯全集》第 23 卷，人民出版社 1972 年版，第 91 页。

图斯相比较，“马克思最重要的企图是证明一切价值都以劳动为基础”[①]。他并向“将来”的劳动价值论者挑战，说：“将来如果还有人坚持劳动价值论，他首先必须提供他的先辈所省略了的东西——一种认真严肃的证明。”[②]

庞巴维克的攻击气势汹汹，但这正好印证了近年来流行的“无知者无畏”这样一句话。而且，鉴于他的这套言论迄今仍不乏效尤者，因此，进行一些回答和评论，是不无现实意义的。让我们先从马克思劳动价值论的实质和方法谈起。

二、马克思的劳动价值论的实质和方法

首先必须明确的是：马克思的劳动价值论并不是专门用来说明交换价值和价格，或者所谓“交换的比例”的[③]，而是用来揭示商品经济和资本主义经济条件下的“劳动的特殊的社会性质”的“表现形式”的“特点”的。

我们知道，马克思主义经济学的世界观基础是历史唯物论。按照这一观点，“物质生产活动”[④] 即“劳动”，是人类最基本的实践活动[⑤]，也是人类社会存在和发展的基础。而“劳动”“首先是人和自然之间的过程，是人以自身的活动来引起、调整和控制人和自然之间的物质变换的过程”[⑥]，它是“制造使用价值的有目的的活动，是为了人类的需要而占有自

① ［奥］庞巴维克：《资本与利息》，商务印书馆 1959 年版，第 14 页。

② ［奥］庞巴维克：《资本与利息》，商务印书馆 1959 年版，第 320 页。

③ 马克思曾指出：“古典政治经济学的根本缺点之一，就是它始终不能从商品的分析，而特别是商品价值的分析中，发现那种正是使价值成为交换价值的价值形式。”“这不仅仅因为价值量的分析把他们的注意力完全吸引住了。还有更深刻的原因。”见《马克思恩格斯全集》第 1 卷，人民出版社 1972 年版，第 98 页注（32）。

④ 马克思所说的“生产劳动”是否仅限于“物质生产领域”，是一个需要另外讨论的问题。

⑤ 关于“劳动”本身是否可以看作“使用价值”的问题，马克思还指出：“服务无非是某种使用价值发挥效用，而不管这种使用价值是商品还是劳动。”（《马克思恩格斯全集》第 23 卷，人民出版社 1972 年版，第 218 页）其德文原文为：“Ein Dienst ist nichts als die nützliche Wirkung eines Gebrauchswerts，sei es der ware，sei es der Aebeit.”其中的“使用价值发挥效用”，直译应为“使用价值的有效运用”。参见德文版第 201 页，柏林，狄茨出版社，1960 年。

⑥ 《马克思恩格斯全集》第 23 卷，人民出版社 1972 年版，第 201—202 页。

然物，是人和自然之间的物质变换的一般条件，是人类生活的永恒的自然条件，因此，它不以人类生活的任何形式为转移，倒不如说，它是人类生活的一切社会形式所共有的。”[①] 正如马克思所说的：“过程消失在产品中”，“劳动与劳动对象结合在一起。劳动对象化了，而对象被加工了。”[②]

因此从这个意义上说，不仅在商品生产条件下，而且在任何社会形式下，“产品”都是“自然物质”（劳动对象）与“劳动”这两个“要素”相结合的产物，因而其中都“物化”了一定的劳动时间。只是在商品生产的条件下，这个“物化劳动”被赋予了“价值”和“交换价值”的形式。因此，在马克思的理论中，“价值”问题，说到底，就是研究这个“物化劳动”和“劳动”的。这是其一。

其二，马克思的劳动价值论不仅是研究“劳动”的，而且是研究商品生产条件下“劳动的社会关系”的。这是因为，人类的劳动从来都不是孤立地进行的，正如马克思所说的，“人即使不像亚里士多德所说的那样，天生是政治动物，无论如何也天生是社会动物”[③]。而在商品生产的条件下，“彼此独立的私人劳动的特殊社会性质”却“表现为它们作为人类劳动而相等，并且采取劳动产品的价值性质的形式”，也就是披上了一层“价值”和“交换价值”的“物的形式”的外衣。也正如马克思所说的：“人类劳动的等同性，取得了劳动产品的等同的价值对象性这种物的形式；用劳动的持续时间来计量的人类劳动力的耗费，取得了劳动产品的价值量的形式；最后，劳动的那些社会规定借以实现的生产者关系，取得了劳动产品的社会关系的形式。”[④] 因此，价值问题说到底，是研究商品生产条件下劳动的社会关系的。

其三，从“生产”和“交换”的关系上看，以及从“价值形式或交

---

① 《马克思恩格斯全集》第 23 卷，人民出版社 1972 年版，第 215 页。马克思还指出：“如果整个过程从其结果的角度，从产品的角度加以考察，那末劳动资料和劳动对象表现为生产资料，劳动本身则表现为生产劳动。”不过马克思同时指出：“这个从简单劳动过程的观点得出的生产劳动的定义，对于资本主义生产过程是绝对不够的。”（《马克思恩格斯全集》第 23 卷，人民出版社 1972 年版，第 205 页）

② 《马克思恩格斯全集》第 23 卷，人民出版社 1972 年版，第 205 页。

③ 《马克思恩格斯全集》第 23 卷，人民出版社 1972 年版，第 379 页。

④ 《马克思恩格斯全集》第 23 卷，人民出版社 1972 年版，第 88 页。

换价值”的特点的角度看，马克思的劳动价值论也不是专门用来说明商品交换中的“量的比例”或“量的关系”的。这是因为：一方面，“生产”和“交换”是“两种社会职能”。尽管“这两种社会职能在每一瞬间都互相制约，并且互相影响，以致它们可以叫作经济曲线的横坐标和纵坐标”，[①] 但从根本上说，却是生产决定交换，而不是相反。另一方面，“交换价值”仅仅是“价值”的“相对表现”，即“相对价值”，因此自始就不是由“价值”单方面决定的。这正如马克思在谈到“杜林先生对价值规定所提出的温和的反对意见”时所说的：在《资本论》第三卷中他将会“惊奇地看到：‘直接的’价值规定在资产阶级社会中的作用是多么小”。[②] 也正如马克思在致斐迪南·多梅拉·纽文胡斯的一封信中指出的：“‘价值’和‘生产价格’之间，因而‘价值’和围绕‘生产价格’而波动的市场价格之间的关系，根本不属于价值理论本身，更不能用经院式的一般词句来预先确定。”[③]

其四，“商品”及其“价值”，都是历史的范畴。因此，马克思《资本论》中的价值理论首先也不是用来说明“一切社会”中的“价值关系”的。因为在非商品生产的条件下，不存在“商品的价值关系”，因而也就不需要著名的“价值”(即“商品的价值”——引者注）插手其间[④]。

最后，关于马克思在阐述这一理论时所使用的方法。

马克思在《资本论》中所使用的总方法，是唯物辩证法。它与黑格尔辩证法的区别就在于：在黑格尔那里，事实与逻辑（或观念）是头足倒立着的。马克思的看法则相反，认为“观念的东西不外是移入人的头脑并在人的头脑中改造过的物质的东西而已”[⑤]。正因如此，马克思的方法从根本上来说乃是实证的，而非逻辑的。正如他在谈到地租问题时所指出的那样：“只有抛开互相矛盾的教条，而去观察构成这些教条的隐蔽背景的各种互相矛盾的事实和实际的对抗，才能把政治经济学变成一种

① 《马克思恩格斯选集》第3卷，人民出版社1995年版，第489页。
② 《马克思恩格斯全集》第32卷，人民出版社1974年版，第12页。
③ 《马克思恩格斯全集》第34卷，人民出版社1972年版，第423页。
④ 参见《马克思恩格斯全集》第34卷，人民出版社1972年版，第661页。
⑤ 《马克思恩格斯全集》第23卷，人民出版社1972年版，第24页。

实证科学。"[①] 而逻辑的方法，在马克思那里，只是一种叙述的方法。因此，马克思《资本论》中的全部论述，即便可以被称作"论证"，从认识论的角度看，也仍仅是对于现实资本主义经济关系"分析"和"说明"。所以，为了验证这种理论正确与否，就不能单用逻辑的方法来判断，而应将其与事实相对照，看它是否符合资本主义经济的实际。

而庞巴维克等人的责难，却是完全建立在一种唯心主义和形而上学的方法的基础上的。在他们看来，经济范畴好像并不是对于现实经济关系的概括和反映，而是一些先验的"假说"。这些"假说"又是建立在一系列的"假定"和"逻辑推论"之上的。因此，似乎只要能够从"逻辑"的角度（而不是从实践的角度）找出其中的"矛盾"或"破绽"，这一理论也就被"推翻"了。而事实上，即使单从"形式逻辑"的角度看，他们的这些看法也不对。因为"形式逻辑"中"推理"的"前提"本身必须正确。而这本身则是由"经验"和"实践"决定的，而绝不是单凭"逻辑"本身就可以加以"证实"或者"证伪"的。

三、评庞巴维克对于劳动价值论的攻击

庞巴维克对于马克思劳动价值论的非难，所依据的主要是马克思的《资本论》第一卷第一篇第一章中的有关论述。概括起来，主要有如下特点：

首先，不懂得，或者故意歪曲马克思劳动价值论的本质和方法。

正因为如此，所以关于劳动价值论，尽管庞巴维克也承认马克思已经"详详细细加以说明和解释"[②]，但却仍要反对。因此，为了"认真严肃"起见，我们仍不得不冲破庞巴维克的禁令，把不是被别人，而是被庞巴维克"所省略了的东西"，重新"叙述"一遍。看看究竟是谁，是马克思还是庞巴维克，从中得出了"这样坏的推理和这样粗心的结论"。[③]

---

① 《马克思恩格斯〈资本论〉书信集》，人民出版社 1976 年版，第 285 页。

② ［奥］庞巴维克：《资本与利息》，商务印书馆 1959 年版，第 300 页。

③ ［奥］庞巴维克：《资本与利息》，商务印书馆 1959 年版，第 313 页。

（1）劳动产品（德文 Arbeitsprodukten）表现为商品（Ware）。这是一个事实。因此正如马克思所说的：“我不是从‘概念’出发，因而也不是从‘价值概念’出发……我的出发点是劳动产品在现代社会所表现的最简单的社会形式，这就是‘商品’。我分析商品，并且最先是在它所表现的形式上加以分析。”① 但由此也就决定了：马克思的劳动价值论是专门针对这些作为“劳动产品在现代社会所表现的最简单的社会形式”的“商品”而言的。从这个意义上说，不是劳动产品的商品②，就没有价值和价格。它们的价值和价格，是通过竞争而从其他具有价值的商品的所有者那里分割而来的，因此不过是由竞争造成的“假象”③。对它们的说明，当然也要以劳动价值论为基础，因为价值的实体仍然是劳动；但这种说明本身并不属于“价值理论”，而是属于“竞争”的学说。

（2）由劳动产品这样转化而来的商品具有两个因素：使用价值和价值。④ 就是说，它既是使用价值又是劳动产品；既是使用价值又是价值。这同样也是一个事实。

（3）“物的有用性使物成为使用价值。但这种有用性不是悬在空中的。它决定于商品体的属性，离开了商品体就不存在。因此，商品体本身例如铁、小麦、金刚石等，就是使用价值，或财物。”⑤ 而商品的使用价值是“为别人生产使用价值，即生产社会的使用价值”和“社会的”⑥。因此，使用价值是商品的前提；而使用价值的前提之一则是“有用性”，即“效用”，而且是“社会的效用”。这甚至可以说，是一个比较符合庞巴维克口味的事实。

（4）“在我们所要考察的社会形式中，使用价值同时又是交换价值的物质承担者。”⑦ 这同样也是一个任何人也无法否认的事实。

---

① 《马克思恩格斯全集》第19卷，人民出版社1963年版，第412页。

② 马克思说：“我们的资本家所关心的是下述两点。第一，他要生产具有交换价值的使用价值，要生产用来出售的物品，商品。”（《马克思恩格斯全集》第23卷，人民出版社1972年版，第217页）参见拙作：《〈资本论〉第1卷第1章中的若干范畴》，《当代经济研究》2000年第9期。

③ 参见《马克思恩格斯全集》第25卷，人民出版社1972年版，第五、六、七各篇及其第五十章。

④ 《马克思恩格斯全集》第23卷，人民出版社1972年版，第47页。

⑤ 《马克思恩格斯全集》第23卷，人民出版社1972年版，第48页。

⑥ 《马克思恩格斯全集》第23卷，人民出版社1972年版，第54页。

⑦ 《马克思恩格斯全集》第23卷，人民出版社1972年版，第48页。

(5) 只是在此基础上，马克思才从交换价值出发，回过头来，一步一步地揭示出："如果把商品体的使用价值撇开，商品体就只剩下一个属性，即劳动产品这个属性。"①

而庞巴维克对此又是怎样说的呢？他自以为得计："这句话对吗？是仅仅有一个属性吗？例如，具有交换价值的商品，是不是从需求方面说来，还具有稀少的属性呢？是不是一切商品都是供求的对象呢？它们是不是都是受人们支配的对象呢？它们是不是自然的产物呢？……那么，我现在要问，价值的本原为什么不能存在于这些共同属性之中，像存在于作为劳动生产物的属性之中一样呢？"②

现在我们要做的其实只反问一句就够了：庞巴维克博士所说的这一切，究竟与马克思的劳动价值论何干？你所说的"稀少""供求""受人们支配""是自然的产物"等等，有哪一样不是仅仅与"使用价值"和"效用"及"竞争"有关、而与马克思的劳动价值论丝毫无关呢？

这正如马克思在致库格曼一封信中所说的："这个不幸的人看不到，即使我的书中根本没有论'价值'的一章，我对现实关系所作的分析仍然会包含有对实在的价值关系的论证和说明。胡扯什么价值概念必须加以证明，只不过是由于既对所谈的东西一无所知，又对科学方法一窍不通。任何一个民族，如果停止劳动，不用说一年，就是几个星期，也要灭亡，这是每一个小孩都知道的。人人都同样知道，要想得到和各种不同的需要量相适应的产品量，就要付出各种不同的和一定数量的社会总劳动量。这种按一定比例分配社会劳动的必要性，决不可能被社会生产的一定形式所取消，而可能改变的只是它的表现形式，这是不言而喻的。自然规律是根本不能取消的。在不同的历史条件下能够发生变化的，只是这些规律借以实现的形式。而在社会劳动的联系体现为个人劳动产品的私人交换的社会制度下，这种劳动按比例分配所借以实现的形式，正是这些产品的交换价值。"③

其次，庞巴维克偷换了一系列概念。

① 《马克思恩格斯全集》第 23 卷，人民出版社 1972 年版，第 50—51 页。
② ［奥］庞巴维克：《资本与利息》，商务印书馆 1959 年版，第 314 页。
③ 《马克思恩格斯全集》第 32 卷，人民出版社 1974 年版，第 540—541 页。

(1) 庞巴维克混淆了商品和财物。他用“财货”(德文 Gut，相当于英文中的 good，即“财物”——引者注)或“物质财货(material goods，Sachgüter)”来取代马克思所说的商品[①](Ware，相当于英文的 commodity)；用“财货的价值”(德文 Guterwert)取代马克思所说的“商品价值”[②](德文 Warenwert)。这就把一个以“商品生产”和“交换价值”为基础的社会，看成人类社会的常态，从而暴露出一切资产阶级经济学家所共有的狭隘的眼界。

(2) 庞巴维克混淆了价值(Wert)和产品(Product)。他硬说劳动价值论的拥护者认为“产品……完全(即仅仅——引者注)是劳动的产品”，并且进而提出“它们是不是自然的产物呢?”这样愚蠢的问题。[③] 难道庞巴维克真不知道：价值和产品，这是完全不同的两回事？难道只要承认了“价值是边际效用”，产品就可以等同于价值，就是“完全”由“效用”构成的了吗？这才真是“论证之不充分，推理之轻率，无有过于此者”![④]

(3) 庞巴维克混淆了“价值”和“效用”。庞巴维克声称，他要给他认为“不适当地被称为使用价值和交换价值的东西，起一些正确的名称。这两类现象，人们一向都含混地称之为价值，而我们要将他们区分为主观价值和客观价值”。他所说的“主观价值”，是“财货对于物主福利所具有的重要性”；“另一方面，客观价值指的是一种财货获得某种客观成果的力量或能力”。尽管他自己也承认，他的这种“措词”是“腐儒式的和粗俗的”，不过他还“没有找到”更好的“措词”。[⑤] 此外，他还煞费苦心地在词义上做文章，提出用德文“Nutzleistung”(有用功能)一词取代“Nttzung”，借以表达他之所谓“财货”的不同于主观价值的客观价值。但无论“Nutzleistung”或“Nttzung”，所指其实仍然是效用，是从属于使用价值方面的范畴。而且，就连这样的概念，很快也被他抛弃，

---

① [奥] 庞巴维克：《资本与利息》，商务印书馆 1959 年版，第 179—183 页。
② [奥] 庞巴维克：《资本与利息》，商务印书馆 1959 年版，第 179—183 页。
③ [奥] 庞巴维克：《资本与利息》，商务印书馆 1959 年版，第 253 页。
④ [奥] 庞巴维克：《资本与利息》，商务印书馆 1959 年版，第 314 页。
⑤ [奥] 庞巴维克：《资本实证论》，商务印书馆 1983 年版，第 150 页。

而代之以主观交换价值和客观交换价值。①

(4) 庞巴维克混淆了使用价值和"使用 (Gebrauch)"。如上所述，马克思《资本论》中所说的使用价值，并非资产阶级经济学家所说的效用，而是"商品体本身"。而庞巴维克却把"使用价值的特殊形式"说成"衣的使用，食的使用，或者屋的使用"等，并且由此而提出所谓"商品的一般使用价值"。可见他把马克思所说的使用价值，混同于"使用价值的发挥"或"使用"了。而使用一词在庸俗经济学的著作中，也被称为服务或效用。②

(5) 庞巴维克混淆了价值 (Wert)、交换价值 (Tauschwert) 和价格 (Preise)。庞巴维克认为：各种"完全与物主的福利或损失无关的"客观价值，"并不属于经济关系，而是属于单纯的技术关系"，"它们究竟不是属于政治经济学的"，"我用客观交换价值这一个辞句，意指财货在交换中的客观价值，换句话说，即用它来换得一定量其他经济财货的可能性，这个可能性被看作是前一财货的一种力量或特征"。③ 很清楚：庞巴维克自始就把价值和交换价值混淆在一起了。同样很清楚：他对财富的真正"客观"的内容（主体是劳动、客体是物质），包括被他称作"客观价值"的物品"获得某种客观成果的力量或能力"实际上并不感兴趣，而是要把它们排除在政治经济学的领域之外；另一方面，他又把交换价值称为"财货在交换中的客观价值"，并且认为是"那类对政治经济学当然具有最重要意义的客观价值"。④ 这就表明：他是用真正市侩（资产者、市民，即德文 Büger）的眼光来看待价值和交换价值问题的。一切从私利出发，

---

① 庞巴维克说："我觉得，'效用'(Nutzleistung) 这个名词在事实上是有很深的含义的：就它最根本的含义说，它是从物质财货 (Sachgütern) 所发生的各种有益的功能。"（庞巴维克：《资本与利息》，商务印书馆 1959 年版，第 183 页①。）其中的"Nutzleistung"一词是由名词"Nutzung（利益、用处、好处）"和"Leistung（成就、成绩、功能）"组合而成的。可见，庞巴维克所说的"Nutzleistung"，此处应译为"有用功能"或"效用"。英译者将其译为"material service"及中文版将其译为"物质服务"，是不准确的，而且是一种比庞巴维克本人的观点更为庸俗的表述。另外，本句中的"Sachgütern"一词，是德文"Sache"（"物""物事""事情"）和"Gut"（"物""财物"）的复合词。此处应译为"事物"，不应译为"物质财货"。

② [奥] 庞巴维克：《资本与利息》，商务印书馆 1959 年版，第 177—313 页。

③ [奥] 庞巴维克：《资本实证论》，商务印书馆 1983 年版，第 151 页。

④ [奥] 庞巴维克：《资本实证论》，商务印书馆 1983 年版，第 151 页。

斤斤计较，精于算计，满脑袋都是生意经，一副“现代经济学”所说的“经济人”的嘴脸，活脱脱地呈现在人们面前。

而在实际上，价值和交换价值的理论是既有联系又有区别的两个不同的理论。此点已如前述，这里不赘述。

至于在商品价值量的决定上，“社会规模的需要”即需求（是社会的实际需求而不仅是市场需求）和供给无疑也是作为社会必要劳动时间的前提和数量界限而包含在它的规定当中的。因此，从这个意义上说，商品的社会效用或其社会有用性，也已经作为前提而包含在商品的“价值决定”或“价值规定”当中了。但这与竞争和市场价格理论中的市场供给和市场需求，仍然不是一回事。因此从这个意义上论，庞巴维克等人的边际效用价值论，如果把这里的价值换成价格，并且只要不是拿来用于与马克思主义的劳动价值论相对抗的话，“那就不是一点‘效用’也没有的”。[①]

再次，庞巴维克无中生有，硬说马克思认为“在商品交换关系中，使用价值是没有关系的”[②]。

其实，马克思在这段话中是这样说的：“商品交换关系的明显特点，正在于抽去商品的使用价值。”[③] 而使用价值之所以被“抽去”，是因为在商品交换关系中，商品只有仅仅被当作价值和交换价值，才是可以通约和相等（或不等）的。这与了解或不了解、承认或不承认“价值的实体”是劳动还是边际效用无关。并且这是在商品交换关系中每日每时都在发生着的，因而这种抽象是客观的，而不是主观的。这是其一。其二，商品价值和交换价值的基础是“劳动”，这也是一个不争的事实。因为“人人都同样知道，要想得到和各种不同的需要量相适应的产品量，就要付出各种不同的和一定数量的社会总劳动量”。其三，这与商品必须是使用价值、必须是能够满足一定社会需要或需求的“对象”、必须有“效用”等，并不是互相排斥的。问题仅在于：使用价值不是价值，效用不是劳动，如是而已。至于这个交换过程本身，则当然是以“作为使用价值，

① 许兴亚：《资本论第1卷第1章中的若干范畴》，《当代经济研究》2000年第9期。

② ［奥］庞巴维克：《资本与利息》，商务印书馆1959年版，第312页。

③ 《马克思恩格斯全集》第23卷，人民出版社1972年版，第50页。

商品首先有质的差别”为前提的。因为商品交换过程的内容乃是“社会的物质变换”，或“社会劳动的物质变换”；“各种使用价值或商品体的总和，表现了同样多种的、按照属、种、科、亚种、变种分类的有用劳动的总和，即表现了社会分工”[①] 等。这怎么能说马克思认为“在商品交换关系中，使用价值是没有关系的”呢？难道当我们说庞巴维克那“三个著名歌者”的“薪水”[②] 不是他们本人时，就意味着“薪水”对“歌者”“不相干”了吗？

复次，庞巴维克不懂得马克思在《资本论》中所使用的叙述的方法。

这也是马克思劳动价值论的一切反对者所共有的特征。因为这些人习惯于先对现实作出某种抽象的假设，由此定义出某种概念或范畴，然后推导出某种庸俗的理论体系来，所以他们就断定马克思也是这样。其实，这些“蠢汉（Virobscurus）”[③] 们根本不懂得，马克思在《资本论》中是从商品的实际出发，而不是从任何假设和概念出发！此外，也正如恩格斯在《资本论》第三卷序言中所说的，（这些人错误地以为）马克思进行阐述的地方，就是马克思要下的定义。[④]

最后，庞巴维克在意识形态和政治立场上是反动的。

庞巴维克用主观、庸俗、杂乱无章和微不足道的“效用价值论”，来对抗马克思主义的劳动价值论，硬充这方面的好汉。其直言不讳的目的在于反对任何揭露资本主义剥削的“剥削学说”；其实质则在于反对马克思主义以及工人阶级反对资本主义的斗争。他用“迂回生产”的方式，歪曲和篡改“资本主义生产方式”，也同样再清楚不过地暴露了他的庸俗、肤浅和狭隘的资产阶级眼界，以及为资本主义制度辩护的嘴脸。从这方面说，庞巴维克对马克思的“批判”，不啻极有现实意义的反面教材。

（原文发表于《河南师范大学学报（哲学社会科学版）》2003 年第 2 期）

① 《马克思恩格斯全集》第 23 卷，人民出版社 1972 年版，第 122、103、55 页。

② ［奥］庞巴维克：《资本与利息》，商务印书馆 1959 年版，第 313 页。

③ 《马克思恩格斯全集》第 19 卷，人民出版社 1963 年版，第 412 页。

④ 《马克思恩格斯全集》第 25 卷，人民出版社 1972 年版，第 17 页。

马克思经济学假设的哲学方法论辨析

——以两个“社会必要劳动时间”的关系问题为例

王峰明*

同西方主流经济学一样，马克思的经济学在理论论证过程中也存在着各种前提性假设。但马克思经济学的前提性假设究竟具有怎样的性质？如何看待它与西方主流经济学假设之间的本质区别？这尚是一个有待深入探讨的问题。马克思在阐述政治经济学的方法时指出，人的思维“用它所专有的方式掌握世界，而这种方式是不同于对于世界的艺术精神的，宗教精神的，实践精神的掌握的”①。人类认识世界的这种“专有的方式”就是“从抽象上升到具体的方法”，它是“思维用来掌握具体、把它当作精神一个上的具体再现出来的方式”。② 本文立足于马克思确认并阐明的“从抽象上升到具体”的哲学方法论，以半个多世纪以来梦魇般纠缠着国内学术界的两个“社会必要劳动时间”关系问题作为案例（这完全是为了避免流于抽象和浮泛的议论），对马克思《资本论》中辩证逻辑③的假设问题做出分析，供学界同仁参考。

---

* 王峰明：清华大学马克思主义学院副教授，哲学博士。

① 《马克思恩格斯全集》第 30 卷，人民出版社 1995 年版，第 43 页。

② 《马克思恩格斯全集》第 30 卷，人民出版社 1995 年版，第 42 页。

③ 为说明马克思经济学的前提性假设，本文沿用了马克思在阐述贯穿于《资本论》中的辩证逻辑时所运用的一些基本概念，如“研究方法”“叙述方法”等。辩证逻辑把理性思维过程的概念运动以及概念对现实世界矛盾的反映作为主要研究对象。作为一门正在发展和有待完善的科学，它在诸多方面还很不成熟，对其中的许多争论学术界至今尚无定论。就一般的思维过程而言，在微观上，分析与综合、归纳与演绎、具体与抽象是对立统一的关系，无论从个别上升到一般还是从抽象上升到具体，都离不开这些普通的逻辑思维方法。

一、问题的提出

国内自20世纪50年代末以来，围绕两个社会必要劳动时间关系问题的学术讨论时断时续，始终难有定论。所谓两个社会必要劳动时间，指的是马克思在《资本论》第一卷和第三卷中就决定商品价值的社会必要劳动时间分别做出的两种不同规定。前者即："在现有的社会正常的生产条件下，在社会平均的劳动熟练程度和劳动强度下制造某种使用价值所需要的劳动时间"[①]。(以下简称"时间Ⅰ") 马克思关于后者的论述如下："事实上价值规律所影响的不是个别商品或物品，而总是各个特殊的因分工而互相独立的社会生产领域的总产品；因此，不仅在每个商品上只使用必要的劳动时间，而且在社会总劳动时间中，也只把必要的比例量使用在不同类的商品上。""如果说个别商品的使用价值取决于该商品是否满足一种需要，那么，社会产品量的使用价值就取决于这个量是否符合社会对每种特殊产品的量上一定的需要，从而劳动是否根据这种量上一定的社会需要按比例地分配在不同的生产领域。""在这里，社会需要，即社会规模的使用价值，对于社会总劳动时间分别用在各个特殊生产领域的份额来说，是有决定意义的。但这不过是已经在单个商品上表现出来的同一规律，也就是：商品的使用价值是商品的交换价值的前提，从而也是商品的价值的前提。""可见，只有当全部产品是按必要的比例生产时，它们才能卖出去。社会劳动时间可分别用在各个特殊生产领域的份额的这个数量界限，不过是价值规律本身进一步展开的表现，虽然必要劳动时间在这里包含着另一种意义。为了满足社会需要，只有如许多的劳动时间才是必要的。在这里界限是由于使用价值才产生的。社会在既定生产条件下，只能把它的总劳动时间中如许多的劳动时间用在这样一种产品上。"[②] (以下简称"时间Ⅱ") 马克思把"时间Ⅱ"视为"价

① 《资本论》第1卷，人民出版社2004年版，第52页。
② 《资本论》第3卷，人民出版社2004年版，第716—717页。

值规律本身进一步展开的表现”，相对于社会必要劳动时间未展开的形式，“包含着另一种意义”。其实质是指在社会总产品的再生产过程中，只有把社会总劳动时间根据社会购买力的市场需要按比例地分配在不同的生产领域的各类商品生产中，全部商品才能卖出去，按必要的比例量这样分配的社会总劳动时间，才是社会必要劳动时间。

如何解释“时间Ⅰ”与“时间Ⅱ”的含义及其相互关系，长期以来学术界见仁见智，观点纷呈，先后出现了“一致说”“引申说”“同一说”“矛盾说”“否定说”“修正说”等。① 进入21世纪以来，除“一致说”这一主流观点得到坚持以外，又出现了“发展说”“动态决定说”等新的诠释②，以及对所谓的“价值决定悖论”的新解析③。解决难题的钥匙在于弄懂马克思“从抽象上升到具体”的哲学方法。在这个思维行程中，马克思先是对一些最简单的经济范畴提出了各种严格的前提性假设，随着经济范畴逻辑演进过程的展开，逐渐放松这些假设的刚性，直至剔除最初的假设；于是，这些初始的简单范畴越来越具体化和复杂化，并衍生出新的范畴；唯其如此，才能在认识的多样性规定辩证统一的基础上，日益丰富地逼近对混沌总体表象的理性再现。

二、思维抽象、假设与“社会必要劳动时间Ⅰ”

关于思维抽象问题，涉及从个别上升到一般的研究过程。马克思在

---

① 这些观点的具体内容，请参阅卫兴华：《价值决定和两种含义的社会必要劳动时间》，《经济研究》1984年第1期。何炼成：《论价值决定》，《人文杂志》1979年第2期。胡寄窗：《社会必要劳动时间不存在两种含义》，《经济研究》1990年第3期。宋则行：《对“两种含义的社会必要劳动时间”的再认识》，《当代经济研究》1996年第5期。樊纲：《“苏联范式”批判》，《经济研究》1995年第10期。晏智杰：《价格决定与劳动价值论》，《学术月刊》1995年第8期。姜启渭：《创造价值的社会必要劳动的两重含义的存在性》，《当代经济研究》1997年第2期。

② 这些观点的具体内容，请参阅陈振羽：《第二种意义社会必要劳动价值论辨析》，《江汉论坛》2000年第3期。林岗：《关于社会必要劳动时间以及劳动生产率与价值量关系问题的探讨》，《教学与研究》2005年第7期。胡均、张广兴：《深入理解马克思的价值决定论》，《经济学动态》2004年第8期。孟捷：《劳动价值论与资本主义再生产中的不确定性》，《中国社会科学》2004年第3期。

③ 参见崔战利：《解析马克思的“价值决定悖论”——论劳动价值论与物质技术生产力统一的逻辑耦合点》，《中国社会科学内刊》2008年第1期。

《〈政治经济学批判〉导言》中有如下阐述和启示。如果从作为“感性具体”的“实在和具体”着手，“那么，这就是关于整体的一个混沌的表象，并且通过更切近的规定我就会在分析中达到越来越简单的概念；从表象中的具体达到越来越稀薄的抽象，直到我达到一些最简单的规定。”[①]此时达到的思维抽象有着与“感性具体”不同的特点。第一，它“是把直观和表象加工成概念”，而且是最为“简单的概念”。第二，这些概念中包含了“最简单的规定”。第三，它是一种“越来越稀薄”的“抽象”，“只能作为一个具体的、生动的既定整体的抽象的单方面的关系而存在”。[②] 因而不断远离事物的表象，或者说，同事物呈现于外的性征越来越不直接相吻合。第四，它在如下意义上是“分析”的结果，即它是将事物分解开来进行剖析后获得的思维成果。第五，存在着各种各样的抽象，与“错误的抽象”[③] 具有本质区别的科学的抽象，要求“研究必须充分地占有材料，分析它的各种发展形式，探寻这些形式的内在联系”[④]，由此形成的范畴才能抓住事物的根本。《资本论》中辩证逻辑思维抽象的一个范例，是马克思对劳动范畴一般本质的抽象和概括——“劳动首先是人和自然之间的过程，是人以自身的活动来中介、调整和控制人和自然之间的物质变换的过程”。它是“撇开每一种特定的社会的形式”或者说“撇开它的各种历史形式”来考察的结果；“因此，我们不必来叙述一个劳动者与其他劳动者的关系。一边是人及其劳动，另一边是自然及其物质，这就够了。”[⑤] 这些“撇开”或“不说”，实际上就是所谓的前提性“假设”。

马克思在《资本论》第一卷第一篇中关于价值规定的概括，也是这样一种思维抽象。他明确指出：“如果我们说，商品作为价值只是人类劳动的凝结，那么，我们的分析就是把商品化为价值抽象”，“劳动产品的

---

① 《马克思恩格斯全集》第 30 卷，人民出版社 1995 年版，第 41 页。

② 以上引文均见《马克思恩格斯全集》第 30 卷，人民出版社 1995 年版，第 42 页。

③ 《资本论》第 3 卷，人民出版社 2004 年版，第 964 页。

④ 《资本论》第 1 卷，人民出版社 2004 年版，第 21 页。

⑤ 以上引文见《资本论》第 1 卷，人民出版社 2004 年版，第 207—208、207、581、215 页。

价值形式是资产阶级生产方式的最抽象的、但也是最一般的形式”。[①] 价值是包含了最简单的规定——人类劳动的凝结或对象化的人类劳动——的简单概念，这些规定在现实中是当事人所意识不到的，“只有通过辛勤的理论研究才能从日常实践中把它们抽象出来，也就是说，它们是按自然规律的方式起作用”[②]。与此相联系，把“时间Ⅰ”定格为一种思维抽象，学术界似乎没有太大的争议。[③] 诚如马克思所言：“分析经济形式，既不能用显微镜，也不能用化学试剂。二者都必须用抽象力来代替。”[④] 亚当·斯密和大卫·李嘉图由于“抽象力”不够，结果都止步于对经济形式认识的特定层面，没能达到对商品价值本质规定的揭示和把握。[⑤] 在对“时间Ⅰ”规定的理解上，学术界对马克思的下面这段话有争议——“只是社会必要劳动量，或生产使用价值的社会必要劳动时间，决定该使用价值的价值量。在这里，单个商品是当作该种商品的平均样品”。[⑥] 一些学者认为，“时间Ⅰ”是“按单个（单位）商品计算的社会必要劳动时间”，而不是“按商品总量计算的社会必要劳动时间”。[⑦] 其实，马克思的“时间Ⅰ”既不是在具体分析某种商品总体的价值决定，也不是在具体分析单个商品的价值决定，而是在表达和说明作为思维抽象的商品及其价值决定问题，是在说明商品价值决定的本质规定和科学内涵。[⑧] 什么是商品的“样品”？样品就是一个代表，能够显示它所属的那一类商品的一般

---

① 《资本论》第1卷，人民出版社2004年版，第64、99页。早在《资本论》（第一手稿）中，马克思就表达过同样的思想。例如，他说：“价值表现为一种抽象……在分析展开的过程中不仅会显示出像资本这样的属于一定历史时代的形式所具有的历史性质，而且还会显示出像价值这样的表现为纯粹的抽象的规定。”参见《马克思恩格斯全集》第31卷，人民出版社1998年版，第180页。

② 《资本论》第3卷，人民出版社2004年版，第1018页。

③ 例如，前引何炼成和陈振羽的文章就明确地将“时间Ⅰ”指认为一种“抽象”。

④ 《资本论》第1卷，人民出版社2004年版，第8页。

⑤ 参阅王峰明、牛变秀：《哲学方法论视阈中马克思的劳动价值论》，《哲学研究》2004年第2期。

⑥ 《资本论》第1卷，人民出版社2004年版，第52页。

⑦ 参阅宋则行：《对“两种含义的社会必要劳动时间”的再认识》，《当代经济研究》1996年第5期。

⑧ 在《资本论》（第二手稿）中，马克思就明确地把“商品价值由生产商品的社会必要劳动时间决定”，指认为一种本质性认识层面的“规律”，参见《马克思恩格斯全集》第32卷，人民出版社1998年版，第508页。

性征，能够窥一斑而见全豹。显然，这与其说是在具体确定和计算决定单个或单位商品价值的“社会必要劳动时间”，毋宁说是在抽象地概括和说明什么是一般意义上的“社会必要劳动时间”。至于在现实的商品生产中，究竟什么样的个别劳动时间所创造的个别价值，才是具有代表性的劳动时间，这里还没有必要涉及。

“时间Ⅰ”作为一种思维抽象，作为对商品价值决定的内在本质的说明，自然也离不开前提性假设，这就是供求一致的假设。即把与市场竞争联系在一起的供求关系变化，包括一种商品供求量的非均衡以及由某种商品交换联结的社会供给与社会需求在全社会供求再生产中所占的比重等，统统排除在商品价值决定的最简单规定之外。关于“时间Ⅰ”的规定中供求一致假设的存在，学术界有共识①，马克思自己也有明确的说明。他说：“在本书第一册，我们把资本主义生产过程，既作为孤立过程，又作为再生产过程来分析，我们分析了剩余价值的生产和资本本身的生产。资本在流通领域所经历的形式变换和物质变换被假定（Unterstellt）为前提，而没有进一步加以论述。我们假定（Unterstellt），一方面，资本家按照产品的价值出售产品；另一方面，他在流通领域找到使过程重新开始或连续进行所必需的各种物质生产资料。我们在那里需要考察的流通领域中的唯一行为，是作为资本主义生产的基本条件的劳动力的买和卖。”② 而且，在马克思看来，“连根本不懂什么是价值的庸俗经济学，每当它想依照自己的方式来纯粹地观察现象的时候，也假定（Unterstellt）供求是一致的，就是说，假定（Unterstellt）供求的影响是完

---

① 异议的地方在于：为什么说供求关系和需求因素在商品的“价值决定”中不是“本质”的关系和因素？如有的观点指出，既然说“商品”是“用来交换的劳动产品”，不为人所“需要”因而交换不出去的劳动产品，就不是商品，因而也就不具有价值；那么，“需要”就是构成商品之为商品的本质规定，从而也就构成价值决定的一个“内在”要素。问题是，这种观点恰恰忽视了马克思所强调的“社会需要，即社会规模的使用价值”，参见《资本论》第3卷，人民出版社2004年版，第716页。商品固然包含着“价值”和“使用价值”两种因素，但与人的“需要”构成内在关联的是“使用价值”，而绝不是“价值”。

② 《资本论》第2卷，人民出版社2004年版，第391页。这里和下面括弧中的德文均为引者所加，详见 Karl Marx-Friedrich Engels-Werke，Band 24，*Das Kapital*，Bd. II（Berlin/DDR：Dietz Verlag，1963），S. 352—353.

全不存在的"[1]。

换言之，把思维抽象作为叙述的起点和论说的前提确立下来，是以种种假设条件的设置为前提的，由此就形成了马克思经济学的思维抽象与前提性假设之间的内在关联。马克思在分析资本主义简单再生产时所讲的一段话，就明确地道出了思维抽象与其前提性假设之间的这种内在关联。他说："既然一方面，在资本主义基础上，没有任何积累或规模扩大的再生产，是一种奇怪的假定（Annahme），另一方面，生产条件在不同的年份不是绝对不变的［而假定（Vorausgesetzt）它们是不变的］，那么，规模不变的简单再生产就只是表现为一个抽象（Abstraktion）。"[2] 感性具体只是一些无概念、无规定的"杂多"（借用康德的一个术语），思维抽象才把事物"规整"（借用康德的另一个术语）在一起，使之获得"规定"并结晶为概念。作为研究过程之结果的思维抽象，现在成了从抽象上升到具体的叙述过程的起点和前提。因为，要从思维抽象出发解释和说明感性具体，即从本质和规律出发解释和说明现象，就必须对这个作为思维抽象的本质和规律先行地做出表达和交代，结果它"好像是一个先验的结构了"[3]。"时间Ⅰ"就是这样一种表达和交代，就是这样一个似乎"先验"的结构和规定。

三、思维具体与作为"时间Ⅰ"向"时间Ⅱ"转化中介的市场价值

前面援引的《资本论》第三卷第三十七章中关于第二种含义的社会必要劳动时间（时间Ⅱ）的论述，其实是马克思在同卷第十章中就提出

---

① 《资本论》第1卷，人民出版社2004年版，第184页。括弧中的德文为引者所加，详见Karl Marx-Friedrich Engels-Werke，Band 23，*Das Kapital*，Bd. I（Berlin/DDR：Dietz Verlag，1968），S. 173.

② 《资本论》第2卷，人民出版社2004年版，第438页。括弧中的德文详见Karl Marx-Friedrich Engels-Werke，Band 24，*Das Kapital*，Bd. II（Berlin/DDR：Dietz Verlag，1963）S. 393—394.

③ 《资本论》第1卷，人民出版社2004年版，第22页。

的观点，而且以他关于市场价值范畴的论证为前提和基础。马克思写道："假定这个量（指"所生产的商品的量"——引者注）就是通常的供给量，并且我们撇开所生产的商品的一部分会暂时退出市场的可能性不说。如果对这个总量的需求仍旧是通常的需求，这个商品就会按照它的市场价值出售。""这个商品量不仅满足了一种需要，而且满足了社会范围内的需要。"[①] 这里出现了一个区别于"价值（Wert）"范畴，在《资本论》第一卷和第二卷中都从未露过面的新范畴——"市场价值（Marktwerte）"，使我们不得不面对和思考由之而来的一系列问题：什么是市场价值？它为什么在《资本论》第三卷中才姗姗来迟？如何理解市场价值与"时间Ⅰ"和"时间Ⅱ"之间的学理关系？

马克思是从两个方面阐释市场价值范畴之含义的，他自己在行文中明确地用黑体标出了"第一"和"第二"这两个方面的内容。[②] 前者论述供求一致条件下，不同个别价值的平均化形成市场价值；后者则论述供求不一致条件下，个别价值无须经由平均化而直接决定市场价值。先考察马克思所论述的关于市场价值规定"第一"方面的内容。上面我们援引的马克思关于市场价值的论述清楚地表明，这里马克思论说的是供求一致条件下商品市场价值的决定问题。就此而言，市场价值与"时间Ⅰ"所规定的价值在前提性假设上并没有本质性区别；需要注意的是，马克思阐述的市场价值规定三种情况中表现为二者差异的特征。

第一种情况："现在假定这些商品的很大数量是在大致相同的正常社会条件下生产出来的，因而社会价值同时就是这个很大数量的商品由以构成的各个商品的个别价值。这时，如果这些商品中有一个较小的部分的生产条件低于这些条件，而另一个较小的部分的生产条件高于这些条件，因此一部分的个别价值大于大部分商品的中等价值，另一部分的个别价值小于这种中等价值，如果这两端互相拉平，从而使属于这两端的商品的平均价值同属于中间的大量商品的价值相等，那么，市场价值就会由中等条件下生产的商品的价值来决定。"

---

① 《资本论》第3卷，人民出版社2004年版，第206页。

② 《资本论》第3卷，人民出版社2004年版，第201、206页。

第二种情况："相反，假定投到市场上的该商品的总量仍旧不变，然而在较坏条件下生产的商品的价值，不能由于较好条件下生产的商品的价值而拉平，以致在较坏条件下生产的那部分商品，无论同中间的商品相比，还是同另一端的商品相比，都构成一个相当大的量，那么，市场价值或社会价值就由在较坏条件下生产的大量商品来调节。"

第三种情况："最后，假定在高于中等条件下生产的商品量，大大超过在较坏条件下生产的商品量，甚至同中等条件下生产的商品量相比也构成一个相当大的量；那么，市场价值就由在最好条件下生产的那部分商品来调节。"①

有种观点认为，马克思在此分析的实际上就是"时间Ⅰ"意义上的价值决定问题。差别只在于：哪一种商品是"很大数量"的商品这个因素，也就是将不同生产条件下生产的使用价值量的"权重"因素考虑进来了。因为马克思这样界定市场价值的概念："市场价值，一方面，应看作一个部门所生产的商品的平均价值，另一方面，又应看作是在这个部门的平均条件下生产的并构成该部门的产品很大数量的那种商品的个别价值。"② 按照这种观点，市场价值是马克思对"时间Ⅰ"意义上的价值决定的一种"补充"或"修正"；以至认为，在马克思那里，"时间Ⅰ"意义上的价值决定本身就是一种"加权平均"，而不是"简单平均"。③ 遗憾的是，这种判断明显地缺乏文献学的支持。因为马克思在世时，无论是1872年出版的《资本论》第一卷德文第二版，还是他亲自修订的《资本论》第一卷法文版，都没有把使用价值量的权重因素纳入到"时间Ⅰ"意义上的价值决定中来。换言之，在"时间Ⅰ"意义上的价值决定中，不仅包含了供求一致的假设条件，而且包含了使用价值量的权重不起作用的假设条件。

其实，市场价值决定中的所谓使用价值量的权重问题，是与三个新变量的同时出现密切相关的。与"时间Ⅰ"的原生关系"价值"相比，

---

① 以上引文均见《资本论》第3卷，人民出版社2004年版，第203—204页。

② 《资本论》第3卷，人民出版社2004年版，第199页。

③ 参见林岗：《关于社会必要劳动时间以及劳动生产率与价值量关系问题的探讨》，《教学与研究》2005年第7期。

这里均衡供求关系的主体，不再是作为商品“样品”的单位使用价值量，而是供求平衡条件下单个部门的使用价值总量，这是其一。关于“现有的社会正常的生产条件”和“平均劳动”的初始规定，现在也具体化为该部门企业劳动生产率状况的上、中、下三类条件，它们之间存在着竞争关系，它们各自生产的使用价值量占该部门商品总量的不同比重就是“权重”，这是其二。相应地，关于价值量的一般规定也具体地分解为这三类生产条件下形成的个别价值量之和，单位商品的市场价值是它们的加权平均值，这是其三。[①] 马克思对市场价值含义的这些阐释，诚如他自己明确指出的，是“抽象地叙述的市场价值的确定，在需求恰好大到足以按这样确定的价值吸收掉全部商品的前提下，在实际市场上是通过买者之间的竞争来实现的。在这里，我们就谈到另外一点了”[②]。

这另外的一点是指什么呢？这就是马克思关于市场价值规定“第二”方面的内容。马克思继续写道：“与此相反，如果这个量（指供给量——引者注）小于或大于对它的需求，市场价格就会偏离市场价值。第一种偏离就是：如果这个量过小，市场价值就总是由最坏条件下生产的商品来调节，如果这个量过大，市场价值就总是由最好条件下生产的商品来调节，因而市场价值就由两端中的一端来决定，尽管单纯就不同条件下生产的各个量的比例来看，必然会得到另外的结果。”[③] 这个“另外的结果”指的是上述供求平衡条件下市场价值中所谓的使用价值量权重的规定。但是，与马克思上述关于市场价值“第一”方面内容的规定相比，这里非常明显的变化是，在部门商品生产的供给大于需求的情况下，即使最好条件下生产的商品量的权重不构成该部门商品总量的多数，市场价值也“总是由最好条件下生产的商品来调节”；反之亦然。现在，市场价值中使用价值量权重的规定竟完全“失灵”了。令人惊讶的是，长期以来传统的国内外马克思主义政治经济学解说《资本论》的各种范本，都避开我们在上面引证的马克思关于市场价值规定“另外一点”“必然会

---

① 参见崔战利：《解析马克思的“价值决定悖论”——论劳动价值论与物质技术生产力统一的逻辑耦合点》，《中国社会科学内刊》2008年第1期。

② 《资本论》第3卷，人民出版社2004年版，第206页。

③ 《资本论》第3卷，人民出版社2004年版，第206页。

得到另外的结果”的原话及其上下文的相关内容，而把马克思所说的市场价值规定“第二”方面的内容简单地直接并入其“第一”方面内容的使用价值权重作用，认为生产条件好的或坏的那类企业的个别价值之所以能决定市场价值，是因为通过市场供求与价格变化，在重新达到平衡时，这类企业生产的使用价值已构成了部门产量的多数。[①] 其实，马克思的原意是揭示：在部门商品市场供求不一致条件下，各自处于生产条件两端的个别价值量直接决定市场价值，从而成为价格波动的中心。不理解马克思关于市场价值的第二方面规定，就无法真正把握马克思的资本主义地租理论。在资本主义工业化进程的相当时期中，农产品价格呈上涨趋势，价格波动的中心是劣等地的个别价值量，而劣等地的产量往往不占农产品总量的多数。[②]

至此，作为中介环节，市场价值范畴规定的多重性问题就突现在我们面前了。马克思非常明确地指出：“供求以价值转化为市场价值为前提”[③]，从而将市场价值定位为从“时间Ⅰ”向“时间Ⅱ”转化的最必要的中介环节。因为市场价值的“第一”规定内容在继续保持供求一致的假设条件下，把“时间Ⅰ”中三个“最简单的规定”各自转化为“多种规定”。即它把作为商品“样品”的单位使用价值量转化为单个部门的使用价值总量；把“现有的社会正常的生产条件”和“平均劳动”具体化为部门劳动生产率状况的上、中、下三类条件；把价值量具体化为这三类生产条件所创造的个别价值量的总和或加权平均。然后，市场价值的“第二”规定内容则“撤去”部门商品供求一致的假设，研究在单个部门商品供求不一致条件下，个别价值对市场价值的决定作用。在这个基础

---

① 例如，这一误漏至少可追溯到苏联著名马克思主义经济学家卢森贝的《〈资本论〉注释》第3卷，李延栋等译，生活·读书·新知三联书店1963年版，第96—97页。随后，出现在许涤新主编的《政治经济学辞典》上册，人民出版社1980年版，第524页。陈征的《〈资本论〉解说》第4册，福建人民出版社1981年版，第149—150、154—155页。张薰华的《〈资本论〉提要》第3册，上海人民出版社1982年版，第70—71页。直至方大左的《〈资本论〉引读》第3卷，中央编译出版社2004年版，第102—103页。

② 由于农产品的需求长期大于供给，在劣等地的个别价值量直接决定市场价值的情况下，还引出了马克思所说的“虚假的社会价值”问题，参见《资本论》第3卷，人民出版社2004年版，第744—745页。

③ 《资本论》第3卷，人民出版社2004年版，第216页。

上，“时间Ⅰ”向“时间Ⅱ”的转化才有可能得以完成。因此，市场价值与价值相比，它与现实经济运动的距离较小，抽象的程度较低，“舍象”的东西较少。在马克思看来，从简单概念到具体概念、从思维抽象到思维具体，“要以极为复杂的中介过程为前提”[①]。只有借助于中介过程或中介环节，事物的本质和规律才能以现实的形式或方式得到具体的展开和实现，事物的表象或现象才能在本质和规律的基础上得到整体的理解和把握。事物的规定正是因为有这种中介环节的加入才变得复杂和多重，而对事物复杂和多重规定的把握正是事物在整体上得到理解和认知的标志。

在思维具体再现客观世界的程度上，市场价值与“时间Ⅱ”又有差异。市场价值是由部门内的竞争形成的，涉及的仅仅是某个特殊部门商品供求之间的比例关系问题，这是社会必要的总劳动时间在单个部门的分配。只有在这个基础上，才能进一步阐释在社会总供给与社会总需求不一致条件下，“时间Ⅱ”关于社会必要的总劳动时间的规定。马克思指出：“这里关于市场价值所说的，也适用于生产价格，只要把市场价值换成生产价格就行了。”[②] 全社会必要的总劳动时间在各部门的分配，实际上是社会总资本（全部预付资本包括不变资本和可变资本）在部门和企业之间的分配问题，不但要求有部门内的竞争，而且必须有部门之间的竞争，后者造成的利润平均化趋势和市场价值向生产价格的转形，都是“从抽象上升到具体”的思维行程中必须解决的问题。部门之间竞争以生产要素在部门之间的流动为条件，无论是作为引起流动的原因还是结果，我们都须面对并分析单个部门商品供求不均衡的现实存在。不理解市场价值，就不能理解一般利润率；不理解一般利润率，就不能理解生产价格；不理解生产价格，就不能理解最初抽象的价值规定和价值规律如何在资本主义条件下成为现实的作用方式和实现形式。“时间Ⅰ”可以“无视”供求关系变化和需求因素变化等这些中介环节对价值决定的作用和

① 《资本论》第3卷，人民出版社2004年版，第885页。马克思将缺乏中介过程或中介环节的抽象叫作“强制的抽象法”，并由此出发审视和评价古典经济学的“得”与“失”，参见《资本论》第1卷，人民出版社2004年版，第356页。

② 《资本论》第3卷，人民出版社2004年版，第200页。

影响，通过前提性假设而将之“舍象”或“悬置”（借用现象学的一个术语）起来不予考虑；“时间Ⅱ”则必须“剔除”这种前提性假设而把供求关系和需求因素等重新“还原”（借用现象学的另一个术语）回来，充分重视和详细考察它们的变化给全社会必要的总劳动时间的决定所带来的影响和结果。

在市场价值多重性规定的基础上，我们对“时间Ⅱ”的理解也包括两个方面的规定内容。第一，在理想的正常生产条件下，当全社会的总供给与总需求一致，且各个部门市场的供求也一致时，各类商品的价格是由各部门中不同生产条件下产出的使用价值量权重最大的那类企业的个别价值量决定的，是部门生产的个别价值总量的加权平均值。但对于资本主义生产方式而言，这种理想条件在现实经济生活中只是偶然的现象。第二，在全社会的总供给与总需求不一致的情况下，价格波动围绕的中心，当供大于求时，是由各部门内处于上等生产条件、平均成本低的那类企业的个别价值调节的，而不管其生产的使用价值量在同类商品中权重的大小；当供小于求时，则由下等生产条件、平均成本高的那类企业的个别价值调节，也与其权重的大小无直接关系。至于在全社会的总供给与总需求不一致的情况下，部门商品市场价格的波动状态，究竟是处于理想条件还是处于供大于求或供小于求的不平衡条件，都可归结于上述马克思关于市场价值“第一”或“第二”两个方面的情况。对于上述状况更具体的分析，属于马克思未完成的关于竞争理论和价格运动的部分，尚有待于我们进一步研究。但“时间Ⅱ”含义的提出，揭示了商品的物质生产过程中总的物化劳动量以各部门不同生产条件所生产的个别价值量为表现形式，始终是影响或调节整个市场价格波动的中心或基础。这种基础作用在价格的长期波动中以平均化趋势表现自己。

因此，“时间Ⅱ”是比市场价值更具体、更丰富的思维具体，离现实的经济运动更近。因为它解释了市场价格波动的整体表象。由于社会总劳动时间在各个部门之间的分配不合比例，即使单位商品或某类商品的总量是在现有的社会正常的生产条件下耗费了社会必要劳动时间而生产的，但市场上卖不出去的商品，其消耗的劳动时间也不能构成社会必要的总劳动时间的一部分，它们的个别价值不能转化为社会价值。这类商品在市场上代表的社会劳动量就比它们实际包含的社会劳动量小得多。当资本主义陷入生产相对过剩的周期性经济危机时，各个生产部门中首先遭受重大打击的，便是那些在需求大于供给的繁荣时期大量涌现的处于劣等生产条件下的企业。没有上述关于市场价值多重性质的规定，没有这个中介环节，我们就难以在思维具体的整体上，把握因供求之间总的比例关系周期性地遭到严重破坏而导致的这些危机现象，更无法理解在现实生活中，资本主义市场经济只能在供求关系不平衡的周期性震荡中实现供求关系均衡化的趋势。

恩格斯曾这样评价《资本论》第三卷，它“如雷鸣电闪，因为它第一次从总的联系中考察了全部资本主义生产”[①]。这个评价与马克思在《资本论》第三卷中的下列论述是一致的：“资本主义生产过程，就整体来看，是生产过程和流通过程的统一。至于这个第三册的内容，它不能是对于这个统一的一般的考察。相反地，这一册要揭示和说明资本运动过程作为整体考察时所产生的各种具体形式。”[②] 这有助于我们理解和把握“时间Ⅰ”与“时间Ⅱ”之间的关系，以及在从前者向后者的辩证思维逻辑转换过程中市场价值的中介作用。

就“时间Ⅰ”、市场价值和“时间Ⅱ”三者之间的总体关系而言，它们无疑都是思维的产物，却又都不是虚无缥缈的东西，而是体现了马克思在分析同一个问题的深化过程中考察层次的转换和角度的改变。作为思维抽象的“时间Ⅰ”，是在整体上把最发达资本主义生产方式的直观和表象层层剥皮，加工成“最稀薄”概念的产物。它是逻辑过程的起点和基础，具有解释学意义上的优先性和第一性。从逻辑进程看，没有“时间Ⅰ”，就无法理解和说明市场价值与“时间Ⅱ”。由于市场价值真实地存在于价值生产过程以及单个部门的价值实现过程中，更由于“时间Ⅱ”真实地存在于整个社会的价值实现过程中，因此，“时间Ⅰ”才作为在不断的不平衡中实现的平均化趋势，真实地经由市场价值和“时间Ⅱ”而再现出来。如此说来，市场价值与“时间Ⅱ”又可视作“时间Ⅰ”不同

---

① 《马克思恩格斯〈资本论〉书信集》，人民出版社 1976 年版，第 461 页。

② 《资本论》第 3 卷，人民出版社 2004 年版，第 29 页。

程度的变形。《资本论》第一卷中的价值和“时间Ⅰ”是思维抽象层面的一般考察，第三卷中的“时间Ⅱ”是思维具体层面在整体上的具体考察；前者属于简单概念，后者属于具体概念；而市场价值则是二者转换的枢纽。

四、结　束　语

根据以上立论，我们对学术界关于“社会必要劳动时间”的讨论，有以下简短的总结性看法。持“同一说”的论者，将“时间Ⅰ”与“时间Ⅱ”绝对地等同起来，以一个去置换另一个，忽视了在辩证逻辑的思维过程中它们分别处于不同层次的区别。持“矛盾说”或“否定说”的论者，把“时间Ⅰ”与“时间Ⅱ”绝对地对立起来，以一个去否定另一个，同样无视它们之间存在的一般与个别、抽象与具体的内在关系，并以此编造出《资本论》第一卷与第三卷在体系上“前后矛盾”的说法。介乎二者之间、持“一致说”的论者，将“时间Ⅰ”归结为“价值生产”和“价值决定”问题，将“时间Ⅱ”归结为“价值实现”和“价格波动”问题，对市场价值的多重性规定在二者之间承前启后所起的关键性中介地位和枢纽作用缺乏必要的认识，将市场价值范畴相对独立的相关规定硬“塞入”到“时间Ⅰ”中①，更没有看到供求关系的不一致，不仅会引起市场价格的波动，还会导致市场价值本身边界的改变。持“动态决定说”的论者认为“时间Ⅰ”与“时间Ⅱ”是直接“互相决定”的，也把中介环节的某些相对独立的规定划归至“时间Ⅰ”的名下；而且因在“不一致”或“彼此矛盾”的意义上解读价值与市场价值这两个概念之间的关系，最终导致与“否定说”或“矛盾说”殊途同归的结果。最后，持“发展说”“引申说”和“修正说”的论者，虽然看到了“时间Ⅰ”与“时间Ⅱ”之间的联系和区别，甚至也在抽象的层面看待“时间Ⅰ”，但

① 我也曾有这种误判，因而一度赞成“一致说”，参阅王峰明、牛变秀：《价值、需求、价格及其“人——哲学”追问》，《学术界》2002年第6期。

是当他们得出“时间Ⅱ”比“时间Ⅰ”更为“现实”、更为“根本”或更为“重要”的结论时，表明他们仍然没能在“从抽象上升到具体”的方法论高度来理解和把握二者之间存在的“一般与个别”的本质关系。

其实，价值意义上的“时间Ⅰ”、个别价值意义上的市场价值、全社会必要的总劳动时间意义上的“时间Ⅱ”，不是彼此外在和相互并列的“三个”东西，而是“同一个”东西在思维行程不同层次上的存在，是从简单概念经中介环节向具体概念的升华。对于客观世界不同实体特殊性的区别以及它们之间的相互关系是比较容易把握的；但是要从中识别出同一实体不同侧面的性质之间的非实体性的矛盾关系来，就不那么轻而易举了，因此许多人把这两类不同的关系混为一谈。然而，最困难的则是把握事物中普遍存在的一般与个别、共性与个性之间的关系。正如毛泽东指出的，“共性包含于一切个性之中”，这一道理“是关于事物矛盾的问题的精髓，不懂得它，就等于抛弃了辩证法”。[①] 本文论及的思维抽象与思维具体的关系及其案例就属于这样的复杂关系。马克思经济学的前提性假设，是其从抽象上升到具体方法论的内在组成部分。马克思在为《资本论》第二版所写的跋文中曾讲过：“人们对《资本论》中应用的方法理解得很差”[②]。这提示我们要认真研究《资本论》所体现的马克思主义哲学辩证逻辑的思维方法。

马克思所说的研究过程，要求把有关本质的关系和因素从各种非本质的关系和因素中分离出来，乃至将它们从“派生的、转移来的、非原生的生产关系”这些属于“第二级的和第三级的东西”[③] 中识别出来，排除干扰，实现从感性具体向思维抽象的跃迁。然而，这还只是思维“加工厂”的半成品，作为研究过程之结果的思维抽象，现在转而成为叙述过程的起点。在叙述过程中，作为最初起点的最简单的原生关系，实际上就是把上述那些非原生的关系和因素“撇开”，放到一边“不说”。因此，为了“舍象”，必须建立关于“不说”的前提性假设，以便通过科学的抽象，获得关于本质的一些最简单的规定。但是这样的前提性假设自

① 《毛泽东选集》第1卷，人民出版社1991年版，第320页。
② 《资本论》第1卷，人民出版社2004年版，第19页。
③ 《马克思恩格斯全集》第30卷，人民出版社1995年版，第51页。

然不是永恒和绝对的，都只是具有暂时的合理性和存在价值。起初“加”了什么样的假设，最后必然要“去”掉什么样的假设。逐步“去”假设的思维具体变得越来越丰富和厚实，它由许多相互联系的具体概念的总体构成。这样，理性思维的行程就越来越接近表象和实在，事物及其外在表象就不再是一种混沌的整体，而是转化为被理解了的整体，才能解释和说明在各种非本质的关系和因素作用下，本质和规律呈现于外的复杂多样的现象形态。一如马克思所说：“具体之所以具体，因为它是许多规定的综合，因而是多样性的统一。因此它在思维中表现为综合的过程，表现为结果，而不是表现为起点，虽然它是现实的起点，因而也是直观和表象的起点。”思维具体“已不是关于整体的一个混沌的表象，而是一个具有许多规定和关系的丰富的总体了”，“具体总体作为思想总体、作为思想具体，事实上是思维的、理解的产物”。[①]

马克思经济学辩证逻辑中的前提性假设，是一把解决本质与现象之间存在的一般与个别这一矛盾的钥匙。其中的任何前提性假设都不是自明或自足的，都必须在历史过程的社会实践基础上接受“理性”的拷问和审判，都需要给以剖析和探究。辩证逻辑思维过程的矛盾运动包含了范畴形式的转化，这是对客观世界矛盾运动阶段性发展的能动反映。普遍联系的矛盾现象构成客观世界混沌的网络，而概念和范畴则是帮助我们认识世界的网上纽结。马克思经济学的前提性假设，贯彻和体现了理论与现实、逻辑与历史矛盾运动的辩证法。任何科学的理论和理论假设，都不能脱离现实，而是必须建立在现实社会矛盾运动的基础之上，否则就不能理解和说明任何现实问题，更不要说预测未来了。在马克思的经济学中，如果说存在着什么“永恒”的前提和基础的话，那就是作为研究对象的现实社会。马克思说：“就是在理论方法上，主体，即社会，也必须始终作为前提浮现在表象面前。”[②] 未经社会实践检验的理论假说不能成为改造现实的标准，不能用这样的理论假说去剪裁、修正现实。不是理论假说决定现实事物的运动，而是现实事物的运动决定理性思维的

① 《马克思恩格斯全集》第30卷，人民出版社1995年版，第42、41页。
② 《马克思恩格斯全集》第30卷，人民出版社1995年版，第43页。

发展变化。马克思经济学辩证思维的逻辑过程与社会经济发展的历史过程具有根本上的相关性。历史过程在各种偶然性中展开自身的运动，逻辑过程则是对这种偶然性背后之必然性的反映和把握。建立在物质世界辩证发展与人类实践基础上的辩证法、逻辑学和认识论的统一，揭示了主观辩证法与客观辩证法的相互关系，是马克思主义哲学区别于以往旧哲学的一个显著特征。黑格尔式思维关于概念和范畴自我相关、自我构成、自我展开和自我运动的教旨终究是幻觉。马克思说得好："黑格尔陷入幻觉，把实在理解为自我综合、自我深化和自我运动的思维的结果，其实，从抽象上升到具体的方法，只是思维用来掌握具体、把它当作一个精神上的具体再现出来的方式。但决不是具体本身的产生过程。"① 我赞同冯文光先生的说法："掌握了马克思的方法论，无异于掌握了迄今为止仍然是最强有力的先进武器。"②

（原文发表于《中国社会科学》2009年第4期）

① 《马克思恩格斯全集》第30卷，人民出版社1995年版，第42页。

② 冯文光：《关于阅读〈资本论〉的方法》，方大左：《〈资本论〉引读》第1卷，中央编译出版社2004年版，第7页。

论社会必要劳动时间的理论定位

——兼与王峰明先生商榷

丁堡骏*

王峰明先生在《中国社会科学》2009年第4期发表了《马克思主义经济学假设的哲学方法论辨析——以两个“社会必要劳动时间”的关系问题为例》一文（为了讨论方便，本文以下简称王文）。文章从哲学方法论角度对市场价值范畴进行定位，将市场价值定位为“从‘时间Ⅰ’向‘时间Ⅱ’转化的最必要的中介环节”。在此基础上还具体阐述了作为中介环节的市场价值规定的多重性特点。读罢该文，感到这是一篇试图从哲学方法论角度探讨两重含义的社会必要劳动时间问题的颇具学术魅力的好文章，在很多方面很受启发。当然，在欣赏之余我也深感该文还有一些值得进一步探讨和完善的地方。本着“百花齐放、百家争鸣”共同提高的原则，我愿就这些问题谈些个人看法，以就教于王峰明及学术界的同仁。

一、马克思劳动价值论的价值——价格理论的基本逻辑

为了和王文进行对比，我们将马克思劳动价值论的价值—价格理论的基本逻辑，表示为如下三种形式：

（1）W—G：价值（时间Ⅰ）—市场价格（时间Ⅱ）；

（2）W—G：市场价值（时间Ⅰ的平均值）—市场价格（时间Ⅱ）；

* 丁堡骏：吉林财经大学马克思主义经济学研究中心教授。

(3) W—G：生产价格（时间Ⅰ的进一步的平均值）—市场价格（时间Ⅱ）。

第一种形式所揭示的是价值规律一般原理。其核心思想是：价值质的规定性和价值量的规定性以及价值的实现等内容。W—G 表示商品价值的实现。W 表示商品。马克思在这里揭示了处于 W 位置的商品，其价值质的规定性是一般人类劳动的凝结。这个商品价值量的规定性，是凝结在其中的社会必要劳动量，即第一种含义的社会必要劳动时间（简称时间Ⅰ）。处于 G 位置的货币，表示一定量实现了的价值。它当然是一定量的社会必要劳动时间的指数。而且是与时间Ⅰ有区别的被社会所承认的劳动时间。我们认为它就是第二种含义的社会必要劳动时间，或简称时间Ⅱ。马克思在《资本论》第一卷第一篇集中阐述了这一基本思想。恩格斯在《〈资本论〉第三册增补》中进一步补充说明了马克思的这一思想。当然，这个基本思想在《资本论》后续的各篇章的行文中也有所运用和发展。由于这一基本原理的阐发是以高度抽象的简单商品经济为背景的，因此，它是属于十分抽象的原理，因而也就具有最广泛的适用性，它适用于任何商品经济。由此看来，时间Ⅰ是和商品价值质的规定性相匹配的阐述商品价值量的规定性的范畴。既然商品价值质的规定性不需要马克思在《资本论》后续各章节中反复重复论证和咀嚼，那么，商品价值量的规定性也同样不需要马克思在《资本论》后续各章节中反复花样翻新的阐述。因此，后面关于社会必要劳动时间的阐述，一定不是和时间Ⅰ有本质区别的新阐述。

第二种形式所揭示的是价值的第一个转化形式。这一理论的核心思想是价值转化为市场价值。马克思在《资本论》第三卷第十章中集中阐述了这一重要思想[①]。在这里，马克思始终把前面所阐述清楚的 W—G 的基本原理作为既定的前提。马克思集中探讨的问题是，作为 W—G 的起始点 W 所代表的价值怎样转化为市场价值。换句话说，原来在 W—G 交换过程中，作为市场价格波动中心的是价值。现在，马克思论证了价值

---

① 马克思在《资本论》第一卷第十章没有对市场价值范畴进行详细论述的条件下，粗略地运用了这一理论。

为什么和怎样平均化为市场价值，并且，这种市场价值取代价值而成为在 W—G 交换过程中，对市场价格起基础调节作用的因素。在这一研究中，《资本论》第一卷第一篇中已经讲清楚的 W—G 的原理，对马克思来说是既定的前提。马克思探讨的重点是，价值为什么和如何转化为市场价值的。如果市场价值范畴讲清楚了，那么，这里的 W—G 过程，只需把其中的价值换成市场价值就行了。值得注意的是，由于《资本论》第一卷当时是以独立著作的形式出版的，因此在《资本论》第一卷第十章的论述中对后来第三卷的相关内容没能进行衔接和照应。而后来在《资本论》第三卷出版时，马克思又没有能够亲自进行修改和最终定稿，因此，《资本论》第三卷的手稿内容也没能和《资本论》第一卷的相关内容进行协调。但无论如何，《资本论》第一卷第十章在相对剩余价值生产的大背景下，追求超额剩余价值为动力的资本家，在部门内部竞争中通过使个别价值（价值）平均化为市场价值和社会价值，达到了生产相对剩余价值的目的。而《资本论》第三卷第十章，马克思把这部分内容作为研究部门之间竞争价值转化为生产价格理论的一个重要前提和组成部分而补充进来。由于这些原因，马克思价值转化为市场价值的思想，在后来的《资本论》学习和研究中都没能被很好地理解和掌握。

第三种形式所揭示的是价值的进一步的转化形式。其核心思想是：价值怎样平均化为生产价格。这里的平均化既不是简单平均值，也不是加权平均值。它是由于利润率平均化而形成的平均价值，在数量上它等于既定的成本加平均利润。马克思在《资本论》第三卷第九章和第十章中集中阐述这一思想，这是一个全新的重要理论。从第九章开始一直到全书结束，几乎每一个重要研究领域的突破，都离不开对这一理论的运用。在这里，马克思集中探讨的问题是，作为 W—G 的交换过程起始点 W 所代表的价值怎样经由市场价值进一步转化为生产价格。在这一研究中，《资本论》第一卷中所讲清楚的 W—G 的原理，对马克思来说同样是不言自明的。马克思认为："这里关于市场价值所说的，也适用于生产价格，只要把市场价值换成生产价格就行了。"[①]

---

① 《资本论》第 3 卷，人民出版社 2004 年版，第 200 页。

二、社会必要劳动时间究竟能有多大的解释范围和解释能力？

王文对马克思价值—价格理论认识的基本逻辑，集中反映在如下的一段论述中，王文写道：“《资本论》第一卷中的价值和‘时间Ⅰ’是思维抽象层面的一般考察，第三卷中的‘时间Ⅱ’是思维具体层面在整体上的具体考察；前者属于简单概念，后者属于具体概念；而市场价值则是二者转换的枢纽。”[①] 我们把这一思想概括为如下的图式：

价值（时间Ⅰ）—市场价值—时间Ⅱ

将这一图式和我们的图式进行对比，有如下两个方面的明显差别：第一，从形式上来看，王文在逻辑上把时间Ⅱ看作是从价值向价格转化的一个中介环节（注意王文始终不肯把时间Ⅱ和市场价格相联系），而在我们的图式中，却将市场价格与时间Ⅱ紧密联系在一起，并始终把他们看作是价值表现的终点。第二，从内容上来看，王文在逻辑上把市场价值和时间Ⅱ看作是社会必要劳动时间（时间Ⅰ）决定商品价值的具体化，更准确地说，时间Ⅱ是时间Ⅰ的价值决定条件的具体分解。而我们的图式则把市场价值看作是和生产价格相类似的从价值到价格转化的中间环节。

关于第一方面的差别，我们要强调的是王文并没有把时间Ⅱ放到具体位置上。在马克思那里，由劳动时间决定价值的价值规律是一个高度抽象的一般规律。这个一般规律，随着资本主义经济的各种经济条件的产生和发展，要相应地具体化市场价值规律和生产价格规律。王文混淆不同层次的价值概念，将价值（时间Ⅰ）、市场价值和时间Ⅱ放到一个层面来考察。从这里可以看出王文对市场价值范畴认识的偏差。王文在行文中强调价值和时间Ⅰ属于简单概念，时间Ⅱ属于具体概念，市场价值

① 王峰明：《马克思经济学假设的哲学方法论辨析——以两个“社会必要劳动时间”的关系问题为例》，《中国社会科学》2009年第4期。

则是二者转换的枢纽。这是非常正确的，但令人遗憾的是，王文并没有具体论述市场价值为什么和怎样成为从价值到时间Ⅱ转换的枢纽的。事实是，作者一方面直接将时间Ⅱ等同于市场价值；另一方面，作者又软弱无力的宣布时间Ⅱ是比市场价值更具体、更丰富的思维具体，离现实的经济运动更近。王文写道："在市场价值多重性规定的基础上，我们对'时间Ⅱ'的理解也包括两个方面的规定内容。第一，在理想的正常生产条件下，当全社会的总供给与总需求一致，且各个部门市场的供求也一致时，各类商品的价格是……部门生产的个别价值总量的加权平均值……第二，在全社会的总供给与总需求不一致的情况下，价格波动围绕的中心，当供大于求时，是由各部门内处于上等生产条件、平均成本低的那类企业的个别价值调节的……当供小于求时，则由下等生产条件、平均成本高的那类企业的个别价值调节。"① 从这里我们看到，王文把时间Ⅱ和市场价值完全等同起来了。既然王文把时间Ⅱ和市场价值完全等同起来，那么王文宣布时间Ⅱ是比市场价值更具体……离现实的经济运动更近，必然是苍白无力的。此外，王文认为时间Ⅱ解释了市场价格波动的整体表象。然而，在具体运用时间Ⅱ解释市场价格波动时，我们发现作者讲的还是"个别价值不能转化为社会价值"。因此，我们认为，王文还是没有能够把时间Ⅱ和市场价值区别开来。如果如王文所认为的那样，市场价值是价值和时间Ⅰ与时间Ⅱ的中介和枢纽。那么，市场价值一定是与时间Ⅱ有区别的。具体说，依照王文的说法，按照抽象—具体原则，应该有如下的逻辑顺序：价值（时间Ⅰ）—市场价值—时间Ⅱ。因此，从抽象程度方面来看，价值（时间Ⅰ）是抽象程度最高的范畴，市场价值的抽象程度次之，时间Ⅱ是抽象程度最低的范畴。反过来，从具体化的程度来看，时间Ⅱ是最具体的范畴，市场价值次之，价值（时间Ⅰ）再次之。从这一认识来看，王文将时间Ⅱ与市场价值等同，或者降低了市场价值范畴的抽象程度，或者提高了时间Ⅱ范畴的抽象程度，或者两者兼而有之。从我们的判断来看，王文提高了时间Ⅱ范畴的抽象

① 王峰明：《马克思经济学假设的哲学方法论辨析——以两个"社会必要劳动时间"的关系为例》，《中国社会科学》2009年第4期。

程度这一点是肯定的。因此，虽然在口头上宣称市场价值是中间环节，但实际上王文并没有真正把它当作中间环节，而是把它等同于最终环节，即等同于时间Ⅱ。

关于第二方面的差别，我们要强调的是，王文也没有把市场价值范畴和价值范畴区别开来。关于市场价值的确定，王文写道："因为市场价值的'第一'规定内容在继续保持供求一致的假设条件下，把'时间Ⅰ'中三个'最简单的规定'各自转化为'多种规定'。即它把作为商品'样品'的单位使用价值量转化为单个部门的使用价值总量；把'现有的社会正常的生产条件'和'平均劳动'具体化为部门劳动生产率状况的上、中、下三类条件；把价值量具体化为这三类生产条件所创造的个别价值量的总和或加权平均。然后，市场价值的'第二'规定内容则'撤去'部门商品供求一致的假设，研究在单个部门商品供求不一致条件下，个别价值对市场价值的决定作用。在这个基础上，'时间Ⅰ'向'时间Ⅱ'的转化才有可能得以完成。"[①] 从这段文字我们可以清楚地看到，王文把市场价值的确定理解为价值决定过程的具体化。换言之，对王文来说，无论是就单个产品，还是就一个部门的产品总量来说，市场价值都要恒等于价值。因此，《资本论》中马克思关于市场价值确定的有关理论描述，都被认为是关于价值的决定或关于社会必要劳动时间的描述。我们认为，与生产价格范畴一样，市场价值是和价值既有区别又有联系的独立范畴，它是价值的转化形式。作为转化形式的市场价值和作为转化形式的生产价格一样，它与价值的关系也是一定层次的现象和本质的关系。在数量关系上，就单个商品来看市场价值和价值一般说来是有差别的，只有在极其偶然的情况下二者才能相等；当然，如果就一个社会的某一生产部门的整体来看，"这个总量的价值＝它的市场价值"[②]。由此而论，马克思关于市场价值确定的有关论述，也与他关于生产价格确定的有关论述一样，都不能直接理解为关于价值量决定或社会必要劳动时间的规定。然而，长期以来马克思主义经济学者确实在这个问题上出现了混乱。

---

① 王峰明：《马克思经济学假设的哲学方法论辨析——以两个"社会必要劳动时间"的关系问题为例》，《中国社会科学》2009 年第 4 期。

② 《资本论》第 3 卷，人民出版社 2004 年版，第 203 页。

学术界很多人不理解市场价值范畴和价值范畴的区别和联系，把马克思关于市场价值确定的有关论述硬是张冠李戴给了价值决定和社会必要劳动时间。结果就出现了把现象形态和本质形态相混淆、甚至用现象形态否定本质形态的种种错误观点。似乎存在着这样一种根深蒂固观念：市场价值是价值，生产价格是价格。这种错误观念也许是出于如下的误解：因为生产价格称谓中有价格，所以，生产价格是属于货币价格层次的。与此相类似，因为市场价值称谓中有价值，所以，市场价值是与价值没有区别的等同范畴。这就是人们研究价值决定时将社会必要劳动时间和市场价值相联系而不将其与生产价格相联系的原因，也是第二含义社会劳动时间决定价值的理念产生的根源。

按照我们的价值转形的基本逻辑关系，商品价值量的决定是一个很基础、很简单的问题。它是解决资本主义经济的各种复杂的问题的基础。但是，真正解决资本主义经济的各种复杂问题，还必须研究使这一基本规律变形或具体化的各种因素。因此，在马克思那里，研究了机器大工业的资本主义部门内部竞争以及和它相适应的价值转化为市场价值；此后马克思还研究了部门之间的竞争以及和它相适应的市场价值转化为生产价格。而时间Ⅱ则是一个较为具体的概念。就一个部门来说，当商品交换的基础是价值时，它就是实现的价值。当商品交换的基础是市场价值时，它就是实现的市场价值。当商品交换的基础是生产价格时，它就是实现的生产价格。可见，马克思对价值和价值实现问题的分析，是有许多分析的逻辑层次的。只有很好地掌握了这些逻辑关系，才能对复杂的价值现象给予科学的解释。然而，人们由于没有很好地掌握马克思的方法论，却总是混淆不同层次的不同问题。就价值决定问题的讨论来看，社会必要劳动时间这个概念本来是一个很简单的基础性概念。马克思在《资本论》第一卷第一章已经讲得很透彻了，然而，人们觉得不解渴，总觉得这个概念应该能够把市场经济的复杂的价格现象都讲清楚。在他们意识中，社会必要劳动时间决定商品价值这个简单的基本原理，在《资本论》三卷中的各个章节中反复的咀嚼和不断变换方式进行花样翻新的论证。似乎是只要将社会必要劳动时间决定商品价值讲清楚了，那么，马克思主义经济学的一切问题就都迎刃而解了。因此，他们总是不顾篇章结构的差异，到《资本论》第二卷和第三卷中去，去查找有关价值决定的“最新论述”。于是，就有人望文生义地“挖掘”出马克思社会必要劳动时间的第二含义、第三含义……由于这种错误认识以片面夸大决定商品价值的社会必要劳动时间的解释范围和作用为突出特征，所以，我们把它称作是社会必要劳动时间崇拜症。社会必要劳动时间崇拜症的主要表现是，不顾经济范畴辩证发展的逻辑，企图不经过转化程序，直接用社会必要劳动时间去解释市场价值或生产价格范畴所要解决的问题。社会必要劳动时间崇拜症的错误产生的方法论根源在于，他们用形而上学的僵化概念界定取代生动活泼的马克思辩证逻辑运动，阉割了马克思《资本论》中各种经济范畴之间的辩证发展关系。因此，我们提出必须对社会必要劳动时间的解释范围和作用进行理论定位。

那么，究竟应该怎样对社会必要劳动时间的解释范围和作用进行理论定位呢？按照唯物辩证法质量互变规律的基本原理，价值量的规定性是以价值质的规定性为前提的，因此，我们认为，社会必要劳动时间的解释范围，必须严格限定在与商品价值质的规定性相匹配的范围之内。前面我们已经谈到了我们的一些同志的社会必要劳动时间崇拜症。其实，社会必要劳动时间崇拜症可以追索到经济思想史上的李嘉图学派。1820年到1830年间，在英国经济学界发生了围绕李嘉图理论所展开的论战。由于在李嘉图的理论中没有科学的平均利润和生产价格学说，李嘉图的信徒们（也包括李嘉图本人）不能运用生产价格这个中间环节，科学地解释陈葡萄酒和新葡萄酒价格差额，因而产生了各种理论混乱。他们在与反对派的论战中为了有力地回答反对派的攻击，只好对他们所信奉的劳动价值论进行“发展”。然而，就在这种通过对劳动范畴的内涵和外延拓宽的所谓“发展”中，使李嘉图劳动价值论彻底破产。再加上李嘉图学派没有劳动力商品学说，不能科学地解释劳动和资本之间的交换与剩余价值的产生的矛盾，最终导致该学派解体。李嘉图学派在发展劳动价值论上所犯的错误，从思想路径上来看，就是从劳动时间决定价值出发，不经过任何中间环节直接解释复杂的价格现象。这也就是我们前面所概括的社会必要劳动时间崇拜症或者也可以称作价值决定崇拜症。因此，严格限定社会必要劳动时间的解释范围，面对生动具体的价格现象，我们要学会运用辩证法的发展理论探索运用市场价值和生产价格等中间环节进行科学的解释。这是深化对马克思劳动价值论认识的重要方法论基础，也是在新的历史条件下坚持和发展马克思劳动价值论，解决复杂问题的重要原则和发展方向。

（原文发表于《当代经济研究》2010 年第 10 期）

马克思“抽象劳动”概念探析

任洲鸿*

众所周知，劳动二重性理论是马克思实现对资产阶级政治经济学批判并使之发生革命变革的关键，也是理解整个马克思主义政治经济学的“枢纽”。但一直以来，对抽象劳动概念的曲解或质疑就没有停止过。之所以如此，或许与马克思本人对抽象劳动的解释有着直接关系。比如，马克思认为，抽象劳动是用“人的脑、肌肉、神经、手等等”① 的生理耗费来衡量的，这种生理耗费显然与具体劳动很难加以区分。同时，马克思又认为，“在商品体的价值对象性中连一个自然物质原子也没有”②。这些看似“自相矛盾”的说法，恰恰为曲解或质疑劳动价值论的学者们提供了“口实”。可见，厘清马克思对抽象劳动概念的相关论述并阐明其经济学本质，既是深化认识社会主义市场经济条件下的劳动与劳动价值论的时代要求，也为澄清学术界对价值本质理解上的分歧提供一个新的理论视角。

一、马克思“抽象劳动”概念的文本考察

马克思在继承古典政治经济学对商品、价值研究成果的基础上，克服了斯密、李嘉图等人只是简单地把价值归结为劳动，把价值量归结为劳动量，而没有研究价值“实体”本身或价值的“质”的方面的缺

---

* 任洲鸿：曲阜师范大学经济学院副教授。

① 《资本论》第1卷，人民出版社2004年版，第57页。

② 《资本论》第1卷，人民出版社2004年版，第61页。

陷，第一次批判地证明了生产商品的劳动具有具体劳动和抽象劳动的二重性质，揭示了商品生产与交换的本质，创立了剩余价值学说，科学论证了资本主义生产方式的历史性和暂时性，从而实现了整个政治经济学的理论革命，正如马克思所说，劳动二重性学说是理解整个政治经济学的枢纽，“这是对事实的全部理解的基础”，是“我的书最好的地方”。[①] 因此，抽象劳动概念在整个马克思主义经济学中占有至关重要的地位。

根据马克思在《资本论》中的经典表述，抽象劳动是指撇开了劳动的各种具体形式的、无差别的一般人类劳动，它是人类劳动力的耗费，是人的脑、肌肉、神经、手等等在生产商品过程中的耗费。商品的价值就是抽象劳动的单纯凝结或物化，“是人类劳动本身，是一般人类劳动的耗费”[②]。同时，马克思又总结道：“一切劳动，从一方面看，是人类劳动力在生理学意义上的耗费；作为相同的或抽象的人类劳动，它形成商品价值。一切劳动，从另一方面看，是人类劳动力在特殊的有一定目的的形式上的耗费；作为具体的有用劳动，它生产使用价值。”[③] 客观地讲，马克思的这种表述本身是容易使人误读的，他在这里的初衷是要说明商品的价值与使用价值，但商品生产本身具有历史暂时性，因此，生产商品的劳动的性质即劳动二重性也必然具有历史暂时性。然而，使用价值作为产品或商品的自然存在，适用于人类社会的任何社会经济形态，而价值作为商品的社会存在，却仅仅适用于商品经济社会。马克思在这里将两种具有不同性质的概念在同一经济形态中和同一语境下直接对应表述，容易使人误以为价值概念始终与使用价值概念相伴随，也适用于人类社会各种社会经济形态。这样，作为价值实体的抽象劳动也就成了适用一切社会经济形态的永恒概念，似乎只要是人类的劳动就属于抽象劳动的范畴。

事实上，马克思在《经济学手稿（1857—1858 年）》中最初从研究商品及其“二重存在”出发而探讨和表述劳动二重性学说的时候，对抽

① 《马克思恩格斯全集》第 31 卷，人民出版社 1972 年版，第 331 页。
② 《资本论》第 1 卷，人民出版社 2004 年版，第 57 页。
③ 《资本论》第 1 卷，人民出版社 2004 年版，第 60 页。

象劳动概念的适用范围就没有明确地界定。马克思认为，随着社会分工与商品交换日益发达，各种具体劳动日益发展而形成一个十分发达的社会总体劳动，从而形成经济条件日趋成熟时，"'劳动'、'劳动一般'、直截了当的劳动这个范畴的抽象，这个现代经济学的起点，才成为实际真实的东西。所以，这个被现代经济学提到首位的、表现出一种古老而适用于一切社会形式的关系的最简单的抽象，只有作为最现代的社会的范畴，才在这种抽象中表现为实际真实的东西"①。在这里，马克思明确将"劳动一般"即抽象劳动指认为"一种古老而适用于一切社会形式的关系的最简单的抽象"，并没有将它从作为价值实体的意义上明确界定在商品经济的历史阶段范围内。

如果再向前追溯，青年马克思在《1844年经济学哲学手稿》中，就已经从黑格尔对市民社会劳动分工关系下劳动性质的考察中获得了关于抽象劳动概念的理论启示。黑格尔将资本主义社会，即他所说的市民社会视为一个"需要的体系"，而"劳动通过各色各样的过程，加工于自然界所直接提供的物资，使合乎这些殊多的目的"②。然而，需要的特异化决定了满足需要的劳动的细致化分工，使劳动变得简单而抽象了。黑格尔深刻地指出，恰恰是这种抽象的劳动"使人们之间在满足其他需要上的依赖性和相互关系得以完成，并使之成为一种完全的必然性"③。在此基础上，马克思在阐述异化劳动概念时指出："首先应当避免重新把'社会'当作抽象的东西同个人对立起来。个人是社会存在物。""人的个人生活和类生活并不是各不相同的，尽管个人生活的存在方式必然是类生活的较为特殊的或者较为普遍的方式，而类生活必然是较为特殊的或者较为普遍的个人生活。"④ 事实上，马克思在这里所探讨的个人生活与类生活之间的辩证关系，就是探讨在劳动分工条件下私人劳动与社会劳动之间的矛盾关系。或许可以说，马克思在创立唯物史观之前，就已经在批判分析黑格尔的市民社会概念的基础上产生了生产商品的劳动二重性

---

① 《马克思恩格斯全集》第46卷上册，人民出版社1979年版，第42页。
② 黑格尔：《法哲学原理》，商务印书馆1961年版，第209页。
③ 黑格尔：《法哲学原理》，商务印书馆1961年版，第210页。
④ 《马克思恩格斯全集》第42卷，人民出版社1979年版，第122—123页。

思想的最初萌芽，尽管此时的马克思尚未接受古典政治经济学中的劳动价值论。

可见，无论是马克思所说的作为抽象劳动的“劳动一般”，还是个人与社会个人生活与类生活，都为人类社会的各个历史发展阶段所共有。或许正是由于马克思对抽象劳动概念的适用范围没有予以明确地界定，才使人们误以为抽象劳动是贯穿整个人类社会始终的一般经济范畴。比如有学者认为：在马克思看来，“劳动的二重性却是商品二重性的基础，是一切社会中都存在的，是人类劳动的一个基本特点”[①]。再比如在《〈资本论〉辞典》中，“抽象劳动”词条的解释是：“抽象劳动就其作为抽象的简单的范畴来说，表现为一种古老而适用于一切社会形式的关系的最简单的抽象。因为一切时代的具体劳动都是劳动力的支出，具有共同性，具体劳动越发展，劳动的抽象性质也越发展”。[②] 显然，这些观点都认为抽象劳动是人类劳动本身的特征，它存在于人类社会的一切阶段，从而将抽象劳动概念永恒化了。

如果抽象劳动是一个适用于一切社会形态的范畴，那么作为抽象劳动凝结所形成的价值，也就伴随着人类社会全过程，从而商品生产与商品交换也就不再是历史范畴而成为“永恒”范畴。这样的结论显然不符合马克思对资产阶级政治经济学批判的理论立场，也不符合马克思所创立的历史唯物主义的基本原理，实际上也就取消了马克思经济学说的所有革命意义，从而使劳动二重性理论陷入自相矛盾的理论困境。因为按照马克思对未来社会的生产方式的设想，它是以“共同生产”为基础的产品经济社会，“共同生产，作为生产的基础的共同性是前提。单个人的劳动一开始就成为社会劳动。因此，不管他所创造的或协助创造的产品的特殊物质形式如何，他用自己的劳动所购买的不是一定的特殊产品，而是共同生产中的一定份额。因此，他不需要去交换特殊产品。他的产品不是交换价值”[③]。正所谓“皮之不存，毛将焉附”。既然商品生产和交换的经济条件已经不复存在，那么作为价值实体的抽象劳动也就必

① 王晓升：《具体劳动、抽象劳动和物化》，《求是学刊》2004 年第 9 期。

② 宋涛主编：《〈资本论〉辞典》，山东人民出版社 1988 年版，第 33—34 页。

③ 《马克思恩格斯全集》第 46 卷上册，人民出版社 1979 年版，第 119 页。

然会退出历史舞台，它绝不是“适用于一切社会形式的关系的最简单的抽象”。

二、恩格斯对“价值”概念的理解与两种不同意义的抽象劳动的区分

恩格斯在《反杜林论》中集中表述了自己对抽象劳动概念的理解，他指出：“经济学所知道的唯一的价值就是商品的价值。”“私人劳动，只有在它是社会必要劳动的时候，才包含着一般人类劳动”[①]。在恩格斯看来，只有在商品生产与交换过程中，人类劳动才具有具体劳动与抽象劳动的二重性质。也就是说，如果是自给自足的自然经济，由于它不存在着私人劳动与社会劳动之间的矛盾及其解决的问题，私人劳动也就“不包含”一般人类劳动，从而“不包含”价值实体，劳动产品也就不表现为商品。也正是从这个意义上，恩格斯强调说：“商品生产决不是社会生产的唯一形式”[②]。“直接的社会生产以及直接的分配排除一切商品交换，因而也排除产品向商品的转化（至少在公社内部）和随之而来的产品向价值的转化。”[③] 同样，恩格斯认为：“社会一旦占有生产资料并且以直接社会化的形式把它们应用于生产，每一个人的劳动，无论其特殊的有用性质是如何的不同，从一开始就直接成为社会劳动。”[④] 这样，一件产品中所包含的社会劳动量，可以不必首先采用迂回的途径，而仅仅凭借“日常的经验”就直接显示出来。整个社会生产完全可以按照计划进行，并且人们可以简单而轻易地做到这一切，而不需要著名的“价值”插手其间。因此，既然唯物史观承认商品经济的历史暂时性，那么在人类社会中的非商品经济条件下，人类劳动所生产的产品就没有转化为商品，它们只有使用价值而没有价值。尽管它也是作为人类的劳动，同样需要

① 《马克思恩格斯选集》第3卷，人民出版社1995年版，第657、658页。
② 《马克思恩格斯选集》第3卷，人民出版社1995年版，第659页。
③ 《马克思恩格斯选集》第3卷，人民出版社1995年版，第660页。
④ 《马克思恩格斯选集》第3卷，人民出版社1995年版，第660页。

脑力与体力等生理学意义上人类劳动的支出，但这些劳动仅仅是作为生产各种使用价值的具体劳动，而不是经济学意义上的抽象劳动，不是价值实体。

那么，我们如何理解作为价值实体的抽象劳动的历史暂时性呢？或者说，如何才能准确把握抽象劳动概念的历史暂时性并使之在表述上加以清晰化呢？对此，我们在经典作家对抽象劳动概念表述的基础上引入生理学意义上的抽象劳动和经济学意义上的抽象劳动两个概念。

对于生产产品或商品的劳动，一方面，如果具体来看，它表现为不同的单个劳动者在具体劳动过程中对他（她）的脑、肌肉、神经、手等等的使用与耗费，这种具体劳动对应单个产品或商品的具体自然存在，并决定着这种产品或商品的具体的使用价值的“质”的规定性，及其与其他产品或商品之间的相互差异性。准确来讲，这才是马克思所说的具体劳动；另一方面，如果抽象来看，它又表现为在各种不同的具体劳动过程中所必然消耗的人类的、无差别的体力与脑力，这种纯粹的人类生理学意义上的耗费就形成了生理学意义上的抽象劳动，适用于人类社会各种经济形态，具有永恒的自然必然性。因此，所谓生理学意义上的抽象劳动就是生产“一般的使用价值”[①] 的劳动，它与生产具体的产品或商品的使用价值的具体劳动相对应，形成另外一种意义上的“劳动二重性”。这种含义的“劳动二重性”的理论意义在于，它既适用于商品经济社会，也适用于非商品经济社会。

所谓“经济学意义上的抽象劳动”则是指凝结或物化为价值的人类劳动，它作为形成价值实体的劳动是“相同的人类劳动，是同一的人类劳动力的耗费体现在商品世界全部价值中的社会的全部劳动力，在这里是当作一个同一的人类劳动力，虽然它是由无数单个劳动力构成的。每一个这种单个劳动力，同别一个劳动力一样，都是同一的人类劳动力，

---

① 所谓“一般的使用价值”是指对千差万别的商品不同的质的使用价值的一种抽象，即一切商品的使用价值的“总汇”。因为：“在货币中，商品虽然也是使用价值，然而它作为交换价值的存在表现为它的实在性，因为使用价值作为一般的使用价值，只是观念的。”“货币按其概念来说，是全部使用价值的总汇”。（《马克思恩格斯全集》第46卷下册，人民出版社1980年版，第481、501页。）

只要它具有社会平均劳动力的性质，起着这种社会平均劳动力的作用，从而在商品的生产上只使用平均必要劳动时间或社会必要劳动时间”。[①] 因此，作为价值本质规定的抽象劳动，是通过自发的社会过程即市场竞争机制，由社会必要劳动时间来计量，并最终表现为市场价格的社会平均劳动，它是一个“类”的概念，因为“对象化为价值的劳动，是社会平均性质的劳动，也就是平均劳动力的表现”[②]。经济学意义上的抽象劳动对应着商品的“纯经济存在”，并决定着商品价值的“质”的规定性及其同一性，只存在于商品生产与交换的经济关系中，具有历史暂时性。

在人类社会形成和发展的历史进程中，作为具有永恒的自然必然性的生理学意义上的抽象劳动只有在商品经济条件下才表现为经济学意义上的抽象劳动即价值，或者说，经济学意义上的抽象劳动是生理学意义上的抽象劳动在商品经济条件下必然获得的社会形式规定性。马克思所说的抽象劳动，实质上指的是经济学意义上的抽象劳动，但是他并没有明确地将生理学意义上的抽象劳动与经济学意义上的抽象劳动区别开来，这是导致人们对抽象劳动概念产生误读并以此质疑或批评劳动价值论的根本原因之一，甚至恩格斯在展望未来社会的生产活动也认为：“在决定生产问题时，上述的对效用和劳动支出的衡量，正是政治经济学的价值概念在共产主义社会中所能余留的全部东西”[③]。严格来说，在马克思主义经济学理论视域内谈论共产主义社会中的价值概念，显然否认了商品经济的历史性质。因此，恩格斯这里所说的“价值”，就不应该再理解为作为经济学意义上的抽象劳动凝结的商品的价值了，而应该理解为生产各种使用价值或效用所必须消耗的无差别的人类体力与脑力等生理学意义上的抽象劳动的耗费。

---

① 《资本论》第1卷，人民出版社2004年版，第52页。
② 《资本论》第1卷，人民出版社2004年版，第375页。
③ 《马克思恩格斯选集》第3卷，人民出版社1995年版，第661页注①。

三、从“商品二重性”向“产品二重性”的历史演进假说

未来社会中产品生产又是由什么决定的呢？其生产产品的劳动又具有什么本质特征呢？我们可以确定的是，无论未来社会生产产品的具体生产方式如何，它绝不会是一种以直接使用价值为取向的社会生产体系。因为任何直接以使用价值的生产为取向的社会生产体系对于社会生产力的容纳能力都是相当有限的。人类社会历史的发展表明，以直接的使用价值为目的，从而处处使生产从属于消费的前资本主义生产方式，必然要被以追求剩余价值的资本主义生产方式所代替，并且实现了人类社会生产力的空前发展。

马克思曾指出：“即使交换价值消灭了，劳动时间也始终是财富的创造实体和生产财富所需要的费用的尺度。”[①] 可见，生理学意义上的抽象劳动的计量问题依然通过劳动时间才能实现。然而，由于整个社会生产是按照计划进行的，私人劳动直接等同于社会劳动，因此，这里的劳动时间决不会再是社会必要劳动时间，而是一种由自由联合起来的生产者在能够“靠消耗最小的力量，在最无愧于和最适合于他们的人类本性的条件下来进行这种物质变换”[②]的基础上，建立起来的由“社会计划”决定的劳动时间，但“就在这种情况下，社会也必须知道，每一种消费品的生产需要多少劳动。它必须按照生产资料来安排生产计划，这里特别是劳动力也要考虑在内。各种消费品的效用（它们被相互衡量并和制造它们所必需的劳动量相比较）最后决定这一计划”[③]。如果将“每一种消费品”抽象为一般的使用价值，那么为生产这种一般的使用价值所必须衡量与比较的劳动量就是生理学意义上的抽象劳动量，它决定着消费品即产品的一般使用价值。因此，未来社会中生产产品的劳动也具

① 《马克思恩格斯全集》第26卷第3册，人民出版社1974年版，第282页。

② 《资本论》第3卷，人民出版社2004年版，第928—929页。

③ 《马克思恩格斯选集》第3卷，人民出版社1995年版，第660页。

有“二重性”，即具体劳动与生理学意义上的抽象劳动；这也就决定了未来社会中的劳动产品同样具有二重性，即具体的使用价值与一般的使用价值。(如图一) 以具体劳动与生理学意义上的抽象劳动为本质特征的、生产出满足人类需要的产品的“劳动二重性”，是对资本主义生产方式下生产商品的劳动二重性的历史扬弃，它是以继承资本主义生产方式在完成其历史使命过程中所创造的人类优秀文明成果为基础的一种全新生产方式，而由自由联合起来的生产者个人的全面发展所必然产生的社会需求，则为以一般的使用价值为基础的产品生产提供了无限广阔的空间。

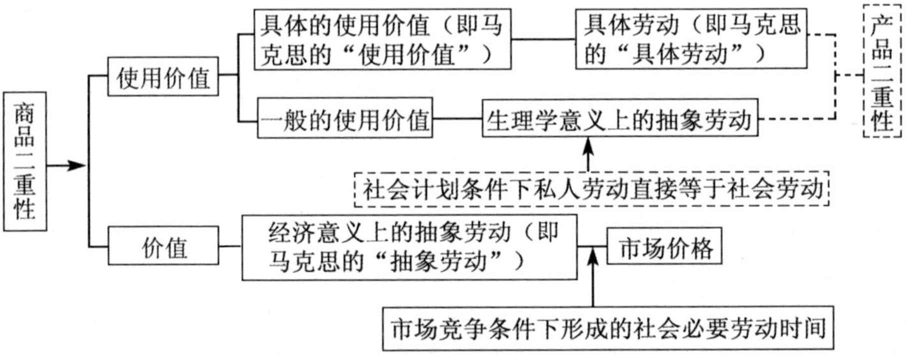

图一 “商品二重性”向“产品二重性”的历史演进图示

注：非加粗虚线表示有待于未来社会具体生产实践的检验

当然，尽管这种对未来社会产品经济中的劳动二重性与产品二重性的解析是在唯物史观视域下，并通过马克思劳动价值论的理论逻辑推演而来的，但它还仅仅停留在理论假说的层面上，有待于未来社会的具体生产实践来检验。

四、总 结 说 明

马克思曾说：“即使我的书中根本没有论‘价值’的一章，我对现实关系所作的分析仍然会包含有对实在的价值关系的论证和说明。”① 可见，抽象劳动作为价值实体，是对商品生产与交换过程所形成的人与人之间现实经济关系的一种科学抽象。但商品生产与交换是人类社会发展到一定阶段的产物，具有历史暂时性。因此，经济学意义上的抽象劳动只能是一个历史的概念。生理学意义上的抽象劳动作为生产产品使用价值的各种具体劳动在生理学上的抽象，反映人与自然之间的物质变换关系，具有永恒的自然必然性。如果经济学意义上的抽象劳动仅仅理解为“一个生理学上的真理”②，必然会使劳动二重性理论陷入自相矛盾的理论困境，并为诸如“泛价值论”③ 等各种非劳动价值论提供“理论依据”。因此，在坚持马克思的科学抽象法与劳动价值论基本原理的基础上，正确区分两种不同类型的人类抽象劳动，即生理学意义上的抽象劳动与经济学意义上的抽象劳动，或许才是摆脱劳动二重性理论“自相矛盾”的积极理论尝试。在经济全球化与社会主义市场经济的时代背景下提出的从商品二重性向产品二重性的历史演进图，无疑有助于我们深化对唯物史观视域下的中国特色社会主义乃至人类社会发展规律的理解。

（原文发表于《当代经济研究》2009 年第 8 期）

---

① 《马克思恩格斯选集》第 4 卷，人民出版社 1995 年版，第 580 页。

② 马克思没有明确区分抽象劳动的生理学意义和经济学意义，认为“每一种这样的机能不管内容和形式如何，实质上都是人的脑、神经、肌肉、感官等等的耗费。这是一个生理学上的真理”。（《资本论》第 1 卷，人民出版社 2004 年版，第 88 页）或许正是基于这种认识，直接导致马克思在探讨劳动力商品价值时认为：“我们记得，劳动力的日价值是根据劳动力的正常的平均持续时间或工人的正常的寿命来计算的，并且是根据从生命物质到运动的相应的、正常的、适合人体性质的转变来计算的。”（《资本论》第 1 卷，人民出版社 2004 年版，第 602 页）同时，马克思显然是以赞许的口吻引用了格罗夫《论物理力的相互关系》中的一段话：“人在 24 小时内所耗费的劳动量，可以从研究人体内部的化学变化来大致确定，因为物质的变化了的形式能表明动力已经消耗的情况。”（《资本论》第 1 卷，人民出版社 2004 年版，第 602 页）显然，这种通过物理、化学途径来计量劳动量的思路无助于对价值概念的理解，恩格斯就曾对那种将经济学范畴进行所谓“唯能论”解释提出尖锐批评，他指出：“有些人看来甚至不反对把热力学范畴的功也搬回到经济学中去——就像某些达尔文主义者对生存斗争那样，但是结果无非是一场胡闹而已。让他们把随便某种熟练劳动转换成公斤米，并试试以此规定工资吧！”（《马克思恩格斯全集》第 20 卷，人民出版社 1971 年版，第 655 页。）

③ 刘有源教授将对凝结或物化为价值的抽象劳动完全局限于生理学意义上的抽象劳动，进而提出所谓“泛价值论”。（刘有源、田辉玉、郭晓玲：《论机器、土地为什么创造价值暨泛价值论》，《经济评论》2004 年第 5 期；刘有源：《“泛价值论”何错之有》，《经济评论》2005 年第 5 期。）

正确理解马克思“抽象劳动”的含义

胡爽平*

任洲鸿先生在《马克思“抽象劳动”概念探析》① （以下简称“任文”）一文中认为：“由于马克思并没有明确界定抽象劳动概念的适用范围，致使人们对作为商品价值实体的抽象劳动的误读或质疑一直没有停止过。”“之所以如此，或许与马克思本人对抽象劳动的解释有着直接关系。”并且他还提出，“明确区分生理学意义上的抽象劳动与经济学意义上的抽象劳动，是准确把握抽象劳动概念的经济学本质的一种积极理论尝试，并使商品经济中的商品二重性与未来产品经济中的产品二重性获得一种新的理论解析”。我对这些观点持有不同意见，并针对这些观点提出几点看法。

一、所谓马克思抽象劳动含义“自相矛盾”的问题

问题之一，所谓“生理耗费显然与具体劳动很难加以区分”。任文认为马克思的“抽象劳动是用‘人的脑、肌肉、神经、手等等’的生理耗费来衡量的，这种生理耗费显然与具体劳动很难加以区分。同时，马克思又认为：‘在商品体的价值对象性中连一个自然物质原子也没有’。这些看似‘自相矛盾’的说法，恰恰为曲解或质疑劳动价值论的学者们提供了‘口实’”。这种把造成曲解或质疑的责任推到“马克思本人对抽象

* 胡爽平：中共长沙市开福区委党校讲师，博士。

① 任洲鸿：《马克思“抽象劳动”概念探析》，《当代经济研究》2009 年第 8 期。

劳动的解释有着直接关系”的说法是不实事求是的，也是不正确的。

第一，能否把马克思关于“一切劳动，从一方面看，是人类劳动力在生理学意义的耗费”理解为“抽象劳动是用‘人的脑、肌肉、神经、手等等’的生理耗费来衡量的，这种生理耗费显然与具体劳动很难加以区分”的呢？显然不能。我们从马克思对抽象劳动这个概念的界定来看，他指出：“一切劳动，一方面是人类劳动力在生理学意义上的耗费；就相同的或抽象的人类劳动这个属性来说，它形成商品价值。一切劳动，从另一方面是人类劳动力在特殊的有一定目的的形式上的耗费；就具体的有用的劳动这个属性来说，它生产使用价值。”[①] 马克思在这里所说的“一切劳动，从一方面看，是人类劳动力在生理学意义上的耗费”，是从劳动的共性来说的，即都是人类劳动力的耗费，是指抽象了各种具体形式的一般人类劳动。正如马克思指出的：“如果把生产活动的特定性质撇开，从而把劳动的有用性质撇开，生产活动就剩下一点：它是人类劳动力的耗费。”[②] 在这里，马克思已经很明确地把人的脑、肌肉、神经、手的劳动的具体形式的特性撇开了，仅仅从这些劳动的共性，即从它们都是人类劳动耗费的角度来考察的，那就是它们都是人类劳动力的耗费，因此，这个一般劳动力的耗费就形成了价值。然而，任文却把劳动的具体形式和抽象的一般形式加以混淆，以此来证明“抽象劳动是用‘人的脑、肌肉、神经、手等等’的生理耗费来衡量的，这种生理耗费显然与具体劳动很难加以区分”，从而得出了抽象劳动是“适用一切经济形态的永恒概念”错误结论。

第二，能否把马克思说的“尽管缝和织是不同质的生产活动，但二者都是人的脑、肌肉、神经、手等等的生产耗费”和“在商品体的价值对象性中连一个自然物质原子也没有”这两句话[③]，看成是“自相矛盾”的呢？诚然不能。因为马克思的这两段话意思是一样的。前者是说明尽管缝劳动和织劳动的具体形式不同，是不同性质的生产活动，但是，他们都是一般人类劳动。这个一般人类劳动就是已经抽象了各种具体劳动

① 《资本论》第1卷，人民出版社2004年版，第60页。
② 《资本论》第1卷，人民出版社2004年版，第57页。
③ 《资本论》第1卷，人民出版社2004年版，第61页。

形式的抽象劳动，因此，在这个抽象劳动中不存在形成自然物质使用价值的具体劳动。这和马克思在另一处说的“作为使用价值，商品首先有质的差别；作为交换价值，商品只能有量的差别，因而不包含任何一个使用价值的原子”[①] 的含义是一样的，根本不存在“自相矛盾”的问题。

问题之二，所谓“价值概念始终与使用价值概念相伴随，也适用于人类社会各种社会经济形态”。我认为，之所以有了这种错误的理解，任文才得出“作为价值实体的抽象劳动也就成了适用一切社会经济形态的永恒概念，似乎只要是人类劳动就属于抽象劳动的范畴”。那么，能否从使用价值即有用性，来证明价值实体的抽象劳动也成了适用一切社会经济形态的永恒概念呢？显然不能。商品作为使用价值和价值的矛盾统一体，使用价值和价值是相伴随的。但是，商品内部能否存在一个是永恒范畴的使用价值和另一个是历史范畴的价值呢？如果这样认识必然出现自相矛盾的情况。作为商品的使用价值，它必须是为满足别人需要的使用价值，他生产的就不只是个人的使用价值，而是社会的使用价值。因为“要生产商品，他不仅要生产使用价值，而且要为别人生产使用价值，即生产社会的使用价值”[②]。而这个社会使用价值作为商品经济的产物，它也和价值范畴一样，也是一个历史范畴。正如马克思说的：“如果说商品的‘价值’只是一切社会形式内部都存在的东西的一定的历史形式，那么，以商品的‘使用价值’为特征的‘社会使用价值’也是这样。”[③]

问题之三，所谓“马克思对抽象劳动概念的适用范围没有明确地界定”。任文根据马克思说的：“在这里，‘劳动’、‘劳动一般’、直截了当的劳动这个范围的抽象，这个现代经济学的起点，才成为实际真实的东西。所以，这个被现代经济学提到首位的、表现出一种古老而适用于一切社会形式的关系的最简单的抽象，只有作为最现代的社会的范畴，才在这种抽象中表现为实际真实的东西”[④]，得出结论说：“马克思明确将‘劳动一般’即抽象劳动指认为‘一种古老而适用于一切社会形式的关系

① 《资本论》第1卷，人民出版社2004年版，第50页。
② 《资本论》第1卷，人民出版社2004年版，第54页。
③ 《马克思恩格斯全集》第19卷，人民出版社1972年版，第421页。
④ 《马克思恩格斯全集》第46卷上册，人民出版社1979年版，第42页。

的最简单的抽象'，并没有将它从作为价值实体的意义上明确界定在商品经济的历史阶段范围内。"那么，能否从马克思的"劳动""劳动一般"这个最简单的抽象，得出"抽象劳动"是适用一切社会形式的永恒范畴呢？当然不能。因为这种说法把"劳动""劳动一般"和"抽象劳动"相混淆。"一般劳动"或"劳动一般"和"抽象劳动"两者有原则上的区别。所谓劳动或一般劳动，是人们以自己有目的的活动创造使用价值的过程。马克思指出，在劳动过程中，"人自身作为一种自然力与自然物相对立。为了在对自身生活有用的形式上占有自然物质，人就使他身上的自然力——臂和腿、头和手运动起来"①。所以，无论社会形态如何，这种生理意义上劳动力的耗费，就是劳动或一般劳动。这种一般劳动，是一切劳动形态下人们劳动的共同内容。劳动、劳动一般是存在于一切社会经济形态的永恒范畴。但是，这种一般劳动和体现在商品中的抽象劳动是不同的，它们之间既有联系，又有本质区别。从两者的联系看，两者有相同之点，那就是两者都是人类一般劳动力的支出，都是客观存在的生理学意义上的东西，从这个意义上说，抽象劳动也是人类一般劳动。但是，人类一般劳动并不等于抽象劳动，两者有本质区别。那就是，抽象劳动不仅是生理学意义上的一般劳动力的支出，而且还是通过商品交换而具有社会性的一般人类劳动，是形成商品价值的一般人类劳动。马克思指出："人们使他们的劳动产品彼此当作价值发生关系，不是因为在他们看来这些物只是同种的人类劳动的物质外壳。恰恰相反，他们在交换中使他们的各种产品作为价值彼此相等，也就使他们的各种劳动作为人类劳动而彼此相等。"② 因此，抽象劳动不等于一般劳动或劳动一般，两者不能混为一谈。不能因为劳动、劳动一般是永恒范畴而得出抽象劳动也是永恒范畴的结论。由此可见，不存在马克思对抽象劳动没有界定范围的问题。

问题之四，所谓"抽象劳动是一个适用于一切社会形态的范畴"。任文认为抽象劳动是一个适用于一切社会形态的范畴的根据是：马克思在

---

① 《资本论》第1卷，人民出版社2004年版，第208页。

② 《资本论》第1卷，人民出版社2004年版，第91页。

《1844年经济学哲学手稿》中，“就已经从黑格尔对市民社会劳动分工关系下劳动性质的考察中获得了关于抽象劳动概念的理论启示”。并认为，这个“启示”就是黑格尔所说的：“劳动中普遍的和客观的东西存在于出现抽象化的过程中，抽象化引起手段和需要的细致化，从而引起生产的细致化，并产生了分工。个人的劳动通过分工而变得更加简单，结果也在其抽象的劳动中的技能提高了，他的生产量也增加了。同时，技能和手段的这种抽象化使人们之间在满足其他需要上的依赖性和相互关系得以完成，并使之成为一种完全必然性。此外，生产的抽象化使劳动越来越机械化，到了最后人就可以走开，而让机器来代替他。”[①] 之所以把黑格尔的这段全文引出来，是因为任文在引用这段话时，通过掐头去尾曲解了黑格尔的原意。且看任文说的：“黑格尔深刻指出，恰恰是这种抽象劳动‘使人们之间在满足其他需要上的依赖性和相互关系得以完成，并使之成为一种完全的必然性’。”这一来，黑格尔的“技能和手段的抽象化”“生产的抽象化”就变成了马克思的抽象劳动了。事实上，两个概念是有本质区别的。因为黑格尔的劳动的抽象化是指随着社会分工的发展，分工越来越细，生产技能和生产工具越来越专门化，较之工场手工业时期，要求每个工人必须掌握多种技能已经是更加简单化了，也就是黑格尔说的劳动技能和手段的抽象化和生产的抽象化。这种生产的抽象化更有利于实行机械化，这和马克思说的抽象劳动完全是两码事，不能混淆在一起。

另外，任文根据《〈资本论〉词典》中“抽象劳动就其作为抽象的简单范畴来说，表现出一种古老而适用于一切社会形式的关系的最简单的抽象。因为一切时代的具体劳动都是劳动力的支出，具有共同性，具体劳动越发展，劳动的抽象性质越发展”[②]，由此来断定“抽象劳动是人类劳动本身的特征，它存在于人类社会的一切阶段，从而将抽象劳动概念永恒化了”。但这种观点却被该词典下面一段话所否定：“古希腊思想家亚里士多德虽然在商品的价值表现中发现了等同关系，正是在这里闪耀

---

① 黑格尔：《法哲学原理》，商务印书馆1982年版，第210页。

② 宋涛主编：《〈资本论〉词典》，山东人民出版社1988年版，第33—34页。

出他的天才的光辉，但是他不能从价值形式的本身看出，一切劳动都表现为同一的人类劳动，即抽象劳动。资产阶级古典经济学家，虽然提出了劳动创造价值的理论，但他们不了解创造价值的劳动的属性，没有区分为具体劳动和抽象劳动，把创造使用价值的劳动与创造价值的劳动混为一谈。马克思第一次批判地论证了生产商品的劳动二重性。”

因此，抽象劳动概念具有特定的含义，它是和商品的价值紧紧联系在一起，并且和商品的价值共存亡。任文提出的马克思的抽象劳动含义“自相矛盾”的说法是毫无根据的。

二、所谓“两种不同意义的抽象劳动”

任文在引述恩格斯的“社会一旦占有生产资料并且以直接社会化的形式把它们应用于生产，每一个人的劳动，无论其特殊的有用性质是如何的不同，从一开始就直接成为社会劳动”[①] 之后，认为：“我们如何理解作为价值实体的抽象劳动的历史暂时性呢？或者说，如何才能把握抽象劳动概念的历史暂时性并使之在表述上加以清晰呢？对此，我们在经典作家的抽象劳动概念表述的基础上引入生理学意义上的抽象劳动和经济学意义上的抽象劳动两个概念。”

那么什么是生理学意义上的抽象劳动？按照任文的说法：“对于生产产品的商品的劳动，一方面，如果具体来看，它表现为不同的单个劳动者在具体劳动过程中对他（她）的脑、肌肉、神经、手等等的使用与耗费……这才是马克思所说的具体劳动；另一方面，如果抽象来看，它又表现为各种不同的具体劳动过程中所必然耗费的人类的、无差别的体力与脑力，这种纯粹的人类生理学意义上的耗费就形成了生理学意义上的抽象劳动，适用于人类社会各种经济形态，具有永恒的自然必然性。因此，所谓‘生理学意义上的抽象劳动’就是生产‘一般使用价值’的劳动，它与生产具体的产品或商品的使用价值的具体劳动相对应，形成另

① 《马克思恩格斯选集》第3卷，人民出版社1995年版，第600页。

外一种意义上的劳动二重性。这种含义的‘劳动二重性’的理论意义在于，它既适用于商品经济社会，也适用于非商品经济社会。”而任文的经济学意义上的抽象劳动则是指“凝结或物化为价值的人类劳动”。“经济学意义上的抽象劳动对应着商品的‘纯经济存在’，并决定着商品价值的‘质’的规定性及其同一性，只存在于商品生产与交换的经济关系中，具有历史暂时性。”在我看来，任文这种把抽象劳动划分为适用于一切社会经济形态和只适用于商品经济形态的两种抽象劳动的观点，似乎能够解决争论中的“矛盾”，但事实上，不仅没有解决“矛盾”，而且还出现了新的矛盾。

第一，所谓“纯生理学意义上的抽象劳动”是根本不存在的。因为在劳动过程中，一方面是劳动者在具体劳动过程中，通过他们的脑、肌肉、神经、手等等的使用和耗费，生产出使用价值；另一方面，如果抽象掉脑、肌肉、神经、手等具体形式，它们都是人们一般劳动力的耗费，而这个形成一般劳动的抽象过程，就是一个社会过程，通过这个社会过程形成的抽象劳动，根本就不能把它看成是生理学意义上的抽象劳动，这和经济学意义上的抽象劳动没有什么区别。因为不管什么具体形式的劳动，当把它们的具体形式抽象了之后，它们都是一般人类劳动，这个人类一般劳动在商品经济条件下，就成为形成价值的抽象劳动。可见，根本就不存在特殊的生理意义上的抽象劳动。

第二，所谓“纯粹的人类生理学意义上的耗费就形成了生理学意义上的抽象劳动，适用于人类社会各种经济形态，具有永恒的自然必然性”的说法是不正确的。因为抽象劳动的形成不是主观思维的结果，而是商品经济发展的客观要求。只要计算不同劳动量的差别，就必须首先把不同质的具体劳动化为同质的抽象劳动。马克思指出古典政治经济学“从来没有意识到，各种劳动的纯粹量的差别是以它们质的统一或等同为前提的，因而是以它们化为抽象劳动为前提的”①。因为在古代自然经济中，人们所重视的是由具体劳动生产的使用价值，而不需要比较不同劳动量的大小，因此抽象劳动没有客观的需要。只有在商品经济社会，特别是

① 《资本论》第1卷，人民出版社2004年版，第98页。

在商品生产充分发展的资本主义社会，雇佣劳动者成为靠“抽象的劳动为生的人”①，抽象劳动成了客观的需要。因此，抽象劳动是一个最现代的社会的范畴，而不是什么永恒的范畴。

第三，所谓“生理学意义上的抽象劳动就是生产‘一般的使用价值’的劳动”的说法是对马克思观点的误解。任文认为，“所谓‘一般使用价值’是指对千差万别的商品不同的质的使用价值的一种抽象，即一切商品的使用价值的‘总汇’”。为了证明其正确性，任文还引用了马克思说的两段话。“在货币中，商品虽然也是使用价值，然而它作为交换价值的存在表面为它的实在性，因为使用价值作为一般的使用价值，只是观念的。”“货币按其概念来说，是全部使用价值的总汇。”但是，这和任文所要证明的“生理学意义上的抽象劳动就是生产‘一般使用价值’的劳动”是两码事。马克思所说的“一般使用价值”是针对货币作为一般等价物而言，它与“生理学意义上的抽象劳动”无关。我们可以引用马克思另一段话来证明。马克思说：“金银从它们的流通手段的职能中获得它们本身的抽象的纯社会的使用价值，这种使用价值本身又表现为金银作为一般等价物，即作为一般抽象财富的材料这一用途的某种特殊方面。从金银作为金属，从而作为工业原料的特殊使用价值中，产生金银这种职能的总体。”② 因为金银作为货币之后，除了它原来的使用价值，如作为首饰的用途以外，现在作为一般等价物，又具有“纯社会使用价值”或“一般使用价值”。因此，把生理学意义上的抽象劳动和马克思所说的“一般使用价值”联系起来，是曲解马克思的观点。

第四，从马克思所说的“一般使用价值”也不能证明“生理学意义上的抽象劳动，适用于人类社会各种经济形态，具有永恒的自然必然性。”因为货币作为一般等价物，具有“一般使用价值”的功能，是历史发展的产物，而不是什么一个永恒的范畴。马克思在论述价值形式发展的历史时，谈到亚里士多德很早就发现了“5 张床＝1 间屋，无异于：5 张床＝若干货币”。马克思称赞亚里士多德在这里闪耀出他的天才光辉。

① 《马克思恩格斯全集》第 42 卷，人民出版社 1979 年版，第 56 页。
② 《马克思恩格斯全集》第 46 卷下册，人民出版社 1979 年版，第 437 页。

但是，由于亚里士多德没有从价值形式中看出，在商品价值形式中，一切劳动都表现为等同的人类劳动，也就是抽象劳动。这是因为当时的希腊社会是建立在奴隶劳动的基础上，是以人们之间以及他们的劳动力之间的不平等为基础的，人们之间的劳动还不可能形成抽象劳动。“而这只有在这样的社会才有可能，在那里，商品形式成为劳动产品的一般形式，从而人们彼此作为商品所有者的关系成为占统治地位的社会关系。”① 可见，马克思说的抽象劳动是商品经济的历史范畴。

三、所谓“从商品二重性向产品二重性的历史演变”

任文在设想未来社会产品又是由什么决定时指出：“未来社会中生产产品的劳动也具有‘二重性’，即具体劳动与生理学意义上的抽象劳动；这也就决定了未来社会中的劳动产品同样具有二重性，即具体的使用价值与一般的使用价值。”现在，我们对任文进行分析，看能否得出“从商品二重性向产品二重性的历史演进”的结论。

首先，我们来分析任文所引用马、恩的几段话，能否作为抽象劳动存在的永恒性的理论依据。其一，马克思指出：“即使交换价值消灭了，劳动时间也始终是财富的创造实体和生产财富所需要的费用的尺度。”② 这段话是说明在未来社会里，商品不存在，交换价值当然也就不会存在，每个人的劳动直接成为社会劳动，形成价值的抽象劳动也没有必要存在了。其二，恩格斯指出：“社会一旦占有生产资料并且以直接社会化的形式把它们应用于生产，每一个人的劳动，无论其特殊的有用性质如何的不同，从一开始就直接成为社会劳动。那时，一个产品中所包含的社会劳动量，可以不必首先采用迂回的途径确定；日常的经验就直接显示出这个产品平均需要多少数量的社会劳动。社会可以简单地计算出：在一台蒸汽机中，在100千克的最近收获的小麦中，在100平方米的一定质

① 《资本论》第1卷，人民出版社2004年版，第75页。

② 《马克思恩格斯全集》第26卷第3册，人民出版社1974年版，第282页。

量的棉布中，包含多少劳动小时。因此，到那时，它就不会想到还继续用相对的、不断波动的、不充分的、以前出于无奈而不得不采用的尺度来表现产品中包含的、现有已直接地和绝对地知道的劳动量，就是说，用第三种产品来表现这个量，而是会用它们的自然的、最恰当的、绝对的尺度——时间来表现这些劳动量。”“因此，在上述前提下，社会也不会赋予产品以价值。”“诚然，就在这种情况下，社会也必须知道，每一种消费品的生产需要多少劳动。”[①] 必须指出，任文在引用恩格斯这段话时，却把最关键、最说明问题前面一大段话忽略了。只要我们正确理解这些观点，就不难理解到无论是马克思还是恩格斯都认为未来社会是不存在抽象劳动和价值范畴的，因而不能证明“未来社会中生产产品的劳动也具有二重性。”

其次，所谓“产品二重性”的说法也是不正确的。任文把商品二重性中的使用价值又分为具体使用价值和一般使用价值两类，而具体使用价值是由具体劳动创造的；一般使用价值是由生理学意义上的抽象劳动创造的。事实上，在不存在商品的未来社会，既然不需要“‘价值’插手其间”[②]，也就不存在抽象劳动。因为个别劳动直接表现为社会劳动，不需要通过具体劳动转化为抽象劳动来比较价值的大小。既然如此，那又何须像任文提出的把商品二重性转化为“产品二重性”呢？更何况这个“一般使用价值”和马克思的一般使用价值的含义完全不同，而且所谓“产品二重性”中的具体使用价值和一般使用价值，具体劳动和生理学意义上的抽象劳动是什么关系以及如何运转的都没有说明，这不能不使人们想到这是任文主观想象的产物。

最后，所谓“生理学意义上的抽象劳动”是脱离了抽象的客观条件的，是主观想象的产物。因为科学的抽象必须是主观形式和客观内容的统一，而这种统一必须从历史中形成的普遍存在出发。即使是“生理学意义上的抽象劳动”也不能脱离客观现实条件，仍然是社会发展的产物，而不能把它看成纯粹的生理学意义上的抽象。因为逻辑的推演必须和历

---

① 《马克思恩格斯选集》第3卷，人民出版社1995年版，第660页。

② 《马克思恩格斯选集》第3卷，人民出版社1995年版，第66页。

史的发展相统一，逻辑的推演只有建立在历史的基础上才有真实性和生命力。马克思指出："劳动产品的价值形式是资产阶级生产方式的最抽象的、也是最一般形式，这就使资产阶级生产方式成为一种特殊的社会生产类型，因而同时具有历史的特征。"[①] 而任文提出的生理学意义的抽象劳动、产品的二重性等概念，都是脱离实际的形式逻辑推演。

（原文发表于《当代经济研究》2011 年第 6 期）

① 《资本论》第 1 卷，人民出版社 2004 年版，第 99 页。

求解价值总量之“谜”两条思路的比较

谷书堂*

在一般政治经济学教科书和政治经济学辞典中，从来都是把国民生产总值和国民收入解释为价值量的总和，同时又把劳动生产率的提高视为其最主要的增长因素。然而，按照马克思的分析，价值量与劳动生产率是成反比的。这二者怎么能够统一起来呢？价值的存在本来是为了表现使用价值交换时的量的比例，是作为社会财富量的代表，而在劳动生产率迅速提高的情况下，它却日益“缩水”，形成了与使用价值量变化比例的巨大脱节。究竟应如何解释这种现象？我对这个问题曾有长期的思考，这里有一正、一反两种思路可供探讨。

一种思路是从实际出发进行思考，即认为价值量与使用价值量脱离是客观发展的必然。

就价值论本身而言，它的出现适应了商品交换的需要，不同使用价值的交换所依据的内在比例就取决于劳动支出的比例；而从社会发展的角度看，它又适应了对社会财富（不同的使用价值）综合计量的需要，价值由是担当起社会财富加总计量的基本单位。这样，国民生产总值既是社会一年生产出来的财富总和，同时它也应该是价值量的总和。但是，在现实生活中，它却变成了只表现一年社会生产财富的总和，而并非价值量的总和，这是因为在现实生活中它直接反映的是按不变价格计算的社会财富量的增加。由于科技进步和劳动生产率的提高，在投入的劳动总量基本不变或变化不大的情况下，社会财富量却可能有相当可观的增长。这足以说明现在用不变价格计算的国民生产总值代表的是由使用价

* 谷书堂（1925—2016）：南开大学经济研究所教授、博士生导师。

值构成的社会财富量，而不是价值量。因此，一般教科书和辞典对国民收入的解释是自相矛盾的，因而有错误。这个错误曾在很长一段时期内搅乱了人们对价值的认识，以致直到今天在价值和使用价值总量上仍存在混淆。

也正是由于这种混淆，使得现在有些人没有把握住价值的实质，并把不变价格视为价值的表现形式，进而形成了某种误解，即认为劳动耗费越多，创造的价值也就越大，“多劳就可以多得”。其实，并不是任何劳动都可以形成价值的，只有在当时正常条件下为社会所承认的必要劳动时间内的劳动耗费才能形成一定的价值量，从而才可能换回相等的另一种商品的社会必要劳动量，而这种社会必要劳动量只有在技术不变的情况下才能“多劳多得”。然而，在技术不断进步和劳动生产率不断提高的条件下，社会必要劳动量对价值量的决定却可以在节约大量劳动耗费的基础上，使社会财富大量增加和社会日益富足。从这一点来看，这就不是“多劳可以多得”，而是“少劳也可以多得”，因为节约劳动耗费正是社会进步的要求和反映。从另一方面看，价值是人与人之间的社会关系，它只有在相互比较、相互交换的条件下反映人们的利益关系时才有意义，单纯追求价值总量绝对量的变化是没有实际意义的。因此，也就没有必要人为地去弥补价值量与使用价值量现实之间的这个差额。

另一种思路是从价值量和使用价值量完全可以统一起来的角度来考察，即假定即使劳动生产率提高，也不会影响价值量向反方向变化。

在这里，我设想有以下三个相互关联的途径。

途径之一是，准确把握创造价值的劳动范围。大致可把社会正常的劳动划分为四类：物质生产部门的劳动；精神生产部门的劳动；各种直接为生产服务的包括一些中介性服务在内的劳动；以及在社会主义时期为满足社会公益事业和公共管理所需要的劳务，其中包括党务部门、军警政法部门以及基础科研和社会义务教育等事业部门。前三部分大致都可归入生产部门，也就是创造价值的劳动部门；而最后这一类劳务，尽管也非常重要，并直接表现为社会性的劳动（即不需采取商品交换形式表现自身劳动的社会性），然而并不属于马克思所说的那种生产性劳动，当然也不创造价值。但需要强调的是，这并不意味着它的“社会价值”比创造价值的劳动低。创造价值的劳动和不创造价值的劳动并没有高低之分，其差别只在于它们反映的关系不同。按照这个标准划分，既符合马克思主义经济分析的基本精神，又比传统的解释拓宽了生产劳动的范围。

途径之二是，分清创造价值的劳动的不同层次。这里说的层次是专指劳动的复杂程度，其中也包括体脑劳动差别的程度。马克思在《资本论》中的着眼点集中于体力劳动内部（工人阶级）的分析，因而仅提出了简单劳动与复杂劳动的区别，对于更高层次的劳动则论述不多。但现今社会较之当年已发生了巨大的变化，对于生产过程作用巨大的智力劳动就很难用简单层次和复杂层次划分清楚。因为脑力劳动不是以部门群体形式发挥作用，而往往是以个人或少数人为单位发挥作用的，所以，不能简单地用衡量普通劳动者的劳动差异标准来衡量它们之间的差异。这里说的既包括在生产过程中发挥作用的科技人员，也包括在生产过程中发挥作用的经营管理人员，还包括在生产过程之外（如在生产开始之前的策划、设计活动）的技术人员，他们都是为实现这个生产过程所不可缺少的，因而他们的劳动也都创造价值。

途径之三是，把解决“谜团”的焦点，放在科技工作者创造剩余价值（即剩余产品价值）的剩余劳动部分。首先要明确的是，在社会主义时期，尽管社会制度已经发生了质的变化，但扩大再生产这一特点却仍然是社会主义生产的特征。没有剩余（劳动）价值，就没有积累；而如果没有积累，社会扩大再生产也就无从谈起。可见，社会主义时期对于剩余（劳动）价值的追求并不亚于资本主义社会，所不同的只是归属的主体不同。进而，当人们重复马克思所说的价值量与劳动量成正比，而与劳动生产率成反比这一基本公式时，这里所说的劳动量在现实生活中实际上指的是劳动工资所代表的那部分必要劳动量，而不是包括全部剩余劳动在内的劳动量。在科技进步、劳动生产率提高的情况下，企业所采用的新技术里面已经包含着大量的未实现的剩余劳动，它在生产过程中可以替代若干倍数量的体力劳动。当社会上的科技工作者把他的研究成果当作专利卖给企业家时，他们得到的也只是为了弥补劳动力再生产所必要的那一部分劳动报酬，而具有巨大创造力的剩余劳动部分则转归企业主所有。实际上科技工作者的那一部分剩余劳动也像工人的剩余劳动一样，只能在企业的生产过程中开发出来，并创造新的价值。所以，在生产过程之外开发研究新技术、新产品、新工艺的科技工作者，虽然置身于生产过程之外，但他们的工作实际上也是生产过程的一个组成部分，只是要通过出卖专利后，他们对财富和价值的创造作用才能发挥出来。而这一部分劳动当然也应该折合成若干倍的简单劳动。这样，财富的增加和价值的增加便有可能一致起来。由此可见，劳动生产率与价值量成反比，在不计算科技工作者的剩余劳动量的情况下是正确的，而一旦把这些都计算在内，则是否仍是成反比就值得研究了。

综上所述，两种思路比较一下，各有优长和不足，但前一种思路更符合实际，只是价值总量问题似乎仍没得到明确的解释。如果认为价值量只是在相互比较时才有存在的意义，总量已经不属于生产关系的范畴可以不予考虑的话，那么，前一种思路显然更有说服力。

（原文发表于《南开学报（哲学社会科学版）》2002 年第 1 期）

“价值总量之谜”试解

陈永志　杨继国*

一、导　　论

“价值总量之谜”由著名经济学家谷书堂教授提出。他认为，国民生产总值这一概念表示的既是社会一年生产出来的财富总和，也应该是价值量的总和。根据马克思劳动价值论原理，单位商品的价值量与劳动生产率成反比，价值总量与劳动生产率无关；在劳动时间不变的前提下，价值总量总是一个定量。然而，在现实生活中，按不变价格计算的国民生产总值总是不断增加，且大大超过劳动力的增长率，似乎它与劳动生产率成正比。这样，它却变成了一年社会生产财富的总和，而非价值量的总和。用不变价格计算的社会财富不断增加，说明不变价格计算的是使用价值表示的社会财富量，而非价值量。但教科书和经济学词典却把国民生产总值或国民收入定义为一年新增价值总量或纯价值总量。这个界定与实际情况不符。因为它把劳动生产率视为增长的主要因素，可见这一定义的矛盾。①

所谓价值总量之“谜”就是根据这一“矛盾”提出的。谷书堂教授对劳动生产率与价值量关系的认识有一个转变过程，即“思路上出现过

---

* 陈永志：厦门大学经济学院教授，博士生导师。杨继国：厦门大学经济学学院教授，博士生导师。

① 谷书堂：《求解价值总量之“谜”两条思路的比较》，《南开学报（哲学社会科学版）》2002年第1期。

反复”。先是认为劳动生产率与价值量“成正比”[①]，现在又认为价值量与劳动生产率“成反比”更符合实际，更有说服力；但似乎逻辑上有欠缺，这种思路没有解释价值总量[②]。因此，在“成正比”（即把使用价值量与价值量统一起来）的思路上进行了新的解释。在假定即使是劳动生产率提高也不会影响价值量向反方向变化的条件下是怎样的一个结论，想了三条途径：一是准确把握创造价值劳动的范围，即把第三产业的某些劳动也当成创造价值的劳动；二是分清创造价值劳动的不同层次，即包括生产过程中的管理劳动、科技劳动和生产过程之外的智力劳动等复杂劳动创造价值的问题；三是把科技工作者在创造剩余价值的剩余劳动作为解谜的焦点。但他又认为这个思路没有给人一个清晰的答案。[③]

显然，这一“谜团”包含三个相互关联的难题：(1) 国民生产总值衡量的是价值总量还是社会财富总量？(2) 价值量与劳动生产率是成正比还是成反比关系？(3) 价值总量是否存在？

这一“谜团”在经济学理论界有一定代表性，确实是尚未得到充分的、逻辑上能自圆其说的解释的难题。解开这一谜团对正确理解和对待马克思经济学，对深化劳动价值论有十分重要的意义。实际上，经济学界对马克思经济学的一些基本原理认识的分歧无不与此有关。比如，除了教科书上的“劳动价值论”外，仅“新”的价值理论就出现了诸如要素价值论、新劳动价值论、社会劳动价值论、广义价值论、复合价值论、第三产业劳动价值论、劳动与效用共创价值论、生产力价值论、资源贡献价值论等10余种。这些“新”价值理论，无论是“一元论”还是“多元论”，实际上归结为物化劳动或生产资料和科学技术是否创造价值或科学劳动是否创造价值，都试图解释劳动生产率与价值量成正比的事实，即将劳动生产率提高归结为生产要素质量的提高，而认为这些生产要素

① 谷书堂、柳欣：《新劳动价值论一元论——与苏星同志商榷》，《中国社会科学》1993年第6期。

② 谷书堂：《求解价值总量之“谜”两条思路的比较》，《南开学报（哲学社会科学版）》2002年第1期。

③ 谷书堂：《求解价值总量之“谜”两条思路的比较》，《南开学报（哲学社会科学版）》2002年第1期。

质量的提高会增加价值量或价值总量。由于价值总量之"谜"没得到谜底，传统"劳动价值论"受到质疑和挑战的同时，这些"新价值论"自然也没有说服力。

二、"正比说"与"反比说"

价值总量之谜根源于商品价值量与劳动生产率的矛盾。倘若能充分说明了这二者之间的关系，"谜"也就不难破解了。问题在于目前理论界关于价值量与劳动生产率关系问题讨论分歧较大，形成两种对立的观点：第一，劳动生产率与单位商品价值量成反比，简称"反比说"；第二，劳动生产率与商品价值量成正比，简称"正比说"。这两类观点分别把国民生产总值看成是价值总量、使用价值总量或价格总量，或者用"价值总量不存在"等来解释国民生产总值随劳动生产率增长的现象。

1. "反比说"对劳动生产率与国民生产总值关系的解说。

单位商品价值量与劳动生产率成反比是马克思经济学的基本原理。但这一原理与劳动时间不变条件下不变价格计算的国民生产总值不断增长"矛盾"。坚持"反比说"的学者对这一"矛盾"做出了解释，代表性的观点有两种：

(1) 不变价格计算的国民生产总值是物量指标，即使用价值量。[①] 由于使用价值量与劳动生产率成正比，因而国民生产总值随劳动生产率提高而增长的现象。

(2) 国民生产总值是价格指标，非价值指标。[②] 在供求均衡前提下价格与价值一致的趋势不等于价格运动与价值运动一致，这取决于货币价值的变动趋势；尤其用纸币表现的商品价格不会随商品价值的下降而下降。因此，随着劳动生产率的提高，在单位商品价值量下降，总价值量

---

① 李石泉：《究竟怎样维护劳动价值一元论》，《社会科学》1995 年第 7 期。苏星：《再谈劳动价值论一元论》，《经济纵横》1995 年第 7 期。

② 卫兴华：《论深化劳动和劳动价值论的有关问题》，载于《深化劳动和劳动价值理论的认识》，经济科学出版社 2001 年版，第 136 页。

不变的条件下，用货币单位表示的国民生产总值会不断增长。

“反比说”在解释单位商品价值量时无疑是正确的，符合马克思经济学的原意。由于价值用社会必要劳动时间计量，而社会必要劳动时间是个别劳动时间的平均数，个别劳动时间总量与社会必要劳动时间总量相等，所以，无论劳动生产率如何变化，同量时间创造的价值量总是相同的；换言之，在劳动时间不变的前提下，价值总量不会有任何增长。可是，正如谷教授所言，如果把国民生产总值当成价值总量，“反比说”不能，或者说没有解释国民生产总值大大快于劳动力的增长的实际。于是只能将其解释为非价值总量。比如说，认为价值属于生产关系范畴，只在相互比较中才有意义；价值总量已不属于生产关系范畴，可以不予考虑。① 这种观点实际上认为价值总量不存在，国民生产总值是否与劳动生产率成正比，就与价值量是否与劳动生产率成正比无关。至于把国民生产总值解释为“价格”指标，虽然能解释现价计算的国民生产总值与劳动生产率可能同方向变化的事实，但却不能解释不变价格计算的国民生产总值也随劳动生产率增长而增长的现象。

因为坚持“反比说”的科学性就否定价值总量的存在，从逻辑上是讲不通的。我们知道，度量单位商品价值量的社会必要劳动时间量是总劳动时间量的平均值，换言之，价值个量是在一定范围的价值总量中确定的；如果价值总量不存在，何来社会必要劳动时间范畴一说？或者即使价值总量存在，但不去抑或不能解释它与劳动生产率的关系，更进一步说，不知道它是什么东西，这样的“价值理论”是科学的理论吗？

2. “正比说”对劳动生产率与国民生产总值关系的解说。

“正比说”认为国民生产总值衡量的是价值总量。由于劳动生产率与价值量成正比，因而国民生产总值随劳动生产率提高而增长就是顺理成章的事了。不过在解释为什么劳动生产率与价值量成正比变化的理由时有各种不同的说法。

(1) 物化劳动参与价值创造论。由于生产资料等物化劳动的功能与

---

① 谷书堂：《求解价值总量之“谜”两条思路的比较》，《南开学报（哲学社会科学版）》2002年第1期。

效率越来越高，直接体现为价值创造中社会劳动生产率的提高，因而价值量与劳动生产率成正比，以此解释国民生产总值随劳动生产率提高而增长的事实。这是一切持物化劳动创造价值论、生产要素创造价值论等“多元价值论”者的共同逻辑。

（2）创造价值的劳动外延扩展论。此论坚持只有活劳动创造价值，认为在新技术条件下创造价值的劳动已大大地扩展，不但包括物质生产领域的劳动，还包括非物质生产领域的某些劳动，尤其是科技等领域的智力劳动和第三产业的某些劳动，都创造价值。因此，劳动生产率提高不构成商品价值量成比例下降的必然性，商品价值量只是与社会劳动生产率成反比变动，但物质生产部门物质产品价值及价格下降的同时，非物质生产部门提供的劳务产品价值量在社会产品价值总额中所占比重却不断增加，以不变价格计算的国民生产总值按一定比例增长，是对增加了的社会总价值的反映。①

（3）创造价值的劳动内涵深化论。随劳动生产率提高，劳动质量不断提高，创造价值的劳动正由简单劳动为主转向以智力劳动、知识劳动、管理劳动为主的复杂劳动。而复杂劳动比简单劳动在同样时间内创造更多价值。所以，国民生产总值表示的价值总量就会不断增长。

“正比说”似乎解释了价值总量的问题。但是，它却不能解释单位商品价值量与劳动生产率反向变化的事实。尤其高科技产品，即使不考虑货币价值贬值的因素，其价格也会随劳动生产率提高而下降这是明显的事实。要素价值论、物化劳动价值论不仅违背了劳动价值一元论，而且也不能解释这一事实。创造价值劳动的“外延扩大”和“内涵深化”说，虽然坚持了劳动价值一元论，却存在逻辑上的问题。

众所周知，国民生产总值范畴本身包含了物质生产领域和非物质生产领域的全部活劳动，无论“外延”怎样扩展，也绝不可能超出这个范围。这里姑且不讨论什么样的劳动创造价值的问题，假设所有的活劳动都是创造价值的劳动，即“外延”扩展到极点，也只能证明价值总量的

---

① 党建德：《劳动生产率的提高与价格水平变动》，《汉中师范学院学报（社会科学版）》2000年第2期。

增长率等于劳动力数量的增长率，而不能说明以国民生产总值计算的价值总量增长率远远大于劳动力增长率的现象。劳动内涵的深化表明社会劳动生产率提高，生产某种单位产品的社会必要劳动时间是总个别劳动时间一个新的“平均数”；既然是平均数，在总个别劳动时间不变条件下，社会必要劳动总量即总价值量等于个别劳动时间总量已经逻辑地“内涵”于前提之中，怎么会有总价值量的增长呢?

钱伯海教授试图用所谓的“两种价值”——时间价值和实物价值——的理论来破解“价值总量之谜”。时间价值即以社会必要劳动时间计量的价值，实物价值即使用价值。他认为，时间价值是理论价值，与劳动生产率成反比；实物价值与劳动生产率成正比，但二者是相等的，即时间价值=实物价值。将二者沟通起来的是货币，两种价值都以货币计量。由于必要产品不断拓展，劳动力价格——工资报酬与劳动生产率同步增长，消除了单位产品价值与劳动生产率成反比的巨大差异。所以，国民生产总值（钱教授用的是NDP，即国民生产净值）既表示实物价值又表示时间价值。这样，它与劳动生产率既成正比，又成反比，且二者相等。[①]

钱教授的“解谜”给认识这一问题提供了新的思路。但仍然有些问题需要讨论。劳动生产率与使用价值总量成正比，与价值个量成反比；使用价值与价值是不可分割的“统一体”，是马克思劳动价值论的命题。如果将使用价值替换为“实物价值”，认为实物价值等于时间价值（即价值），逻辑上是难以理解的。使用价值与价值是内容与形式的关系，二者自然是统一的、不可分割的。硬将二者并列，且在量上找相等关系恐怕逻辑上说不过去。钱教授自己意识到这点，所以用货币将二者“沟通”，即借助于价格。这样，价格就不只是价值的货币形式，还是使用价值的货币形式。既然是同一个价格量衡量两种价值，为何它们与同一个劳动生产率一个“成正比”，另一个却“成反比”呢?

① 参见钱伯海：《论两种价值及其深远影响——兼论苏谷之争及“价值总量”的“谜团”》，全国高校社会主义经济理论与实践研讨会第十六次会议论文。

三、价值总量之"谜"的症结剖析

综上所述，无论是按照传统教科书对劳动价值论的表述，还是按照所谓发展了的各种"新价值论"，都不能有效地解开"价值总量之谜"，我们似乎已经进入一个两难的悖论之中。

其实，科学的、符合马克思经济学本来意义的劳动价值论不存在所谓"价值总量之谜"。依据马克思的劳动价值论完全可以解释劳动生产率与单位产品价值量"成反比"，与国民生产总值"成正比"的所谓矛盾。问题出在我们对不变价格计算的国民生产总值范畴内涵认识不清，尤其是对马克思劳动价值论的理解不够全面、系统和辩证。

1. 国民生产总值范畴中的一些影响因素。

第一，折旧形式的物化劳动的影响。不变价格计算的国民生产总值是否表示价值总量不能简单地肯定与否定，其间存在比较复杂的关系，需先理清。国民生产总值是由价值个量加总而来的，虽然其表现形式是价格总量，但劳动价值论原理告诉我们，价值与价格总量是相等的。不过，国民生产总值指标统计的除了传统理论认为的劳动产品价值外，还包括劳务的"价值"。但无论怎样，国民生产总值统计的都是劳动总量，包括物化劳动和活劳动。这里不讨论第三产业等劳动是否创造价值的问题，因为它不影响讨论价值总量与劳动生产率的关系。我们姑且假定全部活劳动都是创造价值的劳动，新创造的价值总量也不会与劳动生产率成正比。

这是指活劳动而言。可是，国民生产总值中除了活劳动而外，还包括以折旧方式加入的物化劳动部分。由于市场经济总是不断扩大的再生产，物化劳动是通过历年的剩余价值积累转投资而来的；因此，国民生产总值是一个随劳动生产率提高进而资本有机构成提高而不断增长的量，即其中的物化劳动转移的价值部分与劳动生产率同方向增长。可见，在新价值量不变或者说投入的活劳动量不变的前提下，国民生产总值仍然可以增长；这与货币因素、使用价值因素都无关。

问题并未得到完全解决，因为物化劳动的增长不能解释国民生产总值增长的全部。如果我们用剔除了物化劳动因素的“国民收入”范畴统计——这才是真正不随社会劳动生产率变化而变化的价值总量，仍然会出现劳动投入总量不变前提下价值总量会增长的情况，仍然会出现两个劳动生产率不同的国家。比如中国和美国，投入同样的劳动时间，而创造了不同的国民收入。“价值总量”之谜依然是一个“谜”！

第二，不变价格的影响。不变价格计算的国民收入（国民生产总值同），指通过价格指数按某一时间点的价格水平折算的总量。价格指数又是选取一定量商品种类以某一时期作基期计算的 T 期的加权变动幅度。这个变动幅度，在不考虑社会劳动生产率的条件下，取决于货币供应量的变动。在劳动生产率提高的条件下，生产某使用价值的社会必要劳动时间发生变化，单位商品价值量降低；在其他条件不变时，价格指数会降低。因此，不变价格计算的国民收入产生两方面的影响：一是消除因货币因素导致的货币价值变动因素，二是消除因劳动生产率提高导致的商品价值变动。第一个影响把价格量还原为价值量，正是计算真实的价值总量增长所要求的；而第二个影响则把价格，进而单位商品价值量与劳动生产率反向的变动，还原为使用价值量与劳动生产率正向的变动。由于不同性质使用价值量的“非加总性”和不同时期同一商品质量的“非同一性”，不变价格对国民收入的第二个影响虽然使劳动生产率与国民收入同方向变动，但不能认为不变价格计算的国民收入（或国民生产总值）就是使用价值总量而不是价值总量。但这一影响却是国民收入与劳动生产率一同增长的影响因素之一。

2. 对劳动价值论认识上的误区。

“价值总量之谜”中除了国民生产总值范畴的两个影响因素外，关键是我们对劳动价值论中价值范畴的狭隘与静态的理解。例如，在讨论价值总量时，把单位商品价值量限定在同一部门竞争形成的社会必要劳动时间量这个范围之内，即马克思在《资本论》第一卷第一章所阐述的内容，以至于有的学者得出马克思劳动价值论只适合于简单商品经济，甚至只适合于物物交换的结论。又如，在研究一国的价值总量时，有的学者虽然认识到价值经过了生产价格的转形，但并不把生产价格作为价值看待，认为马克思没有与生产价格相对应的价值范畴，而把实际价值(实物价值，即使用价值）当成是与生产价格对应的价值范畴。这里显然把生产价格当成价格，许多西方马克思经济学家或西方经济学家在批评马克思的"转形"理论时正是持这种观点。

对劳动价值论的这种狭隘理解是引起纷争的主要原因。但就研究价值总量而言，如果不存在国与国之间的比较，倒不会有大的问题；因为即使不把生产价格当价值看待，只要承认生产价格总量等于价值总量，一国一定时期的价值总量与生产价格总量总是相同的。但是，一旦越出国界，比较不同国家的价值总量时，所谓"价值总量之谜"就出现了。

四、"谜团"的试解

如上所述，"价值总量之谜"的症结涉及国民生产总值概念和劳动价值论理解两个方面。后者是谜团的主要症结。因此，解谜需要对马克思劳动价值论重新认识。我们认为，马克思的价值范畴是一个分层次辩证发展的体系。

纵观《资本论》就会发现，价值范畴有一个由抽象到具体发展的一个体系：价值——生产价格——国际价值。因此，价值范畴就有了广义和狭义之分。狭义的价值指价值的抽象层次，即通常理解的同一部门竞争形成的价值；广义的价值范畴是指从价值到生产价格到国际价值形成的分层次的体系。①

马克思在《资本论》中对价值范畴的研究，就是按"抽象——具体"的原则来考察不同层次价值实体的具体规定性的。比如，《资本论》第一卷开篇就研究价值一般，同时也是价值具体的第一个层次；第三卷研究的生产价格是价值具体的另一个层次；马克思还提出了国际价值范畴，实际上是价值具体的最后层次。从价值一般出发，到国际价值，价值实体从抽象到具体的发展才算完成，价值范畴的所有规定性和内外部联系

① 杨继国：《价值运行论纲》，厦门大学经济学院2000年博士学位论文。

及其矛盾运动的总体才算充分显露。只是限于《资本论》的研究目的，和马克思经济理论整体研究和写作计划的未完成原因，最后一层次未得以系统阐述。①

如果价值范畴是一个分层次的体系的观点成立的话，则逻辑地推导出个别价值与价值的辩证转化的原理：即价值范畴从个别转化为一般，又从一般向个别的转化。价值由个别劳动时间即个别价值通过平均而来。价值的形成过程就是个别价值转化为价值的过程，但这不是价值形成的全部。当第一个层次的价值（即部门内部竞争形成的价值）形成后，原来的价值范畴由一般转化为个别，生产价格范畴变为一般，成为此时的价值；当交换和竞争的范围扩展到国际，由于国家间劳动生产率的差异，交换按国际价值进行，原来在一国内形成的价值（生产价格）变成"国别价值"；在世界市场上，国别价值不再是一般范畴的价值，它转变为个别价值，而国际价值变为一般的价值范畴。因此，不能把价值范畴看成是一个僵化的、一成不变的东西；它是随交换和市场的发展而不断发展的。当我们在讨论"价值"时，首先要弄清楚是哪一个层次的价值。所谓"价值总量之谜"，是在没能考虑上述的国民生产总值范畴的影响因素前提下，将属于个别价值范畴的国别价值当成一般范畴的价值而产生的迷惑。

现在我们来试解谜团，即回答"导论"中提出的三个问题。根据上述的价值层次体系理论，回答应该分两种情况进行：一是没有世界市场的封闭经济，二是有世界市场的开放经济。由于世界市场受发展程度、经济体制和地域交通及信息差别的影响，各国政府对国际自由贸易加以种种限制，国际垄断集团也影响国际自由市场价格的形成，国际价值的形成和发展实际上还没有完成。但是，只要有国际交换存在，价值范畴的国际价值层次就会发生作用。国际价值范畴发展完成与否只对一国价值总量的影响大小有关，而不改变其影响的实质。因此，为简便计，我们假设世界市场也与国内市场一样是一个信息完全、自由竞争的市场。

先回答问题三：无论是封闭经济还是开放经济，价值总量是肯定存

① 杨继国：《价值运行论纲》，厦门大学经济学院2000年博士学位论文。

在的，因为价值个量是在总量中通过平均数求得的。这不用多解释。

再回答问题一：国民生产总值衡量的是一个国家内一年的劳动总量，包括转移的物化劳动量和活劳动量；其中，活劳动又包括传统理论中的创造价值的活劳动和不创造价值而参与国民收入分配的活劳动量。此处不讨论什么劳动创造价值问题，假设全部活劳动都是创造价值的劳动，因为这不影响我们讨论"价值总量之谜"的问题。因此，国民生产总值衡量的应该是价值总量。

但在封闭经济条件下，排除货币因素引起的价格变动和其中的物化劳动因素，不变价格计算的国民生产总值作纵向比较时对实际价值总量进行了修正。在活劳动投入总量不变前提下，不变价格修正了因劳动生产率变化导致社会必要劳动时间量变化而引起的单位商品价值量与劳动生产率成反比变化、而国民收入计量的价值总量保持不变的规律，使国民收入随劳动生产率同方向变化，大致反映了社会财富量的增长情况。

可见，国民生产总值（或国民收入）反映的是价值总量，而不变价格对这个价值总量进行了"修正"，使其能反映使用价值量的增长情况；但不能说它度量的就是使用价值总量。

在开放经济条件下情况则完全不同。此时衡量单位商品价值量的标准发生了变化，不再是一国内的社会必要劳动时间，而变成了世界必要劳动时间。马克思以棉花为例说，"棉花的价值尺度不是由英国的劳动小时，而是由世界市场上的平均必要劳动时间来决定"[①]，即价值的计量单位转化为世界劳动的平均单位，价值转化为国际价值。在世界市场上，"国家不同，劳动的中等强度也就不同；有的国家高些，有的国家低些。于是各国的平均数形成一个阶梯，它的计量单位是世界劳动的平均单位"[②]。从而，国内原先的社会必要劳动时间转化为个别劳动时间，国别价值转化为个别价值。

因为价值转化为国际价值，横向比较，则国际货币单位折算的国民生产总值衡量的就不是国内的总劳动时间量，这个劳动时间量成了该国

---

① 《马克思恩格斯全集》第47卷，人民出版社1979年版，第405页。

② 《资本论》第1卷，人民出版社2004年版，第645页。

的个别劳动时间量，是按世界必要劳动时间衡量的该国的“社会必要劳动时间”总量。如果该国的劳动生产率高于世界平均水平，则该国的国民生产总值大于其国别（个别）价值总量；反之亦同。

如果作纵向比较，折算为世界货币单位表示的不变价格计算，则影响与上同，不赘述。

最后回答问题二：劳动生产率与个别价值成正比，与价值个量（劳动时间总量计算的单位商品的平均值）成反比，与价值总量无关，即无论劳动生产率如何改变，始终是同量劳动时间创造同量的价值总量，这一经济规律并未改变。

当指的是第一层次的价值范畴，即同部门内竞争时，个别价值指个别企业生产某种使用价值所耗费的个别劳动时间；部门单位产品的价值量与劳动生产率成反比，部门总价值量＝个别劳动时间总量＝单位商品价值量与部门商品总量的乘积，部门价值总量与劳动生产率变化无关。

当指的是第二层次的价值范畴生产价格时，部门价值转化为个别价值，它与部门劳动生产率成正比，与社会劳动生产率成反比。劳动生产率高的部门，因其资本有机构成高（避开自然原因造成的资本有机构成差别不谈，即使如此，部门内的劳动生产率高的企业资本有机构成在部门内仍然较高），其单位时间内创造的“生产价格”比劳动生产率低的部门多，即生产价格高于其价值，反之亦同。但生产价格总量等于价值总量，因而价值总量（无论用生产价格计算还是用“价值”计算）与劳动生产率无关。

当指的是第三层次的价值范畴国际价值时，生产价格总量为个别价值，因国际价值衡量的国民生产总值成为价值个量。由于“生产效率较高的国民劳动在世界市场上也被算作强度较大的劳动”，所以“不同国家在同一劳动时间内所生产的同种商品的不同量，有不同的国际价值”，“强度较大的国民劳动比强度较小的国民劳动，会在同一时间内生产出更多的价值”。[①] 因此，国民价值与国内的劳动生产率成正比，国际价值与世界劳动生产率成反比。在劳动时间不变的前提下，无论是用各国各部

① 《资本论》第 1 卷，人民出版社 2004 年版，第 645 页。

门的价值还是用各国的生产价格，抑或是用国际价值计算，世界各国创造的价值总量与劳动生产率无关。

至此，我们似可回答为什么美国从 1820 年到 1994 年就业人口增长了约 20.7 倍，不变价格计算的国内生产总值却增长了约 274.8 倍。①

除了国内生产总值中物化劳动增长的因素和不变价格的影响而外，美国的劳动生产率大大高于世界平均劳动生产率；因为按国际价值计算的美国价值总量与其国内劳动生产率成正比，美国"在同一时间内生产更多的价值"，所以其国内生产总值增长率大大超过其劳动就业人口增长率，这与劳动价值论并不矛盾。

五、简短的结论

综上可见，当我们知道了价值范畴是一个辩证发展的体系时，所谓"价值总量之谜"就不复存在了。或者说，"价值总量之谜"的谜底就在马克思劳动价值论原理之中。事实再次证明了马克思经济学的生命力和劳动价值论的科学性。我们需要的是对劳动价值论完整而准确地理解和把握。当然，与马克思主义其他所有理论一样，劳动价值论与时俱进是其理论品质，发展是其活的灵魂。但其发展的正确方向应该是按照科学的方法论把抽象的价值范畴具体化，寻找在新的历史条件下价值创造及实现的新形式。

（原文发表于《经济学家》2003 年第 6 期）

① 谷书堂：《求解价值总量之"谜"两条思路的比较》，《南开学报（哲学社会科学版）》2002 年第 1 期。

也谈劳动生产率同价值创造的关系

何干强*

一、研讨本论题必须以价值性质的科学规定为前提

关于同一部门较高劳动生产率在同样时间内能否创造较多的价值这个论题，已经发表了大量的文章，但是至今仍然众说纷纭。由于这个论题牵涉如何认识先进物质生产要素在价值形成中的作用，所以这个问题有其复杂性。有人不能正确理解马克思的有关论述，所以对劳动价值论的科学性表示怀疑；也有人认为劳动价值论在当代过时了，倒向了资产阶级经济学的“要素价值论”。因此，联系当代实际，对这个争议颇大的问题做出科学的回答，就具有重要意义。

我以为，这个论题涉及价值性质与价值数量两个方面。遵照唯物史观的辩证方法，确定价值性质，是分析价值量变动的前提。因此，科学地回答本论题，首先必须确定关于价值性质的有关科学规定：

其一，价值的内容是社会实体。马克思指出，“价值对象性纯粹是社会的”①，价值是抽象人类劳动的凝结，是历史的、社会的范畴。研究生产者创造多少价值量，实质上是研究生产者在商品生产的历史条件下，提供了多少能够间接实现的社会劳动量，或者说他在被社会所承认（通过商品交换）的社会性的劳动总量中提供了多少分量。所以，价值问题，

---

* 何干强：南京财经大学教授。

① 《资本论》第1卷，人民出版社2004年版，第61页。

本质上是一个人类社会内部的劳动分工以及每种分工、每个劳动者提供社会劳动量的问题，它体现的是物掩盖下的人与人之间的社会关系。生产者创造的价值量不是自然物质范畴，不包含任何物质原子。

其二，比较不同生产者创造多少价值应以社会价值来度量。同一部门包含着许多生产率高低不同的生产同种商品的生产者。研讨具有较高劳动生产率的生产者在同样时间内能否创造较多的价值，需要对生产者之间的劳动内涵进行相互比较。不同生产者创造的单个商品的价值量，不是按其作为个别生产者耗费的自然时间或个别劳动时间来度量的，即不是指他创造的个别价值，而是指他在同样时间按社会必要劳动时间来度量的社会价值。马克思强调，"商品的现实价值不是它的个别价值，而是它的社会价值"[①]。只有社会价值才是在社会劳动意义上的价值，因而在商品生产社会才有现实性。

其三，比较不同生产者创造多少价值指的是创造的新价值。提出同一部门同样时间内具有较高劳动生产率的生产者能否创造较多的社会价值，显然是指他能否创造出较多的新价值，即创造出多少价值产品（v+m），而不是指创造出多少产品价值（c+v+m），所以，在研究中，可以撇开由生产者的具体有用劳动转移到产品中的生产资料旧价值（c）。

其四，区分社会价值与生产价格。社会价值属于商品生产一般关系范畴，而生产价格属于资本主义商品生产关系范畴。同一部门在同样时间内具有较高劳动生产率的生产者能否创造较多的社会价值，这是属于一般商品生产关系范畴的论题，不牵涉资本商品的生产，所以，回答这个问题，不涉及不同生产者新创造的价值在相互之间因有机构成高低的不同而发生的转移，这种发生在不同生产部门之间的社会价值的转移问题，在资本商品生产关系中才需要关注。

如果本论题的研究者在上述有关价值性质的规定上不能形成共识，那就不可能对本论题的回答形成共识；那要争论的就是上述这些规定是否科学了。如果能在上述规定上形成共识的话，那么需要进一步研究的关键问题就是：为什么同一部门同样时间内劳动生产率较高的生产者能

① 《资本论》第1卷，人民出版社2004年版，第369页。

够创造较多的社会价值？换句话说，如何才能科学解释劳动生产率较高的生产者在同样时间内可以创造多于其个别价值的社会价值，这些较多量的社会价值是否是他自己的劳动创造的？我对此的回答是肯定的。下面阐述有关论据，敬请学界同仁不吝指正。

二、用劳动二重性理解同一部门生产率高的劳动

掌握劳动二重性，这是“理解政治经济学的枢纽”[①]。弄清同一部门同样时间内生产力较高的生产者能否创造较高的社会价值，也必须从劳动二重性的基本原理出发。商品具有社会使用价值和价值两因素；价值是由生产出商品的具有二重性的劳动中的抽象人类劳动或社会劳动创造的，这是唯物史观对经济学价值的基本认识，也是我们回答本论题的基本指导思想。

首先，生产出商品，这是创造价值的前提。“商品的使用价值是商品的交换价值的前提，从而也是它的价值的前提。”[②] 生产者要创造出价值，首先就必须创造出具有社会有用性的商品。如果生产了废品、次品，那么由于它们不是商品，耗费在其中的劳动就是无用劳动，无用劳动中的人类劳动耗费，就不能创造出社会价值。根本卖不掉的产品，不是商品，显然没有社会价值。

其次，生产商品的二重性的劳动，应当理解为具体有用劳动和抽象劳动。绝不应当把具体劳动中的“有用”这个概念去掉。这是因为，只有具体有用劳动才是生产商品的劳动，从而其中的人类劳动耗费才创造价值，而具体的无用劳动则因生产不出社会需要的商品而不创造价值。须知，《资本论》很少使用具体劳动概念，只是在强调它是抽象劳动的对立面时，才单独使用具体劳动概念；常用的是有用劳动概念，有时也称具体的、有用的劳动。据检索，在《资本论》第一卷中，使用“具体有

---

① 《资本论》第1卷，人民出版社2004年版，第55页。

② 《资本论》第3卷，人民出版社2004年版，第716页。

用劳动”或单独使用“有用劳动”概念的，有26处；而单独使用“具体劳动”的只有7处。在《资本论》第二卷、第三卷和有关手稿中，马克思使用较多的也是“有用劳动”概念。固然，有用劳动属于具体的或特定种类的劳动，但是，具体劳动并不等于有用劳动。具体劳动也可能生产部分废品或者不合格产品；同一部门劳动生产率低的劳动与劳动生产率较高的劳动作比较，前者因动作迟钝、生产方法不得要领等原因，事实上包含着无用、无效的劳动耗费。而创造价值的劳动，“只是劳动力被有用地消耗的时间长度”[①]，有用劳动“总是联系到它的有用效果来考察的”[②]。有用劳动的反面就是无用劳动。不应当忽视，马克思明确地提出了无用劳动的概念，他指出，“从社会的角度来看，劳动生产率还随同劳动的节约而增长。这种节约不仅包括生产资料的节约，而且还包括一切无用劳动的免除”[③]。这里，“从社会的角度来看”，也可以理解为从生产者相互比较的角度来看。所以，具体劳动包括有用劳动和无用劳动。马克思更多地把劳动二重性表述为具体有用劳动和抽象劳动，极少表述为具体劳动和抽象劳动，这不是偶然的。在我看来，中国经济学界一般把劳动二重性表述为具体劳动和抽象劳动，而忽视有用劳动概念，这可能是受到来自《资本论》国外版本的名目索引（出版编辑者所加）的影响。原民主德国柏林迪茨出版社1953年版第一卷所附的名目索引中，就有“劳动，具体”（Arbeit，konkrete）条目[④]，在中文版第一卷的名目索引中这条目译为“具体劳动”[⑤]。这样一来，就把“具体劳动”当作了一个比“有用劳动”更规范的经济概念，从而使“具体劳动”广泛地使用开来，反而把重要的“有用劳动”束之高阁了。这就对科学地回答本论题带来了极大的障碍。

最后，社会标准的有用劳动是社会价值创造的前提。既然商品的使用价值是它的价值的前提，那么具体劳动中的有用劳动才是它的价值的

① 《资本论》第1卷，人民出版社2004年版，第228页。
② 《资本论》第1卷，人民出版社2004年版，第55页。
③ 《资本论》第1卷，人民出版社2004年版，第605页。
④ Karl Marx. *Das Kapital*. Bu. Ⅰ，Dietz Verlag Berlin，1953：917。
⑤ 《资本论》第1卷，人民出版社2004年版，第1100页。

前提；但是，从创造社会价值的角度来看，作为其前提的具体有用劳动是有一定社会标准的。马克思在阐述社会必要劳动时间的时候强调，“在商品的生产上只使用平均必要劳动时间或社会必要劳动时间。社会必要劳动时间是在现有的社会正常的生产条件下，在社会平均的劳动熟练程度和劳动强度下制造某种使用价值所需要的劳动时间”[①]；可见，社会必要劳动时间要以社会标准的有用劳动为依托；也就是说，社会价值的创造以社会标准的有用劳动为前提。社会价值与个别价值的区别就在于，作为它的前提的有用劳动，前者是社会标准，后者是生产者自己的个别标准。

明确了上述概念，我们就可以得出结论，同一部门同样时间内劳动生产率较高的生产者能够创造较多的社会价值，正是因为其有用劳动的质高于社会标准，具体劳动中社会标准的有用劳动成分多，所以，他在同样的自然时间（钟表指示的时间）消耗的劳动量，能折合为更多的社会必要劳动时间，因而能创造较多的社会价值。反之，在同样时间内，劳动生产率低的生产者其具体劳动中社会标准的有用劳动成分少，形成的社会价值就较少。由此也就可以明白，同一部门生产率高的劳动在同样时间内，创造的较多社会价值，其价值实体的来源完全是该生产者自己的劳动，而不是同一部门别的劳动生产率低的生产者转移给他。价值的转移只能通过商品交换，同一部门同种商品生产者之间不发生商品交换，是不可能发生社会价值的转移的。

三、应当纠正忽视劳动二重性产生的误解

忽视劳动二重性会认为生产者同样时间投入的劳动耗费都创造价值。由于长期以来不少经济学者只讲具体劳动，不讲有用劳动，这就容易形成一种观念，似乎只要投入生产劳动的耗费，都是形成价值的。这样一来，就无法正确回答“同一部门同样时间劳动生产率较高的生产者能否

① 《资本论》第1卷，人民出版社2004年版，第52页。

创造较高的社会价值”这个问题了。这就形成一种思维逻辑：既然同样时间投入的劳动耗费都创造价值，那么，结论必然是，生产率较高的劳动虽然可以创造较多的使用价值，但并不等于创造较多的价值；如果其他条件不变，凝结在单位产品中的价值量不是多了，而是少了，因为同样多的价值分配在较多的商品中了[①]；还会认为，价值的创造是企业在生产商品时所实际耗费的劳动量，正是这一劳动量决定了这一商品的价值量，社会必要劳动实际上是把企业已创造出来的价值依生产条件的不同在企业间进行分配[②]。其实，这种认为只要投入生产劳动的耗费，都是形成价值的观点，混淆了个别价值和社会价值，把个别价值也当作是商品的现实价值了。由此必然得出，生产率较高的企业所实现的较多的价值，是从落后企业转移过来的。其实，马克思一开始在谈引入社会必要劳动的概念时就已提醒：“可能会有人这样认为，既然商品的价值由生产商品所耗费的劳动量来决定，那么一个人越懒，越不熟练，他的商品就越有价值，因为他制造商品需要花费的时间越多。”[③] 难道“同样时间投入的劳动耗费都创造价值”的观点，与这样的“认为”有什么差别吗？

不从劳动二重性出发研究本论题，容易认为马克思关于劳动生产率和商品价值关系的论述存在矛盾。我们知道，马克思起先指出：“不管生产力发生了什么变化，同一劳动在同样的时间内提供的价值量总是相同的。”[④] 后来又提出了本论题，“生产力特别高的劳动起了自乘的劳动的作用，或者说，在同样的时间内，它所创造的价值比同种社会平均劳动要多”[⑤]。既然都是“在同样的时间内”，前面讲“提供的价值量总是相同的”，后面则讲“创造的价值比同种社会平均劳动要多”，初看起来似乎有些矛盾。但是，只要我们从劳动二重性的基本观点来领会，就可以认识到，前一场合，“同一劳动在同样的时间内”指的是，劳动中包含的抽

① 卢希悦：《生产率较高的活劳动不能创造较多的价值》，《教学与研究》1982年第1期。

② 段进朋：《生产力特别高的劳动能创造更多的价值吗?》，《复旦大学学报（社会科学版）》1982年第4期。

③ 《资本论》第1卷，人民出版社2004年版，第52页。

④ 《资本论》第1卷，人民出版社2004年版，第60页。

⑤ 《资本论》第1卷，人民出版社2004年版，第370页。

象劳动在质（脑力体力耗费意义上的社会劳动的密度、强度等）与量（质上已确定的抽象劳动的时间延续）上都已确定不变，尽管这种劳动的有用劳动的质或生产力（在这里的含义等同于劳动生产率）可以发生变化，从而生产出较少或较多的同质使用价值，但是这丝毫也不影响表现为价值的质与量已确定的抽象劳动。[①] 这也就是说，由于生产商品的劳动具有二重性，同一劳动过程中，抽象劳动的不变与具体有用劳动的变化是可以并行不悖的。然而涉及本论题的后一句话，却并不是指前一句话意义上的“同一劳动”，而是对同一部门中的生产率高低不同生产者的劳动，按社会同一标准，来比较它们之间在同样的时间内的抽象劳动量消耗的大小。换句话说，同一部门劳动生产率不同的生产者之间在同样的时间内的劳动中包含的社会标准的抽象劳动量是不同的，之所以有这种不同，原因就在于“在同样的时间内”，抽象劳动量是以同一社会标准的有用劳动为依托的，生产率高的劳动含有的社会标准的有用劳动程度高，其包含的抽象劳动量就多，从而创造的社会价值就多。可见，前一句话阐释劳动生产力的不同时期的纵向变化，不影响同一劳动包含的抽象劳动量；后一句话阐释的，是同一部门不同生产率劳动的横向比较，从这个角度来看，生产率高的劳动在同样自然时间内，社会标准的有用劳动成分大，内涵的抽象劳动量就多。马克思先后两段话阐释的是不同问题，相互是不存在矛盾的。

正确理解本议题有助于理解价值规律的作用。可能有人会问，马克思说的是“生产力特别高的劳动”创造的价值比同种社会平均劳动要多，按照你这里的说法，似乎同一部门只要劳动生产率（也就是有用劳动的质的标准）高于社会平均标准的生产者，在同样时间都会创造较多的社会价值了。我的确是这样理解的。因为社会标准的有用劳动是社会价值创造的前提这个原理，并不仅仅只对“生产力特别高的劳动”适用，在同一部门是普遍适用的。马克思之所以强调“生产力特别高的劳动”，是因为在竞争性商品市场，总是有少数生产者因为首先掌握“生产力特别高的劳动”而突破现有的平均状态，马克思是针对这种突破时的情况来

① 请读者注意把抽象劳动的质和量同有用劳动的质和量在含义上区分开来。

说的。然而在市场竞争优胜劣汰的发展过程中，同一部门不同生产者也可能在一定时期出现劳动生产率呈高低阶梯性的状况，在这种情况下，只要劳动生产率高于社会平均标准的生产者，都会在同样时间内创造较多的社会价值。有的学者提出，同一部门劳动生产率与社会价值的创造成正比，如果他们指的是上述情况，我认为是正确的。① 这里有必要指出，弄清同一部门劳动生产率较高的生产者在同样时间内能够创造较多的社会价值，结合运用“商品的价值量与实现在商品中的劳动的量成正比地变动，与这一劳动的生产力成反比地变动”② 的原理，有助于我们深入理解价值规律的作用。因为价值规律的作用正是在个别价值和社会价值存在差额的情况下表现出来的。由于同一部门劳动生产率较高的生产者在同样时间内能够创造较多的社会价值，或者说，同一部门劳动生产率与社会价值的创造成正比，这就促使该部门越来越多的商品生产者设法提高劳动生产率，使自己在同样时间内创造的商品个别价值折合成比其他生产者更多的社会价值（例如，自己的商品个别价值是 3 小时实际花费劳动时间，按社会标准可折合成 5 小时社会必要劳动时间）；而由于单个商品的社会价值与劳动生产率的提高成反比，所以，当经过一段时间，同一生产部门大多数生产者的劳动生产率都提高了，多数的生产者的商品的个别价值就都降低了，这就引起这一部门单个商品的社会价值降低（例如，同种商品的社会价值从 5 小时社会必要劳动时间降到了 3 小时社会必要劳动时间），从而在该部门商品供给总量不变乃至有一定扩大的情况下，该部门的社会价值总量会减少，全社会投在该部门的活劳动总量就可以减少。这样，随着社会生产力的普遍提高，耗费在该部门的社会总劳动时间就得到节约；反之，如果该部门大多数生产者劳动生产率降低，全社会对该部门商品需求量不变，投在该部门的活劳动总量则要增多。正因为如此，价值规律才是调节社会劳动节约与分配

---

① 孟捷：《技术创新与超额利润的来源——基于劳动价值论的各种解释》，《中国社会科学》2005 年第 5 期；马艳、程恩富：《马克思“商品价值量与劳动生产率变化规律”新探》，《财经研究》2002 年第 7 期。

② 《资本论》第 1 卷，人民出版社 2004 年版，第 53—54 页。

的规律。[①]

四、科学地理解先进客观生产要素对社会价值创造的作用

同一部门先进客观生产要素具有增加吸收社会必要劳动程度的作用。肯定社会标准的有用劳动是形成社会价值的前提。这就带来一个需要研究的问题。既然有用劳动是具体劳动，属于生产力范畴，它在一定劳动时间内按社会标准来看的有用程度的高低势必与生产力的各种生产要素联系着。就同一部门生产率高的劳动在同样时间内能创造的较多社会价值来看，无非存在三种基本情况：一是客观生产要素相同，劳动力素质较高，劳动熟练程度较高；二是劳动力素质相同，但是使用的客观生产要素较先进；三是主客观生产要素都先进。关于劳动力素质高、劳动复杂程度熟练程度高，因而创造的社会价值多，这在坚持劳动价值论的学者看来是没有争议的。问题在于，先进的客观生产要素是否影响社会价值的创造，如果影响，这是否意味着，承认先进的客观的生产要素也对创造较多的社会价值做出了贡献？这是否意味着承认“要素价值论”？我认为，提问中使用“贡献”概念，模棱两可，很容易引起“要素创造价值”的误解。从社会标准的有用劳动是社会价值创造的前提这个观点来看，应当肯定地说，同一部门先进客观生产要素对创造更多的社会价值是能够发挥积极作用的；但是，这种作用是一种增加有用劳动程度的作用，从而是一种增加客观生产要素吸收社会必要劳动的作用；而且，这绝不意味着客观生产要素本身能够创造新价值产品，客观生产要素只能在生产中把自己原有的价值转移到商品中去。

科学认识先进客观生产要素对吸收较多社会必要劳动的作用。为什

---

① 何干强：《遵循唯物史观的方法发展劳动价值论》，《无锡商业职业技术学院学报》2005年第2期。文中说“在一定时期，一个生产部门活劳动生产率提高，创造的社会价值，则全社会投在该部门的活劳动就可以减少”，表述过于简单，而且有“创造的社会价值多”的笔误，应以本文现在的表述为准。

么先进客观生产要素能够增加生产者同样劳动时间内的有用劳动程度，从而使劳动者的社会劳动耗费更有效更多地被凝结、被物化到商品中呢？这是因为：使用优质高效的劳动资料，能减少维修、保养等生产过程中的非生产劳动耗费；选用优质原料，能提高加工的容易程度，降低废品率等等。客观因素有利还包括劳动自然条件占优势。如采掘业中，矿藏丰度大，比起贫瘠的矿区，就可减少排除石头层等从社会角度来看的非生产耗费，从而付出同量的劳动可以有更多的凝结在矿石产品上而不是在石头上。所以，在相同的主观条件下，有利的客观条件能使劳动能力得到更有效的发挥，提高劳动的有用程度。[①] 为了弄清先进的客观生产要素对增加生产中的社会必要劳动耗费量有积极影响，不妨再举一个简单的例子：同样一个劳动者锯钢管，他用普通的锯条，既容易造成断面不光洁出次品，又会因经常折断需要更换而增加劳动中的无用耗费时间；而优质钢做的锯条，成品率高，可以连续地使用而不折断，显然能增加同样劳动时间在社会标准下的有用劳动耗费；使用优质钢做的锯条，创造新价值的源泉仍然是他自己的劳动，而并不是锯条，但是先进的锯条却使他的劳动更加节约，更加有效。

坚持劳动是价值的唯一源泉与依靠先进客观生产要素发展生产力是完全一致的。现代化生产过程使用信息技术、高科技工艺流程、新材料这些现代的客观生产要素制造商品，相对于传统生产方式，在同样时间大大减少了无用劳动，提高了劳动的有用程度，这无非说明先进的客观生产要素是社会必要劳动的优良吸收器；运用客观的先进生产要素的生产者比没有掌握它们的生产者，能在同样时间创造更多的社会价值，这无非说明了，他们的个别劳动比后者包含更多的社会劳动，他们在同样时间付出的劳动在社会总劳动中占有更大的比重。由此看来，唯物史观关于劳动是价值的唯一源泉的科学规定，与依靠高新技术等先进生产要素来促进生产力发展的要求是完全一致的。可以说，遵循劳动价值论，必然要求在生产劳动中讲效率，讲效益，依靠科技进步，依靠科学管理，

---

① 何干强：《论有用劳动是价值创造的前提》，《南京师范大学学报（社会科学版）》1986 年第 2 期。

依靠一切有利于提高生产力的客观要素。不言而喻，首先还必须通过发展教育，提高全体劳动者的知识水平，使劳动者有更大的潜力制造并熟练地使用先进的客观生产要素。可见，坚持劳动价值论要求生产者尽可能利用先进的客观生产要素。谁要是根据劳动价值论只承认劳动创造价值，而不承认客观生产要素创造社会价值的科学原理，推理出可以不必重视使用先进的生产要素的结论，那就等于说，只要孤零零的劳动者个人，不要生产资料就可以形成劳动过程；那就等于说，价值可以不要以具体有用劳动为前提就可以存在；那就等于说，价值是一个可以脱离生产力而存在的虚幻的东西；那恰恰是背离了劳动二重性的基本观点，背离了劳动价值论。

与“要素价值论”划清界限。上述分析说明，先进的客观生产要素是社会必要劳动的优良吸收器，但是，如果把这个观点错误地理解为客观生产要素本身就创造价值，那就把价值创造的客观条件和价值创造本身混为一谈了。如果根据在生产中要依靠先进的客观生产要素，就得出必须承认先进的客观生产要素本身就能形成价值实体，并进而认为其所有者单凭客观生产要素的所有权就可以分割劳动者创造的新价值，这就走到资产阶级庸俗经济学家的“要素价值论”和萨伊的“三位一体公式”（“按要素分配论”）那里去了。须知价值是社会的劳动，它是一种社会的规定，是物背后的一种社会关系，把这种社会的属性张冠李戴到非社会的、物质的要素上去，势必陷入拜物教观念的误区。为了强调先进客观生产要素对发展生产力有重要作用，就把它们加到价值实体的成分中来，那是画蛇添足，是毫无意义的，十分有害的。

五、研究本论题要防止用数学逻辑替代科学经济学的逻辑

用数学逻辑替代经济学逻辑会造成认识误区。研究同一部门生产率高的劳动在同样时间内能否创造较多的社会价值，势必要对社会必要劳动时间进行数量分析和计算。理论界的基本共识，是用加权平均的数学

方法来计量社会必要劳动时间。由于在计算中，要把同一部门各种劳动生产率的生产者劳动的个别时间都加权进去，这就很容易造成一种逻辑上的认识误区，似乎劳动生产率低于社会标准的生产者的所有劳动时间都参加了创造社会价值，似乎是劳动生产率低的生产者创造的社会价值转移或分配到劳动生产率水平高的生产者手里，才使后者生产的产品有较高的社会价值。如果我们不从劳动二重性的基本观点出发，单从数学逻辑角度看问题，形成这样的认识误区是难免的。

例如：假定同一部门生产（同种商品）有甲、乙、丙 3 个生产者。在同样的 10 小时中，甲生产 30 个商品，个别价值是$\frac{1}{3}$小时；乙生产 20 个商品，个别价值是$\frac{1}{2}$小时；丙生产 10 个商品，个别价值是 1 小时。那么，用加权平均的数学方法来计算：

单位商品社会必要劳动时间＝（30×1/3＋20×1/2＋10×1）/（30＋20＋10）＝$\frac{1}{2}$。

这样，在 10 小时中：

甲生产了 $30\times\frac{1}{2}=15$（社会必要劳动小时或社会价值）；

乙生产了 $20\times\frac{1}{2}=10$（社会必要劳动小时或社会价值）；

丙生产了 $10\times\frac{1}{2}=5$（社会必要劳动小时或社会价值）。

从数学逻辑来看，甲、乙、丙 3 个生产者所有劳动时间都是社会价值总量的构成部分，似乎是劳动生产率低的丙把 5 小时转移给劳动生产率高的甲了，甲才能在同样的 10 小时中，创造出 15 社会必要劳动时间来。这就是认识误区。

坚持数学逻辑服从经济学逻辑的方法论原则。然而，数学逻辑毕竟不能替代经济学的逻辑。在科学经济学的数量分析中，数学逻辑必须服从于科学经济学的逻辑。这里，用数学逻辑计算出来的社会必要劳动时间，只是一种社会必要劳动时间的量的规定，它并不能解释社会价值作为社会实体的来源。我们只能根据社会标准的有用劳动是形成社会价值的前提这种劳动价值论的经济学逻辑，来理解甲创造的社会价值的来源。

由于这里同种商品的社会必要劳动时间是$\frac{1}{2}$，丙每1小时只生产1个商品，所以，这意味着丙每1小时的具体劳动中有$1-\frac{1}{2}=\frac{1}{2}$的无用劳动的时间耗费，所以，他在10小时内，以其有用劳动为前提的社会必要劳动时间只有$10-10\times\frac{1}{2}=5$；而甲的有用劳动程度高，是乙的$\frac{1}{2}\div\frac{1}{3}=\frac{3}{2}$，所以，甲的10小时的有用劳动等于社会平均标准的有用劳动的$\frac{3}{2}$，所以，他创造的社会必要劳动时间就等于处于社会平均标准的劳动条件的乙生产者的$10\times\frac{3}{2}=15$。

可见，只要坚持数学逻辑服从经济学逻辑的原则，就不会产生“劳动生产率低的生产者创造的社会价值转移或分配到劳动生产率水平高的生产者手里”这样的认识误区。

（原文发表于《教学与研究》2011年第7期）

基于双重价值转形理论论证劳动生产率与单位商品价值量的反比关系

——兼与何干强教授商榷

徐东辉[*]

针对马克思劳动价值论关于“劳动生产率与单位商品价值量的变动关系”这一论题，理论界始终存在着不同的理解和认识。尤其是近年来，伴随着科学技术的不断创新和发展，劳动生产率不断提高，以国内生产总值为代表的价值指标总量不断增加，有部分学者从以上现象形式出发，提出了“劳动价值论悖论”，并将马克思的“劳动生产率与单位商品价值量成反比”的学说进行了重新“诠释”，提出了“劳动生产率与单位商品价值量成正比”说。何干强教授发表了《也谈劳动生产率同价值创造的关系》①（以下简称“何文”）一文。何文中从分析价值性质入手，提出以下四点规定：第一，价值的内容是社会实体；第二，比较不同的生产者创造多少价值应以社会价值来度量；第三，比较不同生产者创造的价值指的是新价值；第四，区分社会价值与生产价格。基于以上规定，何文提出：“生产商品的二重性劳动，应当理解为具体有用劳动和抽象劳动。具体劳动包括有用劳动和无用劳动”。因此“社会标准的有用劳动是社会价值创造的前提”，进而提出劳动生产率较高的生产条件下，促使先进的客观生产要素成为社会必要劳动的“优良吸收器”，“在同样时间大大减少了无用劳动，提高了劳动的有用程度”，从而也就增加了社会价值总量，也就是价值总量，得出了劳动生产率与商品价值量成正比的结论。② 何文对理解马克思劳动生产率与单位商品价值量变动关系原理提供

---

* 徐东辉：吉林财经大学经济学院讲师。

① 何干强：《也谈劳动生产率与价值创造的关系》，《教学与研究》2011年第7期。

② 何干强：《也谈劳动生产率与价值创造的关系》，《教学与研究》2011年第7期。

了一个新的思路，其中也不乏创建性的观点，但何文中的一些观点和论证的依据仍然存在有待商榷之处。基于此，本文就劳动生产率与商品价值量的变动关系这一主题，请教于何干强教授。

一、科学认识价值决定必须正确理解“社会必要劳动时间”的规定

要科学认识和理解劳动生产率与单位商品价值量的变动关系，关键在于要科学地认识和理解“商品价值量由社会必要劳动时间决定”这一重要命题。马克思在抽象的一般层面考察社会必要劳动时间如何决定商品价值量时，首先对形成价值实体的劳动的性质进行了限定，即其是以社会平均性质的劳动为标准的。换句话说，就是以简单劳动为尺度的，而复杂劳动转化为简单劳动的尺度，是早在交换之前、在历史的过程中已经完成了的。对此，马克思说：“形成价值实体的劳动是相同的人类劳动，是同一的人类劳动力的耗费。体现在商品世界全部价值中的社会的全部劳动力，在这里是当做一个同一的人类劳动力，虽然它是由无数单个劳动力构成的。每一个这种单个劳动力，同别一个劳动力一样，都是同一的人类劳动力，只要它具有社会平均劳动力的性质，起着这种社会平均劳动力的作用，从而在商品的生产上只使用平均必要劳动时间或社会必要劳动时间。”① 正是在这一前提下，马克思才界定了社会必要劳动时间如何决定商品价值量这一命题，即“社会必要劳动时间是在现有的社会正常的生产条件下，在社会平均的劳动熟练程度和劳动强度下制造某种使用价值所需要的劳动时间”②。因此，决定商品价值的劳动，是具有社会平均性质的抽象劳动。何文在考察这一问题时，在提出“研讨具有较高劳动生产率的生产者在同样时间内能否创造较多的价值，需要对生产者之间的劳动内涵进行相互比较”的基础上，进一步提出“生产商

---

① 《马克思恩格斯文集》第5卷，人民出版社2009年版，第52页。
② 《马克思恩格斯文集》第5卷，人民出版社2009年版，第52页。

品的二重性的劳动，应当理解为具体有用劳动和抽象劳动”的观点，这是因为“具体劳动也可能生产部分废品或者不合格产品；同一部门劳动生产率低的劳动与劳动生产率较高的劳动作比较，前者因动作迟钝、生产方法不得要领等原因，事实上包含着无用、无效的劳动耗费”。[①]《何文》中提出的所谓不同劳动生产率条件下的“劳动内涵”以及对具体劳动的重新“诠释和分类”，其本质是将个别生产者之间的异质性劳动混同为决定商品价值的社会平均性质的劳动。

事实上，在批判蒲鲁东的“劳动货币”时，马克思就已经给出了决定商品价值的社会必要劳动的平均性质，“一切商品（包括劳动在内）的价值（实际交换价值），决定于它们的生产费用，换句话说，决定于制造它们所需要的劳动时间。价格就是这种用货币来表现的商品交换价值……由劳动时间决定的商品价值，只是商品的平均价值”[②]。因此，决定商品价值量的社会必要劳动时间，其所关涉的劳动性质首先是平均性质的劳动。

这里，我们仅就抽象层面考察了商品价值量的决定问题。那么，随着资本主义生产方式的形成和发展，社会必要劳动时间决定的商品价值量在资本主义社会中又是如何确定的呢？实际上，通过对商品经济发展史的分析，不难得出这样的结论，在简单商品经济时期，由于商品生产主要以家庭手工业为主，生产规模较小。由于那时商品生产者在生产组织形式和技术水平差异并不大，所以商品生产者生产商品的个别劳动时间既为生产该商品的社会必要劳动时间，由这一劳动时间决定的个别价值，也同时就是商品的价值。当商品经济发展到了资本主义自由竞争阶段时，随着新的生产技术和管理方法的研发与应用，社会生产力水平得到了长足的发展，工场手工业逐步被机器大工业所替代，生产的社会化程度大幅度提高。此时，商品的生产和交换不再满足于“互通有无”和“各取所需”，伴随着资本对商品生产的不断渗透，商品作为剩余价值的客观物质载体被越来越多地生产出来。这时候，商品生产的规划，即

① 何干强：《也谈劳动生产率与价值创造的关系》，《教学与研究》2011年第7期。

② 《马克思恩格斯全集》第46卷上册，人民出版社1979年版，第80页。

“生产什么、怎样生产、生产多少”都完全由资本家个人决定。相对于生产而言，此时的社会需求（包括商品的质量需求、品种、数量等），对他而言是个未知数。因此，在资本主义条件下，资本家只有通过一次次的交换来确定他所生产的商品是否能够满足社会的需要，从而解决私人劳动向社会劳动转化的矛盾，实现商品的价值，并从中取得剩余价值。而此时生产同种商品的不同商品生产者的组织形式和生产技术水平已经产生了较大差异，所以在不同生产条件下生产出来的同一种商品的个别价值量也就大不相同，因此，当部门内部展开激烈的竞争时，商品价值量也应由生产该商品的社会平均生产条件下的劳动时间决定。这也就意味着，此时的商品价值量是由无差别的人类劳动凝结而成，单个商品生产者的劳动已经转化为同一劳动，简单劳动与复杂劳动的换算已经完成，不存在区别，可以直接进行比较和交换。

二、对“正比说”理论及其逻辑的剖析与商榷

关于劳动生产率与单位商品价值量之间关系，马克思在《资本论》中给出的最经典的论述如下：“劳动生产力越高，生产一种物品所需要的劳动时间就越少，凝结在该物品中的劳动量就越小，该物品的价值就越小。相反地，劳动生产力越低，生产一种物品的必要劳动时间就越多，该物品的价值就越大。可见，商品的价值量与实现在商品中的劳动的量成正比地变动，与这一劳动的生产力成反比地变动。”[①] 这一反比原理是从量的角度，在劳动生产率变动条件下，揭示了单位商品价值量变化趋势及规律，是马克思劳动价值论的核心内容之一。

首先，要明确劳动生产率的真正内涵。“生产力当然始终是有用的、具体的劳动的生产力，它事实上只决定有目的的生产活动在一定时间内的效率。因此，有用劳动成为较富或较贫的产品源泉与有用劳动的生产力的提高或降低成正比。相反地，生产力的变化本身丝毫也不会影响表

① 《马克思恩格斯文集》第5卷，人民出版社2009年版，第53—54页。

现为价值的劳动。既然生产力属于劳动的具体有用形式，它自然不再能同抽去了具体有用形式的劳动有关。因此，不管生产力发生了什么变化，同一劳动在同样的时间内提供的价值量总是相同的。”[①] 正是因为有不同生产力条件下，两个相同劳动量提供的总价值量相同，所以才会有劳动生产率与单位商品价值量成反比。因此，要正确理解马克思劳动生产率与单位商品价值量的变动规律，关键点在于正确理解劳动二重性学说。

其次，要正确理解马克思在《资本论》中关于价值问题研究的方法论。事实上，马克思对劳动生产率和商品价值量之间关系的研究，始终秉持唯物史观和辩证法相结合的研究方法，因此，该研究是从简单商品经济条件下的商品生产着手的，这也就决定了，这里的劳动生产率指的是生产这一商品的劳动生产率，而不是指后来的“部门平均劳动生产率”和“社会劳动生产率”。产生如上错误判断的根本原因在于，人们对价值的转化形式（市场价值、生产价格）与价值的关系问题上存在误解。

劳动生产率与单位商品价值量之间的关系是本质关系，而在商品经济进一步发展的过程中，这一本质关系随之进一步转化为其各种现象形态。丁堡骏教授在《揭开劳动生产力与商品价值量之间关系之谜》[②] 一文中，运用双重转形理论对马克思的反比学说进行了解析。丁教授认为，劳动生产率与单位商品价值量之间的关系是本质关系，即在简单商品经济条件下，每个个别商品生产者的生产效率并无太大差异，此时商品的个别价值就是商品的价值；而当商品经济形式发展到资本主义条件下的商品经济阶段，在同一部门内部产生了竞争关系，商品价值的表现形式也由个别价值形式转化为市场价值（即社会价值）；当这种竞争关系进而扩展到不同部门之间时，等量资本要求获得等量利润，平均利润由此出现，使得商品的价值进一步转化为生产价格形式；因此，劳动生产率与价值的转化形式（市场价值或生产价格）之间的关系则只是现象形态的关系。文中丁堡骏教授以同一部门中存在着优等、中等、劣等生产条件递减的企业为例（见下表），说明劳动生产率存在差异的条件下，当商品

---

① 《马克思恩格斯文集》第 5 卷，人民出版社 2009 年版，第 59—60 页。

② 丁堡骏、张洪平：《揭开劳动生产力与商品价值量之间关系之谜》，《税务与经济》1994 年第 3 期。

价值转化为市场价值形式时，劳动生产率与商品价值量之间的本质关系也将以不同的现象形态呈现。

商品市场价值的形成

生产条件	产量	个别价值		市场价值（社会价值）		市场价值与价值之差
		单位商品	全部商品	单位商品	全部商品	
优等	15	6	90	8	120	+30
中等	70	8	560	8	560	0
劣等	15	10	150	8	120	—30
总计	100	—	800	—	800	0

如上表所示，在同一部门内部竞争条件下，在劳动生产率递减的情况下，优等、中等、劣等企业相应生产出的商品个别价值量呈递增的趋势排列。可见，个别劳动生产率与商品个别价值量成反比。劳动生产率是有用的具体劳动的生产效率，它只是决定具体劳动在一定时间内生产使用价值的效率，因此，劳动生产率与商品的使用价值成正比。由于生产这一商品的个别劳动生产率条件下生产出的商品个别价值就是商品的价值，所以它与劳动者的勤奋与否、技术是否熟练及劳动复杂程度的高低并无关系，它是商品总量的总价值分摊到单位商品上的价值量，因此，劳动生产率与单位商品价值量反比关系在这里就表现为个别劳动生产率与单位商品个别价值量的反比关系。与此同时，上表中同一部门企业优等、中等、劣等的劳动生产率差异却并没有带来商品价值的变化，如优等条件下 6 小时的劳动创造 6 小时的价值，或 15 倍的 6 小时劳动共创造 90 小时的价值，换算回来即 1 小时创造 1 小时的价值；中等、劣等生产条件下亦然，各类生产条件下每 1 小时的劳动仍创造 1 小时的价值。由此可见，无论劳动生产率如何变化，同一劳动在同一时间内创造的价值量总是相同的。

当竞争关系在同部门企业之间展开时，商品价值的表现形式转化为市场价值，此时，同一劳动在同一劳动时间内提供的市场价值也就是社会价值会随劳动生产率的变化而发生变化。如上图所示，优等生产条件下，6 个小时的劳动转化为 8 个小时的市场价值，即 1 小时劳动转化为 $\frac{4}{3}$

的市场价值；中等生产条件下，8 小时劳动转化为 8 小时的市场价值，即 1 小时劳动转化为 1 小时的市场价值；劣等条件下，10 小时劳动转化为 8 小时的市场价值，即 1 小时劳动仅转化为 4/5 小时的市场价值；劳动生产率越高，能够提供的市场价值就越多，反之亦然。由此可见，市场价值作为价值的转化形式与劳动生产率是成正比的。

因此，从马克思《资本论》中对“劳动生产率与单位商品价值量的变动规律”理论基础出发，本文对何文在推演“成正比”论之前所设定的前提，提出以下两方面的质疑。

首先，如何理解个别价值、价值与社会价值的关系。其一，简单商品经济条件下，个别价值、价值与社会价值的关系。何文中提出“不同生产者创造多少价值应以社会价值来度量”，“不同的生产者创造的单个商品的价值量，不是按其作为个别生产者耗费的自然时间或个别劳动时间来度量的，即不是指他创造的个别价值；而是指他在同样时间按社会必要劳动时间来度量的社会价值”。[①] 在这一观点上，本文持不同意见。在简单商品经济时期，还不存在大规模生产的基础条件，那时，每个个别生产者的生产条件和技术水平等差异不大，此时生产商品的个别劳动时间所决定的个别价值，就是该商品的价值。其二，资本主义经济条件下，个别价值、价值与社会价值的关系。伴随着商品经济不断发展，资本主义自由竞争阶段，商品的生产组织形式采取社会化大生产的形式，马克思在《资本论》写作过程中始终贯穿着唯物辩证的研究方法，由抽象到具体的叙述方法和逻辑与历史相统一的方法，因此，回避个别价值是价值这一事实，就是缺乏唯物史观、以停滞的眼光看待问题。从上面的案例中不难看出，个别价值，是商品总量的总价值分摊到单位商品上面去的价值量。个别价值是价值，而不是长期以来被人们误解的那种和劳动者的劳动质量、强度等内涵量相联系的范畴。而何文中所引用的马克思在《资本论》中的原文“商品的现实价值不是它的个别价值，而是它的社会价值”[②]，本身所强调的是“现实价值”，即抓得到手的价值；而

① 何干强：《也谈劳动生产率与价值创造的关系》，《教学与研究》2011 年第 7 期。

② 《资本论》第 1 卷，人民出版社 2004 年版，第 353 页。

至于“社会价值”是什么，马克思在这里尚未明确界定，因此，“不同生产者创造多少价值应以社会价值来度量”这一说法，似乎言之过早。

其次，如何正确划分社会价值与生产价格的所属范畴。何文提出“社会价值属于商品生产一般关系范畴，而生产价格属于资本主义商品生产关系范畴”[①]。在社会价值与生产价格所属范畴的划分上，本文认为应该遵循马克思的理论分析方法，即按照逻辑与历史相统一的原则，一般范畴应在货币转化为资本之前谈，马克思为什么在书写《资本论》第三卷时打破了这一惯例？在资本主义生产条件下，商品的个别价值、市场价值和生产价格是现象形态，而体现平均数规律的、抽象层面的价值范畴则是本质形态，伴随着整个资本主义生产方式的发展和演化，导致了价值规律发挥作用的形式也相应地发生了变化，其发挥作用的载体形式是个别价值——社会价值——生产价格的转化过程，而何文把社会价值和生产价格这种范畴上的划分，实际上是其歪曲了价值转型的逻辑与历史过程。

三、“正比说”推演过程中的几个问题

1. 劳动生产率特别高的劳动是否创造更多的价值。

何文在说明劳动生产率的变化与单位商品社会价值量变动的关系时，又进一步指出：在同一部门“劳动生产率高于社会平均标准的生产者，都会在同样时间内创造较多的社会价值”[②]，并引证马克思的话“不管生产力发生了什么变化，同一劳动在同样的时间内提供的价值量总是相同的”[③]，来说明劳动生产率特别高的劳动可以直接创造更多的社会价值，即价值。本文认为劳动生产率特别高的劳动和其他劳动一样，需遵循“同一劳动在同一时间内创造等量价值”的原则，即等量劳动创造等量价值。马克思指出：“生产力特别高的劳动起了自乘的劳动的作用，或者

① 何干强：《也谈劳动生产率与价值创造的关系》，《教学与研究》2011年第7期。
② 何干强：《也谈劳动生产率与价值创造的关系》，《教学与研究》2011年第7期。
③ 《马克思恩格斯文集》第5卷，人民出版社2009年版，第60页。

说，在同样的时间内，它所创造的价值比同种社会平均劳动要多。”① 对于这一论断，理论界往往取之以佐证“正比说”。但是本文认为要真正理解这一论断，需从前半句入手，即“劳动生产率特别高的劳动起了自乘劳动的作用”，其中作用一词就已经明确说明在价值创造过程中，劳动生产率特别高的劳动并没有直接创造出更多的价值，而是生产了更多的价值载体——使用价值，从而在价值转化为市场价值或生产价格时，在交换过程中实现了更多的社会价值；但由于社会必要劳动时间决定的劳动价值量仍不变，生产的商品数量增加了，等量价值分割在每件商品上表现为单位商品价值量降低，因此，劳动生产率与单位商品价值量成反比。本文认为劳动生产率高的劳动不能创造更多的价值，但在价值转化过程中能转化为较多的社会价值，因此，我们在这一问题上的分歧又再次集中在本文的第一部分对何教授的“成正比”说假定的质疑上来了，即回到“价值”和社会价值是否完全一致？“社会价值、价值和个别价值之间究竟是怎样的一种关系？”等一系列问题上，在这里就不加赘述了。

2. 价值转移必须通过商品交换。

何文在谈到劳动生产率较高的商品生产者获得的、高于其个别价值的社会价值时指出，其“来源完全是该生产者自己的劳动，而不是同一部门的劳动生产率低的生产者转移给他的”②，因为“价值转移只能经过商品交换，同一部门同一商品生产者之间不发生商品交换，是不可能发生价值转移的”③。对此本文持不同意见。其一，价值的转移绝非必须通过商品交换。通过对资本总公式“G—W…P…W′—G′”的分析可知，货币转化为资本的过程中，“G—W”和“W′—G′”作为流通过程均不能发生价值增殖；真正的价值增殖来自于生产过程，即当货币购买了劳动力之后，活劳动在商品生产过程当中不仅还原了自身价值，而且创造了大于其自身价值的价值——剩余价值，从而货币转化为资本，资本主义的生产方式得以确立。在这个生产过程当中就包含着价值转移。商品生产者按照生产目的，通过使用劳动资料将劳动力施加于劳动对象之上，消

① 《马克思恩格斯文集》第5卷，人民出版社2009年版，第370页。

② 何干强：《也谈劳动生产率与价值创造的关系》，《教学与研究》2011年第7期。

③ 何干强：《也谈劳动生产率与价值创造的关系》，《教学与研究》2011年第7期。

耗劳动资料和劳动对象的价值，同时活劳动创造新价值，生产出新产品，使其最终可以成为价值完美载体——具有使用价值的商品。在这个过程当中，劳动资料和劳动对象的使用价值被消耗掉，但是其价值被活劳动转移到了新产品当中去，成为商品价值的组成部分。其二，关于同一部门较高劳动生产率的商品生产者获得的较高社会价值的真正来源问题，本文认为它只能来自于本部门的较低劳动生产率生产者的价值转移。商品经济是由许多劳动生产率不同的商品生产者组成的统一的有机整体。随着商品经济的不断深化发展，即使是生产同一种商品所耗费的个别劳动时间也是有差异的，导致商品个别价值量也是不同的。但在商品交换过程当中，给不同的个别价值生产者，规定了一个统一的社会价值，即只能按照社会必要劳动时间决定的社会价值进行交换，必然对一部分人有利，对一部分人不利。不同劳动生产率决定了同一部门生产的商品的个别价值，或高于或低于社会价值，使得不同商品生产者的商品交换实际上是不等价交换。但是无论从较长期的同种商品的交换过程，还是从整个社会不同种商品的交换过程来看，通过商品交换实现的价值总和与商品生产过程当中创造的价值总和是趋于一致的。这更加有力地说明，价值规律是商品经济的基本经济规律，其表现形式恰恰就是通过这一次次不等价的交换，最终实现了价值规律要求的等价交换原则。由此可见，在分析劳动生产力与商品价值量之间的关系时，还必须联系各个不同时期竞争条件的变化，如果没有将价值规律视作历史性的规律，缺乏历史观，那么，必然会对价值规律发挥作用的新形式产生曲解。

3. 同一部门先进生产要素具有增加吸收社会必要劳动程度的作用。

这样的理论观点屡见不鲜，李嘉图学派的庸俗化者——穆勒和麦克库洛赫所犯的错误就是一个很好的例证。当李嘉图和他的追随者们无法正确理解现实中的“等量资本获得等量利润”这一矛盾时，他们将目光瞄准了生产过程当中的机器、畜力和自然力的劳动，也就是所谓的资本的“蓄积劳动”，并提出了先进的客观生产要素是“社会必要劳动的‘优良吸收器’”的观点。何文提出“同一部门先进生产要素具有增加吸收社会必要劳动程度的作用”的观点，究其本质与“蓄积劳动”创造价值的理论并无本质区别。从何文提出“为什么先进客观生产要素能够增加生产者同样劳动时间内的有用劳动的程度，从而使劳动者的社会劳动耗费更有效更多地被凝结、被物化到商品中”这一问题，可见在何文看来，假设高素质的劳动与较低劳动生产率的生产要素相结合就不能生产出较多的价值，高素质的劳动和具有较高劳动生产率的生产要素相结合才能创造较多的价值，“所以，在相同的主观条件下，有力的客观条件能使领导能力得到更有效的发挥，提高劳动的有用程度”[①]，认为先进生产要素比落后的生产要素更能发挥吸收活劳动的作用，生产商品形成价值的劳动不仅要看劳动本身，而且还要看客观生产要素，要看客观生产要素吸收活劳动的能力。而且，在何文的第二个案例中也提到，先进客观生产要素可以使活劳动节约，但这种节约从全社会的角度来看，应按照马克思的科学抽象法抽象掉，因此也就不存在提高有用劳动程度的情况。“谁要是根据劳动价值论只承认劳动创造价值，而不承认客观生产要素创造社会价值的科学原理……那恰恰是背离了劳动二重性的基本观点，背离了劳动价值论”[②]，这一观点割裂了劳动过程中主观要素和客观要素之间的关系。这里无疑是神话了先进生产要素，将其宣传为具有能动性的生产要素，并和活劳动一样可以在价值创造过程中发挥能动作用，是将“死”的生产要素复活论。因此，尽管何文的观点是以反对生产要素论的面目出现，但其实是宣扬了一种变形的生产要素论。

除此之外，将经济学逻辑与数学逻辑相对立。何文说，“如果根据在生产主要依靠先进的客观生产要素，就得出必须承认先进的客观生产要素本身就能形成价值实体，并进而认为其所有者单凭客观生产要素的所有权就可以分割劳动者创造的新价值，这就走到资产阶级庸俗经济学家的所谓‘要素价值论’和‘萨伊的三位一体公式’（‘按要素分配论’）那里去了”[③]。从何文的这段论述能够看出，认定先进的生产要素是优良的劳动吸收器，不是创造者，说明他不同意将价值创造的客观条件与价值创造混为一谈，这里面是典型的马克思主义经济学家的困惑。应该注意区别用客观生产要素创造价值来论证客观生产要素的所有者应分得自

---

① 何干强：《也谈劳动生产率与价值创造的关系》，《教学与研究》2011 年第 7 期。

② 何干强：《也谈劳动生产率与价值创造的关系》，《教学与研究》2011 年第 7 期。

③ 何干强：《也谈劳动生产率与价值创造的关系》，《教学与研究》2011 年第 7 期。

己所创造的价值部分，这是庸俗经济学者的观点；马克思主义者的观点是不承认客观生产要素创造价值，而承认客观生产要素的所有者凭借其对客观生产要素的所有权参与剩余价值分配。应科学地理解先进客观生产要素对社会价值创造的作用，避免退回到穆勒、库洛克等人的观点，强调所谓的“蓄积劳动”，把劳动时间和生产时间混为一谈，用诡辩和概念游戏来遮掩了价值的真正来源，何教授的观点就是陷入了此类矛盾之中。

综上所述，本文认为导致持“正比说”的学者错误地理解马克思的劳动价值论的思想根源及其理论弊端主要表现在以下三方面：

第一，“正比说”否定了马克思的商品二因素和劳动二重性学说，模糊了使用价值和价值、具体劳动和抽象劳动之间的区别，进而混淆了个别价值、价值和社会价值之间的关系、“劳动生产率和商品价值量”之间的真实关系。

第二，现象支撑。讨论商品价值量规定性的前提，首先要明确价值质的规定性。生产价格、市场价值等范畴只是价值的转化形式和现象化形式，坚持“成正比”说的学者忽视了这一点，把现象和价值创造直接联系起来，跳过中间的价值转形环节，错误地将商品价值的不同表现形式与劳动生产率之间的现象形态关系理解为本质关系。

第三，目前坚持“成正比”说的学者并没有运用转形思想。持“正比说”观点的学者没有运用转型思想考量“劳动生产力成正比说与单位商品价值量”之间的关系，因而，并不能科学地说明较高劳动生产率的劳动在创造倍加价值的数量界限问题，从而，容易给否定马克思劳动价值论打开方便之门。

四、以转形理论为基础的“反比说”的科学性与理论优势

双重价值转形理论坚持商品二因素和劳动二重性学说，坚持劳动价值论，是对马克思价值理论的科学解读和继承。因此，以双重价值转形

理论为基础的“反比说”具有科学性和理论优势，可以更好地阐释马克思劳动价值论和解读当前的经济现实，可以固本清源、激浊扬清，进一步证明马克思主义经济理论是一个开放的、与时俱进的理论体系。

第一，双重转形理论科学地解释了较高劳动生产率的劳动在创造倍加价值的数量界限。马克思谈到了生产力水平特别高的劳动起到了复杂劳动的作用。那么这个作用是如何发生的呢？要说明这个问题必须要强调的是，马克思的这一论述并不是围绕价值的创造展开的，他所陈述的是当价值（个别价值）转化为市场价值，乃至进一步转化为生产价格之后，作为价值的实现形式，商品的市场价值和生产价格与劳动生产率之间的关系。如前文“商品市场价值的形成”一表所示，当存在劳动生产率差异时，同一部门内部劳动生产率越高的企业，商品的市场价值或生产价格越大，反之亦然。当竞争关系在部门之间充分展开之后，商品的价值进一步转化为生产价格，这一变动规律依然发挥作用。这充分说明价值（个别价值）在市场价值或生产价格范畴上的价值实现，是与劳动生产率成正比的，这也恰恰说明了“生产力特别高的劳动”是怎样“起了自乘劳动的作用”的。

第二，双重转形理论更好地坚持了劳动价值论。对马克思主义政治经济学特别是对劳动价值论来说，“劳动量守恒”是贯穿始终的重要的规律。以坚持“劳动量守恒”规律为前提，以转形理论为基础的“成反比”说可以更好地解决来自理论界挑战和解释经济现实当中存在的问题。就“商品市场价值的形成”一表所说明的价值转化为市场价值来讲，劳动生产率表现为优等、中等、劣等的三家企业所生产的商品总量的个别价值之和为 800 小时，此时由商品价值总量转化而来的市场价值（社会价值）总和也等于 800 小时。当价值进一步转化为生产价格时，情形也是如此。这说明在价值转形过程当中，虽然会发生价值转移，但是会一直遵循“劳动量守恒”原则，即价值总量和市场价值（或生产价格）总量是不会发生变化的。

第三，双重转形理论可以更好分析国际商品交换关系。关于国际价值和国际商品交换，古典经济学的劳动价值论受到了挑战，一方面它坚持劳动创造价值，另一方面商品在国际市场上的交换比率并不能直接用价值规律要求的等价交换原则来加以说明，以至于陷入了理论上的困顿。马克思在批判性地吸收了古典经济学的精髓和继承了其科学性的基础上，创建了马克思主义劳动价值论，为解决上述难题提供了金钥匙。尽管马克思在《资本论》当中并没有专门的论述国际价值和国际商品交换，但经过马克思主义者的努力，从马克思的国别价值理论中发展出了国际价值理论。所谓国别价值就是在一国国内市场上形成和实现的价值，由必要劳动时间决定。国别价值的形成过程中，高劳动强度和低劳动强度会进行平均。国别价值通过部门内部的竞争会转化为市场价值，通过部门之间的竞争促使市场价值进一步转化为生产价格。《试论马克思劳动价值论在国际交换领域的运用和发展》① 一文中提出了三个观点：国别价值平均化形成国际价值；在国际市场上，各国资本家为超额剩余价值而展开部门内部竞争时，商品的国际价值就转化为国际市场价值；当资本在国际市场上在不同生产部门之间展开为追求平等占用剩余价值或利润的竞争时，商品的国际市场价值就转化为国际生产价格。可见，马克思的国别价值形成及其双重转形的思想，完全适用于国际商品交换的价值理论分析。

五、结　　论

综上所述，何教授所提出的“正比说”从根本上来说是对马克思劳动二重性理论的理解存在误区。首先，将具体劳动进一步区分为有用的具体劳动和无用的具体劳动，这一解析前提违背了马克思的研究方法论——从抽象到具体的方法。马克思认为，“劳动生产还随同劳动的节约而增长。这种节约不仅包括生产资料的节约，而且还包括一切无用劳动的免除”②，其本意是强调，与劳动生产率提高以前相比，有一些环节中的劳动、流程成为不必要的了，生产商品使用价值的劳动就是具体劳动，

---

① 丁重扬、丁堡骏：《试论马克思劳动价值论在国际交换领域的运用和发展》，载于《毛泽东邓小平理论研究》2013 年第 4 期。

② 《马克思恩格斯文集》第 5 卷，人民出版社 2009 年版，第 605 页。

是生产劳动的具体方面，涉及生产研究的起点问题。从《马克思致库格曼》的信中可以看出，马克思研究商品研究价值是从具体和现实出发，并不是从概念出发，这是马克思政治经济学方法论——抽象法的要求。其次，抹杀个别价值就是价值这一事实，实际上是缺乏唯物史观，是对商品价值形成和实现过程的认识僵化。最后，将先进的生产要素理解为“社会必要劳动的‘优良吸收器’”，是将劳动价值论倒退回李嘉图学派的“蓄积劳动”和萨伊的“三位一体公式”等庸俗的劳动价值论，是对马克思劳动价值论研究的倒退。

（原文发表于《当代经济研究》2016 年第 12 期）

西方的劳动价值论“新解释”的批判

薛宇峰*

关于马克思劳动价值论的“新解释”自提出以来，各种争论绵延至今。尽管该理论自身有其局限性，但围绕该理论的争论开启了国外劳动价值论研究脱离鲍特基维茨和新李嘉图主义“正统”的进程。可以毫不夸张地说，20世纪80年代以来国外劳动价值论研究的发展史，就是一部逐步脱离鲍特基维茨和新李嘉图主义“正统”的桎梏的历史。这一历史至今尚未画上句号①。但是，西方学者关于马克思主义经济学的研究特征简而言之就是用斯拉法的价格理论来代替马克思的劳动价值论。而且试图将马克思经济学与西方新古典经济学“融合”起来，修正为没有马克思经济学的西方马克思主义经济学。从这个意义上说，我们面临着如何准确认识和理解劳动价值论的“新解释”的问题，面临着如何正确发展与创新马克思主义经济学的问题。近年来，中国马克思主义经济学界开始关注马克思劳动价值论的“新解释”，取得了一定的研究成果。但无论从对国外文献的掌握上，还是从研究的广度和深度上看，目前都还有待进一步地推进和深入地挖掘。

一、“新解释”学派的理论基础

当代西方一些学者从劳动时间和货币的关系出发，得出价值和价格

* 薛宇峰：云南财经大学马克思主义学院教授，博士。

① 《国外劳动价值论研究》栏目主持人语（中国人民大学教授孟捷），《中国人民大学学报》2011年第5期。

一致的结论，用以反驳针对马克思劳动价值理论的批评，试图维护劳动价值论的准确性和科学性。针对“劳动的货币表现”的“新解释”，中国很多学者从各个角度进行了不同的解读与阐述。[①] 本文基于马克思的《资本论》的思想和理论，对其进行比较和总结，试图揭示“新解释”的理论基础。

1. “新解释”的“总量相等二命题”。

“新解释”学派通过强调货币和劳动时间的关系，主张以这种关系重建和再构马克思的劳动价值论。正是因为它们的关系一方面保持有酬劳动和无酬劳动之间的精确的数量关系，另一方面保持工资总量和利润总量之间的精确的数量关系，弗利认为这个方法隐含着转化问题的新解。伦敦大学的法因、拉帕维萨斯、萨德—费罗采用简单的数学方程概括了新解释的核心思想[②]。

设总利润为 P，全部净收入（即总收入减去非工资成本）为 R，货币工资率为 w，活劳动总量为 L，总剩余价值为 S，货币价值 m=L/R。从而有以下三个方程成立：利润等于净收入减工资；剩余价值等于活劳动减去由工资代表的价值；净产品价值等于活劳动。

$$P=R-wL \qquad (2—1)$$

$$S=L-wLm \qquad (2—2)$$

$$Rm=L \qquad (2—3)$$

方程（2—3）暗示净产品的货币价值的劳动等价物等于总活劳动，这一方程是同义反复，但是通过给出的定义，新解释把它用来作为马克思的总价值等于总价格的命题（虽然适用于净产出而不是总产出）的对等物。在方程（2—1）两端乘以 m，并代换以方程（2—3）里的 Rm，则有：

$$Pm=L-wLm \qquad (2—4)$$

① 程恩富主编：《马克思主义经济思想史：欧美卷》，东方出版中心 2006 年版。管建星：《究竟是劳动价值论研究的新进展，还是理论倒退？——评“新解释”学派兼与高伟博士商榷》，《当代经济研究》2007 年第 7 期。孟捷：《劳动价值论的“新解释”及其相关争论评述》，《中国人民大学学报》2011 年第 5 期。

② ［英］本·法因等：《转形问题的变换：为什么“新解释（NI）”是错误的转变》，高伟译，《政治经济学评论》2006 卷第 1 辑。

或言之：S＝Pm (2—5)

方程（2—5）意味着，利润是剩余价值的货币形式，这即是马克思的另一命题：总剩余价值等于总利润。正如马克思的命题所表达的一样，利润是剩余价值的货币形式。这样，似乎价值理论已经被证实了，因为马克思的两个备受争议的解决转形问题的命题都可以被纳入一个完全一般性的框架之中。因此，“新解释”通过自己对于劳动力价值、货币价值的定义，在自己的意义上证明了马克思的两个总量不变的命题。

以上表述没有求助于个别部门的价值、价格和生产条件。这意味着，新解释事实上可与任何一种价格方程组相容，不管这一方程组是基于平均利润率的原则还是其他价格形成的原则，只要方程（2—1）和（2—3）能满足即可。为此，法因等人指出，新解释并不是转形问题的一种解法，它事实上可作为任何价格形式的解法。但是，我们可以看到，新解释只是一个解释，其论证内容只是同义反复。从方程（2—3）和方程（2—5）可以得知，马克思的总量相等二命题已被设定成为定义了。正是在这个意义上，“新解释”学派声称取消了转形问题。而弗利本人承认：20 世纪 70 年代后期，他和杜梅内尔分别独立地提出重建马克思的劳动价值论，强调货币和劳动时间之间的关系，保留支付劳动和未支付劳动与总工资和总利润（包括利息、利润和税收）之间的严格数量关系。这一方法被描述为对于转形问题的“新解释”(New Solution)。但是，当杜梅内尔观察到这一方法实际上消除了转形问题之后，认识到它是一个对于任何问题都没用的解决方法，如同“新解释”一样没有什么意义[①]。

2.“新解释”的“劳动的货币表述”命题。

(1) 货币价值（m）的界定。弗利、杜梅内尔将货币的价值定义为活劳动时间的货币表述，即货币价值可以定义为“一个时期内国内净产品的现行价格与经济中耗费的活生产劳动的比率”[②]。它代表了用单位货币如 1 美元表示的所付出的劳动时间的平均量。以 20 世纪 80 年代初期的

① ［美］邓肯·弗利：《劳动价值论的最新发展》，高伟、张苏译，《政治经济学评论》2008 卷第1辑。

② ［美］邓肯·弗利：《劳动价值论的最新发展》，高伟、张苏译，《政治经济学评论》2008 卷第 1 辑。

美国为例，一年大约有 1 亿雇佣劳动者（各 2000 小时）付出了 2000 亿小时劳动时间，由此形成了 1 年大约为 3 万亿美元的国民收入。这样，1 小时劳动就会产生 15 美元的附加价值，1 美元的价值为（1/15）小时（即 4 分钟）的社会劳动。[①]

“新解释”学派认为，在资本主义经济中，货币价值决定的秘密存在于资本的再生产和积累之中。货币的价值随生产的商品价格的涨落而变化。商品的出售难易影响了商品价格，进而影响了货币价值。需求旺盛时期将通过资本主义企业提高价格而导致货币价值下降，危机时则正好相反。马克思货币理论的逻辑顺序是货币价值问题先于流通中介数量问题。在商品货币场合，货币价值由商品货币价值近似地决定；在不依于商品货币的货币体系中，货币价值则可以自由变动来适应资本主义生产中的其他矛盾，但是，这种自由变动并没有改变马克思理论分析的逻辑顺序，货币价值依然先于货币数量问题，认识到这一点是建立马克思现代货币理论的关键[②]。

（2）货币工资率（w）的导入与使用。“新解释”否定了马克思的劳动力的价值应该是由一定集合的工资产品的价值给定的定义，认为劳动力的价值是通过劳动的货币表现（LEM）将工资的货币支付转形给定的，剩余价值是由活劳动扣除由工资表示的价值之后的剩余。换言之说，劳动力价值由货币工资乘以货币的价值所决定。因此，货币价值(m)＝nY/[p(I—A)Y]＝活劳动的总量/总生产物的价格，剩余价值(S)＝(nY/m)—wnY＝p(I—A)Y—wnY。

所以，总剩余价值＝(货币价值的倒数×活劳动的总量)—(货币工资率 w×活劳动的总量)＝总产出的价格—活劳动的工资总量。

由于使用了货币工资率（w），“新解释”学派认为，资本主义体系中的总剩余价值与生产工人的为支付劳动之间的等同问题就简单地消失了，因为耗费的总劳动的支付与未支付在定义上等于国内净产品中的工资和总利润部分所占的比率，从而与使用相应的劳动时间计算的比率相一致。

---

① D. Foley, *Understanding Capital* (Cambridge, Mass. Harvard University Press, 1986), pp. 14—15.

② 请参阅高伟：《西方马克思经济学价值—价格理论述评》，《马克思主义研究》2009 年第 4 期。

二、“新解释”学派的理论基础与分析方法的问题与缺陷

1. “货币价值”定义的问题。

1994 年，在“新解释”学派的“劳动时间的货币表述”一面世，就遭到美国学者谢克和托纳克等人的批判。他们认为“新解释”的定义“正如刚刚限定的货币价值是交易中由净产品支配的活劳动。这意味着劳动价值是由工资支配的活劳动，剩余价值就是由利润支配的活劳动。马克思认为价格和利润是价值和剩余价值的货币表现。新方法通过将剩余价值定义为利润的形式就完全抛弃了这一点。属于价值和利润之间的关系就被颠倒了。而且这一方法甚至也并不新颖，因为他不过是亚当·斯密对劳动价值（由价格决定的活劳动）第二种定义的翻版罢了。李嘉图和马克思以令人信服的理由坚定地反对了这一观点。”①

而弗利认为，谢克和托纳克在这里既误解了“新解释”，又误解了斯密将价值解释为支配的劳动的第二种定义。斯密将支配的劳动定义为“劳动”的数量，按照马克思的理论就是“劳动力”（商品在市场上可以支配的价格，代数形式为 P/W，其中 P 是商品的货币价格，W 是货币工资）的数量。李嘉图和马克思拒绝斯密的概念的理由是令人信服的，并且建立在这一点之上：斯密的定义混淆了技术和分配对于商品价值的作用。李嘉图和马克思纠正了这一点，把价值看作是由生产过程中耗费的劳动产生的，因而在逻辑上价值是在净产品价值在工资和利润之间分配之前决定的。“新解释”在这一点上与李嘉图和马克思的观点完全吻合。因为将劳动时间的货币表示定义为净产品在市场价格上的价值与一定时期耗费的活劳动的比率并没有包括货币工资水平（因而不是斯密的概念）。②

---

① Shaikh & Tonak, *Measuring the Wealth of Nations* (New York: N. Y., 1994), p. 179.

② [美] 邓肯·弗利：《劳动价值论的最新发展》，高伟、张苏译，《政治经济学评论》2008 卷第1辑。

为弗利辩护的伊藤诚教授认为，斯密将支配劳动定义为某种商品按其价格与工资的比率（P/W）所能够支配的劳动量。与此相对照，弗利在“新解释”中将劳动时间的货币表现定义为以市场价格计算的新增价值对活劳动时间的比率，这里不包括货币工资水平。因此，伊藤诚认为“新解释”的有关范畴不同于斯密的支配劳动的概念。但是，斯密的支配劳动价值论本身并非如此简单，它是两重的。如弗利所说的那样，它一方面的确是将商品的价值规定为按该商品价格与工资的比率（P/W）所能够支配的劳动量；但是另一方面，它又将支配劳动定义为凝结在某种商品按价格所能够获得的商品生产物中的劳动量①。

伊藤诚提出，马克思用总和相等两命题所要表现的社会关系，应该不会是用劳动时间计算的价值实体总量直接等同于（如用美元单位计算的）总生产价格，或者用劳动时间计算的总剩余价值直接等同于（用美元单位计算的）总利润，而一定是作为凝结在所生产商品中的劳动的总价值实体与作为通过生产价格获得的总劳动量的价值实体，或者作为所生产的剩余价值实体的总剩余劳动与通过利润所获得的用劳动时间单位计算的价值实体具有同等性。生产价格理论必须通过立体地分析来明确由这些劳动量的生产价格所表现的各种社会关系。② 从上述正确的理论分析的观点来看，“新解释”的上述结论只在工资和利润由相同构成的商品所支出这种极其特殊的条件下才能够成立。然而，在一般条件下，上述分析存在着理论上的某种程度的不正确性。③ 而本·法因则强调，像“新解释”所做的那样假设货币直接将产出价值表现为价格而不通过中介是误导。“新解释”仅仅简单地在事件之前和之后考察 LEM，有可能形成在一种情况下不变，另一种情况下则更高，或者没有变化的局面。这一建立在将货币价值简单地定义为由流通中的货币控制的价值的基础之上的计算，将货币和它的价值与货币的、金融的过程拆分开来，而正是这

① ［日］伊藤诚：《幻想破灭的资本主义》，孙仲涛等译，社会科学文献出版社 2008 年版，第 124—142 页。

② ［日］伊藤诚：《幻想破灭的资本主义》，孙仲涛等译，社会科学文献出版社 2008 年版，第 124—142 页。

③ ［日］伊藤诚：《幻想破灭的资本主义》，孙仲涛等译，社会科学文献出版社 2008 年版，第 124—142 页。

些过程把货币与资本积累的一般运动链接起来。当考虑到货币的非商品形式（例如信用货币和政府不兑换货币）时，我们对于上述的理论就会表现出非常明显的不满。对于这些形式的处于流通之中和处在流通之外的，尤其是贮藏的货币的功能，我们不能想当然地认为，而应该仔细地加以分析。类似地，必须分析机制与制度（货币制度），因为正是通过它们这些货币形式的流通数量才得以决定，对于分析这一点“新解释”几乎没有什么动静。①

在“货币价值”的基础上，“新解释”学派又定义了“劳动力价值”。在莫汉看来，劳动力作为特殊商品不具有相对价值形式，却具有等价形式。在理论上，这一等价形式可有两种选择，其一是将货币工资所购买的一篮子工资品作为等价形式，即以工资品的价值表现劳动力价值。这也正是传统理论的做法。莫汉认为，选择一篮子工资品作为等价形式，有赖于以下假设：劳动力本身是有价值的，货币工资既衡量了这一价值，又用于购买具有同样价值的工资品。可是，除非假定工资品是按照价值出卖的，否则上述假设一般而言并不成立。为此，“新解释”摒弃了传统做法，改以货币工资来衡量劳动力价值，即把劳动力价值定义为货币工资乘以货币的价值，并把那些决定劳动力价值的社会过程暂时撇开。② 而本·法因则强调：对于“新解释”来说，劳动力的价值是通过由 LEM 将工资的货币支付转形来给定的。剩余价值是由活劳动扣除由工资表示的价值之后的剩余。换句话说，劳动力的价值是工人对于净产品的分享，而剥削率证明了工人没有能力控制所有的净产品。这一定义与传统的概念不同，传统的定义是劳动力价值是由一定集合的工资产品的价值给定的，而且经常被（社会的、制度的和历史的）因素修正。③ 本·法因认为：“新解释”的定义在两个重要的方面是存在局限的。首先，它没有直接考虑存在于劳动力价值中的社会的和历史的因素，没有考虑资本与劳

① ［英］本·法因等：《转形问题的变换：为什么“新解释（NI）”是错误的转变》，高伟译，《政治经济学评论》2006 卷第 1 辑。

② S. Mohun, “The Labour Theory of Value as Foundation for Empirical Investigations,” *Metroeconomica*, Vol. 55, No. 1, (2004): 74—75, 92.

③ ［英］本·法因等：《转形问题的变换：为什么“新解释（NI）”是错误的转变》，高伟译，《政治经济学评论》2006 卷第 1 辑。

动之间的不断转移的平衡。例如，货币工资如何与工人阶级的经济的和社会的再生产相联系，在其中，传统的生活水平是一个组成成分？第二，由工资表示的价值与消费的商品的价值没有关系，因为假定价格与价值不是一回事。同时，本·法因指出：这些局限的产生是因为“新解释”没有定义劳动力价值与其他商品价值之间的关系。这就引发了劳动力自身的商品属性的问题，这对于价值理论来说可能具有潜在的破坏性。而且“新解释”不能超越剥削的其中一个效果，即工人没有能力购买所有的净产品。这也是 19 世纪早期“李嘉图社会主义经济学家”们所强调的剥削的一个方面，而且遭到马克思的嘲笑，因为它对于资本主义剥削的解释不够充分。因为劳动力价值不能被看作货币的平均数量，一些工人获得的报酬多，而另一些则获得的少，而且对应于就业的结构，在企业、部门与职业之中和之间都存在固定的报酬模式。劳动力价值是一个基础，在这一基础之上，资本积累与这样的结构和支付体系以及报酬的总体水平和频率相互作用，并影响它们相互作用和转形在我们所解释的社会经济过程中就发生了。这一点在《资本论》中也有说明，例如：非熟练劳动，熟练劳动，集体劳动，工会的形成等等。劳动市场、工资和服务条件的重建是在更为复杂的水平上重新定义劳动力价值的另一方面（区别于消费）。

2. “新解释”的实证方法的问题。

与马克思关于剩余价值的源泉是投入劳动量的劳动价值论完全不同的莫斯利的由于劳动生产率的提高引起附加价值增大的论点，之所以能应用于实证分析，原因在于他独特的货币概念的定义，包含其货币概念的理论体系被莫斯利称作为“宏观货币解释模型”[①]。

莫斯利的货币的定义如下：$N=m\cdot H\cdot D\cdot(PL)$。

此时的 H 为每天的劳动时间数，D 为一年间总的劳动天数，PL 为从业人员数。换言之，每单位劳动时间的货币附加价值 $m=N/(H\cdot D\cdot PL)$。

此处的 m 无疑就是上面我们所讨论的弗利所定义的“价值的货币表

① F. Moseley, “The ‘New Solution’ to the Transformation Problem: A Sympathetic Critique,” *Review of Radical Political Economics*, Vol. 32, No. 2 (2002).

现”。而 m 的倒数无疑就是弗利的“货币价值”。因此，上式用文字可表述为：用价格表示的总附加价值(N)＝每小时劳动时间的附加价值(m)×总劳动时间(H・D・PL)。

换言之，即每小时劳动时间的附加价值(m)＝用价格表示的总附加价值(N)/总劳动时间(H・D・PL)。

因此，莫斯利的货币价值的定义：货币价值(每小时劳动时间的附加价值)＝总劳动时间(H・D・PL)/用价格表示的总附加价值(N)。

从而我们可以知道，类似莫斯利的“新解释”学派的货币价值，与马克思在《资本论》中所论述的“一克黄金等于两小时劳动”时所表示的生产黄金 1 克的社会必要劳动时间为两小时的意思完全不同。因此，一小时劳动时间的生产物的价格是多少，与《资本论》中以社会必要劳动时间为依据的一小时劳动时间的生产物与黄金 0.5g 相等的表述，也有着本质上的差异和区别。

依照莫斯利的表述，在 HD（PL）一定时，生产率上升，若价格表示的附加值 N 增大时，“每单位劳动时间附加价值”m 必然增大，同时，“每单位货币的劳动时间”的“货币价值”也必然缩小。而与货币生产相关的社会必要劳动时间的变化与否没有相关性。

由此可知，莫斯利的论证与《资本论》所讨论的，由于生产率的提高引起每单位商品的价值的缩小并非同一问题。马克思在《资本论》中说道：“一个十二小时工作日的价值产品是一个不变量，例如 6 先令。这个不变量等于剩余价值加劳动力价值（这个价值由工人以等价物来补偿）之和。不言而喻，在一个不变量的两个部分当中，一个部分不减少，另一个就不能增加。剩余价值不由 3 先令降低到 2 先令，劳动力的价值就不可能由 3 先令提高到 4 先令，反过来，劳动力的价值不由 3 先令降低到 2 先令，剩余价值就不可能由 3 先令提高到 4 先令。”[①] 换言之，马克思认为，在伴随着生产率上升的相对剩余价值的生产时，若生产每单位货币（每单位的黄金）的劳动时间不变的场合，某部门的生产率即使提高了，生产的数量也增加了，只要劳动时间没有变化，则增加的全部生产数量

① 《资本论》第 1 卷，人民出版社 2004 年版，第 595 页。

等于之前的相同黄金量（货币量）。因此，随着每单位生产物的劳动时间的减少，代表生产物一单位的黄金量（货币量）也会随之减少，从而表现为价值的缩小。而莫斯利则认为，即使每单位生产物的必要劳动时间减少了，每单位劳动时间的附加值 m 则增大了。因此，生产率的提高不可能造成每单位生产物的价格下降局面。只能是随着生产率的提高，在总劳动时间不变的前提下，总附加价值出现增加的局面。

三、对"新解释"的质疑与批判

众所周知，马克思主义经济学之所以受到排挤和质疑，关键在于其具有鲜明的阶级性、实践性和历史性。马克思通过创立劳动价值论，揭示了劳动采取价值这一异化形式的社会条件及必然性，阐述了表现为价值规律的人与人的社会关系对生产者的支配和控制。同时，马克思通过创立剩余价值论，揭示了剩余价值的源泉是劳动者在生产过程中的剩余劳动的秘密。而且，马克思通过对货币转化为资本、劳动异化为雇佣劳动的内在逻辑的分析和研究，揭示了雇佣劳动者受剥削受压迫的真相。作为分析资本主义市场经济的理论基石和有效方法的劳动价值论的学术性和政治性，使得西方经济学的崇拜者和信仰者一致认为，只有推翻劳动价值论，才能从根本上和逻辑上拆毁马克思主义的理论大厦。

正如恩格斯借用杜林的话所说的那样，"价值学说是经济学体系的纯洁性的试金石!"[①] 现代西方经济学的价值理论往往是建立在人们以日常生活的直观感觉基础上，如新古典经济学的效用价值论；或者建立在对经济中价格运动的表面观察基础之上，如边际成本理论直接将以货币形式表现出来的价值当作价值本身。因此，马克思曾经指出："只有商品价格的分析才导致价值量的决定，只有商品共同的货币表现才导致商品的价值性质的确定。"[②] 价值的实体是凝结的一般的无差别的人类劳动。同

① 《马克思恩格斯选集》第 3 卷，人民出版社 1995 年版，第 540 页。
② 《资本论》第 1 卷，人民出版社 2004 年版，第 93 页。

时，马克思也认为："劳动是价值的实体和内在尺度，但是它本身没有价值。"① 而劳动力则应"理解为一个人的身体即活的人体中存在的、每当他生产某种使用价值时就运用的体力和智力的总和"②。但货币关系掩盖了雇佣工人的无酬劳动。从而，马克思在论证劳动力转化为商品的同时，也论证了劳动力的价值转化为工资，使它更具有劳动价值的形式，揭露了在资本主义生产方式下货币"产生"货币的秘密。

货币通过价格使商品的价值量有了统一的衡量尺度，使社会必要劳动时间决定的商品价值量可以用统一的价格加以体现。马克思把货币价值实体定义为凝结在单位货币商品中的劳动时间。但是，把马克思的劳动价值论，仅仅理解为价值实体（即抽象劳动创造价值）和价值量（即社会必要劳动时间决定价值量）的理论，无疑是肤浅和片面的。为了能够证明生产价格是通过资本主义竞争过程中货币对生产过程中所支付的劳动时间的社会再分配，"新解释"学派对货币价值与劳动力价值进行了新的定义（但这种创新是非马克思的）。即货币价值被定义为社会活劳动时间的货币表现。而劳动力价值则被定义为货币价值乘以工资之积。因此，按照马克思的货币的价值与交换价值的理论及其经典述义，"新解释"的定义和理论基础无疑与马克思的定义和理论基础有着本质的区别和差异。

"新解释"学派认为，"新解释"的本质是它提出了一个在任何实际的经济（不论在周转时间或联合生产活动方面的生产体系多么复杂）中可操作的并且是清晰的测度劳动时间的货币表示的方法，既然"新解释"只提出了劳动价值理论概念中的一部分定义（劳动时间的货币表示和劳动力价值），那么它可以与其他组成特殊资本主义生产理论的假设（例如，关于阶级斗争、诱导型技术变迁、国际贸易和帝国主义理论）相结合。③

反对者则认为"新解释"的结论没有理论的或科学的内容。萨德—

① 《资本论》第1卷，人民出版社2004年版，第615页。

② 《资本论》第1卷，人民出版社2004年版，第195页。

③ ［美］邓肯·弗利：《劳动价值论的最新发展》，高伟、张苏译，《政治经济学评论》2008卷第1辑。

费罗就明确提出：这种价格定义在方法论上是存在问题的。它的主要缺点是它仅仅是基于流通的价格观点。就现状而言它是正确的，但是它并没有给予在概念上更为根本的问题（例如劳动在生产中的效率）分析的优先权，而是将分析的优先权给予了更为表面的现象（例如每一商品或垄断力量的供给与需求关系）。新方法的内在结构指引它从一开始就致力于表面现象……是这一明显的优势却要被迫付出巨大的代价：它使得在所要解释的现象的选择、对于它们重要性的判断和它们与现实的其他特征之间的关系中如果不采取专制方法的话，进一步发展这一理论就是非常困难的。[①]

由于“新解释”所定义的货币价值可以直接使用统计数据国民生产净值来测度，所以比之前的实证研究更容易，一旦得出货币价值，就可以度量劳动力价值、剥削率等重要经济变量。诚如弗利所言：“新解释”的定义在方法论上具有一定优势。它是完全一般性的，因为它可以与任何价格形成理论（包括利润率平均化的生产价格理论）相融合。它开启了一条路径，将马克思理论的基本部分（例如，相对剩余价值、资本主义诱导型技术变迁、资本积累的长期趋势、资本循环理论）解释为可以验证的经验假设，可以用广泛的可用统计数据进行验证。它开启了在马克思的传统上进行实证研究的新途径，例如对于汇率与劳动的相对货币表示之间关系的检验。他相信，“新解释”在最近的 15 年中在引导马克思经济学开启一个更为严格和丰富的实证分析和理论发展中已经做出了一些贡献。[②]

莫汉也认为，“新解释”马克思的总量范畴和国民收入统计之间，在马克思的个量范畴和资本主义企业的会计之间，建立了潜在的直接的联系，因而有可能开创一个进步性的研究议程。[③] 根据“新解释”的解释，

---

① A. Saad-Filho, “The Value of Money, The Value of Labour Power and the Net Product: An Appraisal of the ‘New Approach’ to the Transformation Problem,” in *Marx and Non-equilibrium Economics*, eds. A. Freeman and G. Carchedi, (Cheltenham, UK: Edward Elgar, 1996), p. 128.

② ［美］邓肯·弗利：《劳动价值论的最新发展》，高伟、张苏译，《政治经济学评论》2008 卷第1辑。

③ Mohun, “The Labour Theory of Value as Foundation for Empirical Investigations,” *Metroeconomica*, Vol. 55, No. 1 (2004): 67.

"所有核算都是以货币为单位进行的，不管价格可能处在什么水平。剩余价值率就是总的利润—工资比率，资本有机构成就是全部生产资料的货币价值和总工资的比率，利润率是完全以传统方式定义的，即作为货币总量的比率。""在此意义上，新解释为在劳动价值论的基础上对资本主义经济发展进行一贯的经验描述提供了理论基础"[①]。

但是，就如蒙杰奥维于 2002 年发表在《激进政治经济学评论》上的题为《披着马克思主义外衣的庸俗经济学：对分期单一体系马克思主义的批评》一文中所批评的，分期单一体系（TSS）学派对马克思主义经济学"总和相等两命题"的数学证明非常笨拙，就像是数学游戏，仿佛 J. 罗宾逊夫人曾经讽刺过的，当着观众之面把兔子藏在帽子底下的拙劣戏法。实际上，在西方经济学派中，除了彻底否定劳动价值论的新李嘉图学派和分析马克思主义学派外，无论由市场上供求关系决定价格的鲁宾流派的抽象劳动论，还是主张从价值到价格的分期的变化的分期单一体系学派，或者强调劳动的货币表现试图链接劳动量和价格的"新解释"学派，尽管在某些问题上存在着明显的理论差异，但在从货币层面决定价值这一点上，毫无疑问具有共同的高度的理论一致性。

当然，从价格层面推导出价值的研究方法，不管其理论意义的正确与否，首先在实证分析中，其便利性和优越性也是无法否认的。现存的统计资料中的数据绝大多数是用价格表示的。即使在价值层面的计测中，由于可以使用劳动时间来替换从而也显而易见变得容易了。可是，毋庸置疑，在价格层面上进行实证研究的"新解释"学派的研究方法，与极力否定劳动价值论的西方主流经济学一贯的研究方法究竟有何差异？

事实上，由于马克思的价值概念非常抽象，所以，对价值进行计测极端困难。马克思的劳动价值论的理论重点在于如何说明客观性的社会价格决定体系。马克思认为，价值由并且只由劳动决定。而且价值决定了价格的波动。现实生活中的价格，不仅会受资本的周转速度或固定资

---

① Mohun, "The Labour Theory of Value as Foundation for Empirical Investigations," *Metroeconomica*, Vol. 55, No. 1 (2004): 93—94.

本投入数量的影响，而且会受市场上供求关系状况所左右。更何况还得被市场上战略的价格设定、垄断价格或国际贸易等众多不确定因素所影响。而这些影响因素的存在，使得现实生活中的价格与其价值出现背离。虽然在理论分析上，可以设定在其他因素不变的前提下，来探讨某种因素变化的形成原因，但不可否认，现实生活中几乎所有的因素同时在起着不同的影响作用。所以，因为价值的测定工作的困难而采用类似"新解释"的实证分析方法，则无疑具有明显的缺陷，其合理性和准确性也无法得到充分的证实和确认。

因此，正如莫斯利指出的那样，因为生产性劳动是剩余价值的源泉，从而剩余价值为资本积累提供了动力，但是，非生产性劳动不仅没有创造剩余价值，而且会消耗某些已经生产出来的价值。而西方学者却并没有做出这种区分，因此，他们用于测算所使用的国民经济数据不能直接反映马克思的理论框架，因而用于对马克思的论述进行实证分析的研究结果不具有任何科学的经济学意义。①

四、研 究 结 论

1. 西方学者关于马克思主义经济学的研究特征，简而言之，就是用斯拉法的价格理论来代替马克思的劳动价值论，而且试图将马克思经济学与西方新古典经济学"融合"起来，修正为没有马克思经济学的西方马克思主义经济学。从这个意义上说，我们面临着如何准确认识和理解劳动价值论的"新解释"的问题，面临着如何正确发展和创新马克思主义经济学的问题。

2. 近年来，中国经济学界开始关注马克思劳动价值论的"新解释"这一问题，并逐渐发展成为一个讨论的热点，取得了一定的研究成果。

① F. Moseley, "The Rate of Surplus Value, the Organic Composition, and the General Rate of Profit in the US Economy, 1947—67: A Critique and Update of Wolff's Estimates," *American Economic Review*, Vol. 78, No. 1 (1988).

但无论从对国外文献的掌握上，还是从研究的广度和深度上看，目前都还存在很大的不足，有待进一步地推进和深入地挖掘。

3. 货币通过价格使商品的价值量有了统一的衡量尺度，使社会必要劳动时间决定的商品价值量可以用统一的价格加以体现。马克思把货币价值实体定义为凝结在单位货币商品中的劳动时间。但是，把马克思的劳动价值论，仅仅理解为价值实体（即抽象劳动创造价值）和价值量（即社会必要劳动时间决定价值量）的理论，无疑是肤浅和片面的。为了能够证明生产价格是通过资本主义竞争过程中货币对生产过程中所支付的劳动时间的社会再分配，“新解释”学派对货币价值与劳动力价值进行了新的定义（但这种创新是非马克思的）。因此，按照马克思的货币的价值与交换价值的理论及其经典论述，“新解释”学派的定义与理论基础无疑与马克思的定义与理论基础有着本质上的区别与差异。

4. “新解释”学派的货币价值，与马克思在《资本论》中所表示的生产黄金 1 克的社会必要劳动时间为两小时所表示的意思和内容完全不同。因此，一小时劳动时间的生产物的价格是多少，与《资本论》中以社会必要劳动时间为依据的一小时劳动时间的生产物与 0.5 克黄金相等的经典论述，有着本质上的区别和差异。

5. 在西方经济学派中，除了彻底否定劳动价值论的新李嘉图学派和分析马克思主义学派外，无论由市场上供求关系决定价格的鲁宾的抽象劳动论，还是主张从价值到价格的分期的变化的单一分期体系学派，或者强调劳动的货币表现试图链接劳动量和价格的“新解释”学派，尽管在某些问题上存在着明显的理论差异，但从货币层面决定价值这一点上，毫无疑问具有高度的共同的理论一致性。

6. 现实生活中的价格，不单受资本的周转速度或固定资本投入数量的影响，而且会受市场上供求关系状况所左右。虽然在理论分析上，可以设定在其他因素不变的前提下，来探讨某种因素变化的形成原因，但现实生活中几乎所有的影响因素同时在起着不同的影响作用。因此，因为价值的测定工作的困难而采用类似“新解释”的实证分析方法，则无疑具有明显的缺陷，其合理性和准确性也无法得到充分的证实和确认。

7. 从价格层面推导出价值的研究方法，即使不管其理论意义的正确与否，首先在实证分析中，其便利性和优越性也是无法否认的。现存的统计资料中的数据绝大多数是用价格表示的。即使在价值层面的计测中，由于可以使用劳动时间来替换从而也显而易见变得容易了。可是，毋庸置疑，在价格层面上进行实证研究的“新解释”学派的研究方法，与极力否定劳动价值论的西方主流经济学一贯的研究方法并无根本的区别。

（原文发表于《马克思主义研究》2012 年第 3 期）

论生产劳动和非生产劳动

谢富胜*

生产劳动和非生产劳动问题是长期争论不休的政治经济学基本理论问题之一。第二次世界大战后，一方面，由于新技术革命的影响，主要资本主义国家的经济结构发生了重大变化；另一方面，20世纪70年代末，社会主义国家纷纷趋向市场经济体制的改革也使得自身的经济结构发生了重人变化，因而无论是资本主义国家还是社会主义国家，由“非物质生产部门”构成的第三产业日趋增大，第三产业的劳动也日益渗透到社会生产的各个部门当中去。据统计，1996年世界第三产业占国内生产总值（GDP）的平均比重已达60.7%，发达国家第三产业占国民经济比重已达到了70%以上。中国第三产业在国内生产总值中的比重由1978年的23.7%增加到2000年的33.2%。在这种情况下，如何看待马克思的生产劳动理论？怎样分析现代资本主义生产劳动？如何认识社会主义市场经济条件下的生产劳动和第三产业的劳动？成为国内外学者研究的热点问题。

一、国内外学者对生产劳动的研究

1. 国内学者对生产劳动的研究。

在社会主义市场经济条件下，物质产品的概念和生产领域的范围发生了很大的变化，国内学者普遍认为必须随着经济发展的实践扩大创造

---

* 谢富胜：中国人民大学经济学院教授，博士生导师。

价值的生产劳动的外延，关键是在扩大生产劳动外延的范围问题上存在着激烈的争论，即对划分生产劳动和非生产劳动的标准有不同的理解，概括起来主要有以下几种标准。(1) 以国内生产总值（或国民生产总值）的统计口径作为划分标准。如钱伯海认为除了企业生产人员的直接劳动外，包括科研、教育、文化事业部门、国家管理部门以及先前企业等提供的劳动，合称社会劳动都创造价值。(2) 以市场交换作为划分标准。如李江帆认为三大产业的所有劳动，只要它们能创造出用于交换的使用价值就创造价值，具体而言，不仅包括工农业、商业、饮食、裁缝、修理、运输、通信等行业创造价值，而且科、教、文、卫、体都创造价值。(3) 以商品生产作为划分标准。如程恩富主张凡是直接生产物质商品和文化商品（精神商品）以及直接为劳动力商品的生产和再生产服务的劳动，其中包括自然人和法人实体的内部管理劳动和科技劳动，都属于创造价值的劳动或生产劳动。但他不赞成把创造价值的生产劳动扩展到纯粹买卖、纯粹中介的经济领域和党政军与公检法等非经济活动领域。(4) 以劳动性质作为划分标准。如苏星认为生产劳动与非生产劳动不是按部门区分，而是按劳动性质来区分，应求助于劳动价值一元论，而不能靠多元论来解决；吴易风提出对此问题既不应作全面肯定判断，也不应作全面否定判断，应具体问题具体分析。(5) 以满足人类需要作为划分的标准。如白暴力指出生产劳动具有人类需要性、物质性（客观存在性）、社会性和历史性，所以凡是能生产满足人类需要的物质产品的劳动都是生产劳动，但是由生产的社会形式引起和为满足少数人需要的劳动都不是生产劳动。[①]

2. 国外马克思主义学者对生产劳动的研究。

20 世纪 50 年代以来，主要资本主义国家的经济结构由于国家支出的迅速增长、商业和分配领域工人的巨大增加发生了很大的变化。与这种变化相适应，西方马克思主义学者对政治经济学的研究目的也发生了从解释资本主义剩余价值问题转向对垄断资本主义条件下剩余的使用问题的转化，因此分析垄断资本的积累和增长以及剩余的浪费成为中

① 谢富胜、方卫东：《近十年来国内学者劳动价值论研究综述》，《教学与研究》2002 年第 2 期。

心问题。[①] 经济实践和理论研究目的的变化使西方马克思主义学者对生产劳动和非生产劳动的划分采取了新的标准。

曼德尔认为，从生产新价值的角度与从社会一般利益的角度区分的生产劳动和非生产劳动的两种概念是不同的：从生产新价值角度看的生产劳动从社会一般利益看不一定是有益的活动甚至有害；从社会一般利益角度看的生产劳动从生产新价值看不一定创造了新价值。从生产新价值的角度来看，凡创造、改变或保存使用价值的劳动，或成为实现使用价值而在技术上不可或缺的劳动也就是使其交换价值得以增加的都是生产劳动。[②] 他还对第三产业的概念进行了分析，认为只有同生产商品没有联系的创造性职业如科学研究、艺术、医药、卫生、教育、体育以及一切与闲暇和假期有关的非生产性活动，才同劳动生产率提高相联系，其他的都是资本主义生产方式扩展的结果而不是原因。[③] 吉尔曼（Gillman）、莫瑞斯（Morris）和布莱克（Blake）从资本积累的角度对斯密区分生产劳动和非生产劳动的两种标准做出新的解释，他们认为在斯密时代生产物质产品的劳动是生产不变资本和可变资本的劳动，即必需品（或工资品）和生产资料都是物质商品，而奢侈品则是仆役和医生、教师以及艺术家等提供的服务，因而斯密的第二种区分标准（即物质规定性标准）实际上不是指商品的物质性，而是指物质商品有通过将自己转移到别的商品中而保持自身价值的能力，也就是进入资本再生产过程的能力，而奢侈品不能保持自身的价值，因而并不进入资本再生产的循环[④]；必要性的检验标准不是产品的社会有用性而是资本消费和积累的关系[⑤]，随着经济的发展，劳动力的价值或实际工资的内容包括了新的商品和服务如国家提供的医疗、保健和教育，等等。因此布莱克认为生产劳

---

① Ian Gough, "Marx's Theory of Productive and Unproductive Labor," *New Left Review*, No. 76 (1972): 61.

② ［比］曼德尔：《论马克思主义经济学》上卷，商务印书馆1979年版，第188—189页。

③ ［比］曼德尔：《论马克思主义经济学》上卷，商务印书馆1979年版，第205—207页。

④ Justin Blake, "Jacob Morris on Unproductive Employment: A Criticism," *Science and Society*, No. 24 (1960): 171.

⑤ Jacob Morris, "Unemployment and Unproductive Employment," *Science and Society*, No. 22 (1958): 195.

动是指其产品能作为可变资本和不变资本重新进入生产过程的劳动，包括那些并不直接创造剩余价值的活动如由国家提供的医疗保健、教育以及在科学和研究部门进行的劳动[①]，并认为他的标准是对马克思标准的替代。但与布莱克不同的是，吉尔曼和莫瑞斯认为生产劳动是指在第一部类（工资品）和第二部类（生产资料）中生产剩余价值的劳动，并认为他们的标准是对马克思标准的补充[②]。斯威齐认为国家支出在数额和种类上的巨大扩张使其在经济活动中具有特殊重要性需对其加以分析。国家的资本支出通常期望获得足够的剩余价值以抵付政府债务的现行利息率，尽管在动机方面与私人资本有些差别，但应将其视为资本，其活动具有生产性；垄断资本主义条件下，原来视为生产过程一部分的运输、仓储、商品递送等活动的扩张大大超过竞争条件下社会必要的界限，其超过部分不具有生产性[③]；在他与巴兰合著的《垄断资本》和巴兰的《增长的政治经济学》中，他们提出区分的标准是在一种比较合理的经济秩序下所必要的活动才是生产劳动，其中包含那些同剩余交换的职业如教师、科学家、医生、艺术家等的劳动[④]，非生产劳动是指在资本主义制度条件和关系下产生而在合理社会秩序下不存在的需求所导致的劳动[⑤]。

从以上国内外学者对生产劳动的研究来看，都已经脱离了按物质生产过程作为标准来划分劳动的生产性，都试图结合经济实践和研究目的的变化提出自己的标准来分析新的问题，问题在于马克思当年对生产劳动和非生产劳动的分析是从什么意义上来进行的呢？这些学者是沿着还是背离马克思的分析方法来分析资本主义国家和社会主义市场经济中的生产劳动和第三产业迅速发展的现实呢？对上述学者观点的分析归根结底，涉及如何理解马克思对生产劳动和非生产劳动的划分及其方法。

---

① Justin Blake, "Jacob Morris on Unproductive Employment: A Criticism," *Science and Society*, No. 24 (1960): 173.

② Joseph Gillman, *Prosperity in Crisis*, (New York 1965), pp. 23; Jacob Morris, "Unemployment and Unproductive Employment," *Science and Society* No. 22 (1958): 194.

③ ［美］保罗·斯威齐：《资本主义发展论》，商务印书馆 1997 年版，第 255、307 页。

④ 必须注意，他们认为在资本主义生产过程中的劳动并不都是生产劳动，因为许多劳动在合理的经济秩序下都不是必要的，因而是浪费的。

⑤ Paul A. Baran, *The Political Economy of Growth* (London: 1957), pp. 32—33. ［美］保罗·巴兰、［美］保罗·斯威齐：《垄断资本》，商务印书馆 1977 年版，第 134 页。

二、马克思的生产劳动理论

马克思认为最抽象、最简单的范畴，尽管由于其抽象而适用于一切时代，但就这个抽象的规定性本身来说，同样是历史关系的产物，而且只有对于这些关系并在这些关系之内才具有充分的意义。因此生产劳动这个经济范畴同样是一个历史的具体的经济范畴，它不外是对劳动能力在特定的社会生产过程中所具有的整个关系或方式的简称，为了表现“那种作为整个资本主义生产方式以及资本本身的基础的劳动的形式规定性”[1]，必须区分资本主义生产方式下的生产劳动和一般意义上的生产劳动。

1. 一般意义上的生产劳动。

从一般意义上的生产劳动来看，通过劳动过程生产使用价值是人类存在的必要条件。马克思指出：“每个商品的使用价值都包含着一定的有目的的生产活动，或有用劳动。”“因此，劳动作为使用价值的创造者，作为有用劳动，是不以一切社会形式为转移的人类生存条件。”[2] 这种必要条件不仅对商品生产而且对资本主义生产都是适用的，“虽然使用价值或财物的生产是为了资本家，并且是在资本家的监督下进行，但这并不改变这种生产的一般性质”[3]。从单纯劳动过程的角度来分析，凡是生产使用价值的有用劳动，都是生产劳动，“如果整个过程从其结果的角度，从产品的角度加以考察，那末劳动资料和劳动对象表现为生产资料，劳动本身则表现为生产劳动。”这是“从物质生产性质本身得出的关于生产劳动的最初的定义”[4]。

随着社会分工的发展，生产过程与劳动过程开始出现了分离，从总体劳动过程来看，在没有其他劳动者的协作下，单个劳动者生产具有完

---

① 马克思：《剩余价值理论》第1册，人民出版社1975年版，第426页。

② 《马克思恩格斯全集》第23卷，人民出版社1972年版，第55、56页。

③ 《马克思恩格斯全集》第23卷，人民出版社1972年版，第201页。

④ 《马克思恩格斯全集》第23卷，人民出版社1972年版，第205页。

整的使用价值的产品已越来越不可能，因此“上面从物质生产性质本身得出的关于生产劳动的最初定义，对于作为总体来看的总体工人始终是正确的。但是，对于总体工人中的每一单个成员来说，就不再适用了”[①]。但是作为总体来看的总体工人的生产劳动仍然是生产使用价值的有用劳动。

2. 资本主义生产方式下的生产劳动。

马克思认为，从简单劳动过程的观点得出的生产劳动的定义对于资本主义生产过程是绝对不够的。在资本主义生产方式下，生产劳动是能生产剩余价值的劳动。“只有为资本家生产剩余价值或者为资本的自行增殖服务的工人，才是生产工人。”“生产工人的概念决不只包含活动和效果之间的关系，工人和劳动产品之间的关系，而且还包含一种特殊社会的、历史地产生的生产关系。这种生产关系把工人变成资本增殖的直接手段。”[②] 最初的生产劳动的定义（即生产使用价值的有用劳动）仅仅是第二种定义的必要条件而不是充分条件。“用来生产商品的劳动必须是有用劳动，必须生产某种使用价值……只有表现为商品也就是表现为使用价值的劳动，才是同资本相交换的劳动……但是不是劳动的这种具体性质，不是劳动的使用价值本身……构成劳动对资本的特殊使用价值，……劳动对资本的使用价值，是由这种劳动作为创造交换价值的因素的性质决定的，……在于劳动代表着一个比劳动价格即劳动能力的价值所包含的抽象劳动量大的抽象劳动量。”[③]

生产劳动是和资本交换生产剩余价值的劳动，那么非生产劳动就是和收入相交换的劳动。“什么是非生产劳动……那就是不同资本交换而直接同收入即工资或利润交换的劳动（当然也包括同那些靠资本家的利润存在的不同项目，如利息和地租交换的劳动）”。[④] 马克思强调指出，生产劳动和非生产劳动的区分，同劳动的物质规定性从而劳动产品的物质规定性（即特殊的使用价值）本身毫无关系，生产劳动在资本主义生产

① 《马克思恩格斯全集》第 23 卷，人民出版社 1972 年版，第 556 页。
② 《马克思恩格斯全集》第 23 卷，人民出版社 1972 年版，第 556 页。
③ 马克思：《剩余价值理论》第 1 册，人民出版社 1975 年版，第 431 页。
④ 马克思：《剩余价值理论》第 1 册，人民出版社 1975 年版，第 148 页。

体系下，是把客观劳动条件转化为资本，把客观劳动条件的所有者转化为资本家的劳动，即把自己的产品作为资本生产出来的劳动；是表现劳动能力在资本主义生产过程中所具有的关系和方式的一个范畴[①]，是资本主义存在的必要条件。因此“同一种劳动可以是生产劳动，也可以是非生产劳动”[②]。关键在于用来交换的劳动是否改变了交换双方现有的经济关系。

在特殊的资本主义生产方式中，随着劳动分工的发展，许多工人共同生产同一个商品，工人的劳动同生产对象之间存在的关系，自然也是各种各样的。但是这些或那些工人都属于生产劳动者的范围，因为他们集体生产一个使用价值，并且他们中的每一个都是同资本交换的雇佣劳动者。“但是，所有这些［具有不同价值的劳动能力（虽然使用的劳动量大致是在同一个水平上）的］劳动者的总体进行生产的结果……表现为商品或一个物质产品……这些人中的每一个人对资本的关系是雇佣劳动者的关系，是在这个特定意义上的生产工人的关系。”[③] 但是如何确定劳动同生产对象直接的关系或总体劳动者的范围呢？马克思指出：“自然，所有以这种方式或那种方式参加商品生产的人，从真正的工人到（有别于资本家的）经理、工程师都属于生产劳动者的范围。”[④]

作为第四个物质生产领域的运输业，由于物品的使用价值只有在物品的消费中实现，物品的消费使物品的位置变化成为必要，因此使运输业的追加生产过程成为必要。商品的位置改变使其使用价值发生了变化，商品的交换价值增加，增加的数量等于使商品的使用价值发生这种变化所需要的劳动量，尽管具体劳动在商品的使用价值上没有留下一点痕迹，但这个劳动已经实现在这个物质产品的交换价值中。“在这里，生产劳动对资本家的关系，也就是说，雇佣工人对资本家的关系，同其他物质生产领域是完全一样的。”[⑤]

---

① 马克思：《剩余价值理论》第 1 册，人民出版社 1975 年版，第 426 页。
② 马克思：《剩余价值理论》第 1 册，人民出版社 1975 年版，第 432 页。
③ 马克思：《剩余价值理论》第 1 册，人民出版社 1975 年版，第 443—444 页。
④ 马克思：《剩余价值理论》第 1 册，人民出版社 1975 年版，第 147 页。
⑤ 马克思：《剩余价值理论》第 1 册，人民出版社 1975 年版，第 444 页。

在《资本论》第二卷和第三卷中，马克思对流通领域和监督劳动进行了分析。“商品经营资本，——撇开各种可能与此有关的职能，如保管、运送、运输、分类、散装等，只说它的真正的为卖而买的职能”①，商人资本就只是在流通领域从事买卖行为的职能资本。“流通过程是总再生产过程的一个阶段。但是在流通过程中，不生产任何价值，因而也不生产任何剩余价值。在这个过程中，只是同一价值量发生了形态变化。这种形态变化本身同价值创造或价值变化毫无关系。”② 随着资本主义商品经济的发展，商品资本开始独立化为雇佣工人的商业资本，也不会改变这里的分析。尽管受雇于流通领域内的工人和生产领域内的工人都受资本的剥削，但是他们不是生产劳动者。因此从资本主义生产方式来看的生产劳动从和资本相交换的劳动缩小为和生产资本相交换的劳动；非生产劳动从和收入相交换的劳动扩大到包括和流通领域的资本相交换的劳动。在这里需要注意的是，马克思认为区分流通领域中生产过程继续的标准是：劳动是一般生产所必需的活动还是由于商品生产形式包括资本主义商品生产形式所特有的活动。如果是前者，其劳动是生产劳动，如果是后者，则是非生产劳动。③ 运用同样的原则，马克思对监督劳动和政府的活动进行了分析，对于监督劳动：“一方面，凡是有许多人进行协作的劳动，过程的联系和统一都必然要表现在一个指挥的意志上，就像一个乐队要有一个指挥一样。这是一种生产劳动，是每一种结合的生产方式中必须进行的劳动。”④ 对于政府的活动，“一部分管理劳动只是由资本和劳动之间的敌对性，由资本主义生产的对抗性引起的，它完全和流通过程引起的 9/10 的‘劳动’一样，属于资本主义生产上的非生产费用”⑤。

3. 其他生产方式下的生产劳动。

尽管资本主义生产方式在资本主义社会占支配地位，但是还没有使

① 《马克思恩格斯全集》第 25 卷，人民出版社 1974 年版，第 314 页。
② 《马克思恩格斯全集》第 25 卷，人民出版社 1974 年版，第 311 页。
③ 参见马克思在《资本论》第二卷第六章对保管费用和第三卷第二十章对商品资本的分析。
④ 《马克思恩格斯全集》第 25 卷，人民出版社 1974 年版，第 431 页。
⑤ 马克思：《剩余价值理论》第 3 册，人民出版社 1975 年版，第 561 页。

社会中的一切生产方式从属于它。如不雇佣工人的农民和手工业者的劳动，马克思认为农民和手工业者是商品生产者，他们的劳动并不适用于生产劳动和非生产劳动的区分，因此农民和手工业者“既不属于生产劳动者的范畴，又不属于非生产劳动者的范畴。但是，他们是自己的生产不从属于资本主义生产方式的商品生产者”①。在资本主义生产方式占统治地位的情况下，农民与手工业者尽管不从属于资本主义生产方式，但在概念上却从属于资本主义生产方式，这是这类劳动也被大众视为生产劳动的根本原因。②

从马克思对一般劳动过程和资本主义生产过程、流通过程以及非资本主义生产方式中劳动的分析来看，在资本主义生产关系下，生产劳动是指和生产资本相交换并能生产剩余价值的有用劳动（有用劳动指生产使用价值），包括从物质生产总过程来看的所有雇佣劳动；非生产劳动是指不能生产剩余价值的劳动，即使这种劳动能生产使用价值，它实际上包括两个方面，一是由于它在资本主义生产方式以外进行而是非生产的，另一方面是虽然在资本从属范围内，但由于被用于实现剩余价值等非生产职能上而是非生产的。下面我们用表1来表示马克思对资本主义生产劳动和非生产劳动的区分。

必须再次指出的是，资本主义社会中独立的手工业者和农民等不从属于资本主义生产方式的劳动不属于马克思分析的范围。

表1 资本主义生产方式下的生产劳动和非生产劳动

	生产使用价值的劳动	不生产使用价值的劳动
生产剩余价值的劳动	生产劳动（包括工业，农业、流通和服务业等资本主义生产范围内的劳动）	
不生产剩余价值的劳动	非生产劳动（国家公务员、政府雇员如教师、医生等资本主义生产总过程之外的劳动）	非生产劳动（纯粹流通领域如销售、广告工人、不必要的监督人员等资本主义生产范围内的劳动）

① 马克思：《剩余价值理论》第1册，人民出版社1975年版，第439页。
② 《马克思恩格斯全集》第49卷，人民出版社1982年版，第104页。

三、区分生产劳动的经济学意义和现代社会经济条件下的生产劳动问题

1. 马克思区分生产劳动的经济学意义。

马克思从简单劳动过程和资本主义生产方式的角度对生产劳动和非生产劳动的分析表明，对于所讨论的劳动过程的性质及其对人或对整个社会的有用性马克思并没有做出判断[①]，而只是分析了劳动在资本主义生产方式中的作用，实质上是分析资本主义生产关系及其演进。从资本主义的观点来看，劳动的社会形式从独立的劳动的形式和非生产劳动变为资本的生产性劳动，就是从独立的商品生产者变为受资本雇佣的劳动者，从简单商品生产变为资本主义商品生产。[②]

区分生产劳动和非生产劳动是为了表明社会形式怎样支配和改变实际事物和过程，资本家为了价值增殖用货币交换劳动的过程中，产生了一种新的社会关系，独立的劳动形式和非生产劳动转化成为资本家生产剩余价值的生产劳动，就是资本主义生产关系的产生和发展过程。在资本主义制度下，社会劳动的一切生产力都表现为资本的生产力，社会发展的各种劳动形式都表现为资本的发展形式，“劳动的社会生产力的发展和这个发展的条件就表现为资本的行为”[③]。资本的生产性和先进性在于它以更加有利于生产的方式实行强迫进行超过直接需要的劳动，从动态的角度来看，资本主义生产的发展在于它不断将剩余价值转化为新的资本，而剩余价值和生产劳动相交换是这种转换的必要条件之一。因此，

---

① E. K. Hunt 认为在马克思的著作中存在从社会有用性来区分生产劳动和非生产劳动的地方。但他所引用的论述实际上是马克思阐述为什么士兵和薄计在资本主义条件下必不可少的原因。E. K. Hunt，“The Categories of Productive and Unproductive Labor in Marxist Economic Theory,” *Science and Society*，No. 43（1979）：311.

② ［美］哈里·布雷弗曼：《劳动与垄断资本——二十世纪中劳动的退化》，商务印书馆 1978 年版，第 367 页。

③ 马克思：《剩余价值理论》第 1 册，人民出版社 1975 年版，第 421 页。

“生产劳动和非生产劳动的差别对积累是重要的”[①]。

在古典经济学者和马克思从事著述的时代，资本主义生产方式还没有扩展到社会的一切部门，绝大部分劳动（按照是否和资本相交换并生产剩余价值的标准）主要存在于资本的活动范围之外，对资本增殖都不直接发生作用，从资本家的观点来看它们都是浪费的，因而古典学者如亚当·斯密主张把它减少到最低程度。但是马克思的分析表明，从物质生产过程来看，进入资本积累过程并为这一过程所必需的劳动并不都是生产劳动，对资本家来说，生产商品价值的目的是为了获得剩余价值，为了实现商品中包含的剩余价值，要求商品变为货币形式，因此用于销售来实现商品价值的商业劳动以及为占用在生产中的部分剩余价值的信贷、投机资本所雇佣的劳动，尽管是资本主义生产方式所必需的，但其本身却是非生产性的。商业和金融领域雇佣工人的劳动没有创造价值的效果并非由于其劳动的确定形式，而是由于其功能只是有助于在市场上实现价值，有助于互相竞争的资本争夺价值，有助于投机、信贷等形式的资本参与剩余价值的再分配。除了不能实现价值增殖以外，在一切方面和生产劳动都是相同的，因此在观念上对从事这些行业的资本家来说，都是生产劳动。但是从资本主义剩余价值的生产来看，生产劳动和非生产劳动的划分还是必要的。[②]

2. 现代资本主义的变化和生产劳动问题。

第二次世界大战后，伴随着新技术革命的发展，资本主义生产方式不断深化和扩展。一方面，新技术革命使电子信息机器逐步代替人操作的机器，生产社会化程度加深引起劳动过程协作和分工进一步发展，企业内部直接生产的产品和工序的分工、为生产服务的职能分工、体力和脑力分工扩展到企业外部，资本主义生产过程和劳动过程出现了进一步

① 《马克思恩格斯全集》第49卷，人民出版社1982年版，第110页。

② 尽管西方主流经济学学者故意淡化生产劳动与非生产劳动的区分，但是在研究具体问题尤其是生产体制时却无意识的强调了这种区分，如在近年来比较美国体制、美国福特制以及日本弹性专精的生产体制的相对生产率时，西方学者认为其各自效率的提高实际上来源于对各种生产体制中非生产劳动的最小化而降低成本。国内近年来翻译的这方面著作如《大规模定制》（约瑟夫·派恩著，中国人民大学出版社2001年版）、《利益相关者公司》（大卫·威勒等著，经济管理出版社2001年版）等等。

的分离，总体劳动过程相应进一步扩大；另一方面，生产过程中新技术的广泛应用导致劳动生产率的提高，出现了劳动者向非物质生产领域和新兴产业转移的两种趋势，大部分服务性劳动也由原来的个体劳动方式转变为社会劳动方式，由个人经营转变为资本主义经营，即从非生产劳动转变为生产劳动，各种劳动形式包括家务劳动在内的服务劳动都已经处在资本的支配之下，资本和劳动交换的范围几乎囊括了社会经济生活的所有部门。劳动生产率的提高极大地扩大了资本主义的生产能力，商品价值的实现在资本主义社会成为比创造新价值更为迫切的问题，导致处于流通领域的资本急剧膨胀，专用于信贷、投机等方面的资本也显著增多，在流通领域从事实现和在各资本之间分配剩余价值的雇佣劳动者越来越多。同时资本主义生产关系也进行了新的调整，私人垄断资本主义向国家垄断资本主义过渡，庞大的国家支出也吸收了大量的雇佣劳动者。

西方马克思主义学者正是在上述变化的基础上来分析现代资本主义劳动的生产性和非生产性的，曼德尔的划分标准继承了马克思分析的传统，他对第三产业的分析对我们如何看待第三产业问题有很大的启发性。斯威齐、巴兰、布莱克、吉尔曼和莫瑞斯等人对生产劳动和非生产劳动的区分着眼于他们设定的研究目的，资本主义剩余的分配和积累，显然已经背离了马克思把生产劳动和剩余价值结合分析的方法，但是斯威齐和巴兰对国家资本支出和垄断资本主义条件下生产过程和流通过程却是按照马克思的方法来进行分析的，对我们有很强的借鉴意义。

当代资本主义的现实表明，尽管由于新技术革命的影响，资本主义经济结构发生了很大的变化，但是马克思的生产劳动和非生产劳动的区分对于考察资本和劳动的交换关系、考察资本主义积累还是适用的，只不过必须适应历史条件的变化，扩大总体雇佣劳动者的范围，将按资本主义方式经营的非物质生产部门以及资本主义国家的资本性支出雇佣的劳动包含进去，但纯粹由于商品生产和垄断资本主义生产形式所产生的如商业金融部门、国家的非资本性支出和生产过程中超过社会生产必要限度的活动仍然属于非生产劳动。

3. 社会主义市场经济条件下的生产劳动问题。

就中国来说，第三产业的发展是在探索市场取向的经济体制改革目标的过程中，为促进国民经济发展的理性设计中逐步发展和壮大的。第三产业的发展并非是反映资本主义生产方式的扩展，而是反映了随市场在社会中的扩展以及生产分工、经济社会化的过程。从第三产业部门来看，其中很大一部分如交通运输业、仓储及邮电通讯业、科研业、综合技术服务业、地质勘查业和水利管理业都是为物质生产服务的，实质上是物质生产过程的延伸，其出现是由于物质生产过程内分工的发展，使得完成这些功能的生产环节分化成独立的职业以致企业；同时由于市场的发展逐渐改变了家庭作为一种社会生活、生产和消费机构的职能，出现的为生活服务和满足人的精神需要的服务业也是为提高物质部门和上述为生产服务的部门的效率的，显然不再是古典学者和马克思那个时代仅仅是为某些特定阶层服务的奢侈性享受。一些新的服务如建筑师、工程师、律师、医生和会计审计师等独立的自由职业者，本身也是过去物质生产部门的一部分独立化的产物，中国第三产业部门的发展本身就预示着中国物质生产的发展。

国内学者正是在中国经济结构发生了以上变化的情况下来讨论上述问题的，显然所有的标准都将生产劳动的区分和剩余价值的生产分割开来。按照第一、二种标准，实际上几乎不存在或很少存在非生产劳动了，从而没有必要划分劳动的生产性了；就第三种标准来说，商品生产并不意味着价值增殖，生产商品的劳动并不都具有生产性，另外纳入劳动力商品生产再生产的劳动易为“各种冒充生产劳动的谬论敞开大门”[①]；第四种标准实际上没有具体阐明什么是生产劳动、什么是非生产劳动，但指出了分析劳动生产性的正确方向；第五种标准以社会需要性来划分，社会需要性实际上可以任意解释，因而实际上并没有划分出劳动的属性。

生产劳动的划分是服从于各自的研究目的的，古典学者对生产劳动划分的目的是探讨国家致富的原因；马克思对生产劳动划分的目的是分

① 马克思：《剩余价值理论》第1册，人民出版社1975年版，第164页。

析与资本相交换的劳动是如何生产剩余价值的和对资本积累的影响因素[①]，由此来揭示资本主义生产关系的产生、发展过程的；现代西方马克思主义学者对生产劳动划分的目的是为了研究现代资本主义剩余的分配和积累。由此可见，中国对生产劳动的区分也必须确立自己的研究目的：即研究劳动能力在社会主义市场经济关系下的作用，研究劳动能力在社会主义市场经济条件下的配置对资本积累从而对中国经济发展的影响。社会主义市场经济条件下的生产劳动，是指劳动能力在以公有制为主体的多元化所有制结构的生产过程中所具有的关系和方式的简称。

从中国目前公有制为主体、多种所有制经济共同发展的所有制格局，以及市场化过程还处于发展中，一些物质生产部门和非物质生产部门还不完全按照商品生产来组织等现实来看，试图在一个统一的标准上来划分生产劳动和非生产劳动实质上是一种形而上学，没有什么意义。因而对生产劳动的定义必须结合不同所有制情况来分析，就市场经济条件下公有制生产方式来看，生产劳动是指通过市场与公有制的生产资料相结合生产社会剩余的劳动；就私有制生产方式来说，生产劳动是指与私有资本相交换生产剩余价值的劳动。这两类生产劳动的区别在于通过市场与不同性质的生产资料的交换的劳动使交换双方改变的经济关系之间的差异。从社会主义市场经济条件下的生产力发展来看，这两类生产劳动在全社会总劳动能力中的分布及其相互关系对于我国市场经济条件下的资本积累都起着决定性的影响，其不同比例表明中国生产剩余的生产潜力和社会主义市场经济条件下所产生的潜在剩余与实现为货币的剩余价值量之间的矛盾程度。当然生产劳动的划分是与劳动的具体特性和特定的劳动产品没有什么关系的，对劳动能力的区分也不包括那些非商品化的劳动和不从属于社会化生产的生产方式下的商品化劳动的。

（原文发表于《经济评论》2003 年第 2 期）

---

① P. Meiksins, "Productive and Unproductive Labor and Marx's Theory of Class," *Review of Radical Political Economy*, No. 13 (1981): 39.

五

货币理论

货币的本质规定究竟是什么？

——评《超越货币本质“一般论”与“特殊论”的对立》

卫兴华*

半个多世纪以来，许多经济学论著中涉及马克思主义的货币理论时，将货币界定为“固定充当一般等价物的特殊商品”。我在一些论著中指出，马克思恰恰反复地讲过：货币作为一般等价物，是“一般商品”，获得了许多学者的认同。然而也有的人对此心存疑问，或是发表文章质疑。

《教学与研究》2004 年第 11 期发表了《超越货币本质“一般论”与“特殊论”的对立——对马克思主义政治经济学教科书中一个变化的质疑》（以下简称《超越》）一文。拜读后深感作者在理论认识上，在对马克思论述的理解上和对学术资料的掌握上，都存在不少问题，需要进一步进行讨论，以辨明理论是非。

一、混淆概念和逻辑混乱的“超越”

首先，从《超越》一文的标题看，无论正标题或副标题，就值得提出质疑。本来讨论的本题是：货币的本质或其质的规定性，究竟是作为一般等价物的“特殊商品”，还是作为一般等价物的“一般商品”，马克思的原意究竟是什么？而作者却混淆和转换了概念，变成了“一般论”（“一般性”）和“特殊论”（“特殊性”）的关系。文中说：“在马克思那里，货币作为一般等价物，既具有‘一般性’规定，又具有‘特殊性’规定，是‘一般’和‘特殊’的辩证统一”。

---

* 卫兴华：中国人民大学荣誉一级教授，博士生导师。

我们知道，任何事物都具有一般性和特殊性，可以说是一般性和特殊性的统一。一般性寓于特殊性之中，比如“人”，就是个抽象的一般性概念。无论男人，女人，中国人，外国人，白种人，黑种人，既然都是“人”，就具有区别于非人的共性即一般性，既有自然和生理特点上的共性，又有社会意义上的共性，即人能制造和运用生产工具进行劳动。另一方面，任何人，都是作为具体的人而存在。不仅男人区别于女人，黄种人区别于白种人。而且几十亿人口每个人都有自己生理和心理特点，即特殊性。但如果讲人的本质，既不能用这种一般性也不能用这种特殊性来说明。也不能说人的本质是一般性和特殊性的统一。人的本质如马克思所说，“不是单个人所固有的抽象物，在其现实性上，它是一切社会关系的总和”[①]。拿货币来说，从一定意义上也可以说它具有一般性和特殊性。从横向的比较看，各国有各国的货币；从纵向的历史发展看，不同时代有不同时代的货币。但既然都是货币，就具有货币的共性即一般性，即都能用以购买商品，充当价值尺度、流通手段和支付手段等。但不同国家和不同时代的货币又各具特点。英镑不同于美元，刀币不同于银圆。因此，货币又各有其特殊性。从这种意义说，货币也可以说是一般性与特殊性的统一。但是，如果是讲货币的本质规定，就不能滥用什么“一般性”与“特殊性”的统一。讲事物的一般性和特殊性，是从事物内部的相互关系着眼的。比如，讲劳动的二重性，既是抽象劳动即一般劳动，又是具体劳动即特殊劳动，是一般和特殊的统一。这是就各种劳动内部的关系讲的。而货币作为“一般商品”，是从货币同非货币的众多商品这种外部关系讲的。在这种关系中，货币是作为“一般商品”同作为“特殊商品”的其他非货币的众多商品相对立。这是两种不同类型的一般与特殊的关系，不应混为一谈。事物的本质，只能是一种规定，而不能是两种相反的对立的规定。讲货币的本质，只能是固定充当“一般等价物”的规定，而不能说，既是一般等价物，又是特殊等价物，是二者的统一。货币作为一般等价物，本来也是作为商品而存在，但既然是固定充当一般等价物的商品，它就是作为“一般商品”与商品世界的

① 《马克思恩格斯选集》第1卷，人民出版社1995年版，第56页。

其他千万种特殊商品相对立。而《超越》一文却从货币的一般等价物规定中，引出货币的两种规定性："一般性"规定和"特殊性"规定，是两种规定的统一。作者实际上是认为，货币的本质，既是固定充当一般等价物的"一般商品"，又是固定充当一般等价物的"特殊商品"。依此说来，货币的本质竟然具有两种相反的和相对立的规定性了。作为具有哲学博士学位的作者，应当说明，是否任何事物或某种事物的本质会具有相反的、相对立的两种规定性呢？恐怕哲学理论中没有这个原理吧？然而作者竟把这种奇特的观点强加给马克思，说"在马克思那里"就是如此。作者并没有也不可能提出任何有说服力的论证和论据。他们所引证的马克思的几句话，被完全错解了，我们将在后面对此进行辨析。

《超越》一文的副标题是"对马克思主义政治经济学教科书中一个变化的质疑"，质疑什么呢？作者说："20 世纪 80 年代初一些经济学辞典和教科书中较为普遍的界定是'货币充当一般等价物的特殊商品'……进入 90 年代后，许多政治经济学教科书中关于本质的认识则发生了变化，把货币规定为'固定充当一般等价物的商品，原来限定货币商品的'特殊'两字消失了。"关于消除"特殊"两字的教材，作者引证了我和顾学荣主编的《政治经济学原理》。显然，作者是质疑（不赞同）有关教科书中只讲货币的本质是"固定地充当一般等价物的商品"，不再讲货币是"特殊商品"的本质规定了。也就是说，作者是主张继续讲"货币是充当一般等价物的特殊商品"这种本质规定的。然而，作者又不得不承认他所看到的我在《北京日报》所引征的马克思讲过的话：货币作为一般等价物，是"一般商品"。所以他才主张货币的质的规定性既是"一般商品"，又是"特殊商品"，是二者的统一，所谓"一般和特殊的辩证统一"，既然如此，按道理说，作者也就不应该继续支持货币的本质是"充当一般等价物的特殊商品"的界定，不应该"质疑"和反对既不讲"一般商品"也不讲"特殊商品"，只讲货币是"固定充当一般等价物的商品"的界定。按他自己设定的逻辑，应该是既"质疑"只讲"特殊商品"，也"质疑"只讲"一般商品"才对。然而作者并没有贯彻自己的逻辑，而是只"质疑"放弃"特殊"二字的界定，实际上是主张继续讲货币是充当一般等价物的"特殊商品"。请看作者的这样一段话："从发生学上讲，货币不是一般商品，而恰恰是特殊商品……因而对理解货币商品的本质来说更为重要，更为根本。在此意义上，与其说货币是一般商品，毋宁说货币是特殊商品。”应当指出：作者对马克思有关货币本质的这种理解和辩解，与马克思的原意是完全相悖的。作者标榜“超越”，“超越”了什么呢？什么都没有！只是对错解和颠倒马克思理论观点的某些见解进行逻辑混乱的辩护。

二、《超越》一文关于货币的本质是“特殊商品”的论据不能成立

《超越》强调货币本质“特殊论”。它说：“特殊论”也非空穴来风，也有其赖以立论的文本依据。”其“依据”是所引马克思的三段话。一段是：“一旦交换达到一定的发展阶段，这种形式（指一般等价形式——引者注）就专门固定在一个特殊种类的商品上，或者说结晶为货币形式。”[①]可以肯定地讲，作者错解了马克思的原意，这里所讲的一般等价形式“固定在一个特殊种类的商品上”是指作为一般等价物的商品如金银，原来同其他商品一样，都各自是商品世界的一种特殊种类的商品，即各自具有其自然特点。它成为货币后，依然保持其特殊的自然特点。但这不是从货币的本质规定性来讲的，而是从货币产生的历史角度和货币材料的自然特点而言的。在货币产生以前，一般等价物因地域和时期的不同，可以由这种或那种特殊商品充当。最后一种特殊商品从商品世界的众多特殊商品中分离出来，马克思称作被其他商品排挤出来，“这种排挤最终限制在一种特殊的商品上”，一般等价形式“同这种特殊商品的自然形式社会地结合在一起，这种特殊商品成了货币商品”。[②] 显然，马克思这里所讲的成为货币的“特殊商品”，是从其“自然形式”，而不是从货币的社会形式，不是从其本质规定性来论述的。

---

① 《资本论》，法文版中译本，中国社会科学出版社 1983 年版，第 68—69 页。

② 《马克思恩格斯全集》第 23 卷，人民出版社 1972 年版，第 85 页。

《超越》所依据的另一段话是："一般等价形式专门同一种特殊商品结合在一起，即结晶为货币形式"。[①] 这段话的含义与上一段相同。并不是说，某种商品成为货币后就成为特殊商品。而是说当某种具有特殊自然形式的特殊商品，专门充当一般等价形式时，就成为或"结晶为"货币形式。

《超越》所依据的再一段话是："一种特殊商品由于其他商品的共同行动而分离出来，被用来表现这些商品各自的价值。于是这一商品的自然形式就成为具有社会效力的等价形式。从此，充当一般等价物就成为被排挤出来的商品的特殊社会职能，这种商品就成为货币。"[②] 这段话所讲的"特殊社会职能"，不能混同于"特殊商品"。如果混同，试将"特殊商品"代入"特殊社会职能"，句子就变成这样："充当一般等价物就成为被排挤出来的商品的特殊商品"。显然是文理不通，意思混乱的。货币的本质规定是一回事，货币的社会职能是另一回事。货币的本质规定，就是"固定充当一般等价物的商品"。或者更延伸一点就是"固定充当一般等价物的一般商品"。而讲货币的职能，是指货币所起的作用。马克思讲货币的本质和职能，都是就贵金属货币说的。金银之所以能作为货币，与其自然属性相关，"'金银天然不是货币，但货币天然是金银'，这句话已成为金银的自然属性适于担任货币的职能而得到证明"。于是，货币商品的使用价值二重化了。也就具有了两种特殊的使用价值：一种是从其自然属性产生的，如金可以镶牙，可以做首饰等；另一种是从社会属性产生的，即"由它的特殊的社会职能产生的形式上的使用价值"[③]。所谓"特殊的社会职能"，就是指金银商品可以起一般等价物的作用，其特殊职能的具体化就是货币的价值尺度、流通手段等职能。货币的"职能"是从货币的本质规定引出来的，是货币本质的表现。也可以说，货币作为"一般等价物的一般商品"，是货币商品的"特殊社会职能"。

请《超越》一文的作者注意：马克思正是在讲到货币商品具有"特

---

① 《资本论》，法文版中译本，中国社会科学出版社 1983 年版，第 73 页。

② 《资本论》，法文版中译本，中国社会科学出版社 1983 年版，第 68—69 页。

③ 《马克思恩格斯全集》第 23 卷，人民出版社 1972 年版，第 108 页。

殊的社会职能”时，紧接着在下面强调说明：“既然其他一切商品只是货币的特殊等价物，而货币是它们的一般等价物，所以它们是作为特殊商品来同作为一般商品的货币发生关系。”这段话用“既然……所以”的因果关系的句式，把问题讲得很清楚了：“既然”其他一切商品在货币面前只是充当“特殊等价物”，“所以”它们是“特殊商品”。“既然”货币是其他一切商品的“一般等价物”，“所以”货币是“一般商品”。显然，与“特殊等价物”相对应的只能是“特殊商品”；而与“一般等价物”相对应的只能是“一般商品”。而《超越》一文却硬要说，与“一般等价物”相对应的是“特殊商品”，并将其强加给马克思。

三、还马克思关于货币本质规定的原有界定

马克思关于货币作为一般等价物是“一般商品”的论述很多很多。《超越》一文的作者只看到我在《北京日报》2003 年 7 月 21 日的文章中所引的马克思的一段话，就以为只限于此。其实，马克思曾一再地、反复地论述这个问题。为了辨明理论是非，还马克思学说观点的本意，有必要对马克思的有关论述稍多引征一些，以便进一步交流和澄清问题。

在《资本论》法文版中译本第一卷第二章中，马克思讲：“货币在它们（指其他一切商品——引者注）面前充当一般商品，而它们在货币面前只代表特殊商品”。就是说，在商品世界中，货币商品与其他一切商品相对立，是以货币作为“一般商品”与千万种其他“特殊商品”相对立的形式出现。在《资本论》第一卷第三章中，论述货币的支付手段职能时，马克思又讲，这时“货币变成契约上的一般商品”。也就是说，与货币作为流通手段不同，作为流通手段，货币是现实的一般商品（一般等价物）；而作为支付手段，不需要现实的一般商品出现，只是作为契约上的一般商品（一般等价物）存在。

在《资本论》第三卷中，马克思又讲：“货币作为独立的价值形式和商品相对立”，“只是因为某种特定的商品成了这样的材料，所有其他商

品都用它的价值来衡量，它也因此成了一般的商品”。[①]

在《剩余价值理论》一书中，马克思在分析供求关系时特别指出：在一定的时刻，“对一般商品即货币”的需求，“大于对所有特殊商品的需求”。[②] 这是指在供过于求特别在生产过剩的经济危机时期的情况。这里，马克思讲“一般商品即货币”，是把货币与一般商品作为含义相同的概念使用了。

在《经济学手稿》中，马克思也一再讲货币是“一般商品”。他指出：“货币的属性是……同特殊商品并存的一般商品”，“货币是和其他一切商品相对的一般商品”。[③] 这里，明确地将“一般商品”定位为“货币的属性”即货币的本质规定。又说：“货币由于是每一种特殊商品在观念上或实际上采取的一般形式，因而是一般商品。”货币“在一般等价物这一规定中已包含着一般商品的概念，而货币只有作为一般商品才能实现为世界铸币。”[④] 显然，马克思清楚地说明，在货币固定充当一般等价物的本质规定中，就已包含了货币是一般商品的规定。

在长时期中，理论界在有关货币本质的理解和论述上，出现了颠倒马克思原意的错解情况，把货币商品界定为特殊商品，而把货币商品以外的其他一切商品界定为一般商品。之所以会出现这种情况，产生自三种原因：一是中华人民共和国成立前后从苏联引进的某些经济学教材和论著中，曾将货币的本质界定为固定充当一般等价物的特殊商品。当时，我们对苏联教材有一定程度的迷信，以为完全是马克思主义的，全盘接受下来。其实，苏联后来出版的有关教材中，也改正了原有的提法。二是从习惯用语中，容易接受货币是特殊商品的说法。人们往往习惯于从“普通”的含义上理解和运用“一般”一词。在日常生活中，被称作“一般”的东西，往往是指普通的东西。比如说这本书写得一般，那个人的学术水平一般，多少还带有点贬义。而马克思讲“一般等价物”“一般商品”的“一般”，是从哲学意义上界定的。“一般”，具有普遍适用的意

---

① 《马克思恩格斯全集》第 25 卷，人民出版社 1975 年版，第 584 页。

② 《马克思恩格斯全集》第 26 卷第 2 册，人民出版社 1973 年版，第 576 页。

③ 《马克思恩格斯全集》第 46 卷上册，人民出版社 1979 年版，第 90 页。

④ 《马克思恩格斯全集》第 46 卷下册，人民出版社 1980 年版，第 434—435、438 页。

思。比如，讲“一般规律”是指普遍适用的规律。同理，讲货币是“一般商品”，是指它代表一切商品，在与商品交换中具有普遍适用性。恩格斯就直接用“普遍商品”概念：“货币，即其余一切商品都可以和它交换的普遍商品”[①]。三是如果不去系统地和完整准确地理解和把握马克思的有关论述，容易从马克思的不同层次和不同角度的论述中，混淆“一般商品”与“特殊商品”的界定。把作为货币材料（金银）具有其自然特点意义上的“特殊商品”，当作作为货币本质属性的“特殊商品”；或是把货币作为一般等价物的“特殊社会职能”，与“特殊商品”相混淆。即使金银成为货币后，它原有的自然特点，或原作为特殊商品的特点，依然存在。马克思有时把货币的本质规定，同作为货币材料的特殊规定结合起来进行论述，例如：其他商品“作为特殊商品同一个作为一般商品的特殊商品对立起来”[②]。这句话容易被误解为货币的本质规定是一般商品和特殊商品的统一。《超越》一文的作者如果知道马克思还讲过这句话，一定会将之作为自己见解的有力依据。然而，马克思这里讲货币是“作为一般商品的特殊商品”，并不是将二者都作为货币的本质规定。“一般商品”是从本质规定讲的，“特殊商品”是从其自然特点讲的。请看马克思自己的说明：“货币自命为一般商品，但是，由于货币的自然特点，它又是一种特殊商品”[③]。

四、关于对货币本质规定认识是非的历史考察

《超越》一文说：20 世纪 80 年代初一些经济学辞典和教科书中普遍将货币界定为“充当一般等价物的特殊商品”。进入 90 年代后，许多政治经济学教材中，只讲货币的本质是“固定地充当一般等价物的商品”，“特殊”两字消失了。这表明作者根本不了解也不去掌握有关的学术历史资料。

---

① 《马克思恩格斯选集》第 4 卷，人民出版社 1995 年版，第 111 页。
② 《马克思恩格斯全集》第 13 卷，人民出版社 1962 年版，第 37 页。
③ 《马克思恩格斯全集》第 46 卷上册，人民出版社 1979 年版，第 185 页。

从有关马克思主义经济学的早期教材和著作来看，并不是都讲货币是固定充当一般等价物的特殊商品，例如日本著名的马克思主义经济学家河上肇于1932年出版的《〈资本论〉入门》一书中，就完全按照《资本论》的原意进行论述，没有讲货币的本质是“特殊商品”。[①] 另外，河上肇在20世纪20年代著述的《经济学大纲》中，关于货币形态是这样讲的：一般等价形态“最后变得固定在某种特殊的商品上面的时候，这个特定的商品就变成了货币”[②]。这里所讲的“特殊商品”，是从货币材料的自然特点，而不是从货币的本质来讲的。

在中国读者中较早发生过显著影响的政治经济学教材，是苏联列昂节夫著的《政治经济学》。该书中译本中华人民共和国成立前就在革命根据地发行，中华人民共和国成立后又多次重印，该书强调“货币是一种特殊商品”。中华人民共和国成立后，中国人民大学建立政治经济学教研室，并培养该专业研究生，所需教材是由中国人民大学出版社出版、翻译自苏联的政治经济学“十六分册”（后由三联书店出版）。其中《商品生产》分册，是科兹洛夫所著，中国人民大学出版社1953年出版。该书关于货币的界定是这样讲的：“货币无非就是一般等价物，就是等价价值形式与其使用价值已牢固结合的特种商品。货币就是经常起着一般等价物的作用的商品。”这段论述具有模糊性，如果只从后一句原打重点号的话看，其界定是准确的。但从前一句话看，则又讲货币是“特种商品”。而且，我当时做研究生时听苏联专家讲课，所接受的就是货币是固定充当一般等价物的特殊商品的道理。何况当时国内有的老经济学家也在自己的著作中这样论述。如经历坎坷的沈志远先生的《新经济学大纲》（1949年解放版）中给货币下的定义是：“表现为一切其他商品的共同交换价值的那种特殊商品，或者说，通用作为一切其他商品之交换价值的一种特定的商品，就是货币。”显然，这里也是没有分清作为货币材料的“特定的商品”，与作为货币本质属性的商品不是“特殊商品”，而只能是“一般商品”这两个不同层面的问题。不过，在货币本质规定的界定上，

---

① 见［日］河上肇：《〈资本论〉入门》，生活·读书·新知三联书店1959年版。

② 见［日］河上肇：《〈资本论〉入门》，生活·读书·新知三联书店1959年版，第70页。

苏联后来的通用教材中有一个重要的改变，但一直没有引起中国学界的注意。那就是由斯大林倡导编写的，当时具有权威性的《政治经济学教科书》(苏联科学院经济研究所编，中国于 1955 年、1956 年、1959 年先后翻译出版了该书第一版至第三版，人民出版社出版）已放弃了货币是特殊商品的界定。第一版的表述是：“货币是充当一切商品的一般等价物的商品，它本身体现着社会劳动，并表现为商品生产者之间的生产关系。随着货币的产生，商品界分为两极：一极是一切普通商品，另一极是起货币作用的商品。”(第 76 页）第二版和第三版的界定完全一样，比第一版简化了一些：“货币是充当一切商品的一般等价物的商品，它本身体现着社会劳动，并表现出商品生产者之间的生产关系。”

这部苏联《政治经济学教科书》，曾在中国作为高校教学和干部学习的统用教材。按理说，学界应该注意到关于货币本质规定的这个变化。然而我们大家都忽略过去了，依然“先入为主”地按原来的界定去讲。特别应该提及的是：《教学与研究》为配合当时全国学习苏联《政治经济学教科书》的需要，连载了对该书的“名词简释”。接着，中国人民大学出版社以分册形式出版发行，发行量很大，多次印刷。这部“名词简释”以“计斋”的化名编写与发表。实际上是由徐禾同志率头，由中国人民大学政治经济学专业的几位教师编写，由我统一修订，最后由徐禾定稿而成的（徐禾同志生病住院后，第二版由我修订定稿）。在解释“货币”一词时，我们依然将其界定为“特殊商品”。在《“政治经济学教科书”名词简释》(以下简称《简释》）第二分册（1956 年第一版，1959 年第二版）中，是这样写的：“货币是交换发展过程中自发地从商品界分离出来一种特殊商品，它起着一般等价物的作用”，“货币是特殊的商品，是作为一般等价物的商品”。由于这部《简释》（第二分册）发行量很大(1959 年 12 月第 2 版 1 个月内连印 5 次计 51 万册以上)，影响也大，因而对货币是特殊商品的不科学界定，在全国起了负面影响，我对此是有责任的。

不过，后来在编写教材和教学与研究中，认识到了问题的所在。由徐禾同志主持编写 1963 年完成的《政治经济学概论》（先由中国人民大学出版社出版，后由人民出版社于 1973 年、1983 年修订和再版）中，一开始就抛弃了货币是特殊商品的界定。明确写道："货币无非是一般等价物，是固定充当一般等价物的商品。"

1981 年我用化名在《学术月刊》第 6 期发表了《货币是特殊商品还是一般商品?》一文，按照马克思的原意进行了说明。1982 年，由宋涛主编、我任副主编的中央广播电视大学教材《政治经济学》中，明确提出"货币是固定充当一般等价物的一般商品"。此后，有些有影响的经济学教材中的有关提法，也相应地做了改变。例如，于光远和苏星主编的《政治经济学·资本主义部分》，在 1961 年人民出版社的版本中，是这样讲的："货币也是商品，而它和一般商品不同，它是充当一般等价物的特殊商品"。但在 1985 年的版本中，抛弃了原来的提法。改为"货币也是商品，但它和一切其他商品不同，它是固定地起一般等价物作用的商品"。而且还特别引用了马克思的原话：货币出现以后，"其他一切商品只是货币的特殊等价物，而货币是它们的一般等价物，所以它们是作为特殊商品来同作为一般商品的货币发生关系"。

现在还有一些政治经济学教材和论著及辞典中，继续从本质规定上讲货币是"特殊商品"，并加诸马克思。当别人提出这与马克思的原意相悖时，还有如《超越》作者那样，出来为之辩护。这只说明，某些"先入为主"的错误的理解与认识，会在一些人的头脑中扎根，成为理论认识上的一种"习惯势力"，清理起来颇有阻力。然而，以小喻大，为了正确地坚持和发展马克思主义经济学，必须清除一切附加在马克思名下的错误观点。

五、最后的几句话

《超越》一文的作者在其文章中表露出这样几点做学问上的问题。第一，既不去较系统和深入地学习和研究马克思论著中的有关论述和理论观点，又不去搜集所涉及的问题的学术历史资料，在理论观点和对所引马克思话的解释上，表现出随意性和盲目性。第二，在学术交流和讨论中，显示出一种傲慢、武断和自负的态度。例如，作者说："与其说货币是一般商品，毋宁说货币是特殊商品。将货币商品的一般性和特殊性割裂开来，这是货币观上的形而上学；视一般性为货币商品的本质，这可以说是一种舍本逐末的货币观。”听听这种批评的口气有多大！他是把自己没有弄清楚的马克思的有关观点，批评为“形而上学”、“舍本逐末”的货币观。第三，空话连篇还引出常识性的纰误。作者用大量篇幅不完全准确地转述与所讨论的本题无关的常识性的东西，如讲什么价值通过交换价值表现呀，价值形式的发展过程如何呀，什么是相对价值形式、什么是等价形式呀，什么是个别等价物、特殊等价物、一般等价物呀……而作者归结等价物的发展阶段时，是这样讲的：从“个别等价物”发展到“特殊等价物”，然后从“特殊等价物”发展到“一般等价物”，最后从“一般等价物”发展到“货币等价物”。本来，政治经济学的常识告诉我们，从一般价值形式到货币形式的过渡，并没有发生质的变化。货币就是固定在特定商品上的一般等价物，并不存在从“一般等价物”发展到“货币等价物”的说法。难道还存在超越“一般等价物”的“货币等价物”？

（原文发表于《当代经济研究》2005 年第 2 期）

再论超越货币本质“一般论”与“特殊论”的对立

——就马克思的货币思想与卫兴华教授商榷

王峰明　牛变秀*

2004年第11期《教学与研究》刊发拙作《超越货币本质“一般论”与“特殊论”的对立》一文（以下简称“拙文”），以马克思主义政治经济学教科书解读马克思货币本质思想的一个“转变”为切入点，略陈管见，其中涉及卫兴华教授的一些观点。卫教授则在《当代经济研究》2005年第2期上发表回应文章《货币的本质规定究竟是什么?》（以下所引除有另注之外均出自该文），对拙文的见解提出批评。对卫教授的批评，作为学界晚辈，我们还是愿意本着进一步推进马克思主义经典理论研究，努力探求其精神实质的态度，进一步展开诚恳、平等的对话和交流。

关于“学术资料”问题

卫教授批评拙文“在对马克思论述的理解上和对学术资料的掌握上，都存在不少问题”；“既不去较系统和深入地学习和研究马克思论著中的有关论述和理论观点，又不去搜集所涉及的问题的学术历史资料。在理论观点和对所引马克思话的解释上，表现出随意性和盲目性”。就学术资料而言，卫教授指的无非是两点：其一是说，马克思关于货币作为一般等价物是“一般商品”的论述很多很多。在卫教授看来，拙文则只看到他在《北京日报》2003年7月21日的文章中所引的马克思的一段话，就

* 王峰明：清华大学马克思主义研究中心副教授。牛变秀：北京农学院副教授。

以为只限于此。其二是说，关于货币本质是“一般商品”还是“特殊商品”的争论，由来已久，不只是20世纪80年代、90年代的事情。以此为论题发表的学术文章也很多很多。而在卫教授看来，拙文则“根本不了解也不去掌握有关的学术历史资料”。

在我们看来，掌握不掌握、知道不知道卫教授所说的“学术资料”的问题，是一个无法讨论的问题。

这里，倒是有必要对拙文写作的最初动因作一说明。作为拙文的两作者，我们一个从事马克思理论宣传工作，一个则长期在高校从事马克思主义理论教学工作。拙文所说的马克思主义政治经济学教科书中的“变化”，是一个不争的事实，无须多讲。就卫教授个人而言，他最初持的是一种观点，后来又变成另一种观点；就马克思主义理论宣传和教学而言，卫教授讲的是一种观点，同时又有其他人讲的是另一种不同的观点，而且诚如拙文所指出的，两种观点都有自身立论的文本依据，都认为自己的观点符合马克思的原意。由此促使马克思主义理论宣传工作者和教学工作者去思考这一问题，研究这一问题，并发表自己不同的看法，难道不是件很正常的事情？拙文的副标题已经指明，拙文是就教科书的“变化”发表一家之言，拙文并没有说是就学术界所有关于货币本质的观点、文章和著作发表看法，提出质疑。拙文对论述范围的这种限定，不知道卫教授是否注意到了。

关于“事物的本质”问题

卫教授指出：“任何事物都具有一般性和特殊性，可以说是一般性和特殊性的统一。”对此，我们有相同的认识。但卫教授又认为：无论是讲人的本质，还是讲货币的本质，都“既不能用这种一般性也不能用这种特殊性来说明。也不能说人的本质是一般性和特殊性的统一”。在卫教授看来，“事物的本质，只能是一种规定，而不能是两种相反的对立的规定”。对此，我们不能认同。

从特定角度、特定层面、特定范围来看，事物的本质只能是一种规定，而不能是两种相反的对立的规定。但是对事物及其本质规定，可以从不同角度、不同层面、不同范围进行观察、分析、把握，由此就可以得出关于事物本质的不同认识。列宁就着眼于认识的不断深化，在从一个层次向另一个层次不断掘进的意义上指出：“人的思想由现象到本质，由所谓初级本质到二级本质，不断深化，以至无穷。”[①] 事物可以有“初级本质”“二级本质”“三级本质”……以至无穷，而不是如卫教授所说的只能有一种本质规定。

拿卫教授用以批评拙文的“人的本质”问题为例。卫教授肯定马克思关于人的本质的定义，即“人的本质并不是单个人所固有的抽象物。在其现实性上，它是一切社会关系的总和”[②]。但是却否定恩格斯关于人的本质的另一个定义，即人能够制造和使用工具进行劳动，因而劳动是将人从动物界分离出来的本质规定。而实际上，无论是马克思的“关系”定义，还是恩格斯的“劳动”定义，都是从不同角度对人之为人所下的科学定义，因而都是正确的。恩格斯的定义着眼于人的起源，他说，“动物仅仅利用外部自然界，单纯地以自己的存在来使自然界改变；而人则通过他所作出的改变来使自然界为自己的目的服务，来支配自然界。这便是人同其他动物的最后的本质的区别”[③]，而造成这一区别的则是人的以制造和使用工具为标志的“劳动”。当然，恩格斯的定义只是一种“类定义”，从人与自然的关系中揭示了人的“类存在”和“类本质”。从“劳动”出发，只能将人与动物界区别开来，尚不足以将不同的人与人区别开来。而从人的具体的历史的存在的视角，对人的本质加以科学揭示的恰恰是马克思关于人的本质的定义。马克思的“关系”定义表明，人是社会关系的产物，社会关系是什么样的，人也就是什么样的；社会关系不同，也就赋予人不同的自我本质规定；社会关系在不断地变化、发展着，人的本质也在不断地变化、发展着。鉴于此，马克思又说，人“不是力求停留在某种已经变成的东西上，而是处在变易的绝对运动之中”[④]。

① 《列宁全集》第55卷，人民出版社1990年版，第213页。

② 《马克思恩格斯选集》第1卷，人民出版社1972年版，第18页。

③ 《马克思恩格斯全集》第20卷，人民出版社1971年版，第518页。

④ 《马克思恩格斯全集》第46卷上册，人民出版社1979年版，第486页。

马克思强调“首先要研究人的一般本性，然后要研究在每个时代历史地发生了变化的人的本性”[①]，这表达了人的本质的无限的敞开性和开放性特质。

在一定意义上讲，恩格斯关于人的本质的“劳动”定义，就揭示了人之为人的“一般性”和“普遍性”，也即“共性”。劳动是人所具有的共同的本质。也就是说，“一般性”和“共性”可以是对同一类事物所具有的共同本质的揭示和把握；而不是像卫教授所说的，不能将事物的本质归结为“一般性”和“共性”。马克思的“关系”定义则提示我们要立足于每一个人所处其中的具体的历史的关系，认识、把握其“特殊性”和“个性”。也就是说，“特殊性”和“个性”可以是对同一类事物中不同个体所具有的特殊本质的揭示和把握；而不是像卫教授所说的，不能将事物的本质归结为“特殊性”和“个性”。我们认为卫教授的观点偏颇在于，他所理解的“一般性”和“共性”——例如他讲的：“无论男人，女人，中国人，外国人，白种人，黑种人，既然都是‘人’，就具有区别于非人的共性即一般性”——只是马克思所批评过的“表面的和抽象的共同性”，而不是反映事物本质规定的“一般性”和“共性”。同样，他所理解的“特殊性”和“个性”，只是一种“表面的和抽象的差异性”，而不是反映事物本质规定的“特殊性”和“个性”。

就货币本质而言，卫教授作了与拙文大相径庭的理解：第一，拙文所说的货币本质既具有一般性，又具有特殊性，是一般性和特殊性的辩证统一，正是体现了货币商品在不同角度、不同层面、不同范围所具有的不同的本质规定；而卫教授则将“一般性”和“特殊性”绝对割裂开来、对立起来，看作是两种“相反的对立的规定”，它们不是相互联系、相互依存、相互包含、相互转化的两个方面，而是水火不相容的两种东西。第二，卫教授引用了马克思的一段话：“货币的属性是……同特殊商品并存的一般商品。”这里，马克思说的是货币的“属性”，而卫教授却认为马克思“明确地将‘一般商品’定位为‘货币的属性’即货币的本质规定”。很显然，“属性”并不是事物的“本质规定”。

---

① 《资本论》第1卷，人民出版社1975年版，第669页。

关于货币商品的“特殊性”与“特殊论”问题

卫教授认为，“货币的本质或其质的规定性”的问题，只能说是一个“究竟是作为一般等价物的‘特殊商品’，还是作为一般等价物的‘一般商品’”的问题，而拙文“却混淆和转换了概念，变成了‘一般论’（‘一般性’）和‘特殊论’（‘特殊性’）的关系”。

澄清这个问题并不难。卫教授承认马克思讲过货币商品是一个“特殊商品”。而这里的“特殊”只能是货币商品的一种“属性”，当把这种“特殊”或“特殊性”看成是货币商品的本质规定时，这种观点就是拙文所说的“特殊论”。当然，卫教授与拙文的争执之点在于：“特殊性”是不是货币商品的本质规定？进而，它是不是货币商品的唯一的本质规定？拙文认为，无论从作为“一般等价物”的层面，还是从作为“物”的层面，货币商品的本质中都包含着“特殊”或“特殊性”规定；而无论从哪一层面上讲，这种“特殊”都不是货币商品的唯一规定。而卫教授则认为“特殊商品”根本就不是货币商品的本质，更不能说是货币商品唯一的本质规定。拙文对货币商品的“特殊”或“特殊性”作了较为详细的论述，而且是以马克思的原典表述为根据。但卫教授认为拙文“关于货币的本质是‘特殊商品’的论据不能成立”，还十分肯定地讲，拙文“错解了马克思的原意”。那么，马克思的“原意”究竟是什么？货币商品的“特殊性”或“独特之处”究竟在哪里呢？

在卫教授看来，举凡马克思讲到货币商品是“特殊商品”的地方，都毫无例外地是指金银的“自然形式”和“自然特点”，用卫教授的话说，“是指作为一般等价物的商品如金银，原来同其他商品一样，都各自具有其自然特点。它成为货币后，依然保持其特殊的自然特点”。如果是这样，如果说货币商品的特殊性在于其“物理—自然”属性，那么正如卫教授所说的“这不是从货币的本质规定性来讲的”，不能将货币商品的本质归结为这种“自然形式”和“自然特点”。但问题恰恰在于，这种理解并不能体现马克思的原意。理由如下：马克思不仅讲货币商品是“特殊商品”，而且讲其他商品也是“特殊商品”。当马克思说货币商品是“一般商品”时，其他商品就通通都是作为“特殊商品”而存在。在这种情况下，“特殊商品”之“特殊”就是指其他商品各自所具有的形态各异、色彩纷呈的“自然形式”和“自然特点”。但是，当马克思讲，而且一再地讲货币商品是“特殊商品”时，就绝不是在强调它所具有的“自然形式”和“自然特点”。因为：第一，货币商品作为一般等价物，它所扮演的角色是“社会的”，其独特性在于其社会性，而决不是其本身的自然形式和自然特点。在自然形式和自然特点方面，并不能将货币商品同其他商品区别开来而获得一种特殊的社会的质的规定。这就是说，单纯从自然层面，单是货币商品的自然形式和自然特点，根本不足以将货币商品从商品世界中分离出来，而取得“一般等价物”的独占地位，从而成为一种“特殊商品”。第二，如果说，马克思讲货币商品是一种“特殊商品”是指金银的自然形式和自然特点，那么马克思不断强调货币商品的“特殊性”，货币商品是一种“特殊商品”，就是一种毫无意义的“强调”和“限定”。因为，就自然属性、自然形式、自然特点而言，其他商品都是特殊商品，都具有各自不同于别的商品的自然属性、自然形式和自然特点。而绝不能说“货币商品”是具有特殊自然形式和自然特点的特殊商品，而其他商品例如一头驴就不是具有特殊自然形式和自然特点的特殊商品。所谓“特殊自然形式的特殊商品”，这是毫无意义的同义反复。

拙文认为，货币商品作为“特殊商品”包含了与其自然形式和自然特点不同的以下两个层面的含义。其一，货币商品作为一般等价物具有“特殊”的社会职能和地位，这就是它能与其他一切商品直接而普遍地进行交换，此外的任何商品都不处于这种形式，都不具有这种直接而普遍的可交换性。对此，卫教授批评拙文时指出，不能将“本质”与“职能”混为一谈，“货币的本质规定是一回事，货币的社会职能是另一回事”。这种批评表面看起来有道理，实际则不然。我们固然不能说货币的本质就是货币的职能，但“结构—功能”却可以是解剖把握货币本质的一个重要维度。因此，正是货币的特殊的社会功能赋予它一种特殊的规定性，从而使货币商品与其他商品在本质上区别开来。其二，货币商品作为一般等价物，其特殊性还在于金银的“物理—自然”属性与“价值即一般人类劳动”所具有的“经济—社会”属性的内在契合。这种特殊性对货币商品的本质规定而言，更为重要、更为根本。因为，就社会地位和社会职能意义上的特殊性而言，其他充当一般等价物的商品也同样具有这种特殊性，因而对于充当一般等价物的所有商品包括货币商品来说，都只是一种外在的和偶然的特殊性，随着一般等价物地位的丧失，这种特殊性也随之而不复存在。但“契合”意义上的特殊性则不然。它是货币商品所独有的特殊性，是将一般等价物固定在货币商品上的关键所在。换言之，在社会地位和职能意义上的特殊性，只能将货币商品与其他“非一般等价物的等价物商品”区别开来；只有“契合”意义上的特殊性，才进一步将货币商品从“一般等价物商品”中分离出来，排挤掉其他一般等价物商品，成为独一无二的一般等价物。

我们认为，事物的本质，无非就是把一个事物或一类事物同另一个事物或另一类事物区别开来的质的规定性。就一般等价物而言，货币商品作为其中的一个，具有一切一般等价物所具有的共同的本质规定。社会地位和职能意义上的特殊性就是这样的本质规定。同时，货币商品还具有不同于其他一般等价物商品的自身独特的本质规定。“契合”意义上的特殊性就是这样的本质规定。

关于货币商品的“一般性”与“一般论”问题

在货币商品作为“一般商品”这一问题上，拙文的基本观点如下。第一，货币商品作为“一般商品”同作为“一般等价物”具有相同的内涵和外延。正是因为货币商品是一般等价物，所以它才是一般商品。这也有马克思的经典表述为据，“在一般等价物这一规定中已包含着一般商品的概念规定”①。第二，当马克思说货币商品是“一般商品”时，正是就现实的价值关系中货币商品作为一般等价物所具有的作用和功能而言

① 《马克思恩格斯全集》第46卷下册，人民出版社1980年版，第438页。

的，这就是表现、显示其他一切商品的内在价值。也就是说，在拙文看来，货币商品的“一般性”仍然是从其具有的社会功能中获得的。第三，作为等价物发展的不同形式，“个别”“特殊”“一般”分别具有“一个”“一些”“一切”的含义。一般等价物是“唯一一个”表现、显示其他“一切”商品价值的商品。正是这种唯一性，使得其他一切商品的价值或者说价值共同性获得了统一的显示和表现，一般等价物是这种价值共同性的“可以看得见的化身”和“一般的社会的蛹化”，它是其他一切商品的价值的“代表”，甚至可以说它就是其他一切商品的价值。第四，在拙文看来，“一般商品”或“一般性”只是在一定层面即一般等价物的层面揭示了货币商品的本质规定，这种一般性规定并不足以将货币商品同其他一般等价物商品区别开来，并不是货币商品固定地充当一般等价物的关键所在。因为，其他担当一般等价物的商品也同样具有这种“一般性”，即统一地显示和表现其他一切商品的价值或者说价值共同性。

卫教授同意货币商品作为“一般商品”的说法，承认一般等价物也就是一般商品，却不同意货币商品具有“一般性”的说法。事实上，当马克思讲货币商品是一个“一般商品”时，这里的“一般”是也只能是货币商品的一种“属性”，难道说还有“一般性”之外的另一种“一般”？

卫教授同意货币商品作为“一般商品”的说法，承认一般等价物也就是一般商品，却没有理解拙文所讲的货币本质问题上“一般论”的含义。实际上，既然说货币是充当一般等价物的商品，而“一般等价物”也就是“一般商品”，“一般商品”指的就是具有某种“一般性”的商品。当把这种“一般”或“一般性”看成是货币商品的本质规定时，这种观点就是拙文所讲的“一般论”。

卫教授同意货币商品作为“一般商品”的说法，承认一般等价物也就是一般商品，却既不主张货币商品的本质是“一般商品”，也不主张是“特殊商品”，而只是说“货币是充当一般等价物的商品”。言外之意，他既不同意用“一般”和“一般性”，也不同意用“特殊”和“特殊性”去界定货币商品的本质。我们认为，这并不能改变卫教授在货币本质问题上“一般论”的认识。第一，卫教授的货币是“固定地充当一般等价物的商品”这一定义，是从对“特殊论”的批判、否定中得出来的结论。

因为在卫教授看来，将“特殊商品”看成是货币商品的本质规定，这是对马克思的误读误解，错误地将金银作为货币商品所具有的自然形式和自然特点看成是货币商品的本质规定。第二，在卫教授那里，货币商品作为一般等价物的“一般性”与“特殊性”、“共性”与“个性”是彼此绝对对立的，是一般就不能是特殊，是特殊就不能是一般，二者必居其一；或者说，货币商品的本质规定中有一般性就没有特殊性，有特殊性就没有一般性，二者只容其一。

需要指出的一点是，对于货币作为“一般商品”，其“一般”指的是什么？是什么意义上的“一般”？卫教授只有一段表述：“马克思讲‘一般等价物’‘一般商品’的‘一般’，是从哲学意义上界定的。‘一般’，具有普遍适用的意思。比如，讲‘一般规律’是指普遍适用的规律。同理，讲货币是‘一般商品’，是指它代表一切商品，在与商品交换中具有普遍适用性。”除此之外，卫教授只是列举了许多马克思关于货币是“一般商品”的表述，对于这些表述则缺乏令人信服的分析论证，或者说，他的全部分析论证概括起来是三句话：其一，论点：货币在本质上是一般商品；其二，论据：马克思讲，而且在多个地方多次讲，货币在本质上是一般商品；其三，结论：所以货币在本质上是一般商品。与此不同，拙文则努力展现马克思分析货币本质的内在理路和逻辑，即将货币商品放到现实的价值关系和这种关系的现实的历史运动中去，通过分析把握货币商品在价值关系中所扮演的角色和所起的作用，分析把握在价值关系的历史运动中货币商品生成和嬗变的真实动因，全面、具体、深入地说明货币商品的本质。

关于“质疑什么”的问题

卫教授讲，按拙文“自己设定的逻辑，应该是既‘质疑’只讲‘特殊商品’，也‘质疑’只讲‘一般商品’才对”。然而在卫教授看来，拙文“并没有贯彻自己的逻辑，而是只‘质疑’放弃‘特殊’二字的界定”，“是质疑（不赞同）有关教科书中只讲货币的本质是‘固定地充当一般等价物的商品’，不再讲货币是‘特殊商品’的本质规定”，这实际上“是主张继续讲‘货币是充当一般等价物的特殊商品’”。

这表明，卫教授没有明白拙文所要表达的深层意见。拙文的副标题清楚地写着：“对马克思主义政治经济学教科书中一个变化的质疑”，质疑的是“变化”，而不是其他。这变化是什么呢？就是对马克思货币本质思想，从一种解读即“货币是固定充当一般等价物的特殊商品”向另一种解读即“货币是固定充当一般等价物的商品”的转变。如前所述，这种转变是个不争的事实。

为什么要质疑这一“变化”呢？因为在我们看来，这是一种“倒退”，是对货币本质认识的一种“退化”。比之于将货币本质归结为“一般等价物”或“一般商品”的“一般论”，“特殊论”毕竟揭示了货币商品作为“一般等价物”所具有的“特殊性”或“个性”，从而使货币商品从其他作为一般等价物的诸多商品中提升出来、区别开来。“一般论”则不然。由于“一般”或“一般性”是所有作为一般等价物的商品所共同具有的本质规定，因而只是揭示了货币商品相对于其他“非一般等价物商品”的“特殊性”或“个性”，却难以使货币商品同其他作为一般等价物的诸多商品区别开来。当然，对货币商品的“特殊”和“特殊性”的含义，决不能仅仅作一种“自然主义”的理解，即将之归结为金银所具有的自然形式和自然特点；若是这样，货币商品就与其他任何商品都处于同一档次、同一层面了，因为大家都毫无例外地具有自身独特的自然形式和自然特点，因而都是一种“特殊商品”。

按照事物发展的轨迹和逻辑，等价物首先是“个别等价物”，其次是“特殊等价物”，再次是“一般等价物”，最后才是“货币等价物”。就货币等价物而言，货币商品首先是充当一般等价物，从而首先获得并显示出一切充当一般等价物的商品所具有的“一般”和“一般性”规定，然后才能靠自身所具有的区别于其他充当一般等价物的商品的“特殊”和“特殊性”规定，在价值形式的历史的发展中分离出来，独占一般等价物的位置。显然，“特殊”和“特殊性”规定比“一般”和“一般性”规定，更进一步、更深一层地体现了货币商品的本质规定。比之“一般论”，“特殊论”揭示了货币商品区别于其他充当一般等价物的商品的

“特殊”规定，把握了货币商品作为“特殊商品”所具有的内在特质，这是认识的进步和深化。卫教授则将对货币本质的认识拉拽到较浅的层面上来。

卫教授说，在 20 世纪 50 年代末期，受苏联教科书的影响，他也是将货币看成是“特殊商品”的，由他“统一修订”的《“政治经济学教科书”名词简释》也将货币解说为：“货币是交换发展过程中自发地从商品界分离出来的一种特殊商品，它起着一般等价物的作用”，“货币是特殊的商品，是作为一般等价物的商品”。他还说，这种“对货币是特殊商品的不科学界定，在全国起了负面影响，我对此是有责任的”。在我们看来，上述被卫教授认为是“不科学”的货币定义，其实是一个较为全面、较为辩证的定义。需要进一步做的工作，一是对货币商品的“特殊性”做出科学解释；二是将这一解释限定在“物与物的关系”的层面；三是在更深一层次上即在“人与人的关系”层面把握货币商品的本质。从 20 世纪 50 年代末到 80 年代初，在 20 多年的探索中，是什么妨碍了对货币本质认识的进一步深化，这应该引起我们高度的重视。

关于“超越什么”的问题

卫教授批评拙文“标榜‘超越’”，“超越”了什么呢？其实“什么都没有（超越)!”卫教授说：“现在还有一些政治经济学教材和论著及辞典中，继续从本质规定上讲货币是‘特殊商品’，并加诸马克思。”他还认为拙文在为这种“与马克思的原意是完全相悖”的观点和见解“进行逻辑混乱的辩护”，“是主张继续讲‘货币是充当一般等价物的特殊商品’这种本质规定的”。这表明，卫教授并没有认真分析拙文的内容，也没有真正弄明白“超越货币本质‘一般论’与‘特殊论’的对立”这一标题的含义。

诚如拙文所指出的，无论是“一般商品”还是“特殊商品”，也无论是“一般性”还是“特殊性”，都只是货币商品在“物”的层面表现出来的本质规定。而更为重要的是，马克思货币观同其他经济学家的货币理论的区别之处在于：透过货币商品表层具有的“物”的规定和关系，马克思揭示了隐藏于深处的“社会规定”以及人与人之间的“社会关系”。

接着，拙文从“一般人类劳动”的“化身”和“劳动的社会联系”的“中介”两个方面，具体剖析了马克思货币观所揭示的货币商品背后的社会规定以及人与人之间的社会关系。要点是：第一，价值作为抽象劳动的凝结，作为商品的社会规定，体现的是人类劳动的无差别的社会性。劳动的社会性决定了价值的社会性，价值的社会性决定了表现和显示价值的等价物的社会性。等价物就是这种同质的社会劳动的表现。只有在一般等价物出现后，人类劳动的无差别的社会性才在商品交换和价值关系中真正地体现出来。而货币商品则将这种显现进一步固定下来，货币商品成为无差别的人类劳动简单、唯一、恒定的化身。第二，商品交换是劳动交换，表现的是人与人之间的社会联系。在任何社会中，都存在着人与人之间的劳动交换和社会联系（即社会的能量变换）。但只有在商品生产存在的条件下，这种劳动交换才表现为商品交换，这种社会联系才表现为商品与商品之间的物的联系。而且，这种交换和联系只有借助于等价物才能得以建立和实现。只有通过一般等价物，人与人之间的劳动才建立起不受数量和时空限制的广泛的和普遍的社会联系。货币等价物则将这种联系的建立固定下来，货币商品成为商品经济条件下实现人与人之间劳动的社会联系的简单、唯一、恒定的桥梁和中介。货币商品是人与人之间劳动的社会联系在商品经济条件下采取的一种新形式。

上述两个方面是彼此联系、不可分割的。正是因为货币商品是人类劳动的社会性和社会性生产劳动的“化身”，所以它才能作为“中介”建立起人类劳动的广泛的和普遍的社会联系；反之，正是在货币商品的“中介”下建立起人类劳动的广泛的和普遍的社会联系，人类劳动的社会性才在货币这里得到充分的体现和实现，货币才成为社会性生产劳动的“化身”。在拙文看来，离开人类劳动的社会性或社会性生产劳动，离开人与人之间的社会关系或联系去界说货币商品的本质，都有悖于马克思货币观的根本精神。

马克思一再强调，他研究的是资本主义的生产关系和社会关系；当下使用的教科书包括卫教授主编的教科书也一再地声明，马克思主义政治经济学的研究对象是生产关系，其根本特点在于透过物与物的关系揭示了人与人之间的社会关系。这种研究路径和指归应当体现在马克思主义政治经济学的每一个范畴、每一个原理中。货币范畴和货币理论也不例外。

由此不难理解，拙文所谓的“超越”，正是要求放弃货币本质问题上“一般论”与“特殊论”之间的僵死对立，吸收双方的合理成分，以“扬弃”的形式在更深、更高的层面，也就是在人类劳动的社会性、在人与人劳动的社会联系的层面理解和把握货币商品的本质规定。这也正是马克思经济思想所强调和要求的。

拙文所讨论的货币商品的本质问题，是一个“小”问题，但可以以小见“大”。我们在研究马克思主义理论时，要重视马克思主义理论内在的统一性，切忌将它从哲学和经济学等方面分解开来学习、研究和宣传。必须开启一种新的研究路向，将马克思主义哲学和经济学等内容打通开来进行研究，以彰显其哲学的经济学底据和经济学的哲学底蕴。对此，我们也将不懈努力。我们期待和欢迎一切科学的批评。

（原文发表于《探索与争鸣》2006 年第 8 期）

马克思主义视角的电子货币属性和职能分析

——兼与尹龙商榷

王 倩*

尽管人们日常生活中已经常使用货币这个词，似乎它的含义是明确的，但实际上，学者们对货币性质的认识并不统一。例如，马克思认为，“作为价值尺度并因而以自身或通过代表作为流通手段来执行职能的商品，是货币”[①]，即货币是固定充当一般等价物的商品，是价值尺度和交换媒介的统一。萨伊仅强调货币的交换媒介职能，否认其价值尺度的作用。凯恩斯从交换媒介的角度强调货币的流动性。弗里德曼则干脆放弃从货币职能的角度给出货币的理论定义，仅从服务于货币政策的角度给出了大体相当于 M_2 的一个实证性货币定义。而 20 世纪 80 年代兴起的新货币经济学派则提出了支付科技发展使货币的价值尺度和流通手段职能可以分离的结论。因此，如何界定电子货币这一新型货币的性质并进而分析这一新型货币的职能，无疑是个值得争论的理论问题。尹龙对电子货币作了拓荒性研究，但在分析电子货币性质时采用了新货币经济学派的观点，根据马克思的货币思想，他所提出的一些结论有很多值得商榷之处。

一、电子货币的货币属性分析

“在电子货币体系中，货币的性质的确有了较大的变化……货币概念

* 王倩：吉林大学经济学院讲师，经济学博士。

① 《资本论》第 1 卷，人民出版社 1975 年版，第 149 页。

的内涵和外延也发生了变化，既然带有个体化特征，类似于银行和企业一般产品的电子货币可以成为货币，那么据此推论，那些流动性很强、可以媒介商品交易的其他金融产品，比如标准化的企业债券、基金单位和保险合约，同样也可以列入‘货币’范畴。”[①] 这种不加区分地把各种电子货币都称之为货币并进而推论企业债券、基金单位和保险合约同样也可以成为货币的思想是值得商榷的。

马克思指出：“金能够作为货币与其他商品对立，只是因为它早就作为商品与他们对立。与其他一切商品一样，它过去就起等价物的作用；或者是在个别的交换行为中起个别等价物的作用，或者是与其他商品等价物并列起特殊等价物的作用。渐渐地，它就在或大或小的范围内起一般等价物的作用。一旦它在商品世界的价值表现中独占了这个地位，它就成为货币商品。”[②] 即货币是固定地充当一般等价物的商品。卫兴华教授认为，“马克思‘一般等价物’‘一般商品’的‘一般’是从哲学上界定的。‘一般’具有普遍适用的意思”[③]。尽管企业债券、基金单位和保险合约等金融产品可以媒介商品交易，但由于没有被普遍使用，只是偶尔在个别交换行为中起个别等价物的作用，因此还不能将其称之为货币。那么，是否所有分散发行的电子货币都可以称之为货币呢？对此，需要根据发行主体的不同进行区分。在当今信用货币制度下，中央银行已经不是唯一的货币供给者，存款性金融机构通过其信用创造功能为社会提供存款货币并分享中央银行货币发行的垄断权。鉴于商业银行在货币供给中的特殊地位，各国在统计货币供给量时也都根据商业银行对公众负债的期限不同而将其计入不同的货币供应层次中。既然传统上，商业银行对公众的负债可以作为货币，而且在多用途电子货币作为发行机构所创造的负债在本质上与活期存款负债相同，因此，商业银行发行的电子货币可以称为货币。

尽管非存款性金融机构发行的电子货币（也称产业货币）与银行发

---

① 尹龙：《货币性质的再认识与货币供给理论的发展》，《金融研究》2002 年第 1 期。

② 《资本论》第 1 卷，人民出版社 1975 年版，第 86 页。

③ 卫兴华：《货币的本质规定究竟是什么？——评〈超越货币本质“一般论”与“特殊论”的对立〉》，《当代经济研究》2005 年第 2 期。

行的电子货币在产品技术规范上相同，但其经济属性却有很大差异，非存款性金融机构所发行的电子货币不具备货币属性。非存款性金融机构发行的电子货币属于封闭式电子货币，即电子货币的发行人同时也是货物或者服务的提供者，电子货币的持有人从发行人处购买代表金钱价值的电子货币，然后再用该电子货币从发行人处购买货物或服务。所以，利用封闭式电子货币购买商品实际上属于预付货款的一种交易方式，在交易中真正起交易媒介作用的仍是传统货币。

二、电子货币的价值尺度职能分析

“电子货币对商品价值度量的标准，仍然遵循中央银行货币的统一‘价值尺度’标准，所有的电子货币都以中央银行货币单位作为自己的计价单位。即使有一天电子货币完全取代了中央银行货币，这种状况也并不会发生明显的变化，因为作为‘价值尺度’货币单位必须是公认的、统一的和规范的，与其他度量单位一样，需要法律强制执行。电子货币由于带有明显的发行人特征，而不同发行人对价值判断的标准不同，因而电子货币体系需要通过一个‘外部’标准统一规范，这一标准只能是中央银行货币或法币标准。即使现行纸币完全退出流通，它也会蜕变成一种抽象的‘价值尺度’概念，成为商品统一标价的基础。”因此，“电子货币与其他电子支付手段相比，具有货币的一般性特征，但是，它却不是一种‘价值尺度’”。[①] “电子货币使货币最基本的两项职能‘价值尺度’和‘流通手段’分离了”，“电子货币的这些特性在一定程度上印证了新货币经济学对货币性质的疑虑。”[②]

从以上引述中，我们可以看出对电子货币没有价值尺度职能的分析存在三个问题。

第一，混淆了货币作为价值尺度与货币本身的价格标准这两个不同

① 尹龙：《网络金融理论初论——网络银行与电子货币的发展及其影响》，西南财经大学出版社 2003 年版，第 105 页。

② 尹龙：《货币性质的再认识与货币供给理论的发展》，《金融研究》2002 年第 1 期。

的范畴。所谓价格标准是为了用货币衡量和比较各种商品的价值量，而确定的一个代表一定重量贵金属的货币计量单位及其等分。虽然在布雷顿森林体系崩溃后，货币与黄金之间的联系已被割断，但货币仍然在沿用传统的货币单位。而且，从货币形态的发展史上看，不仅纸币替代金属货币时沿用了金属货币的货币单位，任何一种新型货币形态为便于被公众接受都会采用原有货币的单位。马克思早就明确地对“以为镑、先令、便士、塔勒、法郎等名称，不是指金银的重量部分或某种物化劳动，而是指观念的价值原子”的错误观点进行了批判，并指出“作为价值尺度的金和作为价格标准的金，具有完全不同的形式规定性，两者的混淆曾经引起最荒谬的理论”①。“作为价值尺度和作为价格标准，货币执行着两种完全不同的职能。作为人类劳动的社会化身，它是价值尺度；作为规定的金属重量，它是价格标准。作为价值尺度，它用来使形形色色的商品的价值变为价格，变为想象的金量；作为价格标准，它计量这些金量。价值尺度是用来计量作为价值的商品，相反，价格标准是用一个金量计量各种不同的金量，而不是用一个金量的重量计量另一个金量的价值。”② 显然，元、角、分等法定单位作为货币单位应是货币本身的价格标准，不能错误地把货币单位称之为“价值尺度”，也不能以电子货币没有自己的货币单位来否认电子货币拥有价值尺度职能。

第二，对电子货币没有价值尺度职能的分析还存在一个逻辑难题。在该分析中，中央银行发行的纸币具有价值尺度职能，电子货币在媒介商品交易时只发挥流通手段的职能，价值尺度的职能由纸币担任。为便于分析，我们从可兑换纸币——银行券入手。众所周知，银行券本身没有价值，它只是价值符号，“价值符号直接地只是价格的符号，因而是金的符号，它间接地才是商品价值的符号”③，即银行券之所以具有价值尺度的职能是因为它可以充当“价值尺度”黄金的代表。从电子货币特征看，电子货币本身没有价值，只是一些电子数据，人们之所以接受电子

---

① 《马克思恩格斯全集》第13卷，人民出版社1962年版，第60—61页。

② 《资本论》第1卷，人民出版社1975年版，第116页。

③ 《马克思恩格斯全集》第13卷，人民出版社1962年版，第105页。

货币是因为电子货币是建立在中央银行法币即一定量现金或由中央银行法币计价的银行存款、贷款和预支付款项基础上的。也就是说，电子货币存在的前提是它可以兑换成中央银行法币。因此，电子货币以代表中央银行法币的“二次货币”形式存在。既然作为“价值尺度”——黄金代表的纸币可以充当价值尺度，那么为什么同样作为“价值尺度”——纸币代表的电子货币就不再具有价值尺度职能呢？

第三，在引用新货币经济学派关于货币两个重要职能分离的结论时，忽略了该结论提出的背景和前提。作为新货币经济学派的主要思想，“法马寓言”之所以提出货币的两个重要职能“价值尺度”和“流通手段”职能相分离的观点，是因为法马假设存在一个银行电子化高度发达的社会，所有的交易都以银行转账，即银行进行会计簿记的方式结算。法马所描述的是一个无交易媒介的社会，其最终目的并不是分析货币的性质，而是要通过简单地取消货币避免货币对实体经济的扰动。而电子货币又称电子现金，它是脱离银行转账系统作为货币存在的，电子货币仍然是一种交易媒介，只不过是从纸质形态转化为电子形态而已。新货币经济学派的另两位代表人物布莱克和霍尔虽然没有提出要取消货币的设想，但他们所推荐的可用作记账单位的计价商品是由几种商品组成的“商品束”，从而通过价值稳定的计价品来消除货币对经济均衡的破坏作用。在他们的观点中“货币”是抽象的核算单位。“在这么一个世界里，不可能给出货币数量的任何合理的定义。支付机构在此将非常有效率，但通常意义上的货币根本不存在了。”① 可见，新货币经济学家提出货币“价值尺度”与“流通手段”职能相分离，这一思想的出发点及研究对象不同于对电子货币的研究，不能简单地把前者的结论套用到对电子货币的分析上。

因此，同黄金、纸币一样，电子货币的价值尺度职能依然存在。黄金以其自身内在的商品价值，作为价值尺度，纸币作为政府印制并标明

---

① Fischer Black, “Banking and Interest Rates in a World Without Money: The Effects of Uncontrolled Banking,” *Journal of Bank Research*, (Autumn, 1970): 8.

价值的纸质证书符号发挥其价值尺度功能，电子货币建立在纸币或存款账户基础上，作为更抽象的观念货币发挥价值尺度职能。和纸币一样，电子货币之所以能执行价值尺度职能，是因为“货币在执行价值尺度的职能时，只是想象的或观念的货币。”所以，电子货币具有计量商品价值的价格确认功能，可以充当价值尺度。

电子货币没有价值尺度职能这种观点应用于实践也是危险的。因为，如果认为电子货币没有价值尺度职能，那么就不必担心电子货币迅速发展可能会对中央银行法偿货币价值尺度职能的冲击，各国也就不必通过金融法规要求电子货币的发行人承担以中央银行通货等值赎回电子货币的职责，这不仅会使电子货币分散发行与货币作为一般等价物这一本质属性产生矛盾，还有可能会引发恶性通货膨胀。

三、电子货币的流通手段职能分析

“电子货币是一种高效的流通手段，是在统一价值尺度下对流通手段的替代。利用电子货币媒介商品交易，速度快、费用低。”① 这说明电子货币是一种比纸币更具优势的流通手段，但不能忽略的是，作为高效流通手段的电子货币必须依托一定的物理介质。由于电子货币是无形的，特别是在便捷式读卡器（即可以使电子货币持有者面对面进行电子货币数据交换的设备）被研制出来以前，买卖双方完成交换还必须依靠银行等中介机构或中央处理器的参与。所以，电子货币执行流通手段职能还要依托于一定的电子设备，其作为高效流通手段的优势只有在满足这一前提下才能实现。与黄金和纸币相比，电子货币作为流通手段的另一个特点在于媒介商品交易时，买卖双方不在同一空间，不是当场的钱货两讫。这是由于电子货币没有明确的物理形式，付款行为是通过转移代表电子货币的数据信息结算的。

---

① 尹龙：《网络金融理论初论——网络银行与电子货币的发展及其影响》，西南财经大学出版社 2003 年版，第 106 页。

四、电子货币的支付手段职能分析

当商品的让渡同商品价格的实现在时间上分离开来时，货币发挥着支付手段的职能。“随着信用事业的扩大，货币作为支付手段的职能也在扩大。”① 与黄金、纸币相比，电子货币产生于信用程度更高的货币经济时代，这使其支付中介职能更大，更具优势。电子货币支付过程中银行的介入不仅通过银行信用与商业信用的结合促进了信用事业的进一步发展，而且转账式银行结算方式也大大降低了作为支付手段的电子货币的需要量。同时，由于电子货币没有体积，没有重量，在网络间可以迅速传递，这使它成为更迅捷的支付手段，也使得电子货币的需要量进一步减少。因为，“流通过程的每一个一定的时期内，到期的债务代表着产生这些债务的已售商品的价格总额。实现这一价格总额所必需的货币量，首先取决于支付手段的流通速度。”②

五、电子货币的储藏手段职能分析

“利用货币‘储藏’价值的先决条件之一，是货币积累所代表的价值积累没有风险，或者风险极低。比如，人们储存中央银行的货币，不用担心中央银行是否会破产倒闭，也不用担心所储存的货币是否会在某一天不被他人所接受。但如同一般商品往往带有生产者特有的标志一样，目前的电子货币不仅在名称和形式上有区别，而且在使用范围、功能和流通方式等方面也不尽相同。”因此，“电子货币也不是有效的‘价值储藏手段’”③。从风险的角度讲，目前电子货币正处于初始发展阶段，它

① 《资本论》第1卷，人民出版社1975年版，第160页。

② 《资本论》第1卷，人民出版社1975年版，第157页。

③ 尹龙：《网络金融理论初论——网络银行与电子货币的发展及其影响》，西南财经大学出版社2003年版，第105页。

的风险要大于中央银行的货币，从而电子货币的储存手段职能要弱于纸币，但不能据此得出电子货币不再具有价值储藏手段的职能。人们之所以会储存货币是因为持有货币能够买到商品。从这一角度看，电子货币作为交易媒介也可以使其持有者换到他所需要的商品，所以人们还会保留一部分电子货币。

六、电子货币的世界货币职能分析

电子货币一诞生，即在国际交易中发挥着流通手段和支付手段的职能。它打破了以往任何一种货币在国际流动的滞涩，超越了时空限制，成倍地提高了货币媒介交易的速度和效率，极大地降低了交易成本，促进了资本流动全球化和金融市场一体化，所以说电子货币天然带有部分“世界货币”的属性。然而，电子货币的世界货币职能与黄金、纸币相比还有些区别。黄金作为世界货币是因为它本身是价值的实体，有价值量，而且这一职能的发挥，是通过黄金可以自由输出入以及黄金作为平衡国际收支的最终手段实现的。在与黄金脱钩的纸币流通时期，有些纸币既不能与黄金兑换，又不能在国际自由流通，黄金仍在最后平衡国际收支时发挥一般支付手段和流通手段的职能。布雷顿森林会议后，以美元为主的西方发达国家的货币发挥了世界货币的职能，这些国家的纸币之所以会成为国际货币，是以这些国家强大的经济实力，以及这些国家货币的信誉为依托的。而电子货币作为世界货币，源于市场对电子支付手段的客观需要。“电子货币的国际性来源于‘生产’这种‘产品’的发行者具有跨国经营方式。电子货币的扩展范围，随跨国公司业务经营范围和商誉的变化而变化。”[①]

① 尹龙：《网络金融理论初论——网络银行与电子货币的发展及其影响》，西南财经大学出版社 2003 年版，第 107 页。

七、电子货币的“内在价值”分析

“由于电子货币具有非强制接受的属性，消费者购买哪一种电子货币，取决于电子货币发行者的竞争能力。信誉好、资产规模大、产品或服务与人们日常生活关系密切的企业发行的电子货币要比人们不太了解的企业发行的电子货币更容易被接受。”“电子货币的竞争性使它具有了内在价值。由于所有的电子货币都与中央银行货币保持等额的兑换关系，消费者选择哪种电子货币取决于他们对电子货币内在价值的判断。电子货币的内在价值主要表现在两方面：一是电子货币对交易费用的节约程度，取决于电子货币的支付效率、可媒介的商品种类与范围等；二是电子货币附带的额外服务的价值，比如免费奉送的相关信息价值、可获得的价格优惠等。”[①]“在实物货币（黄金白银）退出流通以后，符号货币第一次有了内在的正价值。”[②]

从引述中我们可以看到，消费者选择电子货币的标准在于哪种电子货币能够更好地满足其交换商品的需要，能够给其带来最大的效用，即取决于哪种电子货币能给消费者带来更好的使用价值。虽然“没有一个物可以是价值而不是使用物品”，但是“一个物可以是使用价值而不是价值”[③]，即虽然价值的存在要以使用价值的存在为前提，一切有用物品都有价值，使用价值的存在并不是以价值的存在为前提的。因此，不能以电子货币具有使用价值而推出其具有内在价值，否则就混淆了使用价值和价值的概念。

从电子货币内在价值的源泉之一是电子货币对交易费用的节约这一观点看，众所周知，纸币取代金属铸币实现货币形态第一次变革的根源就在于可以节约交易费用。那么，我们是否就可以说纸币代替铸币所节

---

① 尹龙：《网络金融理论初论——网络银行与电子货币的发展及其影响》，西南财经大学出版社2003年版，第107页。

② 尹龙：《货币性质的再认识与货币供给理论的发展》，《金融研究》2002年第1期。

③ 《资本论》第1卷，人民出版社1975年版，第54页。

约的交易费用是纸币的内在价值呢？答案当然是否定的，因为纸币作为价值符号本身并没有价值。

回顾货币的发展史，我们可知在银行券发展初期，银行券也是由私人分散发行的，也是一种“竞争性”货币。但银行券本身并没有价值，只是由于银行券可以兑换黄金才成为黄金的代表。可见，货币的“竞争性”未必一定就会使货币具有“内在价值”。因此，电子货币虽然是一种“竞争性”货币，但它并没有内在价值，电子货币的出现也没有推翻“符号货币是一般等价物其本身并不具备内在价值”这一传统理论。

（原文发表于《当代经济研究》2005 年第 9 期）

马克思的“适应性”货币流通理论及其在现代的变化

——一个基于金融资本的观点

裴 宏[*]

一、马克思的商品货币理论

马克思认为货币本质上是商品。和一般商品一样，货币的价值是由生产货币所需要的社会必要劳动时间决定。商品与货币的交换关系由双方劳动价值的量的比例决定。同时，货币是劳动价值的外在表现形式，劳动价值总是并且只能通过一定量的货币得到表现。这一认知构成马克思货币理论的核心。

这种货币理论保证了马克思从“价值（商品）”到“资本”的经济学构架是贯通的。由于在资本主义条件下，货币一方面是商品，是现实的价值实体；另一方面又是资本的一般形式和运动起点，因此，现实中以货币为表现形式和最终目的的资本运动和增殖过程，本质上也必然只是价值实体的运动和增殖过程。利用这个原理，人们就能透过货币运动过程探究蕴含在劳动过程内部的社会关系。马克思本人正是将这一点视作他的经济理论比古典经济理论要优越的地方——因为对于后者而言，货币问题和整个价值理论无关。①

但是客观上，马克思获得这样的突破，在理论上也付出了至少两点“代价”。

---

* 裴宏：福州大学经济与管理学院讲师，博士。

① Fred Moseley. introduction to *Marx's Theory of Money: Modern Appraisals* (New York: Palgrave Macmillan, 2005).

首先，马克思的货币理论，至少就马克思的实际论述过程而言，要求货币"必须"是商品。这一点十分典型地表现在货币的价值尺度和贮藏手段理论中。对马克思而言，由于劳动价值必须在交换中通过一定量的货币得到表现，因此，货币本身必须是一定量的价值实体，或者更通俗地说，货币必须"有价值"。商品货币是马克思货币理论的分析起点。正如 Germer① 所考证的，马克思只"定义"了商品货币并贯彻于其终身研究中。

其次，货币流通过程必须契合于价值生产过程。由于上文所述的货币、资本和价值的统一性，货币流通必须以其内在价值为制约机制，严格反映着资本主义生产的过程和需要。尽管马克思也大量阐述了纸币和银行券，但他始终是将其视为商品货币在"流通手段"职能上的信用替代物而进行阐述的。信用货币不存在脱离商品货币的独立的内涵。所以，在马克思的理论中，货币流通机制被"锁定"在商品的实际生产过程上(包括一般商品和货币自身的生产)，或者说，货币流通的变化只能通过生产过程的变化得到说明。本文把这种"锁定"机制称为"适应性"货币流通理论。

二、马克思的货币流通理论

1. 马克思关于不同形式货币的流通理论。

虽然马克思只有一种货币理论，即商品货币理论，不过马克思对商品货币理论的具体表述主要包含了三个对象：黄金、纸币和银行券。其中，黄金是商品货币的直接代表形式。马克思重点以黄金为具体对象阐述他的商品货币理论。而对于纸币和银行券，马克思则是将它们视作黄金的替代物进行论述的。在马克思看来，抽象货币本质上只不过是商品货币身上某些职能的演化形式。② 因此，抽象货币的运动规律，必然同样

---

① Claus Germer. The Commodity Nature of Money in Marx's Theory, in *Marx's Theory of Money: Modern Appraisals*, ed. Fred Moseley. (New York: Palgrave Macmillan, 2005).

② 《资本论》第 1 卷，人民出版社 2004 年版，第 146 页。

要服从商品货币的基本规律，而且这些规律必须以特殊的商品货币（黄金）为锚。

不过，在对货币流通机制的具体分析上，马克思对不同形式货币的分析却是不同的。

对于黄金，马克思认为其流通量由两个因素决定：商品的价格总量和黄金的流通速度。黄金的流通量适应这二者的变化而变化。他说，在每一段时期内“执行流通手段职能的货币的总量，一方面取决于流通的商品世界的价格总额，另一方面取决于这个商品世界的互相对立的流通过程流动的快慢”①。

马克思认为保证这一流通规律得以实现的机制是黄金的贮藏货币职能。黄金的价值贮藏功能形成了一个“货币池”，根据商品结算的需要，适量的黄金从这个货币池流入和流出。他说：“为了使实际流通的货币量总是同流通领域的饱和程度相适应，一个国家的现有的金银量必须大于执行铸币职能的金银量。这个条件是靠货币的贮藏形式来实现的。”② “货币池”完全弹性地调节了流通中的黄金的量。“流通中的货币永远不会溢出它的流通的渠道。”③

对于纸币，马克思首先将纸币看作是黄金的替代物，其规律是由黄金决定的。他说：“纸币流通的特殊规律只能从纸币是金的代表这种关系中产生。这一规律简单说来就是：纸币的发行限于它象征地代表的金（或银）的实际流通的数量。”④

以此出发，马克思认为，通货膨胀是纸币系统的特殊现象。马克思的解释是，通货膨胀本质上是过多的纸币作为流通手段进行流通。这样，单位纸币所代表或执行的黄金数量下降了，那么，同样的黄金价格体系在形式上就表现为膨胀了的纸币价格体系。通货膨胀本质上是一个纸币单位和黄金进行兑换的价格标准变化的问题。因此，对马克思而言，没有独立的关于纸币的供给或者流通理论。他只是从纸币对黄金货币规律

---

① 《资本论》第1卷，人民出版社2004年版，第144页。
② 《资本论》第1卷，人民出版社2004年版，第157页。
③ 《资本论》第1卷，人民出版社2004年版，第158页。
④ 《资本论》第1卷，人民出版社2004年版，第150页。

的破坏的角度说明了纸币的供给特征："流通的金量决定于金自己的价值，而纸票的价值却决定于流通的纸票的数量。""商品流通只能吸收一定量的金铸币，因而流通的货币量交替地紧缩和扩张是必然规律，而纸票却似乎不论增加多少都可以进入流通。"[①] 以及这一特征的实现途径："货币符号本身需要得到客观的社会公认，纸做的象征是靠强制流通得到这种公认的"[②]。

所以，在马克思的理论中，纸币单纯作为交易中的流通手段执行职能，它的流通，在数量的意义上是"外生的""完全刚性"的，其来源是社会信用和国家的强制流通。马克思没有阐述或解释它可能的内生机制。如白暴力、Moseley 提出的，若纯粹从数量关系的角度说，马克思的纸币理论和货币数量论没有太大差别[③]。

对于银行券的流通规律，马克思回到了和黄金类似的表述方式。马克思认为，处于流通中的银行券的数量是由其所要支付的货币价格所决定的。因为本质上，票据是"流通手段的单纯节约"[④]。马克思在《资本论》第三卷围绕通货学派和银行学派的大段引述和评论中明确主张："现实流通的货币量是由商品的价格和交易量决定的。银行券的流通也受这个规律的支配"[⑤]；"流通的银行券的数量是按照交易的需要来调节的"[⑥]；"银行券的流通既不以英格兰银行的意志为转移，也不以该行为保证银行券兑现而在地库中贮藏的金的数量为转移。""只有营业本身的需要才会影响流通的货币即银行券和金的数量。"[⑦]

从银行券的角度而言，其流通规律与黄金一致，是"内生的""完全弹性"的。但与黄金不同的是，这种"完全弹性"并不是来自于银行券的"贮藏职能"。马克思将其机制解释为银行券内在的"回流规律"。与

---

① 《马克思恩格斯全集》第 13 卷，人民出版社 1962 年版，第 111—112 页。

② 《资本论》第 1 卷，人民出版社 2004 年版，第 152 页。

③ Fred Moseley. introduction to *Marx's Theory of Money*：*Modern Appraisals*（New York：Palgrave Macmillan，2005）. 白暴力、吴红梅：《马克思的货币流通量与价格总水平模型——兼与货币数量论比较》，《当代经济研究》2003 年第 5 期。当然，其内涵和理论原理完全不同。

④ 《资本论》第 3 卷，人民出版社 2004 年版，第 589 页。

⑤ 《资本论》第 3 卷，人民出版社 2004 年版，第 591 页。

⑥ 《资本论》第 3 卷，人民出版社 2004 年版，第 594 页。

⑦ 《资本论》第 3 卷，人民出版社 2004 年版，第 595、595—596 页。

纸币类似，马克思也没有阐述关于银行券的独立的供给和流通理论。它的流通仍是以黄金流通为内涵的。

从一定意义上讲，马克思的货币流通理论在内涵上是一致的，但在形式上是“断裂”的。从内涵上说，无论对于什么形式的货币，马克思始终认为货币是价值的外在形式，反映着特定的生产过程。任何形式的货币的流通，在马克思那里，通过最终回溯到黄金形式，都以不同的形式直接反映着生产的要求。不过，这种一致性在形式上却被不同的流通规律和机制所支配。而且马克思似乎没有尝试去协调这种“断裂”，也并不试图完整地构建黄金“货币池”、纸币的“国家信用”和银行券“回流规律”等不同机制之间的理论联结。

事实上，马克思并不试图协调这种“断裂”是有其背景的。在马克思的时代以及他的理论中，纸币和银行券都由贮藏的黄金来支撑，二者无论在理论上还是在实践上都是黄金的符号。那么，它们的运行规律在形式上就不需要是一致的，只需要说明这种运动规律及不一致性是如何分别从黄金的运动规律中“一致地”派生出来，就能保证货币理论的完整性。可以说，马克思抽象货币理论中的这种“断裂”恰是当时资本主义货币关系的产物。

2. 马克思的“适应性”货币思想。

无论马克思给不同形态的货币赋予了多么不同的，或“弹性”或“刚性”的流通特征，它们背后都蕴含着一个统一的“适应性”货币流通的思想。

从货币供给的角度来说，“货币池”“国家强制流通”“货币回流”这三种表面上完全不同的机制，在实质上都反映货币市场上“适应性”货币供给的特征：货币市场上的供给主体只能被动地适应外界环境的变化，供给主体的利益和能动性对货币流通量没有真实影响。

“货币池”理论中不存在独立的货币供给主体。如威克斯所指出的，“货币池”理论认为，货币供给来自于商品流通环节的沉淀，资本周转过程中必要的准备金和其他黄金贮藏过程。[1]“货币池”理论中的货币供给

① ［英］约翰·威克斯：《商品货币理论及其经验可信性》，《政治经济学评论》2012年第1期。

在“质”上是处于贮藏状态的黄金；在“量”上由产业资本自身的运动规律决定，随着产业资本自身的运动而运动。货币池理论中的货币供给是适应性的。

在对纸币的分析中，马克思只是简单地谈及了国家强制纸币流通作为纸币供给的最终来源，同时认为“纸币不论多少都能进入流通”。显然，货币市场的供给方对投放的纸币也是纯粹“适应性”的，只不过和“货币池”理论相比，这种适应性是对外部“刚性”参数的适应。也就是说，用今天的话讲，市场上流通的货币量可以由央行完全控制。货币市场主体对货币供应乘数没有任何影响。

在马克思的银行券理论中，银行是货币供给的主体。但是，由于银行券本身只是商品货币在执行支付手段职能上的一种信用形式，银行只能根据真实市场，也就是商品流通所需要的量投放银行券。而商品流通所需要的银行券的量本身也是由产业资本的运动过程所决定的。所以，银行券的流通量只能也必须服从产业资本的实际结算需要，并且只有需要以银行券代替黄金行使职能的时候才能出现。

总之，在马克思对黄金、纸币和银行券的分析中，其供给都是适应性的。

从另一方面来说，马克思关于货币流通的需求理论也是“适应性”的。从作为货币的货币而言，这种适应性表现为：货币的流通决定于实际中的商品价格总量，而商品价格的量最终决定于商品的劳动价值量。又由于劳动价值量由商品的实际生产过程决定，因此货币流通的需求也只是在“适应”实际生产过程或条件的变化而变化。而将货币流通看作生产资本的运动过程时，即作为资本的货币而言，这种适应性则表现为货币流通“被动地”适应实际生产过程的需要，后者进一步表现为产业资本运动过程中资本形态的转化过程。例如，马克思说道：“产业资本家对货币资本的需求，是由实际生产情况决定的。”①

无论从供给还是需求的角度而言，马克思的货币流通理论都认为，实际生产过程是货币流通的决定者，产业资本的运动规律决定着货币的

---

① 《资本论》第3卷，人民出版社2004年版，第473—474页。

流通规律。货币流通必须以适应生产过程的需要为前提。同时利息只是单纯表现为货币供求关系的产物。马克思并未正面论述利息的变化如何反作用于货币供求双方。马克思也并没有正面阐述货币市场的变动，通过利息率，如何反作用于产业资本运动，影响实际生产过程。正如卢卡雷利所指出的，在马克思的理论中，利息只起到间接的作用。①

三、金融资本对货币流通的影响

马克思的“适应性”货币思想本质上是由19世纪资本主义的时代特点决定的。在当时的条件下，产业资本是资本的典型形式，产业资本在资本主义经济中也起着支配性的作用。其他资本形态，例如商业资本、虚拟资本都处于从属地位，依附于产业资本的存在和周期变化。因而货币的运动，进而金融资本的运动，主要决定于产业资本的运动。马克思对金融资本——当时还只表现为经营货币的资本——的理解也体现了这一点。例如，他将货币经营业首先理解为由产业资本运动过程分离出来的“纯粹技术性的业务”②，并且说道：“货币经营业作为中介，担任货币流通的各种技术性业务”，“但它既不决定各种互相支付的联系，也不决定它们的规模”，“只在于使这些结果的平衡在技术上更完善”。“就货币作为购买手段而流通来说，买和卖的规模与次数就完全不以货币经营业为转移。货币经营业只能缩短买和卖引起的各种技术活动，并由此减少这种周转所必要的货币现金量。”③ 可见，马克思对金融资本的理解和对商业资本的理解的出发点基本是一致的，都是从分工，即资本家职能分化的角度来理解它们和产业资本的关系。产业资本处于资本结构的中心地位，决定着货币整体的运动。

---

① ［澳］比尔·卢卡雷利：《马克思关于货币、信用和危机的理论》，《国外理论动态》2011年第2期。当然，从另一个角度讲，马克思理论中的货币概念是非常“积极的”。货币是资本运动起点和终点，既是资本主义的目的，也是资本主义社会关系再生产的动力机制。本文强调的“被动的适应性”是从货币流通及其同生产的关系角度进行分析的。

② 《资本论》第3卷，人民出版社2004年版，第353页。

③ 《资本论》第3卷，人民出版社2004年版，第358页。

另一方面，马克思在探讨这一问题时设定了一个潜在的理论前提：货币经营业所运营的货币——以借贷资本的形式所表现，来自于产业资本运动过程中暂时闲置的部分。① 金融资本家仅仅作为一个“技术性中介”将这部分闲置货币借贷给其他产业资本家，后者在价值增殖之后以利息的形式返还一部分剩余价值给前者。因此马克思认为，利息率必须要小于平均利润率。在这样的资本主义体系中，金融资本家只是“影子”资本家，金融资本没有独立的含义，也不影响平均利润率，利息表现为产业资本周转过程中的一个特殊收益形式，而非独立的金融利润。总之，货币流通乃至整个金融体系只能适应实际生产过程而得到确定。

在上述的历史背景和理论框架下，马克思的“适应性”货币流通理论无疑是正确的。不过，虽然金融资本在起点上是作为特定的职能而从产业资本中分离出来的，这是金融资本在资本主义条件下的初始形式，但是它并不是金融资本的资本主义形式——正如黄金及其流通规律是货币在资本主义的初始形式，但它并不是货币的资本主义形式一样。② 随着资本主义的发展，在当代，虽然产业资本仍然是资本主义物质再生产和生产关系再生产的基础，但金融资本已经脱离原有的从属地位，逐渐成为占据支配性地位的资本类型。金融资本通过对货币的运作，主动地、积极地影响着产业资本的周转和循环。卢卡雷利说道：“资本主义进入了以垄断竞争和金融资本统治经济为特征的阶段。这个过程见证了金融资本与产业资本不断增加的相互联系，产业资本积累逐渐被金融命令所统治。”③

虽然在马克思的理论中，产业资本积累是“货币池”的一种实现途径，是货币供给的源泉，但如今，金融资本通过统治这个积累过程从而实现了对传统的“货币池”机制的修改。或者说，金融资本的运动本身就成了“货币池”。而且，这个“货币池”通过金融资本不断收缩和膨胀

---

① 石晶莹：《再论马克思利息理论与凯恩斯利息理论的不同点》，《当代经济研究》2007 年第 2 期。

② Martha Campbell. “Marx’s Explanation of Money’s Functions: Overturning the Quantity Theory,” in *Marx’s Theory of Money: Modern Appraisals*, ed. Fred Moseley. (New York: Palgrave Macmillan, 2005).

③ ［澳］比尔·卢卡雷利：《马克思关于货币、信用和危机的理论》，《国外理论动态》2011 年第 2 期。

的资产负债表表现出一个不稳定的状态。事实上，无论是在企业财务理论还是实践中，产业资本对金融资本的融资和负债依赖已经是其生存及资本积累的前提。不是金融资本资产负债表被动地适应于产业资本的运动而运动，而是相反，产业资本的顺利运动必须依赖于金融资本的资产负债表的稳定，而且金融资本及它统治的货币流通的任何调整都会积极而显著地影响整个产业资本的运动。用大卫·哈维的语言来说，在今天，这些金融资本是可以以自主的、独立的方式运动的“特殊性”。① 也可以借此回答哈维提出的问题：这些特殊性正是以上文所述的方式反过来以决定的而非偶然的方式影响生产的一般性。②

金融资本对社会总生产的支配地位是“资本支配生产”这一资本主义基本社会关系的纯粹的、升华的形式。在传统的资本主义特征下，“资本支配生产”这一关系在生产部门内部表现为占有资本的资本家支配生产过程。而在金融资本主义条件下，“资本支配生产”不仅在生产部门内部表现为产业资本家对单个生产过程的支配，更表现为拥有更广阔资本资源的金融资本家对社会总生产过程的支配。这一支配过程的现实依据有两点：一是产业资本家是单个生产过程的投资方，经理人原则上为产业资本家的利益负责。而金融资本家成为跨行业的投资方，其覆盖的所有产业原则上为其资本利益负责。在产业技术构成越来越高的今天，绝大多数公司仅靠前期内在利润的积累投资已经不现实，金融资本是产业投资的必然前提。二是，根据当代公司财务理论，适当的负债是公司金融配置的最优形态。因此，金融资本不仅仅起到传统意义上的中介及投资作用，甚至成为公司维持现金流和日常资产组合的常规前提。脱离了金融资本，不仅公司无法投资，甚至连日常的周转都无法维持。因此，金融资本可以认为是社会总生产的资本所有者，在整个社会生产中处于支配的顶端。

---

① ［美］大卫·哈维：《跟大卫·哈维读〈资本论〉》，上海译文出版社 2016 年版。

② 大卫·哈维（2016）的问题是：“利息率和生息资本的流通可以以自主的、独立的方式运动，因为它们是由不断变化的供给、需求以及竞争所决定的特殊性。借用《政治经济学批判序言》中的话，是否存在这样一种方式，通过这种方式，能使这些特殊性反过来以决定的而非偶然的方式来影响生产的一般性？”参见［美］大卫·哈维：《跟大卫·哈维读〈资本论〉》，上海译文出版社 2016 年版，第 178 页。

在这一条件下，金融资本对产业资本的支配是通过对货币流通过程的积极干预实现的。金融资本通过支配货币在货币市场上的流通获得利润，正如产业资本通过支配其商品资本的运动获取利润一样。金融资本以自己的资本利益为出发点，作为货币供给方积极地在货币市场进行操作。利息作为金融资本利润的源泉，必然决定性地影响着金融资本对货币的供给，进而决定着产业资本的运动。金融资本也遵循其他资本类型的一般规律和形态：追逐利润动机下的短视和投机、垄断、风险评估错误、激励缺陷和信息失灵等等都会在金融资本上得到表现。这些资本特征都会通过影响金融资本的行为对货币流通过程产生影响。

金融资本本质上是为自身的利益进行运动的，但由于其产品——信贷和货币的流通从根本上影响着整个经济运行的背景和框架，因此在金融资本身上表现出了资本主义基本矛盾的一个特殊形态。传统上，资本主义基本矛盾是生产资料私有制和社会化大生产之间的矛盾，换言之就是一方面，每个资本都由私人利益出发并在行为上进行私人决定，但广泛的社会联系使得每个资本的行为都必然影响着其他所有市场的均衡。这一点在金融资本对货币流通的控制上得到进一步的表现，金融资本的私人利益不仅通过一般市场均衡影响其他市场，更是从整个货币流通的层面上直接决定着所有市场的运动和平衡。这是资本主义基本矛盾在金融资本上的高级表现。

金融资本对货币流通过程的另外一个影响是对劳动价值的货币表示的影响。马克思认为货币对价值的表现，是以货币自身的劳动价值为基础，从而用自己的使用价值的量来表现商品的价值。但随着资本主义货币体系的变化，现代货币体系中没有商品货币基础，因此现代研究中主要采用劳动时间的货币表现（MELT）这一概念来重新表述劳动价值的货币形式。如后文将证明的，在劳动时间的货币表现的意义下，货币的流通过程和劳动价值的货币表示互为因果。金融资本可以通过对货币流通的影响，反作用于劳动时间的货币表现。作用机理是，金融资本通过对产业资本的影响来影响一般商品的价格体系和产业结构，从而影响货币数量体系和价值体系之间的对应关系。

总之，由于金融资本和现代金融体系的形成，货币流通过程不再如

19世纪那样依附于产业资本的运动过程，被动地适应生产条件（包括商品生产条件和货币自身的生产条件）的变化。相反，它以寻求金融资本利益为出发点，积极主动地干预实际生产过程。

四、金融资本影响下的货币流通数理分析

考虑一个以金融信用为基础进行融资的非联合生产体系。设 p 为生产价格向量，b、A 和 L 分别为实际工资率，投入系数矩阵和直接劳动投入向量。企业 j 向金融资本以利息率 i 借贷了货币量 z_j，z 为由 z_j 构成的单位产出上的贷款向量，π^r 为产业资本实现的平均利润率。有：

$$p-(1+i)z=(1+\pi^r)[p(A+bL)-z] \quad (1)$$

按照马克思经济学的基本观点，利息和产业利润是总剩余价值的再分配，因此必有：

$$Lx-mpbLx=m\{izx+\pi^r[p(A+bL)x-zx]\} \quad (2)$$

其中 x 为产出向量，m 为单位货币所折算的劳动时间（MELT）。上式左边表示剩余价值总量，右边分别为（折算为劳动时间之后的）利息和产业利润总量。联立（1）与（2）可得：

$$m=Lx/p(I-A)x \quad (3)$$

可见，金融资本及其金融收益过程不会对 MELT 的表达形式产生影响。① 现在，将（1）式两边同乘以 x，并将其中的 zx 记为 D，将 p（A+bL）x－D 记为 C^r，可以整理为：

$$px=(1+\pi^r)C^r+(1+i)D \quad (4)$$

其中 D 代表贷款额度，C^r 代表产业资本的自有资本。

由于现代资本主义金融和资本体系的开放性和流动性，金融资本和

① 如 SSI（单一体系）或 NI（新解释），参见 Dong—Min Rieu, Keonbeom Lee and Hyeon—Hyo Ahn. "The Determination of the Monetary Expression of Concrete Labour Time Under the Inconvertible Credit Money System," *Review of Radical Political Economics*, No. 2（2014）：190—198；Meng Jie. "Two Kinds of MELT and their Determinations: Critical Notes on Moseley and the New Interpretation," *Review of Radical Political Economics* No. 2（2015）：309—316 所证明的，在不存在信贷过程的非联合生产体系下，劳动时间的货币表现的表达形式与（3）式相同。

产业资本在收益率上存在相关性。出于简化而不失一般性的目的，本文假设在均衡处金融资本和产业资本均获得一个全资本的平均收益率，即有金融利润率 π^f = 产业利润率 π^r = 总资本平均利润率 π^e。由于金融资本的收益即是贷款利息，设金融资本为 C^f，因此有：

$$iD=\pi^f C^f \tag{5}$$

将上式代入（4）式并考虑到 $\pi^f=\pi^r$，可以得到：

$$G=px=(C^f+iD)[(C^f+C^r)/C^f]+D-C^f \tag{6}$$

该式表达了在均衡处，社会总货币流通量由下述因素共同决定：金融资本量 C^f，货币市场利息率 i，信用融资额度 D 以及资本结构 $(C^f+C^r)/C^f$。顺带一提，容易证明，当取 $D=C^f$ 时，上式退化为标准模型的传统形式。

另一方面，根据托宾和戈卢布①，在现代金融的视角下，货币流通量问题实质上转化为金融资本以自身利益最大化为目标，在资产负债表上对“收益性债权”和“防御性现金头寸”的持有决策问题。这个决策又是基于产业资本在金融资本负债表上的存款量、金融资本本身的量、货币市场利息结构、央行货币政策等条件的。因此，参考托宾和戈卢布，贷款量 D 可以用下述函数来表示：

$$D=D(i,C^r,C^f) \tag{7}$$

因此，（6）式可以进一步表达为：

$$G=px=[C^f+iD(i,C^r,C^f)][(C^f+C^r)/C^f]+D(i,C^r,C^f)-C^f \tag{8}$$

这意味着，在现代金融体系下，货币流通量最终是以货币利息率 i 为媒介，由金融资本和产业资本的量和结构共同决定的。这一过程中，金融资本的行为通过贷款渠道起到积极的、决定性的作用。事实上，正如哈维所指出，在当代，金融资本拥有独立的特殊运动形式，这一特殊运动形式自身决定了利息率 i。它们成为产业资本运动的起点，并直接和间接地决定了生产过程及其利润率——尽管从逻辑和历史上看，金融资本只是产业资本的派生形式。②

---

① ［美］詹姆斯·托宾、［美］斯蒂芬·戈卢布：《货币、信贷与资本》，中国人民大学出版社 2015 年版。

② 对于利率 i 的决定机制可以展开额外的讨论。基于对货币市场的不同认识——大金融资本主导的或者完全竞争市场的，可以产生不同的利率理论以丰富这一等式。但这些讨论超出了本文的范围，更重要的是，它并没有改变这一等式所反映的经济关系。

最后考虑劳动时间的货币表现的问题。回到（3）式，可见虽然金融资本及其贷款行为不会对劳动时间的货币表现的表达形式产生影响，但由于它根本性地影响了 p 和 x 的量，所以它间接地影响了劳动时间的货币表现的量，或者说，影响了劳动时间和货币之间的对换关系。这一事实，从货币流通的角度来说，支撑了孟捷[①]关于在信用货币体系下，劳动时间的货币表现本质上受投资和信用融资过程影响的观点。

在以金融资本为典型特征的现代资本主义中货币流通形态的变化，来源于金融资本对货币流通机制的改变。在马克思的理论中，货币流通是以产业资本的实际周转和流通为主导的，货币市场不存在实质上的影响。但是，在金融资本体系下的货币流通过程是金融资本的逐利过程本身。货币市场积极地影响着产业资本的周转和循环，这种影响决定并反映出金融资本和产业资本对剩余价值的分割过程。

五、结　　论

马克思的适应性货币流通理论反映了 19 世纪资本主义货币流通的典型特征：由于金融资本和金融市场尚未脱离产业资本的循环，货币运动只能被动地反映着产业资本的运动和价值实体的生产过程，尚未获得独立的运动形态和运动规律。当产业资本扩张（收缩）时，货币的流通量就适应性地上升（下降）。同时，纸币、银行券等信用货币都还只是黄金在某些职能上的替代物，它们的运动服从着商品货币的运行规律。所以，马克思的理论中不存在货币运动意义上的通货膨胀。物价或者商品总价格的整体上升只能是实际生产率，进而劳动价值变化的结果。

不过，19 世纪已经出现了局部的和短期的货币运动意义上的通货膨胀。马克思察觉了这一点，并把它理解成货币形态的发展所蕴含的潜在矛盾。也就是说，虽然并未正式论述并纳入他的劳动价值论框架，但马

① Meng Jie, "Two Kinds of MELT and Their Determinations: Critical Notes on Moseley and the New Interpretation," *Review of Radical Political Economics*, No. 2 (2015): 309—316.

克思对“货币运动和流通并非自动适应产业资本的周转和积累”这一命题的观点是开放的。例如他在《资本论》第三卷第三十章谈论危机时所阐述的，物价的上涨和下跌会伴随着信用扩张、产业周期、纯粹的投机而存在。不过，马克思在认识到这一点的同时，他仍然主要把货币流通、产业资本积累以及周期紧密地联系在一起。

但是在今天，货币流通不再只能“被动地适应”实际生产过程的需要，而是寻求积极主动地干预实际生产过程。这是因为货币流通反映着与产业资本相独立的金融资本的利益和行为。原来从属并服务于产业资本的金融资本如今获得了支配货币资本的垄断地位。这种垄断不仅仅表现为金融资本整体对产业资本的货币资本供给的垄断，往往还表现为大资本对小资本的垄断。这一垄断造成了金融资本在当代资本主义体系中的支配和主导地位。金融资本能够通过控制货币流通积极地影响着产业资本进而实际生产过程。并且，金融命令通过货币流通过程，影响着实际生产过程的价格体系、产出向量、资本积累以及剩余价值的分配，当然也包括劳动时间的货币表示本身。

最后，从马克思笔下的适应性货币流通到当代以金融资本为出发点的货币流通，反映了资本主义货币金融体系的“异化”过程。在起源上，它作为产业资本的派生物，职能上服务于生产过程。但一个充分发育的资本主义货币金融体系则反过来主导着整个社会生产和社会结构。

（原文发表于《经济学家》2016 年第 5 期）

金融资本、职能资本与资本主义的金融化

——马克思主义的理论和美国的现实

赵 峰 马慎萧*

资本主义经济和金融的矛盾内生于资本积累过程，并随着资本积累过程中的生产力、生产方式和生产关系的演进而在不同的历史阶段呈现不同的形态特征。自20世纪70年代以来，金融部门在现代资本主义经济中的地位日益显著，成为现代资本主义最重要的新特征之一和主导力量，这种现象被概括为资本主义的金融化①。金融化系统地改变了金融资本与职能资本的关系，其本质是金融资本的独立性和重要性日益增强，在时间和空间上对生产实现全面的、持续的、有效的统制，成为决定经济危机和经济周期的主导因素。

本文主体安排如下：第一部分从马克思关于金融资本和职能资本矛盾关系的资本循环法和阶级分析法两种分析传统入手，构建了一个统一的理论分析框架；第二部分在对利息率与利润率之间的动态波动关系分析基础上，以美国1948—2011年的经济数据为考察对象进行经验分析，考察现代金融资本如何介入职能资本的循环及其影响；第三部分是结论和启示。

一、研究金融资本和职能资本关系的两种分析视角及其统一

金融资本是生息资本和虚拟资本的总和，与以产业资本和商业资本

* 赵峰：中国人民大学经济学院副教授。马慎萧：中国人民大学经济学院博士生。

① 关于“金融化”定义的详细讨论，参见赵峰：《当代资本主义经济是否发生了金融化转型》，《经济学家》2010年第6期。

为代表的职能资本既相对独立又紧密联系。为探讨金融资本的运动规律、研究金融资本与职能资本之间的辩证关系和社会机制，政治经济学以辩证唯物主义和历史唯物主义为基础，运用矛盾分析法和阶级分析法对资本主义积累过程中金融资本与职能资本的动态关系进行分析，运用历史与逻辑相统一的方法对金融资本与职能资本的历史特殊情况和历史演变进行研究。

1. 资本循环的视角和阶级的视角。

马克思在《资本论》第一卷中以劳动价值论为基础，系统地论证了说明货币的本质和运动规律，以剩余价值理论基础说明资本的本质和运动规律，并以此为基础，在《资本论》第二卷和第三卷中，使用了两种不同的分析方法对金融资本和职能资本的矛盾关系进行论证[①]。后世的政治经济学学者们分别继承和发展了马克思的两种研究方法，并就资本主义经济中利息来源、利息率与利润率的对立统一关系以及金融资本的构成和形式等问题展开讨论。

第一种分析方法是“资本循环的分析视角”（the Capital Circuit Approach），其代表人物有伊藤诚、拉帕维查斯等。他们以马克思在《资本论》第二卷中的资本循环理论为基础，提出了系统地分析生息资本的理论框架。(1) 纯粹“职能资本家”阶级，即仅拥有投资项目而没有货币的假设，是一个理想化的抽象；由信用体系集中的社会闲置资本构成金融资本的组成部门，是利息收入的来源之一。(2) 资本主义生产与流通过程是以货币、信用和金融为基础的，为了预防价格波动、保证资本周转顺利进行、贮藏折旧基金和积累利润等原因，停滞（闲置）资本有规律地产生于总社会资本的再生产之中，由信用体系集中并转变成生息资本，构成金融资本的组成部分。(3) 停滞资本一方面仍将作为循环的资本组成部分，与工业资本同样参与平均利润率的形成，另一方面，在暂时退出循环过程时，转化为生息资本和金融资本，按照利息率分割剩余价值获得利息，利息率的运动反映了积累过程中金融资本的需求与供给。

① “金融资本”这一概念最早由拉法格提出，希法亭首先对其进行了系统阐述；在此，我们用“金融资本”概念概括马克思在《资本论》中所研究的生息资本和虚拟资本。

(4) 由于金融资本对职能资本创造的闲置资本的依赖性，利息率一般低于平均利润率，并且在实际积累周期中，利息率与利润率会趋于相反方向运动。[①]

第二种是“阶级分析的视角”(The Class Approach)，其代表人物有希法亭、德罗奈、哈维等人，他们的主要观点是：(1) 依照马克思的阶级分析方法，将资产阶级进一步区分为分别以利息率和利润率分配剩余价值的金融资本家和职能资本家，重点分析了两个集团在剩余价值的生产和分配问题上的冲突关系。(2) 职能资本家通过让渡部分利润、以利息为报酬向金融资本家处借款从而完成资本周转过程；金融资本家把自己的货币作为生息资本来进行增殖，将货币投入流通，使其成为一种作为资本的商品。(3) 金融资本是银行贷给产业的货币资本，产生于流通过程，并在剩余价值生产中与职能资本的关系日趋密切。(4) 金融资本在生产和资本集中过程中与职能资本结合和对抗，并逐渐控制和支配经济生活。[②] 金融资本家阶级是作为一种特殊的资本家，货币资本作为一种独立的资本，利息是作为一个与这种特别资本相适应的独立的剩余价值形式，同职能资本家相对立的，表现为以利息率的形式分割经济部门平均利润率。

这两派学者长期争论，其分歧集中于以下三点：(1) 是否存在两个独立的资本家集团。资本循环分析法认为不存在纯粹的金融资本家和职能资本家阶级，在信用体系作用下，金融资本和职能资本相互融合不可分割；而阶级分析法将资本家划分为金融资本家阶级和职能资本家阶级，认为职能资本家借助金融资本家提供的货币资本完成剩余价值生产过程。(2) 对金融资本及利息的来源问题的分析角度不同。资本循环分析法认为信用体系集中的社会闲置资本（停滞资本）是金融资本的组成部分，

① Costas Lapavitsas, “Two Approaches to the Concept of Interest—Bearing Capital,” *International Journal of Political Economy* Spring 1997), Vol. 27, No. 1; L. Harris, “On Interest, Credit, and Capital,” *Economy and Society*, (May 1976); M. Itoh, *The Basic Theory of Capitalism* (London: Macmillan, 1988), pp. 33—36.

② ［德］希法亭：《金融资本》，福民译，商务印书馆1997年版，第250—255页。［法］让·克洛德·德罗奈：《金融垄断资本主义》，《马克思主义与现实》2001年第5期；David Harvey, *The Limits to Capital* (Chicago: The University of Chicago Press, 1982), pp. 260—271.

利息是社会中所有借款者（既有货币资本家也有职能资本家及其他社会群体）货币收入的一部分；阶级分析法认为金融资本独立于职能资本，来源于金融资本家，利息作为职能资本家付与货币资本家的报酬，是职能资本家所获利润的一部分。(3) 关于金融资本对积累过程的作用和剩余价值的分配的研究视角不同。资本循环法主张，金融资本渗透于资本循环和积累全过程中，其依赖于职能资本并与之相互融合，进而实现对资本周转过程的全面控制；阶级分析法认为金融资本独立于职能资本，金融资本家和职能资本家在剩余价值生产过程中相互合作、在剩余价值分配过程中彼此竞争，共同完成资本主义的生产和积累过程。

但是，我们认为，从根本上来讲马克思在《资本论》中发展的这两种方法不是对立的和割裂的，而是统一于对资本积累历史动态过程的矛盾分析中。一方面，资本循环法和阶级分析法对金融资本的分析共同强调资本对最大化剩余价值的追求，两种分析均聚焦于金融资本和职能资本以利息率和利润率对剩余价值的争夺。另一方面，马克思主义强调对事物的一般性和特殊性的分析和整合。在研究经济范畴时，马克思对金融资本进行一般抽象，指出这是一种以 $G-G'(G+\Delta G)$ 形式运动的广义货币资本；而上述两种分析金融资本的方法，是面对已经在不同经济环境、历史条件下具体化的金融资本特殊形式的具体分析。对金融资本的两种不同分析方法是特定的逻辑分析，其对立统一的关系与资本主义经济发展的不同阶段相适应，由此决定了两种分析方法中某一种在特定历史时期存在相对较强的解释力，但二者仍是辩证统一的。

2. 金融资本和职能资本的合作与竞争：一个统一的理论模型。

我们在本小节构建了一个马克思主义的利息率和利润率模型，以期更清晰的分析金融资本和职能资本围绕剩余价值的生产和分配而展开的合作与竞争。定义社会平均利润总额为：

$$R=P+In \tag{1}$$

其中 R、P 和 In 分别表示平均利润总额、企业利润总额和利息总额。当企业利润为 0 时，利息等于平均利润；当 $In=0$ 时，企业利润为 $P=R$。利息是平均利润的一部分，利润本身就成为利息的最高界限。[①] 利息的最

① 这里我们不讨论利息在现实中某些情况下可能大于社会平均利润，因而不能用平均利润支付的特殊情况；也不考虑非生产性流通支出等费用占用利润的情况。

低界限为 0。利息率为使用资本而支付的金额和这个资本本身之间的比率，资本用货币来计量。不变资本和可变资本的货币形式为 $C+V$，在（1）式两边同时除以 $C+V$，得到社会平均利润率、企业利润率和利息率的关系：

$$R/(C+V)=P/(C+V)+In/(C+V) \tag{2}$$

同时假设生产过程中所需的资本总量是由职能资本和金融资本共同提供，生息资本总量为 A[①]，社会平均利润率 $r=R/(C+V)$，企业利润率为 $p=P/(C+V-A)$，利息率为 $i=In/A$；比例 $A/(C+V)$ 表示总资本中由金融资本所占的比例，令 $A/(C+V)=k$，则等式（2）就可以写作为[②]：

$$p=r/(1-k)-ik/(1-k) \tag{3}$$

由（3）式可知，当 $p=0$ 时，i 的最大值为 r/k；当 $p=r/(1-k)$ 时，i 的最小值为 0。利息率 i 的最大值、企业利润率 p 的最大值都依赖于金融资本占流通总资本的比例 k。社会平均利润率始终介于利息率和企业利润率之间。[③]

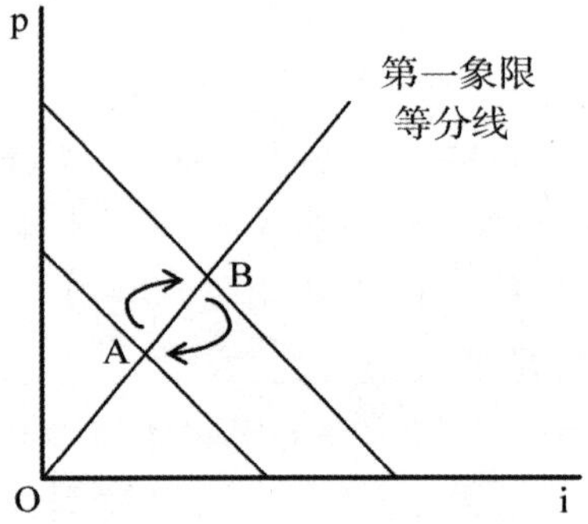

图 1　企业利润率与利息率的运动路径

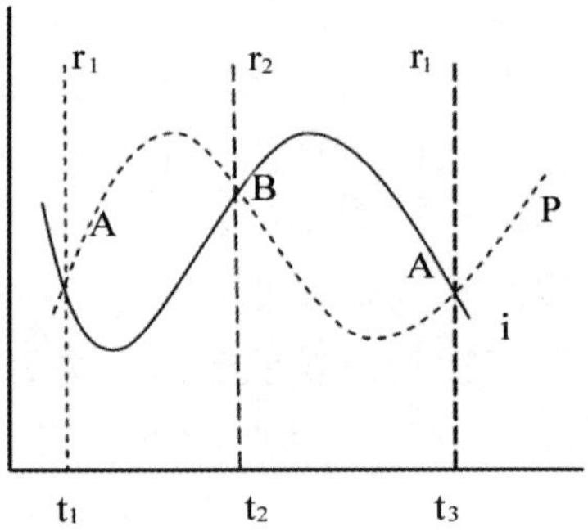

图 2　企业利润率与利息率之间的模拟关系

---

① 此处的借贷资本即包括由货币资本家提供的货币资本，也包括由信用体系集中的社会闲置资本。

② 这样，生产过程中流通总资本中，$C+V-A$ 是职能资本家自身获得，剩下的 A 是职能资本家在货币市场中从货币资本家手中得到，等式（2）可以表示为：$R/(C+V)=[P/(C+V)]\cdot[(C+V-A)/(C+V-A)]+[In/(C+V)]\cdot[A/A]$；$r=p\cdot(C+V-A)/(C+V)+i\cdot A/(C+V)$。

③ 如果 $i>p$，那么 $i>r>p$［因为 $p=r/(1-k)-ik/(1-k)$，所以如果 $i>p$，那么 $i>r/(1-k)-ik/(1-k)$，可得 $i>r$；又因为 $r=r/(1-k)-rk/(1-k)>r/(1-k)-ik/(1-k)=p$，因此 $r>p$］；同理如果 $i<p$，那么 $i<r<p$。

r、p 和 i 的变动关系如图 1 和图 2 所示。图 1、图 2 中的 A 点、B 点处，企业利润率和利息率相等；假定在一个周期中，企业利润率与利息率由相同起点开始波动，在周期结束时回到同一终点；假设经济周期中，利润率的最大值和最小值分别是 r_2 和 r_1。对模型进行分析，我们得到的结论如下。(1) 当经济扩张时，平均利润率由 r_1 稳步上升到 r_2（这一阶段在图 1 中对应沿着箭头“A→B”方向的运动路径，对应图 2 中从 t_1 到 t_2 时期)。在上升初期，企业利润率逐渐上升，而利息率 i 首先稍微下降，然后企业利润率与利息率同时上升；在上升的最后时期，过度积累一方面导致企业利润率开始下降，另一方面不可避免地带来可贷资本的相对短缺利息率继续上升。(2) 当经济开始衰退步入萧条时，平均利润率 r_2 持续下降到 r_1（在图 1 中对应沿着箭头“B→A”方向的运动路径，在图 2 中对应从 t_2 到 t_1 时期)。在衰退初期，企业利润率开始剧烈的下降，而利息率继续上升达到最大值（r/k）后开始下降；在萧条后期，企业利润率开始回升，而利息率保持下降趋势。(3) 利息率和企业利润率呈现出规律的、周期性的正向或反向变动关系。

二、金融资本和职能资本关系的历史演进：基于美国数据的经验分析

在这一部分，我们将考察美国 1948—2011 年金融部门、非金融部门的相互关系及其演变。首先，我们详细研究 20 世纪 70 年代前后金融资本与职能资本从相对独立到相互融合的转变过程，并具体分析金融资本从参与、辅助资本主义生产到全方位的控制资本主义生产、积累过程的转变；其次，我们进一步截取 1987—2011 年这一时期[①]，以金融资本与职能资本争夺的焦点及其对抗形式——利息率与利润率为线索，分析现代信用体系中的利息率与金融化过程中的利润率在经济周期中的动态关系。

① 选取这一时间段的原因是这是一个相对完整的典型周期，金融资本和职能资本形式化模型的许多命题在这一时期有突出和清晰的表现。

1. 金融资本和职能资本的合作与对抗：从黄金时代到金融化。

金融资本和职能资本之间的关系一直是复杂的和动态变化的，在不同的历史阶段和历史条件下有不同的表现形式。一方面，金融资本来源于金融部门，其必须与职能资本竞争，以利息收入的形式分割剩余价值；另一方面，金融资本还来源于信用体系集中的社会资本，利息不仅是积累中资本家对剩余价值分割的一部分，同时也是整个社会借款者包括职能部门收入的一部分。我们通过分析美国1948—2011年的数据来具体说明金融资本与职能资本在不同时期对立统一关系。

第一，在20世纪70年代以前，美国经济中存在一个显著区别于职能资本阶级的金融资本阶级。我们在这个时期可以依据利息收入明确识别出相对独立存在的金融资本家阶级。在第二次世界大战后30年的“黄金时期”，美国受益于国家干预、企业的商品促销、第二轮自动化浪潮等因素，经济剩余被吸收、经济相对快速发展[①]；职能资本仍牢牢控制着局势，巨型公司相对稳定，它们利用金融资本融资却不受其操控，金融资本与职能资本既表现出功能相对独立，又建立了共同促进积累的合作关系。(1) 金融部门是流通中金融资本的主要来源[②]。如图3a所示，在20世纪70年代以前，金融部门利息收入占经济总利息收入比重远高于50%，最高达到78%，即使在70年代末开始出现波动，金融部门利息收入仍是构成经济总利息收入的主要部分。(2) 职能部门闲置资本较少参与流通过程，不构成金融资本的主体。如图3b所示，70年代末以前，非金融部门利息收入处于低位水平，利息收入占其部门净增值的比重在20%之下，这一比重在1948—1970年间更是长期稳定的停留在10%以下。(3) 金融资本与职能资本处于共同促进积累的和谐关系。1980年以

---

① ［美］保罗·巴兰、［美］保罗·斯威奇：《垄断资本》，南开大学政治经济学系译，商务印书馆1977年版，第82页。

② 美国商务部经济分析局国民收入产出账户（NIPA）对金融部门（金融、保险、房地产金融等）和非金融部门的划分，我们定义“广义利息收入”＝净利息＋红利＋资本所得；经济总利息收入＝金融部门利息收入＋非金融部门利息收入＋家庭利息收入。依据前文分析，以利息为收入的即为金融资本，以企业利润为收入的即为职能资本。参见Costas Lapavitsas，and Iren Levina，“Financial Profit：Profit from Production and Profit Upon Alienation，”*Discussion Paper No. 24*，*Research on Money and Finance*（May 2011）。

前，金融部门利息收入基本保持相对稳定的增长，增长率围绕 15.1%上下波动（见图 3c）。在这一时期，以金融部门为中介，金融资本家借给职能资本家金融资本，以利息的形式获取回报，总利润的剩余部分由职能资本家以企业利润的形式获得，非金融部门年利润在小幅波动中保持平稳的增长趋势（见图 3d）。

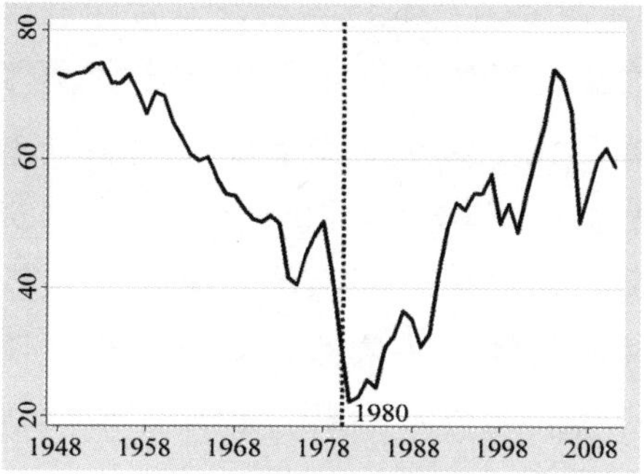

a. 金融部门利息收入/经济总利息收入（%）①

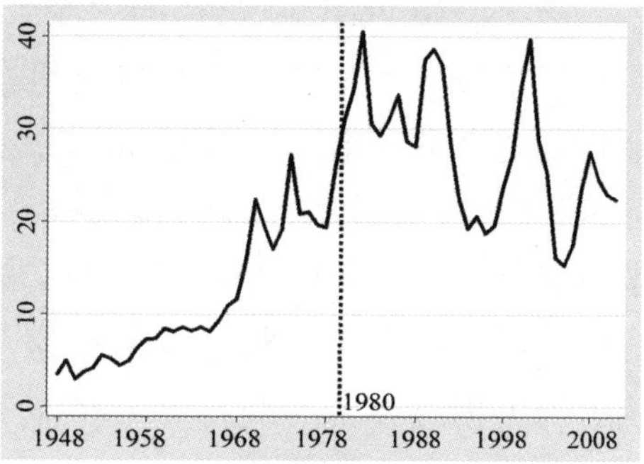

b. 非金融部门利息收入/非金融部门净增值（%）

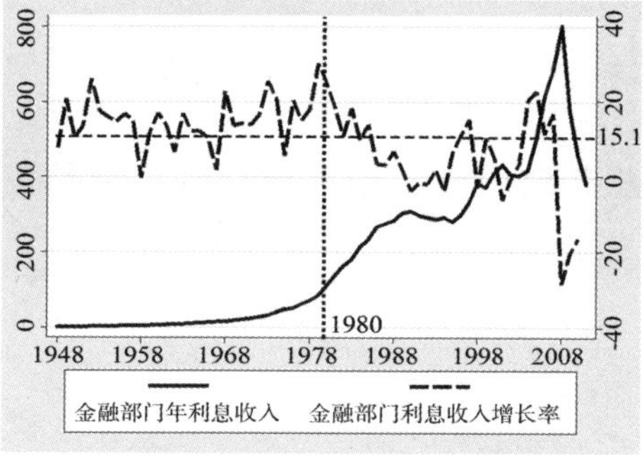

c. 金融部门年利息收入及其增长率②

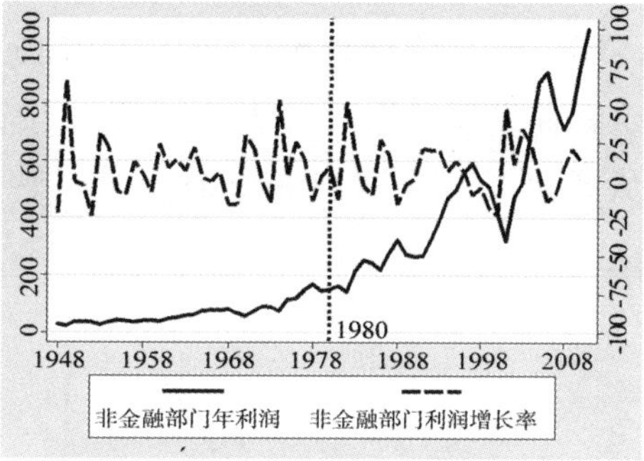

d. 非金融部门年利润及其增长率

图 3　金融资本利息收入与职能资本利润③

数据来源：作者根据美国经济分析局和美联储的官方数据计算获得。

① 为了更清晰地表明 1948—2011 年这一长时段的总体趋势，我们对金融部门 2008 年的年利润数据进行了异常值处理。

② 赵峰：《当代资本主义经济是否发生金融化转型》，《经济学家》2010 年第 6 期。

③ 图中右轴为增长率坐标系。

但是，在这个过程中大量经济剩余以利息的形式流入金融部门，金融部门膨胀。20 世纪 70 年代美国实体经济的停滞和对金融市场的宽松政策，使得市场越来越多地依赖金融的增长以保持与扩大货币资本，金融资本在与职能资本的竞争中获得越来越多的自主性，对生产和积累过程有了更大的控制力，由此导致二者局势的转变。

第二，20 世纪 70 年代的“滞胀”导致金融资本与职能资本合作基础的瓦解，生产能力的过剩和投资机会的减少导致循环中的停滞资本更多地转化为金融资本；之后的 30 年，在新自由主义历史背景下，金融资本迅速膨胀并不断控制职能资本进而支配整个资本主义积累过程，金融资本在表象上与职能资本相互融合，实质上导致职能部门的金融化并实现对经济过程的全面控制。我们在这个时期已经无法依据利息收入形式明确识别出相对独立的纯粹金融资本家阶级。在资本周转过程中，成熟的筹集停滞货币的信用体系已经建立起来之后，货币有系统的转变为金融资本，职能资本家运营的金融资本占比增加，金融资本取得控制生产的巨大权力和在经济中的主导地位。（1）金融部门日益膨胀。美国金融业占国民收入的比重由 1980 年的 7.5％上升到 2007 年的 12.9％（见图 4），金融业发展为美国最大的产业。（2）职能部门持续金融化。非金融企业从产业渠道获取利润日益困难，转而将其资产越来越多地配置在金融资

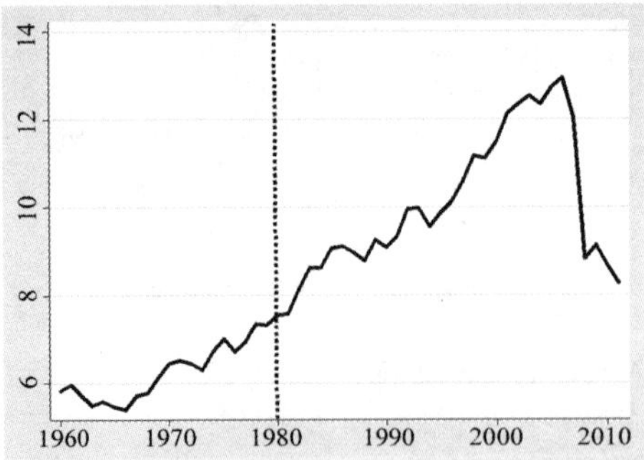

图 4　金融部门占国民收入比重（%）[①]

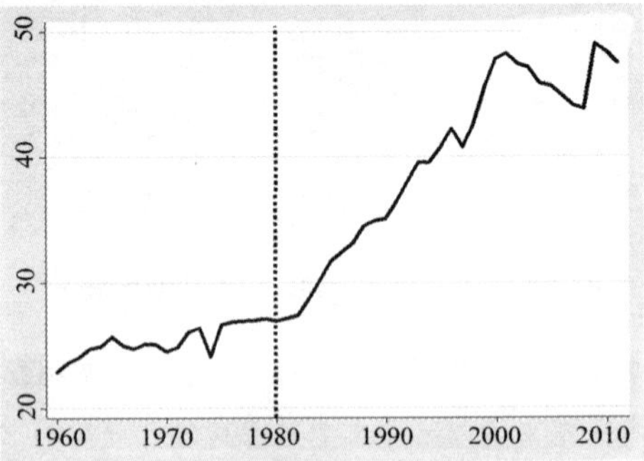

图 5　非金融企业金融资产占其总资产比重（%）

数据来源：作者根据美国经济分析局的官方数据计算获得。

① 为了更清晰地集中展现 20 世纪 70 年代后的经济情况，我们以 1960 年作为作图描述的起点。

产之上，美国的非金融企业持有的金融资产占其总资产的平均比例从1980年的26.9%上升到2007年的48.9%（见图5）；非金融企业中的金融资本相对于职能资本的比重明显上升，利息收入占非金融部门净增值的比重开始急剧增加并且随经济状况波动剧烈（如图3b）。(3) 金融部门的独立性、金融产品的复杂化和金融资本对生产的控制使得资本主义经济呈现出更强烈的不稳定性。相较于1980年之前，1980年后各部门利润增长率、利息增长率波动更为频繁和剧烈（如图3所示）。

2. 资本间竞争与合作：利润率与利息率的动态关系。

在马克思主义经济学视角中，利息率是金融资本让渡资本使用权的回报，而利润率是构成循环的职能资本按照"等量资本获得等量利润"的分配剩余价值的依据；利息率和利润率的动态波动关系反映了金融资本和职能资本在生产和分割剩余价值过程中的斗争与合作关系。利润率和利息率的不一致反映了构成循环的职能资本与循环外部的金融资本之间的差异，利润率与利息率的相关关系也反映了职能资本对金融资本的需求及金融资本对职能资本创造的闲置资金的依赖。为更深入考察2008年金融危机前后金融资本与职能资本的融合和竞争关系，我们必须结合实际经济周期对利息率和利润率的动态运动关系进行分析。

首先，我们发现利息率的变化取决于流通信用的状况，对这种变化的详细分析，需要联系经济的周期波动来进行分析。[①] 在资本循环的过程中，资本积累的向上运动和向下运动，可以通过利润的总体和利润率的增长和衰减来加以说明。在向上摆动时期，利润的总量和社会平均利润率都有所增长；反过来，在危机时期以及其后的不景气时期，利润总量既要衰减，利润率也会下降。[②] 1987—2011年是这样一个典型的周期过程。这个时期又可以进一步截取1991—2001年和2001—2008年两个经济短周期（见图6a）。以利润率周期波动比较明晰的2001—2008年这个周期为例，在2001—2005年间，随着利润率的上升，利息率在2001—2003年首先出现短暂下降，在到达谷值后开始缓慢上升；在2006—2008年

① ［德］希法亭：《金融资本》，福民译，商务印书馆1997年版，第101页。

② ［比］厄尔奈斯特·曼德尔：《晚期资本主义》，马清文译，黑龙江人民出版社1983年版，第121页。

间，在利润率下降趋势下，利息率首先出现滞后性的保持不变甚至有轻微上升，但是随着利润率的持续下降，利息率开始快速下降。由此可见，这一时段的经济数据非常清晰地印证了我们在利息率与利润率模型中提出的命题。

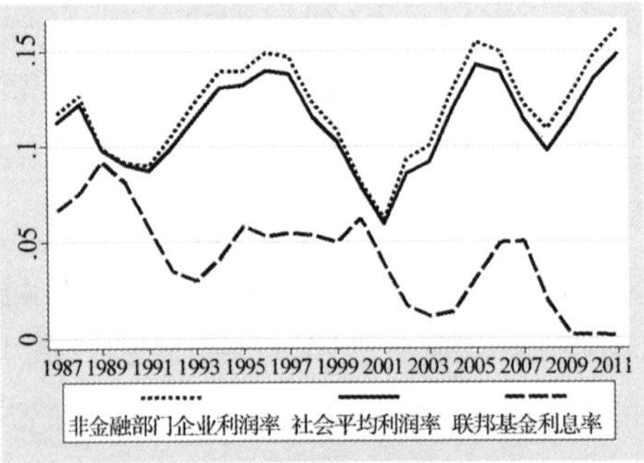

a. 联邦基金利息率[①]

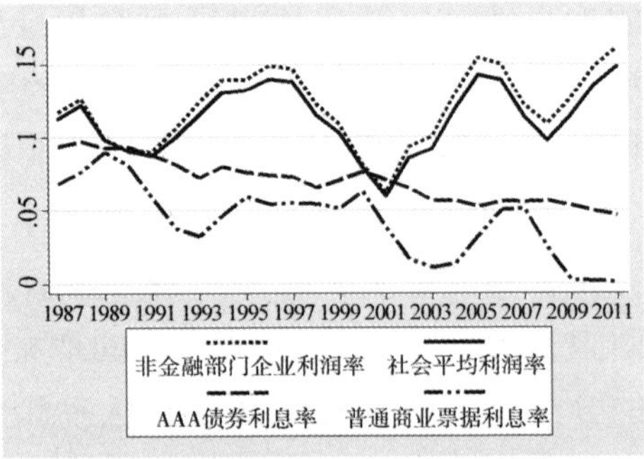

b. 普通商业票据利息率、3A级债券利息率

图6 平均利润率[②]、非金融部门企业利润率与利息率的周期波动

数据来源：作者根据美国经济分析局和美联储的官方数据计算获得。

为了进一步检验这种动态关系的稳健性，我们还选取普通商业票据利息率及3A级债券利息率来作为利息率的指标进行分析。[③] 如图6b所示，以普通商业票据利息率作为利息率指标，其与企业利润率、平均利润率之间动态关系十分显著；由于3A级债券是信用级别优良的较长期金

① 为首先研究利息率与一般利润率的关系，本文借用爱泼斯坦和肖尔采用的方法，选取美国联邦基金利息率作为考察利息率的数据来源，参见 Gerald A. Epstein, Juliet B. Schor, "Corporate Profitability as A Determinant of Restrictive Monetary Policy: Estimates for the Postwar United States," *Political Economy of American Monetary Policy*, (1990): 49—62。

② 有很多不同的方法测算经济体的利润率，本文采用利亚诺斯对利润率的分解方式，运用上一节中对利润率的定义式进行计算，参见 Erdogan Bakir and Al A. Campbell, "The Financial Rate of Profits: What Is It and How Has It Behaved in the United States," *Review of Radical Political Economics*, Vol. 43, No. 3 (2013); Theodore Lianos, "Marx on the Rate of Interest," *Review of Radical Political Economics*, Vol. 19, No. 3 (1987)。

③ 3A级债券表示债务人具有非常强的还本付息能力，购买这类公司所发行的债券几乎没有信用风险。因此，相较于普通商业票据利息率（commercial paper rate, 1—month），3A债券利息率（3A industrial bonds rate）是更适宜充当商业和银行信贷的利息率标准的市场利息率指标。参见：[美] 威廉·拉让尼克，[美] 玛丽·奥沙利文：《公司治理与产业发展——一种基于创新的治理理论及其经验依据》，黄一义等译，人民邮电出版社2005年版，第22页。

融资产，供给与需求波动较小，其利息率具有更高的稳定性，但是我们仍能识别出其运动周期，及其与企业利润率、平均利润率之间的相关关系。由此，我们验证了模型的稳定性以及利息率、企业利润率和社会平均利润率之间的稳健关系。

其次，利息率与利润率之间动态关系为研究金融资本与职能资本合作竞争关系提供了重要线索。(1) 利息率、利润率及企业利润率动态背后的逻辑是：在经济周期向上摆动的状况下，即利润率上升的阶段，资本积累是加速的，职能部门对金融资本的需求增加，而闲置资本的供给减少，金融资本的价格即利息率会上升，但市场对供求关系的反映具有滞后性，利息率的形成和反馈也需要时间，因而，在利润率上升初期，利息率仍保持前一个周期下行时低迷的状态，一段时间后，利息率就随着利润率的上升而上扬；反过来，在危机以及接着而来的不景气状况之下，资本贬值，而且部分价值遭到了破坏①，职能部门对金融资本的需求减少、闲置资本的供给增加，利息率有下行的压力，但由于市场滞后性的影响，利息率保持上升趋势，在达到峰值后，利息率随利润率的下降而降低。(2) 在资本主义金融化过程中，金融资本对生产过程有更大的影响力，金融资本运动的独立性增强导致经济更为剧烈和频繁的波动。②金融资本与职能资本在积累周期中相互合作完成剩余价值的生产，以利息与利润的形式完成对剩余价值的分割，利息率与利润率的动态相关关系反映了二者之间的权力对抗和相互竞争。

三、结　语

本文通过梳理马克思主义政治经济学的相关理论，并以美国 1948—2011 年的历史为对象，考察了当代资本主义经济历史和现实。

① ［比］厄尔奈斯特·曼德尔：《晚期资本主义》，马清文译，黑龙江人民出版社 1983 年版，第 122 页。

② 详见赵峰、马慎萧、冯志轩：《金融化与资本主义危机：后凯恩斯主义金融化理论述评》，《当代经济研究》2013 年第 1 期。

首先，马克思主义研究金融资本和职能资本关系的两种分析视角是辩证统一的，在此基础上构建的统一的分析框架为理解资本主义的动态提供了有力的工具。(1) 20世纪70年代末之前，金融资本的增长保持相对稳定，以金融部门为中介，金融资本家向职能资本家提供生息资本，以利息即利润的一部分获取回报，配合职能资本完成资本周转过程，保证黄金时期经济的稳定增长。(2) 70年代之后，在金融部门稳定发展的同时，来自非金融部门的利息收入快速增长，非金融部门中金融资本比重明显增加。在信用体系的作用下非金融部门闲置资本系统的转变为金融资本，社会经济部门中金融资本快速膨胀，其对职能资本的干预和渗透、对生产过程的控制和权力急剧增强。

其次，利息率与非金融部门企业利润率、社会平均利润率之间存在显著的动态相关关系，反映了金融资本与职能资本在资本积累过程中既对立又统一、既对抗又融合的竞争关系。(1) 利息率与平均利润率、企业利润率的周期关系清晰显著，即利润率上升的阶段，资本积累是加速的，利息率由于时滞保持短期低迷后会上升，在危机以及紧接而来的不景气状况之下，资本贬值，利息率有下行的压力，但由于市场滞后性的影响，利息率保持上升趋势，在达到峰值后，利息率随利润率的下降而降低。(2) 利息率与利润率的周期性波动关系反映的是资本主义金融化的过程中金融资本与职能资本的合作竞争关系。一方面，金融资本辅助职能资本共同完成资本循环和剩余价值的生产，利息率反映了职能资本对金融资本的需求及金融资本对职能资本创造的闲置资金的依赖；另一方面，金融资本的扩张及其运动的独立性增强导致经济更为剧烈的波动，利息率与利润率的动态相关关系反映了金融资本与职能资本之间的权力对抗和相互竞争。

再次，美国在积累过程中经济过度金融化、金融资本权力过大对生产造成掠夺性破坏的事实，对我国是一个重要警示。(1) 在中国的改革与发展中要特别注重好金融部门与实体部门的关系，既要保持金融的健康发展、充分发挥金融在现代市场经济发展中的关键作用，同时要加强和改善金融监管，防范和化解金融风险，使金融部门的发展服务于实体经济发展的需要，防止金融脱离生产的物质基础盲目膨胀。（2）利息率是重要的调控手段和工具，其与社会平均利润率、企业利润率的相对关系也是判断金融部门和实体部门协调是否合理的重要指标；我们应该坚持从有利于实体经济生产性资本积累的角度调节利息率，从而保证金融部门发挥对实体经济的促进功能。

（原文发表于《马克思主义研究》2015 年第 2 期）

六

剩余价值理论

论剩余价值论的现实意义

裴小革[*]

剩余价值论的发现和创立，是马克思对人类经济社会发展的一个伟大科学贡献。正如恩格斯所评价的："这个问题的解决是马克思著作的划时代的功绩。它使明亮的阳光照进了经济学领域，而在这个领域中，从前社会主义者像资产阶级经济学家一样曾在深沉的黑暗中摸索。科学的社会主义就是以此为起点，以此为中心发展起来的。"① 剩余价值论通过对资本主义生产资料所有制和各种产权的实证研究，深刻揭示出了工人阶级在生产过程中的实际作用和主体地位，进而科学论证了资本主义发生、发展和灭亡的客观经济规律，完成了政治经济学上的革命，并成为工人阶级维护最广大劳动人民根本利益、实现自身和全人类解放的强大思想理论武器。

但是，剩余价值论自诞生以来，也受到了很多人的歪曲攻击。目前，一些热衷于在中国搞"休克疗法"，把经济体制改革等同于私有化、推翻社会主义制度建立资本主义制度的经济学家，常常或者以马克思范式不属于现代经济学为由，实际上用西方经济学的利润理论完全否定了剩余价值理论；或者故意不谈马克思对资本主义剩余价值生产的批判，硬说现在发达国家的资本主义生产仍和马克思描述的原始资本主义生产是一样的，马克思也和他们一样认为这种资本主义生产是永恒不变的，所以我们现在既然要实行市场经济，就必须让企业家占有一切剩余价值，社会主义公有制和工人参与利润分享都是必须坚决反对的。可见，阐明马

* 裴小革：中国社会科学院经济研究所教授，博士生导师。

① 《马克思恩格斯选集》第3卷，人民出版社1995年版，第548页。

克思的剩余价值论的现实意义，创造性地运用这一理论科学剖析当代资本主义生产和正确指导中国改革实践，已经成为我国经济学界必须承担的重要研究课题。本文试图就剩余价值论这两方面的现实意义，做出自己的探索。

一、剩余价值论对于研究当代资本主义生产的理论基石作用

从 17 世纪英国资产阶级革命至今，资本主义走过了 300 多年漫长道路，经过了几个不同的发展阶段。马克思的剩余价值论科学地论证了自由放任的原始资本主义生产的问题，同时奠定了认识整个资本主义生产的历史特征、历史地位和历史趋势的理论基础。当代资本主义生产虽然发生了重大变化，但它并没有偏离剩余价值论所揭示的资本主义生产运行发展的轨道。剩余价值论代表了最广大劳动人民的利益要求和先进生产力、先进文化的发展方向，具有比西方经济学各种利润理论大得多的对当代资本主义生产的解释力和理论包容力。它关于资本主义生产的科学论述，仍然是我们观察和分析当代资本主义生产的最重要的理论基石。

1. 剩余价值论与当代资本主义生产过程的二重性。

在当代资本主义生产的条件下，剩余价值仍然是劳动者创造的，劳动是剩余价值生产的能动主体力量，但这种生产离不开物，一方面离不开未经人类改造的自然资源，另一方面也离不开经过人类劳动改造的自然物质。当这类自然物质被用于再生产时，就取得了资本的存在形态。西方经济学一般把资本定义为适用于一切社会和时代的生产工具，剩余价值论则认为资本既有适用于一切社会的自然属性，又有仅适用于不同时代和社会的不同社会属性。资本的这两种属性以及与这两种属性相联系的生产过程的二重性，都需要我们结合当代的实际来研究，创新发展能够反映和剖析当代资本主义现实的马克思主义剩余价值论。

和西方经济学一样，剩余价值论承认资本就其自然属性来说，是一种生产工具，生产过程则是人类使用生产工具改造自然创造新财富的过

程。对于这种属性的资本和生产过程，剩余价值论把它称为具有劳动、劳动对象和劳动资料三要素的劳动过程，认为它是不以人类的任何社会形式为转移的人类生活的永恒自然条件，是人类生活的一切社会形式所共有的。对于这种资本和生产过程，不必叙述一个劳动者与其他劳动者的关系，只要研究一边是人及其劳动，另一边是自然及其物质的关系就可以了。马克思指出："根据小麦的味道，我们尝不出它是谁种的，同样，根据劳动过程，我们看不出它是在什么条件下进行的：是在奴隶监工的残酷的鞭子下，还是在资本家的严酷的目光下；是在辛辛纳图斯耕种自己的几亩土地的情况下，还是在野蛮人用石头击杀野兽的情况下。"①

由于在当代资本主义条件下原料和劳动资料等自然属性资本都要经过市场交易才能进入生产过程，资本可以是指一笔货币或股票债券等虚拟资本，但其实体资本是建筑物、机器、库存以及其他生产的实物。其他事情相等，实体资本增加时，正常情况下，产量将超过成本，于是自然属性生产过程就可以产生剩余。这种自然属性资本的生产过程，是用迂回的生产方法实现的。孤岛上的鲁滨逊在做他的渔网这种自然属性资本时，不得不削减他的消费，但他最后可以捕获更多的鱼。人们使用迂回的生产方法，其劳动的生产率的提高足够报答所耗费的时间而有余。

物力生产时间的重要性，可用类似的例子说明。葡萄园主存一桶酒，值 100 元。10 年以后变为陈酒，卖了 200 元。等待 10 年，使他多得了 100 元。或者，假设一个人买了一英亩地，种上树苗，共花费他 1000 元。过了 20 年后，树长到可以卖给造纸厂作纸浆材料，他砍了树，拖到工厂，卖了树，净得 2500 元。他 20 年的报酬，是 150%。由此可以测度用于植树资源的积累率②。在这里人的作用和自然或物的作用可以被看作是相同的，都是在一定时间发挥着一种力，导致了物质财富在自然属性生产过程中的增加。

一所公寓，一栋厂房，或者一台机器，也是用生产耗用时间的方法来表示。一台机器可以看作一定包括劳动在内的物力量，即是用以生产

① 《资本论》第 1 卷，人民出版社 2004 年版，第 215 页。

② 此处指用于积累的资本在企业或个人生产剩余中的比例。

这部机器的物力量的凝聚。这些物力，随着机器寿命逐渐释放和转变为产品。再说一遍，这里有个物力生产时间问题。而生产时间的报答是扩大了的产出。使用机器的自然属性财富生产，较之储酒和种树要复杂得多。试想，一个种小麦的农民，用老办法种 300 亩地，雇他人割麦，用捆扎机捆麦把，装到拖车上，拉到脱粒机旁。这一共费了 60 个人工日。每天 10 元工资，或者共 600 元工资，加上 300 元的捆扎机的维修费和其他开支，总共用了 900 元。现在他有机会买了一台值 4000 元的联合收割机，全部收割工作一次完成。不雇他人自己生产，机器工作 10 年。他必须每年拿出 400 元，用以补偿它的磨损、修理、燃料油，还要花费其他使用费用 100 元。这样，他的收割总费用是 500 元，与老方法比，他每年能节省 400 元。

有人据此否定剩余价值论，说这 400 元是机器创造的，或是机器上的物化劳动创造的。这是一种似是而非的看法。表面看来，这 400 元是机器带来的，是机器上的物化劳动创造的，但实际上是购买和操作联合收割机的人，用高科技含量劳动代替了他所雇用的 60 个工人的低科技含量劳动创造的，也就是说选择购买和有效操作联合收割机的高科技含量劳动，比以前的低科技含量劳动具有更高的劳动生产率，所以才创造出了更多的价值和使用价值。如果不仅他雇的那 60 个人，而且他本人也什么都不干，那台联合收割机本身什么也不能做，还是只值原来的 4000 元。因为机器、物化劳动是死的，所以这些物必须有人操作才能生产更多财富，即使只从人与物的关系看问题，当代资本主义生产中新增财富产生也应算作人的功劳。

同买机器的费用相比，联合收割机每年节省的费用是 400/4000＝10%。如果这个农民以低于 10%的利息借钱买机器，他这样干就有利于更多的积累。现假定他能按 6%的利息借 4000 元。他每年付息是 240 元，由于他每年在经营费用方面节省 400 元，他比过去多得 160 元的好处，可以用于资本积累。

现实中各种企业也常用以机器替代人工的办法扩大自然属性生产，其做法尽管比这复杂得多，但总的说与此性质相同。例如，现在各电讯公司都在逐渐用自动直接拨号设备代替长途电话接线人员。这就涉及要计算新设备的费用，计算用新设备后经营费用上的节省，以及由此得到的好处。如果某公司在设备上花 1 亿元，每年在经营费用上节省 1000 万元，这就有 10%的得益。这些计算对公众并不公开。但是，我们知道，这家公司出售利息高到 8%的债券，筹集大量资金，购买新设备。因此，这些新设备预期得益必在 8%之上。

这些例子说的是生产方法的变更。但是，在开设一个新公司，增加它的生产能力，兴建一条新的生产线，或者在工厂和设备上不论干什么花钱的事，都需要这样计算。基本问题总是问，在扣除一切开销而外，与初始费用相比，从投资中获得的报酬如何？报酬的百分率确定后，才能得到可以用于再生产的自然属性资本量。

有人从剩余价值论揭示了剩余价值是由劳动者生产的事实，推论说它认为资本所有者无权因提供资本得到报酬——利息，这是不对的。剩余价值论把资本的作用和人的作用区别开来，恰恰为说明人与人之间的合理利益关系提供了最重要的理论基础。按照剩余价值论，如果资本所有者为制造和出让资本花费了劳动，那么他所得到的报酬或利息，就应以此为基础计算，它所反对的只是有人利用资本所有权，用物力的作用掩盖劳动的主体作用，把一切企业剩余都当作物力的自然产物或利息，由资本所有者独占。

由这里涉及的人与人之间的关系，可以看出剩余价值论对于当代资本主义剩余价值生产的适用性，以及研究资本和生产过程的社会属性的必要性。这种属性，西方经济学竭力回避，剩余价值论则给予了很大的关注。马克思根据资本和生产过程的社会属性指出："但资本不是物，而是一定的、社会的、属于一定历史社会形态的生产关系，后者体现在一个物上，并赋予这个物以独特的社会性质。"[①] "这是资产阶级的生产关系，是资产阶级社会的生产关系。"[②] 他还形象地指出："黑人就是黑人。只有在一定的关系下，他才成为奴隶。纺纱机是纺棉花的机器。只有在一定的关系不，它才成为资本。脱离了这种关系，它也就不是资本了，

---

① 《资本论》第 3 卷，人民出版社 2004 年版，第 922 页。

② 《马克思恩格斯选集》第 1 卷，人民出版社 1995 年版，第 345 页。

就像黄金本身并不是货币，砂糖并不是砂糖的价格一样。”[①]

因此，依据剩余价值论，可以把一切由人的劳动作用于物而产生的生产工具中体现的一定社会生产关系，称为社会属性资本，它是一个历史范畴，在不同的社会、同一社会不同历史阶段，具有不同的属性。同样，可以把体现一定社会生产关系的生产过程，称为社会属性生产过程，它也是一个历史范畴，在不同的社会、同一社会不同历史阶段，具有不同的属性。资本主义社会属性的资本，是为资产者带来剩余价值的价值；资本主义社会属性的生产过程，是为资本家生产剩余价值的过程。

任何资本都不可能脱离自然而存在，所以必然具有自然属性；任何资本又都总是存在于一定人类社会之中的，所以它也必然具有社会属性。同样，任何生产过程都必须在一定自然条件下进行，所以必然具有自然属性；任何生产过程又都总是在一定人类社会之中进行的，所以它也必然具有社会属性。自然属性资本和社会属性资本，是同一资本的两重表现，而不是可以独立存在的两种资本。同样，自然属性生产过程和社会属性生产过程，也是同一生产过程的两重表现，而不是可以独立存在的两种生产过程。资本和生产过程的自然属性，在各个时代和社会是相同的，但资本和生产过程的社会属性在不同社会和不同时代是不同的。

在马克思所处时代的资本主义社会，工人“自由得一无所有，没有任何实现自己的劳动力所必需的东西”[②]。即企业采取大规模标准化的生产方式，工人既少物质财产又少人力财富，极易替代，离开资本家就很难生存和发展；政府为资产阶级单方控制，工会力量很弱，劳资之间力量差距极为悬殊。所以，在这样的社会关系中，社会属性资本，是能够为资本家带来剩余价值的价值，生产过程则是资本家单方控制剩余价值生产和独占剩余价值的过程。在这个过程中，只有人格化的资本即资本家才是生产和分配的主体，劳动者则变为和非劳动生产要素一样的客体，只能得到劳动力的市场价格，不能作为人或主体参与资本收益的分享。资本只是资本家一个阶级的生产工具，剩余价值只能资本家一个阶级

---

① 《马克思恩格斯选集》第 1 卷，人民出版社 1995 年版，第 344 页。

② 《资本论》第 1 卷，人民出版社 2004 年版，第 197 页。

独占。

但是，在剩余价值论得到广泛传播以后，不论人们对这一理论抱有何种态度，都在不同程度上认识到了资本和生产过程由一个阶级控制，资本和生产过程收益由一个阶级独占的弊端。在工人起义汹涌澎湃，经济危机频繁发生，各种革命和改良运动猛烈冲击着资产阶级统治体系的情况下，世界各国的阶级力量对比发生了很大变化，各国的社会属性资本和社会属性生产过程也因此而在发生变化。

仅就西方发达资本主义国家的情况来看，据史料记载①，1913 年全世界约有 1500 万工会工人。群众抗议、大选活动中的街头宣传、工会组织的罢工和流血、职业介绍所、合作社、互助组、政党和运动——这一切活动的结果，就是按照每个国家独特的历史发展，改变着每个国家内部社会力量的对比。虽然工人阶级在地方或国家生活的许多方面仍被排除在外，到 19 世纪末和 20 世纪初劳动界的利益和他们对资本的权利已发生了很大变化，社会属性资本和生产过程，就已经很难被资本家一个阶级所控制和独占了。

若干主要资本主义国家实际工资上升的趋势，是这种属性变化的表现。在 19 世纪 70 年代至第一次世界大战前夕的这段时期，德国实际工资平均增长了 1/5，法国增长了 2/5。与此平行的另一个运动是工作日缩短的趋势。在这个问题上，一些作者从自然属性资本和生产过程的角度出发，往往强调这一时期生产力的增长使这些资本家的让步“成为可能”。当然，这种观点有其一定道理，但是，没有社会经济关系的变化，这些让步很可能就不会成为现实，这也是实际情况。

社会属性资本和生产过程的变化，还反映在主要资本主义国家国会通过的“若干社会法”上。在英国，1875 年的“雇主和雇工法”代替了 1867 年的“主仆法”。1875 年和 1876 年法律给予非暴力罢工以安全保障，并且授予工会合法地位。在德国，俾斯麦公布了目的在于缓解阶级矛盾的法令：关于人身保险（1883 年）、事故保险（1884 年）、老年救济（1884 年）和 60 岁退休（1889 年）等等。法国通过了给予结社自由的法

① ［法］米歇尔·博德：《资本主义史 1500—1980》，东方出版社 1986 年版，第 165—166 页。

令（1884年）、关于工作日长度（1874年、1892年、1900年）、卫生和安全（1893年）、工伤事故（1898年）、退休（1905年）和星期日休息（1906年）等法令。英国1906年的一项法令便利了工会组织的活动，一项1908年法令处理工人退休问题，另一项法令规定了家庭作业制的问题，一项1911年法令建立了失业救济金，并且扩大了人身保险的范围。在美国，许多州采用的社会法主要解决了矿工、童工的八小时工作制以及工伤事故的问题。

20世纪以来，当代西方资本主义发达国家，收入分配可以分为第一次分配和第二次分配，第一次分配是在企业层次完成的，包括企业内部和企业之间的分配，是通过雇主、工会、政府和市场机制的协同作用决定的；第二次分配是指政府对企业和个人收入的调节，通过经济政策、各种税收如企业所得税、个人所得税、土地税、遗产税等和社会保险、福利机制等来实现。近年来，随着经济全球化和高技术产业的发展，在很多发达国家的相当多企业，作为全部收入分配基础的企业收入分配又发生了显著的变化。

有关研究表明，企业利润分享制、企业价值分享制、企业所有权分享制和企业管理权分享制的广泛出现①，已成为分析当代资本主义国家社会属性资本和生产过程不能不重视的现象：企业雇员可以按劳动贡献分享利润，企业雇员可以按劳动贡献获取企业股票的市场价值，企业雇员可以按劳动贡献获取企业资本的部分所有权，企业雇员可以作为人参与企业的经营管理。在这种当代资本主义的社会关系下，尽管资本主义国家的国家政权还由资产阶级主导，社会属性资本和生产过程已经无法被资本家一个阶级控制，它们的公有制因素已经使社会其他阶级有了部分参与控制剩余价值生产过程和参与分享剩余价值的权利。

2. 剩余价值论与当代资本主义生产的利润来源。

剩余价值论科学地揭示了当代资本主义生产的利润，是来源于劳动者生产的剩余价值的事实。对于这个事实，在工人阶级力量还不够强大时，本来资产阶级经济学家也是承认的。正如列宁所说，“马克思主义同

---

① 何传启：《分配革命——按贡献分配》，经济管理出版社2001年版。

‘宗派主义’毫无相似之处，它绝不是离开世界文明发展大道而产生的一种故步自封、僵化不变的学说”[①]。利润的来源虽然是由马克思的剩余价值论科学揭示的，但是在马克思之前已经有许多经济学家在剩余价值的现象形态上，如利润、利息、地租等形态上，对它做过研究，承认它来自劳动者的剩余劳动。

当然，当代资本主义国家的新古典学派经济学家是不愿提古典政治经济学的专著中实际上有剩余价值论的。但马克思主义创始人却从不讳言自己的剩余价值论，是对前人已有成果继承和发展的产物。恩格斯说：“资本主义下的人，生产剩余价值已经有几百年了，他们渐渐想到剩余价值起源的问题。”[②] 马克思说：“在资产阶级经济学中，剩余价值的存在本来是不言而喻的”。[③] 还说：“古典经济学把利息归结为利润的一部分，把地租归结为超过平均利润的余额，使这二者以剩余价值的形式一致起来；此外，把流通过程当作单纯的形态变化来说明；最后，在直接生产过程中把商品的价值和剩余价值归结为劳动；这样，它就把上面那些虚伪的假象和错觉，把财富的不同社会要素互相间的这种独立化和硬化，把这种物的人格化和生产关系的物化，把日常生活中的这个宗教揭穿了。这是古典政治经济学的伟大功绩。”[④]

实际情况正是如此，在工人阶级还没有作为独立的力量登上政治斗争舞台以前，对于资本家在产品形式上收回的劳动量或价值量，比在工资形式上支出的劳动量或价值量要大这个事实，西方资产阶级经济学家本来是承认的。在政治经济学史上，最先考察剩余价值的应该算重商主义者。他们从流通领域寻求财富和剩余价值的起源，从事物的表面现象观察问题，因而在剩余价值来源问题上未能做出有价值的科学贡献。以后的西方古典政治经济学，由于把考察对象由流通领域转到生产领域，由描述经济活动的表面现象转到探求经济现象的内部联系，因而对剩余价值的起源、实质及其运动规律都提出了一些有价值的科学见解。

---

① 《列宁全集》第 23 卷，人民出版社 1990 年版，第 41 页。
② 《资本论》第 2 卷，人民出版社 2004 年版，第 13 页。
③ 《资本论》第 2 卷，人民出版社 2004 年版，第 365 页。
④ 《资本论》第 3 卷，人民出版社 2004 年版，第 940 页。

威廉·配第最早从地租形态上考察了剩余价值的来源，认为地租是农产品价值扣除了工资和生产资料（即种子）的价值以后的余额。不过他把地租和剩余价值混为一谈了。重农学派提出“纯产品”学说，明确认为“剩余价值不能从流通中产生出来”[①]，这就为分析剩余价值的生产奠定了基础。但他仍限于在地租形态上认识剩余价值的存在，而不知道利润也是剩余价值的一种形态，更不知道剩余价值的纯粹形式、一般形式。

斯密批判了重农主义的片面认识，把剩余价值的研究扩大到社会生产的各个方面，认为一切生产部门（包括农业、工业）的劳动都是利润的源泉，而地租和利润又来源于工人的剩余劳动。从这个意义上讲，“斯密认识到了剩余价值的真正起源”[②]。但是，他把剩余价值和剩余价值的现象形式即利润混在一起了，而且在他的利润理论中还包含着不少错误和庸俗成分。李嘉图比斯密又前进了一步，始终一贯地把利润看成是工人耗费劳动的结果，并认为工资不过是工人劳动创造的价值的一部分，另一部分则为资本家所占有。但是李嘉图和斯密一样，仍然没有把剩余价值和剩余价值的特殊形式利润、地租、利息等区别开来。

也就是说，在马克思剩余价值理论产生以前，亚当·斯密、李嘉图等古典经济学家虽然承认利润来源于劳动者的剩余劳动，肯定了劳动在经济发展中的主体作用，但出于其资产阶级的立场和资本稀缺的现实，他们在对经济发展的论证中，却借助天赋人权的说法片面论证了资本家独占利润进行资本积累对于经济发展的重要性，对于工人及其获取工资积累人力财富发挥创新劳动对经济发展的正面作用，或者论述很少，或者几乎没有做出论证。认为工人创造剩余价值、无权占有剩余价值是合理的、永恒不变的自然现象，对生产力发展最有利的。

与马克思剩余价值理论同时代产生的杰文斯、门格尔、瓦尔拉斯、马歇尔和克拉克等新古典经济学家的利润理论，不再主要研究经济发展问题，拒不承认利润来源于劳动者剩余劳动的事实，在对经济资源静态

① 《马克思恩格斯全集》第34卷，人民出版社1972年版，第41页。

② 《马克思恩格斯全集》第26卷第1册，人民出版社1974年版，第58页。

最佳配置的供求分析中，将劳动等同于物质生产要素，将工资等同于需要尽力压低的物质生产成本，只从需求者的主观评价方面说明静态资源最佳配置的状态，不从供给者的劳动贡献奖励方面说明动态资源最优发展状态，明确地将利润归因于资本的自然果实。

在马克思剩余价值理论广泛传播，资本主义无法再按原始资本主义状态停滞不前以后，西方经济学界终于重新感到了研究经济发展问题的必要，从20世纪30年代起陆续出现了一些隐含地承认利润来源于劳动者的剩余劳动的理论。例如，索罗等人的新古典增长理论用将劳动拟物化的方法，将经济发展的原因归于资本、劳动和技术进步，他们虽然把劳动的作用等同于在劳动者身上耗费的生活资料价值的作用，但还是把80％以上的随利润增加而来的增长原因归结为显然是人的劳动带来的技术进步，只不过他们没敢对技术进步的原因做出解释。

罗默等人的新增长理论，在新古典增长理论的基础上，用人力资本和知识等显然与人的劳动密切相关的人的素质因素，对技术进步的来源做出了解释，并指出“干中学”是人力资本和技术进步的来源之一，已经接近指出技术进步和随利润增加而来的经济增长都是人的劳动带来的，只是没敢捅破这层窗户纸，把劳动带来技术进步和随利润增加而来的经济增长这个事实讲出来。

另一些不只是从技术层面研究发展问题的西方经济学家，也比较隐讳地承认了利润来源于劳动者的剩余劳动的事实。例如，刘易斯的二元经济发展理论指出，在发展中国家，农业部门的劳动生产率大大低于工业部门，把一部分劳动生产率很低的农业劳动力转移到劳动生产率较高的工业部门中去，减少了社会上的剩余劳动力，让劳动力摆脱闲置和低效利用状态，整个社会的经济资源的利用状态就都会因此而得到改善，利润和生产力就会增加。

舒尔茨的人力资本理论把投在劳动力身上的费用称为人力资本，把人们通常称之为消费的大部分内容都归结为人力资本投资，称它有五种形式：保健支出、厂商进行的在职培训、正规教育、成人教育、适应就业形势或变化所引起的移民。承认对于利润的取得和经济发展来说，人力资本投资的作用要大于物质资本投资。不过，舒尔茨像罗默等人一样，回避了劳动在人力资本取得和发挥中的作用问题，也没敢把利润来源于剩余劳动的事实讲出来。

熊彼特的创新理论虽然把广大劳动者在经济活动中的作用等同于物，但并没有把企业家等同于物，认为企业家是可以组织和运用各种生产要素的具有创新精神的人。明确地将经济发展与企业家的创新视为同一物，将创新定义为企业家对生产要素执行新组合的经营创新，称利润的产生和经济的发展都是企业家个人经营创新活动的结果。这种论证和将利润说成资本的自然果实相比，确实反映了较多的事实，但它把利润归结为企业家一个阶层创新的结果，抹杀社会其他阶层对利润产生的贡献，显然是不符合实际的。

与上述理论相比，剩余价值论明显更具包容性地和更彻底地阐明了当代资本主义生产中的利润来源。在剩余价值论看来，人本身的发展是财富的主要积累，是真正的积累和发展。① 在资本主义制度下，这个真正的财富被追逐利润所掩盖。它称资本家投在劳动力身上的资本为可变资本，认为劳动力是人的身体即活的人体中存在的、每当人生产某种使用价值时就运用的体力和智力的总和。劳动力是剩余价值生产的首要因素，是推动技术进步的活的因素和最终原因，因而，可变资本的投入是形成利润的剩余价值生产的基础和起点。

可变资本包括对劳动力体力和智力的投资，即健康投资和教育投资。健康投资包括人的饮食营养投资、健身防疫投资和医疗卫生投资，它保证可变资本的物质承担者劳动力是“活的人体”，有健康的体魄，这样他们才能在社会经济活动中正常发挥作用。劳动力的体力及其健康状况是可变资本发挥其价值创造和价值增殖能力的基础。尤其是对于那些高智力高复杂度的科学劳动者，更需要具有强壮健康的体魄，否则，“劳动力就只能在萎缩的状态下维持和发挥”②。

---

① 例如，马克思指出：“真正的财富就是所有个人发达的生产力。”（《马克思恩格斯全集》第46卷下册，人民出版社1979年版，第222页。）又说：“人本身是他自己的物质生产的基础，也是他进行的其他各种生产的基础。因此，所有对人的这个生产主体发生影响的情况，都会在或大或小的程度上改变人的各种职能和活动，从而也会改变人作为物质财富、商品的创造者所执行的各种职能和活动。”（马克思：《剩余价值理论》第1册，人民出版社1975年版，第300页。）

② 《资本论》第1卷，人民出版社2004年版，第201页。

教育投资是对提高劳动者素质所做的投资。剩余价值论十分重视国民教育的普及，认为教育至少包括智育、体育和技术教育[①]，并指出，“未来教育对所有已满一定年龄的儿童来说，就是生产劳动同智育和体育相结合，它不仅是提高社会生产的一种方法，而且是造就全面发展的人的唯一方法”[②]。所以教育投资是可变资本投资的最为重要的内容。提高劳动者的受教育水平，将直接转化为可变资本的价值创造能力和技术进步能力，“比社会平均劳动较高级较复杂的劳动，是这样一种劳动力的表现，这种劳动力比普通劳动力需要较高的教育费用，它的生产要花费较多的劳动时间，因此它具有较高的价值。既然这种劳动力的价值较高，它也就表现为较高级的劳动，也就在同样长的时间内对象化为较多的价值”[③]。

剩余价值论有关剩余价值生产的这些论述表明，技术进步、知识、剩余劳动力、人力资本、企业家创新等等，最终都要在广大劳动者的劳动中才能发挥出推动经济发展的实际作用。由于西方经济学的各种利润理论将广大劳动者的劳动等同于物质生产要素，撇开了人的特性和历史，它们在研究利润来源中的局限性是比较大的，在研究当代资本主义生产的利润来源方面，剩余价值理论为我们提供了比一个西方经济学各理论广阔得多得理论框架。正如马克思所说：“劳动不是一切财富的源泉。自然界同劳动一样也是使用价值（而物质财富就是由使用价值构成的!）的源泉，劳动本身不过是一种自然力即人的劳动力的表现。”[④] 人和自然界都是人类财富的源泉。

剩余价值论像西方经济学各种利润理论一样，承认人的劳动有与自然界相同的一面，也可以表现为“一种自然力”，但是，和西方经济学各种利润理论不同的地方是，剩余价值理论同时还认为人的劳动有与物不同的一面。马克思指出：“我们把劳动或劳动能力，理解为人的身体即活

① 《马克思恩格斯全集》第 16 卷，人民出版社 1964 年版，第 218 页。

② 《资本论》第 1 卷，人民出版社 2004 年版，第 556—557 页。

③ 《资本论》第 1 卷，人民出版社 2004 年版，第 230 页。

④ 《马克思恩格斯选集》第 3 卷，人民出版社 1975 年版，第 298 页。

的人体中存在的、每当他生产某种使用价值时就运用的体力和智力的总和。”① 又说：“劳动是非原料，非劳动工具，非原产品”，“劳动不是作为对象，而是作为活动存在；不是作为价值本身，而是作为价值的活的源泉存在。”“劳动作为主体，作为活动是财富的一般可能性”。②

可见，剩余价值论和西方经济学各种利润理论不同的地方，并不在于认为财富有多少源泉，而是在于后者认为劳动只是和物的力一样的一种体力，剩余价值论则认为劳动是指与物的力既有共性又有区别的具体劳动和抽象劳动的统一、体力劳动和脑力劳动的统一，承认劳动者具有物所不具备的主动适应人类需要改造自然，创造人类财富，扩大利润来源的主体力量。利润赖以存在的人类财富的增加不能只靠自然的恩赐，更重要的是要靠人们不断增加改造自然的能力，用人类特有的劳动改造自然。

剩余价值论的这个观点是符合当代资本主义国家剩余价值生产和利润来源现实和发展趋势的。从目前世界银行划分的四种财富③来看，人造资产、人力资源和社会资本三种都是人用劳动改造自然形成的，自然资源中也将有越来越大的部分受到人类劳动的改造。在当今世界，一个地区的经济发展水平同其自然资源的丰富程度并没有显著的相关性。有些自然资源丰富的地区却是经济上落后的地区，而有些经济发达地区却原本自然资源贫乏，存在着人们通常所说的“富饶的贫困”和“贫乏的富裕”。各国财富的差异，更主要的是由劳动者素质和劳动的解放、保护状况的差异决定的。

西方经济学家不是不知道当代资本主义生产中的利润来源于劳动者的剩余价值和剩余劳动的事实，只是出于为少数资本家独占剩余价值作辩护的需要，故意回避了这个事实。剩余价值论则站在最广大劳动人民发展先进生产力、先进文化的立场上，揭示了这个事实。它是一个对于研究当代资本主义生产和利润来源问题，远比西方经济学各种利润理论

① 《资本论》第1卷，人民出版社2004年版，第195页。

② 《马克思恩格斯全集》第46卷上册，人民出版社1979年版，第252、253页。

③ 世界银行环境局、J. 迪克逊等：《扩展衡量财富的手段——环境可持续发展的指标》，中国环境科学出版社1998年版，第1页。

全面、彻底的科学理论。

二、剩余价值论对于研究当代中国经济改革的理论基石作用

剩余价值论是一种论述人的解放与经济发展关系的理论。按照剩余价值论的观点，经济发展的实质是人的全面发展。一个社会经济运行和发展的基本方向，简言之，应是以人为中心，随着人的创新劳动的持续积累和社会生产力的不断提高，从满足人的有限的物质自然性需求到满足人的无限广阔和全面发展的精神社会性需要的发展。剩余价值论以人为本的经济学说，不仅是科学剖析当代资本主义生产的理论基石，也是我们用科学发展观统领中国经济改革的理论基石。

1. 剩余价值论与科学财富概念。

中国的经济改革是为中国的经济发展服务的，经济发展意味着财富增多，所以用科学发展观统领中国经济改革，首先必须确立适合科学发展的财富概念。不然目标不明确，经济改革就会偏离科学发展的轨道。人们从不同的研究角度、出于不同的研究目的，可以对财富给以不同的定义。例如西方经济学的效用价值论出于个人的享乐目的，把财富定义为个人效用，用于研究满足个人主观偏好的方法；西方经济学的供求价值论出于分析资源静态配置的需要，把财富定义为交换决定的价格，把一切暂时不稀缺的资源都不当作财富；有些财产多的人及其理论代表，为了在收入分配中永远处于有利地位，把经由人用自己的劳动改造自然创造的劳动产品财富，和自然资源等非劳动产品财富等同起来，否定劳动产品财富对于人类文明进步的特殊意义；还有些人把自己对金钱财富的追求作为经济活动的最高目标，把人力只作为和机器原料一样的为了追求金钱财富必须贬损、别无用处的资本，无视人力对人所具有的直接财富意义。

与这些定义的角度和目的不同，我们基于剩余价值论要研究的问题是，如何在中国经济改革中解放和发展生产力，并在生产力发展的基础

上使最广大人民群众享受到自己的劳动成果，获得全面发展和生活富裕。因此，我认为，基于剩余价值论提出的科学财富概念，要为研究如何给中国最广大人民带来发展和富裕服务。出于这样的角度和目的，第一，要把广义的财富定义为一切对人类现在和将来具有客观使用价值的东西，而不是以某个人主观评价为转移可有可无的效用；第二，要把商品财富和非商品财富区别开来，承认对人具有使用价值的非商品，如公共产品和空气等，虽然没有价格、不进入市场，有的现在也不稀缺，但也是财富；第三，为了说明财富的来源，要把劳动产品财富和非劳动产品财富区分开来，把狭义的财富定义为劳动产品财富，说明劳动产品财富增加对于我国经济发展的决定性重要意义；第四，为把中国经济活动的目的，确立为最广大人民自由而全面的发展，不能只把物质使用价值称为财富，要把人力使用价值也称为财富，做出物质财富和人力财富的区分；第五，因为制度也是人类创造的一种重要财富，所以还需要把它单列出来，以研究它对人类生产生活的特殊重要作用。

以上基于剩余价值论定义和区分的这几种财富之间的关系，如图 1 所示。

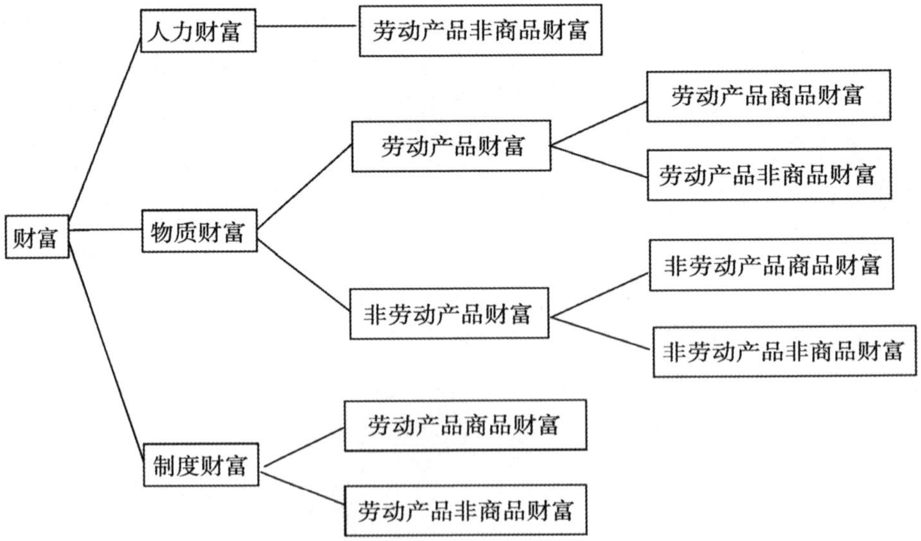

图 1

这里特别需要讨论的是，人力财富概念对于用科学发展观统领中国经济发展的重要意义。在对财富和发展的研究中，西方经济学界已出现了强调人在经济发展中的决定性作用的人力资本理论。这种人力资本理论自20世纪中叶创立，经过半个多世纪的发展演变和传播，现在已成为经济学中经验应用最多的理论之一，被推广应用于各个应用学科和研究领域。以致有人认为，人力资本理论，使教育经济学成为一门独立的应用经济学科，使医疗卫生经济研究有了支柱性的理论基础，使经济增长理论获得了“新生”，它还使人口经济学和劳动经济学有了重要的、实质性的内容，发展经济学和制度经济学的有关研究有了新思路，如此等等，不一而足。

但是，人力资本这一术语有一个缺陷，就是它把人力只作为增加物质财富或收入的手段，没有把增加人力同时表示为经济发展的最终目的。按照这种称呼，似乎人力和机器原料一样，是专为追求资本增殖而耗损的东西，本身对人毫无用处。而在剩余价值论的科学发展观看来，人力不应像机器原料一样在经济发展中被贬损，相反却应在经济发展中得益和壮大。经济发展是手段，人的发展才是目的。经济发展是人发挥主体作用改造自然的结果，经济发展虽然不能自动解放人，但却能为人类解放提供必要的条件，经济发展最终要为实现社会和个人的整体发展提供必要的物质基础。例如，马克思在《资本论》手稿中指出：“真正的财富就是所有个人发达的生产力。”① 又说：“人本身是他自己的物质生产的基础，也是他进行的其他各种生产的基础。因此，所有对人的这个生产主体发生影响的情况，都会在或大或小的程度上改变人的各种职能和活动，从而也会改变人作为物质财富、商品的创造者所执行的各种职能和活动。”② 经济发展对人类解放和发展的直接作用，就是使人的基本需求不再是物质的，而是变成了内在必然性的要求和对人完满生活的享受，即对个性的全面、丰富和自由的发展的需要。经济发展将改变人们的社会关系，将以人与人的新型关系取代物对人的统治的单纯经济关系。经济

① 《马克思恩格斯全集》第46卷下册，人民出版社1979年版，第222页。
② 马克思：《剩余价值理论》第1册，人民出版社1975年版，第300页。

发展也将改变人们的消费关系，使得人们对物的关系将不再是利己主义的占有，而是全面丰富的拥有。

因此，基于剩余价值论提出的“人力财富”概念，比西方经济学的“人力资本”概念更科学，因为它可以鲜明表示出人力不仅是中国经济改革的手段，同时也是中国经济改革要达到的最终目的的特性。所谓人力财富，是指人们花费在人力保健、教育、培训等方面的开支所形成的财富。这种财富，就其自然属性存在形态来说，是活的人体所拥有的体力、健康、经验、知识和技能及其他精神存量的总称，它可以在未来特定经济活动中给有关经济行为主体带来净增价值或收益。简言之，人力财富的基本特征有二：它是凝结在人身上的“人力”；它是可以使人和社会获益和发展的“财富”。

虽然剩余价值论的首创者早在 100 多年，便旗帜鲜明地提出未来社会的目标是人的全面而自由的发展，并认为真正的财富就是所有个人发达的生产力，但这种以人为本的财富概念在其后的 100 多年里并没有引起很多国家决策者的高度重视。长期被人们广泛接受的传统财富概念，是一种西方经济学倡导的以物为本的财富概念。它认为财富就是物质收入，经济发展必须以物质收入的增长为核心，物质收入是唯一财富，人力只是资本，只是增加收入的手段。因此，追求物质收入的无限增加是至高无上的目标。

特别是 20 世纪 30 年代以来，凯恩斯主义经济学把国民生产总值作为国民经济统计体系的核心，成为评价经济福利的综合指标和衡量国民生活水准的象征。于是在现实经济生活中，经济发展表现为对国民生产总值，对经济高速度增长目标的热烈追逐，驱使着人们的发展行为和发展方式。在人类发展的历史上，这种财富概念一度占据统治地位，支配着人类的一切活动和经济社会的各个领域。虽然说它在实现经济增长和工业化方面确实起过历史作用，但是，随着现代经济社会的发展，它的片面性、局限性及其弊端逐渐暴露并日益突出。

自从 20 世纪 50 年代以来，经历过第二次世界大战的战争硝烟的人们格外地渴望和平与繁荣，他们开始逐渐把目光和更多的精力投入到对经济发展和社会和谐的相互促进之中。国际社会围绕经济发展的内涵和重点，先后形成了各种不同于传统财富概念的发展理论和发展战略，如：以满足人的基本需求为核心的“基本需求战略”，以人的发展为轴心的“生活质量”战略和“内源发展战略”，以人和自然协调发展为宗旨的“可持续发展”战略，等等。这些发展理论和战略的演变更迭，反映了当代人财富概念上的重大变化，它意味着剩余价值论关于经济发展要“以人为中心”或者为“目的”的财富概念，又一次受到了全世界的关注，使人们冲破西方经济学传统财富概念的束缚，在世界各国形成了一股经久不衰的科学发展思潮。

可持续发展战略从起点和表象上看，似乎重点在于解决生态环境的危机，但其深层的更带有本质性的目标则是促进人的发展。例如在1991年，由世界自然保护同盟（INCN）和联合国环境规划署（UNEP）等组织共同发表的《保护地球——可持续生存战略》重要文件中，提出可持续发展的最终落脚点是“在生存于不超出维持生态系统涵容能力之情况下，改善人类的生活品质”。该战略中提出了人类可持续生存的九条基本原则，强调了人类的生产方式、生活方式要与地球承载能力保持平衡，保护地球的生命力和生物的多样性；同时还提出了人类可持续发展的价值观和130个行动方案，呼吁各国可以根据自己的国情制定各不相同的发展目标。但只有在“发展”的内涵中包括有提高人类健康水平、改善人类生活质量和获得必须资源的途径，并创造一个保障人们平等、自由、人权的环境，只有使我们的生活在所有这些方面都得到改善，才是真正的“发展”。

可见，人力财富概念比人力资本概念更适合科学发展观，因为人的全面发展并不仅仅是中国经济改革发展的手段，而且更是中国经济改革发展要达到的目的。

2. 剩余价值论与经济发展研究。

中国经济改革之所以取得了举世瞩目的成就，就是因为中国经济改革的过程，同时也是中国经济发展的过程。中国的经济是随着改革得到发展的。于是，为了否定剩余价值论的现实意义，有人就编造说，剩余价值论尤其是作为其基础的劳动价值论，是只研究公平和价值，不研究发展和财富的理论；当代的西方经济学则是专门研究发展和财富的理论，所以研究如何用科学发展观统领中国的经济改革，只应用或只以当代西方经济学为基础就可以了，剩余价值论尤其是它的基础劳动价值论，与经济发展问题无关，有的过时了有的已经包含在西方经济学里了，已经没用了。这种说法是不符合事实的，也是不利于用科学发展观统领中国的经济改革的。

劳动价值论最早是由古典经济学家亚当·斯密作了系统阐述的，他主要著作的题目就是《国民财富的性质和原因的研究》，或简称《国富论》，这部书讨论的主题是，人们如何通过分工提高劳动效率，创造财富，促进经济发展，而不是公平和价值。

以后更彻底论述劳动价值论的李嘉图，虽然在论述财富和发展的同时，较多地论述了分配问题，承认劳动者在生产中创造财富的作用，但他认为，为了发展经济，只要想办法通过自由贸易，让国外的粮食进口把国内粮价和地租压下来让利润增加就可以了，工资的低下对经济发展无害而且有利。根本没谈公平问题。

马尔萨斯也是承认劳动价值论的，他除了研究财富和发展以外，较多地研究了贫困问题。他认为贫困的根本解决办法，就是穷人不结婚并且要禁欲，同时用战争和灾难多死人。更是没有研究公平问题。

马克思创新发展了古典经济学的劳动价值论，他在劳动价值论的基础上阐述的剩余价值论，揭示了在经济发展中，资本主义的生产关系与社会化大生产发展将越来越不适应，工人受到不合理压制必将走向反抗，改变这种生产关系才能适应生产力的发展，而并没有从公平的角度论述这些问题。

相反，与马克思主义经济学同时代产生的西方经济学的一些基础理论，才是只研究公平和价值的理论，而且，它们所说的公平和价值，都只是他们所假定的无差异“经济人”主观感受上的公平和价值。正像有人通俗解说的，西方经济学最基本的原理就是“物以稀为贵”，而且这种“贵”讲的只是无差异“经济人”个人主观评价的“机会成本”，而不是生产中实际耗费的东西。按照这种理论，只要让每个人公平地（也就是平均主义地）对东西都有高评价就可以了，生产根本不必进行，因为东西反正越稀缺越贵，人们的评价越高，多了反而不好了。这种理论根本指导不了经济发展。

他们的边际效用价值论，是一种主要从需求方面研究人与物之间关系的经济理论，只能说明人们对财富的主观评价，无法说明财富的来源和增长。例如，中国改革开放以来的财富增长，就是无法用边际效用论来解释的。改革开放以来，中国人民对财富的需求确实有了很大的增加，从 8 亿人增加到了现在的 13 亿人，人口增加后如果供给不变，那么人均财富将减少，东西将更为稀缺。这种稀缺只能使人们运用边际效用论解释人们对财富的主观评价的价值比以前大了，但不能解释客观的使用价值为什么比以前大，因为它不去研究财富的供给。也就是说，它只能解释同样大的一张馅饼为什么人们对它的评价更高了，但不能解释一张馅饼如何可以做得更大，或如何可以使一张馅饼变成两张馅饼。

他们的供求价值论，实际上相当于马克思理论体系中没有劳动价值论的价格理论。它为研究价格在市场经济中配置资源的作用，以及供求对价格波动的影响，提供了一个方便的理论框架和研究起点。他们的理论实际上承认商品具有二重性，因为他们承认效用的作用实际上就是承认商品使用价值的存在，他们承认价格或交换价值的存在实际上就是承认物之间的使用价值相互社会联系存在。只不过他们不承认这种交换价值是人的劳动创造的，而把它说成是将人和物混为一谈的生产成本“供给”的。这种将财富笼统说成是“供给”产生的说法，虽然可以适用于土地这样的非劳动产品商品，对于商品财富绝大部分的劳动产品商品而言，显然没有揭示其产生的根源。而且他们所说的成本主要指人们主观评价的机会成本。所以是一种只讲所谓无差异“经济人”主观评价的公平和价值，不讲客观的发展和财富的理论。

时隔了大约半个多世纪，到 20 世纪 50 年代，西方经济学的新古典学派经济学家才重新研究经济发展问题，但他们的经济增长理论和西方经济学的静态资源配置理论一样，抛弃了古典经济学家承认劳动创造作用的理论，将劳动等同于物。自 20 世纪 50 年代末至 80 年代末，这些理论认为增长的来源是劳动、资本和科技进步，但对科技进步的原因却不做任何解释。20 世纪 80 年代末以来，则把科技进步归因于人力资本。

可是，人力资本的物质投入和财富特别是科技成果的产出虽然有正相关性和相互交叉性，但毕竟是两个过程。对不同的人投入相同的物质资料，他们的不同劳动表现还是会使产出有极大的差别；具有同样人力资本即创造科技成果能力的人，一个人积极工作，另一个什么事都不做，他们的产出也会有很大差别。因此，撇开对劳动者创造性劳动的研究，就不可能全面阐明财富特别是科技的来源。

剩余价值论才可以从根本上对中国经济改革中的发展做出科学解释。改革开放以来，我国的自然资源并没有增加，中国还是过去那么一块地，并没有变大，但因为劳动力利用的情况不同了，过去闲置的劳动力现在被动员起来了，过去劳动者没有被调动起来的劳动积极性，现在被调动起来了，劳动者们发挥出了更多劳动特别是高科技劳动和创新劳动，使过去没用的东西变成有用的了、用处少的东西变成用处多了，所以经济发展了，人民富裕了，财富增加了。

由于西方经济学出于政治原因，抛弃了用以揭示经济发展动力根源的劳动价值论，将劳动等同于物质生产要素，撇开了最广大人民群众人的特性和历史，它对经济发展研究的局限性是比较大的。剩余价值论才是发展研究更为重要的经济学理论基石。

3. 剩余价值论与中国改革道路。

用科学发展观统领社会经济发展，必须探讨中国的经济改革道路问题。中国的经济改革目前面临两条道路选择，一条是在以剩余价值论为基石的马克思主义理论指导下，用科学发展观统领各项工作，沿着社会主义方向，走可持续发展的共同富裕道路；另一条是在西方经济学的指导下，推翻社会主义制度，建立资本主义制度，走西方国家早期走过，现在原苏东一些国家又在效仿的、不可持续的贫富两极分化老路。

有人按照西方经济学界的说法，把马克思主义经济学称为激进的经济学，把西方经济学称为建设的经济学，这种说法很不适合描述这两种理论在当今中国经济改革中的作用。因为按照马克思主义经济学的剩余价值论，广大劳动者都是经济活动的主体，经济发展是广大劳动者共同创造的。中国人民当家作主的社会主义制度，比资本主义制度更有利于调动劳动者的积极性、创造性，保护好他们的利益，是适合社会化大生产发展要求的，有着无限广阔的发展前景。我们不需要推翻这种制度，只需要不断适应生产力发展调整和完善我们的制度，通过渐进协调的改革方式，就可以发展我们的经济。

相反，按照西方经济学，只有资产者（或称企业家和人力资本）才是经济活动的主体，广大劳动者的作用和物的作用是一样的，经济发展是少数资产者单独创造的，资本主义私有制最有利于保护他们的利益，是永恒不变、最有效率的制度，我们建立社会主义制度最初就搞错了，现在对这种制度怎么改革也没用，只有像苏联和东欧国家那样，实行激进改革彻底推翻它，让资产者统治社会，经济才能发展。所以这种经济学在中国具有明显的激进和反动作用，我们一定不能受其蒙蔽，自毁长城。

现在一些人之所以按照西方经济学主张走资本主义经济发展早期老路，还因为他们看到现在的西方发达国家都是资本主义国家，原来的一些社会主义国家也纷纷放弃了社会主义制度，就惊慌失措起来，认为我们也必须放弃社会主义制度，实行资本主义，不然我们就会在资本主义国家的包围和联手打击下走向死亡。而中国一变成资本主义国家，西方资本主义国家就能把中国当成自己人，大力扶植和帮助中国发展经济。而且资产阶级的政权都是民主的，可以很容易得到我国大多数人民的拥护。但这些有关中国经济发展道路的想法，都是基于对当代国际国内形势的错误判断产生的。

事实上，当代资本主义国家不是铁板一块，它们之间的利益冲突和矛盾是很多的，有的并不比和我们的矛盾小。例如，2003 年美国入侵伊拉克，法国和德国等很多资本主义国家就是反对的，因为他们之间的利益是不一样的。过去的两次世界大战，都是最先在资本主义国家之间打起来的，当然，第二次世界大战社会主义的苏联也被卷入了，但并不是孤军和所有资本主义国家作战的。

现在，在世界走向多极化的情况下，只要我们巧妙处理各种关系，利用矛盾，刚柔并济，增强自己，就可以在世界上立住，而完全不必非变成资本主义国家不可。相反，如果中国真变成资本主义国家，肯定会引起政局的不稳和社会的混乱，西方国家则倒是真有可能趁乱介入，打击我们。

中国改革开放以来没有放弃社会主义制度，西方国家和中国的政治经济文化联系却越来越紧密，中国的国际威望越来越高。而放弃社会主义制度的南斯拉夫却因内部斗争遭到西方军事打击，满目疮痍，血流成河，很多人国破家亡，妻离子散，流离失所。放弃社会主义制度的苏联，国家四分五裂，民族矛盾加剧，恐怖事件接连不断，经济和广大人民群众生活水平遭到了空前的衰退。西方国家对它们也没给多少援助，还不断使用双重标准打击它。可见，我们千万不能对实行资本主义制度抱有不切实际的幻想，像东施效颦那样全盘否定我们自己的历史，傻乎乎地认为一实行资本主义中国经济发展中现存的一切矛盾就都可以自动解决了，美国和西方发达国家就都会全力支持中国的经济发展了。

其实，如果我们放弃社会主义制度，我们的国家就会失去凝聚力，变成一盘散沙。资产阶级的政权因为在中国没有广大人民的支持，或者是软弱无力的，或者是依靠军队穷凶极恶镇压人民的。所以，很可能出现原南斯拉夫那样的内战，或出现像原苏联那样的国家四分五裂的状况。由于内部矛盾尖锐，广大人民只能给少数寡头打工，穷困潦倒、没有干劲，即便有美国等国的恩赐支持也发展不起来，更何况美国等国最可能不是支持中国而是趁火打劫瓜分中国，那才是真正的悲剧。

总之，剩余价值论为我们用科学发展观统领中国经济改革，提供了最重要的理论基石。它可以使我们不为西方经济学激进的理论所迷惑，在促进经济发展的同时，充分认识资本主义的内在矛盾和问题，积极研究如何跨越资本主义的“卡夫丁峡谷”，在吸收资本主义一切文明成果的同时，不经过资本主义阶段，避免或尽量减少资本主义的苦难，用科学发展观统领中国经济发展，沿着社会主义方向，走可持续发展的共同富裕道路，推动中国经济改革不断取得更大的成就。

（原文发表于《经济思想史评论》2006 年第 1 期）

论社会主义资本理论的几个难题

简新华　马迪军*

长期以来，中国几乎所有的政治经济学教科书都认为资本是能够带来剩余价值的价值，反映的是资本家剥削雇佣工人的关系，是资本主义特有的经济范畴。由于认为社会主义社会不存在资本，因此，传统的社会主义经济理论中也没有资本理论。现在我们提出社会主义经济是市场经济，用于生产经营活动的生产资料和货币的价值也是资本，也必须在运动中保值、增值，也存在资本市场和按资分配，发展社会主义市场经济也必须尽可能积累和筹集更多的资本，更好地营运资本，充分有效地利用资本。针对这种情况，不少经济理论工作者先后提出了社会主义资本理论。① 但是，对社会主义市场经济中为什么也存在资本，与资本主义社会中的资本相比有何异同，具有什么样的性质、特征、类型和作用等基本问题的理论研究却不全、不深、不透，非常欠缺，仍存在许多模糊认识、尖锐分歧、激烈争论，还有一些理论难题没有解决，特别需要深入探讨。

一、社会主义市场中为什么也存在资本?

社会主义市场经济中为什么也存在资本，也就是说资本为什么不是资本主义特有的经济范畴?这是社会主义资本理论面临的最大难题。长期

* 简新华：武汉大学经济发展研究中心教授。马迪军：武汉大学经济发展研究中心。

① 冯子标等：《"社会主义资本"回顾与研究》，经济科学出版社2000年版。

以来，人们之所以认为资本是资本主义特有的经济范畴，社会主义经济中不存在资本，主要是因为马克思在《资本论》中指出：资本是能够带来剩余价值的价值，是资本家剥削雇佣工人的手段，体现了资产阶级与无产阶级之间剥削与被剥削的关系；剩余价值是雇佣工人剩余劳动创造的被资本家无偿占有的价值；“商品流通是资本的起点。商品生产和发达的商品流通，即贸易，是资本的历史前提”[①]，劳动力成为商品是货币转化为资本的关键，劳动者拥有人身自由而且自由得一无所有，又是劳动力成为商品的两个必要条件；生产资料只有在资本主义私有制条件下作为剥削雇佣工人的手段时，才成为资本。这些都只是资本主义社会中才存在的情况，所以资本是资本主义社会特有的经济范畴。传统的社会主义经济理论认为，社会主义经济是以公有制为基础的计划经济，不存在商品生产和商品交换，劳动者是生产资料的主人，因此劳动力不是商品，不存在雇佣劳动，货币不可能转化为资本，生产资料也不可能成为剥削劳动者的手段，所以也就不存在劳动力商品、资本和剩余价值等范畴。但是，如前所述，在现实的社会主义社会中，特别是在社会主义初级阶段的市场经济中，实际上存在资本，用于生产经营活动的货币和生产资料也要表现为资本，也存在资本市场、资本经营、资本构成、资本收益、资本积累、资本效率等许多与资本有关的行为和现象。可见，传统的社会主义经济理论严重不符合社会主义经济的实际。怎样解决理论与现实的矛盾呢？我们认为，既要实事求是地坚持马克思主义经济学中的基本原理，又要与时俱进，从实际出发，进行理论创新。社会主义市场经济中之所以存在资本，主要是因为：

第一，商品经济（包括市场经济）是资本产生和存在的前提条件，社会主义初级阶段的经济是市场经济，当然也具备资本存在的前提条件。虽然马克思曾经说过：“有了商品流通和货币流通，决不是就具备了资本存在的历史条件。”[②] 也就是讲商品经济不是资本产生和存在的唯一条件，自然存在商品流通和货币流通，也只是社会主义市场经济中存在资本的

① 《马克思恩格斯全集》第23卷，人民出版社1972年版，第167页。

② 《马克思恩格斯全集》第23卷，人民出版社1972年版，第193页。

一个重要条件。

第二，社会主义市场经济中劳动力也是商品，具有货币转化为资本的必要条件。由于社会主义市场经济中，劳动者拥有人身自由，虽然不是“一无所有”，但公有的生产资料所有权并不量化到个人，劳动者不能凭借公有的生产资料的所有权取得个人收入，主要只能依靠劳动谋生，所以劳动力也是商品，也需要通过市场买卖，实现合理流动、优化配置。在这里需要特别指出的是，我们不能死扣“一无所有”这个劳动力成为商品的必要条件，应该抓住问题的实质。“一无所有”的实质内涵是指劳动者除了劳动力之外，不能凭借其他生产要素的所有权取得收入，只能靠劳动谋生。否则，就会得出不符合实际的荒谬结论。比如，现代资本主义社会中，不少拥有少量甚至相当数量股票的雇佣劳动者也不是“一无所有”，能说他们的劳动力不是商品吗？显然不能这样断定。当然，并不是只要拥有人身自由的劳动者不能凭借或主要依靠生产资料的所有权取得个人收入，而只能靠劳动谋生，其劳动力在任何条件下都必然是商品，比如原始社会和未来共产主义高级阶段的劳动力就不是商品，因为还应有一个大前提，必须在市场经济条件下才必然如此。

第三，历史事实表明，资本并不是在资本主义阶段才产生，也不是资本主义社会特有的经济范畴。早在奴隶社会、封建社会的简单商品经济中，原始形态的资本就已经出现了。马克思本人也几次指出：“生息资本或高利贷资本（我们可以把古老形式的生息资本叫作高利贷资本），和它的孪生兄弟商人资本一样，是洪水期前的资本形式，它在资本主义生产方式以前很早已经产生，并且出现在极不相同的社会经济形态中。”[①]“在奴隶制度下，用于购买劳动力的货币资本，起着固定资本的货币形式的作用，它只是随着奴隶一生的能动期间的消逝，逐渐得到补偿。”[②] 由此可见，不能认为资本只能是能够带来由雇佣工人剩余劳动创造被资本家无偿占有的剩余价值的价值，只能是剥削雇佣工人的手段，必然体现资本家剥削工人的关系。实际上，在不同的社会条件下，资本可以反映

① 《马克思恩格斯全集》第25卷，人民出版社1974年版，第671页。
② 《马克思恩格斯全集》第24卷，人民出版社1972年版，第538页。

不同的经济关系。资本是能够增值的价值或带来收益的价值，这才是资本最一般、最本质的特征，反映了各种不同社会形态中资本的共同本质。事实也说明，社会主义市场经济中普遍存在能够增值的价值，也就是普遍存在资本。

二、资本有无“姓资姓社”之分？

资本，顾名思义，肯定姓“资”，也就是说资本必然是资本主义特有的范畴，必然体现资本家剥削雇佣工人的关系，这似乎应是毫无疑问的。其实不然。

第一，资本不必然“姓资”，而是“中性”的。按照马克思关于资本的定义，资本是能够带来剩余价值的价值，这是资本最本质的特征，是社会主义资本理论必须坚持的最基本的原理，否则就不可能是科学的资本理论。但是，从资本的本质特征得不出资本“姓资”的结论。

首先，从资本的本质特征中得不出资本是资本主义特有的经济范畴的结论。资本是价值，只要是商品经济，就必然有价值，就可能有资本；资本要带来剩余价值，剩余价值是剩余劳动创造的，而剩余劳动是包括原始社会后期在内的一切社会都始终存在的，在商品经济中价值是劳动创造的，剩余劳动自然创造剩余价值，只要有剩余劳动和商品经济，就必然有剩余价值，有剩余价值，就可能有资本。价值和剩余价值不是资本主义社会特有的，在存在商品经济的社会中都必然存在，因此资本也不是资本主义社会特有的经济范畴，在存在商品经济的社会中都可能存在。所以说从资本的本质特征中得不出资本是资本主义社会特有的经济范畴的结论。

其次，从资本的本质特征中也得不出资本必然体现资本家剥削雇佣工人的关系。资本是能够带来剩余价值的价值，是不是体现剥削关系，关键在于剩余价值由谁创造又由谁占有，剩余价值由谁占有又是由资本归谁所有决定的。剩余价值总是由劳动者创造的，资本却可以是资本家所有的，也可以是劳动者个人所有的，还可以是劳动者共同所有的即公有的。当资本属劳动者个人所有、劳动者运用自己所有的资本创造和占有剩余价值，就不存在剥削关系；当资本属于公有，劳动者共同占有剩余价值，就不体现剥削关系；只有在资本属于资本家私人所有，剩余价值也由资本家私人占有的情况下，资本才体现剥削关系，马克思在《资本论》中分析的就是这种情况 。由此可见，资本体现的经济关系由剩余价值归谁占有决定，剩余价值由谁占有又由资本归谁所有决定，资本可以有多种不同的所有制，所以可以体现不同的经济关系；资本的本质特征并不决定剩余价值由谁占有，更不决定剩余价值必然由资本家占有，也就不是必然体现资本家剥削雇佣工人的关系。

以上分析表明，资本既不是资本主义社会特有的，也不必然体现资本主义剥削关系，所以不必然“姓资”，而是像商品、货币、市场经济一样，本身是“中性”的，也就是说资本可以在不同的社会形态中存在、可以体现不同的经济关系。

第二，资本有“姓公姓私”和“姓社姓资”之分。

资本本身是“中性”的，是不是意味着所有资本的社会属性都一样、不同社会形态中的资本毫无差别呢？事实并非如此。在不同的社会形态中，在不同的所有制条件下，资本会打上不同的社会烙印，具有不同的社会属性。资本的社会属性主要是指其体现的社会经济关系，体现的社会经济关系不同，资本的社会属性也不同；体现什么样的社会经济关系主要由资本的所有制决定，不同的所有制决定体现不同的社会经济关系，具有不同的社会属性。因此，资本有“姓公姓私”之分：私有资本（个体所有除外）体现剥削关系，公有资本体现劳动者共同创造和占有剩余价值的关系。

由于不同社会形态的所有制基础也不相同，尽管某一种社会形态的所有制往往不是单一的，而是多元的、混合的，但总有一种是占主体地位的，这就决定在某一种社会形态中存在的资本的社会属性也不是单一的，也会存在具有多种不同性质的资本，但必然有一种具有由某个占主体地位的所有制决定的社会性质的资本在社会中也占主体地位，代表着该社会资本的社会性质。比如：资本主义社会占主体地位的资本家私人所有的资本，可以称之为资本主义资本，即资本主义性质的资本；社会主义社会占主体地位的资本是公有制的资本，可以称之为社会主义资本，即社会主义性质的资本。从这个意义上讲，资本有“姓社姓资”之分。值得指出的是，社会主义资本与社会主义社会中存在的资本是两个不同的概念，不是完全对等的。社会主义社会中除了社会主义公有制资本之外，还存在大量非公有制资本，不能把这些非公有制资本归列为社会主义资本。① 存不存在剥削关系是公有资本与私有资本的本质差别，也是社会主义资本与资本主义资本的本质区别。私人资本是资本主义社会中占统治地位的资本，如果把社会主义社会中的私人资本也归纳在社会主义资本之中，就会混淆不同性质的资本，抹杀社会主义资本与资本主义资本的本质差别，不利于更好地发挥各种不同资本的作用。尽管社会主义条件下的私人资本与资本主义社会中的私人资本会有不同的特点，但体现剥削关系的本质是相同的。

三、“资本中性论”是不是向传统的“资本实物论”的倒退

从亚当·斯密开始到现代的西方经济学家（不包括西方国家的马克思主义经济学家）对资本的来源、性质和作用的看法，虽然存在许多的分歧，但有一点却是他们中大多数人的共识，即认为资本就是除土地（或自然资源）之外的生产资料，不承认资本体现的生产关系。无论是亚当·斯密的资本是用于生产“以取得收入的”②，约翰·穆勒的“凡是用于生产的产品都是资本”③，庞巴维克的“作为生产的工具或手段的资本”④，还是萨缪尔森的“资本资源是一个经济体为生产其他物品而生产出来的耐用物品”⑤，斯蒂格利茨的资本的“第一个意义指机器与建筑物，

① 冯子标、靳共元：《论“社会主义资本”》，《中国社会科学》1994 年第 3 期。

② ［英］亚当·斯密：《国民财富的性质和原因的研究》上卷，商务印书馆 1979 年版，第 254 页。亚当·斯密关于资本的定义虽然接近于资本的本质，但也没有真正揭示资本体现的经济关系。

③ ［英］约翰·穆勒：《政治经济学原理》上卷，商务印书馆 1991 年版，第 75 页。

④ ［奥］庞巴维克：《资本实证论》，商务印书馆 1991 年版，第 105 页。

⑤ ［美］萨缪尔森、诺德豪斯：《经济学》（第十六版），华夏出版社 1999 年版，第 6 页。

也就是有时被称为资本物品的东西"[①]，曼昆的"资本这个术语指生产中所用的设备与建筑物存量"[②]，都是如此。把资本看成生产资料，而生产资料是物质，只有自然属性，本身没有社会属性，当然各种社会中都存在，不是资本主义社会特有的经济范畴。表面上看来，这种对资本内涵的理解与我们所讲的"资本中性论"似乎是一致的，实际上两者有着本质的区别。

按照西方经济学传统的资本实物论的观点，资本就是物，而不是物掩盖下的人与人之间的经济关系，在任何社会中都会存在，甚至连原始人的木棒和石器都是资本。这种观点显然不符合实际，没有抓住资本的本质特征。资本并不是永恒范畴，而只是历史范畴；不是人类社会从来就有的，只是商品经济的产物，只在商品经济或市场经济条件下才存在。正如马克思所指出的："资本不是物，而是一定的、社会的、属于一定历史社会形态的生产关系，后者体现在一个物体上，并赋予这个物以特有的社会性质。"[③]"黑人就是黑人。只有在一定的关系下，他才成为奴隶。纺纱机是纺棉花的机器。只有在一定的关系下，它才成为资本。脱离了这种关系，它也就不是资本了，就像黄金本身并不是货币，砂糖并不是砂糖的价格一样。"[④]"资本中性论"并不否定资本的社会属性，坚持认为：人类生产出的生产资料并不天生就是资本，只有在商品经济中，生产资料作为价值增值手段的条件下，才能成为资本的表现形态之一；资本的本质特征是能够带来剩余价值，能够在生产经营活动中增值，体现资本所有者与劳动之间的经济关系。这是"资本中性论"与"资本实物论"的根本区别。"资本实物论"完全否定资本体现人们的经济关系，"资本中性论"仍然认为资本是一定经济条件下的产物并体现人们的经济关系，只是进一步提出资本并不一定只体现剥削关系。传统的"资本实物论"否定资本体现生产关系；马克思认为资本体现生产关系，在资本主义社会中体现资本家剥削雇佣工人的关系，可以称之为"资本生产关

① [美]斯蒂格利茨：《经济学》上册，中国人民大学出版社1997年版，第16页。
② [美]曼昆：《经济学原理》下册，三联书店1999年版，第15页。
③ 《马克思恩格斯全集》第25卷，人民出版社1974年版，第920页。
④ 《马克思恩格斯选集》，人民出版社1995年版，第344页。

系论”或“资本剥削论”；“资本中性论”则在“资本生产关系论”的基础上进一步提出资本可以体现多种经济关系，所以又可称之为“资本多元关系论”。由此可见，“资本中性论”不是要也没有退回到西方经济学传统的资本理论，而是根据现阶段社会主义经济的实际，创立社会主义资本理论，以发展和完善已有的资本理论，使人们对资本的认识更全面、更深刻、更符合实际，从而更有效地指导经济实践，更好地发挥资本的作用，促进社会主义市场经济的发展。

四、“社会主义资本”论是否违背马克思的《资本论》?

我国学者提出了社会主义资本理论，就是要研究和论证社会主义经济至少是社会主义初级阶段的经济中，资本存在的必然性和必要性，社会主义社会资本的内涵、性质、特征、类型、功能、作用和运动规律。

第一，社会主义资本理论没有完全否定马克思的资本理论。

尽管马克思的《资本论》中没有社会主义资本的概念和理论，社会主义资本理论与《资本论》存在不一致的地方，但是社会主义资本理论并没有完全否定《资本论》，而是发展了马克思的资本理论，就像经典的马克思主义经济学中没有社会主义市场经济理论，而社会主义市场经济理论没有完全否定马克思主义经济学，相反是发展了马克思主义经济学一样。首先，社会主义资本理论继承了马克思资本理论的基本原理，如资本的本质特征是能够带来剩余价值的价值、资本必须在运动中才能增值、资本是一定历史条件下的产物、体现着社会经济关系、商品和货币流通是资本产生的历史条件、劳动力成为商品是货币转化为资本的前提等。因此，社会主义资本理论不仅没有从根本上否定马克思的资本理论，相反扩大了马克思资本理论的应用范围。其次，不能认为马克思的资本理论是一成不变，完全不能修改、补充、更新、完善的。实际上，马克思的资本理论就像整个马克思主义一样，也需要随着社会实践的变化而不断发展。社会主义资本理论与马克思的资本理论最大的不同，主要表现在社会主义资本理论提出：资本不是资本主义特有的经济范畴，并不一定必然反映剥削关系；社会主义经济中也可能存在资本，公有资本体现的是劳动者共同占有资本和剩余价值的关系。但是不应把这种差别看作是对马克思的资本理论的根本否定，而是符合实际的、必要的、有益的发展。

第二，《资本论》对社会主义资本理论的建立仍有指导意义。

与马克思所处的时代相比，现代资本主义经济和社会主义经济都发生了重大的变化。现代资本主义经济出现了所谓资本社会化、股权分散化、职工持股计划、人力资本作用扩大化、共同基金制、中产阶级形成、企业利润分享制、管理职业化、职工参与制、经济混合化、国家干预、福利制度等等新情况、新特点；社会主义经济也由片面追求单一公有化的计划经济转向所有制多元化的市场经济。虽然如此，马克思在《资本论》中提出的关于资本主义生产、流通和分配的基本原理并没有过时，因为资本主义的所有制形式虽然发生了某些变化，劳资矛盾也有了相当程度的缓和，但资本主义的实质还没有发生根本性的变化。

马克思的资本理论，不仅科学地论述了资本主义社会的资本的本质、特征、功能和运动规律，仍然符合现代资本主义的实际，而且在一定程度上也揭示了“资本一般”的普遍性质、作用和运动规律，对社会主义资本理论的建立具有重要的理论价值和指导意义。

（原文发表于《当代经济研究》2003年第4期）

也论社会主义“资本”理论的难题

——兼与简新华、马迪军先生商榷

侯廷智*

《当代经济研究》在2003年第4期刊载了简新华、马迪军撰写的《论社会主义资本理论的几个难题》一文，作者对社会主义也应该存在“资本”范畴进行了分析和论证。我对文中的基本观点是赞同的，即“资本”并不是资本主义的专利，社会主义同样存在着“资本”范畴。换句话说，“资本”与社会主义市场经济是完全可以兼容的，否则我们就不可能建立和完善社会主义市场经济体制，也不可能与当代世界经济发展相融合。在这个问题上，我们不能再犯20世纪五六十年代曾经犯过的错误：明明存在着商品经济，却执着地坚持视而不见、见而不说的态度。但是，该文在分析社会主义市场经济中为什么也存在资本范畴时，运用了资本“中性”论的方法，对此有些不同的意见，冒昧提出与作者及同仁们共同商榷。

一、马克思的劳动二重性理论是解析商品经济形态下经济范畴及其运行规律的枢纽

目前，在中国经济理论界对社会主义也存在“资本”范畴，其论据普遍主张和坚持资本中性论，目的在于说明“资本”并非是资本主义社会的专属概念，以此为社会主义同样存在“资本”范畴建立理论根据。应该承认，这种分析方法的出发点是好的，从表面上看似乎也有一定的

* 侯廷智：中国政法大学商学院教授，博士生导师。

合理性和说服力。但是，这种中性论存在着重大的方法论缺陷，造成了理论分析上的自相矛盾，从而削弱了理论解释的科学性。因为，运用中性论一方面必然得出如该文所述“从资本的本质特征得不出资本‘姓资’的结论”，从而表明“资本既不是资本主义社会特有的，也不必然体现资本主义剥削关系”；另一方面又不能否认资本具有社会属性，从而又要进一步分析指出“在不同的社会形态中，在不同的所有制条件下，资本会打上不同的社会烙印，具有不同的社会属性”。显然这里存在着二律背反的矛盾：既然资本是中性的，从其本质特征不能得出“姓资”的结论，又何以能打上社会的烙印？如果资本能打上社会的烙印，又怎么能说它的本质是中性的呢？

从根本上说，解决这一悖论，理解社会主义经济活动中也存在着“资本”范畴，关键在于承认社会主义也存在着商品经济，是商品经济形态的一种表现形式。如果把“商品经济”看作是属的概念，那么“社会主义商品经济”就是一个种的范畴，两者是属和种的关系。对这一问题我们已取得了共识，不需再赘述。需要阐明的问题是如何科学地分析一切商品经济活动及其范畴？如何区分资本主义和社会主义的商品经济？马克思的伟大发现——劳动二重性理论提供了根本方法，它是现代政治经济学科学理论建立的基础和枢纽。

马克思在当年完成了《资本论》第一卷出版工作后，于 1867 年 8 月 24 日给恩格斯的信中写道：“我的书最好的地方是：(1) 在第一章就着重指出了按不同情况表现为使用价值或交换价值的劳动的二重性（这是对事实的全部理解的基础）；（2）研究剩余价值时，撇开了它的特殊形态——利润、利息、地租等等。”[①] 我们知道，恩格斯曾评价剩余价值理论是马克思一生中两大发现之一，并且指出它的发现必定引起全部经济学发生革命，同时它也是揭示资本主义生产方式的实质和特征的一把钥匙；列宁也把剩余价值理论称为是理解全部马克思经济理论的基石。在这里我们看到，马克思自己给予劳动二重性的发现以很大意义，把它同剩余价值理论并列视为《资本论》一书最好的地方。不仅如此，而且把它列

① 《马克思恩格斯〈资本论〉书信集》，人民出版社 1976 年版，第 225 页。

为第一位，指出“这是对事实的全部理解的基础”。可见，马克思认为劳动二重性理论对于理解剩余价值问题具有特殊意义，起着更根本的方法论作用。而后马克思在1868年1月8日写给恩格斯的信中更明确地指出，劳动二重性“实际上，这就是批判地理解问题的全部秘密”[①]。也正是由于劳动二重性的发现，使得马克思解决了从18世纪后半叶到19世纪初许多经济学家都曾经努力想解决而没有解决的资本主义政治经济学核心理论问题，这就是以价值规律为基础，真正科学地解释资本主义社会全部经济活动现象。

马克思的劳动二重性学说虽然是以资本主义商品经济为研究对象而发现的，是认识资本主义生产方式全部事实的基础，但是这并不等于劳动二重性学说只适用于解析资本主义商品经济和市场经济[②]，实际上它是解析和认识一切商品经济和市场经济范畴及其运行规律的枢纽。

我们知道，劳动是人类社会一切经济活动的基础，但是在不同的社会经济形态下，劳动成果满足人类各自需要的方式却是不同的。在非商品经济形态下，人类可以是以直接分配劳动成果的方式来满足各自的需要，而在商品经济形态下，则需要通过交换劳动成果的方式来满足人们各自的需要。所以，经济学原理及其在研究中所运用的范畴，应该是一定社会经济形态下经济现象和经济过程在理论上的反映。劳动，在人类社会发展的各个阶段上，一方面表现为有目的的有用劳动；另一方面表现为人的体力和脑力的消耗，是“一般劳动”。但是在商品经济条件下，劳动的这种二重性就具有了特殊的历史表现形式：具体劳动和抽象劳动。

针对商品经济条件下的劳动，马克思当年曾说过，“在所有以前的经济学家那里，把商品归结为‘劳动’的分析，都是模棱两可的、不完全的。把商品归结为‘劳动’是不够的，必须把商品归结为具有二重形式的劳动”[③]，归结为具体劳动和抽象劳动。因此劳动二重性学说指的是，在商品经济条件下（而非一定社会制度条件下），生产商品的同一劳动所

① 《马克思恩格斯选集》第4卷，人民出版社1995年版，第577页。

② 侯廷智：《对市场经济与计划经济历史的理论反思》，《西南师范大学学报（人文社会科学版）》2003年第1期。

③ 《马克思恩格斯全集》第49卷，人民出版社1982年版，第51页。

体现出的具体劳动和抽象劳动两个方面的属性，它是商品生产（而非社会制度）特有的历史现象。具体劳动是劳动者运用劳动资料作用于劳动对象，即生产要素之间有机结合创造满足人们各种需要的使用价值的活动过程，它体现的是人与自然的关系。从这方面看，它表现为生产力属性。抽象劳动是指人类无差别的体力和脑力的消耗，是形成商品价值的源泉，它成为人们交换劳动成果的共同基础。而价值在本质上表明的是人与人之间的关系，离开了人们之间的交换关系，也就无价值可言。从这方面看，它体现为生产关系的属性。

马克思在《资本论》第一卷第一版序言中还明确写道，“本书的最终目的就是揭示现代社会的经济运动规律”[①]。这里说的“现代社会的经济运动”一语指的是资本主义商品经济，包括两方面内容：其一是指当时的资本主义社会制度，其二是指当时已居社会经济活动主导地位的商品经济形态。在这两方面中，后者更具有普遍意义。因为马克思运用唯物辩证法告诉我们：人类社会的发展，一方面从生产力的角度分析是自然历史过程，一个社会即使探索到了这种自然规律，它仍然不能跳过自然的发展阶段；另一方面从生产关系的角度分析，在同时代中，一定社会在结合本国具体情况下吸收资本主义的一切肯定成果，则有可能不通过“资本主义制度的卡夫丁峡谷”给人类社会发展带来的痛苦和灾难而进入社会主义发展阶段。换句话说，在马克思看来生产关系即社会制度，在一定条件下是可以跨越的。而跨越的基础归根结底取决于生产力的发展，在生产力与生产关系的矛盾中，生产力起着最终的决定作用。运用二重性的分析方法，马克思建立了两种社会形态发展理论：一种是“三形态”说，即从生产力方面考察，人类社会历史的演进要经历自然经济、商品经济和产品经济三种社会经济形态；一种是“五形态”说，即从生产关系方面考察，人类社会大体说来可经过原始社会、奴隶社会、封建社会、资本主义社会、社会主义和共产主义社会五种不同的社会制度形态。在这两种社会形态理论中，显然“三形态”说更具有普遍性。因为社会经济形态的演变取决于社会生产力的发展水平，而社会生产力是人们不能

① 《马克思恩格斯全集》第23卷，人民出版社1972年版，第11页。

自由选择的，它是一种既得的力量，它的发展总是建立在继承上一代人所创造的生产力基础上，是一个自然历史过程。因而社会经济活动方式或经济形态不受社会制度形态的制约，不会因社会制度形态的改变而能用法令取消。

在作了上述分析之后，可以得出这样的结论：一方面劳动二重性学说是认识资本主义社会商品经济的关键，另一方面它又是解析一切商品经济形态下经济范畴和经济运动规律的枢纽。这说明劳动二重性理论不仅能科学地分析社会经济过程的生产力内容和社会制度即生产关系之间的区别，而且能揭示人类历史上一切商品经济形态和市场经济运行的特殊规律与一般规律的区别。因此劳动二重性理论对于认识现代社会经济即市场经济活动仍然是一把打开“芝麻之门”的钥匙，它是不可跨越的“自然历史过程”中的共性范畴，具有一般性历史意义。

二、运用劳动二重性理论才能科学地阐述社会主义商品经济的范畴

实践已经证明，社会主义时期仍然处于商品经济形态和市场经济的发展阶段，因此不仅“资本”范畴，而且商品经济活动的一切范畴都存在。那么，用劳动二重性理论来解析社会主义商品经济运动规律、特征和属性就同样可以得到科学的阐述。

用劳动二重性来分析“资本”可以看出，资本具有二重属性：一方面从具体劳动分析，“资本”表现为对实现一定生产过程来说是有用的使用价值量，是商品经济和市场经济必不可少的生产要素，因而具有生产力属性。从这方面讲，显然“资本”不具有社会制度的属性，而是商品经济形态的范畴，当然也就存在于社会主义商品经济和市场经济中。另一方面从抽象劳动分析，“资本”又是一种价值，表现为生产要素的价值，而价值在本质上如前所述，体现的是人际关系，因而也就具有生产关系的属性。从这方面讲，显然“资本”具有社会制度的属性，当然也就不可能不打上社会制度的印记，有了姓氏的区别。概括起来说，“资

本”是商品经济和市场经济普遍存在的范畴，但是在不同的社会制度下，它为谁服务就会体现出不同的社会生产关系性质，而这一点取决于一定社会的基本经济制度以及与之相适应的社会政治制度。正是由于运用劳动二重性的分析方法，马克思对资本的定义也就包括了两方面内容，一方面指出，“资本一般，这是每一种资本作为资本所共有的规定，或者说是使任何一定量的价值成为资本的那种规定”①，即带来价值增殖（剩余价值）的价值；另一方面又指出资本不是物，而是通过物表现出来的人与人之间的关系。由此可见，怎么能说“资本”是中性的呢？即使从生产力方面讲，也只能说它是商品经济形态的共生范畴，更何况任何生产力总是一定社会制度下的生产力，资本也总是一定社会中的资本，超社会的所谓中性资本只能存在于“绝对精神”的世界中。

说到社会主义也存在资本范畴，就必然涉及社会主义“劳动力商品”范畴问题。因为劳动力商品是货币转化为资本的关键，亦即是资本范畴产生的关键。对这个问题的认识，目前我国经济理论界仍存在着不同意见，以致使我们到现在为止仍然不敢使用这一范畴来研究我国的市场经济问题。解决这一问题的焦点在于判定“劳动力商品”是资本主义特有的范畴还是商品经济形态下的一般范畴。不可否认，马克思在使用“劳动力商品”范畴时，强调的是它的阶级含义和剥削关系，目的是唤醒和教育工人阶级团结起来反抗资产阶级的统治，自己当家做主人。这是由于马克思所处时代赋予的历史使命，但这绝不等于“劳动力商品”范畴只存在于资本主义社会。

如果我们从商品经济产生的历史考察，就会发现在奴隶社会伴随着古老的商品经济形式的产生就产生了把人当作商品的现象，即把奴隶当作商品，在奴隶主之间进行交换。这实际上是“劳动者商品”问题。这在人类社会发展史上是一个巨大进步，因为把当时战争中俘虏的人当作商品交换比之把他们杀掉来说是对生产力的保护。在“劳动者商品”这一概念中，包含有两方面内容：一是把人身当作商品，一是把劳动能力当作商品。当资本主义社会建立后，商品经济进一步发展成为社会的主

① 《马克思恩格斯全集》第46卷上册，人民出版社1979年版，第444页。

导经济形式，它必然形成也要求实现劳动者自主支配个人的劳动能力，这就使人身获得了自由，这是资本主义社会对人类自身的一次解放。但是这种解放并不彻底，劳动者为了自身的生存和繁衍不得不把自己的劳动能力当作谋生的手段，来与资产者交换。可见，劳动力商品原本就包含在劳动者商品中，是在劳动者商品基础上发展而来的一种对历史否定的进步，是商品经济发展的必然产物。社会主义同样存在商品经济这已是不争的事实，那么，如何认识社会主义劳动力商品问题呢？第一，从具体劳动分析，社会主义劳动力商品同样是商品经济活动起决定性作用的生产要素，是创造使用价值的源泉；第二，从抽象劳动分析，社会主义劳动力商品的价值体现的是社会主义生产关系，它与资本主义劳动力商品最本质的区别就在于从政治上赋予了劳动力自主的社会主人翁地位。因此，虽然社会主义劳动力商品仍然具有谋生手段的属性，但是劳动力执行职能的社会条件和社会性质发生了根本变化，和劳动力所有者相对立的“法人”关系已经不同于资本主义社会，从而改变了资本主义社会劳动力商品隶属于资本需要的被压迫地位，实现了人民当家作主的愿望，这是对人类自身的又一次解放。只有当人类自身无论在政治上还是在经济上都成为完全可以自主的“自由人”时，才能实现人类的彻底解放，而那时商品经济也就消亡了，人类就会进入一个崭新的产品经济时代。这并非是天方夜谭，而是人类社会历史发展的必然趋势。[①] 人类彻底解放的进程示意图如下：

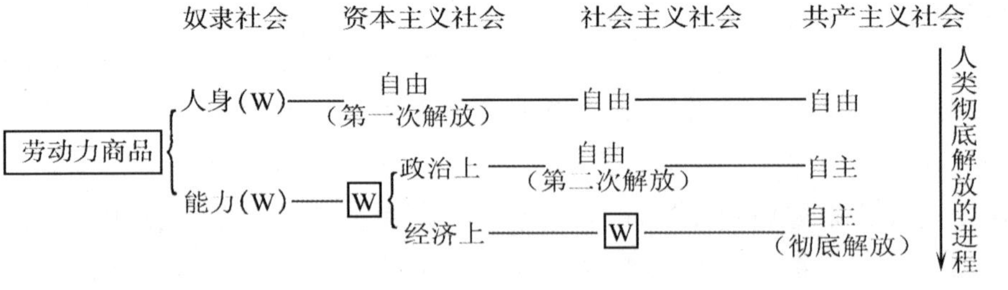

实际上，资本主义商品经济和社会主义商品经济的本质区别，不在

① 侯廷智：《对市场经济与计划经济历史的理论反思》，《西南师范大学学报（人文社会科学版）》2003 年第 1 期。

于其范畴本身的异同，而在于范畴所体现出的经济关系的性质不同。这种性质的不同则取决于对商品二重性中所追求的社会生产目的取向不同。在资本主义社会以生产商品的价值和价值增殖为取向，使用价值仅起着价值物质承担者的作用，成为价值及其增殖生产的手段，因此资本主义是以对剩余价值和利润的无限追求为社会生产目的；社会主义社会以生产商品的使用价值为取向，但是由于受生产力发展水平的限制，人们满足多方面的需要还不得不通过交换的方式来实现，这样价值就成为交换使用价值的计量手段，因此社会主义是以生产更多更好的使用价值以满足人们不断增长的多方面需要为社会生产目的。两者的区别可用示意图表示如下：

	目　的		手　段		
商　品	具体劳动创造使用价值	——	抽象劳动形成价值	→	社会主义商品经济
	抽象劳动形成价值	——	具体劳动创造使用价值	→	资本主义商品经济

从图中可以清楚地分辨出，同是商品经济，用劳动二重性理论分析，由于目的和手段的换位，使资本主义和社会主义的商品经济有了本质的区别。马克思在《资本论》中有过这样一段论述：最蹩脚的建筑师从一开始就比最灵巧的蜜蜂高明，原因就在于建筑师的劳动是有目的性的，这个目的性在劳动过程开始时就已经观念地存在着，是他所知道的，并且“是作为规律决定着他的活动方式和方法的，他必须使他的意志服从这个目的”①。这说明目的性取向问题是区别事物性质不同的重要标志。例如：同是一场战争，由于双方目的性不同，可有正义与非正义之分；同是违法行为，由于目的性不同，就有故意和过失之分。同理，同是商品经济，由于社会生产目的不同，也就有了资本主义和社会主义属性的不同。由此可知，商品经济所运用的范畴本身也具有二重属性：一是商品经济形态的一般属性，这是共性；二是不同社会制度下的属性，这是个性。因此，社会主义条件下的商品经济，不仅存在着资本范畴，而且

① 《马克思恩格斯全集》第23卷，人民出版社1972年版，第208页。

适用商品经济的一切范畴都存在，甚至现代市场经济中所产生的新范畴也同样存在，例如剩余价值、劳动力商品、利润、利息、边际成本、制度设置，等等。不过，这些范畴所体现出的社会属性与资本主义社会是有区别的。

三、小　结

马克思恩格斯在《共产党宣言》中表达过这样一种思想：共产党人的理论原理，不过是“我们眼前的历史运动的真实关系的一般表述”①。列宁在谈到这个思想时说：“马克思一开始从事写作活动和革命活动，就十分确切地表示过他对社会学理论的要求：社会学理论应当确切地描写现实过程，如此而已……”② 这说明对社会现象和发展过程进行科学的描述和分析是马克思主义的基本方法。因此要正确地认识和论断商品经济和它的不同表现形式，就应该对其进行科学的描述和分析。

通过上述分析，说明马克思的劳动二重性理论是对商品经济和市场经济进行科学描述的正确方法。它不仅是分析资本主义商品经济和市场经济的枢纽，而且是科学认识社会主义商品经济和市场经济的钥匙；不仅为我们揭示一切商品经济和市场经济现象具有二重性提供了方法，而且也要求我们应该这样去分析问题，才能科学地认识社会经济现象和规律。在这里，劳动二重性的作用表现在以下四个方面。(1) 它可以阐明一切商品经济活动的现象和经济过程的规律，从而是提出一切科学政治经济学理论的必要前提。(2) 它为区分不同商品经济活动的性质提供了科学的理论武器，从而为在理论上再现资本主义和社会主义商品经济关系的形成和发展的历史过程提供了正确的描述方法。(3) 它是马克思主义唯物辩证法的具体体现和光辉典范，从而使我们自觉地运用历史唯物主义来科学认识和分析人类社会现象成为可能。(4) 由此想到建立社会

① 《马克思恩格斯选集》第 1 卷，人民出版社 1995 年版，第 285 页。

② 《列宁选集》第 1 卷，人民出版社 1995 年版，第 44 页。

主义政治经济学体系问题，这是我国经济学界几十年来一直不断探索的问题。由于社会主义仍然是一种商品经济形态，因此运用劳动二重性理论是建立科学的社会主义政治经济学体系的根本方法。那么，马克思在《资本论》中所建立的分析体系和经济范畴的运用，仍然具有现实意义。我们所要做的就是：第一，赋予这些经济范畴以社会主义性质的科学描述；第二，着力研究当代社会经济的鲜活实践；第三，吸收现代西方经济学理论中的科学成分，以弥补马克思经济学体系的历史局限性。只有这样才能使我们一方面大力发展社会主义的商品经济，无须顾忌地吸收现代商品经济发展的一切积极成果，不断完善社会主义市场经济体制；另一方面又要结合我国的国情，努力克服市场经济发展中的消极因素，避免由于照搬西方经济学理论来建立经济运行模式所带来的社会发展震荡和灾难。

（原文发表于《当代经济研究》2003 年第 11 期）

社会主义劳动力商品论评析

卫兴华*

一、问题的提出

关于社会主义公有制经济中的劳动力是否是商品的问题，中国经济界已争论了近20年了。自1992年党的十四大确立建立社会主义市场经济体制以来，“劳动力商品论”的声音又高了和多了起来，但意见并没有统一，依然有不少同志持相反的见解。

中国存在多种所有制经济。外资企业和私营企业中的雇佣工人的劳动力无疑是商品。至于社会主义公有制经济中劳动力是否是商品的问题，我认为应首先弄清两个问题：一是“劳动力商品论”的理论和事实根据能否成立？二是宣传“劳动力商品论”有无理论意义和实际意义？我对这两个问题一直是持否定意见的。

首先，应超越一种非科学的认识判断：坚持“劳动力商品论”是思想解放，是改革派观点，是社会主义市场经济所要求的理论内容；否定“劳动力商品论”是传统的、保守的观点，是阻碍社会主义市场经济体制建立的“左”的东西。我认为，社会主义公有制经济中的劳动力是否是商品的问题，可以作为学术性的理论问题讨论。在1989年至1991年间，国内开展批“资产阶级自由化”，有人把社会主义劳动力商品论作为“自由化”观点或“自由化”的理论基础来批判，我在多种会议上提出反对

* 卫兴华：中国人民大学荣誉一级教授，博士生导师。

意见，我坚持这是学术问题，尽管我不赞同“社会主义劳动力商品论”观点。现在理论形势倒了过来。我认为，不管理论风向如何，不同观点仍应本着百家争鸣的方针，进行自由讨论。不要以此划线划派。大家知道，1984 年《中共中央关于经济体制改革的决定》，是作为城市经济体制改革的纲领提出的，获得邓小平同志的完全肯定和高度评价。而《决定》明确指出“在我国社会主义条件下，劳动力不是商品”。当然，随着改革的实践和理论的发展，《决定》中的某些提法也在发展。但不能因为有人继续坚持“劳动力不是商品”的观点，就给人家上纲上线，扣上什么妨害建立社会主义市场经济的帽子。我们应该建立一种既严肃又宽松的学术氛围。

理论问题，特别是学术性的理论是非问题，应通过摆事实、讲道理，以理服人的讨论和交流来解决。我认为，迄今为止，主张“劳动力商品论”的理由和论据是缺乏说服力的。

二、社会主义劳动力商品论的论点和论据难以成立

主张“劳动力商品论”的作者，提出过种种理由和论据。让我们对其某些主要论据作一些评析。

1. 评所谓劳动力合理流动，意味着劳动力应是商品。

1986 年通过的中国第七个五年计划中，提出“促进劳动力的合理流动”，打破了在传统体制下一次就业定终身的格局。有人据此认为，这意味着公有制经济中的劳动力应是进入市场流动的商品。我认为，这个论据不能成立。第一，过去不允许劳动力合理流动，只是中国传统体制的特点。即使在苏联作为社会主义国家存在的集权体制下，企业劳动力也是可以流动的，甚至是自由流动。远在 20 世纪 30 年代初，苏联曾为企业劳动力过度流动而造成的消极后果伤脑筋。斯大林不得不予以干预。他在 1931 年发表的《新的环境和新的经济建设任务》中特别讲道：在苏联企业中，“工人成员在半年甚至在一季中至少不变动百分之三十至四十的企业是很难找到的”。他认为不能容忍这种现象，应使工人相对固定下

来，因为企业没有精通生产技术并熟悉新式机器的工人，就不能前进。但他并未采取行政手段禁止劳动力流动，而是主张通过改进工资制度，提高熟练工人的工资，以便将他们留在企业中。尽管苏联企业中工人一直可以流动，但理论界并未据此认为劳动力是商品。我国提出“促进劳动力合理流动”，是指“鼓励科技人员、技术工人、教师、医务人员”向小城市，向老、少、边地区，向人才缺乏的地区和单位流动。所谓“劳动力流动”，是人的流动。存在于人体内的劳动力是不会自己流动的。如果一讲“流动”，就是商品，那么，让科技人员、教师等流动，他们自身是否就成为商品？我们的地方军政领导人员也要流动，他们也决不会因流动而成为商品。要知道，劳动力流动、人才流动，并不是一种商品买卖关系。第二，资本主义国家的企业劳动力，也不是都经常流动的。不少工人终身在一个企业中就业，日本就有“终身雇佣制”。所以，不能由此推断，这里的劳动力不再流动，就不是商品。

2. 评所谓社会主义制度中存在劳动力成为商品的两个条件。

有人认为，马克思在《资本论》中讲的劳动力成为商品的两个条件，社会主义制度中也存在。即劳动者是自由的人，能够把自己的劳动力当作商品来支配；劳动者一无所有，没有生产资料供自己生产和出卖有自己劳动物化在其中的商品。

马克思提出劳动力成为商品的这两个条件，本来是专指资本主义关系的。他为此专门加了一个脚注：“因此，资本主义时代的特点是，对工人本身来说，劳动力是归他所有的一种商品的形式，他的劳动因而具有雇佣劳动的形式”①。这个脚注肯定了两重意思：一是劳动力作为归工人自己所有的商品形式，是资本主义时代的特点；二是资本主义的雇佣劳动形式同劳动力的商品形式是同一的，劳动力作为商品出卖，劳动者就成为雇佣劳动者。

断言社会主义公有制中也存在与资本主义社会一样的使劳动力成为商品的两个条件，是无视社会主义与资本主义存在社会经济制度不同这一基本前提。社会主义公有制，是劳动者共同占有生产资料和产品，劳

---

① 《马克思恩格斯全集》第23卷，人民出版社1972年版，第193页。

动者是生产资料的主人，怎么能说劳动者是“一无所有”？不能用私有制的传统观念理解社会主义公有制，似乎只有将生产资料量化到每个私人手中，方算劳动者占有生产资料，才不是“一无所有”。如果这样理解问题，即使到共产主义高级阶段，劳动者也是“一无所有”者，劳动者依然是劳动力商品的出卖者。再者，主张社会主义劳动力商品论，就得主张社会主义公有制中的劳动者也是雇佣劳动者。雇佣劳动，就是将劳动力作为商品出卖的劳动。雇佣关系，就是劳动力作为商品买卖的关系。显然，雇佣关系与主人翁的地位是相对立的。马克思把资本主义制度也称作雇佣劳动制度。他说：工人阶级“要在自己的旗帜上写上革命的口号：‘消灭雇佣劳动制度！’”[①]而要消灭雇佣劳动制度，就要废除使劳动力成为商品的制度。正因为这样，恩格斯特别强调提出“要把人的劳动力从它作为商品的地位解放出来”。劳动力商品理论，是马克思提出来的。争论社会主义公有制经济中的劳动力是否商品，是否可以不遵循反而抛开和否定马克思和恩格斯的有关理论呢？

有的学者提出：“劳动者对公有制具有两重性。从总体上来讲，劳动者是生产资料所有者之一；从个体来讲又是一无所有，又有完全的人身自由，因而作为劳动力商品的条件还是存在的。”这种说法在逻辑上是矛盾的。既然总体上是所有者之一，怎么在个体上又是一无所有者呢？那样总体上的所有岂不成为虚空的了？马克思把社会主义公有制视作联合起来的劳动者个人所有制。应当探求公有制与个人所有制的统一点，使劳动者从经济利益上实际感受到自己是真实的所有者，而不应从理论上将什么“总体”与“个体”对立起来。

3. 评只要不能凭借生产资料所有权获得个人收入，而是靠出卖劳动力谋生，劳动力就成为商品。

有的学者感到只强调“一无所有”缺乏说服力，而提出“劳动者靠什么谋生，才是问题的本质所在”。认为“只要劳动者有人身自由，又不能凭借或主要依靠生产资料的所有权获得个人收入，只能或主要依靠出卖劳动力谋生，劳动力就必然成为商品”。这个论证同样没有说服力。无

① 《马克思恩格斯选集》第2卷，人民出版社1995年版，第97页。

论原始社会或共产主义高级阶段，在公有制经济中的个人都不可能存在单独凭借生产资料所有权获得收入的情况，难道那里的劳动力也是商品？在社会主义公有制经济中，难道个人不是占有生产资料的劳动者，难道不是靠为社会奉献自己的劳动谋生，不是根据按劳分配原则获得收入？怎么能根据个人没有单独的生产资料所有权就直接得出“是靠出卖劳动力谋生”“劳动力是商品”的论断呢？

既然是实行公有制，自然就不存在凭借生产资料的个人所有权而单独获得收入的分配关系。但是，共同占有生产资料的整体劳动者的所有权，也要实现为劳动者的经济利益。中国存在不同的集体所有制经济，无论在农业中或工业中，由于各个集体所有制单位所占有的生产资料的数量与质量有所差别，各单位劳动者的按劳动分配收入也必然会多少不同。按劳分配虽然表现为只是劳动收入，但事实上它包含着公有制的生产资料所有权通过按劳分配在经济上的实现。全民所有制的分配关系同样体现所有权在经济上的实现，除了实现为上缴国家的利润和企业的公共需要外，也有一部分要通过劳动者的个人收入而实现。国有企业技术设备和高科技利用水平越高，生产资料的效能越高，从而劳动生产率越高，按劳分配收入的绝对量也相应越高。因此，在私有制中个人凭借生产资料所有权在经济上的实现而获得独立的收入，同公有制中作为生产资料集体所有权在经济上实现的个人收入，有共同点，也有不同点。共同点是，不管私有制还是公有制，都要在经济上实现自己，都要给所有者带来利益。不同点是，前者会实现为私人的要素收入，表现为归私人所有的地租、利息、利润等独立存在的收入；后者除实现为归公共所有的利润及其他社会扣除外，对作为共同所有者的劳动者，则一般通过按劳分配原则实现为非独立存在的所有权收入。即所有权收入采取了劳动收入的形式。由此可见，简单断言社会主义公有制中的劳动者不可能凭借生产资料所有权取得收入，只能靠出卖劳动力谋生，劳动力必然成为商品的理论，是既缺乏逻辑上的内在必然联系，又不符合社会主义经济中的实际情况的。

4. 评所谓建立社会主义市场经济体制要求劳动力成为商品。

这是目前主张劳动力商品论的最重要的论据。特别是 1993 年中共中央《关于建立社会主义市场经济体制若干问题的决定》中，提出了“劳动力市场”概念，而且作为“当前培育市场体系的重点”内容之一。不少人把“劳动力市场”同“劳动力商品”的含义等同起来，或是把劳动力商品作为劳动力市场的前提，或是认为只要劳动力进入市场，它就成为商品。

中央有关文献中，由于原来明确否定社会主义经济中的劳动力是商品，因而连“劳动力市场”概念也长期避讳使用。党的十四大确立中国经济体制改革的目标是建立社会主义市场经济体制，但在“加快市场体系的培育”的论述中也避开了劳动力市场概念，而是改“劳动力合理流动”的提法为“劳务市场”。“劳务市场”比“劳动力合理流动”在提法上前进了一步，因为后者连“市场”一词也避开了，现已纳入“市场体系”之中。但“劳务市场”是一个比较模糊的、不规范的概念。因为“劳务”一般是指商业服务行业的活动，如从事洗澡、理发、缝补等方面的服务。而作为市场体系构成部分的“劳务市场”则是指另外的事情，主要是指劳动者或各类人才的就业选择和流动。用“劳动力市场”取代“劳务市场”概念，又前进了一步。它与市场经济体制的建立吻合起来了。建立市场经济体制，就是要让市场机制起配置资源的作用。人力资源不能被排斥在市场配置之外。市场经济体制下的市场体系，应包括劳动力市场在内。

然而，不能把“劳动力市场”同“劳动力商品”等同起来。市场经济体制要求建立劳动力市场，但并不必然要求劳动力是被买卖的商品。

在商品经济不发展的情况下，商品同市场是分不开的，进入市场交换的东西，就成为商品。而在比较发达的商品经济中，或者在市场经济体制中，进入市场的东西，并不一定都是商品，比如说，人民币作为流通手段，在市场上发挥重要作用。但它作为纸币，并没有必要确定它也是商品。在证券市场上购买企业债券、国库券、股票等，尽管这些债券、股票是市场上被买卖的对象，但它们并不是商品，而是虚拟资本。以上讲的例子，是在市场中发生买卖关系但不是商品的东西。还有些事物虽进入市场，但不仅不是商品，连买卖关系也没有。例如，外国论著中，常使用“婚姻市场”这个概念。中国的征婚广告乃至互选婚恋人活动进入报纸、电视等媒体，也是进入市场，但男女双方并不是相互作为商品进行买卖。中国媒体还经常使用“人才市场”概念，这并不意味着人才成为被买卖的商品。再如，服务行业也有服务市场和服务价格，但无论西方和中国，在统计资料中，都把服务同商品区别开来，分别统计商品价格与服务价格，也没有争论服务是否商品。

即使在市场经济中需要有劳动力市场，但这种市场与其他类型的市场相比，也有差别。在商品市场中，商品一般是往利润率高的地方流动，流动越快越广阔越有利；而在劳动力市场中，并不是企业的劳动力流走流进的速度越快规模越大越好。我国目前出现的孔雀、麻雀一起东南飞，并不是一种合理流动。美国学者萨尔·D. 霍夫曼在其作为劳动经济学教科书的《劳动力市场经济学》一书中说：“在什么意义上我们把这种市场概念应用于劳动力才是正确的？‘劳动力市场’这个概念的精确含义是什么？必须承认，市场概念对劳动力不如对例如橘子、钢铁、小麦、圆珠笔以及其他相对标准化的产品那么合适。”他认为，劳动力市场这一概念只是理论上的“合理抽象”[①]。

劳动力市场是一种特殊意义上的市场，有其不同于一般市场的规律。比如，在商品市场上，如果某种商品总体上供大于求、积压滞销，其价格就会下降，而在中国劳动力市场上，并不会因为下岗和失业工人增多，劳动力总体上供过于求，在业工人的工资就随之相应下降。商品价格是没有刚性的，而工资则有刚性。

认为中国实行市场经济就需要使劳动力成为商品，而且要从理论上宣传“劳动力商品论”，这实际上是一种误区。在这个问题上需要弄清两点。第一，西方资本主义国家搞了几百年的市场经济，但西方经济学无论古典经济学还是现代经济学，一般都不使用“劳动力商品”概念。它们讲劳动市场或劳动力市场，讲劳动价格或劳动力价格，但一般不讲劳动商品或劳动力商品。为什么？因为西方的政治家、学者和新闻媒体，也不能否定这种一般的看法，即把劳动力当作与其他商品一样的商品买

---

① ［美］萨尔·D. 霍夫曼：《劳动力市场经济学》，生活·读书·新知三联书店上海分店 1989 年版，第 5—6 页。

卖，是一种对人格的贬抑。因此，西方有些国家的法律法规还特别提出劳动力不是商品。1914 年美国国会通过的《克莱顿法》的第六部分规定：人类的劳动力不是一种商品或一种商业项目。联合国国际劳工组织章程也有类似的规定。西方国家不讲、不宣传甚至用法规形式否定劳动力是商品，并不妨碍它们搞市场经济。为什么我们一搞市场经济，就要提出和宣传"劳动力商品"呢？难道社会主义市场经济可以比资本主义市场经济更需要宣传"劳动力商品论"么？难道把劳动力作为商品买卖，对资本主义国家说是一种人格的贬抑，对社会主义国家来说就不是了么？

有人说，西方国家否定劳动力是商品，是为了掩盖资本家对工人的剥削关系，我们应当肯定西方国家的劳动力是商品。我的回答是：第一，无论马克思的经济学还是西方的经济学，都不会认为社会主义制度中的劳动力是商品，宣传"社会主义劳动力商品论"，究竟是依据哪种经济学原理呢？第二，引用西方否定劳动力商品论作为反证，只是为了说明，西方否定劳动力商品论并不妨害资本主义市场经济的建立和发展，中国不宣传"社会主义劳动力商品论"，只讲劳动力市场，难道会妨害社会主义市场经济的建立和发展吗？第三，说西方否定劳动力是商品，是为了掩盖其剥削关系。这是一种简单化的判断。从萨伊的"三位一体公式"，到现代西方经济学中的要素价值论，都是论述要素收入是各要素创造的价值。这种价值论与分配论的统一，早已是否定剥削关系的理论依据，并不需要再通过劳动力非商品论来否定剥削关系的存在。而且西方究竟怎样通过劳动力非商品论来掩盖其剥削关系，论者并没有提出任何说明。第四，马克思提出资本主义劳动力商品论，是为了更好地揭露资本主义经济关系，揭示剩余价值的来源，同时也是为了说明雇佣工人的地位低下：他们"一无所有，没有任何实现自己的劳动力所必需的东西"，因而"不得不把只存在于他的活的身体中的劳动力本身当作商品出卖"①。试问：把马克思专门针对资本主义制度的劳动力商品论，搬到社会主义制度中来，宣传社会主义劳动力商品论，究竟是为了揭露社会主义内部的什么秘密关系呢？难道国有企业和集体企业中的职工，也是因"一无所

---

① 《马克思恩格斯全集》第 23 卷，人民出版社 1972 年版，第 192、191 页。

有”而“不得不”把自己的劳动力作为商品出卖的地位低下的雇佣工人么？第五，马克思的资本主义劳动力商品论也需要发展。马克思逝世后的100多年来，资本主义经济关系随着生产力的巨大发展和社会财富的迅猛增加而发生许多变化，在发达资本主义国家，工人阶级的经济地位劳动条件和生活状况有了较大的提高和改善。劳动时间大大缩短了，工资不限于只够维持劳动力再生产的水平，工人可以有积蓄，有股票，有住房，有汽车，社会保障制度和福利制度在发展和完善，工人代表可以参加公司的董事会和监事会，参与管理和监督，等等。尽管资本主义的本质没有变，但资本主义劳动力商品论的原有内容，需要随着时代的发展而有所调整。我们的理论家不去研究这类新问题，反而强化和套用马克思100多年前的资本主义劳动力商品论于社会主义公有制经济中来，宣传社会主义劳动力商品论，并当作理论的创新与发展。在一本专门讲劳动力市场与劳动力商品的书中，提出：承认劳动力市场而“反对劳动力商品”(语言不通——引者注)，“足以表明他们承认劳动力市场的虚伪性”。这是一种不讲道理的谩骂式的指责。我在中央文件提出劳动力市场之前，就不赞同“商品论”但赞同用劳动力市场概念，为什么和怎样证明是“虚伪性”呢？我们前面论述了进入市场的事物不一定都是商品，这难道不是事实么？高校的政治经济学教师，应多一点严肃的马克思主义的理论研究，少一点随声附和、人云亦云的东西，在政治经济学教材与教学中，没有必要肯定和宣传社会主义劳动力商品论一类观点。

三、社会主义劳动力商品论没有理论意义和实际意义

宣传社会主义劳动力商品论，我认为没有任何理论意义和实际意义。按照中央文件提“劳动力市场”就够了。建立社会主义市场经济体制，需要健全和完善市场体系，其中包括劳动力市场。针对劳动就业统包统配、一次就业定终身的指令性计划的弊端，让市场在劳动力资源配置中起一定作用，对于合理利用劳动力资源，具有积极意义。不讲劳动力商品，丝毫不妨害中国劳动力市场的建立和市场对劳动力资源的配置。宣

传劳动力商品论，反而是画蛇添足，没有必要。既然西方国家不讲甚至否定劳动力商品论，丝毫不影响资本主义经济及其市场经济的发展。东方的社会主义中国，更没有必要主张和宣传劳动力商品论，它对于发展社会主义经济及其市场经济，对于调动广大劳动者的积极性并没有什么积极作用。

社会主义劳动力商品论，与工人在社会主义公有制经济中的主人翁地位相互矛盾。他们既然是企业的主人，是生产资料的主人，怎么又要把劳动力作为商品出卖呢？他们同谁搞劳动力买卖呢？比如，一个国有企业有 1000 个职工，厂长、经理、车间主任也是劳动者，这里不存在雇主和被雇者，试问这 1000 个职工将劳动力卖给谁呢？谁是买主呢？是厂长、经理吗？工厂并不归厂长、经理个人所有，如果劳动力是商品，厂长、经理的劳动力也不例外。他们的劳动力又卖给谁呢？是 1000 个职工相互买卖劳动力吗？那就变成每个职工要购买包括自己在内的 1000 个职工的劳动力，又把自己的劳动力出卖给包括自己在内的 1000 个职工。这是在理论上和实践上说不通和做不到的。不仅如此，国有企业是归“全民所有”的，按照逻辑，每个职工的劳动力应是卖给全民又购买全民的劳动力。显然这是于理不通的。可见，无论是劳动者将劳动力卖给自己，或是说“卖给劳动者全体或集体”都是难以成立的。主张将劳动力“卖给劳动者全体或集体”的学者，应当说明，这个“全体”究竟是指 12 亿中国人民，还是指一个集体所有制单位的全体职工？如果是这样，请具体说明，这种劳动力商品买卖的具体途径和方式是怎样的呢？这样讲有什么理论依据和实际意义呢？

社会主义劳动力商品论，与社会主义的按劳分配原则是矛盾的。有人说，按劳分配与按劳动力价值分配是一致的，如此说来，资本主义一贯实行按劳分配了，社会主义分配方式并未超出资本主义分配方式了。这当然是不对的。

按劳分配是劳动者作为企业和生产资料的主人而采取的分配原则。在发展了的社会主义经济中，按劳分配的收入，应超出维持劳动力再生产所必要的生活资料或其价值，应包括生活资料、发展资料和享受资料。按劳分配是按照共同的和个人的劳动成果多少，作了社会扣除之后进行分配；而按劳动力价值分配，是按再生产劳动力所必需的生活资料价值事先确定的分配原则。按劳分配所体现的是劳动者个人同社会的关系，是劳动者个体同劳动者整体的关系。而按劳动力价值分配，所体现的是雇主与被雇劳动者的关系。因此，按劳分配同按劳动力价值分配，无论在质的规定还是量的规定上都是不同的。

有人说，按劳分配与按劳动力价值分配一样，都是按必要劳动创造的价值分配，从数量上看，按劳动分配实际上就是按劳动力价值分配。这种论断是似是而非的。要知道并不是先确定必要劳动的量或必要劳动创造的价值量，然后，据此再确定劳动力的价值或确定按劳分配的收入量。而应是反过来，先确定劳动力的价值才能确定必要劳动量和其创造的价值量。同理，只有先确定按劳分配的收入量，才能确定其必要劳动量。还应注意到，由劳动力价值所确定的必要劳动量，同由按劳分配所确定的必要劳动量并不是相同的规定。第一，劳动力的价值随社会劳动生产率的提高而降低，因而必要劳动时间会缩短；而按劳分配的收入不会随社会劳动生产率的提高而降低，甚至剩余劳动的一部分，还会纳入必要劳动中从而使必要劳动扩大。第二，劳动力的价值是在社会范围内形成的，对各个劳动者是统一的标准。而按劳分配的收入量的多少，并没有全社会的统一标准，不同劳动者的劳动贡献不同，收入也互异，从而各个劳动者的必要劳动量也千差万别。第三，按劳分配不是按必要劳动创造的价值分配，而是按劳动的数量和质量分配。劳动形成价值，要受生产资料质量和功能的制约。比如，在一个国有农场中，农工张三在优等地上劳动，而农工李四在劣等地劳动，优等地的产量高于劣等地，售价自然也高。但土地是国有的，不能因为张三在优等地劳动，按劳分配收入量就要高于在劣等地耕种的李四。

由此可见，所谓按劳分配也就是按劳动力价值分配，二者都等于必要劳动创造的价值，这在理论上是不科学和不能成立的，是把社会主义分配关系同非社会主义分配关系混淆在一起了。

（原文发表于《当代经济研究》2000 年第 4 期）

再论劳动力产权

——用“劳动力产权”概念超越“劳动力商品”概念

姚先国 郭继强*

近几年来，学术界在运用产权理论对经济运行，尤其是对企业的分析和研究中，已经逐渐从以往聚焦于对“物”的分析转向更偏重于对“人”的分析，这既是学术界对产权理论研究的深化，也是社会经济发展的必然要求。确实，劳动力在经济发展过程中越来越起到决定性的作用。本文试图就劳动力展开分析，着重对用“劳动力产权”概念超越“劳动力商品”概念的可行性在若干层面上作出尝试性的研究。

一、“劳动力商品”概念的历史进步性和局限性

劳动力商品概念产生的历史背景，是伴随着劳动者对生产资料所有者的依附由人身依附到劳动依附的资本产生过程而出现的；从社会变迁的角度考察，劳动力商品可谓是劳动者权益从无到有、从小到大的社会历史进步过程。①

尽管资本主义国家强迫劳动者成为雇佣工人的过程充满了血腥，尽管资产阶级关于“法律面前，人人平等”的口号是多么虚伪，但劳动者毕竟有了在获得人身自由的前提下争取自身权利的可能。② 劳动者摆脱了人身依附，可以促进人格的独立化，从而有助于消除等级、特权、强权和依附意识，有助于培养和确立个人的自由、平等、竞争和进取精神，

---

* 姚先国：浙江大学社会科学部教授，博士生导师。郭继强：浙江大学公共管理学院教授。

① 参见《马克思恩格斯全集》第 46 卷上册，人民出版社 1979 年版，第 104 页。

② 参见《资本论》第 1 卷，人民出版社 1975 年版，第 802—805 页。

提高自己的生产能力、交往能力、资源配置能力以及开拓创新能力。人格独立化还为商品经济的发展提供了良好的环境，因为商品经济就是自由选择、自愿交换产品和劳务的经济形式。劳动力商品化为建立界定劳资双方产权的制度安排创造了有利条件。资本雇佣劳动的契约关系使劳资双方的权利界定变得明晰，人格独立化使劳动者成为独立利益的主体，使资本家任意压榨工人比以前困难，同时也有助于从制度上保证劳动者对自身人力资本投资的收益。另一方面，劳动者素质的不断提高、人力资本存量的不断增加、主观生产力的不断增强也是社会进步的源泉。而资本家为了尽可能多地榨取剩余价值也希望改善生产要素的素质，故劳资双方共同的利益推动着社会生产力的发展。劳动力商品化还极大地促进了社会财富的增长和社会生产力的发展。资本主义生产方式所创造的生产力是以往任何社会都无法比拟的。[①] 社会财富的增长和社会生产力的发展也为劳动者全面发展个人能力提供了物质基础。因此，承认“劳动力是商品”的确是历史的进步。

在中国经济体制改革过程中，在引入商品经济、市场经济的大背景下，针对中国现阶段劳动者就业的现实，有些学者将“劳动力是商品”这一观点移植于反映社会主义市场经济体制的理论体系中。诚然，移植该观点的积极意义在于立足经济现实来思考问题，但在我们看来，即使替劳动力争到了商品的地位，劳动者作为劳动力商品所有者，能获得的不过是劳动者自由让渡自身的劳动力商品并获得与劳动力价值相等的等价物的权利。劳动者作为其劳动力的所有者的经济权利仍然只能在流通领域内实现，进入生产过程就是另外一回事了。马克思的分析已明确告诉了我们这一点。但是在现实经济中，企业的劳资关系并非这么简单，因为生产中劳动力的有效利用程度以及劳动成果的多寡还取决于劳动者的劳动积极性的高低。为了有效激励劳动者的劳动积极性，无论在东方还是西方的许多企业中，劳动者都或多或少地参与或影响企业决策，包括收入分配规则的确定，劳动者的收入也与企业经济效益发生某种联系。有些企业还引入了分享经济制度，分享劳动创造的成果。显然，这些问

① 《马克思恩格斯选集》第1卷，人民出版社1972年版，第256页。

题如果囿于“劳动力是商品”是无法圆满解释的。

从一般意义上说，如何协调充分调动劳动者的劳动积极性和企业物质资本（企业财务资本）保值增值之间的关系，是当代企业保持竞争力和生产力的中心问题。为便于说明起见，我们把某一企业 i 的总经营收入 Y_i 划分成下面四个基本部分：（1）用于补偿企业各类固定资本、除劳动成本以外的流动资本的耗费部分 F_i；（2）用于缴纳各种国家财政税费的部分 T_i，假设财政税费按照税率 t 从企业经营收入中征收，则 $T_i = tY_i$；（3）用作劳动者劳动收入的部分 W_i；（4）用作企业资本收益的部分 R_i。从而，企业 i 的税后净收入可以写成：

$$R_i + W_i = (1-t)Y_i - F_i \tag{1}$$

企业税后净收入由企业资本收益 R_i 和企业劳动者劳动收入 W_i 两部分组成。从（1）式中可得出如下结论。

结论一：在 t、Y_i、F_i 不变，从而（1）式右边（即企业税后净收入）为一个固定值的情况下，企业资本收益和劳动者劳动收入此消彼长。企业资本保值增值与劳动者劳动收入的提高相对立。

结论二：在 t 不变、Y_i 增加、F_i 减少或者虽然 F_i 增加但增加幅度小于 $(1-t)Y_i$ 增加的幅度，从而（1）式右边是一个增大的数值的情况下，企业资本收益和劳动者劳动收入都可以因此而增加。

利益机制是经济主体从事经济活动最基本的激励机制。如果把企业税后净收入比作一个“蛋糕”，那么，利益分配机制即企业资本收益与劳动者劳动收入之间的分配机制，不仅决定着已生产出的“蛋糕”分配合理与否，而且还将影响再生产过程中“蛋糕”生产的大小。本文拟超越“劳动力商品”的视野，从产权的角度在生产过程和分配过程的总过程中对劳动力的地位和权益重新加以审视，即找求一种良好的利益分配机制，在促使“蛋糕”做大做好的基础上，合理分配“蛋糕”，从而进入上述结论二的状况。

为解决按劳分配与商品经济、市场经济的兼容性问题，一些学者在坚持社会主义市场经济中“劳动力是商品”的基础上，提出了按劳分配就是“按劳动力价值分配”的观点。这种观点的积极意义在于：一是立足于现实，从商品经济、市场经济的现实来考虑收入分配问题。二是从主观动机看，他们是在坚持按劳分配的基础上，寻求按劳分配在新的经济条件下的实现形式。但是，“按劳动力价值分配”与“按劳分配”无论从质上看还是从量上看，都存在着根本的差异。[①] “劳动力商品”以及相应的“按劳动力价值分配论”，只能为劳动者争得相当有限的权利，即自由让渡劳动力并按劳动力价值获得劳动报酬。而真正的“按劳分配”则能要求更多，包括劳动者有按劳动贡献分享经济成果的权利。

二、以劳动力产权概念超越劳动力商品的可行性

劳动力产权指的是劳动者作为其劳动力的所有者时的行为权，也就是劳动者在生产总过程中受益或受损的行为权。劳动力产权的界定既要考虑到劳动力的特性，又要考虑到这样的界定应有利于提高劳动力资源的配置效率。由此我们提出，劳动力产权应包括劳动者的基本生存权和发展权、维持劳动力再生产的权利、劳动力自主支配权以及一部分剩余索取权。[②]

“劳动力产权”与“劳动力商品”相比，至少还有以下可供深入分析的特点。

第一，劳动力产权贯穿于生产总过程，可以为所有的企业职工争取其应得的权利。

以往常常用财产关系来说明职工的地位和权益，也就是说用国有企业职工是国有企业的所有者来论证国有企业职工在国有企业中所应具有的地位和相应的权益。这样的论证是有缺陷的。首先，从宏观的、整体的角度看，国有企业职工只是国有企业的间接所有者，而不是直接所有者。全民所有制的生产资料在法律上归社会全体成员共同所有，国有企业职工作为社会成员的一分子，的确是生产资料的主人，但是，这种主人只有在把全民（全体社会成员）作为一个整体时才是主人。作为国有

① 姚先国、郭继强：《按劳分配新解：按劳动力产权分配》，《学术月刊》1997年第5期。

② 姚先国、郭继强：《论劳动力产权》，《学术月刊》1996年第6期。

资产的所有者，每个国有企业职工跟任何一个社会成员（包括农民、非国有企业职工等）的权益大小是一样的，他们都只是企业生产资料的部分的间接的所有者，而不是直接的所有者。如果国有企业职工以所有者身份参与其所在的国有企业经济剩余的分享，实际上就牺牲了其他未参与分享的社会成员的利益，这显然有失公平。其次，如果把国有企业职工看成是其所在的那个具体的国有企业的直接所有者，那就无法正确处理好国有企业职工与企业（包括国有资产管理部门）之间的关系，也势必给国有资产的转移、流失在理论上开了一个口子。再者，即使从国有企业职工是国有企业生产资料的所有者的角度论证了职工应有的地位，那也只是替国有企业职工争取了权益，非国有企业职工无缘享受。

我们认为，职工在企业中的地位来源于自身的劳动力产权。[①] 劳动力产权贯穿于直接生产过程和流通过程所组成的生产总过程。按劳动力产权分配是按照劳动力在生产总过程中所表现出来的权利大小进行分配。企业职工即使不是企业的生产资料所有者，也是企业的劳动者，拥有劳动力产权，这种权益的实现是与企业生产经营过程紧密相连的。因此，企业职工从维护自身的利益出发，也有权参与企业的民主管理和民主监督，以一定的组织形式，如在职代会、工会以及在企业董事会和监事会中规定，应有职工代表（由全体企业职工民主选举产生）代表全体企业职工，对企业的生产经营决策、分配决策发表意见，施加影响。劳动力产权可以为所有企业（包括各种不同经济成分的企业）的职工争取其应得的权利，可以为劳动者积极性、创造性的发挥，为人力资源的充分开发与合理使用创造良好的制度环境。

第二，劳动力产权是按劳分配和按生产要素分配的有机结合点。对此，本文将在第三部分展开分析。

第三，劳动力产权是一种既有动力、又有压力的激励。

如果我们设企业 i 生产的剩余为 S_i，再设生产劳动力所需的生活资料价值（包括社会的、历史的、道德等因素引起的附加）为 W_{i0}，劳动者分

① 虽然在某些情况下，劳动者除了是其劳动力的所有者外，还可以拥有若干生产资料，例如在职工参股的股份制企业中就是如此，但这时劳动者已具有了劳动力所有者和生产资料所有者双重身份，可以获得双重经济地位。而这里着重考察职工作为自身劳动力所有者时的经济地位。

享剩余的比例为 a，则劳动者分享的剩余为：

$$W_{i1}=aS_i \tag{2}$$

劳动者劳动收入 $W_i=W_{i0}+W_{i1}$。又设企业使用的资本按市场平均利率所得的平均收益为 R_{i0}，资本（企业）获得的剩余为：

$$R_{i1}=(1-a)S_i \tag{3}$$

资本收益 $R_i=R_{i0}+R_{i1}$。显然，企业的生产剩余为：

$$S_i=[(1-t)Y_i-F_i]-(R_{i0}+W_{i0}) \tag{4}$$

从（2）（3）（4）式可以得出，只要我们正确处理好劳动者分享剩余的比例 a，就能充分调动劳动者的劳动积极性，使企业税后净收入 $[(1-t)Y_i-F_i]$ 增加，加上 R_{i0}、W_{i0} 是两个相对稳定的值，从而（4）式右边是一个增加的值，这样又能实现企业资本的保值增值。万一企业出现亏损，即 $S_i<0$，从责、权、利相结合的角度看，劳动者也应承担一定比例的亏损，表现为劳动者的劳动收入低于再生产劳动力所需的生产资料价值 W_{i0}，但劳动收入不得低于政府规定的最低工资标准。这样可给企业和劳动者压力，同心同德搞好企业的生产经营。因此，劳动力产权可以促使劳资双方合作博弈、分享剩余，从而妥善处理激励问题，协调好充分调动劳动者的劳动积极性与企业资本保值增值之间的关系。

第四，仍然可以揭示传统资本主义社会中的剥削问题。

在传统的资本主义社会中，劳动者无权参与剩余分享（即 $a=0$），劳动者只得到了劳动力价值（W_{i0}），剩余被资本家剥削了。剩余由资本家独占，不仅不能有效地激励劳动者的生产积极性，而且也会扭曲自然形成的财产关系。原因在于劳动者和企业（资本）分别是劳动力和生产资料（物质资本）这两种基本生产要素的所有者，从而都有权参与剩余的分享。不过，西方资本主义国家在制度改良中，已越来越正视这一点。劳动者作为其劳动力的所有者，越来越多地参与经济决策和剩余分享，如员工持股计划、利润分享制度和收益分享制度等。

第五，确立劳动力产权和让渡劳动力产权，同样可以建立劳动力市场。

以往替劳动力争商品地位，一个重要原因是想为建立劳动力市场提供理论支撑。有的学者写道：“请问劳动力不转换为商品如何进行交换，劳动力市场如果没有劳动力商品所交换的是什么东西。所谓劳动力市场只不过是劳动力商品市场简称，并不意味着它排除了劳动力商品”，“如果劳动力不成为商品就不能进入劳动力市场，劳动者就不能自主支配自己的劳动力。就不能成为劳动力的主人，也就无择业的自由”。[①] 劳动力资源配置的市场化改革方向无疑是正确的，但是，并非只有确立劳动力的商品地位，才可以建立劳动力市场。如果我们能够建立和完善劳动力产权理论，同样也可以加快劳动力资源配置的市场化进程。

这是因为交换实质上是双方权利的互相让渡，这种双边的供给购买关系的总和就是市场。关于这一点，科斯曾特别提醒道："人们通常认为，商人得到和使用的是实物（一亩土地或一吨化肥），而不是行使一定(实在）行为的权力。我们会说某人拥有土地，并把它当作生产要素，但土地所有者实际上所拥有的是实施一定行为的权力。……如果将生产要素视为权利，就更容易理解了，做产生有害效果的事的权利（如排放烟尘、噪声、气味等）也是生产要素。”[②] 交换既然是产权交易，即放弃对某一物品的产权以换取对另一物品的产权，我们通过确立劳动力产权和让渡劳动力产权，同样可以建立劳动力市场。劳动力市场是由劳动者和企业双方权利互相让渡的总和所构成的。即使给劳动力披上商品的外衣，也改变不了交换的实质是劳动者和企业双方权利的互相让渡。

三、劳动力产权：按劳分配与按生产要素分配的有机结合点

按劳分配理论是马克思主义的基本原理之一，也是中国个人收入分配的基本形式。我们认为，无论按劳分配中的“劳”如何界定，按劳分配反映的都是劳动者自身的劳动报酬与其劳动成果之间的关系，劳动者个人收入的大小与他劳动支出所形成的有效劳动成果的多寡紧密相连。

① 何伟：《西方观点不是反对劳动力商品的论据》，《改革》1996年第2期。

② ［美］罗纳德·哈里·科斯：《社会成本问题》，《论生产的制度结构》，生活·读书·新知三联书店上海分店1994年版，第190—191页。

我们曾撰文指出，“按劳动力产权分配”是实现按劳分配的现实途径。按劳分配中的“劳”，既不能是劳动者支出的劳动量（按劳动时间或强度计量），也不应是劳动力再生产所需的生活资料价值，只能是劳动力产权。[①]

马克思告诉我们，“分配关系和分配方式只是表现为生产要素的背面”。[②] 生产成果的分配，不过是生产要素本身分配的结果。生产要素分配即占有的格局，决定生产成果分配的格局。正面是生产要素的贡献，背面就是对生产成果的分配。但是，长期以来，中国在理论和实践上一直排斥按生产要素分配。由此造成的后果首先是，使资金、土地、设备等生产条件由个别企业无偿占有和使用，闲置或低效使用的生产要素得不到合理的流动，造成社会资源的巨大浪费。其次，也使劳动者产生了“收入幻觉”，也就是一切个人收入仅表现为狭义劳动（即活劳动）的收入，极易造成收入扩张和消费膨胀。再者，随着坚持公有制为主体、多种经济成分共同发展方针的确立，社会主义市场经济体制的建立和完善，利益主体越来越向多元化发展，单一的按劳分配已无法适应经济发展的要求。而且，除劳动以外的其他生产要素投入的数量、质量以及它们配置和使用的优化程度，也极大地影响着劳动生产率的高低、社会财富（生产成果）的多寡。因此，从提高资源配置效率和运用效率角度，必须承认并允许除劳动外的其他生产要素参与分配。

劳动是价值的唯一源泉，但不是财富的唯一源泉。马克思早在《哥达纲领批判》中就开门见山地批驳了纲领中“劳动是一切财富和一切文化的源泉”的提法。[③] 在社会主义市场经济体制下，多种经济成分并存，生产资料所有者与劳动者各具差异性，劳动也不是创造财富的唯一源泉。劳动只有跟生产资料（劳动资料和劳动对象）相结合，劳动才有凝结的对象，劳动作为一种生产要素才能生产出财富。只有生产出财富后才谈得上收入的分配问题。既然生产是不同生产要素相互结合、共同作用的结果，那么，不同生产要素的所有者都有分享经济成果（财富）的权利。

① 参见姚先国、郭继强：《按劳分配新解：按劳动力产权分配》，《学术月刊》1997年第5期。

② 《马克思恩格斯选集》第2卷，人民出版社1972年版，第98页。

③ 《马克思恩格斯选集》第3卷，人民出版社1972年版，第5页。

劳动与其他生产要素一样，都有分享经济成果（财富）的权利，但都不能独占全部经济成果。

分配问题也是一个激励问题。合理分配就是找到一种恰当的标准，使劳动力的所有者即劳动者与其他生产要素的所有者合理分享经济成果。这种分享不仅能恰当地分享当期的“蛋糕”（经济成果），而且还能够激励人们把以后的“蛋糕”做得更大更好。按生产要素分配就是这样一种恰当的标准。

按生产要素分配依据的是各生产要素在生产经营活动中投入的比例和贡献大小分享经济成果。按生产要素分配是市场经济的内在要求。只要要素价格能正确反映要素对企业收益的贡献大小和稀缺程度，市场就能迅速准确有效地配置各种要素，既体现要素在企业生产经营中的真实作用，又促进稀缺程度大的要素增加供给，提高要素的配置效率和使用效率。如果不按生产要素分配，市场就难以对资源起基础性配置作用，市场经济也就成了空中楼阁。

劳动在生产经营活动中投入的比例和贡献可以用劳动力产权的大小来衡量。从而，劳动作为一种生产要素在按生产要素分配中，也是按劳动力产权分配。可见，假如我们把按劳分配理解为按劳动力产权分配，那么，在按生产要素分配中就已包含了按劳分配，按劳分配与按生产要素分配也就实现了有机结合，而不是以往的两张皮。这种有机结合，不再是板块式，而是兼容或渗透式的了。例如，若某一职工既是企业的劳动者，又是企业的出资者，那么他可以以双重身份获得双重收益。按劳分配，对劳动者个人而言，是个人收入水平和个人收入差别的确定问题；对劳动者与其他生产要素的所有者关系来说，则是功能性收入分配的比例问题。

按劳分配与按生产要素分配的有机结合，可以理顺劳动与其他生产要素之间的关系；能够遏制生产资源的闲置和浪费，引导社会资源的有效配置和合理使用；可以消除劳动者的“收入幻觉”，有助于抑制收入扩张和消费膨胀。在公有制企业或有公有制成分参与的混合所有的企业中，还可以较好地处理调动劳动者积极性与公有资产保值增值之间的关系。

在市场经济体制下，劳动力产权的界定和实现应通过劳动力市场：在保障了劳动力产权中前面三项权利并在法律上确认了最后一项权利之后，让劳动力市场来界定并实现劳动力产权。劳动者能够分享剩余的比例 a，也应该根据劳动力产权和资本产权（物质财产权，即生产资料所有者所拥有的受益或受损的权利）的相对大小、劳动力市场的供求关系等因素，由市场来确定。

劳动力产权的实现可以有多种形式。例如，分享剩余可以包含在工资或福利之中，可以用与企业经济效益发生某种联系譬如奖金的形式，也可以采取股权或工资加股权的形式以及引入分享经济制度，等等。

随着新技术革命的进展、知识经济时代的到来，人力资本的存量不断增大，劳动者在生产总过程中发挥着越来越重要的作用。虽然劳动力产权和物质财产权同是生产总过程中两种不可或缺的行为权，但是，劳动力产权相对于物质财产权的地位一直在，而且将来还会不断提高，劳动者的相对权益也会随之增加。从而，“劳动力产权”将是一个越来越重要的概念。同样，按劳分配也将是一种越来越重要的形式。

四、劳动力产权：能有效协调劳动者劳动积极性与企业资本保值增值之间的关系

一国在特定历史时期分配关系稳定而持续的基础，是各经济主体间相互关系的协调。从劳动力产权角度考察，就是要正确处理国家与企业的分配关系，正确把握企业与职工收益分享的界限，或者说是有效地协调好充分调动劳动者的劳动积极性与企业资本保值增值之间的关系。

在计划经济体制下，传统的理论认为，每个国有企业职工都是其所在企业的所有者，是企业的“主人翁”。从而，国有企业职工是以劳动者和所有者的双重身份参与企业的分配：一方面职工作为劳动者，获得劳动报酬（工资收入）（记为 W_{i2}）；另一方面，职工作为“主人翁”，一旦进入企业就如同捧上一只“铁饭碗”，生老病死，乃至职工家属从摇篮到

坟墓，都由企业以平均主义的“大锅饭”形式“包”下来。以平均主义的“大锅饭”形式获得福利收入（记为 W_{i3}）。职工收入 $W_i=W_{i2}+W_{i3}$。企业资本收益表现为企业上缴国家的利润，其数值等于企业税后收入减去资本耗费 F_i 及职工收入，即

$$R_i=(1-t)Y_i-F_i-(W_{i2}+W_{i3}) \tag{5}$$

在计划经济体制下，国家直接规定相当低的工资收入 W_{i2}，并且工资不随企业盈亏而变化，希望以此来保证企业资本（国有资产）的收益。由此，劳动力产权出现了错位：职工本来只是劳动力的所有者，应获得的是劳动力产权对应的那部分收入，但 W_{i2} 只是这部分收入的一个组成部分而已；职工并非国有资产的直接所有者，没有理由以所有者身份直接分享收益，获得福利收入 W_{i3}。福利收入 W_{i3} 相对工资收入来说相当高，并且国家难以严格控制。这部分以平均主义的“大锅饭”形式获得福利收入虽然数量大，却无法起到调动职工劳动积极性的作用。而 W_{i2} 又是一个国家直接严格控制的固定数，故这种分配格局不可避免会造成激励不足，抑制了职工的劳动积极性。国有企业的低效率在很大程度上源于此。再者，从（5）式可以看出，W_{i3} 的存在使企业资本保值增值的效果不可能有预计的那么好。如果把国有企业的低效率可能导致 Y_i 减少、F_i 增加的情况考虑进去，那么，企业资本保值增值的效果还要差。

在改革过程中，中国实行过“放权让利”，进行过多种形式的国有资产股份制改革试点，企业资本保值增值与劳动者积极性之间的矛盾一直无法较好地协调。这其中固然有企业“内部人控制”等问题，但是，没有合理界定和实现劳动力产权也是一个十分重要的原因。劳动力产权得不到合理界定的另一个直接后果，是国有企业的职工（包括普通劳动者和经营者）没有明确的剩余索取权。职工如果没有明确的剩余索取权，不仅没有扩大生产、努力工作的激励，而且还会千方百计地侵蚀剩余，将其消费掉、糟蹋掉或流失掉，不能有效地变成资产积累。在改革中，职工由于无法形成长期的制度预期，也加剧了职工行为的短期化。

如果明确国有企业职工的剩余索取权，在 a 既定的情况下，从（2）式和（3）式可以看出，职工能够分享的剩余（W_{i1}）和企业资本能够分

享的剩余（R_{i1}）与整个企业生产的剩余（S_i）消长连动，一长诸长，一消诸消，将大大提高国有企业职工对企业全部资产保值增值的关心程度，并形成有效的资产积累机制。

在劳动者队伍中，我们有必要把具有企业家才能的那部分特殊劳动者称为经营者（或经营管理者，或企业家）。与普通劳动者相比，经营者这种特殊劳动者更为稀缺，人力资本存量也更大，因而理应获得更高的报酬。在所有者和经营者相分离的情况下，具有企业家才能的经营者既是企业资产的代理人，又是企业劳动者的一个组成部分，并且从功能和效率双重角度来说，他们还是连接资本和劳动力（普通劳动者）的纽带。经营者在充分调动劳动者的劳动积极性、高效运作企业资产、实现国有企业中的国有资产保值增值等方面起着十分重要的作用。同样，经营者在内部人控制、国有资产流失等方面也举足轻重。因此，对经营者实行有效的激励约束，让经营者责权利紧密结合，充分发挥经营者的主观能动性，是非常有必要的。然而，由于我们以前对经营者的那部分劳动力产权界定得不合理，经营者的责权利不对称，激励—约束机制便难以发挥作用，结果是：企业盈利了，经营者因此而能分享的剩余甚少；企业亏损了，经营者也不会因此而受损。经验教训告诉我们，经营者若不能分享一定比例的剩余，就会堤内损失堤外补，增加在职消费，如豪华的办公环境、高档的轿车、公费吃喝玩乐等；更有甚者还会挖空心思流失国有资产。

对经营者的激励约束可分为直接约束和间接约束。对经营者的直接激励约束可以用经济效益指标考核，让经营者分享一定的剩余等。对经营者的间接激励约束，主要是通过外部市场：通过建立和完善经理市场，让经营者（职业经理）的选聘和报酬高低由市场竞争机制来决定；产品市场和资本市场的竞争也有助于对经营者的激励约束。我们还应在深化国有企业改革的过程中，探索一种企业治理结构的制度安排，实现对内部人控制的控制。让经营者内有动力，外有压力，充分发挥经营者在调动劳动者的劳动积极性和国有资产保值增值方面的积极作用。显然，要形成这种格局，必须明晰劳动力产权以及与此相适应的操作程序和规范。

劳动力产权的界定，是社会主义产权理论亟待解决的一个理论问题。客观地说，对这一问题深入而细致的分析要涉及经济理论的诸多方面，远非一篇论文所能涵盖的。本文的侧重点只是希冀通过对劳动力产权若干层面的分析，主张在社会主义经济理论中启用劳动力产权这一概念而超越劳动力商品这一概念。倘若本文的某些观点能引起学术界的兴趣，并由此而引发一点讨论的火花，则便达到了本文的初衷。

（原文发表于《学术月刊》2001年第3期）

劳动力价值再定义与剩余价值论的重构

孟 捷*

剩余价值论是整个马克思经济学体系的核心，恩格斯曾把它和历史唯物主义并列，称作马克思毕生的两大科学发现之一。剩余价值论建立在一系列研究假设的基础上。这些假设可分为两类：第一类是马克思自己明确地讨论过的；第二类虽未被马克思明确地讨论过，但在现代马克思主义文献中已有不同程度的讨论。剩余价值论的发展，取决于我们如何看待并处理这些假设。本文将要讨论的作为马克思剩余价值论前提的相关假设如下：第一，劳动力是可以完全商品化的，并可与任何普通商品相类比；第二，生产者的所谓“双重自由”是劳动力商品化的充分必要条件，劳动力商品化和无产阶级化是同一个过程；第三，工人阶级的再生产是依靠工资实现的，工人的必要生活资料只能通过工资在市场上获取；第四，特定形式的国家和家庭结构与工人阶级的再生产及劳动力价值的决定无关；第五，工人所需的生活资料数量及由此而来的劳动力价值在价值创造过程之前是预先给定的已知量；第六，劳动力价值决定了劳动力价格或货币工资的水平；第七，剩余价值或利润是在新价值中扣除预先给定的劳动力价值之后的余额；第八，在相对剩余价值生产中，劳动力价值或价格的变化只受劳动生产率的影响；第九，在劳动生产率增长的前提下，保持不变的剩余价值率有利于工人阶级的利益；第十，资本和劳动在围绕新价值的分配中只能存在零和关系。本文将依次讨论这些假设，并着力分析对这些假设做出变更或补充的必要性和可能性，以及这种变更所能带来的理论上的后果。

* 孟捷：清华大学《资本论》与当代问题研究中心教授，博士生导师。

一、劳动力商品化和工人阶级的再生产

马克思的剩余价值论，或者说他对资本主义市场经济的理解，是以劳动力的不受任何限制的商品化为前提的。这意味着在马克思那里，劳动力虽然是一种特殊商品，却和普通商品一样，其价格完全接受市场规律的支配。

将劳动力商品和普通商品相类比，甚至将前者完全还原为普通商品的倾向并不是马克思的首创，而是英国古典经济学家尤其是李嘉图的一贯做法。在《政治经济学与赋税原理》中，李嘉图这样写道："如果把帽子的生产费用减少，即使需求增加两三倍，帽子的价格结果也会降到新的自然价格的水平。如果用减少维持生活的粮食和衣服的自然价格的办法来减少人们的生活费用，即使对劳动者的需求大大增加，结果工资也会下降。"[①] 在这里，李嘉图把决定普通商品（即帽子）的规律与决定人的价格的规律等同了起来。

与李嘉图同时代的一些人道主义批评者抓住了这一点，认为李嘉图"把人变成帽子"，即把劳动力还原为普通商品，是犯了反人道主义的错误。马克思在他的早期著作《哲学的贫困》里，谈到了李嘉图和同时代人道主义批评家之间的这种对立，但是，他没有非难李嘉图，反而选择支持李嘉图的观点，并写道："李嘉图的话是极为刻薄的。把帽子的生产费用和人的生活费用混为一谈，这就是把人变成帽子。但是用不着对刻薄大声叫嚷！刻薄在于事实本身，而不在于表明事实的字句！法国的作家，像德罗兹、布朗基、罗西等先生用遵守'人道的'语言的礼节来证明他们比英国的经济学家们高明，从而得到天真的满足；如果他们责难李嘉图和他的学派言词刻薄，那是由于他们不乐意看到把现代经济关系赤裸裸地揭露，把资产阶级最大秘密戳穿。"[②]

---

① 转引自《马克思恩格斯全集》第 4 卷，人民出版社 1958 年版，第 94 页。

② 《马克思恩格斯全集》第 4 卷，人民出版社 1958 年版，第 94 页。

将马克思、恩格斯的这种态度与现代思想家卡尔·波兰尼做一番比较是饶有意味的。波兰尼和马克思类似，都将劳动力商品化作为现代市场经济得以产生的根本前提。但与马克思不同的是，波兰尼通过将劳动力定义为“虚构商品”，使劳动力与普通商品彻底区分开来。他写道：“关键就在于：劳动力、土地与货币是工业不可或缺的要素；它们同样必须被组织在市场之中；实际上，这些市场形成了市场经济体系的一个绝对关键的组成部分。但劳动力、土地和货币显然都不是商品；这样一个基本假定，即任何在市场上买卖的东西都必须是为了出售而生产出来的，对它们而言显然是不成立的。换言之，根据商品的经验定义，它们不是商品。劳动力仅仅是与生俱来的人类活动的另外一个名称而已，就其本身而言，它并非为了出售，而是出于完全不同的原因而存在的，并且这种活动也不能分离于生活的其他部分而被转移或储存；土地不过是自然的另一个名称，它并非人类的创造；最后，实际的货币，仅仅是购买力的象征，一般而言，根本就不是生产出来的，而是经由银行或者国家金融机制形成的。三者之中没有一个是为了出售而生产出来的。劳动力、土地和货币的商品形象完全是虚构的。”[①]

在波兰尼看来，这种虚构商品是一个矛盾，一方面，虚构商品的出现为整个社会提供了根本的组织原则，该原则深刻地影响了几乎所有的社会制度；另一方面，如果一任市场机制成为人的命运、自然环境以及购买力大小的唯一主宰，整个社会便有被摧毁的危险。在这个意义上，波兰尼甚至说，以虚构商品为基础的自我调节的市场“是彻头彻尾的乌托邦”[②]。波兰尼提出，上述两方面矛盾构成了资本主义社会发展的动力。自 19 世纪以来，随着市场的无限扩张，也出现了力图限制市场、限制虚构商品发展的力量，即出现了各种社会保护运动。以劳动力的保护为例，有组织的工人运动和福利国家，就是限制劳动力商品化的具有一定成效的制度安排。

---

① ［英］卡尔·波兰尼：《大转型：我们时代的政治与经济起源》，冯钢、刘阳译，浙江人民出版社 2007 年版，第 62—63 页。

② ［英］卡尔·波兰尼：《大转型：我们时代的政治与经济起源》，冯钢、刘阳译，浙江人民出版社 2007 年版，第 3 页。

马克思也把劳动力、土地和货币（货币资本）作为特殊商品来看待。劳动力作为特殊商品，一方面体现在它的使用价值上，另一方面体现在它的价值上。在讨论劳动力价值的时候，马克思提出，“劳动力价值还取决于每个国家的传统生活水平”，“包含着一个历史的和道德的因素”，在这些地方，他是把劳动力作为特殊商品来看待的。[①] 但是，马克思对待劳动力的态度和他对待土地及货币资本的态度是有微妙差异的，马克思更为彻底地将后两者作为虚构商品对待。他指出，从劳动价值论的角度看，土地或货币都不是资本主义生产过程的结果，不是劳动的产品，并没有物化于其中的内含价值，在此意义上，诸如“土地的购买价格”或“货币资本的价格”之类的概念，都是“价格的不合理的形式，与商品价格的概念完全相矛盾”。然而，马克思却从未像批判“土地的购买价格”或“货币资本的价格”那样，批判过“劳动力价格”这一概念，他只批判了古典经济学的“劳动的价格”概念，并用“劳动力价格”取而代之。他坚持将劳动力价格和普通商品价格相类比，没有意识到劳动力价格和土地价格一样，也是不合理的范畴。[②] 这样一来，劳动力商品的特殊性在他那里一会儿被承认，一会儿又被消解了。这种矛盾深刻地影响了剩余价值论本身的建构。

今天看来，被马克思在《哲学的贫困》里批评过的德罗兹、布朗基、罗西等人，在某种意义上预告了波兰尼的理论。[③] 与波兰尼不同的是，马克思——一如英国古典经济学家——始终相信资本主义生产方式是建立在纯粹自主的、自我调节的市场基础上的。这种认识构成了熊彼特所称的“图景”(vision)，在此基础上，理论家们（马克思或李嘉图）才着手提出各种假设和范畴，进而构建出宏伟的经济学体系。在马克思那里，

---

① 《马克思恩格斯选集》第2卷，人民出版社1995年版，第93页；《资本论》第1卷，人民出版社2004年版，第199页。

② 马克思对货币资本价格的评论，见《资本论》第3卷，人民出版社2004年版，第396页；关于土地的价格则见该书第702页。

③ 饶有意味的是，青年恩格斯在相当程度上接近于这些“法国人道主义者”的观点，在《国民经济学批判大纲》里，恩格斯写道：资本主义“最终使人变成了商品，使人的生产和消灭也仅仅取决于需求……竞争制度因此屠杀了，并且每日屠杀者千百万人”。(《马克思恩格斯全集》第1卷，人民出版社1965年版，第621页)。相关评论可参见孟捷、向悦文：《市场经济中的竞争：马克思主义经济学和演化经济学比较研究》(《清华政治经济学报》2014年第2期)。

不受任何限制的劳动力商品化，便是构建其经济学的核心理论即剩余价值论的首要假设。

在马克思那里，所谓劳动力商品化具有以下两重含义：首先，它指的是劳动力使用权在一个社会经济中普遍地成为可交易的对象；其次，它意味着直接生产者只有出卖劳动力，才能取得必要的生存资料（means of subsistence），在这种情况下，劳动力再生产所需的一切产品和服务，都来自市场。值得注意的是，马克思所理解的劳动力商品化是以直接生产者的无产阶级化为前提的；换言之，劳动力商品化与无产阶级化同属一个过程。① 然而，许多历史经验表明，劳动力商品化并不需要依赖于马克思所设定的这种条件就实际地发生了。当代中国农民工阶层的发展，就是一个活生生的事例。农民工并未完全取得人身自由（譬如迁徙的自由、子女在迁入地受教育的自由等），也没有丧失一切生产资料，但其劳动力却商品化了。② 下页图1在一个坐标系中大致表示了无产阶级化和劳动力商品化之间的差异，以及两者之间所能有的各种组合。图中的横轴和纵轴分别度量劳动力商品化和无产阶级化的程度。我们将第一象限称作“马克思象限”，该象限对应了高度的劳动力商品化和高度的无产阶级化。从波兰尼的眼光看，“马克思象限”在现实中不可能真正存在，只可能是一种理论的设想。第二象限即所谓“波兰尼象限”，则对应了发达资本主义经济的情况，一方面，生产者丧失了一切生产资料，即存在着高度的无产阶级化；另一方面，由于福利国家和转移支付的存在，实现了某种程度的劳动力“去商品化”。这是有史以来在资本主义劳动市场上可能出现的最好的情况。最后还有第三象限和第四象限，它们分别对应了

---

① 在马克思那里，无产阶级化的标志是所谓“双重自由”，即一方面，直接生产者摆脱了超经济的强制，取得了人身自由；另一方面，直接生产者丧失了一切生产资料，“自由得一无所有”。见马克思：《资本论》第1卷，《马克思恩格斯全集》第23卷，人民出版社1972年版，第192页。

② 19世纪晚期，列宁、考茨基，乃至更早些时候的恩格斯都关注到，劳动力商品化往往是与直接生产者的“半无产阶级化”相联系的，而不必依赖于彻底的无产阶级化。在当代，以沃勒斯坦为代表的一些学者针对半无产阶级化和资本积累的关系进一步开展了研究，揭示了全球资本积累对于半无产阶级化的工人乃至非自由劳工的结构性依赖。参见孟捷、李怡乐：《改革以来劳动力商品化和雇佣关系的发展：波兰尼和马克思的视角》，《开放时代》2013年第10期。

另外两种可能的组合，在我们看来，这两种组合所代表的情况与改革前后中国劳动市场的变化是大体吻合的。

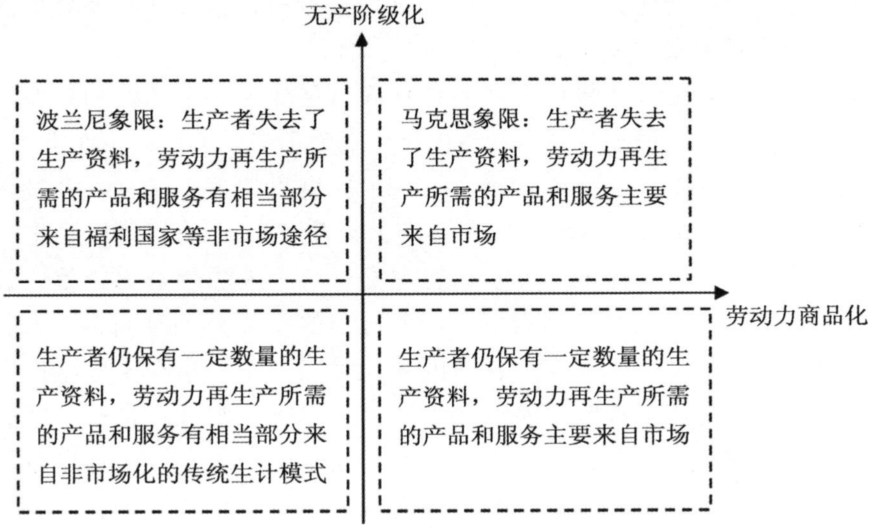

资料来源：孟捷、李怡乐：《改革以来劳动力商品化与雇佣关系的发展：波兰尼和马克思的视角》，《开放时代》2013 年第 10 期。

劳动力商品化和无产阶级化的差别，意味着生产者并不需要在丧失一切生产资料的前提下才出卖劳动力，或者即便丧失了生产资料，也不需要以市场作为获取劳动力再生产所需要的产品和服务的唯一途径。在这种情况下，劳动力再生产就不会固着于某个统一的模式，而是依历史和制度环境的变化呈现出许多不同的特点。马克思将劳动力商品化和无产阶级化视为同一个过程，必然使其进一步假设劳动力再生产是在一个完全无产阶级化的生活世界，即在纯粹资本主义生产关系范围内进行的。在这种情况下，工人只能凭借工资在市场上取得生存资料，而不可能诉诸资本主义生产方式之外的其他途径达到这一目的。在此基础上，马克思形成了如下观点，即只限于从资本的角度看待工人阶级的再生产，将后者完全贬低为资本积累的附属品，从未探讨过特定形式的家庭结构或国家在工人阶级再生产中所起的作用。马克思的这些观点集中体现在下面这段话里："工人阶级的不断维持和再生产始终是资本再生产的条件。资本家可以放心地让工人维持自己和繁殖后代的本能去实现这个条件。

他所操心的只是把工人的个人消费尽量限制在必要的范围之内。”[1] 既然马克思认为，工人阶级的再生产可以完全托付给工人的本能，就没有必要把这种再生产作为一种社会建构过程来看待，也没有必要分析支配这一过程的各种权力关系了。

马克思对工人阶级再生产的这种简单化处理，必然影响到他对劳动力价值的定义。他把劳动力价值仅仅定义为工资品的价值。20 世纪 70 年代以来，女性主义者率先发难，批评了马克思的这个定义，并试图探讨家庭劳动（domestic labour）在劳动力再生产和劳动力价值决定中的作用。女性主义者们提出，资本家通常支付给工人的劳动力价值一般而言低于工人阶级家庭为劳动力再生产所付出的全部劳动时间，因为后者不仅包括在工资品的生产中所耗费的劳动时间，还包括在家庭生产中往往由妇女耗费的那部分劳动时间。女性主义者的这些批评带来了对必要劳动概念的重新理解，即将其归结为生产工人所需的全部生存资料所耗费的劳动，而不只是在以工资购买的消费品中所物化的劳动，下面这个式子表达了这一点：

资本家支付的劳动力价值＋家庭劳动＝广义的必要劳动

(狭义的必要劳动)　　　(包括活劳动和物质成本)

资本家实际支付的工资，在这里对应于狭义的必要劳动；另一方面，工人阶级家庭的成员（传统上主要是妇女）所从事的家庭劳动，则构成了广义必要劳动概念的组成部分。由于资本家或资本主义企业并不支付全部广义的必要劳动，这就使下述比率之间的等式失效了，即不再有

$$\text{剩余价值率}=\frac{\text{剩余劳动}}{\text{剩余劳动}}=\frac{\text{剩余价值}}{\text{劳动力价值}}$$

$$\text{而会导致}\frac{\text{剩余劳动}}{\text{(广义的) 必要劳动}}<\frac{\text{剩余劳动}}{\text{(狭义的) 必要劳动}}=\frac{\text{剩余价值}}{\text{劳动力价值}}$$

这个不等式意味着家庭劳动在广义的必要劳动中占据的比重越大，资本家或资本主义企业需要支付的（狭义的）必要劳动相对而言就越小，以$\frac{\text{剩余价值}}{\text{劳动力价值}}$表示的剩余价值率就越高。

① 《资本论》第 1 卷，人民出版社 2004 年版，第 660 页。

在非资本主义的家庭结构和资本主义企业之间围绕劳动力的交换，是一种不平等交换。资本主义可以利用既定的家庭结构和在这种结构下的家庭劳动，达到提高剩余价值率的目的。承认这一现实，便为马克思主义经济学和女性主义经济学的对话开辟了广阔的空间。①

女性主义对家庭劳动的考察还可以进一步扩展到医疗服务和教育培训等部门。在这些部门进行的劳动对于工人阶级的再生产也同样是至关重要的，从这个角度看，这些劳动也构成了广义的必要劳动。② 一般而言，资本家或资本主义企业由于在购买劳动力时没有充分支付劳动力再生产的成本，就以无偿的形式支配了一部分家庭劳动，以及在其他再生产部门里耗费的劳动。③

二、劳动力价值及工资的再定义

上一节的讨论涉及了本文开篇列举的第一至第四个假定，接下来要探讨的是第五至第七个假定。

在讨论价值增值过程时，马克思假设，工人所需的生活资料数量以及由此带来的劳动力价值在价值创造过程之前是预先给定的已知量。这

---

① 有关70年代以来女性主义经济学和马克思经济学的关系，可参见以下文献：J. Gardiner, S. Himmelweit & M. Mackintosh (1975), "Woman's Domestic Labour," in Himmelweit S., ed., *Inside the Household* (London: Macmillan, 2000); J. Gardiner, "Domestic Labour Revisited: A Feminist Critique of Marxist Economics," in *Inside the Household*, eds. Himmelwelt, Susan, (London: Macmillan, 2000). J. Gardiner, "The Political Economy of Domestic Labour in Capitalist Society," in *Dependence and Exploitation in Work and Marriage* eds. D. I. Barkerand S. Allen, (London: Longman, 1976); J. Harrison, "The Political Economy of Housework," *Bullet in of the Conference of Socialist Economists*, Vol. 3 No. 1 (Winter 1973): 35—52.

② 莱博维奇指出，从工人阶级再生产的角度看，家庭劳动以及在医疗服务、教育培训等部门进行的劳动，都是创造价值的生产性劳动。参见［加］莱博维奇：《超越〈资本论〉》，人民出版社2007年版，第182—185页。

③ 由此就派生出直接生产过程以外的第二种剩余价值率的概念，以家庭劳动为例，这一剩余价值率等于家庭劳动中未得到工资支付的部分和已得到支付的那一部分的比率。参见J. Gardiner, S. Himmelweit & M. Mackintosh (1975), "Woman's Domestic Labour," in *Inside the Household*, ed. S. Himmelweit (London: Macmillan, 2000), pp. 33—34.

种假定劳动力价值是已知量的做法来自古典经济学，尤其是重农学派的最低工资论（the Subsistence Wage Theory）。[①] 在《剩余价值理论》里，马克思对重农学派和最低工资论做了如下评价：

"从事分析资本主义生产的现代政治经济学的基础，就是把劳动能力的价值看作某种固定的东西，已知的量，而实际上它在每一个特定的场合，也就是一个已知量。所以，最低限度的工资理所当然地构成重农学派的学说的轴心。……其次，如果说，他们错误地把这个最低限度看作不变的量，在他们看来，这个量完全决定于自然，而不决定于本身就是一个变量的历史发展阶段，那末，这丝毫不影响他们的结论的抽象正确性，因为劳动能力的价值和这个劳动能力所创造的价值之间的差额，同我们假定劳动能力的价值是大是小毫无关系。

"重农学派把关于剩余价值起源的研究从流通领域转到直接生产领域，这样就为分析资本主义生产奠定了基础。"[②]

和上述论断相联系，是把剩余价值理解为价值创造过程的余额："既然原料和材料的价值是已知的，劳动能力的价值又等于最低限度的工资，那末很明显，这个剩余价值只能由工人向资本家提供的劳动超过工人以工资形式得到的劳动量的余额构成。"[③] 对直接生产过程来说，将剩余价值作为余额是毋庸置疑的。但问题是，在涉及社会总资本再生产的场合，这种观点又是有局限的。我们建议将这种得自直接生产过程的余额论视为一种假设，因为在引入社会总资本再生产的条件下，还会出现新的关系，即不是剩余价值或利润，而是工资本身成为国民收入决定中的余额（详见本文第三部分）。

马克思对重农学派的上述评论，一方面指出了最低工资论的贡献或意义，另一方面也划清了马克思本人和最低工资论的界限。马克思并不认为工人的"必要生活资料"或"劳动力价值"是恒久不变的，只不过

---

① 一般认为，最低工资论是由重农学派提出来的。杨国昌教授在一篇比较马克思和重农学派的文章里则指出，最低工资论最早可上溯古典经济学的创始人配第。参见杨国昌：《马克思与最低工资论》，《马克思主义来源研究论丛》第14辑，商务印书馆1992年版。

② 《马克思恩格斯全集》第26卷第1册，人民出版社1972年版，第16—19页。

③ 《马克思恩格斯全集》第26卷第1册，人民出版社1972年版，第19页。

在特定历史阶段，相对于直接生产过程而言，它们是给定的量而已。

但既然如此，为什么在半个多世纪的时间内一直会有那么多人误认为马克思也是一个最低工资论者呢？饶有意味的是，在这些批评者中不仅有萨缪尔森、罗宾逊等非马克思主义者，也有莱博维奇、罗桑等马克思主义者。① 在我看来，对马克思的指责一直不绝于耳的原因，首先在于批评者们对以下两个假定未加分别：其一是假定劳动力价值在价值创造过程开始前是个已知量，其二是假定工人的必要生活资料量在积累过程中不发生任何变化。在最低工资论里，这两个假定是混同的。但马克思的前引批评显然已经区分了这二者，并认为第二个假定即必要生活资料数量一直维持不变是站不住脚的。后世的批评者，如最近的莱博维奇，却没有意识到这种混同，坚持认为在马克思的相对剩余价值生产理论中工人的必要生活资料数量是始终固定不变的。这种指摘不完全符合马克思的原意。

其次，上述批评还与马克思自身表述上的矛盾有关。在考察价值创造过程时，预先假定劳动力价值是已知量，对于解释剩余价值在直接生产过程中的起源的确是必要的。但马克思在《资本论》里不仅假设了劳动力价值是已知量，而且还假设工人所需的必要生活资料量在"一定社会的一定时代……是一个不变量"②。这个假设事实上等于宣布，至少在中短期内（即"一定时代"），必要生活资料数量是不变的。这样一来，马克思就又回到了他刚刚批评过的重农学派的观点。

在我看来，假定劳动力价值是已知量，并不需要同时假定必要生活资料数量在一定时代也是固定不变的，马克思本应采用更准确的说法，

① 杨国昌教授曾枚举了多位批评者的名字，除了这里提到的萨缪尔森和罗宾逊，还有20世纪中叶英国工党理论家斯特拉彻、日本数理马克思主义经济学家森岛通夫、分析的马克思主义者罗默。当代最著名的一些马克思主义者如多布、曼德尔、罗斯多尔斯基则反驳了这些指责。（见杨国昌：《马克思与最低工资论》，《马克思主义来源研究论丛》第14辑，商务印书馆1992年版，第344页注释1和注释2。）在杨国昌列举的这些反对者以外，我们还可添上作为非马克思主义者的卡尔多，以及作为马克思主义者的鲍勃·罗桑和莱博维奇。参见卡尔多：《从凯恩斯经济学看资本主义的演进》，载于其《论经济的稳定和成长》，商务印书馆1966年版；Bob，Rowthorn，*Capitalism Conflict and Inflation* (London：Lawrence and Wishart，1980)；莱博维奇：《超越〈资本论〉》，经济科学出版社2006年版。

② 《资本论》第1卷，人民出版社2004年版，第593页。

即假定必要生活资料也是已知量，这个已知量尽管相对于价值创造过程而言是暂时不变的，但在积累或再生产中是可变的。进而言之，马克思假定必要生活资料数量在“一定时代”里固定不变，和他的相对剩余价值理论也是矛盾的，在后一理论里，马克思明确提出了必要生活资料数量改变的可能性（详见后文第三节）。莱博维奇在批评马克思的时候，把两个假设混同了，一个是假设必要生活资料相对于价值创造过程是已知的或不变的；另一个则是假设必要生活资料在积累中也始终维持不变。对后一假设的批评是合理的，但从马克思对重农学派的批评来看，这不是马克思的本意，而是重农学派的一贯看法。

最后，认为马克思属于最低工资论者，还与马克思在某种意义上接受了无产阶级绝对贫困化理论有关。指摘马克思赞同最低工资论，也必然会批判无产阶级绝对贫困化理论，因为这两个理论是相互联系的。[①] 需要指出的是，在对待绝对贫困化理论的问题上，马克思是自相矛盾的。在《共产党宣言》里，我们可以找到马克思恩格斯拥护这种理论的最早证据。但在那时，马克思还是古典经济学家尤其是李嘉图的学生，他还没有着手建立自己的经济学。马克思的第一部传记作者梅林，曾批评了《共产党宣言》的这种观点，认为《宣言》作者此时还没有摆脱古典经济学的人口论的影响。[②] 在其成熟时期的《资本论》及其多部手稿里，我们已经找不到赞同绝对贫困化理论的明确阐述，反而可以明确无误地发现许多有关工人阶级的实际工资可以提高的论述。罗斯多尔斯基在研究这个问题时恰当地提出，从马克思经济学体系出发，或者从马克思阐明的资本主义社会的发展规律出发，并不必然得出绝对贫困化的结论。他甚至认为，即便马克思提出过这种贫困化理论，他也会起而反对它，因为这个理论和他的工资理论是相冲突的。[③] 罗斯多尔斯基的这些看法是中肯的，但他在为马克思辩护时走向了另一极端，即他坚决否认成熟时期的

---

① 罗斯多尔斯基指出，没有最低工资论，无产阶级绝对贫困化理论就是无法理解的。见其《马克思〈资本论〉的形成》，山东人民出版社 1992 年版，第 330 页。

② ［德］梅林：《马克思传》上册，人民出版社 1973 年版，第 197—199 页。

③ ［联邦德国］罗斯多尔斯基：《马克思〈资本论〉的形成》，山东人民出版社 1992 年版，第 336 页。

马克思曾接受过绝对贫困化理论，认为在《共产党宣言》发表后，这个理论就被马克思永远放弃了。[①] 这一点是不确实的。罗斯多尔斯基刻意回避了马克思的一部重要著作，即写于 1865 年的《工资、价格和利润》。在这部著作里，马克思又重新捡起了绝对贫困化的理论，宣布在资本主义社会里劳动力价值会不断下降，直至其最低限度。[②] 由于《工资、价格和利润》写于《资本论》第一卷问世前不久，可以认为其中的观点对第一卷内有关资本积累一般规律的论述产生了直接影响。马克思对资本积累一般规律的表述因其个别措辞含义不清，加之在德文本和法文本之间存在微妙的差异，影响了读者的理解，并催生了后来有关马克思是否持有绝对贫困化理论的争论。[③] 在我看来，绝对贫困化作为资本主义经济中的现象，不仅在 19 世纪存在过，即便在今日发达资本主义国家，也可能在特定条件下再现。以美国为例，在劳动人口中工资较低的 60%劳动者，其实际工资在 1972—1995 年间下降了 10%，便是一个突出的例证。[④] 可是，承认绝对贫困化有可能出现是一回事，将其宣布为资本主义经济的普遍规律就是另一回事了。我们或许可以效法梅林评价《共产党宣言》

---

① [联邦德国] 罗斯多尔斯基：《马克思〈资本论〉的形成》，山东人民出版社 1992 年版，第 331、329 页。持类似观点的还有曼德尔（又译孟德尔），见其《〈资本论〉新英译本导言》，中共中央党校出版社 1991 年版，第 57—58 页。

② 《马克思恩格斯选集》第 2 卷，人民出版社 1995 年版，第 96—97 页。

③ 在《资本论》德文第四版（即后来的通用版）里，马克思写道："社会的财富即执行职能的资本越大，它的增长的规模和能力越大，从而无产阶级的绝对数量和他们的劳动生产力越大，产业后备军也就越大。可供支配的劳动力同资本的膨胀力一样，是由同一些原因发展起来的。因此，产业后备军的相对量和财富的力量一同增长。但是同现役劳动军相比，这种后备军越大，常备的过剩人口也就越多，他们的贫困同他们所受的劳动折磨成反比。最后，工人阶级中贫苦阶层和产业后备军越大，官方认为需要救济的贫民也就越多。这就是资本主义积累的绝对的、一般的规律。"（《资本论》第 1 卷，人民出版社 2004 年版，第 742 页）而在法文版里，这里提到的"成反比"，又被改成了"成正比"（《资本论》（第一卷法文版），人民出版社 1983 年版，第 687—688 页）。这样一来，围绕成正比和成反比的含义便出现了许多意见相左的讨论。此外，罗斯多尔斯基虽然不承认在《共产党宣言》以后马克思也接受过绝对贫困化理论，但在下面这些段落里，他还是对不同观点做了妥协："这并不意味着马克思的'贫困化理论'的传奇说法完全没有根据：大多数科学上的误解都有它们的合理性"；"对马克思的批评有一点可以承认：马克思（和恩格斯）常常过高地估计使无产阶级生活条件下降的因素的分量，因此他们不能准确地看到即使在主要资本主义国家，工人阶级生活水平也有着巨大提高的可能性。"《马克思〈资本论〉的形成》，山东人民出版社 1992 年版，第 336、337 页。）

④ R. Brenner，*The Economics of Global Turbulence*（London：Verson，2006），pp. 209—210.

的方法，来对待《工资、价格和利润》中的观点。《工资、价格和利润》是马克思在“第一国际”的发言，它就像《宣言》一样，“只是从政治革命的观点来考察无产阶级对资产阶级生产方式产生贫困一事的反应”，因而是“过于片面的”[①]。

现在让我们考察马克思实际采用的劳动力价值定义。在做这一界定时，马克思刻意援用了与普通商品的类比，我们来看如下表述：“同一切其他商品一样，劳动力也具有价值。这个价值是怎样决定的呢?”“同任何其他商品的价值一样，劳动力的价值也是由生产从而再生产这种独特物品所必要的劳动时间决定的。”[②]

在这里，马克思提出了劳动力价值的第一个定义。在进一步的讨论中，就像古典经济学家一样，马克思又提出了另一种定义，劳动力的价值是由“生产、发展、维持和延续劳动力所必需的生活必需品的价值决定的”[③]。上述这两种定义是有区别的，对这两种定义不加分别，给马克思带来了进一步的矛盾。[④] 这种矛盾体现在，如果马克思认为，“劳动力的价值，也像其他一切商品的价值一样，是由生产它所必需的劳动量决定的”[⑤]，那么劳动力就具有内在价值，即在其中凝结、物化、结晶或体现着无差别的人类抽象劳动；这种内在价值需要借助于其他商品即通过价值形式表现出来，也即是说，劳动力是位于相对价值形式的商品，另

---

① ［德］梅林：《马克思传》上册，人民出版社 1973 年版，第 199 页。

② 《资本论》第 1 卷，人民出版社 2004 年版，第 198 页。在《剩余价值理论》中，马克思对这个定义做了如下解释：“生产劳动能力所花费的劳动是什么呢？除了在培养劳动能力、教育、学徒上花费的劳动——这在谈到非熟练劳动时几乎是用不着考虑的——以外，劳动能力的再生产所花费的，不过是工人消费的生活资料的再生产所花费的劳动。”（《马克思恩格斯全集》第 26 卷第 3 册，人民出版社 1974 年版，第 160 页）。从字面来看，马克思在这段解释里并没有限定生活资料仅仅是通过工资来购买的，在此意义上，这一段表述和前述女性主义的观点是可以兼容的。

③ 《马克思恩格斯选集》第 2 卷，人民出版社 1995 年版，第 76—77 页。

④ 英国学者罗桑认为，在《工资、价格和利润》里，马克思有三个不同的劳动力价值定义，除了这里谈到的两个定义外，劳动力价值还“取决于每个国家的传统生活水平”（《马克思恩格斯选集》第 2 卷，人民出版社 1995 年版，第 93 页），罗桑将此作为第三个定义。在我看来，把最后一个定义作为对第二个定义的补充而不是一个独立的定义，可能更适当些。罗桑的观点见其“Marx's Theory of Wages”，in *Capitalism*，*Conflict and Inflation*，ed. B. Rowthorn，（London：Lawrence and Wishart，1980）.

⑤ 《马克思恩格斯选集》第 2 卷，人民出版社 1995 年版，第 76 页。

一极则是其价格形式，即以货币度量的劳动力价格或工资。但是，马克思没有采用第一个定义，而是将劳动力价值转而定义为工人的必要生活资料的价值，就像把一匹马的价值归结为饲料的价值一样。第二个定义意味着马克思实际上并不承认劳动力商品具有内在价值。如果马克思坚持这一进路，有关相对价值形式和等价形式的分析就不适用于劳动力商品，进而言之，就不存在劳动力价格是劳动力价值的货币表现这样的关系。然而，马克思却一方面坚持第二个定义，另一方面又借用针对普通商品的价值形式分析，来构造劳动力价值和劳动力价格的关系。① 马克思的这个立场是令人诧异的，因为没有价值的东西便不是相对价值形式，因而也无须表现为等价形式。在谈到土地的价格或货币资本的价格这样的概念时，马克思曾批评它们是价格的不合理的形式，但对于劳动力价格，马克思却未置一词。马克思只是批判了古典经济学的“劳动价值”或“劳动价格”范畴，认为它们是“无意义的名词”，但在解释劳动力价值和劳动力价格的关系时，马克思却暴露出和古典经济学一致的立场，即将劳动力商品完全等同于普通商品。马克思在这些问题上的矛盾，还从未被彻底地清算过。

就普通商品而言，价值决定价格，价格则受市场因素的影响围绕着价值波动。在马克思和古典经济学那里，这一机制也适用于劳动力。劳动力价值决定了劳动力的价格或工资②，后者在短期内围绕前者波动，但

① 劳动价值论“新解释”的代表人物、英国学者莫亨曾这样概括了马克思的立场：“由于劳动力并非被生产出来的商品，便没有劳动内含于其中。因此，不仅其价值（和所有商品一样）必须在别的东西上表现出来；而且，对劳动力而言，其价值还必须是其他东西的价值。”S. Mohun, “The Labour Theory of Value as Foundation for Empirical Investigation,” *Metroeconomica*, Vol. 55 No. 1 (2004): 92；另见 p. 74。莫亨赞同马克思的立场，即本身不是相对价值形式的商品却要表现为等价形式，却没有意识到其中的矛盾。不过，在选取作为等价形式的对象时，莫亨不同于马克思的观点。在他看来，由于在经验中价格与价值一般是不成比例的，劳动力价值并不可能通过一篮子必需品的价格来表现。为此他主张，只有一笔货币工资才是劳动力价值的唯一合适的等价形式。莫亨意图用这种方式论证“新解释”对劳动力价值定义的合理性，但这一论证在我们看来却是不必要的。

② 为简便起见，我们将劳动力价格和货币工资作为意义相近的范畴不加分别地使用，这与马克思的本来用法是不同的。马克思将工资定义为劳动力价值或劳动力价格的“转化形式”。这个定义的要害，是把工资看作具有拜物教性质的范畴，遮蔽了剩余价值生产的秘密。在此意义上，工资也是在《资本论》第 3 卷以前出现的、作为资本主义生产当事人日常意识形式的唯一范畴。

在长期则要适应于劳动力价值。[①] 这一观点的贯彻，还须以某种人口理论作为必要的补充。古典经济学所依靠的是马尔萨斯人口论，马克思在《资本论》里批判了这个理论，并代之以自己的相对过剩人口论。但问题是，马克思自己默认，工人阶级再生产是完全由资本积累调节的，从而否定了这种再生产的任何自主性。在这一点上，马克思和古典经济学家并没有两样。加拿大马克思主义者莱博维奇就此指出："（和古典经济学相比，马克思的相对过剩人口论）是一个较好的理论，但这仍然是从片面的资本立场出发的。马克思强调机器的作用使劳动力价格回复到通常的水平，这仍完全局限在古典政治经济学（尤其是李嘉图）的范围内。供给的变化持续引起价格的调整，使其回归（劳动力）价值；差别只在于，过剩人口在马克思那里是相对的，而不是绝对的。"[②] 莱博维奇这一批评的意义稍后我们还会再做阐明。总而言之，借助于相对过剩人口形成的机制，马克思完成了他对劳动力价值、工资和必要生活资料量的相互关系的解释，这一解释可概括为以下关系式（图中的箭头代表因果决定关系）：劳动力价值→货币工资（劳动力价格）→必要生活资料量或实际工资。

这里存在着两层因果关系：首先，劳动力价值决定了劳动力价格或货币工资的水平；其次，在消费品价格给定时，货币工资额决定必要生活资料量或实际工资。然而，如果采用马克思和古典经济学对劳动力价值的定义，即劳动力价值取决于工人的必要生活资料的价值，那就不难发现，在上述关系式里存在着明显的循环论证，这是因为给定数量的必要生活资料原本是定义劳动力价值的前提，而上述关系式却又在劳动力价值的基础上，通过这一价值的等价形式即货币工资最终决定了必要生活资料量。一定数量的必要生活资料在这里既是起点，也是终点。

---

① "劳动和其他一切商品一样，它的市场价格在长时期里会与它的价值相适应。"《马克思恩格斯选集》第 2 卷，人民出版社 1995 年版，第 93 页。

② M. Lebowitz, *Beyond Capital*, 2nd edn. (London: Palgrave Macmillan, 2003), p. 107.（括弧里的话是引者添加的）在另一处他还写道："马克思对劳动力价值和人口论关系的处理再明显不过地表明，他是服从于古典政治经济学的假定的。……他与古典政治经济学的决裂并不彻底。"（ibid. p. 105）

在上述关系式里包含的循环论证，是由加拿大马克思主义者莱博维奇最初发现的。[①] 这种循环论证之所以产生，源于马克思将本身没有内在价值实体的劳动力作为相对价值形式对待。如果我们修正马克思的做法，不仅承认劳动力商品没有内在价值实体，而且不再寻求以某种等价形式来表现劳动力的价值，就可以如下方式重新表达劳动力价值和劳动力价格的关系：阶级斗争 $\rightarrow \frac{\text{实际工资或必要生活资料量}}{\text{货币工资（劳动力价格）}} \rightarrow$ 劳动力价值。这个关系式里包含着另一种截然不同的因果关系。[②] 据我所知，莱博维奇最早论述了这种关系。他提出，工人需要的生活资料量通常是可变的，劳动力价格或货币工资会伴随这一变化而变化，劳动力价值也因之受到影响，用他的话来说："劳动力价值有着向其价格而调整的趋势——而非相反。"他还指出，工人的必需生活资料量通过阶级斗争来决定，意味着劳动力价值的调整绝非自动完成的，一方面，资本会努力使劳动力价格的增加变成仅仅是暂时的；另一方面，工人则会努力通过斗争使之长期化，即使之成为劳动力价值的新标准。[③]

不过，劳动力价值围绕劳动力价格而调整的命题，在莱博维奇那里并未得到令人满意的论证。这是因为，莱博维奇没有详加讨论，劳动力价格或货币工资的变化如何转换为劳动力价值的变化。与此相应，莱博维奇虽然颠倒了劳动力价格或工资与劳动力价值的关系，却没有给出一个新的劳动力价值和工资的定义。

---

① 莱博维奇："如果工人花费他们所得到的，在定义劳动力价值时将其等同于'生活必需品'的价值，便是同义反复。如果我们接着假定必需品的标准是'确定的'和不变的，则因果关系的方向就自然地表现为是从这些给定的必需品价值到劳动力的价值。因此，接着就可以使用奥卡姆剃刀，即让劳动力（以及工人）的价值仅仅表现为生产固定数量的必需品所需要的劳动。……既然在面对这一特定商品时颠倒了因果关系的正确方向，结果就会作为前提被表达出来。"

② 阶级斗争是先决定货币工资水平还是先决定一篮子必需生活资料，是一个很难解决的问题。弗里主张，在资本主义社会里，工人总是为某一货币工资额而不是一篮子消费品而斗争的。见 D. Foley, "The Value of Money, The Value of Labour Power and the Marxian Transformation Problem," *Review of Radical Political Economics*, Vol. 14 No. 2 (1982): 43。但在其他理论如调节学派那里，工人阶级消费标准是和某些典型的福特主义大众消费品（汽车和住宅）相联系的，货币工资水平必须和这种消费标准相适应。在我看来，一个较为简便可行的做法，是假设货币工资和必要生活资料是在相互联系中被同时决定的。

③ M. Lebowitz, *Beyond Capital*, 2nd edn. (London: Palgrave Macmillan, 2003), p. 112.

根据上述第二个关系式，工人阶级必需生活资料数量的变化将引起货币工资的变化，但这一变化如何反映于劳动力价值呢？莱博维奇既没有回答，也没有提出这个问题。在我看来，这个问题在“新解释”（the New Interpretation）那里求得解决。根据“新解释”的定义，单位小时的货币工资率除以劳动时间的货币表现（即 MELT，它是货币价值的倒数），便等于被雇佣的每小时劳动的劳动力价值。若以 VLP 代表劳动力价值，w 是货币工资率，则可写出：

$$VLP=\frac{w}{MELT}$$

“新解释”的定义与马克思的定义有如下不同：在马克思那里，劳动力价值是在价值创造过程之前预先给定的已知量，属于事前（exante）概念；而在“新解释”那里，由于 MELT 指的是给定数量的劳动时间所创造的以货币衡量的增加值，据此定义的劳动力价值便有了事后的（expost）意义，即它是在价值创造过程结束后才被决定的。“新解释”的这一定义对于反思和拓展马克思的剩余价值论，是十分重要的概念工具。[①]

不过，一旦接纳“新解释”对劳动力价值的定义，在逻辑上就会面临下述问题。根据这个定义，货币工资和劳动力价值之间将只剩下量纲上的差别，货币工资水平的任何变化似乎必然同时带来劳动力价值的变化，而且，由于货币工资的变化往往带有偶然性，如此定义的劳动力价值也必然会失去其相对稳定性。在我看来，这个问题并不难解决。货币工资尽管是经常波动的，但在特定的时间框架内，对工人阶级总体而言，仍然遵循着一个基本的变动趋势。我们不妨将这种在特定时间框架内可识别的基本趋势与日常波动区分开来，通过将前者界定为货币工资水平在一定时期内的平均值，以区分劳动力价值和货币工资水平的变化。这里所涉及的时间框架既可以是古典周期，也可以是康德拉季耶夫或范·盖尔德伦长波。1891 年，恩格斯就曾建议以两次古典周期的波谷为时间框架，来观察工人阶级生活标准的长期变动。他说：“但是总的来说，随

---

① 在拙文《劳动与资本在价值创造过程中的正和关系》中（《经济研究》2011 年第 4 期），就指出了“新解释”的劳动力价值概念对于理解劳资在分配中的正和关系的意义。

着工人组织性的加强，他们的反抗力量也在增长，所以工人的一般状况，平均说来，有所改善；任何危机也不能重新使这种状况长期降到低于或者回到原来的出发点，即前次危机所造成的最低水平。”① 这个观点可以看作对我们上述见解的佐证。

接下来探讨工资的新定义。既然工资或劳动力价格不应该作为劳动力价值的货币表现形式来看待，那又如何定义工资呢？工资的界定事实上取决于对资本和劳动力的交换关系的理解。马克思对工资的传统定义是以假定这种交换等同于普通商品之间的交换为前提的。但在马克思的著述里，我们有时也能找到对这种交换的其他解释，例如他说：“工人卖给资本家的不是他的劳动，而是对他自身作为劳动力［working power］的暂时使用权。在资本家和工人订立的合同中，在他们商定的买卖中，这才是直接的对象。”② 在另一处他又说：“资本家例如支付劳动力一天的价值。于是，在这一天内，劳动力就像出租一天的任何其他商品（例如一匹马）一样，归资本家使用。”③ 我认为，如果工人出卖或出租的不是劳动力本身，而是劳动力在一定时期内的使用权，那么工资就可以界定为租金。

把劳动力价值界定为一定时期内货币工资的平均价值，并把工资界定为租金，意味着在工资的决定中，并没有某种作为引力中心的自然价格在起作用。在这个意义上，工资的决定就和利息率的决定颇为相似。在讨论利息率的决定时，马克思曾坚决否认存在所谓“自然利息率”。“自然利息率”这个概念来自古典经济学，它和“劳动的自然价格”是类似的范畴，都被用来说明在日常价格的波动以外，存在着某种预先给定的作为日常价格波动的引力重心的内在价格。马克思指出：“一个国家中占统治地位的平均利率息，——不同于不断变动的市场利息率，——不能由任何规律决定。在这方面，像经济学家所说的自然利润率和自然工

① 恩格斯1891年3月24日致奥本海姆的信，《马克思恩格斯〈资本论〉书信集》，人民出版社1976年版，第513页。

② 《马克思恩格斯全集》第26卷第3册，人民出版社1974年版，第121页。

③ 《资本论》第1卷，人民出版社2004年版，第216页。

资率那样的自然利息率，是没有的。”① 平均利息率的形成完全是由供求、从而由竞争来调节的。② 类似的，我们可以把马克思的这种观点运用于工资。在其最低水平之上，工资的决定只服从于竞争，首先是两大阶级之间的竞争即阶级斗争，其次是阶级内部的竞争。这些竞争调节着工人阶级所需的生活资料数量和货币工资，并在一个时期内形成劳动力价值变化的基本趋势。需要补充的一点只是，和利息率不同，工资的确还有一个最低限度，这个限度并不是由竞争决定的。只要工人阶级再生产还是资本积累的绝对前提，工资就必须保证这种再生产能够正常进行。对个别工人或工人阶级内部的个别阶层来说，工资或许会下降到这个最低水平以下，但就整体而言，工资不能降低到这个最低限度以下。

现在要问的是，重新界定工资，是否会破坏剩余价值论的基本结论呢？换言之，在工资的一般水平是由阶级斗争决定的条件下，有什么机制能保证，如果工资出现持续上涨，其结果不会吞噬全部剩余价值呢？需要指出的是，即使我们不修改劳动力价值和工资的定义，依然维持马克思的观点，其实也会面临类似的问题。在《资本主义发展论》一书中，斯威齐就曾在马克思的概念框架内提出了这一问题。他问道，如果劳动力价格是围绕劳动力价值而波动的，在劳动力价格上升时，有什么机制能约束这一上升，使其不至于侵蚀全部新价值呢？他指出，根据马克思的观点，当工资上升到一定程度时，资本家就会引入技术进步，制造出产业后备军。产业后备军的扩大会限制工资的增长，迫使工资只能围绕一个均衡水平即劳动力价值而波动。③ 我们认为，若采用新的劳动力价值和工资的定义，仍可求助于这个机制来解释，工资的上升为什么不会从根本上颠覆剩余价值的生产，而是被约束在使资本积累可以持续进行的某个水平上。④

---

① 《资本论》第3卷，人民出版社2004年版，第406页。

② 《资本论》第3卷，人民出版社2004年版，第399、408—409页。

③ ［美］斯威齐：《资本主义发展论》，商务印书馆1997年版，第103页。

④ 产业后备军的这种重要性还意味着在现代资本主义社会里，充分就业在政治上是不被允许的。卡莱斯基在凯恩斯主义流行伊始的20世纪40年代，就鲜明地指出了这一点，从而揭露了凯恩斯主义充分就业目标的自相矛盾的性质。见 M. Kalecki, “Political Affects of Full Employment,” *Selected Essays on the Dynamics of the Capitalist Economy*（Cambridge：CUP，1980）。

对工资和劳动力价值的再定义，会给我们带来一些分析上的便利，譬如，该定义无须依赖于必要生活资料数量或劳动力价值在价值创造过程之前预先给定的假设。马克思曾这样表述了这个假设，他说，“和其他任何商品的价值一样，它的价值（指劳动力价值——引者）在它进入流通以前就已确定，因为在劳动力的生产上已经耗费了一定量的社会劳动”。与这一假定相适应，马克思还假设，在价值创造过程之前，资本家就已经预付了劳动力价值。但是，后面这一假定与劳动市场的实际状况并不符合，马克思自己也指出了这一点，他说：“在资本主义生产方式占统治地位的一切国家里，给劳动力支付报酬，是在劳动力按购买契约所规定的时间发挥作用以后，例如在每周的周末。因此，到处都是工人把劳动力的使用价值预付给资本家……因此，到处都是工人给资本家以信贷。”然而，为了和其他假设相适应，马克思刻意采取了和现实相违背的假设，他说：“劳动力已经卖出，虽然报酬要在以后才得到。但是，为了在纯粹的形式上理解这种关系，我们暂且假定，劳动力占有者每次出卖劳动力时就立即得到契约所规定的价格。”① 如果采用劳动力价值的新定义，这样假定便是没有必要的。新定义具有“事后的”特点，因为劳动力价值是在价值创造过程结束后才确定的，这与劳动市场的习俗完全一致。

劳动力价值预先给定的假设，还与马克思的另一假设相关联，即在价值创造中，资本和劳动之间只存在对抗性的分配关系，或零和关系。②如果劳动力价值是预先给定的，工人最终创造多少价值就与工人自己无关了。要在零和关系以外引入正和关系，就需要修改劳动力价值的定义，以允许工人分享新创造的一部分价值。有趣的是，马克思有时也承认，在工资高于劳动力价值时，工人可以分享一部分新价值，例如他说：“工资……提高到它的正常平均水平以上，这就意味着工人也分享、占有他

① 本段内的所有引文均见于《资本论》第1卷，人民出版社2004年版，第202—204页。

② 马克思：“资本家和工人所能分配的仅仅是这个有限的价值，即根据工人的全部劳动所测量的价值，所以一方分得的越多，他方分得的就越少，反之亦然。”《马克思恩格斯选集》第2卷，人民出版社1995年版，第85页。

自身的一部分剩余劳动。”类似的表述在马克思的文本里还一再出现。①严格讲来，马克思这里的表述在逻辑上是自相矛盾的。既然劳动力的价值已预先给定，剩下的就只能是归资本家的剩余价值；另外，如果工人可以分享一部分剩余价值，劳动力价值就不是预先给定的，工人所分享到的也不应该再称作剩余价值。依照我们的定义，工人是通过工资参与新价值的分割的，工人“在事后”实际取得的那部分新价值，就是劳动力价值。②

劳动和资本共同分割新价值的提法，类似于货币资本家和职能资本家围绕利润的分割，通过这种分割，利润划分为企业主收入和利息。马克思接着还指出，这种量的分割会产生质的区别，被分割的两部分会“硬化和物化”为质上不同的两种收入，从而进一步助长拜物教观念的发展。和这种情形类似，把工资定义为租金，会在两方面助长拜物教观念的发展：一方面，工资和利润会被看作性质上截然不同的两种收入，分别产生于两种不同的要素对于生产的贡献，从而在理论上衍生出各种要素价值论的版本。另一方面，对工资的再定义直接派生出人力资本的概念，恰如土地的价格等于地租的资本化一样，人力资本的价值等于工资的资本化。与土地的价格类似，人力资本也是一个“不合理的范畴”，但这不妨碍它成为资本主义经济当事人的日常意识形式。在历史上，人力资本的概念产生得很晚，而且和别的拜物教范畴不同，它是由经济学家最先炮制出来的。但是，这个范畴一经产生就带来了广泛的影响，并进入了人们的日常意识。③ 这个范畴之所以形成得较晚，大概和二战以后发达资本主义国家大学教育的日渐普及以及实际工资水平的大幅提升有关。

---

① 《马克思恩格斯全集》第47卷，第266页；另见《马克思恩格斯全集》第46卷下册，人民出版社2003年版，第76页。莱博维奇收集了所有这些引证（M. Lebowitz, *Beyond Capital*, 2nd edn. p. 109)。

② 对劳动和资本在价值创造中的正和关系的论述，可参见孟捷：《劳动与资本在价值创造中的正和关系研究》，《经济研究》2011年第4期。

③ 现代人力资本概念是以费雪的资本概念为前提的，但在当时，这个概念遭到了马歇尔的批判（见马歇尔：《经济学原理》下卷，商务印书馆1983年版，第429、431页）。直到约半个世纪后，即在20世纪60年代，人力资本理论才被舒尔茨等人提出，并受到了普遍欢迎。对人力资本概念的一个透彻的马克思主义批判，可参见［苏］米列伊科夫斯基等：《现代资产阶级政治经济学批判》，商务印书馆1985年版，第十一章。

在整个19世纪和20世纪初，由于缺乏类似的现实土壤，就难以形成这样的观念。值得一提的是，国内近年来有一些学者在另一种意义上使用人力资本概念，在他们看来，凭借股票期权等制度，劳动力所有者能够分享一部分企业的剩余，这意味着劳动力变成了资本。① 这一观点在我看来是难以成立的。土地所有者凭借土地所有权也可以分享一部分剩余，但并不因此就使土地也成为资本。在面对这类问题的时候，我们或者可以仿效哈维，他把土地作为金融资产，并在一个马克思主义框架内对土地上的投资做了新的解释；类似地，我们也可将某些特殊类型的劳动力视作金融资产。②

以上围绕工资和劳动力价值定义的讨论，支持了莱博维奇的相关观点。在将阶级斗争引入工资和劳动力价值决定的问题上，莱博维奇做出了重要的贡献。这些贡献之一，是提出在资本主义社会里存在着“两个必须”。莱博维奇认为，在《资本论》里，资本主义生产方式是作为一个有机整体呈现出来的，在这样的有机整体中，任何前提都要作为结果不断地被再生产出来，在此意义上，资本积累表现为一个自我封闭的回路。可是，这种自主性和自我封闭不过是假象，资本主义生产是以某些外生的条件，如工人阶级的再生产为前提的，而后者在《资本论》中恰恰被悬置了起来。这样一来，在《资本论》的分析中就只剩下一个主体，即不断追求价值增值的资本。在此意义上，莱博维奇认为，《资本论》并不是关于资本主义社会的完整理论。在现实的资本主义社会中，除了资本这一主体外，工人阶级是另一个主体。与资本不同的是，工人追求的不是价值增值，而是需要的满足和使用价值的消费。为此莱博维奇提出，在资本主义社会中存在“两个必须”（two ought）：一方面，资本必须实现价值增值；另一方面，工人阶级也必须实现自身的发展，为此就要增加工资，不断扩大必要生活资料的数量和范围，满足工人各种以前从未实现的需要。③

---

① 史正富：《现代企业中的劳动与价值》，上海人民出版社2002年版，第74、96页。

② 资本主义国家的足球俱乐部所雇佣的明星球员，似乎可以看作这方面的例子。对哈维观点的介绍，可参见孟捷、龚剑：《金融资本和阶级——垄断地租》，《中国社会科学》2014年第8期。

③ M. Lebowitz, *Beyond Capital*, 2nd edn. (London: Palgrave Macmillan, 2003), p. 73.（中文版见101页）

莱博维奇在匈牙利哲学家赫勒尔的基础上，探讨了马克思的需要概念。[①] 在马克思看来，工人已实现的需要和尚未实现的社会需要之间存在着差距，认识到这一差距是推动工人展开斗争的动因。莱博维奇写道："工人依照对自我的理解来生产自身，为此就需要许多投入，但这些投入是不能充分实现的——因为资本主义生产是受资本增值的目标限制的，而不是受'生产和社会需要（即社会的发展了的人的需要）之间的比例'的限制。满足需要的'资本主义限制'的存在，必要需要和社会需要之间的差距，意味着工人把自身作为被剥夺者而生产出来：'只要人的需要并没有实现，他就与其需要因而与其自身存在着冲突。'为更高的工资而斗争是内在于作为自身之存在的雇佣工人之中的。"[②]

不难看出，莱博维奇的上述论述也包含着缺点。首先，他对资本主义社会中"两个必须"何以产生的论证是不够充分的。在以往的阶级社会，被压迫者也有实现其需要的愿望，但他们并不被承认为权利对等的主体，其愿望也不可能转化为社会的"必须"。在资本主义社会，为什么工人阶级的发展及其需要的满足就可以成为和资本的价值增值对等的另一个"必须"呢？或言之，什么原因赋予现代工人阶级以特殊的地位，使工人阶级的斗争和以往时代的斗争相比要更富有成效呢？在解释工人阶级必要生活资料增长的原因时，莱博维奇一度谈及公民身份所起的作用，但他的讨论远未展开，只限于一段对马克思的引征：工人阶级取得一部分使用价值还"得益于劳动者在社会中的成员资格——就像罗马公民'对公有地有（至少是）观念上的要求权，而对于若干罗马亩的土地等等则有实际上的要求权一样'"[③]。自 20 世纪中叶以来，公民身份(citizenship) 的理论在政治学里得到了长足的发展。从公民身份的角度看，在现代资本主义社会，工人的角色是两重的，即一方面是资本主义生产的当事人，另一方面又是拥有各种公民权利、政治权利和社会权利

① A. Heller, *Marx's Theory of Needs* (London: Allison&Busby, 1978).

② M. Lebowitz, *Beyond Capital*, 2nd edn., p. 73.

③ M. Lebowitz, *Beyond Capital*, 2nd edn., p. 144；单引号内的引言来自《马克思恩格斯全集》第46卷上册，人民出版社1972年版，第489页。

的公民。公民身份的扩展在资本主义历史中是诉诸阶级斗争而实现的[①]；也正是公民身份的扩展，赋予工人阶级的斗争以不同于以往社会的特殊性。现代公民身份理论的创立者马歇尔曾提出，借助福利国家和转移支付，人们的货币收入和实际收入是可以分离的，一些最重要的社会服务(如健康和教育)，是以实物的形式，通过非价格机制来分配的。[②] 这些作为实物的收入构成了工人的间接工资，增加了工人所能取得的生活资料的数量。在《资本论》里，马克思曾经将现代雇佣工人和古代世界的奴隶相类比，完全撇开了两者在经济地位和政治、社会权利上的差别。[③] 科恩在论及这一问题时正确地批评了马克思，指出现代雇佣工人不仅拥有组织成工会和罢工的权利，而且这种权利也是为资产阶级的意识形态所允许的。[④]

然而，在承认现代雇佣工人的特殊地位的同时，仍须看到资本一方毕竟拥有更多的政治和经济权利，足以使其在双方的力量对比中取得结构性优势。公民身份的扩展虽然增加了工人阶级在阶级斗争中的地位，但公民身份本身并不是可以独立于阶级斗争而独立地发展的，其内涵既可以在特定时期内不断扩展，也可能在特定时期内萎缩下去。正如前文提到的，在 1972—1995 年间，由于新自由主义制度和政策的影响，美国大多数工人的实际工资长期持续下降，就是一个很好的证明。在此意义上，莱博维奇提出的“两个必须”论，显然过高地估计了工人阶级在资本主义社会中的力量。

莱博维奇的另一个显而易见的缺点，是对波兰尼著作的忽略。这使得他没能像西尔弗那样，将工人的阶级斗争在理想类型上区分为两种形式，即所谓马克思的反抗（Marx—type labour unrest）和波兰尼的反抗

---

① 一位作者曾把公民身份的发展当作一种为包容阶级冲突而采取的阶级统治策略，参见 M. Mann，“Ruling Class Strategies and Citizenship，” *Sociology*，Vol. 21，No. 3：339—354.

② T. H. Marshall，*Class*，*Citizenship and Social Development*（Westport，Connecticut：Greenwood Press，1973），pp. 119—120.

③ “罗马的奴隶是由锁链，雇佣工人则由看不见的线系在自己的所有者手里。”《资本论》第 1 卷，人民出版社 2004 年版，第 662 页。

④ ［英］科恩：《卡尔·马克思的历史理论——一种辩护》，段忠桥译，高等教育出版社 2008 年版，第 8 章第 7 节。

(Polanyi—type labour unrest)，前者是围绕剩余价值的生产而展开的，是对剥削的反抗，后者是对劳动力过度商品化的反抗。[①] 莱博维奇更为关注的是前者，而忽视了后者，这不可避免地限制了他的视野，弱化了他的分析。在一个资本主义社会里，西尔弗谈到的这两类斗争是互相联系、相辅相成的，第二类斗争更多地和公民权的发展相联系，它将有助于实现劳动力的去商品化，降低工人的失业成本，增强工人阶级开展第一类斗争的意愿和能力。[②]

在《工资、价格和利润》中，马克思曾系统地总结了工人为提高工资而进行的斗争所涵盖的具体类型。在马克思看来，工人的这些斗争有两个特点：其一，它们是"因资本永不停止的进攻或市场的各种变动而不断引起的游击式的搏斗"，因而具有防御的性质；其二，这些斗争"在一百回中有九十九回都只是为了维持现有的劳动价值"，或防止其下降到劳动力价值的最低限度以下。[③] 根据马克思的这些论述，以提高工资为目的的阶级斗争，其作用只限于维持劳动力价值的现有水平，如果没有这种阶级斗争，工资便会跌落到劳动力价值以下。这种观点日后为卢森堡所继承，她像马克思那样提出，由于大量产业后备军的经常存在，工资有低于劳动力价值的倾向；只有依靠工会和社会民主党的作用，工人才有可能按其劳动力价值出卖劳动力。[④] 在《工资、价格和利润》里，马克

---

① J. Silver, Beverly, *Forces of Labor: Workers' Movements and Globalization since 1870* (Cambridge: Cambridge University Press, 2003). 需要指出的是，对这两种反抗的定义具有理想类型的性质，因为有些斗争事实上兼具两方面的特点。一个突出的例子是马克思分析的围绕十小时工作日的斗争，很难说这种斗争纯粹属于哪一类型，它既可看作是对劳动力过度商品化的反抗，也可以看作对过度剥削的反抗。

② 尽管没有提到波兰尼和西尔弗，法因也从这个角度对莱博维奇提出了批评，他提出，莱博维奇只考虑了围绕着价值的生产和流通的阶级斗争，或纯粹经济领域的阶级斗争，忽视了围绕着住宅、教育、交通等劳动力再生产领域的去商品化和再商品化的斗争。见 B. Fine, "Debating Lebowitz: Is Class Conflict the Moral and Historical Element in the Value of Labour Power?", *Historical Materialism*, No. 16 (2008): 110。

③ 《马克思恩格斯选集》第 2 卷，人民出版社 1995 年版，第 97 页。

④ [德] 卢森堡：《国民经济学入门》，生活·读书·新知三联书店 1962 年版，第 245 页。依照这种观点，工资水平向劳动力价值的收敛并不是作为纯粹的经济规律自主地实现的，还须借助于非经济的制度形式。

思事实上区分了以下两种阶级斗争，即在资本主义社会内部的阶级斗争和试图根本超越这一社会的阶级斗争，后者要从根本上改造资本主义生产关系，前者则不触动资本主义的基本生产关系。马克思强调了后一类斗争的意义，但却低估了前一类斗争的作用。

不同于马克思和卢森堡，莱博维奇对劳动力价值和工资关系的颠倒，使他能赋予资本主义社会内部的阶级斗争更为积极的作用。这种阶级斗争不只是维持必要生活资料量和劳动力价值的现有水平，而且会提高这一水平，从而进一步满足工人的社会需要。这种以莱博维奇为代表、强调阶级斗争在工资和劳动力价值形成中的决定性作用的理论，可以称之为决定剩余价值率的阶级斗争理论。本文对劳动力价值和工资的再定义，也符合这个理论的取向。

然而，在此需要指出的是，莱博维奇没有进一步分析资本主义社会内的阶级斗争得以发挥作用的经济条件，而是对工人的斗争采取了过度乐观的态度。他借用马克思的观点，强调“资本在其纯粹经济的行动上是比较强有力的一方”，因而工人必须“采取普遍政治行动”。[①] 但问题在于，任何政治行动只能在特定的经济环境下才能发挥作用；或言之，政治权利需要有适当的经济权利作为匹配，否则就将沦为空洞的权利。在下一节里，我们将指出，在剩余价值率的决定中，阶级斗争其实并不是唯一重要的力量，甚至可能还不是最主要的力量。决定剩余价值率的阶级斗争理论，必须补充以决定剩余价值率的投资理论，否则就是不全面的。后一理论表明，在资本主义社会里，资本家阶级拥有一项至关重要的经济权利，即投资的权利，这种权利表面看来是纯粹的经济权利，但它使资本家阶级有能力对抗和抵消那些有利于工人的“普遍政治行动”[②]，并对可实现剩余价值率产生重大影响。

---

① 《马克思恩格斯选集》第2卷，人民出版社1995年版，第95页。

② 在对资本主义经济的弊端进行诊断时，凯恩斯意识到投资权利为资本家所垄断是导致有效需求不足的根源。他进而主张社会应该由从资本家手里接管一部分投资的权利，即所谓投资社会化。参见［英］凯恩斯：《就业、利息和货币通论》，徐毓枬译，商务印书馆1988年版，第24章。

三、不变的剩余价值率和工人阶级政治经济学

在《超越〈资本论〉》一书中，为了论证工人的必要生活资料增加的可能性，莱博维奇还提出，马克思所分析的相对剩余价值生产不仅要以生产率进步为前提，还要取决于劳动市场的具体形势。这是个非常新颖而重要的观点。在介绍这个观点之前，让我们先来考察一下两种剩余价值生产的方法，即绝对剩余价值生产和相对剩余价值生产。

设 B 是实际工资率（即工人在一天内的实际工资）；λ 是消费品的单位价值；N 是所雇佣工人数或就业量；T 是工作日的总数；a 表示劳动强度（也可定义为劳动复杂度）；s 是所生产的剩余价值；同时假设工人在单位时间里生产的新价值为 1，可以写出：

$$s=aNT(1-\lambda B) \tag{1}$$

这个等式既可用以表示个别企业剩余价值的生产，也可表示整个经济中的剩余价值生产。由此等式可看出，存在着三种增加剩余价值的途径：第一，工作日总量 T 的延长，劳动强度 a 的提高，工人人数 N 的增长，实际工资 B 的减少，都有助于增加剩余价值。这几种增加剩余价值的手段在马克思那里属于绝对剩余价值生产的方法。第二，如果把 a 定义为劳动复杂程度（a＞1），则个别资本家此时可以获得超额剩余价值。在其他一切条件相同时，超额剩余价值等于（a－1）NT(1－λB)。第三，在其他因素不变时，还可通过降低消费品的单位价值 λ 来增加剩余价值，这便是马克思所谓的相对剩余价值生产的方法。

如果我们假定 a、N、T 这三个因素不变，或者不考虑这三个因素，即将其舍象，则在等式（1）的两端除以 λB 后就有：

$$e=\frac{s}{\lambda_2 B}=\frac{1}{\lambda_2 B}-1=\frac{t_2}{B}-1 \tag{2}$$

其中：e 是剩余价值率；$\lambda_2 B$ 相当于单位时间的可变资本；$t_2=\frac{1}{\lambda_2}$，可看作消费品的劳动生产率。等式（2）可以帮助我们理解相对剩余价值

生产的方法。显然，在劳动生产率提高的前提下，是否出现剩余价值率增长，取决于 t 和 B 这两个因素的相对变化。在劳动生产率进步的条件下，如果实际工资的增长落后于生产率的增长，就会提高剩余价值率，形成所谓相对剩余价值生产。

通过上述分析可以看到，相对剩余价值生产的出现不仅取决于生产率，而且和实际工资增长的幅度有关，后者是由劳动市场的力量对比即阶级斗争决定的。马克思在《资本论》里讨论了生产率增长的必要性和实现途径，但对于实际工资何以实现增长，则未做详细的讨论。这一缺失引发了莱博维奇的批评，他指出，相对剩余价值生产的存在，不仅要以生产率进步为条件，还取决于劳动市场具体形势，后者既有可能带来相对剩余价值率的提高，也有可能带来剩余价值率不变的结局。[①]

在《经济学手稿（1861—1863 年）》里，马克思最先讨论了剩余价值率不变的可能性，他列举了三种在生产率进步的前提下可能出现的情形：第一，假设劳动生产率增加，工人只得到与过去数量相同的生活资料，在这种场合，劳动力价值下降，且劳动力价值减少的部分全部变成资本的剩余价值。第二，劳动生产率增加，工人得到的生活资料量也增加，但并不是按劳动生产率增长的同一比例增加，在这种场合，劳动力价值会减少，剩余价值则按相应的比例增加。第三，劳动生产率增加，但工人得到的生活资料数量与劳动生产率按同一比例增加，从而劳动力价值保持不变。在这种情况下，剩余价值和剩余价值率也不变。[②]

我们可以通过区分所谓正和关系和零和关系来比较以上三种情形。第一种情形属于绝对意义的零和关系，此时不仅劳动力价值和相对工资下降，工人得到的生活资料数量也维持不变，劳动生产率进步的好处全部归于资本。第二种情形则结合了使用价值形态上的正和关系和价值形态上的零和关系，所谓使用价值形态上的正和关系，是指工人此时得到了更多的生活资料；价值形态上的零和关系则是指劳动力价值和相对工

① “主张（相对剩余价值生产）仅仅是以社会生产力的提高为基础的观点，在我们看来是不能成立的。相反，相对剩余价值的真正基础存在于劳动市场上，认识到这点是很重要的。”Lebowitz, *Beyond Capital*, 2nd edn. p. 115.

② 《马克思恩格斯全集》第 47 卷，人民出版社 1979 年版，第 607—608 页。

资同时下降。[①] 在第三种情形下，工人阶级能得到更多的生活资料，他们的劳动力价值甚至相对工资也维持不变，对资本而言，则是剩余价值和剩余价值率维持不变，但相同的剩余价值此时可以代表比过去更多的使用价值。在纯粹使用价值形态上，双方都增加了各自的利益；在价值形态上，双方也没有丧失任何利益。因此，第三种情形可以说代表了在资本主义社会内部有可能实现的、最大限度的资本与劳动的正和关系。[②] 表1总结了上述三种情形下的几种主要变量的变化及其所对应的零和或非零和关系。

表 1　相对剩余价值生产中的三种可能

	实际工资	劳动力价值	剩余价值率	使用价值层面的零和或非零和关系	价值层面的零和或非零和关系
第一种情形	不变	下降	上升	零和	零和
第二种情形	上升	下降	上升	正和	零和
第三种情形	上升	不变	不变	正和	正和

莱博维奇在其论著里曾把马克思分析的第三种情形——即存在不变的剩余价值率——作为工人阶级在一个资本主义经济中所应追求的最高斗争目标来看待。应该指出，莱博维奇的这个观点和马克思的原意是有区别的。在马克思那里，不变的剩余价值率只是作为一种理论可能性提出来的，对于如何实现这一可能性，马克思并未展开讨论。相形之下，在莱博维奇眼中，不变的剩余价值率是一个在经验中可实现的具体目标。此外，如果我们严格遵循马克思为相对剩余价值生产所设定的前提，即“劳动力的价值取决于劳动生产率并与它成反比”[③]，则剩余价值率必然会

---

① 美国马克思主义社会学家布洛威率先将第二种情形概括为价值层面的零和关系和使用价值层面的非零和关系，见 M. Buroway, “Toward a Marxist Theory of the Labor Process Theory: Braverman and Beyond,” *Politics and Society*, Vol. 8, No. 3—4 (1978): 256.

② 孟捷（2011 年）曾结合成正比理论讨论了资本与劳动的正和关系。但那里涉及的正和关系是在局部，即在个别企业、个别部门、个别国家的层面上存在的正和关系；而马克思在此设想的，是在劳动生产率进步的基础上出现的遍及整体的正和关系。

③ 《马克思恩格斯全集》第 47 卷，人民出版社 1979 年版，第 606 页。对这种“成反比”的关系我们并不陌生，在讨论单位商品价值与劳动生产率的关系时，马克思也提出过类似观点。劳动力价值与劳动生产率成反比，可以看作单位商品价值与劳动生产率成反比这一命题的应用。

上升。这一结果意味着上述第三种情形实际上是与相对剩余价值论相矛盾的。

马克思在使用剩余价值率概念的同时，也使用了相对工资的概念，前者是相对于资本家的目标而言的，后者则是相对于工人而使用的。相对工资和剩余价值率相反，指的是工资在新价值中的份额。在讨论上述第一种情形时，马克思写道，在这种情形下，“相对工资即工资占的份额减少了”[①]。相应的，在第二种情形里，相对工资也在下降，但下降的比率要小于第一种情形。在第三种情形里，相对工资保持不变，这也意味着工人阶级此时取得的是最大限度的工资份额。因此，从莱博维奇的观点来看，不变的剩余价值率便是在马克思的理论内认可的、工人阶级在一个资本主义社会里有可能实现的最高目标。真的如此吗？让我们通过一个新的剩余价值率公式来考察这一问题：

$$e=\frac{S_k\lambda_2+S_c\lambda_1}{X_2\lambda_2-S_k\lambda_2}=\frac{S_k+S_c\dfrac{\lambda_1}{\lambda_2}}{X_2-S_k}=\frac{S_k+S_c\dfrac{t_2}{t_1}}{X_2-S_k} \tag{3}$$

这里的 e 是新定义的剩余价值率；X_2 是在市场上实现的消费品总量；S_c 和 S_k 分别是资本家的新增投资和消费。要注意的是，这三者在此都是物量，而不是劳动价值量。λ_1 和 λ_2 分别是投资品和消费品的单位价值量，两者各自的倒数，即 t_1 和 t_2 分别是投资品和消费品的劳动生产率。如果我们进一步假设技术进步的速度在生产投资品的第一部类和生产消费品的第二部类是相同的，则在考察这个比率变化的原因时，就可将生产率的变化所造成的影响撇开。

公式（3）是受匈牙利经济学家埃尔维什的启发得出来的。但埃尔维什没有采取我们的写法，而是直接假定两种产品的单位价值量等于其单位产量。在这个特殊假定下，他写出了第（4）式，并将其定义为已实现剩余价值率。[②]

---

① 《马克思恩格斯全集》第 47 卷，人民出版社 1979 年版，第 607 页。

② 埃尔维什的定义及其假定，可参见 P. Erdos, *Wages, Profit, Taxation* (Budapest: Akademiai Kiado, 1982), p. 129; p. 237。对埃尔维什这一等式的介绍，还可参见［匈］马加什：《现代非马克思主义经济学史》下卷，商务印书馆 1992 年版，第 420—423、478—479 页。

$$e=\frac{S_k+S_c}{X_2-S_k} \tag{4}$$

需要指出的是，埃尔维什的假设（即两种产品的单位价值量等于其单位产量）是有缺陷的，因为在生产率进步的前提下，相同的单位价值量可以体现为不同的产量。埃尔维什提出这个假设事实上等于宣布不存在生产率进步。而排除生产率进步，除了在极短期的分析中尚可成立外，对其他时间视野下的分析都不适用。

不过，在明了等式（4）的缺陷后，我们仍可采用这个定义来考察问题。等式（4）与马克思的剩余价值率公式是不同的。马克思的剩余价值率定义有以下特点：第一，这个公式（为了表示与埃尔维什的区别，马克思的公式可表示为 $e_m=\frac{s}{v}$，分子和分母的符号采用了小写，代表的是价值量）是在《资本论》第一卷提出来的，它所表达的是在直接生产过程里的剥削程度，并没有考虑剩余价值实现的问题，而剩余价值的实现归根结底是宏观层面的问题，即取决于社会总资本再生产的实现条件。第二，马克思的公式并没有涉及剩余价值的使用，而正是剩余价值的用途决定了资本家阶级最终将获得多少利润。从用途来看，剩余价值有三项支出，即有 $s=s_k+s_c+s_v$，分别是资本家的个人消费，以及用于新增不变资本和新增可变资本的支出。其中用于新增可变资本的那部分即 S_v，既可看作新工人的劳动力价值，也可看作已有工人劳动力价值的增量。因此，这部分支出一旦完成，就不归资本家而归于工人，从这个角度看，也就不应再计入剥削率公式的分子，而应计入分母。马克思的定义没有考虑这一因素，在他那里，剩余价值率被定义为 $e_m=\frac{s}{v}=\frac{s_k+s_c+s_c}{v}$。而新的已实现剩余价值率则考虑了这个因素，即有 $e=\frac{S_k+S_c}{X_2-S_k}=\frac{S_k+S_c}{V+S_v}$。与马克思的定义不同，这个定义里的符号所代表的是物量而非价值量，因此，S_v是实际工资的增量，它和 V 一起形成全部实际工资。在这个新定义里，分子是在剩余价值使用和实现后归于资本家的部分，即资本家的新增投资和其个人消费；分母则是市场上实现的消费品减去资本家用于个人消费的部分，也就是进入工人阶级消费的实际工资。

埃尔维什的新定义包含以下基本关系：资本家的消费 S_k 是增长较慢的，可以认为慢于消费品产量的增长，在此前提下，该比率的变化就主要取决于 S_c 和 X_2 及两者之间的关系。我们假定 X_2 是 S_c 的增函数，[①] 在一定时期内，S_c 的增长将会带来 X_2 的更快增长。从定义来看，这种相对变化会造成已实现剩余价值率的下降。

埃尔维什试图利用这个新的定义借鉴和吸收后凯恩斯主义经济学家卡尔多的观点。卡尔多认为，国民收入中工资和利润的相对份额是由投资率的高低决定的；投资率通过乘数效应决定两个阶级在国民收入中的相对份额，并使总供给和总需求达到充分就业的均衡。从第（4）式可以看出，分子即资本家的利润是由 S_k 和 S_c 组成的，S_k 的增长相对缓慢，因而利润份额主要取决于 S_c。在分母即工资当中，V 是前期给定的，S_v 则经由某种乘数效应为 S_c 所决定（在马克思经济学中，这种乘数效应取决于资本的有机构成和马克思定义的剩余价值率）。在第（4）式的基础上，我们还可写出国民收入中工资份额和利润份额的定义。用物量表示的国民净收入 $Y=X_2+S_c=V+S_k+S_v+S_c$，利润份额为：

$$p=\frac{S_k+S_c}{Y}=\frac{S_k+S_c}{X_2+S_c} \tag{5}$$

相应的，工资份额为：

$$w=1-p=1-\frac{S_k+S_c}{Y} \tag{6}$$

在国民收入中，利润份额是首先被决定的，工资则是在此前提下形成的余额（residual）。[②]

卡尔多—埃尔维什将工资份额视为国民收入余额的观点，显然迥异于马克思的剩余价值论，后者将剩余价值或利润看作新价值中的余额。如何看待这两种观点的不同呢？在我们看来，卡尔多—埃尔维什的观点并不是与马克思截然对立的，而是对马克思观点的进一步补充和发展。

---

① 该假定排斥了以下可能性，即 Sc 的增长与 X2 的变化无关——这正是杜岗·巴拉诺夫斯基的著名论点。

② 对卡尔多观点的介绍，以及和埃尔维什的观点的对比，可参见［匈］马加什：《现代非马克思主义经济学史》下卷，商务印书馆 1992 年版，第 477—480 页。卡尔多的观点可见其《一个经济成长模式》，《论经济的稳定和成长》，商务印书馆 1966 年版。

马克思关于剩余价值是价值创造过程的余额的观点，对于微观层面即个别资本的价值增值来说，自然是正确的。但从社会总资本再生产的角度看，卡尔多—埃尔维什的看法就是合理的。从再生产图式分析可以看到，在社会总资本再生产的层面上，剩余价值的实现主要取决于两大部类资本家的积累或投资。[①] 投资本身又会通过某种乘数效应来调节工人阶级的收入和消费。事实上，正如埃尔维什注意到的，马克思本人在《资本论》第一卷第二十三章曾一度谈到积累率的高低对工资水平的影响，提出了积累是自变量、货币工资是因变量的观点。[②] 马克思在这里的看法和卡尔多—埃尔维什把工资份额视为国民收入余额的看法是一致的。如果我们采用上一节修改的劳动力价值的新定义重新界定劳动力价值及其和工资之间的关系，积累所影响的就不只是劳动力价格或货币工资，而是实际工资和劳动力价值本身。[③] 采用前文的记号，实际工资因积累而发生的变化，体现在 S_v 伴随 S_c 而发生的变化上。这种变化意味着在价值创造过程之前给定的实际工资水平和劳动力价值，在结合了价值的生产和实现过程的社会总资本的再生产中，还会有进一步的改变。[④]

和马克思的剩余价值率定义相比，由埃尔维什最先发展的已实现剩余价值率的定义显然更为贴近宏观经济的现实。如果要像莱博维奇那样，把不变的剩余价值率作为工人阶级斗争的目标，就不宜无条件地援用马克思的定义，而应采用已实现剩余价值率这个新定义。在把不变的剩余

---

① 据我所知，日本学者置盐信雄最早利用两部类图式指出了这一点。见 N. Okishio，1988，"On Marx's Reproduction Scheme，" in *Kobe University Economic Review*，Vol. 34，pp. 1—24. 也可参见孟捷：《马克思主义经济学的创造性转化》，经济科学出版社 2001 年版，第 87—93 页，在那里我们也得出了和置盐类似的结论。

② 《资本论》第 1 卷，人民出版社 2004 年版，第 707 页。埃尔维什的评论参见 P. Erdos，"The Law of Value and the Real Wage in Capitalism，" *Acta Oeconomica*，Vol. 12 No. 3—4（1974）：311—312.

③ 《资本论》第 1 卷第 23 章表达的工资作为因变量受积累决定的观点，可以置于劳动力价格围绕劳动力价值而波动的框架内来理解。这一点也许有助于解释马克思当时为何没有意识到，第 23 章里提出来的这种观点所蕴含的全部意义。

④ 将马克思所定义的剩余价值率和埃尔维什的新定义相比，前者事实上是后者的最大值，即有 $e_m=\frac{s}{v}=\frac{s_k+s_c+s_v}{v}\geqslant e=\frac{S_k+S_c}{V+S_v}$，当工人阶级的实际工资增量为零，在直接生产过程中形成的剩余价值完全用于资本家阶级的消费和投资时，这两个比率将相等。

价值率作为工人阶级的斗争目标时，莱博维奇忽略了资本积累的内在矛盾对剩余价值率的影响。可以证明，在引入资本积累的基本矛盾和非均衡的条件下，一个不变的剩余价值率反而可能不利于工人阶级的利益。埃尔维什曾利用其剩余价值率概念谈到了下述可能性：由于 S_k 的增长落后于消费品总量 X_2 的增长，当 S_c 的增长在一段时期滞后引起消费品生产能力的相应扩张时，X_2 的增长部分将越来越多地转化为实际工资，进入资本家消费并构成利润的那部分则在相对减少。从第（4）式来看，这种变化将不利于提高剩余价值率。为了摆脱这种不利影响，资本家阶级可采取的策略之一是降低消费品的产能利用率，减缓消费品产量的增长，与此同时，投资的扩张也会受到控制，从而达到维持剩余价值率不变的目的。[①] 埃尔维什所设想的这种情形符合剩余价值率不变的假定，但却不利于工人阶级提高生活水平和增加就业的目的。这表明，从宏观经济再生产的角度看，像莱博维奇那样单纯从剩余价值生产的角度来理解不变的剩余价值率的含义是有很大局限的。

如果说维持不变的剩余价值率并非一定有利于工人阶级，那么一个增长的剩余价值率也未必不利于工人阶级。在某些特殊条件下（比如出现一次技术革命），投资即 S_c 的水平可能持续高涨，且大大快于消费品产量的扩张，在这种情况下，已实现剩余价值率也必然会增长。由于已实现剩余价值率的变化是由分子和分母的相对变化所致，该比率的提高并不排除分母即实际工资总量的增长，更何况就业在这种情形下也可能有迅速的增加。因此，在这种情形下出现的剩余价值率增长对于实现工人阶级的目标自然也是有利的。可以指出的一点是，在这种情形下，投资往往属于扩展型或创业型投资，而在埃尔维什讨论的非均衡情形里，投资则多属于资本深化型投资，这些不同类型的投资对于工人阶级的目标有着不同的影响。在这方面，发达资本主义国家在战后经历的“黄金年代”（the Golden Age）为我们提供了例证。正如新熊彼特派经济学家所指出的，“黄金年代”的出现是以第四次技术革命所催生的扩展型投资和

---

① ［匈］马加什：《现代非马克思主义经济学史》下卷，商务印书馆 1992 年版，第 419—422、479—480 页。

创业型投资的长期扩张为前提的。[1] 而且，也正是在这一时期形成了改善工人阶级生活标准的最为有利的历史条件。某些以法国“调节学派”的理论为指引的学者，如日本的伊藤诚，误认为这一时期工人阶级生活标准的提高是以不变的剩余价值率为前提的，他还据此宣布，相对剩余价值生产的概念不适用于解释战后“黄金年代”。这种观点自然是错误的。在战后“黄金年代”，发达资本主义经济的剩余价值率总体而言并非保持不变，而是不断上升的。伊藤诚之所以得出这种结论，是因为他以不适当的经验指标作为立论的基础。[2]

此外，根据新熊彼特派经济学的看法，战后“黄金年代”的结束，也恰好伴随着投资类型从扩展型和创业型投资向资本深化型投资的转变。这一转变不利于提高已实现剩余价值率，投资和整个国民收入的增长也必然受到影响。在这种情况下，工人阶级改善其生活标准的努力就会逐渐失去有利的外部条件。在战后“黄金年代”晚期，由于人均国民收入的增长出现明显下降，带来了围绕国民收入分配的剧烈冲突和通货膨胀，进而终结了这一段有史以来对于工人阶级最为有利的黄金岁月。[3] 这些历史经验表明，工人阶级生活水平的提高不仅取决于自身改善收入分配的斗争，而且是与经济生活中的其他变量——尤其是投资——相联系的。

上述讨论还表明，要发展一种“工人阶级政治经济学”[4] ——即能够为工人阶级自身的发展目标进行论证并提供行动策略的政治经济学，并非易事。在现实斗争中完全可能出现这样的情况：工人阶级为之奋斗的目标实际上不利于工人阶级自身，而工人阶级所反对的，反而可能对工

---

① 参见 C. Freeman, John Clark and L. Soete, *Unemployment and Technical Innovation* (West-Port, Connecticut: Green Wood Press, 1982); Mensch, *The Stalemate in Technology* (New York: Ballinger, 1979)。

② 对“黄金年代”成因的进一步讨论，可参见孟捷：《战后黄金年代是如何形成的？——对两种马克思主义解释的批判性分析》，《马克思主义研究》2011 年第 5 期。

③ 对“黄金年代”兴衰原因的政治经济学解释，可参见 S. Marglin, and J. B. Schoreds, *The Golden Age of Capitalism* (Oxford: Clarendon Press, 1990)。

④ “工人阶级政治经济学”这一提法来自马克思，并与“资产阶级政治经济学”对举。此外，马克思还有“劳动的政治经济学”和“财产的政治经济学”的提法。均见马克思：《国际工人协会成立宣言》，载于《马克思恩格斯全集》第 16 卷，人民出版社 1964 年版，第 11—12 页。莱博维奇则以“工人阶级政治经济学”作为其著作《超越〈资本论〉》的副标题。

人阶级有利。对工人阶级斗争目标的设定，需要充分地考虑资本积累过程中的非均衡和不确定性所带来的影响。已实现剩余价值率在很大程度上受净投资的影响，而资本家阶级对于投资的变动是无法充分预料的，这一点构成了资本主义经济中不确定性的根源。工人阶级争取更高的消费标准的斗争，也受到这种不确定性的制约。在这一点上，工人的境遇和资本家多少有些相似，他们都是在充满不确定性的境遇里作为当事人而行动的。莱博维奇的理论恰恰忽视了这一点。他将不变的剩余价值率作为工人阶级斗争的目标，是以批判《资本论》所代表的“片面的马克思主义”为前提的；但他的批判却丢掉了马克思经济学中某些最深刻的内涵。他对“工人阶级政治经济学”的论证，仍然停留在抽象理论的层次，没有真正贴近资本主义经济的表面。而不接近这种表面，就不可能合理地设定工人阶级行动的目标。莱博维奇为我们指出了重建“工人阶级政治经济学”的必要性，但一个真正令人满意的“工人阶级政治经济学”还有待于发展。

四、结　语

本文依次考察了构成剩余价值论前提的十大假设，这些假设虽然在以往的文献中程度不等地被讨论过，但还从没有像现在这样被集中起来作为一个整体来分析。在批判地考察这些假设的同时，本文尝试对劳动力价值和工资范畴进行再定义。需要强调的是，采纳这一新定义并不违背剩余价值论的主要结论，即从直接生产过程来看，剩余价值是扣除了劳动力价值以后的余额。由于本文放弃了将劳动力价值作为预先给定的已知量的假设，劳动力价值只能是新创造价值的一部分——这是剩余价值存在的条件——是通过产业后备军这一特殊的制度来保证的。这一点也意味着，劳动力价值和剩余价值的分割将主要取决于两大阶级的力量对比和各自阶级内部的竞争，而不必依赖于工人的必要生活资料在一定时代始终不变这一假设。因此，新的定义支持了莱博维奇的下述观点，即阶级斗争在剩余价值率的决定中要起着比马克思所承认的更为积极的作用。

但是，除了承认阶级斗争在剩余价值率的决定中所起的重要作用以外，本文还分析了阶级斗争的局限。我们从社会总资本再生产的角度，探讨了投资对于剩余价值率的影响，以及所谓不变的剩余价值率对于工人阶级的意义。尽管阶级斗争对于利润和工资的划分是至关重要的，但投资及其所固有的不确定性，也会给作为国民收入余额的工资的变化带来实质性影响。我们把前一种注重阶级斗争的作用的观点称为决定剩余价值率的阶级斗争理论，后一种强调投资作用的观点称为决定剩余价值率的投资理论。在剩余价值率的决定中，工人阶级斗争的作用会受到资本家的投资权利的制约。马克思在《资本论》里虽然不曾充分和有意识地发展后一理论，但他也注意到，不同类型的投资对于工人阶级的利益有着不同的影响。像《工资、价格和利润》或莱博维奇的《超越〈资本论〉》那样，仅仅关注于工人阶级提高工资的斗争是远远不够的。纯粹以提高工资为目的的斗争，其成功与否要以更为广阔的经济和政治环境为条件。在此意义上，我们或可将“工人阶级政治经济学”区分为广义和狭义两种，前者旨在维护工人阶级在收入分配中的直接利益，因而在理论上只限于讨论收入分配；后者则要考察影响工人阶级利益的一切可能的因素，为此必须把分析的触角伸展到包括宏观经济政策以及产业和创新政策等在内的更为广泛的领域。

（原文发表于《政治经济学评论》2015 年第 4 期）

超额剩余价值的来源问题与马克思劳动价值论

崔朝栋*

以人为本的科学发展观是以马克思劳动价值论为主要理论基础的，深入学习、贯彻科学发展观必须坚持马克思劳动价值论的基本点。而如何正确认识和理解个别企业率先提高劳动生产力所取得的超额剩余价值或超额利润的来源问题，是能否坚持马克思劳动价值论基本点的关键问题之一，也是《资本论》教学与研究中的难点问题之一。

有些人在论证个别企业率先采用先进技术设备、提高劳动生产力所取得的超额剩余价值或超额利润的来源时，认为先进技术设备等非劳动生产要素也创造价值。还有人认为，个别企业率先采用先进技术设备、提高劳动生产力所获得的超额剩余价值或超额利润，是因为劳动生产力高的劳动在同样的时间里可以创造较多的价值。我认为这两种观点都违背了马克思劳动价值论的基本点。

一、超额剩余价值来源于先进非劳动生产要素观点的错误

马克思认为，商品的价值实体就是凝结在商品中的一般人类劳动（抽象劳动或活劳动），商品的价值量就是由形成价值实体的社会必要的抽象劳动量或活劳动量即社会必要劳动时间决定的，参与商品生产过程的一切生产资料或非劳动生产要素只能通过劳动者的具体劳动把自身原有的

* 崔朝栋：河南财经政法大学教授。

价值（这种价值是以前的生产过程中劳动者的抽象劳动或活劳动创造的）转移到新产品中去，它不可能再增加任何一点新价值。不创造价值的非劳动生产要素怎么会成为超额剩余价值或超额利润的源泉呢？

不仅如此，根据马克思劳动价值论的基本观点，先进技术设备等非劳动生产要素在商品生产中的贡献，除了它是价值生产的必要条件和它本身的价值构成商品价值的重要组成部分外，其最大贡献恰恰不是它本身是否创造新价值，而是它能否节省活劳动和降低商品价值量。作为人类进行物质资料生产所使用的劳动资料，无论是手工工具还是机器设备，都具有一种利用自然力以节省或取代人类劳动支出的功能，从而能够不同程度地提高劳动生产力。人类发明和利用先进机器设备等非劳动生产要素，主要是看中了它具有节省或取代一部分甚至大部分活劳动的功能。商品价值是活劳动的凝结，采用先进非劳动生产要素能节省活劳动，当然也就降低了商品价值量。

马克思对此有非常明确和具体的阐述："像不变资本的任何其他组成部分一样，机器不创造价值，但它把自身的价值转移到由它的服务所生产的产品上。就机器具有价值，从而把价值转给产品来说，它是产品价值的一个组成部分。机器不是使产品变便宜，而是按照它自身的价值使产品变贵。"但是由于"对象化在机器本身中的劳动，总是比它所代替的活劳动少得多。""大工业把巨大的自然力和自然科学并入生产过程，必然大大提高劳动生产率"。因此，"在机器产品中，由劳动资料转来的价值组成部分相对地说是增大了，但绝对地说是减少了。"[①]

从企业生产经营者的角度看，他之所以不惜代价购买先进技术设备，或租借先进的非劳动生产要素并向其所有者支付报酬，就是看中了利用先进的技术设备等非劳动生产要素可以提高劳动生产力，节省活劳动，从而降低单位商品的实际生产费用。企业清楚地知道，正因为生产商品的劳动生产力提高，从而使自己企业单位商品的实际费用（个别价值）大大低于社会的平均标准（社会价值），才能够按高于个别价值和等于或低于社会价值的价值出售取得超额剩余价值或超额利润。

---

① 《资本论》第1卷，人民出版社2004年版，第444—451页。

有人总是以这种超额剩余价值或超额利润为由说明技术设备等非劳动生产要素能创造新价值，这是不妥的。如果真的像有人认为的那样，非劳动生产要素本身也能创造新价值，那么，率先采用先进非劳动生产要素的企业，其单位产品的个别劳动耗费和个别价值量必然会大于社会平均劳动耗费和社会价值，这样企业不但不能取得超额剩余价值或超额利润，甚至还要亏本破产。要是这样的话，哪个企业会采用先进非劳动生产要素呢？

从整个社会的角度讲，先进非劳动生产要素普及，从而劳动生产力普遍提高后必然会降低单位商品社会价值量，从而使率先采用先进技术设备企业所获得的超额利润趋于消失。这也恰恰说明先进非劳动生产要素的采用不仅不创造价值，而且是降低了商品的价值。人类发明和采用先进技术设备，改进生产资料的质量和效能，就是为了节省活劳动，以较少的活劳动支出生产出较多的产品，使产品价值或价格越来越便宜，以更好地满足人们的消费需要。

二、超额剩余价值来源于劳动生产力高的劳动观点的错误

认为超额剩余价值或超额利润来源于先进企业劳动生产力高的劳动的观点，又有两种不同解释：一是认为生产力高的劳动是复杂劳动，复杂劳动在同样的时间里可以创造较多的价值。[①] 二是认为决定商品价值量的是社会必要劳动时间，这样，个别劳动生产力高的企业较少的劳动耗费（个别价值）就可以形成较多的社会价值，从这种意义上看，生产力高的劳动更具有生产力，在同样的时间里可以创造更多的价值。[②] 这两种解释看似坚持马克思劳动价值论，实际上同样违背了马克思劳动价值论

① 马艳、程恩富：《马克思“商品价值量与劳动生产率变动规律”新探——对劳动价值论的一种发展》，《财经研究》2002 年第 10 期。

② 徐素环：《全面考察商品价值量与劳动生产率的关系——兼评谷书堂与苏星“劳动价值论一元论”之争论》，《当代经济研究》1997 年第 5 期。

的基本点。

首先分析劳动生产力高的劳动是不是复杂劳动。从历史事实和现实生活来看，劳动生产力的提高，一般是以采用先进技术设备及其提高劳动者的素质和劳动熟练程度为前提的。采用先进技术设备的劳动生产力高的劳动与没有采用先进技术设备前的劳动生产力低的劳动相比，前者并不一定比后者要复杂，甚至恰恰相反。比如马克思在分析机器大工业逐步淘汰工场手工业的过程时曾深刻地总结说：使用机器的基本原则，在于以简单劳动代替熟练劳动，把劳动力的生产费用减低到简单劳动力的生产费用的水平。他引用了大量资料，指出英国当时纺织品等重要部门机器生产中作为简单劳动力的童工、女工已占工人总数一多半，于是，从事各种不同形式活动的比较复杂的劳动消灭了，代替它的是简单的机器劳动。马克思还多次指出由于大批女工、童工等更简单的劳动力被资本雇佣，使熟练的男劳动力也贬值了。①

当然，技术变革在消灭既有类型的复杂劳动的同时，往往还会创造出新类型的复杂劳动。并且，采用先进技术设备的劳动生产力高的劳动，与没有采用先进技术设备前的劳动相比，其劳动熟练程度和劳动强度可能相对要高些。因此，也应当承认，个别企业率先提高劳动生产力后，与以前没有提高劳动生产力时相比，或与没有提高劳动生产力的同类企业相比，企业劳动者的劳动可能会相对复杂一些，在同一劳动时间内消耗的活劳动量相对要多些。但是一定要清楚这只是劳动复杂程度相对提高，换句话说，劳动生产力高的企业劳动复杂程度的提高，不可能是同本企业劳动生产力的提高同比例增加，更不可能是超过本企业劳动生产力的提高。因为劳动生产力提高的标志，一是单位劳动消耗生产的产品数量增加；二是单位产品消耗的劳动量减少。如果劳动过于复杂，等于或高于劳动生产力的提高，就等于劳动生产力没有提高甚至降低。只有劳动生产力的提高超过劳动复杂程度的提高，才是真正劳动生产力的提高，企业才愿意采用新技术设备、提高劳动生产力。只要企业劳动生产力的提高超过劳动复杂程度的提高，那就意味着劳动复杂程度的降低。

① 李定中：《技术创新劳动在价值创造中的独特作用》，《经济经纬》2003年第1期。

因此，从严格意义上讲，劳动生产力高的劳动是一种复杂劳动，在同一劳动时间内能创造较多价值这句话本身是不确切的，甚至是自相矛盾的。进一步分析还会看到，当先进技术被普遍使用和劳动生产力普遍提高时，这一同样的活劳动所生产的商品的社会价值就会降低到上述个别价值的同一水平。这也说明了劳动生产力高的劳动不是一种复杂劳动，它不是增加单位商品的价值，而是降低单位商品的价值。

退一步说，假定个别企业率先提高劳动生产力，这种劳动生产力高的劳动是一种复杂劳动，那么，劳动越复杂，也就是支出的活劳动越多，它所生产的单位商品的个别价值不但不会进一步降低，反而会相应提高，从而只会缩小而不会扩大这一个别价值小于社会价值的差额即超额剩余价值或超额利润。而且，如果它过于复杂，以致使这一差额即超额剩余价值或超额利润趋于消失，就会出现类似马克思所说过的那种情况，即它只不过是一种劳动变换而已，生产力却并未发展。这就从根本上否定了采用先进技术和提高劳动生产力的必要性。

第二种解释即仅以个别劳动生产力高的企业较少的劳动耗费（个别价值）就可以实现较多的社会价值为由，就认为生产力高的劳动更具有生产力，在同样的时间里可以创造更多的价值的观点更是欠妥的，明显存在着逻辑上的矛盾。因为这种观点的理由只能说明个别劳动生产力高的企业的个别价值与社会价值存在差额，不能说明这个差额即超额剩余价值或超额利润的来源就是这个企业的劳动创造的。商品的贱买贵卖，房地产、债券、股票、期货等的炒买炒卖等都可以获得类似的差额，能说这些差额都是贱买贵卖者和炒买炒卖者的劳动创造的吗？

上述两种解释的共同之处都是认为劳动生产力高的劳动创造的价值就多，这实际上是把具体劳动与抽象劳动混淆了。马克思的劳动价值论告诉我们，“生产力当然始终是有用的、具体的劳动的生产力，它事实上只决定有目的的生产活动在一定时间内的效率。因此，有用劳动成为较富或较贫的产品源泉与有用劳动的生产力的提高或降低成正比。相反地，生产力的变化本身丝毫也不会影响表现为价值的劳动。既然生产力属于劳动的具体有用形式，它自然不再同抽去了具体有用形式的劳动有关。因此，不管生产力发生了什么变化，同一劳动在同样的时间内提供的价值量总是相同的。但它在同样的时间内提供的使用价值量会是不同的。”“劳动生产力越高，生产一种物品所需要的劳动时间就越少，凝结在该物品中的劳动量就越小，该物品的价值就越小。相反地，劳动生产力越低，生产一种物品的必要劳动时间就越多，该物品的价值就越大。可见，商品的价值量与体现在商品中的劳动的量成正比地变动，与这一劳动的生产力成反比。”① 马克思在《资本论》第一卷第六章论述劳动二重性在价值形成中的作用时讲得更是明确和具体：“假定由于某种发明，纺纱工人6小时纺的棉花同过去36小时纺的棉花一样多。作为有目的的有用的生产活动，他的劳动的能力增加为6倍。他的劳动的产品也增加为6倍，从6磅棉纱增加到36磅棉纱。但是，现在36磅棉花吸收的劳动时间只和过去6磅棉花吸收的劳动时间一样多。加在36磅棉花上的新劳动比用旧方法时少5/6，因此，加进的价值也只是过去的1/6。另一方面，现在在产品36磅棉纱中包含6倍的棉花价值。……这说明，在同一不可分割的过程中，劳动保存价值的属性和创造价值的属性在本质上是不同的。”②

三、马克思关于部门内部竞争形成商品价值的理论

那么，个别劳动生产力高的先进企业获得的超额剩余价值或超额利润是从哪里来的？它的源泉究竟是什么呢？马克思劳动价值论中关于部门内部的竞争形成商品价值理论较好地说明了这个问题。马克思认为只有社会必要劳动时间才能决定商品的社会价值量，而社会必要劳动时间决定商品社会价值量的过程，是在市场竞争中个别劳动时间自发地转化为社会必要劳动时间、社会必要劳动时间进而决定商品社会价值量的过程。马克思在《资本论》第三卷中，具体地阐明了商品的社会价值是怎样通过部门内部的竞争，由部门个别价值总和平均化形成的。由于社会价值的决定过程，就是个别价值总和平均化为社会价值、部门有用劳动

① 《资本论》第1卷，人民出版社2004年版，第53—60页。
② 《资本论》第1卷，人民出版社2004年版，第234页。

总和平均化为社会必要劳动的过程，所以，如同平均数规律占支配地位的一切地方一样，一方之所得必是他方之所失。换句话讲，劳动生产力高的先进企业获得的超额剩余价值或超额利润，是劳动生产力低的落后企业劳动者付出的超额劳动转化来的。

假定某一生产部门共有 3 个企业，共生产 400 件商品，商品品种和规格都一样，其中，甲企业属于劳动生产力高的企业，生产 200 件商品，每件商品的个别劳动时间是 6 小时或个别价值是 6 元；乙企业属于中等劳动生产力的企业，生产 100 件商品，每件商品的个别劳动时间是 8 小时或个别价值是 8 元；丙企业是低等劳动生产力的企业，生产 100 件商品，每件商品的个别劳动时间是 10 小时或个别价值是 10 元。这种商品的社会必要劳动时间或社会价值是通过部门内部不同企业的竞争而形成的个别劳动时间或个别价值的加权平均，即（200×6＋100×8＋100×10）/400＝7.5 小时＝7.5 元。这样，三个企业都按照社会必要劳动时间决定的社会价值 7.5 元出售商品，甲企业就多得了 300 元的超额剩余价值，丙企业就少得了 250 元，乙企业少得了 50 元。可见，从整个部门看甲企业多得的正是乙企业和丙企业少得的，总商品的个别劳动时间或个别价值与社会必要劳动时间或社会价值是一致的。当然，在现实生活中，社会必要劳动时间决定的社会价值并不是计算出来的，而是通过市场竞争自发形成的大体平均数。

马克思在对部门内部的竞争形成价值进行分析的基础上，又进一步分析了部门之间的竞争形成平均利润和生产价格。在这种条件下，企业利润（平均利润）来源于社会总剩余价值或社会总剩余劳动的重新分配。因为在这种条件下等量资本获得等量利润，从而使资本有机构成高的部门获得的利润高于本部门创造的剩余价值，资本有机构成低的部门获得的利润低于本部门创造的剩余价值。资本有机构成低的部门少得的正是资本有机构成高的部门多得的。从整个社会来看，不同部门得到的利润总额等于剩余价值总额，生产价格总额等于价值总额。

从国际上看，后进国家的超额劳动也会由于竞争转化为先进国家的超额剩余价值或超额利润。因为在世界市场上，竞争的结果是商品的价值表现为国际价值，即世界平均的社会必要劳动时间决定的价值，一个国家的某种商品的国内价值表现为世界商品的个别价值。率先采用先进技术设备、提高劳动生产力、使国内价值低于国际价值的国家，按照国际价值出售商品，可以从世界市场上取得超额剩余价值或超额利润。而劳动生产力低的国家国内价值高于国际价值，按照国际价值出售商品就会亏本。先进国家多得的，就是落后国家少得的。

在社会经济实践中，部门内部不同企业之间、不同部门之间、不同国家之间，劳动生产力的不平衡是经常发生的，这必然会引起不同企业之间、不同部门之间、不同国家之间的竞争，这正是先进企业、先进部门、先进国家和地区获取超额剩余价值或超额利润的基础。在这里，劳动生产力（包括科技进步、物质要素效率提高等）的意义不在于它们成了价值的源泉，而在于形成竞争优势，使落后者的超额劳动转化成先进者的超额剩余价值或超额利润。马克思劳动价值论尽管否定物质生产要素、劳动生产力是价值的源泉，但丝毫也不贬低技术进步的意义，不贬低提高物质生产要素效率的意义。劳动价值论并不鼓励落后，并不鼓励增加劳动耗费。因此，劳动价值论不仅在使用价值的生产上与“科学技术是第一生产力”的现实吻合，价值的生产上与“科学技术是第一生产力”的现实也十分吻合。[①]

（原文发表于《当代经济研究》2009 年第 10 期）

① 崔战利：《马克思的“价值决定悖论”解析——论劳动价值论与物质技术生产力统一的逻辑耦合点》，《教学与研究》2008 年第 12 期。

技术创新与超额利润的来源

——基于劳动价值论的各种解释

孟　捷*

超额利润是资本主义发展动态中的重要现象。马克思分析了超额利润在技术创新的基础上产生的过程，以及超额利润对于一种新的生产方式战胜旧的生产方式的重要意义。现代马克思主义经济学家曼德尔也指出："对技术创新和相应的超额利润的持续的、制度性的渴求，成了晚近资本主义企业，特别是晚近资本主义大公司的典型特征。"①

但是，在马克思主义经济学内部在超额利润来源的问题上，却一直存在着观点上的分歧。造成这些分歧的原因是，第一，马克思本人有两种超额利润源泉的理论，第一种理论认为，超额利润来源于企业自身的剩余劳动"作为自乘的简单劳动"的物化，另一种理论则把超额利润归于来自其他部门的价值的转移。如何协调这两种理论的关系，还有待于进一步的讨论。第二，解释超额利润的来源必然会涉及学术界近年来围绕着劳动价值论而进行的争论，如何从这些互相争论的看法中去芜存菁，是个极具挑战性的难题。

本文由两条并行的线索交织而成，第一条线索追溯了从《资本论》手稿到《资本论》的理论演化过程，第二条线索则结合马克思在不同场合对超额利润来源的不同阐述，汲取学术界的各种相关见解，以构建一个较全面的关于超额利润来源的理论。

---

* 孟捷：清华大学《资本论》与当代问题研究中心教授，博士生导师。

① E. Mandel, *Late Capitalism* (London: Verso, 1999), pp. 224—225.

一、《经济学手稿(1861—1863 年)》论超额利润的来源：马克思的第一种理论

在《经济学手稿（1861—1863 年）》(以下简称《经济学手稿》) 里，马克思详细地厘定了相对剩余价值生产的理论，并提出了解释超额利润来源的第一种理论："商品价值取决于它所包含的社会必要劳动时间。在使用新的机器时，如果大量生产还继续以旧的生产资料为基础，资本家就可以把商品低于它的社会价值出售，虽然他是把商品高于它的个别价值出售，即高于他在新生产过程条件下制造商品所必需的劳动时间出售。"能这样做是因为："由于劳动在这里获得了与同一部门的平均劳动不同的特殊生产力，它已成为比平均劳动高的劳动；例如，这种劳动的一个劳动小时等于平均劳动的 5/4 劳动小时，是自乘的简单劳动。"而另一方面，工资率则未变，"资本家仍按平均劳动付给工资"。"因此，根据假定，为了生产同一价值，工人只需要从事比平均工人较少的时间的劳动就够了。所以，实际上，他花费比平均工人较少的劳动时间，就生产了自己的工资，或再生产他的劳动力所必需的生活资料的等价物。这样一来，他就把较多的劳动小时作为剩余劳动给了资本家；只有这种相对剩余劳动，才使资本家在出售商品时得到高于它的价值（指商品的个别价值——引者按）的价格余额。"[①]

在这个解释中，难点不在于理解，为什么资本家可以把商品低于它的社会价值出售，而在于为什么资本家是把商品高于其个别价值出售，即高于他在新工艺下制造商品所必需的劳动时间出售。下面试举例说明。

假定原先 1 小时平均劳动生产 12 件产品，现在，率先采用了新技术的企业 1 小时劳动生产 24 件产品，即劳动生产率提高了一倍。要注意的

① 《马克思恩格斯全集》第 47 卷，人民出版社 1979 年版，第 361—362 页。此外，马克思还提到，即便工资率有所增加，资本家也能得到超额剩余价值，因为，"工资并非按照这种劳动超过平均劳动的同一比例增加，因而剩余劳动时间总是相对增加"。《马克思恩格斯全集》第 47 卷，人民出版社 1979 年版，第 362 页。

是，采用新技术的企业的 1 小时劳动已经不是平均劳动，而是自乘的简单劳动。马克思在这里假定，其 1 小时劳动现在相当于 5/4 小时即 1.25 小时的平均劳动。正是在这个假定的基础上，才形成了居于商品的个别价值和社会价值之间的售卖价值。另外，对于商品中包含的不变资本的价值，可以做如下处理：要么假定在生产率提高后，转移到单位产品中的不变资本价值没有发生变化；要么——为更方便起见——假定不变资本为 0，这样，单位产品的价值就等于活劳动物化形成的新价值。根据这些假定，可以得到表 1 如下。

表 1　马克思的第一种理论（单位：平均劳动小时）

	(1) 单位商品的 个别价值	(2) 单位商品的 售卖价值	(3) 单位商品的 社会价值	(4) 单位商品中的 超额剩余价值 或超额利润 (4)=(2)−(1)
率先采用了新技术的企业	1/24 件	1.25/24 件	1/12 件	0.25/24 件
其他企业	1/12 件	1/12 件	1/12 件	0

注：根据表中的数字，采用新技术以后的商品的单位售卖价值=1.25/24，小于采用新技术之前的单位价值（=1/12），也就是说，劳动生产率的进步与商品单位价值量的变动成反比。另一方面，采用新技术后全部产品的价值量=1.25，大于此前全部产品的价值量（=1）。

在表 1 中，率先采用新技术的企业其商品个别价值从原先的 1/12 件变为 1/24 件。从该表可以看出，采用新技术后，该企业单位商品的个别价值<售卖价值<社会价值，即 1/24<1. 25/24<1/12。这就是马克思所说的：资本家可以把商品低于它的社会价值出售，虽然他是把商品高于它的个别价值出售，即高于他在新生产过程条件下制造商品所必需的劳动时间出售。如果采用新技术的企业每小时工资率不变，则其全部剩余价值将相对增加 0.25 小时，这也就是其全部产品的超额剩余价值或超额利润。这个超额利润等于该企业全部产品的售卖价值与其个别价值的差额。

《经济学手稿》里的第一种理论，是以下述前提为基础的：在技术变革后，劳动成为自乘的简单劳动或复杂劳动。那么，是什么原因使得劳动转化成了自乘的简单劳动或复杂劳动呢?

二、由第一种理论派生的需要进一步讨论的问题

马克思认为,在技术变革后,劳动转化成为自乘的简单劳动或复杂劳动(complex labour)。初看起来,马克思在此是自相矛盾的。因为《资本论》第一卷在论述分工和机器大生产时,曾经深刻地分析了采用机器和围绕机器的分工所带来的使劳动失去内容、工人的技能被替代和技能退化等现象。但是,这些现象只是技术变革所造成的后果之一,技术变革在消灭既有类型的复杂劳动的同时,往往还会创造出新类型的复杂劳动。深受马克思影响的美国学者拉左尼克,在探讨这个问题时就指出了这种双重后果:"不管劳动的技术分工的等级制结构如何,技术变革既可以增加技能(skill augmenting),也可以替代技能(skill displacing)。"①

关于劳动在使用机器后成为复杂劳动的原因,有下述几种解释,这些解释都可以在马克思那里找到依据。第一种解释是把复杂劳动规定为"浓缩了劳动时间的"劳动,也就是劳动强度和密度增加了的劳动,譬如马克思说:"使用机器就可以增加绝对劳动时间,从而增加绝对剩余价值。这是通过所谓浓缩劳动时间的办法来实现的,这时,每一分一秒都充满了更多的劳动;劳动强度提高了。由于采用机器,不仅劳动生产率(从而劳动质量)提高了,而且在一定时间内消耗的劳动量也增加了。时间的间隙由于所谓劳动紧凑而缩小了。因此,一个劳动小时所提供的劳动量,可能等于完全不使用机器或使用不那么完善的机器的平均劳动条件下的6/4个劳动小时的劳动量。"②

在这里,绝对剩余价值生产和相对剩余价值生产是携手并进的。但问题是,劳动的强度和密度不可能无止境地增长,如果技术进步和劳动

① W. Lazonick, *Competitive Advantage on the Shop Floor* (Cambridge, Massachussetts: Harvard University Press, 1990), p. 5.

② 《马克思恩格斯全集》第47卷,人民出版社1979年版,第378页。

生产率的提高每一次都以劳动的紧凑和浓缩为前提，没有多久便会达到难以逾越的生理和心理界限。[①]

第二种解释是把复杂劳动理解为经过培训的劳动（qualified labour 或 educational labour），或熟练劳动（skilled labour）。在《资本论》里有这样一段话："比社会的平均劳动较高级、较复杂的劳动，是这样一种劳动力的表现，这种劳动力比普通劳动力需要较高的教育费用，它的生产要花费较多的劳动时间，因此它具有较高的价值。既然这种劳动力的价值较高，它也就表现为较高级的劳动，也就在同样长的时间内对象化为较多的价值。但是，无论纺纱工人的劳动和珠宝细工的劳动在程度上有多大差别，珠宝细工用来补偿自己的劳动力价值的那一部分劳动，与他用来创造剩余价值的那一部分追加劳动在质上完全没有区别。"[②]

在最后一段话里，马克思比较了两个行业，而我们现在所要比较的，是行业内部不同企业之间的生产率差异，因此，这段引文对于说明目前的问题而言似乎稍有缺憾。不过，劳动力价值较高就可表现为较高级较复杂的劳动，也就在同样长的时间内物化为较多的价值这一点是清楚的。根据这段引文，可以得出两点结论：第一，由于工人的高级劳动力在相同的时间里物化为更多的价值，也就在相同的剩余劳动时间里物化为更多的剩余价值，由此也就形成超额利润。第二，正如马克思在最后一句话里表明的，使用复杂劳动力的企业的剩余价值率与其他使用简单劳动的企业相比并没有区别。这意味着，使用复杂劳动力的企业的超额利润此时并非来自更高的剩余价值率，而是来自剩余价值总量的增长。

应予强调指出的是，与片面提高劳动的强度和密度的情形不同，车间工人和资本家这时有可能分享价值创造的好处，因为他们的劳动力价值（或工资）和剩余价值一道成比例地提高了，或者说，劳动力价值和剩余价值这时可以按相同方向变动。这也有助于解释，资本主义企业为

---

① 关于这个问题，可参见法国"调节学派"的创始人阿格列塔结合福特主义劳动过程所做的分析。M. Aglietta, *A Theory of Capitalist Regulation*: *US Experience* (London: Verso, 1979), pp. 120—121.

② 《资本论》第1卷，人民出版社2004年版，第230页。后面在谈到劳动生产率与商品价值量成正比的争论时，我们还要求助于这段引文。

什么会有动力培训和教育工人，提升工人的资质和技能水平，而非仅仅把消灭技能、使劳动失去内容作为控制劳动过程、增加剩余价值的手段。

下面再来看看第三种解释，这种解释的特点是扩大形成价值的劳动的外延，即除了直接生产活动以外，还把管理活动以及与企业技术进步相关的研发（R&D）活动考虑在内。这个观点和第二种解释既有一致性，又在下面一点上构成为第二种解释的补充：在第二种解释里马克思所提到的高级劳动力，指的还是直接生产过程中使用的劳动力，而这里则扩展到直接生产过程以外的研发部门的“科学劳动”。

马克思曾经提出了与“直接劳动”不同的“一般科学劳动”的概念，并预见到直接劳动的重要性下降、“一般科学劳动”的重要性增加的趋势。[①] 但对什么是科学劳动，马克思并没有给出明确的界定。为了便于讨论，我们把马克思所说的科学劳动界定为企业的研发活动。厄内斯特·曼德尔曾结合第三次技术革命，分析了资本主义公司内部研发部门的巨大发展给价值增殖过程带来的影响。曼德尔指出，第一，马克思本人虽然预见到，随着科学被用作资本增殖的工具，发明也成为一种特殊的职业[②]，但“把研究和开发作为一个特殊的事业在资本主义的基础上有系统地组织起来——换句话说，自动地投资于研发（既投资于固定资本，也投资于雇佣劳动），只是在晚近资本主义中才充分地实现”[③]。由于这些变化，和马克思的时代相比，投资于研发对于资本的价值增殖过程的影响，就变得更加令人瞩目。

第二，研发部门如何创造价值，取决于这一部门的劳动是否是以及在何种程度上是生产性劳动：“投资于处在实际生产之前或之后的研发部门里的资本，要视这些部门里进行的劳动在多大程度上是生产性的——即能带来新商品的生产——而实现增殖。从资本主义企业的观点来看，任何一种不能应用的发现或发明，都是生产的杂费或企业的一般费用，而这些费用是应该降低到最低限度的。”[④]

---

① 《马克思恩格斯全集》第 46 卷下册，人民出版社 1980 年版，第 212 页。

② 《马克思恩格斯全集》第 47 卷，人民出版社 1979 年版，第 570—572 页。

③ E. Mandel，*Late Capitalism*（London：Verso，2009），p. 192.

④ E. Mandel，*Late Capitalism*（London：Verso，2009），pp. 253—255.

第三，如果企业通过研发和技术进步而获得超额利润，并通过对技术进步的垄断阻碍了超额利润的普遍化，这些超额利润将进一步转化为“技术租金”。曼德尔写道：“技术租金作为超额利润，产生于对技术进步的垄断——即产生于那些可以降低商品成本价格的发现和发明，但由于垄断资本本身的结构：进入困难、最低投资规模、对专利的控制、卡特尔协议等，这些发现和发明（至少在中期）不能在既有的部门中普遍化，并为所有竞争者采用。”①

以上所讨论的三种解释，都是以个别企业劳动生产率的增长为前提的。在劳动生产率的增长和商品价值量的变化之间存在着复杂的关系。在这一节结束前，我们还要就近年来国内关于这个问题的争论略做些评论。

在《资本论》开篇不久，马克思曾提出了劳动生产率与单位价值量成反比变化的规律。不过，马克思对该规律的表述包含着下述假设，即“生产力的变化本身丝毫也不会影响表现为价值的劳动……不管生产力发生了什么变化，同一劳动在同样的时间内提供的价值量总是相同的”②。近年来，国内一些学者在坚持活劳动创造价值的前提下着力指出，这个假设在分析技术变革时是不适用的，因为技术变革和劳动生产率的进步，往往意味着劳动的复杂程度在技术变革前后发生了变化；如果承认这一变化，劳动生产率与商品价值量就可能互成正比而变化。③

“成正比”的观点是从近年来深化劳动和劳动价值论的讨论中产生的重要成果。但是，“成正比”论者在表述这个思想时，往往把不同层次的观点混杂在一起，并且没有足够清晰地界定讨论的前提，为理解增添了困难。此外，某些学者为了论证“成正比”，甚至放弃了活劳动创造价值

---

① E. Mandel, *Late Capitalism* (London: Verso, 2009), p. 192.

② 《资本论》第 1 卷，人民出版社 2004 年版，第 60 页。

③ 程恩富教授等明确了这一点，见程恩富、马艳：《马克思“商品价值量与劳动生产率变动规律”新探》，程恩富、樊建新、周肇光主编：《劳动·价值·分配》，安徽大学出版社 2003 年版，第 29—31 页（该文原载《财经研究》2002 年第 9 期），在我们看来，该文对“成正比”问题做了迄今为止最为深入的讨论。此前，高尚全也曾在坚持活劳动创造价值的前提下提出了“成正比”的观点，见高尚全《深化对劳动和劳动价值论的认识》，《高尚全文存》第 1 卷，中国经济出版社 2001 年版，第 197—198 页。

的观点，提出物化劳动也创造价值，使争论进一步复杂化。[①] 如果撇开物化劳动创造价值的观点不谈，在我们看来，“成正比”的思想包含有以下四种观点，应该分别加以论述。

第一，“成正比”论者认为，在花费同样多的以钟表计量的劳动时间的条件下，由于一个部门内所有企业的每一单位产品都只能按一个统一的社会价值出售，劳动生产率较高的企业的较大产量表现为一个较大的价值额，而劳动生产率较低的企业的较低产量表现为一个较小的价值额，因而商品价值与劳动生产率成正比。

上文在涉及复杂劳动的第二种解释的时候，已经讨论了这个观点。对于使用了经过培训的高级劳动力的企业来说，由于工人的复杂劳动在相同的时间里物化为更多的价值，也就在相同的剩余劳动时间里物化为更多的剩余价值，这部分更多的剩余价值构成为该企业的超额利润，尽管在这种情况下，该企业的剩余价值率与使用简单劳动的企业相比可能并无区别。

第二，“成正比”的观点还可以扩展到部门的层次。假定个别企业采用的新技术扩散到整个部门，使得该部门劳动生产率普遍提高；同时假定和形成价值的社会必要劳动相比，该部门的劳动成为复杂程度更高的劳动，则该部门生产的全部产出的价值量（和剩余价值量）也可能增长。请注意，后一个假设意味着，当该部门劳动的复杂程度因技术变革而增加时，多数其他部门还未发生类似的变化，因此形成价值的社会必要劳动的“基准”仍然未变。此外，第二个观点还需假定，在生产率变化后，社会对该部门产品的需求量也能有相应的增长。

在前述第一个观点里，复杂劳动和简单劳动的换算关系，涉及的是一个部门内生产相同使用价值的劳动。与此不同的是，在第二个观点里，要就不同部门、不同类型的劳动来比较复杂劳动和简单劳动的关系。在马克思提到的纺纱工和珠宝细工的例子里，由于珠宝细工的劳动和纺纱工人相比是复杂劳动，珠宝细工的劳动在同样多的时间里，会物化为更

① 这方面的文献有谷书堂、柳欣：《新劳动价值论一元论——与苏星同志商榷》，《中国社会科学》1993年第6期；钱伯海：《社会劳动价值论》，《钱伯海文集》第2卷，中国经济出版社2002年版。

多的价值（以及剩余价值）。要注意的是，由于我们假定珠宝行业内的各企业不存在生产率差异，因此也就不存在个别珠宝企业相对于本部门其他企业的超额利润，但珠宝业和别的部门相比，所有企业无一例外地能在同样多的剩余劳动时间里形成更多的剩余价值。这种剩余价值在概念上不属于相对剩余价值，因为它不是劳动力价值降低的结果，也不能惠及社会生产各部门。因此，我们认为，不妨把这种剩余价值看作是介于个别企业的超额剩余价值和全体资本家得到的相对剩余价值之间的一个独立的范畴。这种新形式的剩余价值或超额利润尤为适用于解释通过产品创新和新部门的开辟而获得的超额利润，这些新产品的生产往往是与大量研发投入相联系的，生产这些新产品的劳动的复杂程度也往往高于既有的其他部门。[①]

不幸的是，对“成正比”论的批评，主要是由第二个观点而引发的。许多批评者认为，这个观点与马克思的下述论断相龃龉：“不管生产力发生了什么变化，同一劳动在同样的时间内提供的价值量总是相同的。”(黑体字为引者所加）但问题是，要正确地理解这句话的含义，取决于如何解读句中的“同一劳动”一语，这里的“同一劳动”既可以解读为生产同种使用价值的劳动，也可以解读为，劳动的复杂程度不受技术变革的影响，仍然和先前的劳动在复杂性上保持同一。我们认为，应该考虑到第二层含义，这样一来，“同一劳动”就成了一种限定，它意味着，马克思在此假设，生产力的发展并没有改变劳动本身的复杂程度。而在这个假定下，上面这句话就不能被用来批评“成正比”的观点。

第三，类似地，“成正比”的观点还可以扩展到国民劳动生产率的层次。马克思的以下论述应该从这个角度来理解：“强度较大的国民劳动比强度较小的国民劳动，会在同一时间内生产出更多的价值……生产效率较高的国民劳动在世界市场上也被算作强度较大的劳动”[②]。

这个观点有助于解释，中国要出口 8 亿件衬衣才能换回一架 A380 空中客车客机。此外，“成正比”论者有时用这个观点来解释，为什么美国

---

① 另一方面，通过新产品而获得的超额利润还与新产品刚问世时的“结构性稀缺”相关，后文还将介绍和分析与此相关的第二种超额利润来源的理论。

② 《资本论》第 1 卷，人民出版社 2004 年版，第 645 页。

在生产中投入的劳动力数量远远小于中国，国民生产总值却数倍于中国。这样解释虽非全错，但肯定是不充分的，并且由于把抽象的理论问题和经验现象无中介地联系起来，在批评者面前暴露了弱点。譬如，卫兴华教授就提出：国民生产总值（或国内生产总值）是按不变价格或现行价格来统计的，这些价格未必能直接反映价值量及其变化。但他进一步认为，国民生产总值（或国内生产总值）实际上是使用价值量及其增长率的指标①，从而完全排斥从价值论的角度来解释这个问题，则不免失之片面。为此程恩富教授不无道理地指出："以不变价格计算的国民生产总值在剔除了币值变动因素和非价值表现的价格之后，从一个较长的时期来观察，其基础仍是价值。"②

第四，虽然"成正比"的观点实质上是正确的，但表达这一观点的某些版本存在着理论上的缺陷。譬如，程恩富教授等曾对"成正比"的观点做了如下概括，他们提出，企业的技术变革和劳动生产率的变化，在分析上可以归因于劳动的客观条件的变化（如在劳动的复杂程度不变的条件下采用机器）和劳动自身的性质或复杂程度的改变，这两个方面的变化及其所带来的影响应该分开来考察，由此可以提出劳动生产率和商品价值量变动的如下规律：(1) 如果劳动生产率的变化源自劳动的客观条件的改善，则劳动生产率的变化与商品单位价值量的变化成反比；(2) 如果劳动生产率的变化源自劳动自身性质的变化，则劳动生产率的变化与商品价值量成正比；(3) 如果劳动生产率是由劳动的主观和客观条件共同变动引起的，则劳动生产率和价值量变动的方向不确定，既可能是正方向的变动，也可能是反方向变动。③

按照这里的概括，"成正比"和"成反比"被分别归于不同的原因，成了两个互不相干的规律。而在我们看来，"成正比"和"成反比"应该被理解为由同样一些原因带来的双重结果。与命题 (1) 强调的相反，马

① 参见卫兴华：《再论深化对劳动和劳动价值论的认识》，《卫兴华经济学文集》第 1 卷，经济科学出版社 2002 年版，第 675—676 页。(该文原载《宏观经济研究》2001 年第 3 期)

② 程恩富、马艳：《马克思"商品价值量与劳动生产率变动规律"新探》，程恩富、樊建新、周肇光主编：《劳动·价值·分配》，安徽大学出版社 2003 年版，第 26 页。

③ 程恩富、马艳：《马克思"商品价值量与劳动生产率变动规律"新探》，程恩富、樊建新、周肇光主编：《劳动·价值·分配》，安徽大学出版社 2003 年版，第 29、33—34 页。

克思曾明确指出，劳动的客观条件的变化，如使用的原材料和固定资本的大量增加，可能带来商品价值量的增长。譬如马克思写道：

“劳动把它所消费的生产资料的价值转移到产品上去。另一方面，一定量的劳动所推动的生产资料的价值和数量是同劳动的生产效率的提高成比例地增加的。因此，虽然同量的劳动始终只是给自己的产品增加同量的新价值，但是，随着劳动生产率的提高，同时由劳动转移到产品上的旧资本的价值仍会增加。

“例如，一个英国的纺纱工人和一个中国的纺纱工人以同样的强度劳动同样多的小时，那么在一周当中他们会创造出相等的价值。但是，尽管有这种相等，使用一架强有力的自动机劳动的英国人一周的产品的价值和只使用一架手摇纺车的中国人一周的产品的价值，仍有大得惊人的差别。在同一个时间内，中国人纺一磅棉花，英国人可以纺好几百磅。一个几百倍大的旧价值总额使英国人的产品的价值膨胀了”。[①]

这是以原材料或不变流动资本使用量的增加为例，马克思还就固定资本使用量的增长指出：“另一方面，劳动生产力提高的特征正好是：不变资本的固定部分大大增加，因而其中由于损耗而转移到商品中的价值部分也大大增加。一种新的生产方法要证明自己实际上提高了生产率，就必须使固定资本由于损耗而转移到单个商品中的追加价值部分小于因活劳动的减少而节约的价值部分，总之，它必须减少商品的价值。”[②]

在这里，马克思提到了劳动的客观条件的转变所带来的双重趋势：一方面，在所使用的活劳动量不变时，总产出的价值量会增长，另一方面，单位商品价值量则必须减少，而这只有在总产出量（从而劳动生产率）有足够快的增长时才能实现。但要注意的一点是，单纯由劳动客观条件的转变所造成的总产出价值量的增长，并不会伴随以剩余价值量的增长，这和劳动主观条件的变化所带来的结果是不同的。

下面来看看与命题（2）相反的情况。当劳动的主观条件变化时，除了会出现“成正比”之外，还会出现“成反比”。试以表 1 的数字为例，

① 《资本论》第 1 卷，人民出版社 2004 年版，第 699 页。

② 《资本论》第 3 卷，人民出版社 1974 年版，第 290 页。

这个例子假设，在生产率变化前后，单位商品中由生产资料转移过来的价值不变，也就是说劳动的客观条件没有变化。在生产率提高前，全部产出的价值为 1 小时，提高后增加为 1.25 小时，这是所谓的“成正比”；另一方面，从单位价值来看，生产率变化前为 1/12，生产率变化后减少为 1.25/24，这便是“成反比”。可见，“成正比”和“成反比”是由同一些原因带来的两个具有互补性的规律，把它们归于不同的原因，甚至把它们对立起来，都是不妥当的。

三、《资本论》第一卷论超额剩余价值的来源：两种不同理论的无意识邂逅

在《资本论》第一卷，马克思以一种有别于《经济学手稿》的方式再次论述了超额剩余价值理论。让我们通过下面这个例证看看马克思是如何进行论述的。

假设一个 12 小时工作日生产出来的新价值的货币表现为 6 元。又假定在 12 小时内，在社会平均的生产条件下，可生产 12 个商品，每一单位商品中所包含的由生产资料价值转移来的部分是 0.5 元（第一节曾假设不变资本为 0），这样每个商品价值的货币表现是 1 元（＝0.5c＋0.5v）。再假定有一个率先进行创新的企业，把劳动生产率提高了一倍，在 12 小时内不是生产 12 个产品，而是生产 24 个。假定这时每个商品中转移来的旧价值依旧不变，还是 0.5 元，但 12 小时活劳动形成的新价值的货币表现 6 元，现在分摊到 24 个商品中，每个商品中的新价值的货币表现就不是 0.5 元，而是 0.25 元。这样，创新企业的商品的个别价值就只表现为 0.75 元(＝0.5c＋0.25v)。这一个别价值与市场价值（1 元）之间的差额为 0.25 元，就是单位商品中所能实现的超额剩余价值（或超额利润）的最大值。

但另一方面，“一个十二小时工作日现在表现为 24 件商品，而不是过去的 12 件商品。因此，要卖掉一个工作日的产品，他就需要有加倍的销路或大一倍的市场。在其他条件相同的情况下，他的商品只有降低价

格，才能获得较大的市场。因此，资本家要高于商品的个别价值但又低于它的社会价值来出售商品”[①]。倘若我们假定此时资本家是按 0.9 元来出售，则超额利润等于 0.15 元。

在这里，一个微妙的差别是，马克思没有如《经济学手稿》那样，从该企业的劳动已经转化为复杂劳动这个预设的前提出发，来解释产品的销售价格的形成，而是单纯从争夺市场份额的角度来解释产品的定价。这样一来，理论本身就在无形中发生了变化，因为在这种情形下超额剩余价值大可不必来自该企业本身剩余劳动的物化，还可以来自通过特殊的定价策略在市场上所支配到的价值实体。

有趣的是，马克思本人此时尚未意识到自己的理论立场已经悄然转变，他还力图沿用旧的语言来解释新的内容。从文本上看，他是从商品的定价出发，计算出创新企业的一个 12 小时工作日的货币表现，再指出这一货币表现大于同类社会平均劳动的货币表现，以便绕回到《经济学手稿》里提出来的第一种理论。但是，这个逻辑所包含的理论含义，和《经济学手稿》是截然不同的。让我们再通过上面的数字例子来了解这一点。

按照我们的假定，那个率先实施创新的企业，单位商品的定价是 0.9 元，其全部产出的价格则为 0.9 元×24 件＝21.6 元，这其中有 12 元只是再现的生产资料的价值，因此剩下的 9.6 元是该企业一个 12 小时工作日的货币表现。这个货币表现（＝9.6/12）比社会平均劳动的货币表现要多，因为一个 12 小时的社会平均劳动只表现为 6 元（＝6/12）。结果，马克思认为，率先实施创新的企业其 1 小时的个别劳动，此时相当于 1.6 小时的社会平均劳动。

把《资本论》第一卷的“逆推算”与《经济学手稿》相比较，可以看出，被当作结果的东西在《经济学手稿》里是作为前提出现的。然而，马克思自己对此竟浑然不觉，在这番推算后，他像在《经济学手稿》里一样作结论说：“生产力特别高的劳动起了自乘的劳动的作用，或者说，

① 《资本论》第 1 卷，人民出版社 2004 年版，第 369 页。

在同样的时间内，它所创造的价值比同种社会平均劳动要多。”[①] 然而，就此处的语境而言，其中的“创造”一词若改为“支配”，在逻辑上才能自圆其说。而这种矛盾，其实并不难为敏锐的读者所察觉。[②]

总之，在《资本论》第一卷，马克思事实上已经提出了另一种关于超额利润来源的理论。按照这个新理论的逻辑，实施创新的个别企业所得到的超额剩余价值（或超额利润），来自其他企业生产的剩余价值的转移，而非该企业自身的剩余劳动的物化。表 2 的例子解释了剩余价值在部门内转移的情况。

表 2　超额剩余价值来自部门内剩余价值的转移

	产出(1)	单位商品的个别价值(2)	单位产品的社会价值(3)＝[Σ(1)×(2)]÷Σ(1)	剩余价值的转移(4)＝[(3)－(2)]×(1)
生产条件最差的企业	100 件	10	7.5	－250
生产条件中等的企业	100 件	8	7.5	－50
生产条件最好的企业	200 件	6	7.5	300

在表 2 中，生产条件最好的企业能够获得超额剩余价值，其单位商品所实现的超额剩余价值为 1.5，全部超额剩余价值为 300。在这个例子中，我们事实上假定该部门处于供求均衡的状态，单位商品的社会价值根据加权平均法得出。由于该部门全部产出即 400 件商品在 7.5 小时这个水平上全部售出，该部门通过市场所支配的价值量（7.5×400＝3000），恰等于全部产出内含的价值量［Σ(1)×(2)＝3000］。这样一来，似乎可以认为，全部产出内含的这 3000 小时的价值为社会所承认，并在该部门内实现了再分配。如果这个解释正确的话，个别企业超额利润的来源就是本部门其他企业生产的剩余价值的转移，而不必来自其他部门。

① 《资本论》第 1 卷，人民出版社 2004 年版，第 370 页。

② 譬如，程恩富教授等就指出，《资本论》第一卷在这里存在着逻辑上的矛盾。见程恩富上引文，第 31 页。

曼德尔有时就是在这个意义上理解问题的，他说："马克思阐述道，低于劳动生产率的平均水平而运作的企业，所得到的少于平均利润，而这与他们浪费了社会劳动这个事实是相适应的。当马克思这样表述的时候，他的意思是，这些企业的工人所生产的价值或剩余价值的一部分，在市场上被那些劳动生产率更高的企业占有了。"① 这样解释是否妥当，我们将在第五节来讨论。

四、《资本论》第三卷论"虚假的社会价值"：第二种理论的正式表达

根据《资本论》第三卷的级差地租理论，构成级差地租的那部分超额利润来自土地产品的市场生产价格大于个别生产价格的差额。马克思把形成超额利润的那部分价值称作"虚假的社会价值"，因为它不是农业部门自身的剩余劳动物化的结果。关于土地产品市场价值的确定和"虚假的社会价值"，马克思留下了一段十分重要的评论：

"这是由在资本主义生产方式基础上通过竞争而实现的市场价值所决定的；这种决定产生了一个**虚假的社会价值**。这种情况是由**市场价值规律**造成的。土地产品也受这个规律支配。产品（也包括土地产品）市场价值的决定，是一种社会行为，虽然这是一种不自觉的、无意的行为。这种行为必然以产品的交换价值为依据，而不是以土地及其肥力的差别为依据。……被当作消费者来看的社会在土地产品上过多支付的东西，社会劳动时间实现在农业生产上时形成负数的东西，现在对社会上的一部分人即土地所有者来说却成了正数。"② （黑体字系引者所加）

这些论述表明，马克思明确地提出了与第一卷不同的超额利润的理论。这个理论虽然是在第三卷的地租篇提出来的，但并不限于解释农业超额利润，曼德尔就认为："马克思的级差地租理论实际上是更一般的超

① E. Mandel，*Late Capitalism*（London：Verso，2009），p. 101.

② 《资本论》第3卷，人民出版社2004年版，第744—745页。

额利润理论的一种特殊情况。”[①] 在《晚近资本主义》和《资本主义发展的长波》等著作中，曼德尔还进一步把这一理论用于分析现代资本主义经济中的“技术租金”现象。他指出：“超额利润的重要源泉现在是在‘技术租金’中发现的。对技术创新和相应的超额利润的持续的、制度性的渴求，成了晚近资本主义企业，特别是晚近资本主义大公司的典型特征。”[②]

曼德尔指出，“技术租金”的产生，可以和转化为级差地租的超额利润进行类比，因为这两者都以市场的“结构性稀缺”（structural scarcity）为条件，即对某种新产品的需求长期超过了供给。“技术租金”的普遍出现是与技术革命和长波的上升期联系在一起的。根据曼德尔的意见，刚出现的新产品的市场价格是由生产率最低的企业决定的，在此基础上整个行业都能获得超额利润，如果这一局面持续一段时间，超额利润就有了技术租金的性质。另一方面，随着技术革命的扩散，至少在技术革命发生的核心国度或地区，新产品的“结构性稀缺”将逐步消失，行业的垄断性会遭到削弱，那些生产率低的企业将不再决定产品的市场价格，全部门的超额利润就趋于下降。此时，虽然一些生产率高的企业仍能获得超额利润，但这一超额利润的实现是以牺牲生产率较低的企业为代价的，整个行业的利润量将不再增加。[③] 除非已经成熟的新部门在不发达国家或地区的边缘市场上找回“结构性稀缺”的条件，技术租金将不复存在。

还应指出的是，马克思关于超额利润来源的两种理论虽然不同，但又具互补性。这体现在，两种理论可以共同解释同一种现象，通过产品创新和新部门的确立所获得的超额利润（“技术租金”），既可以有本企业、本部门剩余劳动的物化，也可以包含来自其他部门的价值的转移。在表 1 的例子里，如果生产率领先的企业高于“售卖价值”的水平来销售产品，也能得到通过价值转移而形成的超额利润。

---

① ［比］曼德尔：《〈资本论〉新英译本导言》，中共中央党校出版社 1991 年版，第 189 页。

② E. Mandel, *Late Capitalism* (London: Verso, 2009), pp. 224—225.

③ E. Mandel, *Late Capitalism* (London: Verso, 2009), p. 67.

五、由第二种理论派生的需要进一步讨论的问题：超额利润的来源与两种市场价值理论

在《资本论》里，特别是在第三卷第十章，马克思为我们留下了至少两种市场价值理论。马克思的两种超额利润理论和这两种市场价值理论是分别对应的。市场价值的第一种理论可以称作“由生产的标准技术条件决定的市场价值理论”，或市场价值的“技术平均”理论，按照这个理论，商品的供求条件的变化对市场价值的确定没有重大的影响，只是造成市场价格围绕市场价值这个中心而波动。市场价值的第二种理论则可以称作“由供求条件决定的市场价值理论”。按照这个理论，商品的供给和需求条件的变化，对市场价值的确定有直接的影响。

在先前的著作中，我们曾经较深入地讨论了第二种市场价值理论在马克思经济学中的重要意义。[①] 在这里，我们只限于强调，在以上两种市场价值理论的基础上，可以产生两种不同的关于超额利润来源的解释。按照市场价值的“技术平均”理论，个别生产条件较好的企业所获得的超额利润，只能来源于本部门所榨取的剩余价值；而按照第二种市场价值理论，超额利润可以来源于其他部门的价值转移。马克思在级差地租理论里谈到的“虚假的社会价值”，应该看作第二种市场价值理论的应用。对于这个问题，日本学者伊藤诚曾做了如下论述：“与市场价值的‘技术平均’理论的情形相反，我们不必把个别生产条件较好的资本所获得的超额利润的主要来源，局限于在同一工业部门所榨取的剩余劳动。……这一类型的超额利润还可以是在其他工业部门榨取的剩余劳动的转移，就像一部分平均利润的实体一样……”[②]

以市场价值的第二种理论为基础的超额利润理论，适用于解释通过

---

① 参见孟捷：《劳动价值论与资本主义再生产中的不确定性》，《中国社会科学》2004 年第 3 期。

② M. Itoh, *The Basic Theory of Capitalism* (Basingstoke, Hampshire: Macmillan Press), pp. 234—235.

产品的“结构性稀缺”而攫取的超额利润（包括垄断利润）。虽然通过技术创新而获取的超额利润在概念上并不一定就是垄断利润，但在利润来源的问题上，两者都可以用市场价值的第二种理论来解释。

诸如鲁宾（I. I. Rubin）这样的学者不满于在市场价值的第二种理论的基础上解释超额利润，他语带讥讽地指出，这种观点其实是假设剩余价值可以像液体一样，从一个部门流到另一个部门。[①] 鲁宾没有看到的是，这里的价值转移是以价值形式为媒介而展开的社会过程，在这个过程中，社会产品内含的价值实体借助于价值形式（如生产价格或垄断价格）的作用，在企业、部门和阶级之间进行了再分配。[②] 让我们回到表2所例示的价值转移过程。根据表2的数字，该部门通过市场所支配的价值量，恰等于该部门全部产出的内含价值量。从表面上看，生产率最高的企业所得到的超额利润，似乎就是其他两类企业浪费了的内含价值。可是，如果接受这种解释，就难以面对鲁宾式的批评（价值转移像流动的液体）。从市场价值第二种理论的立场看，生产的技术条件在部门内居中和在平均水平以下的企业，其产出的内含个别价值没能在交换中得到全部承认，这些未实现的价值也不可能如曼德尔所主张的那样，为生产率最高的企业所占有。生产率最高的企业所得到的300单位的超额利润只能来自于本部门以外，也就是说，通过“市场价值规律”，该企业支配了300单位的“虚假的社会价值”。

六、结语：如何理解超额利润与所谓价值规律的关系

有一种流行的教科书观念，把价值规律理解为市场价格围绕着价值重心而波动。由这种观点产生的弊端，是把马克思的价值论当作静态的

---

① I. I. Rubin, *Essays on Marx's Theory of Value* (Detroit: Black and Red, 1972), pp. 238—239.

② 伊藤诚在对价值“转形问题”的研究中曾涉及这里的问题，参见孟捷：《关于市场价值的若干概念问题——一个补论》，《海派经济学》第8辑，上海财经大学出版社2005年版。

均衡价格理论。关于什么是价值规律，我们赞同第二国际经济学家希法亭的下述看法，他写道："马克思不是把价值理论看作确定价格的手段，而是把它看作发现资本主义社会的运动规律的工具。……**价值规律**向我们揭示的是，归根结底，生产力的发展控制了价格的运动，我们有可能把握这些变化的规律；并且，由于所有的经济现象都通过价格的变化而使自己表现出来，进而就可能达到对所有经济现象的理解。"（黑体字为引者所加）类似地，布哈林也说："在马克思那里，价值是两种社会现象之间、劳动生产率与价格之间社会联系的表现。"①

上述第一种超额利润来源的理论，可以说是这种价值规律的应用：个别企业通过率先提高劳动生产率而获得超额利润；随着技术进步的扩散和部门劳动生产率的普遍提高，个别企业的超额利润趋于消失；如果该部门劳动的复杂程度高于社会平均劳动，则该部门还能获得一种既不同于个别企业的超额剩余价值，也不同于相对剩余价值的特殊形式的超额利润。可是，在产品结构性稀缺的基础上形成的第二种形式的超额利润，则同希法亭等人谈到的、揭示劳动生产率与价格之间的社会联系的那种"价值规律"无关。第二种形式的超额利润来自其他部门的价值转移，这种价值转移意味着资本主义生产结构上的变化。如果价值规律是揭示资本主义社会的运动规律的工具的话，那么在这里，价值规律的应用似乎遇到了界限。

在《资本论》第一卷开篇不久，马克思通过对价值和价格概念的特殊规定，揭示了劳动生产率与价格之间的社会联系，也就是所谓"价值规律"。但马克思对价值规律的运用包含着以下前提，第一，马克思采纳了一种长期时间框架，一方面，他把劳动生产率看作在长期内影响价格运动的最重要的因素；另一方面，在价值规律的基础上，他分析了那些贯穿资本主义社会形态始终的长期规律——譬如相对剩余价值生产、产业后备军、利润率下降规律等。第二，正如我们在先前的著述里谈到的，《资本论》第一卷对价值和价格概念的特殊规定，还起到了"思想实验"

① R. Hiferding, "*Bohm-Bawerk's Criticism of Marx*", In *Karl Marx and the Closure of His System*, ed. P. Sweezy (New York: Augstus M. Kelley Publishers, 1966), pp. 139—140.

的作用，也就是说，马克思有意地设想了其他因素（譬如需求）对价格的影响。[①] 这样做在辩证考察的较为抽象的阶段是合理的，但在更为具体的阶段上，就必须纳入其他在不同时间框架内起作用的因素的影响。资本主义发展的现实动态，是各种不同层次的、在不同时间框架内起作用的运动规律的综合。上述价值规律虽然是理解资本主义社会的长期运动规律的基础，但并不适用于分析某些中短期的结构性变化，这些结构性的变化可以借用现代演化经济学家梅特卡夫的话来概括，他写道："在产品、生产方法、企业、产业、地区及整个经济的相对重要性上，如果没有持续的变化，增长就无从发生，结构上的这些变化是增长过程的一种结果"。[②] 依照第二种超额利润来源的理论，一种产品或一个行业的相对重要性，在理论上表现为该行业（或该地区、该企业等）通过市场所支配的、从外部转移来的价值量的大小。在《资本论》第三卷，马克思特地将这种价值转移的机制称作"市场价值规律"[③]，以别于第一卷提出来的价值规律。

然而，一旦我们把眼光投向更为长期的时间框架，《资本论》第一卷提出来的价值规律便像无处不在的重力规律那样起着作用。这体现在，商品的价格水平以及通过价值转移而形成的超额利润，不可能在长期内免于竞争以及劳动生产率进步的影响。马克思关于超额利润来源的第二种理论并不排斥第一种理论，相反，它要以第一种理论为基础，只有把这两个理论结合起来，才能较完整地解释资本主义发展的动态现象。

（原文发表于《中国社会科学》2005 年第 5 期）

---

① 《资本论》第 1 卷所规定的价格是个纯理论范畴，并不是经验中的价格。详见孟捷：《关于市场价值的若干概念问题——一个补论》，《海派经济学》第 8 辑，第 86 页。

② ［英］梅特卡夫（S. Metcalfe）：《个体群思维的演化方法与增长和发展问题》，［瑞士］库尔特·多普菲主编：《演化经济学：纲领与范围》，贾根良等译，高等教育出版社 2004 年版，第 133 页。

③ 《资本论》第 3 卷，人民出版社 2004 年版，第 745 页。

市场竞争与产品创新

——从马克思角度进行的研究

黄　瑾*

一、商品的两因素蕴含着竞争的两条基本途径

马克思的《资本论》从一开始就揭示了商品的重要属性是其所具有的社会使用价值。作为使用价值的商品只需要通过物的有用性直接表现出来，但这不是马克思所要研究的使用价值①，他所研究的是作为“商品”的使用价值，该使用价值具有满足他人消费需要的属性。商品的这一特性并不能自我表现出来，而必须通过交换证明其社会有用性。也就是说，要生产商品，就不仅要生产使用价值，而且要为别人生产使用价值，“而且不只是单纯为别人。……要成为商品，产品必须通过交换，转到把它当作使用价值的人的手里”②。在这种情况下，使用价值的大小及满足他人需要的程度决定了交换、“惊险的跳跃”能否成功的关键。

马克思的《资本论》从一开始还揭示了商品交换的共同尺度——社会必要劳动时间。在商品生产中，因主观和客观条件的差异，每个生产者生产某种商品所耗费的私人劳动时间存在差别。为此，必须由社会必要劳动时间作为商品交换的标准。社会必要劳动时间是指“在现有的社会正常的生产条件下，在社会平均的劳动熟练程度和劳动强度下制造某

* 黄瑾：福建师范大学经济学院教授，中国人民大学理论经济学博士后。

① 《马克思恩格斯全集》第19卷，人民出版社1963年版，第412—413页。

② 《马克思恩格斯全集》第23卷，人民出版社1972年版，第54页。

种使用价值所需要的劳动时间”[①]。马克思在《资本论》第一卷中指出，商品的价值量与生产商品的劳动生产力成反比，与生产商品花费的劳动时间成正比。个别生产者通过改进技术、提高劳动生产力使个别价值低于社会价值，从而既可以获得超额剩余价值，又可以凭借价格优势扩大市场占有。在第三卷中，马克思考察了在商品生产量不变、供求比例一致的情况下，由各种生产条件的产量的比例关系决定的市场价值（社会价值）。在通常情况下，在部门内部占多数的是中等生产条件的企业，其产量明显占多数，因而市场价值等于中位价值。尽管这些企业在市场上占有最大的份额，但显然它们并不最具竞争力。因为那些优等生产条件的企业可以按高于其个别价值但低于市场价值的价格出售产品，从而获得超额利润，并在竞争中占据优势地位。在这种情况下，生产条件的好坏尤其是劳动生产力的高低是决定交换、“惊险的跳跃”能否成功的关键。

对于商品所有者来说，“如果商品被投入流通的炼金炉，没有炼出货币，没有被商品所有者卖掉，也就是没有被货币所有者买去，商品就会变成无用的东西”[②]。因此，市场的实质是一个商品实现问题。“每一种商品都只能在流通过程中实现它的价值；它是否实现它的价值，在多大程度上实现它的价值，这取决于当时市场的状况。”[③] 对于市场状况可以从两个方面来理解。

第一，市场需求量。

如果生产某种商品所耗费的个别劳动时间等于社会必要劳动时间，其使用价值符合某种需要，那么该商品能否顺利实现交换呢？未必如此。马克思在这里提到了社会需要量对商品交换实现所设置的界限。他说：“事实上价值规律所影响的不是个别商品或物品，而总是各个特殊的因分工而互相独立的社会生产领域的总产品……在这里，社会需要，即社会规模的使用价值，对于社会总劳动时间分别用在各个特殊生产领域的份额来说，是有决定意义的。……社会劳动时间可分别用在各个特殊生产

① 《马克思恩格斯全集》第23卷，人民出版社1972年版，第52页。
② 《马克思恩格斯全集》第23卷，人民出版社1972年版，第132页。
③ 《马克思恩格斯全集》第25卷，人民出版社1974年版，第720页。

领域的份额的这个数量界限，不过是整个价值规律进一步发展的表现，虽然必要劳动时间在这里包含着另一种意义。为了满足社会需要，只有这样多的劳动时间才是必要的。在这里界限是通过使用价值表现出来的。”① 因此，社会必要劳动时间的全面的含义是指，不论从个别产品对同类其他产品的关系上来说，还是从它对社会总的需求方面来说都是必要的劳动。社会对某种商品的需要是有限度的，某种商品尽管具备了使用价值，但如果其生产量超过了当时社会需要的总量，那么，该商品的一部分就会因得不到社会承认而浪费掉。同样，每个人的社会需要也是有限度的，如果竞争者已经满足了这种需要，那么该产品就成为多余的、过剩的，因而是无用的了。② 只有满足社会需要的产品才能实现其使用价值；只有不断提高劳动生产力、改进使用价值、在更高层次上满足社会需要的商品才具有更强的市场竞争力，这一点正在被现代企业以需求导向为特征的市场营销、质量竞争、产品竞争、品牌竞争等竞争手段的广泛采用所证实。

但是，在市场经济中，生产什么，怎样生产，生产多少，都是由单个商品生产者自己决定的，对他来说，社会需要永远是一个未知数，“矛盾是怎样解决的呢？通过竞争解决的。竞争又怎样解决问题的呢？非常简单：凡是品种、数量不符合当前社会需要的商品，竞争就使它们的价格落到它们的劳动价值之下，通过这种曲折的途径，使生产者感觉到，他们或者是生产了根本不需要的东西，或者东西本身虽然需要，但生产的数量已经超过需要、成为多余的了。”③ 由此可见，只有通过竞争的波动从而通过商品价格对商品价值的不断背离，商品生产的价值规律才能得到贯彻，社会必要劳动时间决定商品价值才能成为现实。自然，这一规律丝毫不因为世界市场的出现而改变。“从商品生产以世界市场的范围来进行之后，按私人打算进行生产的单个生产者同他们为之生产、却对其需求的数量和质量或多或少是不了解的市场之间的。”④ 矛盾仍然需要

① 《马克思恩格斯全集》第25卷，人民出版社1974年版，第716—717页。
② 《马克思恩格斯全集》第23卷，人民出版社1972年版，第125页。
③ 《马克思恩格斯全集》第21卷，人民出版社1965年版，第214—215页。
④ 《马克思恩格斯全集》第21卷，人民出版社1965年版，第216页。

通过竞争来解决。如果禁止竞争通过价格的起落把世界市场行情告诉单个生产者，那他们就完全被蒙住了眼睛，这只能加剧世界市场的盲目性。因此，对于那些既想把劳动时间决定价值这一点确立起来，而又禁止竞争的作法，恩格斯批评这是“在一个进行交换的商品生产者的社会里”，“采取了空想主义者惯有的轻视经济规律的态度”。遗憾的是，在社会主义经济实践中对于市场竞争我们仍然在某些领域、行业和地区不断重复着这种“叶公好龙”的态度和做法。

第二，市场竞争程度。

“竞争的实质就是消费力对生产力的关系”[①]，它显示出生产和消费的“社会性质”。在竞争中，“如果一方占了优势，每一个属于这一方的人就都会得到好处；好像他们实现了一种共同的垄断一样。如果一方处于劣势，每个人就企图通过自己的努力来取得优势（例如用更少的生产费用来进行生产），或者至少也要尽量摆脱这种劣势”[②]。比如在卖方市场条件下，供给小于需求，卖者在竞争中占优势，其内部竞争弱化；而买者处于劣势，其内部竞争加剧。“如果对这种商品来说，需求超过了供给，那么，在一定限度内，一个买者就会比另一个买者出更高的价钱，这样就使这种商品对全体买者来说都昂贵起来，提高到市场价值以上；另一方面，卖者却会共同努力，力图按照高昂的市场价格来出售。”而在买方市场条件下，情况则相反，“一个人开始廉价抛售，其他的人不得不跟着干，而买者却会共同努力，力图把市场价格压到尽量低于市场价值。”相比较而言，卖方市场更有利于卖者形成垄断，不利于买者需要的满足。

列宁说：“这种为共同市场劳动的单独生产者之间的关系叫作竞争。”[③] 除了繁荣时期以外，生产者之间总是进行十分激烈的竞争，以争夺各自在市场上的地位。在同一市场中，有许多不同的生产者供应商品，“谁以最便宜的价格出卖同一质量的商品，谁就一定会战胜其他卖主，从而保证自己有最大的销路”[④]。但是，生产者之间既是相互竞争，又是相

① 《马克思恩格斯全集》第1卷，人民出版社1956年版，第615页。
② 《马克思恩格斯全集》第25卷，人民出版社1974年版，第217页。
③ 《列宁全集》第1卷，人民出版社1984年版，第76页。
④ 《马克思恩格斯全集》第6卷，人民出版社1961年版，第480页。

互促进的关系。“只要有一个人用较便宜的费用进行生产，用低于现有市场价格或市场价值出售商品的办法，能出售更多的商品，在市场上夺取一个更大的地盘，他就会这样去做，并且开始起这样的作用，即逐渐迫使别人也采用更便宜的生产办法，把社会必要劳动减少到新的更低的标准。”可见，竞争表面上实现了个别生产者的市场占有，实际上是促进了个别和社会劳动生产力的共同提高。当然，在整个产业都提高了生产力水平的情况下，只有进一步创新的生产者才能继续引领市场方向，在新一轮的竞争中占据优势。歌德有一句名言：“生活之树常青，只有理论是灰色的。”作为类比，也可以说：市场之树常青，只有企业是灰色的。市场是常青常新的，所以企业也应是常新常青的。

马克思经济学理论研究的出发点是——劳动产品在现代社会所表现的最简单的社会形式——商品，“这一分析从这个最简单的现象中（在资产阶级社会的这个‘细胞’中）揭示出现代社会的一切矛盾（或一切矛盾的胚芽）”[①]，同时揭示出竞争是市场经济灵魂的基本原理，而对于商品的生产者来说，为了提高市场竞争力，必须通过以下两条基本途径：提高劳动生产力和改进（包括创新）使用价值。

二、剩余价值生产的两种方法表明了竞争的不同阶段

在资本主义产生之初，绝对剩余价值生产是资本主义生产的主要形式。在这个阶段上，资本依靠暴力将大部分人口变成雇佣工人，把工作日绝对延长到超过必要劳动时间，资本从而具有创造越来越多的剩余劳动的趋势。资本同时还具有创造越来越多的交换地点的补充趋势。因为直接生产过程中剩余劳动的增加，不断扩大了流通的量，这时只有在作为资本主义生产结果的商品的价值实现以后，资本家才能真正占有剩余劳动，“就这一点来说，流通本身已经表现为生产的要素”。在这种情况

① 《列宁选集》第2卷，人民出版社1995年版，第558页。

下，“资本创造绝对剩余价值——更多的物化劳动——要有一个条件，即流通范围要扩大，而且要不断扩大。”[①] 因而，绝对剩余价值的生产必然使流通的外部范围扩大至整个世界市场。与此同时，从本质上来说，推广以资本为基础的生产或与资本相适应的生产方式，从而使整个世界市场成为资本主义生产方式占统治地位的世界市场。因为一切以直接使用价值为目的的生产，对于资本主义商品生产来说，首先是意味着对商品需要的减少，从而减少剩余价值的生产。总之，“总是，创造世界市场的趋势已经直接包含在资本的概念本身中”，越来越多的剩余劳动是通过扩大以资本为基础的生产范围而获得的，越来越多的绝对剩余价值是通过扩大流通的空间范围而实现的。

作为资本主义经济制度特征的生产形式，是相对剩余价值生产。在这种形式上，“以提高和发展生产力为基础来生产剩余价值，要求生产出新的消费；要求在流通内部扩大消费范围，就像以前［在生产绝对剩余价值时］扩大生产范围一样。第一，要求扩大现有的消费量；第二，要求把现有的消费推广到更大的范围，以便造成新的需要；第三，要求生产出新的需要，发现和创造出新的使用价值”[②]。也就是说，为实现相对剩余价值的生产，一要通过产品创新，开拓市场广度，以增加用于购买新产品的有效需求，这是马克思所说的第三点。二要挖掘市场深度，提高用于购买既有产品的有效需求，这是马克思所说的第一、二点，具体而言，就是（1）通过提高劳动生产力，降低成本，以在现有市场上占有较大份额；（2）生产者通过提高认知和改进使用价值的能力，实现产品的差异化，以把现有的消费推广到更大的市场。这表明，越来越多的剩余劳动是通过提高生产效率而获得的，越来越多的相对剩余价值是通过扩大消费范围而实现的。

在这个阶段，生产观念已不再局限于延长劳动时间之上，而主要是进行规模扩张，在提高效率的同时，加强管理，降低生产成本。随着生产进入相对过剩，不适销的产品堆积如山。经营管理者认为，如果任其

① 《马克思恩格斯全集》第46卷上册，人民出版社1979年版，第390—391页。
② 《马克思恩格斯全集》第46卷上册，人民出版社1979年版，第391页。

自然的话，消费者通常不会主动购买某一产品，因此，企业必须把竞争重点集中在销售和宣传推广活动上，这称为推销观念。此后由于科学的快速发展，卖方之间的竞争更加激烈。企业逐渐意识到，要保证获得高额利润，不能再以企业自身为中心，而必须从市场需要出发，以消费者为中心。“推销观念注重卖方需要；营销观念则注重买方的需要。推销以卖方需要为出发点，考虑如何把产品变成现金；而营销则考虑如何通过产品以及与创制、传送产品和最终消费产品有关的所有事情，来满足顾客的需要。”[①] 20世纪60年代以来，在强调营销竞争的基础上，竞争的重点已转移到质量与技术上。日本企业通过全面质量管理，把外部市场需要和内部效率成本在效益的基础上实现了统一。与此同时，为了推出多样化的新产品满足市场需求，研究与开发也成了企业占有市场的重要法宝。

从历史上看，企业之间竞争的重点是相互交织的，但在各个时期仍然具有各自的明显的特点。以上是从历时性的角度，揭示了与剩余价值生产的两种方法相对应的竞争的两个阶段。从共时性的角度看，剩余价值生产的两种方法表明了不同层次。

第一个层次，扩大企业的生产规模，降级成本，提高市场占有率。马克思在分析绝对剩余价值的生产时强调，在既有的生产条件下，资本增殖方式的特点是劳动外延量的增加，即如果生产的技术条件、劳动的熟练程度和劳动的组织形式不发生变化，人们就只能靠增加投入的劳动和生产要素的数量来扩大生产规模。[②] 企业天生具有扩张性，一方面是因为通过规模经济，产品可以获得价格优势，这是一种最显而易见的竞争优势；另一方面，相对于需求，似乎供给（生产）这一要素是企业自身可以控制的，因此增加投资、扩大生产，相对来说是比较容易做到的。但这种扩张性也是最容易遇到市场界限的。因为这是一种最容易模仿的竞争方式，将很快失去其竞争性。此外，在一个市场需求和竞争变化莫

---

① ［美］菲利普·科特勒：《营销管理：分析、计划和控制》，上海人民出版社1996年版，第29页。

② 弓孟谦：《资本运行论析——〈资本论〉与市场经济》，北京大学出版社1998年版，第109—110页。

测的年代，大规模的投入意味着高额的沉没成本和较大的退出障碍。因而，若非具有人无我有的绝对优势，难以长期保持有利的市场地位。

马克思认为，相对剩余价值的形成是生产的内在规律和竞争的外部强制双重作用的结果，它以生产技术条件的提高、劳动组织形式的改进和新技术、新工艺的应用为前提。实际表现为既有使用价值的改进和新型使用价值的创新。与之相对应，竞争进入新的层次。

第二个层次，实行差别化战略，力图以与众不同的产品和服务保持和扩大市场份额。具体来说，对于大企业，可以以有差异的消费者群体的不同需求为出发点，采取多种产品、多种规格或多种经营方式来取得市场地位。它的优点是企业在竞争中有较强的适应性、灵活性和应变性，缺点是品种繁多、经营繁杂，生产成本和销售费用较高。在市场竞争中，中小企业并不等于没有获胜的机会。他们可以以一类或数类消费者群体的需求充分满足为出发点，用最能发挥本身优势的差别化产品去取得市场地位。它的优点是以有限的经营资源形成以某种特色产品为中心的竞争优势，缺点主要是市场面比较窄，一旦市场发生变化，如消费者兴趣专一，企业就面临较大风险。

以上两个层次都属于在既有产业（产品）内部的竞争，长期来看，都将不可避免地遇到竞争同质的现象。20 世纪 90 年代在不少知名大企业中流行一种称为标杆学习的新方法。所谓标杆学习，就是将本企业的经营状况与竞争者或行业内外一流的领先者的经营状况进行比较分析，将竞争者或领先者的优点作为本企业的发展目标，并将其移植到本企业经营管理中的一种方法。通过标杆学习，本企业提高了运营效果。但是，可以想见，企业越是进行标杆学习，意味着竞争对手之间越是在各方面相互模仿[①]，竞争手段就越同质，其结果是企业在激烈的竞争中难以获得持续发展。因此，对于现代企业，竞争的取胜点在于产品创新。这也是为什么在 90 年代末以来逐渐形成所谓的“新经济”格局的重要原因。

第三个层次，跳出传统产业，进行产品创新，开辟新的产业增长领

① 芮明杰、余光胜：《产业致胜——产业视角的企业战略》，浙江人民出版社 1999 年版，第 147 页。

域。因为既有产品的市场规模与容量受到产品生命周期规律的限制，而新需求对经济增长的贡献周期则表现出越来越短的趋势，因此企业的发展再也不能依靠既有产品市场的开拓，而必须通过新技术、新产品才能开拓新市场，引导和创造消费。企业只有实现科技的创新并拥有创新的产品，才能最终实现创造市场、创造用户、引导消费潮流的目的。在科技创造需求的意义上，以产品创新为代表的新经济是生产者主权经济，是生产者的知识主导权经济。

三、马克思为什么“忽视”作为市场竞争重要手段的产品创新

马克思虽然在相对剩余价值生产中提出了“要求生产出新的需要，发现和创造出新的使用价值”，但并没有就通过产品创新开拓新市场做更多的说明。而实际上，创新竞争越来越代表了世界经济发展的新动向。理论也证明，如果没有重大产品创新和新兴产业部门的建立，单纯依靠改善收入分配关系来扩大消费，建立在相对剩余价值生产基础上的经济增长在长时期内是难以为继的。[①]

在马克思那里，他已经注意到相对剩余价值生产如果缺乏产品创新将为自身设置的界限。“工作日中构成工人的等价物即表示必要劳动的那部分越小，资本由于生产力的提高而得到的剩余价值的增加就越少。……因为资本的界限始终是一日中体现必要劳动的部分和整个工作日之间的比例。资本只能在这个界限以内运动。属于必要劳动的部分越小，剩余劳动越大，生产力不管怎样提高都越是不可能明显地减少必要劳动；因为分母已经变得很大了。资本已有的价值增殖程度越高，资本的自行增殖就越困难。于是，提高生产力对资本来说似乎就成为无关紧要的事情；价值增殖本身似乎也成为无关紧要的事情，因为这种增殖的比例已

① 孟捷：《马克思主义经济学的创造性转化》，经济科学出版社 2001 年版，第 99 页。

经变得很小了，并且资本似乎也不再成其为资本了”[①]。相对剩余价值生产似乎遇到了不可克服的界限。但以上论断是从抽象地考察资本的一般关系的角度得出的。根据从抽象上升到具体的叙述方法，在以后的研究中还要涉及一些新的关系，比如个别资本之间的竞争关系，以及由此产生的产品创新，如果加入这些因素那么将大大改变上述结论。马克思说，当这一切一旦不再完全从一般形式上“来表述”时，那就属于利润学说了。在这里，马克思提到要在《资本一般》的利润学说中考察个别资本的相互作用。尽管如此，马克思也并没有改变原先要对竞争做专门研究的设想。在后来的《剩余价值理论》中，马克思说：“凡是谈到一般利润率的地方，资本家之间的竞争以及他们的尔虞我诈所花费的劳动，也不在考察之列：同样，一个资本主义企业主同另一个相比，在花最少费用从自己工人身上榨取最大量剩余劳动并在流通过程中实现这种榨取来的剩余劳动方面，有多大的技巧，也不在考察之列。对这一切的考察，属于对资本竞争的研究。”这段话表明马克思准备在竞争学说中研究个别资本之间的竞争。而就资本竞争学说的研究内容来看，“这种研究，总的来说，涉及资本家之间以及他们为攫取最大数量的剩余劳动所作的斗争和努力，而且只涉及剩余劳动在不同的单个资本家间的分配，但同剩余劳动的来源及其一般大小无关。”[②] 而个别资本在与其他资本的相互竞争中由于产品创新而获得的超额剩余价值，涉及的正是“剩余劳动在不同的单个资本家间的分配”[③]。因而，按照马克思的意图，关于产品创新的部分属于竞争学说的范围，而这是马克思未竟的《资本论》续篇所包括的内容。这是由叙述方法所决定的“忽视”产品创新的一个原因。

实际上，在《资本论》第三卷利润学说中，马克思论述了资本积累过程内在矛盾发展的必然结果，即一方面导致产品创新，另一方面产生垄断，但并没有就此详细展开。资本进行积累是为了提高利润率，但随着积累程度的提高，资本的有机构成就越高，利润率下降的可能性就越大。“如果利润率下降，那末一方面，资本就紧张起来，个别资本家就用

① 《马克思恩格斯全集》第46卷上册，人民出版社1979年版，第305—306页。

② 《马克思恩格斯全集》第26卷第3册，人民出版社1974年版，第392页。

③ 关于超额剩余价值的来源，仍然是属于有争议的问题。

更好的方法等等，把他的单个商品的个别价值压低到它的社会平均价值以下，因而在市场价格已定时赚得额外利润；另一方面，就出现了欺诈，而普遍促进这种欺诈的是狂热地追求新的生产方法、新的投资、新的冒险，以便取得某种不以一般平均水平为转移并且高于一般平均水平的额外利润。”① 这里马克思指出社会上两类资本家为阻止利润率的下降所采取的不同方法。那些社会总资本和地位已经巩固的大资本家可以通过工艺创新等方法获取额外利润，从而补偿利润率的下降。“新的、独立执行职能的追加资本不具备这种补偿条件，它必须争得这种条件，因而是利润率的下降引起资本之间的竞争斗争，而不是相反。”② 也就是说，对于那些“新的独立形成的资本嫩芽来说”，利润率即资本的相对增长率是特别重要的，因而他们就采取了马克思所说的获取额外利润的“另一方面”的手段——新的生产方式、新的投资、新的冒险。这既会在整个社会中普遍促进“欺诈”（泡沫），又会引来那些以获得超额利润为目标的极少数现成的大资本对他们创新活动的抑制，“使生产活跃的火焰就会熄灭。生产就会进入睡眠状态”，而走向垄断。

“忽视”产品创新的第二个原因在于，就产品创新的实际产生过程来看，无论创新的主体是企业，还是科研机构或学校，其创新的源泉在于对既有产品和市场需求之间所存在差距的认知。马克思揭示了工艺创新（工艺革命）的实际产生过程：“在这里，起作用的普遍规律在于：后一个［生产］形式的物质可能性——不论是工艺条件，还是与其相适应的企业经济结构——都是在前一个形式的范围内创造出来的。机器劳动这一革命因素是直接由于需求超过了用以前的生产手段来满足这种需求的可能性而引起的。而需求超过［供给］这件事本身，是由于还在手工业基础上就已作出的那些发明而产生的，并且是作为在工场手工业占统治地位的时期所建立的殖民体系和在一定程度上由这个体系所创造的世界市场的结果而产生的。”③ 如同工艺革命不是“突然出现”的一样，任何新产品也不是凭空诞生的，即便是一种前所未有的新发明也都是在对现

① 《马克思恩格斯全集》第 25 卷，人民出版社 1974 年版，第 288 页。
② 《马克思恩格斯全集》第 25 卷，人民出版社 1974 年版，第 285 页。
③ 《马克思恩格斯全集》第 47 卷，人民出版社 1979 年版，第 472—473 页。

有使用价值认知的基础上所作的基本原理、生产技术或使用功能等方面的巨大创新，从这个角度而言，如果没有对既有产品的认识也就没有产品创新的产生。产品创新是马克思所认为的增强竞争力必须提高对使用价值认知和改进能力的必然逻辑引申。因此，马克思没有就产品创新作更多的分析。

与《经济学手稿（1857—1858 年）》从价值增殖实现角度提出产品创新不同，在《经济学手稿（1861—1863 年）》中，马克思从社会内部分工和工厂内部分工的关系中提到了产品创新。如前所言，绝对剩余价值的生产以劳动时间的延长为条件，并要求交换范围扩大直至世界市场的形成。相对剩余价值的生产只有通过劳动生产力的更好的发展才有可能，而“［提高劳动生产力的］主要形式是：协作、分工和机器或科学的力量的应用等等”[①]。产品的创新与分工直接相关。“资本主义生产，从而工厂内部的有规则的分工，会直接扩大社会内部的自由分工（完全不谈以大量生产为条件的交换范围的扩大，不谈世界市场），这时由于它使一定数量工人的劳动更加有效，因而不断地为新的劳动腾出一部分劳动力，与此同时发展着迄今一直是潜在的或非现存的需求和满足这些需求的劳动方式。”[②] 以上论述说明，工厂内部的分工具有两方面的作用：一是由于分工提高了劳动生产力，缩短生产某种使用价值所需要的劳动，因而就为一个新的社会劳动部门腾出了劳动；二是在同一个生产领域中，由于分工提高了对所生产使用价值——“同一个使用价值的组成部分”或“同一个使用价值的不同种类”——的认知能力，从而就为一个新的社会劳动部门积累了知识。正是在这两个物质技术基础之上才有可能产生产品创新，从而直接扩大社会内部的分工，导致新生产部门的产生，并满足“潜在的或非现存的需求”。在马克思那里，由工厂内部分工产生的“劳动条件的节约”不属于研究的范围[③]，由工厂内部分工引起的劳动的节约和产品的创新也不是分析的重点，因为它们是“第二类分工（指工厂内部的分工——引者注）与所有其他的生产力的共同之处”。马克思的

① 《马克思恩格斯全集》第 47 卷，人民出版社 1979 年版，第 290 页。
② 《马克思恩格斯全集》第 47 卷，人民出版社 1979 年版，第 354 页。
③ 《马克思恩格斯全集》第 47 卷，人民出版社 1979 年版，第 308 页。

重点在于“第二类分工所特有的，——因为第二类分工能够通过它的分解过程把一个专业划分为若干部分，结果是同一个使用价值的各个组成部分现在可以被当作彼此互相独立的不同商品来生产，或者也可以说，同一个使用价值的不同种类，过去属于同一个生产领域，现在由于个别生产领域的分解而属于不同的生产领域”①。通过以上途径，工厂内部分工扩大了社会内部的分工，提高总生产过程的生产率。但是，“它的复杂性和丰富性所花的代价，是把执行某种特殊职能的劳动能力归结为枯燥的单纯抽象，归结为某种简单的质，这种质表现为始终如一的单调的同一动作，工人的全部生产能力，他的种种才能都在这种质上耗费掉了”②。由此，在资本主义社会，劳动对资本从形式上的从属发展为实际上的从属。③ 亚当·斯密没有把分工看作是资本主义生产方式所特有的东西，他没有看到分工同机器和简单协作一起不仅仅在形式上改变了劳动，而且由于把劳动从属于资本而在实际上使劳动发生了变化。而马克思所要揭示的正是这种“标志资本主义生产特征、完全消灭工人的独立性并使工人变成在资本指挥下的社会机构的部件的工厂内部的分工”④。对资本与劳动关系的这一分析，是马克思经济理论的核心，也是它与正统西方经济理论的最主要区别。这是由研究对象所决定的“忽视”产品创新的一个原因。

（原文发表于《当代经济研究》2003 年第 4 期）

---

① 《马克思恩格斯全集》第 47 卷，人民出版社 1979 年版，第 305 页。

② 《马克思恩格斯全集》第 47 卷，人民出版社 1979 年版，第 317 页。

③ 马克思正确地揭示了由于工厂内部技术分工导致的劳动对资本从属的结果，后来出现的福特主义把这一状况推向了极致。后福特主义是福特式的僵化的、以垂直命令为核心的企业内部分工理论的挑战。对于后福特主义，我们有必要关注两方面内容：其一，资本主义的弹性生产及管理方式的变革，对企业竞争力乃至整个社会的影响；其二，马克思所分析的劳动对资本的实际从属是否在后福特主义中消失，如果仍然存在，其新的表现形式是什么，通过怎样的机制对资本主义社会产生影响。

④ 《马克思恩格斯全集》第 47 卷，人民出版社 1979 年版，第 309 页。